lonely planet

Zypern

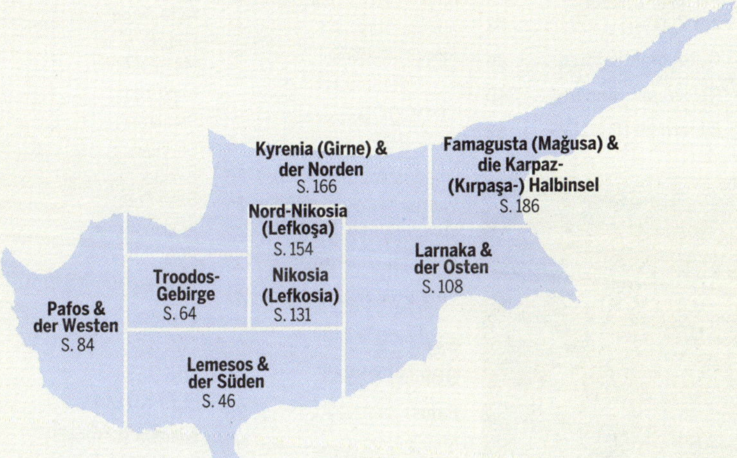

Josephine Quintero
Jessica Lee

REISEPLANUNG

NEIL FARRIN / GETTY IMAGES ©

TÜRKISCHES GEBÄCK, NORD-NIKOSIA (S. 154)

JUERGEN RICHTER / GETTY IMAGES ©

PANO LEFKARA (S. 121)

REISEZIELE AUF ZYPERN

Inhalt

AGIOS-GEORGIOS-STRAND, AKAMAS-HÖHEN (S. 97)

ZYPERN VERSTEHEN

PRAKTISCHE INFORMATIONEN

SPECIALS

Willkommen auf Zypern

Zypern ist viel mehr als nur gemütlicher Strandurlaub. Die Insel ist so facettenreich wie ihre Geschichte und fasziniert mit Kultur, Lebensart, Natur und herzlichen Menschen.

Grenzerfahrungen

Das griechische und türkische Gesicht Zyperns kennenzulernen wird immer einfacher, dafür sorgen sieben Grenzübergänge zwischen beiden Landesteilen, darunter zwei für Fußgänger in Nikosia (Lefkosia). Dieses mühelose Eintauchen in zwei so unterschiedliche Kulturen ist äußerst reizvoll. Selbst wer nur Zeit für einen Besuch der beiden Hauptstädte, Nikosia und Nord-Nikosia (Lefkoşa), hat, sollte in jedem Fall die Grenze überqueren. Diese Erfahrung runden eine Kostprobe der örtlichen Küche, ein Abstecher zu Museen und der Kauf eines Souvenirs für die Daheimgebliebenen ab.

Auf in die Natur!

Die Landschaft und das milde Klima schaffen ideale Bedingungen für Outdoor-Aktivitäten. Da sind zunächst die Strände, von der wilden, windgepeitschten bis zur familienfreundlichen, gut besuchten Variante. Darüber hinaus reicht das umfangreiche Wassersportangebot von Tauchausflügen bis zu Kite- und Windsurfen. Abseits des kühlen Nass laden von Kiefern bedeckte Gebirge, eindrucksvolle Täler und üppige Weinberge im Landesinneren zu Wanderungen, Radtouren, Weinproben und sogar zum Skifahren ein.

Spuren der Vergangenheit

Von Zyperns bewegter Vergangenheit zeugen historische Stätten, römische Ruinen, abwechslungsreiche Museen und staubige Straßen. Dieses Gefühl gelebter Geschichte ist in Pafos besonders spürbar. Dort locken archäologische Fundorte wie die Königsgräber, die sich als historischer Themenpark gleich neben einem Touristenresort erstrecken. Bei Ausgrabungen auf der Insel wurden Relikte wie neolithische Siedlungen, Gräber aus der Bronzezeit und der Phönizier sowie kunstvolle römische Mosaiken entdeckt. Zudem sind in den Gassen venezianische Mauern, byzantinische Burgen und Kirchen, romanische Klöster und islamische Moscheen zu bewundern.

Festessen

Meze ist eine tolle Art, die lokale Küche kennenzulernen. Die kleinen Gerichte, von cremigem Hummus bis zu würzigen Grillwürstchen, sind ein echter Genuss. Die zyprische Küche ist von türkischen, griechischen und orientalischen Einflüssen geprägt und wartet mit einzigartigen kulinarischen Highlights wie dem Halloumi-Käse (auf Türkisch Helimi) auf. Auch die Kebabs spielen in einer eigenen Liga. Darüber hinaus locken unwiderstehliche Desserts mit Mandeln, Rosenwasser und Pistazien wie Reispudding und wunderbar klebriges Baklava.

Burg von Pafos (Kato Pafos; S. 89)

Warum ich Zypern liebe

Von Josephine Quintero, Autorin

Ich bereise Zypern bereits seit Jahrzehnten, deswegen bewegen mich das problemlose Überqueren der Grenze und dessen symbolische Bedeutung für den Friedensprozess in besonderer Weise. Ich liebe die bodenständig-ursprüngliche Energie auf beiden Seiten der Hauptstadt sowie die traditionelle Lebensart und Kultur, die in den Urlaubsorten teils verwässert wirkt. Ein Besuch der Bergdörfer ist ein weiteres Highlight, ebenso wie die einfachen steinernen byzantinischen Kirchen mit mittelalterlichen Ikonen und faszinierenden Friesarbeiten. Und erst das Essen ...!

Weitere Infos zu unseren Autoren s. S. 291

Zypern

Alanya (Türkei; 150 km)
Tašucu (Tükei; 60 km)
MITTELMEER
Kyrenia
Bei einem Spaziergang Kyrenias malerisches altes Hafengebiet erkunden (S. 168)
St.-Hilarion-Burg
Eine verträumte Schlossruine bewundern (S. 176)
Troodos-Gebirge
Die Natur von ihrer schönsten Seite erleben (S. 64)
Omodos
Das umliegende Weingebiet entdecken (S. 76)
Lara-Strand
Fußabdrücke an diesem Naturstrand hinterlassen (S. 97)
Pafos
Eine faszinierende archäologische Stätte bestaunen (S. 86)
Petra tou Romiou
An einem mythischen Strand relaxen (S. 59)
33°E
35°N
Koruçam Burnu (Kap Kormakitis)
Geçitköy (Panagra)
Lapta (Lapithos)
KYRENIA (Girne)
St.-Hilarion-Burg
Bellapais (Beylerbeyi)
KORUÇAM-(KORMAKITIS-)HALBINSEL
BEŞPARMAK-(PENTADAKTYLOS-)GEBIRGE
Yilmazköy (Skylloura)
NORD-NIKOSIA (LEFKOŞA)/
NIKOSIA (LEFKOSIA)
Morfou-Bucht
Güzelyurt (Morfou)
UN-Pufferzone
Kokkina (Erenköy)
Pomos
Antikes Vouni
Yeşilirmak (Limnitis)
Antikes Soloi
Zodhia-Grenzübergang
Peristerona
Agios-Dometios-Grenzübergang
Orounda
Kap Arnaoutis
Chrysochou-Bucht
AKAMAS-HALBINSEL
TYLLIRIA
PAFOS-WALD
SOLEA
MESAORIA
ADELFI-WALD
MARATHASA
Latsi
Polis
Neo Horio
AKAMAS-HÖHEN
Tripylos (1362 m)
ZEDERN-TAL
Kykkos-Kloster
Kakopetria
Stavros tou Agiasmati
Antikes Tamassos
Agios-Irakleidios-Kloster
Terra Kritou
TROODOS-GEBIRGE
PITSYLIA
MAHERAS-WALD
Lara-Strand
Olympus (1952 m)
Troodos
Papoutsa (1554 m)
Maheras-Kloster
Ano Arodes
Troditissa-Kloster
Makria Kontarka (1680 m)
Kionia (1423 m)
Pano Lefkara
Kato Lefkara
REPUBLIK ZYPERN
Vouni
Korallenbucht
Omodos
Choirokoitia
PAFOS
Internationaler Flughafen von Pafos
Zygi
Kouklia
Apollon-Ylatis-Heiligtum
Episkopi
LEMESOS (Limassol)
Petra tou Romiou (Aphroditefelsen & -strand)
Antikes Kourion
Kolossi-Burg
Akrotiri-Bucht
(Route nur für Kreuzfahrtschiffe)
Kap Aspro
Episkopi-Bucht
Akrotiri
Salzsee
AKROTIRI-HALBINSEL
Akrotiri Sovereign Base Area (Großbritannien)
(Route nur für Kreuzfahrtschiffe)
Rhodes (Griechenland; 400 km)
Piraeus (Griechenland; 800 km)

ENTFERNUNGEN (km)

Anmerkung: Angegeben sind ungefähre Entfernungen

	Kyrenia	Famagusta	Agia Napa	Nikosia (Lefkosia)	Larnaka	Lemesos
Famagusta	70					
Agia Napa	97	22				
Nikosia (Lefkosia)	26	61	80			
Larnaka	71	43	41	44		
Lemesos	93	124	107	82	66	
Pafos	128	179	175	150	134	68

Zyperns Top 18

1

Alter Hafen von Kyrenia

1 Das gemächliche moderne Leben im nördlichen Zypern zeigt sich mit Kyrenias vor einer romantischen Bergkulisse gelegenem U-förmigem alten Hafen (S. 169) von seiner idyllischsten Seite. Einst wurden in den charmanten erhöhten Gebäuden und gepflegten Lagerhäusern Tonnen rohen Johannisbrotes aufbewahrt, das als schwarzes Gold galt. Heute laden hier hippe Cafés und Restaurants zu einem gemütlichen Kaffee oder einer *nargileh* (Wasserpfeife) mit Blick auf die am Pier und an der Burg vertäuten türkischen *gulets* (traditionelle Holzschiffe) ein.

Archäologische Stätte von Pafos

2 In der südlichen Hafenstadt Pafos befindet sich eine der faszinierendsten archäologischen Stätten der Insel. Auf dem weitläufigen Gelände (im Sommer einen Hut mitnehmen!) erstreckt sich eine Siedlung aus dem 4. Jh. v. Chr., die wohl nur einen kleinen Teil dessen repräsentiert, was noch unter der Erde liegt. Zu den Highlights gehören die farbenprächtigen römischen Bodenmosaiken im Herzen des Originalkomplexes, der von einem Bauern 1962 beim Pflügen entdeckt wurde. Pafos wurde zur Kulturhauptstadt Europas 2017 ernannt, eine verdiente Auszeichnung für diesen außergewöhnlichen Ferienort.

NEIL FARRIN / GETTY IMAGES ©

STELLA / GETTY IMAGES ©

3

SUZANNE PORTER / GETTY IMAGES ©

4

LOOK / ROBERT HARDING ©

Meze

3 Mit leckerem Meze kann man auf gesellige Art die verschiedensten Gerichte und Aromen probieren. In der Regel werden rund 30 kleine Speisen serviert. Los geht's mit Klassikern wie Hummus, Tzatziki, Taramosalata und Gemüse samt Knoblauch, Zitrone und Olivenöl, gefolgt von traditionellen Fisch- und Fleischspeisen wie *calamari* (Tintenfisch) und *sheftalia* (gegrillte Wurst). Bei der Masse an Essen lautet das Motto: *siga, siga* (langsam, langsam)! Ein beliebter Klassiker, um Meze zu kosten, ist Zanettos Taverna (S. 141) in Nikosia (Lefkosia).

Wandern im Troodos

4 Das Troodos-Gebirge (S. 64) wartet mit Flora, Fauna, Pinienwäldern, Wasserfällen, Felswänden und sprudelnden Bächen auf. Mit einer Höhe von 1952 m bietet das Gipfelmassiv Olympos einen spektakulären Ausblick auf die Südküste, und die kühle frische Luft sorgt für wohltuende Erholung von der Sommerhitze. Wanderer, Camper, Pflanzenliebhaber und Vogelbeobachter werden von den Bergen, Gipfeln und Tälern, die mit den facettenreichsten Wanderwegen und Naturpfaden der Insel locken, begeistert sein.

Nord-Nikosias Altstadt

5 Die Überquerung der Grünen Linie von Nikosia (Lefkosia) nach Nord-Nikosia (Lefkoşa; S. 154), dem türkisch besetzten Gebiet der Stadt, ist eine faszinierende Erfahrung. Von der schicken Ledrastraße erstrecken sich altmodische Läden, die verwaschene Jeans und Rüschenhemden verkaufen, sowie Kebabimbisse, Cafés und Süßigkeitenstände mit frischer Halva. Hier kann man die beeindruckende Moschee, einen erholsamen Hamam und Museen besuchen oder einfach durch die Straßen bummeln. Büyük Han (S. 156)

Weindörfer rund um Omodos

6 Rund um Omodos erheben sich die weitläufigen Weinberge der *krasohoria* (Weindörfer; S. 77). Bei einer Tour durch die Region, wo einst in jedem Haus der Rebensaft selbst gekeltert wurde, ist Durchhaltevermögen und ein wenig Weinwissen gefragt. Über sechs oder sieben traditionelle Weindörfer verteilen sich rund 50 kleine Winzereien, die eine große Auswahl an edlen Tropfen bieten. Die bekanntesten der zwölf einheimischen Sorten bestehen aus der Mavro (dunkelrote Traube) und der Xynisteri (weiße Traube).

7

JAVI LOPEZ / GETTY IMAGES ©

8

WILLIAM ALBERT ALLARD / GETTY IMAGES ©

Lara-Strand

7 Wunderbarerweise konnten die Akamas-Höhen ihre Ursprünglichkeit größtenteils bewahren. Zum Lara-Strand (S. 175) führt eine holprige Straße vor der Kulisse von kargem Buschland, gespickt mit Ginster, buschigen Kiefern und saisonalen Wildblumen. Obwohl der Strand als der spektakulärste der Republik gilt, ist er doch kaum touristisch. Der weiche Pulversand wird von Kalksteinfelsen gesäumt, und die See ist warm und ruhig. Ein wahrhaft magischer Ort bei Sonnenuntergang! Vorsicht beim Spazierengehen: Schildkröten legen hier ihre Eier ab.

Luxuriöse Hamam-Bäder

8 Hamams gibt es überall auf der Insel, und sie reichen von luxuriösen Oasen bis zu gewöhnlichen Badehäusern. Die türkischen Bäder des Omeriye-Hamam (S. 139) mitten in der Altstadt von Nikosia (Lefkosia) stammen aus dem 16. Jh. Glänzender Marmor, feine Düfte und flackernde Kerzen sorgen für stilvolles Ambiente, und zum Programm gehören Massagen, Körperpeelings, Behandlungen mit heißen Steinen und eine kleine *tetería* (Teeladen), die aromatische Tees in traditionellen Gläsern mit Goldrand serviert.

Antikes Salamis

9 Einst war Salamis (S. 195) das stolze Aushängeschild hellenischer Zivilisation und Kultur auf der Insel sowie das bekannteste und prächtigste der alten Stadtkönigtümer. Seit dem Altertum erlebte die Stadt mit ihren verschiedenen Königen, die eine Ausdehnung des Athener Reiches anstrebten, großen Wohlstand, aber auch großes Leid. Heute können Besucher durch die weitläufige Anlage mit den Überresten von Statuen, Säulenhallen, Sportstätten, Becken, Bädern, Innenhöfen, der Agora (Versammlungsplatz) und sogar des früher so bedeutenden Zeustempels spazieren.

Windsurfen

10 Wer möchte nicht umringt von der kristallklaren, blauen See halb surfend, halb segelnd über das Mittelmeer gleiten? Mit ihren feinen Sandstränden, Meeresarmen und Buchten bietet die Ostküste der Insel Wassersportliebhabern wunderbare Wellen- und Windbedingungen. Wenn man erst einmal Herr über die leichten Brisen des Windgottes Aiolos geworden ist, kann man sich auch am Kitesurfen versuchen. Besonders gute Wellen gibt's an den Stränden rund um Larnaka (S. 118), darunter Cape Kiti und Perivolia.

Petra tou Romiou

11 Dieses Fleckchen mit dem berühmten Aphroditefelsen (S. 59) ist der wohl bekannteste und mythischste Strand Zyperns und zweifellos einer der ungewöhnlichsten und eindrucksvollsten Orte. Hier entstieg Aphrodite der Sage nach dem Schaum des Meeres. Wer seine Facebook-Freunde besonders beeindrucken möchte, knipst am besten bei Sonnenuntergang vom Touristenpavillon aus ein Foto. Tagsüber ist das Meer angenehm kühl und erfrischend und der Strand ein perfekter Picknickplatz.

10

TECHNOTR / GETTY IMAGES ©

11

HANS-PETER MERTEN / GETTY IMAGES ©

Zyprisches Weinmuseum

12 Touren zu Weingütern werden für Touristen immer interessanter, da das Angebot an zyprischen Rebsätten quantitativ und qualitativ zunimmt. Ein Besuch des Weinmuseums (S. 50) in Lemesos vermittelt Einblick in die Geschichte, Herstellungsmethoden und den Geschmack edler lokaler Tropfen. Je nachdem, wie viel man probieren möchte, stehen verschiedene Führungen zur Auswahl. Darüber hinaus gibt's einen kurzen Film und ein Museum, das den Weinhandel auf der Insel erörtert. Na dann, prost!

Neolithische Stätte von Choirokoitia

13 Die UNESCO-Welterbestätte (S. 119) zählt zu den bedeutendsten und besterhaltenen prähistorischen Siedlungen im Mittelmeerraum. Sie entstand um 7000 v. Chr. und ermöglicht auf faszinierende Art einen Blick in den Alltag sowie die Lebensverhältnisse der ersten Zyprer. Besucher können durch die Ruinen der Rundhäuser mit Flachdächern spazieren, die sich auf einem geschützten Hügel hinter alten Mauern verbergen. Fünf Hütten, die nach Originalmethoden mithilfe von Archäologen nachgebaut wurden, machen die Anlage noch anschaulicher.

Byzantinische Kirchen im Troodos-Gebirge

14 An die Berge schmiegen sich viele gut erhaltene Kirchen aus dem 8. bis 12. Jh., die mit lebendigen, zeitlosen Fresken kunstfertiger Maler beeindrucken. Während der Lusignan-Herrschaft zogen sich orthodoxe Zyprer, Geistliche und Handwerker ins Troodos-Gebirge zurück und errichteten Kirchen und Kapellen (S. 73). Zehn davon gehören zum UNESCO-Welterbe, deshalb gilt Zypern nicht zu Unrecht als „Insel der Heiligen". Fresko in Panagia tou Araka (S. 82)

15

GAVIN NEWMAN / ALAMY ©

16

DELIGHT / GETTY IMAGES ©

Tauchen

15 Zypern verfügt über großartige Tauchreviere mit perfekt temperiertem Wasser, ausgezeichneter Sicht, facettenreichem Unterwasserleben, Meereshöhlen, Riffen und Untiefen. Daneben laden Schiffswracks zu Erkundungstouren ein, die versandeten Ruinen, alten verlassenen Häfen und mangelhaften Navigationskünsten zu verdanken sind. Highlight ist die Zenobia (S. 37), die zu den zehn besten betauchbaren Wracks der Welt gehört und 1980 vor der Ostküste der Larnaka-Bucht sank. Wrack der Zenobia

Pide & Lahmacun

16 Bereits die Zubereitung dieser nordzyprischen Spezialitäten ist ein Augenschmaus. Der Teig wird gut durchgeknetet, mit Käse bestreut und mit Knoblauch verfeinert. Bei der Pide klappt man die Ränder nach oben, während Lahmacun, die flache Version, meist mit Rindfleischstückchen belegt und mit Zitronensaft gewürzt wird. Dann befördern türkische „Pizzabäcker" die Leckereien mit 1,2 m langen Schiebern in Kohleöfen und holen sie 15 Minuten später goldbraun und heiß wieder heraus. Auf Holztischen mit weißen Tischdecken serviert, sind sie ein echter Gaumenschmaus.

Antikes Kourion

17 Kourion (S. 60), seit der Jungsteinzeit besiedelt, florierte in der mykenischen, ptolemäischen, römischen sowie später der christlichen Epoche. Zyperns spektakulärste archäologische Stätte im Süden thront majestätisch auf einem Hügel über dem Meer und umfasst gut erhaltene, faszinierende Mosaiken, eine frühchristliche Basilika sowie ein atemberaubendes Amphitheater, in dem Opern aufgeführt werden. Nach Besichtigung der Anlage lockt ein erfrischendes Bad am nahe gelegenen Strand von Kourion mit den Ruinen einer Basilika aus dem 6. Jahrhundert.

HANS-PETER MERTEN / GETTY IMAGES ©

St.-Hilarion-Burg

18 Diese märchenhafte Festung (S. 176) soll Pate für den spektakulären Palast der bösen Stiefmutter in Walt Disneys Version von *Schneewittchen* gestanden haben. Ihre Ruinen setzen sich als zerklüftete Silhouette gegen die felsige Landschaft ab und versprühen den gotischen Charme des Hofs Lusignans, der hier einst im Sommer residierte. Zum Turm führt ein mühseliger Anstieg über steile Treppen, Gärten und ausgetretene Wege. Der eindrucksvolle Ausblick über das Meer bis zur anatolischen Küste passt hervorragend zum magischen Flair.

STEVE ALLEN / GETTY IMAGES ©

Gut zu wissen

Weitere Details siehe Allgemeine Informationen (S. 257)

Währung

Republik Zypern: Euro (€)
Nordzypern: Türkische Lira (TRY)

Sprache

Republik Zypern: Zypriotisches Griechisch, Englisch
Nordzypern: Türkisch

Visa

Für Aufenthalte von bis zu drei Monaten in der Republik Zypern sowie in Nordzypern sind keine Visa erforderlich.

Geld

Geldautomaten sind weit verbreitet. Die meisten Hotels, Restaurants und größeren Geschäfte akzeptieren Kreditkarten.

Handys

Handys mit Guthabenkarten gibt's schon ab 25 €. Lokale SIM-Karten sind überall erhältlich und können in europäischen Handys verwendet werden.

Zeit

Osteuropäische Zeit (GMT/UTC + zwei Stunden).

Reisezeit

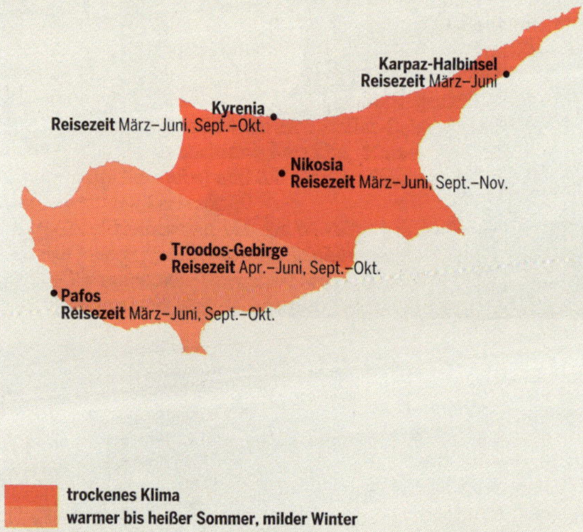

Hauptsaison (Juli–Aug., öffentliche Feiertage)

- Unterkünfte sind meist ausgebucht; die Preise steigen um bis zu 30 %.
- Die Strandresorts sind mit Familien überfüllt.
- Anstieg des Inlandstourismus.
- Temperaturen bis 40 °C möglich.

Zwischensaison (März–Juni & Sep.–Okt.)

- Ideale Reisezeit; schönes Wetter und weniger überfüllt.
- Perfekt für Outdooraktivitäten, v. a. Wanderungen und Radfahren im Troodos.
- Im April und Mai blühen im Inland Wildblumen.

Nachsaison (Nov.–Feb.)

- Skifahren im Troodos-Gebirge.
- Das Klima kann feucht oder angenehm mild sein.
- Einige Hotels und Restaurants in den großen Ferienorten sind geschlossen.

Websites

Lonely Planet (www.lonelyplanet.com/cyprus) Allgemeine Infos, Hotelbuchungen, Forum und mehr.

Cypnet (www.cypnet.com) Infos zu Geschichte, Unterkünften, Restaurants und mehr.

Cyprus Tourism Organisation (www.visitcyprus.org.cy) Offizielle Seite der Tourismusorganisation der Republik Zypern (CTO); allgemeine Infos.

Go North Cyprus (www.gonorthcyprus.com) Hier findet man online Flüge, Hotels und Pauschalreisen.

Wichtige Telefonnummern

Landesvorwahl Republik Zypern	357
Landesvorwahl Nordzypern	90 392
Internationale Vorwahl	00
Krankenwagen	199, 112
Polizei	155

Wechselkurse

Nordzypern

Eurozone	1 €	2,83 TRY
Schweiz	1 SFr	2,34 TRY

Aktuelle Wechselkurse siehe www.xe.com.

Tagesbudget

Günstig: unter 60 €

- Zimmer im Budgethotel (mit Gemeinschaftsbad): 25–35 €
- Hervorragende Märkte und Supermärkte für Selbstversorger
- Auf Museen mit freiem Eintritt und kostenlose Führungen der Touristeninfos achten

Mittelteuer: 60–120 €

- Doppelzimmer im Mittelklassehotel: 60 €
- Drei-Gänge-Menü in gutem Restaurant: 25 € plus Wein
- Die besten Museen, Galerien und Sehenswürdigkeiten: durchschnittlich 5 €

Teuer: mehr als 120€

- Luxushotelzimmer: 120 €
- Mittags und abends gehobene Restaurants besuchen: 110 €
- Mietwagen ab 3 € pro Tag

Öffnungszeiten

Die folgenden Öffnungszeiten gelten für die Hauptsaison (restliches Jahr meist kürzer). Wenn nicht anders angegeben, treffen sie gleichermaßen für den Norden und Süden des Landes zu, sind insgesamt aber nur ein allgemeiner Anhaltspunkt.

Banken Republik Zypern: Mo–Fr 8.30–12.30, Mo auch 15.15–16.45 Uhr. Nordzypern: Mo–Fr 8–12 & 14–17, Sa & So 8–12 Uhr

Ausgehlocations Do–So 21–3 Uhr

Restaurants tgl. 11–14 & 19.30–23 Uhr

Geschäfte Mo–Fr 9–19, Mi ab 14 Uhr geschl., Sa 9–14 Uhr

Touristeninformationen Mo–Fr 8.30–14.30 und 15–18.30, Sa & So 8.30–14.30 Uhr

Ankunft auf Zypern

Flughafen Larnaka Busse: von 6.20 bis 21 Uhr (im Winter 17.45 Uhr) bis zu sieben mal pro Tag. Taxis: 15–20 €, ca. 10 Min.

Flughafen Pafos Busse: vom Flughafen täglich um 7.30 und 18.30 Uhr. Taxis: 25 €, ca. 20 Min.

Flughafen Ercan Nur Flüge aus der Türkei. Nach Kyrenia, Nord-NiKosia (Lefkoşa) und Famagusta fahren regelmäßig Shuttle-Busse.

Unterwegs vor Ort

Das kleine Zypern lässt sich ohne Probleme erkunden. Die Straßen sind in bestem Zustand und gut ausgeschildert, und der Verkehr läuft meist flüssig. Öffentliche Verkehrsmittel beschränken sich auf Busse und Service-Taxis (Taxi-Limousinen mit festen Routen). Im Norden und Süden des Landes gibt's weder ein Zugnetz noch Inlandsflüge.

Autofahren auf Zypern

Immer defensiv fahren! Zypern hat eine der höchsten Unfallraten Europas, meist bedingt durch rücksichtsloses Verhalten. In der Republik verbinden *autopistas* (Autobahnen) den Flughafen mit Ferienorten und Städten, auch die übrigen Fernstraßen sind gut ausgebaut. Wer die Umgebung des Troodos-Gebirge erkunden will, sollte ein Auto mit mindestens 1600 cm^3 wählen, um die landschaftlich reizvollen steilen, kurvenreichen Straßen zu bewältigen. Außer in Ferienorten an der Küste und großen Städten findet man problemlos einen Parkplatz am Straßenrand. In der Hochsaison sollte man Mietwagen lange im Voraus buchen. Und nicht vergessen – in Zypern fährt man links!

Mehr Infos siehe **Unterwegs vor Ort**, S. 266

Was gibt's Neues

Kings Avenue Mall, Pafos

Das größte Einkaufszentrum (S. 95) auf Zypern wurde im November 2013 eröffnet. Es umfasst etwa 200 Geschäfte, Restaurants und Cafés sowie ein Multiplex-Kino.

Budgetunterkünfte, Kyrenia

Kyrenia hat zwei neue Schlafsaal-Unterkünfte für Budgettraveller: Cyprus Dorms und das Hotel Nostalgia bieten saubere Übernachtungsmöglichkeiten für 12 €/Nacht (S. 219).

Neuer Jachthafen auf der Karpaz-Halbinsel

Der viele Millionen Dollar teure Jachthafen Karpaz Gate Marina in Yenierenköy (S. 202) ist eröffnet und ein neues Ziel für Jachtbesitzer, die auf Karpas anlegen wollen.

Küstenpfad, Pafos

Vor Kurzem wurde ein schöner Küstenpfad (S. 91) fertiggestellt, der sich von der Burg Pafos etwa 5 km um die Landspitze zur Coral Bay erstreckt.

Plateia Eleftherias, Nikosia (Lefkosia)

Bald wird der berühmte Platz (S. 148) bei der venezianischen Mauer um Spazierwege und eine Grünfläche mitten im Stadtzentrum erweitert.

Craftbier-Brauerei, Tsada

Seit 2013 die Aphrodite's Rock Brewery (S. 91) in Tsada (Pafos) eröffnete, sind Craftbiere nun auch auf Zypern angekommen. Vor Ort kann man sämtliche Biere kosten und an einer Brauereiführung teilnehmen.

AG Leventis Gallery, Nikosia

Das bedeutende neue Kunstmuseum (S. 138) zeigt Gemälde von alten Meistern wie Murillo, El Greco und Gainsborough bis hin zu berühmten Impressionisten wie Monet, Renoir und Sisley. Es beinhaltet auch eine eindrucksvolle Sammlung von Werken griechischer und zypriotischer Künstler.

Cyprus Walking Festival

Von März bis Anfang April 2014 fand das erste jährliche Cyprus Walking Festival (S. 23) statt, das von der Tourismusbehörde Zyperns organisiert wird. Es gibt geführte Wanderungen in den Regionen um Pafos, Agia Napa und Nikosia sowie im Troodos-Gebirge. Hin- & Rücktransport werden bereitgestellt.

Cyprus Wildlife Ecology

Dieses neue Tourunternehmen (S. 171) wird von zwei Ökobiologen geführt, die sich auf Vogelbeobachtung und nachhaltigen Tourismus spezialisieren.

Neue Hauptstadt-Cafézone, Nicosia

Rund um den Plateia Faneromenis in der Altstadt Nikosias hat sich eine lebendige Cafészene entwickelt. Der hübsche Platz ist von zahlreichen Cafés und Coffee Shops gesäumt, deren Inhaber von den absichtlich niedrigen Mieten angezogen werden (S. 144).

Weitere Informationen und Empfehlungen unter lonelyplanet.com/cyprus

Wie wär's mit …

Archäologie

Herausragende antike Stätten machen Zypern zu einem großartigen Ziel für Hobbyarchäologen und Geschichtsfans.

Antikes Salamis Zyperns berühmteste Stätte besticht durch beeindruckende römische Monumente, darunter ein antikes Theater (S. 195).

Archäologische Stätte Pafos Diese Überreste einer Stadt aus dem 4. Jh. v. Chr. sind schlichtweg umwerfend (S. 86).

Königsgräber Die gut erhaltenen unterirdischen Grabstätten und Kammern laden zu einer Erkundungstour ein (S. 86).

Antikes Kourion Noch heute finden im Amphitheater von Kourion Konzerte unterm Sternenzelt statt (S. 60).

Hrysopolitissa-Basilika & Paulussäule Die eindrucksvolle Stätte umfasst u. a. das Fundament einer Basilika aus dem 4. Jahrhundert (S. 88).

Strände

Die Strandwahl hängt u. a. davon ab, ob einem Kieselsteinchen oder Sand zwischen den Zehen lieber sind.

Lara-Strand Der spektakulärste Strand der Republik lockt mit Kalksteinfelsen und goldenem unberührtem Pulversand (S. 175).

Petra tou Romiou Zyperns berühmteste Sandfläche ist auch als Aphroditefelsen & -strand bekannt (S. 59).

Golden Beach (Nangomi-Bucht) Zyperns längster Strand mit kilometerweise Sand, hügeligen Dünen und Wildeseln (S. 201).

Feigenbaumbucht Der Strand in Protaras mit exzellenten Einrichtungen für Familien eignet sich bestens zum Baden und Schnorcheln (S. 129).

Kunst & Kunsthandwerk

Traditionelles Kunsthandwerk floriert. Wie wär's mit hübschen Stickereien, geschnitzten Backgammonspielen und aufwendig gestalteten Flechtkörben?

Zyprisches Kunsthandwerkszentrum *Die* Adresse für Souvenirjäger in Nikosia (Lefkosia) schlechthin (S. 147).

Chrysaliniotissa-Kunsthandwerkszentrum Verschiedene Ateliers um einen zentralen Hof (S. 138).

Büyük Han Traditionelle osmanische Herberge mit Kunsthandwerksateliers in Nord-Nikosia (Lefkoşa) (S. 156).

Lefkara Viele winzige Läden mit Spitzenarbeiten und hiesigen Köstlichkeiten (S. 121).

Wein

Zyperns Winzertradition reicht bis in die Antike zurück.

Weinrouten Die Touristenbroschüre der Republik enthält sechs Weinrouten.

Weinfest in Lemesos Diese jährliche Veranstaltung schafft einen fröhlichen Rahmen für die Verkostung heimischer Weine (S. 52).

Rund um Omodos Die Weindörfer rund um Omodos an der Südwestseite des Troodos-Gebirges laden zu einer Erkundungstour ein (S. 77).

Zyprisches Weinmuseum Die perfekte Adresse, um hiesige Tropfen zu kosten und kennenzulernen (S. 50).

Verwöhnprogramm

Wer sagt schon Nein zu einer Schokoladenmassage bei Kerzenlicht und Räucherstäbchenduft?

Ayii Anargyri Natural Healing Spa Resort Das großartige Spa mit fantastischen Anlagen und Behandlungen hat verschiedene Angebote für Nicht-Gäste (S. 214).

Büyük Hammam Traditionelles türkisches Bad in Nord-Nikosia mit luxuriösen Behandlungen und Massagen (S. 161).

Aphrodite Boat Charters & Fishing Veranstaltet Ausflugsfahrten für bis zu zwölf Personen zu idyllischen, abgelegenen Buchten an der eindrucksvollen Küste von Kyrenia (S. 171).

Cyprus Yacht Charters Der professionelle Anbieter verleiht hochpreisige Privatjachten samt Kapitän und Mannschaft.

Annabelle Die Zimmer der exklusiven Unterkunft in Pafos haben teils eigene Tauchbecken. Zudem gibt's klassischen englischen Nachmittagstee (S. 213).

Gaumenfreuden

In Zypern findet man einige leckere Speisen, die von griechischen, türkischen und orientalischen Einflüssen geprägt sind (S. 32).

Fruchtsäfte Die Gelegenheit, frisch gepresste Leckereien an einer Saftbar zu kosten, darf man sich nicht entgehen lassen.

Kebabs mit allem Die Spezialität des Nordens setzt neue Maßstäbe.

Pizza Zyperns Version nennt sich Pide: Der Teig wird mit gewürztem Fleisch oder Fisch sowie Schmelzkäse belegt. Einfach lecker!

Meeresfrüchte-Meze Probierhäppchen von Köstlichkeiten aus dem Meer wie Rotbarbe, Garnelen und Tintenfisch.

Haloumi (auf Griechisch; Helimi auf Türkisch) Der Käse aus Ziegen- oder Schafsmilch schmeckt gebraten oder gegrillt. Ein tolles Mitbringsel!

Loukoumi Im Westen als „Türkische Köstlichkeit" bekannt; besonders lecker ist die Version mit Pistazien und Mandeln.

Straßenrestaurant

Traditionelle Webkunst

Monat für Monat

TOP EVENTS

Karneval in Lemesos, Februar

Internationales Kunst- und Kulturfest in Famagusta, Juli

Musikfestival in Bellapais, Mai

Weinfest in Lemesos, September

Olivenfest in Kyrenia, Oktober

Januar

Normalerweise ist der Januar ziemlich mild, wobei die schneebedeckten Gipfel des Troodos-Gebirges zum Skifahren einladen. Der Tourismus hält in dieser Zeit Winterschlaf, deshalb haben manche Restaurants und Hotels geschlossen.

Kultur-Winter in Agia Napa

Jeden Donnerstag um 20 Uhr sind in der Stadthalle von Agia Napa (www.agianapa.org.cy) kostenlose Konzerte, Vorträge und Tanzvorführungen zu sehen.

Februar

Das gemäßigte, teilweise allerdings recht regnerische Wetter eignet sich hervorragend für ausgiebige Rad- und Wandertouren. Feuchtfröhliche Karnevalsfeiern bringen jede Menge Stimmung und gute Laune auf die Insel.

Karneval in Lemesos

Faschingsumzüge, Festzugswagen und viele Partys: Der Karneval in Lemesos (www.limassolmunicipal.com.cy/carnival) ist ein wunderbares Fest für Familien.

Karnevalsumzug für Kinder

Drei Tage nach Beginn des Karnevals in Lemesos verkleiden sich die lieben Kleinen und ziehen entlang der Küste von Lemesos.

Kathara Deftera

Am ersten Tag der Fastenzeit genießen die griechischen Zyprer im Süden ihren freien „reinen Montag“ auf dem Land und veranstalten vegetarische Picknicks – eine unübliche Gaumenfreude auf der Insel der Fleischliebhaber.

März

Zu dieser Jahreszeit blühen mehr als 32 endemische Wildblumenarten, darunter sogar Orchideen. Vogelbeobachtungs- und Wandertouren sowie der ein oder andere entspannte Tag am Strand versprechen einen schönen Frühjahrsurlaub.

Internationales Dokumentarfilmfest in Nikosia

Auf dieser hervorragenden Veranstaltung (www.filmfestival.com.cy) werden ausgewählte Dokumentarfilme gezeigt, und man erhält Einblick in die zyprische Gesellschaft.

Cyprus Walking Festival

Das Cyprus Walking Festival (www.visitcyprus.com) bietet seit 2014 für Wanderer jeder Kondition speziell angelegte, beschilderte Wege sowie Touren in den Regionen Akamas und Famagusta sowie im Troodos-Gebirge. Der Transport ist kostenfrei.

April

Die klimatischen Bedingungen sind meist wunderbar, doch rund um die Ostertage strömen zahlreiche Besucher auf die Insel, außerdem steigen jetzt die Flug- und Hotelpreise.

Osterumzüge

In der Osterwoche stehen vor allem feierliche Umzüge mit religiösen Festwagen samt kunstvollem Blumenschmuck und ein spektakuläres Abschlussfeuerwerk auf dem Programm. Ostern ist das wichtigste religiöse Fest für griechische Zyprer.

Mai

Weitgehend leere Strände, Durchschnittstemperaturen von 26 °C und Abendessen unter freiem Himmel sorgen für einen tollen Urlaub.

Musikfestival in Bellapais

Am 21. Mai finden in der städtischen Abtei im Rahmen des Musikfestivals (www.bellapaisfestival.com) Konzerte und Vorträge statt.

Juni

Mit durchschnittlich elf Sonnenstunden pro Tag lässt das Wetter keine Wünsche offen. Die Hochsaison wird eingeläutet, deswegen sollte man Unterkünfte möglichst früh buchen.

Oldtimerrennen

Anfang Juni folgen die Teilnehmer der Aphrodite-Oldtimerrallye (www.fipa-cyprus.org.cy) einer 300 km langen Route.

Kataklysmos-Fest

Beim für die sonnige Jahreszeit besonders passenden traditionellen Fest *kataklysmos* (Griechisch für „überschwemmen") wird an Noah und seine Flucht vor der Sintflut erinnert. Wasserscheu zeigt man sich bei den vergnüglichen Wasserkämpfen und -aktivitäten in Larnaka jedoch nicht.

Orangenfest in Güzelyurt

Seit 1977 bietet das Fest am Monatsende Spezialitäten, Getränke, Gesang und Tänze aus der Gegend sowie verschiedene Wettbewerbe für den Dorfnachwuchs. Die Region zählt zu den fruchtbarsten Landwirtschaftsgebieten Nordzyperns.

Juli

Die Hitze nimmt zu, doch in südlichen Urlaubsorten liegen die Durchschnittstemperaturen noch bei erträglichen 32 °C. Während dieser Zeit locken viele erstklassige Festivals Musikliebhaber auf die Insel.

Internationales Kunst- & Kulturfest in Famagusta

Das größte Festival des Nordens, das Internationale Kunst- und Kulturfest in Famagusta (www.magusa.org/festival), findet in der letzten Juliwoche im Othelloturm und auf dem Marktplatz in Famagusta sowie im antiken Salamis statt. Zu diesem Anlass gibt's Musik, Theater und Kunst.

August

Einen Schirm braucht man jetzt nur noch gegen die brennende Sonne, wobei die Temperaturen selten über 35 °C steigen. Der Höhepunkt der Reisesaison bedeutet gut besuchte Strände und erhöhte Preise.

Dorffeste

Im August werden besonders viele Dorffeste gefeiert. Am besten hält man nach Plakaten Ausschau oder erkundigt sich in den hiesigen Touristeninformationen nach genauen Terminen. Bei den alljährlichen Festen werden gute Laune, Livemusik, traditionelle Tänze sowie jede Menge Essen und Trinken geboten.

Weintraubenfest in Mehmetcik

Bei diesem kulinarischen Event in einem kleinen Dorf auf der Halbinsel Karpaz (Kırpaşa) gehören die Krönung der Weinkönigin und des Weinkönigs sowie bunte Volkstänze zum Programm.

Dokumentarfilmfestival in Lemesos

Das wunderbare kleine Dokumentarfilmfestival in Lemesos (www.filmfestival.com.cy) begeistert Cineasten mit den neuesten Dokumentationen und Lehrstunden bei Gastregisseuren.

RAMADAN

Während des bedeutsamen muslimischen Fastenmonats verzichten einige Einwohner im Norden tagsüber aufs Essen. Eid, der letzte Tag des Ramadan, steht im Zeichen des Fastenbrechens und Feierns. Das Datum des Ramadan variiert von Jahr zu Jahr und richtet sich nach dem islamischen Kalender.

September

Hitze und Hektik halten weiterhin an. Erholung vom Trubel in den Küstenorten bietet das Troodos-Gebirge im Inselinneren mit Weinverköstigungen, Picknicks und Herbstspaziergängen.

Weinfest in Lemesos

Einheimische und Touristen gleichermaßen feiern das Weinfest von Lemesos (www.limassolmunicipal.com.cy/wine) in den städtischen Gärten mit einer Menge Riechen, Schwenken und Probieren.

Aphroditefest in Pafos

Während des Aphroditefestes in Pafos (www.pafc.com.cy) werden an der Burg unter dem Sternenhimmel Opern und Konzerte aufgeführt.

Oktober

Mit seinen in Gold- und Rottönen gefärbten Bäumen und sehr angenehmen Temperaturen von rund 27 °C lädt das Troodos-Gebirge zu herrlichen Wandertouren ein.

Olivenfest in Kyrenia

Diese Veranstaltung in Kyrenia und im nahe gelegenen Zeytinlik zieht Besucher mit Folkloretänzen, Schattentheater und zahlreichen anderen interessanten Darbietungen an. Wer dabei ist, kann Oliven probieren und beim Pflanzen der Bäume behilflich sein.

Filmfest in Nikosia

Cannes verpasst? Dann ist das Filmfest in Nikosia (http://cyiff.cineartfestival.eu) am Monatsende mit kostenlosen Vorführungen genau das Richtige.

November

Wechselhaftes Wetter, aber auch ein paar klare Sommertage sind noch dabei. Der Veranstaltungskalender ist übersichtlich. Viele Hotels und Restaurants gehen jetzt in die Winterpause.

Cyprus International 4-Day Challenge

Die vier Rennen der jährlich stattfindenden International 4-Day Challenge (www.cypruschallenge.com) reichen vom Anfänger- bis zum Marathonniveau und führen über die eindrucksvolle Akamas-Halbinsel.

Dezember

Die Zyprer feiern im Kreise der Familie Weihnachten. Das Wetter zeigt sich von seiner launischen, aber insgesamt recht milden Seite. Es erlaubt den einen oder anderen Strandtag, auch wenn das Meer sehr kalt ist.

Silvester

Mitternächtliches Feuerwerk und Musik rund um Nikosias (Lefkosias) Plateia Eleftherias sowie in anderen Städten auf der Insel.

Reiseplanung

Reiserouten

2 WOCHEN Highlights der Republik Zypern

Diese Reiseroute führt zu den Höhepunkten der Insel und umfasst Strände, Shoppingziele, archäologische Stätten, bewaldete Gebirge und den urbanen Chic der Großstadt.

Die Tour beginnt in **Larnaka**. Bevor man die Stadt erkundet, erstmal die Füße an den lokalen Stränden ins Meer tauchen. Dann warten die herausragende Pierides Archaeological Foundation, Kunsthandwerk im früheren türkischen Viertel sowie leckere Meeresfrüchte-Meze in einem der Strandrestaurants. Am dritten Tag geht's nach **Nikosia (Lefkosia)** mit seinen Museen, Geschäften und traditionellen Restaurants im historischen Zentrum. Ein Muss ist auch die neue Kunstgalerie AG Leventis gleich vor den venezianischen Mauern. Anschließend lockt ein Frappé in einem der coolen neuen Coffee Shops auf dem Plateia Faneromenis abseits der Ledra Street. In einem Hamam (türkisches Bad) kann man zudem eine Massage genießen. Am fünften Tag unternimmt man im schattig-grünen **Troodos-Gebirge** Wanderungen, Radausflüge und Spaziergänge zu Tavernen sowie byzantinischen Kirchen.

Königsgräber (S. 86), Pafos

Auf dem Rückweg nach **Lemesos** bietet sich die Ausgrabungsstätte **Choirokoitia** an. In der zweitgrößten Stadt der Insel gibt's Sehenswürdigkeiten und tolle Restaurants. Man kann eine der Wandertouren machen, die von der Touristeninformation organisiert werden, oder sich das historische Stadtzentrum ansehen. Am nächsten Tag steht das nahe gelegene **antike Kourion** auf dem Programm. Die spektakuläre archäologische Stätte erstreckt sich auf einem Hügel und bietet tolle Sicht aufs Meer. Dann geht's zum Surfen und Baden zum mythischen **Petra tou Romiou** (Aphroditefelsen & -strand).

Der 11. Tag führt nach **Pafos**, mit seinen Mosaiken und geheimnisvollen Königsgräbern, aber auch zahlreichen Geschäften, Restaurants und Bars. Hier kann man übernachten und einen kühlen Cocktail in einer Strandbar genießen, Leute beobachten und die sommerlich-sonnige Atmosphäre des beliebten Urlaubsortes genießen. Am nächsten Tag geht's weg von den Massen zur **Akamas-Halbinsel**, wo traditionelle Agrotourismus-Unterkünfte und einige der schönsten Strände im Süden, z. B. der **Lara-Strand**, locken. Von Larnaka oder Pafos fliegt man schließlich zurück in die Heimat.

Golden Beach
(Nangomi-Bucht)
MITTELMEER
Büyükkonuk
Kantara-
Burg
Karpaz-
(Kırpaşa-)
Halbinsel
Morfou-
Bucht
Famagusta-
Bucht
Antikes
Salamis
Famagusta
Akamas-
Halbinsel
Zederntal
ZYPERN
Lara-
Strand
Ineia
Fyti
Kykkos-
Kloster
Troodos-
Gebirge
Larnaka-
Bucht
Larnaka
Korallen-
bucht
Lemesos
Episkopi-
Bucht
Akrotiri-
Bucht

STUART BLACK / GETTY IMAGES ©

Troodos-Gebirge (S. 64)

ANDY SCTIRIOU / GETTY IMAGES ©

Stadthaus in Lemesos (Limassol; S. 48)

10 TAGE

Von Karpaz nach Akamas: Die zwei Halbinseln bereisen

Diese Reiseroute führt vom Norden in den Süden Zyperns und bietet eine spannende Reise zu beiden Halbinseln, die über einige der schönsten Strände des Landes (und die berühmten Schildkröten) verfügen.

Vom Flughafen Larnaka geht's auf zur **Halbinsel Karpaz (Kırpaşa)**. Die Spitze der Insel verfügt über herrliche leere Strände mit weichem, goldenem Sand. Schildkröten legen ihre Eier am **Golden Beach (Nangomi-Bucht)** ab, wo ein staatliches Schutzprojekt eingerichtet wurde. Durch die Felder streifen wilde Esel. Zwei Tage sollte man mindestens bleiben, das Ökodorf **Büyükkonuk** besuchen und die **Kantara-Burg**.

Zurück nach Süden führt die Route über das **antike Salamis**, die beeindruckendste archäologische Stätte des Nordens. Nach einem Sprung ins Meer ist es Zeit fürs Mittagessen im nahe gelegenen **Famagusta**, dessen ummauerte Altstadt stimmungsvolle Restaurants beherbergt. Übernachtet wird in **Larnaka**, wo man den trubeligen Stadtalltag erleben und im stimmungsvollen türkischen Bezirk Kunsthandwerk direkt in den Werkstätten kaufen kann. Man sollte auch den faszinierenden Salzsee besuchen, ein Magnet für Zugvögel wie Flamingos. Der nächste Tag führt weiter nach **Lemesos** mit seiner stilvollen Altstadt, in der elegante Lokale zum Abendessen einladen. Von dort bricht man am nächsten Morgen ins Inland zum **Troodos-Gebirge** auf, um durch die reizvolle Landschaft zu streifen. Mit ihren vier markierten Wegen bietet die Gegend hervorragende Wandermöglichkeiten. Nach ein oder zwei Nächten in den Bergen geht's auf dem Naturlehrpfad durch das **Zederntal** mit einer besinnlichen Pause im **Kykkos-Kloster**.

Im hübschen **Fyti** kann man in der Taverne essen und eine Stickerei als Souvenir kaufen. Die Nacht verbringt man bei Vogelgezwitscher in einer der Agrotourismus-Unterkünfte. Auf der Weiterfahrt lohnt ein Halt in traditionellen Dörfern wie Simou, Drouseia und **Ineia**. Anschließend geht's westwärts zum herrlichen **Lara-Strand**, an dem ebenfalls Schildkröten schlüpfen. Jetzt ist die **Akamas-Halbinsel** erreicht. Vor Ort kann man wandern, in das ländliche Leben der Region eintauchen und an den herrlich wilden, windumtosten Stränden baden.

1 WOCHE

Die Essenz von Nordzypern

Auf dieser straff organisierten Reise entdeckt man die Highlights von Nordzypern, besucht malerische Buchten, wilde Landschaften und hübsche Strände und besichtigt außergewöhnliche Bauwerke, Denkmäler und Ruinen. Auch das Stadtleben kommt nicht zu kurz.

Erste Station nach Landung am Flughafen Ercan ist **Kyrenia**, eine traditionelle Mittelmeerstadt mit Hafenfestung und byzantinischer Burg. Für zwei oder drei Nächte direkt am Ufer lohnt es sich, etwas tiefer in die Tasche zu greifen. Bei einer Wanderung über den Kyrenia-Bergpfad erlebt man die Schönheit der Region hautnah. Wer sich lieber entspannen will, kann auch eine Rundfahrt auf einem türkischen *gulet* (traditionelles Holzschiff) machen oder einen der unberührten Sandstrände rund um die Stadt erkunden. Die beste Aussicht auf die umliegenden Gipfel bietet die Augustinerabtei **Bellapais** (**Beylerbeyi**). Nach einer Übernachtung geht's zur märchenhaften **St.-Hilarion-Burg**. Hier sollte man unbedingt den Turm besteigen, von dem man an klaren Tagen bis zum Taurus-Gebirge in der 100 km entfernten Türkei blicken kann. Anschließend fährt man weiter nach Kyrenia und die Nordwestküste entlang. Unterwegs stoppt man im hübschen **Lapta** (**Lapithos**) mit seinen grünen, dicht belaubten Gassen und traditionellem Charme. Dann lockt ein Halt am windumtosten **Horse Shoe Beach** mit seinen erstklassigen Fischrestaurants. Geschichtsinteressierte können einen Abstecher zu den faszinierenden antiken Stadtkönigreichen Vouni und Soloi unternehmen, ansonsten bricht man nun auf nach **Nord-Nikosia** (**Lefkoşa**). Hier erwarten einen die Altstadt mit ihren Highlights wie dem Büyük Han und der Selimiye-Moschee sowie eine Massage im Büyük-Hamam und ein entspanntes Mittagessen in einem der exzellenten Restaurants (oder ein schneller Happen an einem Kebabstand). Danach geht's ins aufregende **Famagusta** mit seinen venezianischen Wällen, verfallenden gotischen Bauwerken und Zyperns besterhaltenem Lusignan-Monument, der Lala-Mustafa-Paşa-Moschee. Von dort fährt man auf die bezaubernde **Karpaz-(Kırpaşa-) Halbinsel**. Hier entspannt man an den Stränden und verbringt eine Nacht in einem der rustikalen, charmanten Hotels, ehe man über das alte Salamis wieder zum Flughafen Ercan reist.

LATITUDESTOCK - TTL / GETTY IMAGES ©

Bellapais-Abtei (S. 178)

DOUG PEARSON / GETTY IMAGES ©

Hafen von Kyrenia (S. 169)

MITTELMEER
Lapta
(Lapithos)
Horse Shoe
Beach
Kyrenia
Bellapais
(Beylerbeyi)
St.-Hilarion-
Burg
Karpaz-
(Kırpaşa-)
Halbinsel
Morfou-
Bucht
Nord-Nikosia
(Lefkoşa)
Famagusta-
Bucht
Famagusta
Larnaka-
Bucht
Korallen
bucht
Episkopi-
bucht
Akrotiri-
bucht

Reiseplanung

Essen & Trinken auf Zypern

Ein echtes Highlight Zyperns ist die facetten- und aromenreiche Küche. Die Inselbewohner lieben ihr Essen und messen ihm große Bedeutung bei. Zu Feiern und Familientreffen gehören häufig auch einzigartige und unwiderstehliche Meze auf kleinen Tellern an langen Tischen.

Saisonale Küche

Frühjahr (Feb.–April)

Eine tolle Zeit für wärmendes *kleftiko* (Lammbraten). Im Frühling stehen wilder Fenchel und Spargel sowie *koupepia* (junge Weinblätter mit Fleisch- und Fischfüllung) auf der Speisekarte. In der Fastenzeit genießt man Traditionelles wie *spanakopita* (Spinat und Eier, gewickelt in hauchdünnen Filoteig); das wichtigste Gericht an Ostern ist *souvla* (Grillfleisch); dazu gibt's *flaounes* (herzhafte Kuchen aus Käse, Eiern, Gewürzen und Kräutern).

Sommer (Juli–Sept.)

Jetzt ist die Zeit für frische Früchte wie Feigen, Mangos, Pfirsiche, Birnen und Pflaumen. Im September läutet das Weinfest in Lemesos den Herbst ein.

Herbst & Winter (Okt.–Dez.)

Die kulinarische Saison beginnt mit der Olivenernte beim alljährlichen Olivenfest in Kyrenia, danach locken frisch gesammelte Wildpilze, Artischocken, Avocados und Wintergemüse. In der Vorweihnachtszeit türmen sich in den Bäckereien *kourabies* und *melomakarona* (Mandel- und Honigkekse), während die Familien an Weihnachten traditionell selbst *loukanika* (Würstchen aus Lamm- und Schweinefleisch) herstellen und räuchern..

Gourmetziele

Es gibt zwar keine großen regionalen Unterschiede innerhalb der Republik und Nordzypern, doch die türkischen und griechischen Einflüsse des Nordens und Südens sorgen für eine tolle Vielfalt. Wer traditionelle Küche probieren will, sollte Restaurants auswählen, die von vielen Einheimischen besucht werden. Auf der Akamas-Halbinsel bekommt man die besten Fischgerichte und Meeresfrüchte.

Regionale Spezialitäten

Republik Zypern

Man sollte nach folgenden traditionellen Gerichten Ausschau halten. Einige davon sind auch auf den Meze-Platten enthalten.

- **dolmades** gefüllte Weinblätter (gefülltes Gemüse wie Tomaten, Auberginen und Kürbisse ist ebenfalls beliebt)
- **guvech** Schmorgericht mit Fleisch (traditionell Rind oder Lamm), Zucchini, Auberginen, Kartoffeln, Knoblauch und Zwiebeln
- **koupepia** mit Fleisch und Reis gefüllte junge Weinblätter, in Tomatensoße gebacken
- **louvia me lahana** mit schwarzen Bohnen gekochtes Blattgemüse plus Olivenöl und frischem Zitronensaft

- **melintzanes yiahni** leckerer Auflauf aus Auberginen, Knoblauch und frischen Tomaten
- **mucendra** Beilage aus Linsen, gebratenen Zwiebeln und Reis
- **ofto** einfaches Gericht mit gebratenem Fleisch und Gemüse
- **pilaf** in Hühnerbrühe und mit gebratenen Zwiebeln gedünsteter Weizenschrot plus Naturjoghurt; wird oft zu Fleisch und Gemüse gegessen
- **souvla** große Fleischstücke (meist Lamm), die an langen Spießen über Kohle gegrillt werden
- **spanakopita** Mischung aus Spinat, Feta und Eiern, die in hauchdünnen Filoteig gewickelt wird
- **stifado** Eintopf mit Rind- oder Hasenfleisch und in Essig und Wein geschmorten Zwiebeln
- **tava** Schmorgericht mit Lamm, Rind, Tomaten, Zwiebeln, Kartoffeln und Kumin; wird in einem Tontopf zubereitet
- **trahana** Mischung aus Weizenschrot und Joghurt; beliebtes Frühstück
- **yemista** mit Reis und Fleisch gefüllte Zucchini

Nordzypern

Vorsicht bei der Restaurantwahl in touristischen Orten wie Kyrenia. Fischliebhaber sollten in Küstenorten aufpassen, da die Preise oft in Gramm angegeben sind.

- **adana kebab** Kebab mit Cayennepfeffer
- **adana köfte** würzige gegrillte Kalbs- oder Lammbällchen mit Petersilie, Kumin, Koriander und Zwiebeln
- **dolmades** fleischlose türkische Variante, mit Reis, Johannisbeeren und Pinienkernen gefüllt

VEGANER &VEGETARIER

Der Vegetarismus kommt langsam auch auf Zypern an, v. a. in Nikosia (Lefkosia) mit seiner kosmopolitischen Bevölkerung. Viele Tavernen servieren auch vegetarische Meze, und selbst wenn nicht, sind in der traditionellen Meze immer auch vegetarische und vegane Gerichte enthalten. Orientalische Speisen wie Hummus, Falafel und Tabouleh sind auf der ganzen Insel erhältlich. In den meisten Städten gibt's zudem hervorragende Obst- und Gemüsemärkte, wo man sich mit regionalen Früchten eindecken kann, und auch Bioläden werden (vor allem in der Republik) immer beliebter.

- **kebab** Fleisch (meist Lamm, es gibt aber auch Hühnchen- und Fischvarianten) in Fladenbrot mit Salat; wird oft mit *ayran*, einem kühlen, erfrischenden Joghurtgetränk, serviert
- **lahmacun** eine Art Pizza mit knusprigem dünnem Boden sowie einem Belag aus würzigem Lammhack und frischer Petersilie
- **patlıcan** Kebab mit Hackbällchen und Aubergine
- **pide** im Holzofen gebackener Teig mit würzigem Fleisch oder Fisch und Käse
- **şiş köfte** an einem Spieß gegrilltes Fleisch
- **urfa kebab** Kebab mit Zwiebeln und schwarzem Pfeffer

Esskultur

Essenszeiten

Zyprer nehmen drei Mahlzeiten pro Tag zu sich. Am wichtigsten ist das Abendessen.

Frühstück Gegen 8 Uhr gibt's Oliven, gegrillten oder frischen Halloumi (auf Griechisch; helimi auf Türkisch), Brot, Tomaten und natürlich Kaffee.

Mittagessen Wird gegen 14 oder 15 Uhr eingenommen und dauert nicht länger als eine Stunde. Sonntags treffen sich dagegen ganze Familien zu Hause oder in Restaurants, um drei bis vier Stunden zu schlemmen und sich zu unterhalten.

Abendessen Ab etwa 21 Uhr. Jetzt wird es auch in den Restaurants richtig voll. Abends kommt Meze auf den Tisch, das sich mindestens zwei, meist aber eher zehn Leute miteinander teilen. Dabei werden die Gerichte lautstark herumgereicht – wer mitisst, sollte deshalb keine Zurückhaltung an den Tag legen, wenn er etwas vom anderen Tischende probieren möchte.

Wohin zum Essen?

Wenn die griechischen Einwohner nicht bei sich zu Hause essen, gehen sie in eine *taverna*. Dabei kann es sich sowohl um eine einfache Dorfkneipe als auch um ein gehobenes Lokal mit traditionellem Touch handeln. *Psistarias* sind auf Souvlaki spezialisiert, während in *psarotavernas* vorwiegend Fischgerichte auf den Tisch kommen.

Jeder Ort in der Republik, der etwas auf sich hält, hat ein *kafeneio*, das ausschließlich von (älteren) Männern besucht wird.

FÜR NASCHKATZEN

Zyprische Desserts vereinen die reichen Aromen der Türkei und des Orients in sich. Trotz dieser süßen Leckereien wird auf der Insel hauptsächlich Obst als Nachtisch serviert.

- **baklava** mit Honig und Nüssen gefüllter Filoteig
- **galatopoureko** süßes, klebriges Gebäck mit Cremefüllung
- **irmik kurabiyesi** Grießkekse mit Nussfüllung
- **kandaifi** (auf Griechisch; *kadaif* auf Türkisch): eingerollte dünne Blätterteigfäden
- **katméri** eine Art Crêpe mit Banane, Honig und Creme
- **lokma** Fettgebäck mit Sirup
- **mahalepi** (auf Griechisch; *muhallebi* auf Türkisch): aromatischer orientalischer Reispudding mit Rosenwasser und Pistazien
- **shammali** Joghurt-Grieß-Kuchen
- **tahinli** Tahina-Brötchen

Dort gibt's Kaffee und Snacks wie Halloumi, Tomaten und Oliven.

Meyhanes sind türkische Kneipen, in denen u. a. Meze, Fleisch- und Fischgerichte sowie jede Menge *raki* auf den Tisch kommen. Im Norden steht *lokanta* für ein informelles Restaurant, während *restoran* die gehobene Variante bezeichnet. Die Gerichte in *hazir-yemek*-(„Fertigessen"-) Restaurants isst man am besten früh am Tag, wenn sie noch frisch sind. In *kebapči* (Kebab-Imbissen) und *oakbaş* (Kebab-Imbissen mit Grillstelle) werden die Kebabs vor den Augen der Kunden zubereitet.

Ein kulinarisches Muss sind *pastanes* (Konditoreien), die Naschereien wie *kiru* (Kekse), Kuchen und supersüßes *baklava* verkaufen. Vorsicht: *pasta* (Gebäck) nicht mit *makarna* (Nudeln) verwechseln!

Preiswert genießen

Zum traditionellen Fast Food auf der Insel gehören Kebabs und Souflakis. Dafür wird Fleisch gegrillt und in Pita- oder Fladenbrot gefüllt sowie mit einem großen, mit Zitronensaft verfeinerten Salat serviert.

Internationale Küche

Viele Restaurants sind auf internationale Gerichte spezialisiert. Neben dem üppigen Standardfrühstück im britischen Stil (angeblich hilfreich bei Katerstimmung) gibt's hier auch leckere, einfache Snacks wie gefüllte Ofenkartoffeln oder getoastete Sandwiches.

Getränke

Besonders empfehlenswert sind Saftbars, in denen Mangos, Papayas, Erdbeeren oder Guaven zu Vitaminbomben kombiniert und zu einem sehr fairen Preis verkauft werden.

Wer etwas Stärkeres braucht, macht es wie die Einheimischen, die gern in Bars gehen und zu den Mahlzeiten Wein aus der Region trinken. In Zypern werden Rot-, Weiß- und Roséweine sowie der berühmte süße Dessertwein *Commandaria* produziert. Auch Spirituosen sind beliebt, v. a. der berühmte Anisschnaps Ouzo und der stärkere, auf Trauben basierende Zivania.

Beliebtester Cocktail ist der zyprische Brandy Sour, der oft als Nationalgetränk gilt und eine bizarre Geschichte hat. Der junge (muslimische) König Ägyptens, Farouk, besuchte häufig das Forest Park Hotel in Platres und trank wohl immer Brandy Sour, da er wie Eistee aussah; doch diese Mischung weicht leicht vom Original ab.

Bierfans trinken gern die günstige lokale Marke Keo, auch wenn importierte Biere erhältlich sind. Beliebt ist zudem der Magenbitter im Yorkshire-Stil aus der Craftbier-Brauerei Aphrodite's Rock Brewery (S. 91).

Das Leitungswasser ist sauber und kann problemlos getrunken werden; man kann es in jedem Restaurant bestellen, ohne für seltsame Blicke zu sorgen. Die Einheimischen bevorzugen jedoch abgefüllte Flaschen, da das Wasser sehr hart ist – manche Leute glauben, dass man bei übermäßigem Genuss Nierensteine davon bekommt. In Nord-Nikosia (Lefkoşa) ist es allerdings ratsam, Tafelwasser zu trinken.

Meze

Aufgepasst, hier kommt ein kulinarischer Angriff der leckeren Art mit rund 30 verschiedenen Gerichten. Die kleinen Portionen erscheinen harmlos, kommen jedoch ohne Pause auf den Tisch und versprechen neben gewissen Verdauungsbeschwerden unvergessliche kulinarische Momente.

Meze ist die Kurzform von *mezedes* („kleine Köstlichkeiten") und bei den Griechen als auch den Türken beliebt. Fast nie wird es für nur eine Person serviert: Zwei sind das Minimum, und ab drei steht einem wunderbaren Gelage nichts mehr im Weg. Am besten probiert man Meze in einer großen Gruppe, da das gemeinsame Essen einfach dazugehört. Beim Herumreichen der Leckereien und dem lauthals verkündeten Wunsch nach mehr Tahini oder Brot auf der anderen Tischseite teilt man mit den Zyprern eine tolle Erfahrung.

Los geht's mit Oliven, Salat und Brot sowie Tahini, Taramosalata, *talatouri* (Tzatziki) und Hummus zum Dippen. Am besten lässt man es langsam angehen, nimmt etwas Brot, einige Oliven und etwas Salat.

Als Nächstes folgt Gemüse, das mit Zitrone verfeinert oder pur, eingelegt und mit Halloumi serviert wird. Dann kommen Würste und zyprische *lountza* (aus geräuchertem Schweinefilet). Hier gilt: Gemüse essen und nur ein bisschen Wurst und Käse probieren, denn die großen Kaliber folgen noch.

Jetzt ist Fleisch im Anmarsch (Vegetarier können mancherorts auch vegetarisches Meze bestellen). Es gibt eine Armada aus Lamm, Hühnchen, Rind- und Schweinefleisch sowie Souvlaki, *kleftiko*, *sheftalia* (würzige Grillwürstchen), Fleischbällchen und Räucherfleisch. Bei der Fischvariante reicht die Bandbreite von Zackenbarsch und Rotbarbe über Garnelen bis zu Oktopus und *calamari* (Tintenfisch).

Zum Abschluss serviert der Kellner frisches Obst und Gebäck, und obwohl man den Gürtel inzwischen schon ganz weit schnallen muss, sollte man unbedingt die Kaktusfeigen probieren – eine wahre Delikatesse! Vor einem solchen Abendessen lässt man die Mittagsmahlzeit besser ausfallen und isst möglichst langsam. Wie bei jedem guten Essen ist leckerer Wein der richtige Begleiter, also Prost und *kali orexi* – guten Appetit!

Für Experimentierfreudige

Wer auf Nummer Sicher gehen und nur Vertrautes essen will, kann das problemlos tun. Doch Mutigere finden hier jede Menge Leckereien. Griechischer oder türkischer Kaffee mit und ohne Zucker (*sketos* auf Griechisch; *şekersiz* auf Türkisch), hat ein sehr bitteres, starkes Aroma.

- **amelitita hirina vrasta** (gekochte Schweinehoden): mit Zwiebeln und Sellerie gekocht und einem Dressing aus Knoblauch, Nelken, Thymian, Olivenöl und Zitronensaft serviert
- **karalous keftedes** (frittierte Schneckenbällchen): zerhacktes und mit Zwiebeln, Kartoffeln und Eiern gegekochtes Schneckenfleisch, das mit Mehl bestäubt und frittiert wird
- **karaolous me pnigouri** Schnecken mit Bulgur): gekochte Schnecken, mit Zwiebel- und Tomatenstücken gebraten, auf Bulgur gereicht
- **kokorets** (in Därme eingewickelte, über Holzkohle gegrillte Innereien): mittelgroße in Därme eingewickelte Stücke von Lammleber, Lunge, Herz, Milz, Nieren usw., die 1,5 Stunden über Holzkohle gegrillt werden
- **mialle arnisha vrasta** (gekochtes Lammhirn): Hirnhälften mit Olivenöl, gehackter Petersilie, Zitronensaft und Salz
- **zalatina** (Schweinesülze): Zu den Zutaten gehören ein kleiner Schweinekopf, zwei Schweinsfüße, acht Orangen und Peperoni

UNVERGESSLICHE GOURMETERLEBNISSE

Mattheos (S. 139; Nikosia) Die köstlichen rustikalen Gerichte wie *kleftiko* (Lammbraten) oder *stifado* (Rinder- oder Haseneintopf) sind bei Einheimischen beliebt.

Argo (S. 30; Pafos) In charmanter ländlicher Tavernen-Atmosphäre werden verlockende Spezialitäten wie Moussaka und *kleftiko* serviert.

İkimiz (S. 172; Kyrenia) In diesem stimmungsvollen Lokal gibt's herzhafte, traditionelle türkisch-zyprische Küche, darunter *kleftiko*-Kebabs aus dem Lehmofen.

Stou Kir Yianni (S. 77; Omodos, Troodos-Gebirge) Das Restaurant in einer versteckten Nebenstraße serviert hervorragende orientalische Favoriten wie *fatoush* sowie Moussaka, *kleftiko* … und Schnecken.

Voreas (S. 115; Oroklini, Larnaka) Das Lokal in einem Bergdorf ist für sein großartiges Meze bekannt.

Reiseplanung

Outdooraktivitäten

Es ist zwar klein, aber an Outdooraktivitäten wartet Zypern mit einer einmaligen Vielfalt auf. Egal, ob es einen an die sonnenverwöhnten Strände oder in die zerklüfteten Berge im Inland zieht, die Insel bietet Aktivitäten für alle Alters- und Fitnessstufen..

Die besten ...

Wracktauchspots

Zenobia in 17 bis 43 m Tiefe, *Vera K* in 10 m Tiefe, Helikopterwrack in 16 m Tiefe, *M/Y Diana* in 21 m Tiefe

Wind- & Kitesurfspots

Pissouri-Bucht, Lemesos; Protaras, Agia-Napa-Bezirk; Makenzy-Strand (inklusive Kap Kiti), Larnaka

Wanderungen

Aphrodite- und Adonis-Wanderweg, Akamas-Halbinsel; Kyrenia-Bergwanderweg, Kyrenia; Mt. Olympus, Platres und Troodos-Gebirge; Stavros tis Psokas Wanderwege im Waldschutzgebiet, Tylliria

Reitschulen

Kiniras Horse Riding Centre, Pafos (www.horseridingpaphos.com); Moonshine Ranch, Agia Napa

Radtouren

Troodos-Radweg; Nationalpark Kap Greco, Agia Napa; Radweg von Lemesos nach Pano Platres, Lemesos

Strände

Das azurblaue Wasser der Mittelmeerküste ist Zyperns größter Trumpf, und das aus gutem Grund: Von Mai bis Oktober fällt die Temperatur selten unter 20°C, im Juli und August erreicht das Wasser sogar durchschnittlich 24 bis 27°C.
Die meisten Strände im Süden haben eine gute Infrastruktur. Sogar an ruhigeren, weniger ausgebauten Stränden gibt es mindestens eine oder zwei *tavernas* sowie Sonnenliegen und -schirme zum Mieten. Von April bis Oktober werden alle Strände von Rettungsschwimmern überwacht. 57 Strände in Südzypern sind mit der Blauen Flagge ausgezeichnet und 11 Stände sind rollstuhlgerecht bis ans Meeresufer; weitere Informationen unter www.blueflag.org.

Am sichersten schwimmt man in der ruhigen, geschützten Korallenbucht (Pafos) und der Feigenbaumbucht (Protaras). Toll für alle, die lieber im Wasser sind als sich in der Sonne zu aalen, ist die Konnos-Bucht am Kap Greco (Agia Napa).

Die Strände im Norden bieten noch keine so gute Infrastruktur, holen jedoch schnell auf. Nordzyperns Strände sind in private und öffentliche Strände unterteilt. Für die Privatstrände muss man Eintritt bezahlen (von Oktober bis Mai sind sie in der Regel kostenlos). Dafür bieten diese auch die beste Infrastruktur. Sogar an den öffentlichen Stränden gibt's für gewöhnlich Toiletten und das eine oder andere Restaurant, in denen Sonnenschirme und Sonnenliegen vermietet werden.

Tauchen

Weil das klare Meer Überbleibsel aus antiker Zeit sowie Riffe, Schelfe und Wracks birgt, zieht Zypern jede Menge tauchwütiger Touristen an. Die besten Tauchgründe findet man rund um die Kap-Greco-Halbinsel und die Protaras-Bucht. In Larnaka, Agia Napa, Protaras, Lemesos, Pafos, der Korallenbucht, Latsi, Kyrenia und Yenierenkoy gibt's Tauchschulen, in denen Ausrüstungsgegenstände geliehen und Kurse bei ausgebildeten Lehrern gebucht werden können. Aktuelle Informationen zum Thema bietet die Website www.oceanssearch.com.

Schiffswracks

Eines der zehn besten Tauchwracks weltweit, die Zenobia, sank 1980 vor der Küste von Larnaka. Inzwischen wird das 200 m lange Frachtschiff von Thunfischen, Barrakudas, Gelbschwänzen und Aalen „bewohnt".

5 km vom Hafen von Pafos entfernt stößt man auf ein weiteres faszinierendes Wrack, die Vera K. Der türkische Frachter lief in den 1970er-Jahren auf Grund und dient seither als romantischer Hintergrund für Unterwasserfotos. Dieses Ausflugsziel ist auch für Anfänger geeignet.

Beim Helikopterwrack vor Larnaka (15 Min. Bootsfahrt) handelt es sich um einen Hubschrauber der britischen Armee. Taucher lieben die Stelle wegen der tollen Sicht (bis 25 m) und weil dort viele Kraken, Makrelen sowie Zackenbarsche zu sehen sind.

In der Nähe des Hafens von Lemesos ereignete sich 1996 die Havarie der M/Y Diana, einer 15 m langen russischen Jacht. Jetzt „sitzt" sie aufrecht auf dem Meeresboden und ist häufig Ziel von Tauchertrainings und Nachttauchgängen. Vor Ort trifft man oft Unterwasserfotografen, die Tintenfische und zahlreiche andere Meeresbewohner knipsen.

Meereshöhlen & -kultur

Unterwasserhöhlen wie die Big Country (in 23 m Tiefe) bei Lemesos und das Akrotiri Fish Reserve (in 9 m Tiefe) sind ideal für enthusiastische Tauchnovizen. Hier tummeln sich zahlreiche Fischschwärme, zwischen denen große Zacken- und Wolfsbarsche herumschwimmen.

SCHNORCHELN

Einige der schönsten Ecken zum Schnorcheln findet man in den geschützten östlichen Buchten, v. a. rund um Protaras. Das Wasser ist warm und seicht, zudem gibt's reiche Meeresfauna und erstklassige Riffe. Vor Ort bekommt man verschiedene Muscheln, Seeigel und Einsiedlerkrebse zu sehen. Die Ausrüstung (Maske und Flossen) kann günstig geliehen oder gekauft werden.

Besonders gut zum Beobachten von Meerestieren eignet sich Nordzyperns riesiges Zephyros-Riff, dessen Riffkante in 18 bis 28 m Tiefe liegt. Der „Antique Shop" (in 25 m Tiefe) wartet mit Archäologie und Soldatenfischen auf.

Fortgeschrittene sollten die wie Pilze geformten Mushroom Rocks (in 50 m Tiefe) bei Larnaka ansteuern, die mit einer riesigen Fischpopulation und aus dem Meeresboden wachsenden Schluchten aufwarten.

Überbleibsel aus der Antike findet man beim Amphorae Reef in Pafos (in 5–10 m Tiefe). Der Grund ist übersät mit Tonwaren und Amphoren, die im Schatten eines auf dem Riff gestrandeten Wracks liegen.

Windsurfen, Kitesurfen & Stehpaddeln

Da auf der Insel eine beständige Brise weht und mildes Klima herrscht, sind die unterschiedlichen Surfsportarten (Windsurfen, Kitesurfen und Stehpaddeln) so ziemlich die populärsten und meist verbreiteten Wasseraktivitäten.

Die Saison dauert von April bis September, wobei die besten Bedingungen für alle Wassersportarten zwischen Juni und August herrschen.

Am besten geeignet für Anfänger ist der Makenzy-Strand bei Larnaka, wo man alles Notwendige einschließlich eines Lehrers mieten kann. Ein Tag inklusive Ausrüstung und Unterricht kostet rund 70 €.

Erfahrene Wind- und Kitesurfer zieht es wegen des starken Winds in der Surfsaison in die Pissouri-Bucht nördlich von Lemesos.

Angeln

Angeln ist bei Einheimischen und Besuchern gleichermaßen beliebt – kein Wunder, denn rings um die Insel erstreckt sich herrliches Meer, und es gibt jede Menge Stauseen.

Im warmen Wasser rund um Zypern sind mehr als 250 Fischarten heimisch. In vielen Dörfern entlang der Küste werden Boote verliehen, zudem findet man an den Jachthäfen der Ferienorte gewöhnlich Fischer, die gern bereit sind, Touristen mit an Bord zu nehmen und Angelausflüge zu organisieren (gern auch mit Kindern). Normalerweise gehört zu diesen Touren ein Mittagessen im Ort.

Auch Tiefseefischen ist möglich und wird mit Blau- und Wolfsbarschen, Barrakudas, Thunfischen und Makrelen belohnt. Kyrenia in Nordzypern ist die führende Adresse für organisierte Angelausflüge in die Tiefsee. An der Südküste kann man in allen größeren Orten problemlos Angeltrips arrangieren.

DIE BESTEN STRÄNDE ...

für einen Familienausflug

Ruhiges, flaches Wasser und goldgelber Sandstrand machen die Feigenbaumbucht (S. 129) in Protaras zu einem der schönsten Familienstrände der Insel.

für Romantik

Was könnte romantischer sein als ein Picknick am Petra tou Romiou (Aphroditefelsen & -strand; S. 59), an dem die Göttin der Liebe selbst aus dem Meer gestiegen ist?

fernab der Massen

Wer am liebsten allein am Meer liegt, sollte den menschenleeren Lara-Strand (S. 175) in den Akamas-Höhen oder den Goldstrand (S. 201) auf der Karpaz-Halbinsel aufsuchen.

zum Feiern

Am Nissi-Strand (S. 124) in Agia Napa findet sich das Partyvolk ein.

für Naturfreunde

Großartig für Naturliebhaber ist der völlig naturbelassene Alagadı-Strand (S. 175), an dem in der Saison Schildkröten brüten.

Mountainbiken & Radfahren

Die Wege, auf denen einst Packesel und Karawanen unterwegs waren, eignen sich heute wunderbar für Mountainbiketouren. Im Troodos-Gebirge und dazugehörigen Tälern verlaufen sowohl asphaltierte als auch unbefestigte Straßen. Über lange, weitläufige Steigungen geht's die Berge hoch und runter. Vor Ort locken malerische Aussichten. Weiter westlich bietet die Akamas-Halbinsel kilometerlange Routen durch Kiefernwälder, felsige Wege und gewundene Straßen. Hier heißt es oft absteigen, zudem sind Flickzeug und Karten unerlässlich.

Mountainbikes können in Troodos und in Platres geliehen werden. Alternativ findet man unter www.mountainbikecyprus.com Infos über Trainings- und Technikkurse, Touren, Reparaturen und Wartung in der Akamas-Region.

Mittlerweile kommen auch viele Rennradfahrer hierher. Zahlreiche internationale Teams trainieren auf der Insel, denn die relativ kurzen Distanzen und ruhigeren Wege, die parallel zu den Bundesstraßen verlaufen – alles sehr saubere, malerische Strecken – eignen sich dafür ideal. Diese alten Routen verbinden Nikosia (Lefkosia) mit den größeren Küstenstädten Larnaka, Lemesos und Pafos im Süden. Fast überall gibt's Standstreifen, die Strecken sind in gutem Zustand, darüber hinaus ist das Wetter gut für die Kondition, obwohl es auf dem Asphalt natürlich heiß werden kann.

Die Karpaz-Halbinsel im Norden wartet mit tollen verkehrsfreien und ebenen Straßen entlang des Kaps auf. Zusätzlich locken einsame Strände, die im Sommer für eine angenehme Abkühlung sorgen. Infos zu Radsportvereinen, Rennen und Events siehe unter www.cypruscycling.com. Am besten trinkt man immer viel Wasser und lässt es während der Mittagshitze ruhig angehen. Wer die meiste Zeit im Sattel verbringen will, sollte im Frühjahr oder Herbst kommen.

Wandern

Auf Zypern gibt's unzählige gut markierte Wanderwege durch unberührte Natur. Unterwegs bekommt man außerdem einen Gratisgeschichtskurs, denn es geht vorbei an byzantinischen Kirchen, malerischen Klöstern, venezianischen Brücken, gotischen Bogen, verfallenen Ruinen und Wasserfällen.

Zu den schönsten Gegenden im Süden gehören die Akamas-Halbinsel und das Troodos-Gebirge. Weitere Routen (mit herrlicher Flora im Frühling) erstrecken sich rund um das Kap Greco an der Ostküste. Sie führen zu majestätischen Grotten und natürlichen Felsbogen entlang der Küste. Alle Wege sind gut markiert, sodass auch wenig erfahrene Wanderer ohne Probleme auf eigene Faust losziehen können. Wer es mit dem Wandern ernst nimmt, kann sich an den südzypriotischen Teil des Europäischen Fernwanderwegs E4 heranwagen. Wer nicht so viel Zeit hat, kann die Aphrodite-Rundwanderung (4 Std., Akamas-Halbinsel), die Atalanti-Rundwanderung (5 Std.) oder den Weg von Kannoures zur Kirche Agios Nikolaos tis Stegis (3 Std.) im Troodos-Gebirge in Angriff nehmen. Alle passieren interessante historische Stätten.

In Nordzypern warten Netze menschenleerer Wanderwege im Kyrenia-Gebirge und auf der Karpaz-Halbinsel. Viele Wege sind Teil des gut markierten Kyrenia-Wanderwegs (S. 176), der sich 230 km über die ganze Küste erstreckt. Eine Infrastruktur für Wanderer gibt es nicht und auch Detailkarten sind nur schwer zu bekommen, sodass eher unerfahrene Wanderer am besten einen Führer aus der Gegend anheuern sollten.

Besonders schöne kürzere Wanderungen in Nordzypern führen durch die zerklüfteten Hügel zwischen der Buffavento-Festung und dem Dorf Bellapais.

Skifahren

Von Anfang Januar bis Mitte März zieht Zypern, eines der südlichsten Skigebiete Europas, viele Wintersportler an.

Der spektakuläre 1952 m hohe Olympos gehört zum Troodos-Gebirge. Seit die Infrastruktur ausgebaut wurde, ist die Gegend noch beliebter.

In der Nähe von Troodos gibt's vier Pisten, die vom Cyprus Ski Club betrieben werden. An der Nordseite des Olympos befinden sich zwei weitläufige Abfahrten. Eine ist 350 m lang und kann auch von ehrgeizigen Anfängern gemeistert werden, die andere mit 500 m Länge eignet sich eher für Fortgeschrittene. An der Südseite des Gebirges, im Sun Valley, verlaufen zwei schnellere, kürzere Pisten (jeweils 150 m lang), eine für Anfänger, die andere für durchschnittlich gute Fahrer.

Im Skiladen an der Südseite des Bergs bekommt man alle Arten von Ausrüstungsgegenständen. Die neuesten sind am schnellsten weg, daher sollte man früh da sein. Infos zu Skiclubs und Schneebedingungen siehe unter www.cyprusski.com.

Reiten

Zypern ist mit seiner abwechslungsreichen Landschaft toll für einen Ausritt. Die Einheimischen sind echte Pferdenarren, und so ist im Süden der Insel ein prima ausgebautes Netz mit gut organisierten Reitställen entstanden. Hier wird alles von Sonnenuntergangsausritten, malerischen Reitwanderungen und Kursen zur Verbesserung der Technik bis zu Unterricht für Kinder geboten. Wer mag, kann sogar einen Tag lang Cowboy oder Cowgirl spielen. Meist zahlt man 25 bis 40 € pro Stunde. Auf Ausflügen kommt man an Ruinen vorbei und lernt nebenher auch noch etwas über die Geschichte der Insel.

Paintball

Zyprer sind begeisterte Jäger, aber vielleicht ist es auch der Adrenalinrausch beim Ausweichen vor den Farbpatronen, der dazu beigetragen hat, dass die Insulaner gar nicht genug von diesem Spiel bekommen können. Paintball wird sowohl als Mannschaftssport praktiziert, aber auch mit Freunden und der Familie.

Mittlerweile gibt's diverse sichere und gut ausgestattete Arenen, die jede Art von Szenario bieten. Zu den besten Paintball-Möglichkeiten gehören DNA Paintball in Geroskipou (Pafos), die Lapatsa Paintball Ranch (Nikosia) und die Souni Paintball Area in Souni (Bezirk Lemesos).

Reiseplanung

Reisen mit Kindern

Zypern ist hervorragend für Familien geeignet: Seine Küche hält selbst für die wählerischsten Kinder etwas bereit, es gibt herrliche Strände, tolle Sehenswürdigkeiten und spannende Attraktionen.

Die besten Regionen für Kinder

Pafos & der Westen

Pafos bietet jede Menge Wasserspaß, z. B. Bootsfahrten, Angeln, Schnorcheln und einen Wasserpark. Zudem kann man einen aufregenden Ausflug zu den Königsgräbern unternehmen.

Lemesos & der Süden

Die Stadtstrände locken mit seichtem Wasser und vielen Aktivitäten. Für einen Adrenalinschub sorgen Ausritte, ein Wasserpark und ein Sportzentrum.

Larnaka & der Osten

Unterwassersport, Strände, Meereshöhlen, Kamelausritte, ein faszinierendes Museum und natürlich das Meer selbst werden ältere Kids begeistern.

Kyrenia (Girne) & der Norden

Märchenschlösser, verlassene Strände, Spaziergänge durch die Natur und das massive Schiffswrack in Kyrenias Stadtmuseum.

Famagusta (Mağusa) & die Halbinsel Karpaz (Kırpaşa)

Famagustas mittelalterliche Stadt regt die Fantasie an. Auf der Karpaz-Halbinsel locken Strände, Radtouren, ein Ökodorf und Schildkröten.

Zypern für Kinder

Zypern ist ein sehr kinderfreundliches Reiseziel. Die (erweiterte) Familie steht im Mittelpunkt der Gesellschaft, und die Kleinen werden überall vergöttert. Neben Stränden, Burgen, antiken Stätten und fast ganzjährigem Sonnenschein sorgen Wassersport, Museen, Parks, Bootsfahrten sowie Eiscreme für das perfekte Verwöhnprogramm. Die meisten Themenparks und andere Freizeitangebote für Kids gibt's in der Republik.

In Touristeninformationen kann man sich nach Aktivitäten für Familien und nach kinderfreundlichen Hotels erkundigen.

SYMBOL FÜR FAMILIENFREUNDLICHKEIT

Familienfreundliche Sehenswürdigkeiten, Restaurants und Unterkünfte wurden in diesem Band mit folgendem Symbol versehen: (👪). Natürlich soll das nicht heißen, dass andere Adressen gegen Kinder eingestellt sind.

Highlights für Kinder

Aktivitäten

➡ **Zet Karting** (S. 161) Tolle Go-Kart-Bahn für Kinder aller Altersgruppen.

➡ **Bubble Maker** (S. 92) Anfängertauchkurse für Kinder ab acht.

➡ **Santa Marina Retreat** (S. 51) Großes Angebot an Aktivitäten, darunter Ausritte.

➡ **Zephyros Adventure Sports** (S. 91) Eine breite Auswahl an organisierten Aktivitäten für ältere Kinder, die von Kajaktrips bis hin zu Wandertouren reichen.

Themenparks & Tiere

➡ **Extreme Park** (S. 146) Dieser gigantische Spielplatz bietet jede Menge Unterhaltung von Trampolinen bis hin zu Hindernisparcours.

➡ **Parko Paliasto** (S. 124) Traditioneller Vergnügungspark mit herumwirbelnden Fahrgeschäften.

➡ **Minizoo Lemesos** (S. 50) Ein kürzlich renovierter kleiner Zoo mit großem Vogelhaus.

➡ **Pafos-Zoo** (S. 90) Ein hervorragender Zoo und Vogelpark.

➡ **Mazotos-Kamelpark** (S. 119) Nach einem Kamelritt sorgt der Pool für Erfrischung.

Wasserparks

➡ **Water World** (S. 124) Dieser große Park verspricht spritziges Vergnügen und heimste einige internationale Auszeichnungen ein.

➡ **Octopus Aqua Park** (S. 175) Sorgt an heißen, staubigen Sommertagen mit seinen Attraktionen für wohltuende Erfrischung.

➡ **Fasouri Watermania** (S. 51) Wasserpark mit einem facettenreichen Freizeitangebot von Planschbecken bis zu Kamikaze-Rutschen.

Museen & Geschichte

➡ **Schiffswrackmuseum** (S. 170) Das Schiffswrack ist rund 2300 Jahre alt und wird die Fantasie der Kids beflügeln.

➡ **Naturkundemuseum** (S. 113) Großartig für Kinder, mit einem guten Spielplatz, Pfauen, Pelikanen und Aras sowie den allzeit beliebten Krabbeltieren.

Märchenschlösser

➡ **St.-Hilarion-Burg** (S. 176) Für sein *Schneewittchen und die sieben Zwerge* ließ sich Walt Disney wohl von diesem Bauwerk inspirieren.

➡ **Buffavento-Burg** (S. 180) Die bergige Wanderung zu der hoch gelegenen Festung mit interessanten Eckchen und sensationellem Ausblick ist etwas für größere Kinder.

➡ **Kantara-Burg** (S. 201) Mit ihren Türmen und Aussichtspunkten versprüht diese Burg eine Menge märchenhaftes Flair.

Reiseplanung

Zypern ist ein unkompliziertes, familienfreundliches Reiseziel, das wenig Vorbereitung bedarf. Im Juli und August strömen am meisten Besucher herbei, dann sind die Touristenresorts oft komplett belegt. Der Spätfrühling eignet sich gut für eine Reise mit kleinen Kindern, denn dann herrscht warmes, aber nicht zu heißes Strandwetter und die Attraktionen sind – mit Ausnahme der Osterferien – nicht zu überlaufen.

Strände

Die Strände in den großen Urlaubsorten warten mit seichtem Wasser, Kiesel- oder Sandflächen zum Spielen, verschiedenen Aktivitäten (Tretboote, Bootsausflüge, Volleyball etc.) sowie familienfreundlichen Restaurants und Eisverkäufern in direkter Umgebung auf.

Restaurants & Essenszeiten

Kinder sind in Restaurants gern gesehen. Doch nur wenige Lokale haben Einrichtungen zum Wechseln von Windeln, obwohl sich das (langsam) ändert. Die meisten Restaurants haben eine Speisekarte für Kids, und weil das zyprische Essen nur selten scharf ist, mögen viele Kinder es ohnehin. Es kann allerdings schwierig sein, sich an die späteren Essenszeiten anzupassen. Dennoch kann man jederzeit einen der nächsten Kebab-Imbisse (oder andere Fastfood-Lokale) aufsuchen, und die Patisserien verkaufen neben Süßwaren auch herzhafte Snacks.

Zypern im Überblick

Zypern ist wunderbar abwechslungsreich. Während der Süden mit besucherfreundlichen Badeorten und historischen Stätten lockt, wartet der Norden mit der bezaubernden Mittelmeerstadt Kyrenia und tollen ursprünglichen Stränden nördlich von Famagusta auf.

Auf beiden Seiten der Grünen Linie kann man hervorragend wandern, vor allem im Troodos-Gebirge und an der Nordwestküste. Die schicken Restaurants in Lemesos versprechen kulinarische Genüsse, aber die einfachen Kebabs in Nord-Nikosia (Lefkoşa) sind ebenfalls sehr lecker. Geschichtsinteressierte kommen in den faszinierenden archäologischen Stätten auf ihre Kosten, insbesondere rund um Famagusta, Pafos und Lemesos. Einblicke ins ländliche Leben geben die Bergdörfer im Landesinneren unweit von Lemesos und in der Umgebung des Troodos-Gebirges, die Erholung vom Trubel an der Küste sowie tolle Ferien auf dem Land bieten.

Lemesos & der Süden

Restaurants
Geschichte
Dörfer

Kulinarische Genüsse

Lemesos ist für eine innovative Restaurantszene bekannt, v. a. rund um den historischen Stadtkern. Besonders lohnend ist das Old Carob Mill mit urban-stylishen Gerichten.

Reise in die Vergangenheit

Das antike Amathus gehörte einst zu den vier Königreichen Zyperns und ist eine von mehreren archäologischen Stätten der Region. Eine weitere ist das antike Kourion auf einer Klippe über dem Meer. Dazu locken Museen, Klöster und eine Burg.

Hübsche Dörfer

Einige der schönsten Dörfer der Region liegen in den Ausläufern des Troodos-Gebirges und warten mit Kopfsteinpflaster, *tavernas* sowie faszinierenden Klöstern auf.

S. 46

Troodos-Gebirge

Wandern
Kirchen
Aktivitäten

Naturerlebnisse

Es gibt immer mehr ausgeschilderte Wanderrouten, die vom halbstündigen Spaziergang zu sprudelnden Wasserfällen bis hin zu einer Wanderung auf den Gipfel des Olympos reichen.

Kunstvolle Fresken

Viele der byzantinischen Kirchen in der Gegend sind von außergewöhnlich lebendigen Fresken geschmückt, deren Detailreichtum und Farbenpracht über Jahrhunderte erhalten blieb.

Aktivitäten

Radfahren, Vögel beobachten, reiten, picknicken oder einfach durch einige Dörfer spazieren – der Reiz dieser Region liegt in ihrer Ursprünglichkeit und natürlichen Schönheit.

S. 64

Pafos & der Westen

Strände
Archäologie
Natur

Die besten Strände

Zypern wartet nach wie vor mit ein paar unberührten Stränden auf, besonders auf der Akamas-Halbinsel.

Wunderschöne Mosaiken

Die archäologische Stätte von Pafos mit ihren Mosaiken ist zweifellos das Highlight, daneben lohnen jedoch auch die Königsgräber und Katakomben einen Besuch.

Unberührte Natur

Einblick in das ungezähmte Zypern bieten die Wanderwege auf der Akamas-Halbinsel, die Dörfer in den westlichen Gebirgsausläufern oder das unberührte Zederntal mit seinen gewaltigen Bäumen.

S. 84

Larnaka & der Osten

Aktivitäten
Nachtleben
Strände

Wassersport

Eines der zehn besten betauchbaren Wracks der Welt liegt direkt vor Larnakas Küste. Darüber hinaus kann man hier schnorcheln, windsurfen, kiteboarden, Boot fahren und schwimmen, vor allem bei den Meereshöhlen.

Nachtleben

Auch wenn die wilden Zeiten der Vergangenheit angehören, bietet Agia Napa noch immer das geballteste und interessanteste Nachtleben der Insel, und an der Promenade in Larnaka laden zahlreiche Bars zum Bar-Hopping ein.

Strände & Kaps

Im Osten der Insel erstrecken sich einige gute Strände, insbesondere bei Agia Napa, wo jede Menge goldener Sand anstelle der üblichen Kieselsteine lockt.

S. 108

Nikosia (Lefkosia)

Museen
Shopping
Restaurants

Museen & Galerien

Das Zypern Museum ist das beste Museum der Insel und ein echtes Muss. Zudem wartet die kulturreiche Hauptstadt mit Volkskunst, lokaler Geschichte, osmanischen Exponaten und erstklassiger Kunst auf.

Einkaufsparadies

Die riesige Auswahl an edlen Geschäften in der Neustadt bringt die Kreditkarte zum Glühen. Originelleres findet man in den kleinen Seitenstraßenläden in der Altstadt.

Gourmethauptstadt

Nikosias kulinarisches Angebot reicht von einfachen Kneipen, die ein einziges rustikales Hauptgericht servieren, bis zu edlen Feinschmeckertempeln mit schier endlosen Speisekarten.

S. 131

Nord-Nikosia (Lefkoşa)

Architektur
Fast Food
Souvenirs

Architektonische Schätze

Die Stadt ist voll von teils baufälligen, teils renovierten, jedoch durchweg faszinierenden historischen Gebäuden. Zu den Highlights gehören die Moschee, der Bedesten und das Büyük Han.

Bestes Fast Food

Hier kommt man in den Genuss der saftigen, würzigen, unvergesslichen und authentischen Variante. Girne Caddesi überzeugt mit einer guten Auswahl an Fleisch.

Souvenirs

Das Büyük Han beherbergt zwei Stockwerke mit Kunst- und Handwerksläden, in denen u. a. bestickte Seide, handbemalte Karten, eingemachte Früchte, Keramik und Schmuck verkauft werden.

S. 154

Kyrenia (Girne) & der Norden

Burgen
Strände
Wandern

Burgen
Kyrenia lockt in der städtischen Burg mit einem faszinierenden Schiffswrackmuseum. Ganz in der Nähe gibt's die Festungen St.-Hilarion und Buffavento mit tollem Panoramablick.

Strandleben
An der Spitze des Küstenortes Koruçam erstrecken sich wilde, einsame Strände. Auch östlich von Kyrenia stößt man auf hübsche Sandstreifen, darunter der Alagadı-Strand, einer der besten Schildkröten-Nistplätze des Mittelmeers.

Wandern
Der gut ausgeschilderte Kyrenia-Bergpfad führt am Bergrücken des Kyrenia-Gebirges entlang und wird von einsamen Stränden sowie einer schönen Landschaft gesäumt.

S.166

Famagusta & die Karpaz-Halbinsel

Archäologie
Natur
Architektur

Archäologie
Das antike Salamis ist eine der bedeutendsten und größten archäologischen Stätten der Insel und eins der 10 wichtigsten alten Stadtkönigreiche auf Zypern, die kein Besucher verpassen sollte.

Unberührte Natur
Auf der wunderbar wilden und abgeschiedenen Karpaz-Halbinsel kann man vor einer traumhaften Naturkulisse wandern, Rad fahren und schwimmen.

Architektonisches Erbe
Mit den beeindruckenden, wenngleich unheimlichen fränkischen und venezianischen Ruinen zieht das historische Zentrum von Famagusta jeden Betrachter in seinen Bann.

S.186

Unterwegs auf Zypern

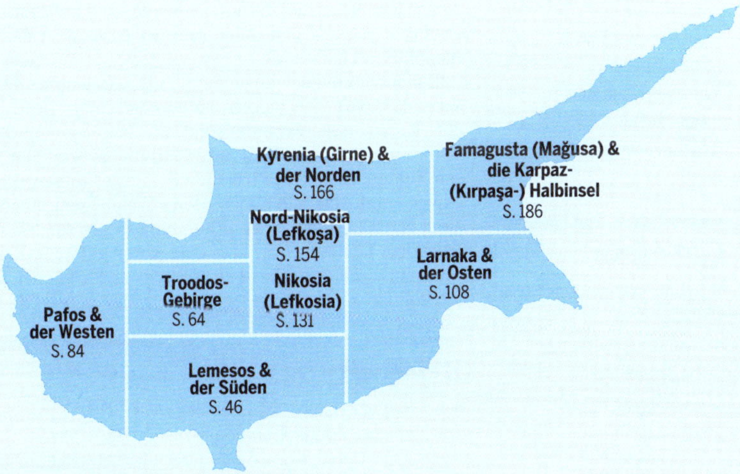

Lemesos & der Süden

Inhalt ➡

Gut essen

- Syrian Arab Friendship Club (S. 52)
- Dino Art Cafe (S. 52)
- Il Gusto (S. 62)
- Old Stables (S. 60)
- Karatello (S. 53)

Schön übernachten

- Apokryfo (S. 209)
- Vouni Lodge (S. 209)
- Chrielka (S. 208)
- Bunch of Grapes Inn (S. 209)

Auf nach Lemesos und in den Süden

An der Südküste zeigt sich Zypern von seiner facettenreichsten Seite. Strände versprechen entspannten Urlaubsspaß, eindrucksvolle Stätten wie das antike Kourion zeugen von der reichen Geschichte der Insel und das geruhsame Tempo in den Bergorten an den Hängen des Troodos-Gebirges fasziniert jene Besucher, die auf der Suche nach traditionellem Dorfleben sind. Urbanes Zentrum der Gegend ist das kosmopolitische Lemesos.

Einen Großteil der Küste säumen Hotels, jenseits der Resorts offenbart sich jedoch die wunderschöne Landschaft der Region. Die Strände rund um die Episkopi-Bucht schmiegen sich an grünes Ackerland und spektakuläre Felsen. Durch das hügelige Inselinnere führen Straßen, die von Oliven- und Mandelbäumen sowie Weinbergen eingefasst sind. Nach ausreichender Erkundung der Natur lockt das lebendige Lemesos. Mit ihrer Café-Kultur und den Restaurants entwickelt sich die Stadt zu einem aufsteigenden Stern am kulinarischen Himmel Zyperns.

Reisezeit

- 50 Tage vor Ostern, während des alljährlichen Karnevals von Lemesos, sorgen traditionelle Musik, Tanz, familienfreundliche Umzüge und moderne Partys für ausgelassenen Spaß entlang der Küste.
- Der Frühling ist die ideale Zeit für Ausflüge in die von Wildblumen bedeckten Ausläufer des Troodos-Gebirges. Zudem ist es schon warm genug für den Strand.
- Zur Hauptsaison im Juli und August füllen sich die Strände. Das umfangreiche Freizeitangebot an der Küste umfasst jede Menge Wassersport. Danach lockt das Gebirge mit einer frischen Brise und Spaziergängen durch malerische Dorfgassen.
- Anlässlich des berühmten Weinfestes von Lemesos im September, bei dem Dionysos' Lieblingsgetränk im Mittelpunkt steht, wird das eine oder andere Glas gehoben.

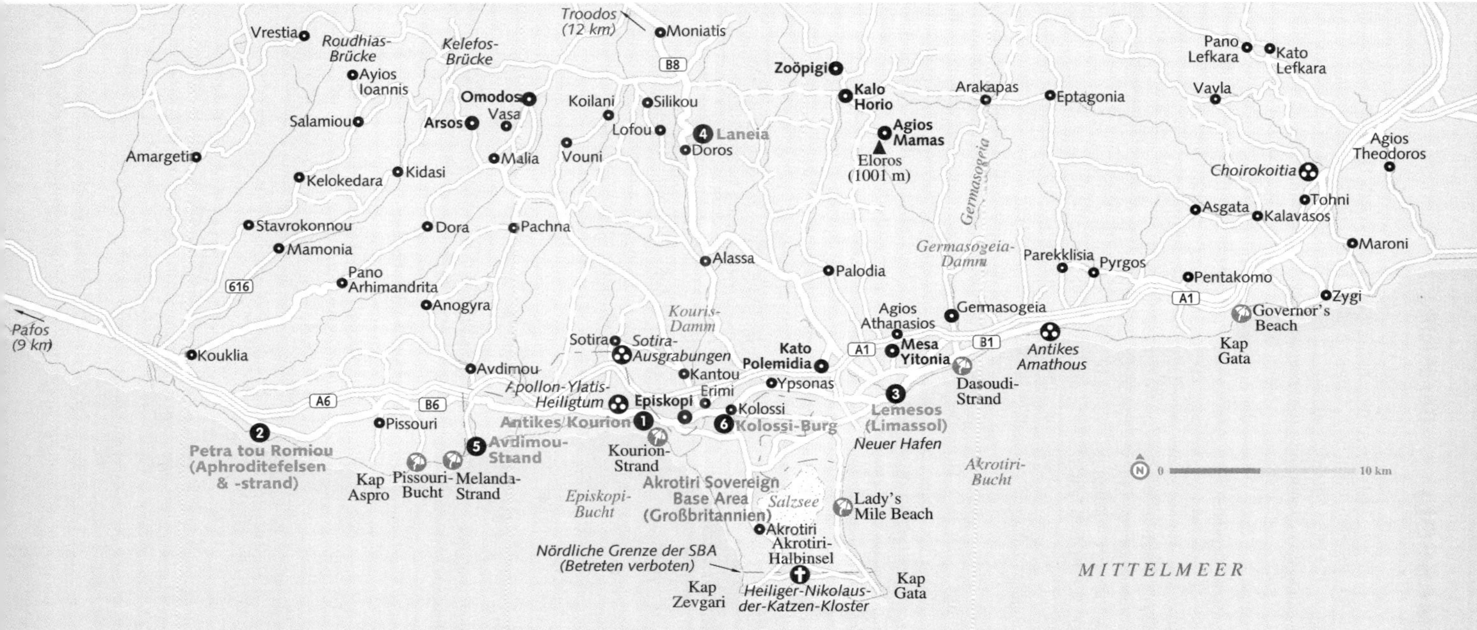

Highlights

1 Die zerfallenen Säulen und kunstvollen Mosaiken des **antiken Kourion** (S. 60) erkunden und dann von einem luftigen Platz im römischen Theater die weiten Blicke auf die Küste genießen.

2 Sich wie Aphrodite fühlen und ein Bad am legendären **Petra tou Romiou** (Aphroditefelsen & -strand; S. 57) nehmen, wo die Göttin dem Meer entstieg.

3 In einem der Restaurants in **Lemesos'** Altstadt (S. 52), wo zyprische Klassiker neu interpretiert werden, in die Hipster-Gemeinde eintauchen.

4 Durch Bergdörfer wie **Laneia** (S. 62) mit charmanten bernsteinfarbenen Häusern und Kopfsteinpflaster spazieren.

5 Sich am **Avdimou-Strand** (S. 56) im Sand räkeln.

6 Sich auf der **Kolossi-Burg** (S. 61) wie ein Schlossherr fühlen.

LEMESOS (LIMASSOL)

101 000 EW.

Das bei vielen noch als Limassol bekannte Lemesos gehört zu den am meisten unterschätzten Städten Zyperns. Im Osten wird es zwar von farblosen Ferienanlagen gesäumt, die sich ganz dem Tourismus verschrieben haben, sein Kern versprüht jedoch jede Menge Charakter. Die zentrale Altstadt erstreckt sich über ein Gewirr aus Gassen um die kleine Burg herum. Alte Häuser mit Fensterläden und moderne Boutiquen stehen hier dicht an dicht. Jede Menge Cafés, Bars und Restaurants, die bei Einheimischen und Besuchern gleichermaßen beliebt sind, machen dieses Viertel aus.

Lemesos ist Zyperns internationales Geschäftszentrum, und trotz der wirtschaftlichen Probleme der letzten Jahre liegt wieder ein Hauch von Optimismus in der Luft. Der Bau der lange geplanten, luxuriösen Marina neben dem alten Hafen dauert noch immer an und die düstereren Ecken der Stadt sollen neu gestaltet werden. Besucher, die von ihrem Urlaub mehr erwarten als nur Sonne und Meer, sind in Lemesos mit seiner Lage in unmittelbarer Nähe zu zahlreichen Attraktionen genau richtig. Wer die Stadt als Ausgangsbasis wählt, befindet sich in Schlagdistanz zu einigen der interessantesten historischen Stätten Zyperns und zu den grünen Bergen der Troodos-Region.

Geschichte

Es war kein Geringerer als Richard Löwenherz, König der Kreuzritter, der Lemesos 1191 bekannt machte, indem er Isaak Komninos, damals Herrscher von Zypern, besiegte und die Insel sowie die Stadt einnahm.

Mehr als 200 Jahre florierte der Ort unter der Regentschaft von Johannitern und Templern, doch dann beendeten Erdbeben sowie marodierende Genuesen (1373) und Sarazenen (1426) die Glückssträhne. Noch Mitte des 20. Jhs. machte Lemesos einen schlechten Eindruck: In seinem Buch Bittere Zitronen schrieb Lawrence Durrell 1952 über seine Ankunft hier, dass „...wir bei Sonnenaufgang in einer düsteren und grauen Reede anlegten, vor einer Stadt, deren trostlose Silhouette an eine Zinnmine in den Anden erinnerte."

Nach der türkischen Invasion 1974 wuchs der Ort schnell und löste Famagusta (Mağusa) als wichtigsten Hafen der Insel ab. Dass er erblühte, war auch notwendig, weil die Touristenzahlen in der Republik beständig stiegen. Das ursprüngliche Lemesos war auf das Gebiet der heutigen Altstadt beschränkt, die sich um den historischen Hafen erstreckt. Mittlerweile ist es über die früheren geografischen Grenzen hinausgewachsen und umfasst einen riesigen Touristenvorort. Dieser ist als „Touristenzentrum" ausgeschildert und eine chaotische Mischung aus Hotels, Bars und Restaurants. Hier vergisst man beinahe, dass es ja auch noch das Meer gibt!

Lemesos (Limassol)

Highlights
1 Burg von Lemesos A5

Sehenswertes
2 Volkskunstmuseum D2
3 Große Moschee B5
4 Hamam B5
5 Lanitis Art Foundation A5
6 Mittelaltermuseum A5
7 Natural Sea Sponge Exhibition Centre A6

Schlafen
8 Luxor Guest House B4
9 Metropole C4

Essen
10 Artima Bistro A5
11 Bono C4
12 Dino Art Café A4
13 Il Castello A5
14 Karatello A5
15 Meze Taverna C3
16 Noodle House A5
17 Ousia A5
18 Rizitiko Tavern B5
19 Stretto Cafe A5

Ausgehen & Nachtleben
20 7-Seas C3
21 Adiexodo C3
22 Antithesis C3
23 Draught A5
24 Pi A4

Unterhaltung
25 Rialto Theatre C2
26 Rogmes Live Music C3

Shoppen
27 Staatliches Kunsthandwerkszentrum .. C3
28 Städtischer Markt B3
29 Pana's Patchwork B4
30 Violet's Second Hand Shop C3

Sehenswertes & Aktivitäten

Ein Großteil der wichtigsten Sehenswürdigkeiten liegt im eng bebauten historischen Viertel. Strandfans finden im Westen einige beliebte Badeorte. Weniger kommerzialisierte, hübschere Sandstreifen erstrecken sich noch weiter westlich, darunter Kourion, Melanda und Avdimou.

★ **Burg von Lemesos** BURG

Eintritt 4,50 €; Mo–Sa 9–17, So bis 13 Uhr) Das Bauwerk aus dem 14. Jh. steht auf den Rui-

Lemesos (Limassol)

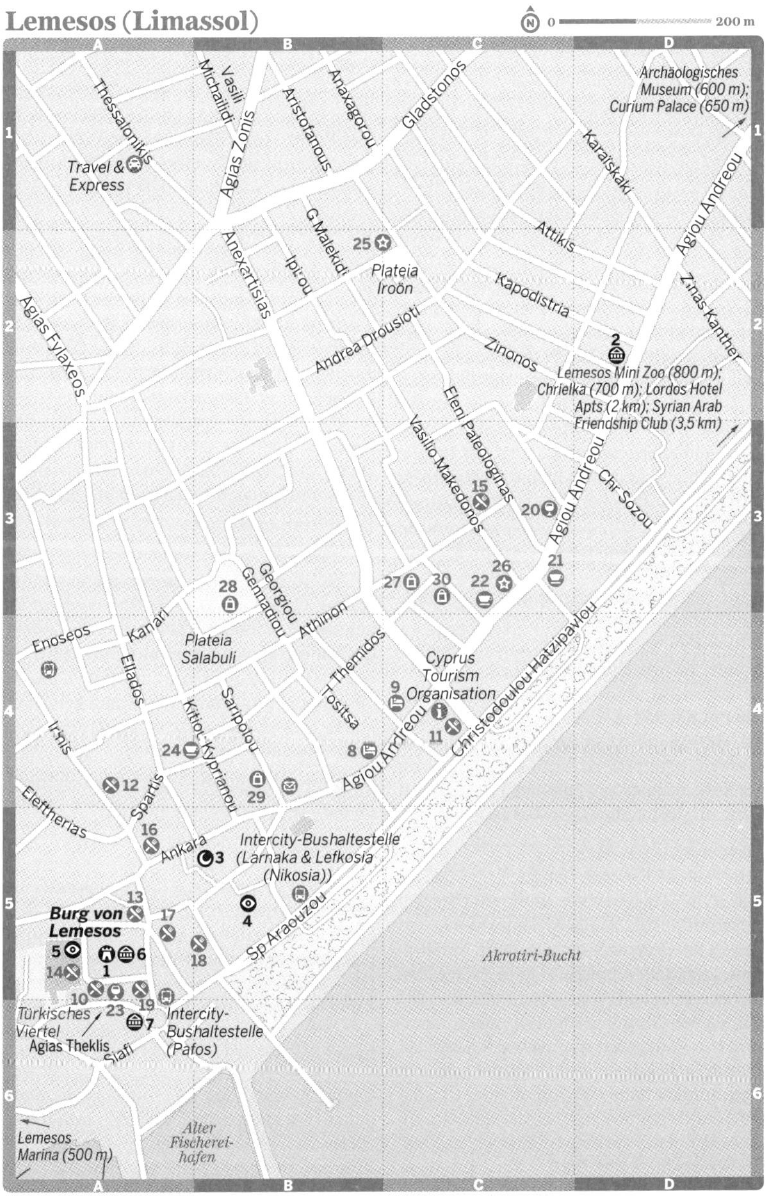

NICHT VERSÄUMEN

ZYPRISCHE VOLKSKUNST

Volkskunstmuseum (Agiou Andreou 123; Eintritt 2 €; ⌚Mo–Fr 9–14.30 Uhr) Das Museum ist zwar klein, zeigt jedoch wunderschön zusammengestellte ethnografische Ausstellungen mit traditionellen Kostümen und landwirtschaftlichen Werkzeugen sowie einige eindrucksvolle Beispiele von Tornaretto-Stickereien (traditioneller Stil von Handarbeiten aus Seide) und anderen Textilien. Das Museum befindet sich in einem hübsch restaurierten Steinhaus, das die typischen architektonischen Merkmale des alten Lemesos aufweist.

nen einer byzantinischen Burg und diente im Laufe der turbulenten Inselgeschichte unterschiedlichen Zwecken. Es wurde wiederholt geplündert: Die Venezianer beschädigten es mutwillig, während die Osmanen es aufmotzten und für militärische Zwecke nutzten. Unter den Briten musste die Festung schließlich als Gefängnis herhalten. Offensichtlich heiratete Richard Löwenherz 1191 Berengaria in der Kapelle des Originalgebäudes. Dort krönte er sich auch zum König von Zypern und erklärte seine Frau zur Königin von England.

Im Hof, der die Burg umgibt, steht eine alte Olivenölpresse aus dem 7. bis 9. Jh.

In ihrem Inneren beherbergen mehrere Räume auf verschiedenen Etagen das **Mittelaltermuseum**. Die Sammlung byzantinischer und mittelalterlicher Artefakte umfasst u. a. Grabsteine, Rüstungen, Waffen, religiöse Objekte und osmanische Keramik. Nach der Besichtigung lockt die Dachterrasse mit Blick auf die Stadt.

Archäologisches Museum MUSEUM

(Ecke Vyronos & Kaningos; Eintritt 2,50 €; ⌚Mo–Sa 9–16.30 Uhr) Hier werden eine große Tonwarensammlung (u. a. aus Mykene) sowie verschiedene Gegenstände aus dem Neolithikum und dem Chalkolithikum (vor allem Tonscherben und Werkzeuge) gezeigt. Die zahlreichen Terrakottafiguren sollen Überreste von Votivgaben sein. Neben klassischen Tonwaren, Schmuck und Öllampen gehören eigentümlich modern anmutende Glasflaschen und -phiolen zu den Ausstellungsstücken. Mit dem Zyprischen Museum in Nikosia (Lefkosia) kann dieses Museum nicht mithalten, ist aber trotzdem sehenswert.

Zyprisches Weinmuseum MUSEUM

(www.cypruswinemuseum.com; Pafos 42, Erimi; Eintritt 4–7 €; ⌚9–17 Uhr) Gleich westlich der Stadt bietet das über die Schnellstraße zwischen Lemesos und Pafos zu erreichende Weinmuseum Einblicke in die Geschichte zyprischer Weinherstellung. Besucher können zwischen drei verschiedenen Führungen wählen. Der Preis richtet sich vor allem danach, ob man nach dem Rundgang durch das Museum noch an einer Weinprobe teilnehmen möchte. Zu den Ausstellungsgegenständen zählen mittelalterliche Trinkgefäße und Krüge. Außerdem gibt's jede Menge Erklärungen zu allen Aspekten der Produktion und eine kurze audiovisuelle Präsentation.

Große Moschee MOSCHEE

(Kebir Camii; Genethliou Mitella) Die Große Moschee mitten im Herzen des alten türkischen Viertels ist umringt von hohen Palmen und wird von der türkisch-zyprischen Gemeinde sowie von in Lemesos ansässigen Moslems aus dem Nahen Osten genutzt. Besucher müssen konservativ gekleidet sein, die Schuhe am Eingang ausziehen und dürfen das Gebäude nicht zu den Gebetszeiten aufsuchen. Die Öffnungszeiten sind flexibel: Wenn das Tor offen ist, kann man sein Glück versuchen.

Hamam DAMPFBÄDER

(☎9947 4251; Loutron 3; Dampfbad & Sauna 15 €; ⌚Mo–Sa 14–22 Uhr) Der winzige Hamam ist kein wirklich touristischer Ort. Beim Besuch des Bades, das von beiden Geschlechtern genutzt wird, legt man Wert auf Privatsphäre. Weil es sehr schlicht ist, sollte man kein opulentes Verwöhnprogramm erwarten. Die Leute kommen vor allem hierher, um zu entspannen. Zum Angebot gehören Ganzkörpermassagen, Shiatsu, schwedische Massagen, indische Kopfmassagen und Anti-Stress-Massagen ab 20 €.

Lanitis Art Foundation AUSSTELLUNGSZENTRUM

(www.lanitisfoundation.org; Old Carob Mill; ⌚Mo–Sa 10–18 Uhr) In diesem Kunstzentrum finden das ganze Jahr über Veranstaltungen statt. Oft stehen Werke interessanter regionaler Künstler und ausgefallene Ausstellungen auf dem Programm. Aktuelle Informationen liefert die Website.

Lemesos Mini Zoo ZOO

(http://limassolzoo.com; Stadtpark; Eintritt 1 €; ⌚Mai–Sept. 9–12 & 15–19 Uhr, Okt.–April 9–18.30 Uhr) Der modernisierte, wenn auch einfache Zoo beherbergt eine Voliere, Straußen und ein paar freche Geparden. Er liegt im grünen Stadtpark von Lemesos, 1,5 km vom alten Küstenspazierweg Christodoulou Hatzipavlou entfernt.

Natural Sea Sponge Exhibition Centre MUSEUM

(Agias Theklis; ⌚Mo–Fr 9–19, Sa bis 15 Uhr) Schwämme haben ein Eigenleben und der hier gezeigte Zeichentrickfilm mit einem sprechenden Schwamm wird Kindern gefallen. Die Ausstellung informiert über die Schwammernte und darüber, wie aus den Lebewesen die weichen Gebrauchsgegenstände werden, die in unseren Bädern herumliegen. Natürlich kann man hier auch welche kaufen.

Fasouri Watermania WASSERPARK

(☎2571 4235; www.fasouri-watermania.com; Erw./Kind 29/16 €; ⌚Juni–Aug. 10–18 Uhr, Sept.–Okt. & Mai bis 17 Uhr; 👪) 15 Autominuten von Lemesos entfernt bietet dieser Wasserpark in der Fasouri-Gegend alle typischen Kracher wie eine Kamikaze-Rutsche, eine „große, orangefarbene Blase“, einen „trägen Fluss“, ein Wellenbad sowie Becken für Groß und Klein. Abgekämpfte Eltern werden sich über die Sonnenliegen und -schirme freuen.

Wer den abseits der Nationalstraße, 5 km nordwestlich von Lemesos gelegenen Wasserpark besuchen möchte, muss der Lemesos-Pafos-Schnellstraße folgen. Sollte man keinen fahrbaren Untersatz haben, nimmt man das Shuttle zum Park (einfach anrufen, dann erfährt man, wann und wo man sich abholen lassen kann).

Santa Marina Retreat OUTDOOR-AKTIVITÄTEN

(☎9954 5454; www.santamarinaretreat.com; Pareklisia-Dorf; Erw./Kind 3 €/frei; ⌚Di–So 9–19 Uhr; 👪) Ausritte, Bogenschießen, Quad- und Mountainbikefahren, Klettern, Naturlehrpfade erkunden mit batteriebetriebenen Buggys und vieles mehr wie Golf für die Erwachsenen. Das Santa Marina Retreat liegt 17 km östlich von Lemesos direkt vor den Toren des Dorfes Pareklisia.

Tauchen

Die meisten Tauchstätten vor der Küste eignen sich ideal für Anfänger, darunter die Marina Wall (besonders bei Nacht beliebt) und das Julie Reef, wo man meist von einer Schar Barrakudas und Seebrassen umringt wird. Für erfahrenere Taucher ist die Erkundung des *Diana*-Wracks mit seiner vielfältigen Meereswelt die Hauptattraktion. Weitere Infos zum Tauchen gibt's auf S. 37.

Crest Dive Centre TAUCHEN

(☎2563 4076; www.crestdive.com; St. Raphael Marina, Amathous; ⌚9–18 Uhr) Das Crest Dive Centre ist ein Fünf-Sterne-PADI-Zentrum und bietet die ganze Bandbreite an PADI-Kursen (die Discover-Scuba-Variante kostet 70 €) sowie ein gutes Angebot an Tauch- und Schnorchelausflügen.

Dive-In Limassol TAUCHEN

(☎2531 1923; www.dive-in.com.cy; Four Seasons Beach Hotel, Touristenviertel; ⌚9–17.30 Uhr) In diesem PADI-Zentrum gibt's ein umfangreiches Angebot an PADI-, BSAC- und DAN-Kursen sowie Pakete mit Tauchgängen und Unterkunft zu fairen Preisen (7 Nächte & 5 Tauchgänge 230 €).

Geführte Touren

Die Cyprus Tourism Organisation (CTO) bietet drei kostenlose Stadtrundgänge an, die man in der Hauptsaison besser vorab reservieren sollte.

Montags um 10 Uhr führt der „Historic Limassol Walk” durch das historische Zentrum zu den Denkmälern, Märkten und Hauptattraktionen.

Von Oktober bis April gibt's immer mittwochs um 10 Uhr abwechselnd folgende Touren: Bei dem Ausflug durch Germasogeia schaut man sich den Dorfdamm (der Name der Führung ist „Germasogeia: A Village Blessed by Water“) sowie die Architektur und die Straßen im Ort an. Beim zweiten Angebot, der sogenannten „Discover the Natural Environment of Germasogeia“, wandert man auf einem Naturpfad des Forstministeriums durch die Hügel. Dazu sollte man auf jeden Fall eine einigermaßen gute Kondition haben.

Feste & Events

Karneval KARNEVAL

(www.limassolmunicipal.com.cy/carnival) Lemesos ist die einzige Stadt auf Zypern mit einer „echten“ Karnevalsatmosphäre. Vor allem Kinder lieben das elftägige Fest 50 Tage vor Ostern. Auftakt ist die Ankunft des „Karnevalskönigs“ in der Stadt, der von einer bunten Parade begleitet wird. Außerdem gibt's einen Kinderumzug und zum Abschluss steigt noch ein Kostümfest.

Kataklysmos-Fest RELIGION

(Sintflut-Fest) Wer das Kataklysmos-Fest erleben will, ist in Lemesos genau richtig. Es erinnert an die biblische Sintflut im Buch Genesis und an die griechische Sage von

Deukalion. Die Feierlichkeiten finden im Juni an der Küste statt; sie umfassen Bootsrennen und Volkstänze.

Weinfest WEIN

(www.limassolmunicipal.com.cy/wine) Vom 30. August bis zum 11. September wird im Stadtpark dieses nette Fest ausgerichtet – *die* Gelegenheit, eine große Auswahl an hiesigen Weinen zu kosten. Wie man sich vorstellen kann, ist das Event extrem beliebt bei jungen Touristen auf der Suche nach Unterhaltung, lokaltypischem Essen, traditioneller Musik und Tanz und natürlich Wein.

Musikalische Sonntage MUSIK

(⏲ Feb.–Mai & Nov.–Dez.) An jedem Sonntag im Frühling, Herbst und Winter organisiert die CTO im Seaside Theatre im Touristenviertel eine Reihe kostenloser Konzerte. Eine tolle Gelegenheit, traditionelle zyprische Musik zu hören.

Essen

Lemesos' Restaurantszene bietet eine tolle Kombination aus Vielseitigkeit, Qualität und moderner Küche, vor allem in der Altstadt (die meisten Lokale im Touristenviertel sind eher durchschnittlich). Die ansprechend restaurierte Old Carob Mill neben der Burg beherbergt einige Restaurants und Bars mit einer coolen, kultivierten Atmosphäre. Für einen kleinen Snack kann man auch die Plateia Salabuli, eine Fußgängerzone neben dem aufgehübschten Markt, ansteuern. Der Platz ist umringt von günstigen Kebab-Buden und traditionellen Cafés.

★ **Syrian Arab Friendship Club**
NAHÖSTLICH €€

(SAFC; Iliados 3; Meze 15 €; ⏲ 19–23.30 Uhr; 🖉) Eine Genießeradresse für Liebhaber arabischer Küche. Zudem kredenzt der SAFC eines der beste Meze Zyperns. Abgerundet wird das orientalische Erlebnis durch eine Verdauungs-Shisha. Der Syrian Club (so nennen ihn die Einheimischen) ist über die Küstenstraße zu erreichen; er liegt 3,5 km östlich des Stadtzentrums direkt hinter dem Apollonia Beach Hotel.

★ **Dino Art Cafe** MEDITERRAN €€

(☎ 2576 2030; Irinis 62–66; Hauptgerichte ab 8 €; ⏲ 10–23 Uhr; 📶🖉) Das Dino's hat einen tollen Ruf und viele einheimische Stammgäste, denn das Dekor ist elegant, der Besitzer Dino Kosti nett und das Essen super. Bekannt ist es auch für seine großzügigen Portionen origineller Salate, beispielsweise mit Ente und Orange oder Erdbeeren und Blauschimmelkäse. Ein weiteres Plus: Hier stellen zyprische Fotografen und andere Künstler ihre Werke aus.

Noodle House ASIATISCHE FUSIONSKÜCHE €€

(☎ 2582 0282; www.thenoodlehouse.com; Ankara 3; Hauptgerichte 10–15 €; ⏲ 11.30–24 Uhr; 📶🖉👪) Eine willkommene Abwechslung in Lemesos' kulinarischer Szene. Mit einer Mischung aus singapurischen, thailändischen und chinesischen Klassikern nimmt das Noodle House seine Gäste mit auf eine Reise durch Asien. Wer es gern scharf mag, sollte sich an die Kellner wenden, da die Gerichte tendenziell an den zyprischen Gaumen angepasst, also milder als die Originale sind. Sonntagmittags stehen die Kleinen im Mittelpunkt: Sie werden geschminkt und bekommen Ballons.

Bono INTERNATIONAL €€

(Anexartisias 3; Frühstück ab 4,50 €, Hauptgerichte ab 8 €; ⏲ Mo–Sa 8–18 Uhr; 📶) Der Besitzer des Bono hat ein paar Jahre in den USA gelebt und dort gelernt, wie man hervorragenden Käsekuchen macht! Das Frühstück, die Burger, Quesadillas, Salate und Suppen sind ebenfalls einen Tick besser als anderswo – und auch die entspannt-freundliche Atmosphäre des Bono überzeugt.

Meze Taverna ZYPRISCH €€

(☎ 2536 7333; Athinon 209; Hauptgerichte 10–15 €; ⏲ 11–14 & 19.30–23 Uhr; 🖉) Die schnuckelige familienbetriebene Taverne serviert traditionelle griechische Gerichte, zubereitet nach schnörkelloser Hausmannsart. Wer Moussaka und Meze in gemütlicher Atmosphäre genießen möchte, ist hier genau richtig. Zum rustikalen Ambiente tragen rot-weiß karierte Tischdecken bei.

Ousia MEDITERRAN €€

(☎ 2510 9040; Irinis 30–32; Hauptgerichte ab 8 €; ⏲ 11.30–23 Uhr; 📶🖉) Schickes Künstlerdekor, kombiniert mit einer Speiseauswahl, die von Gourmet-Burgern bis hin zu modern interpretierten zyprischen Klassikern reicht. Die Cocktails haben es ziemlich in sich.

Il Castello INTERNATIONAL €€

(Irinis 22; Sandwiches & Salate 6–12 €, Hauptgerichte 15–25 €; ⏲ 10–23 Uhr; 📶🖉) Von dem touristischen Flair des Castello sollte man sich nicht abschrecken lassen. Es erfreut sich – mit seinen riesigen Salaten sowie interessanten Sandwich- und Wrap-Kreationen – auch bei Einheimischen großer Beliebtheit. Am besten nach dem Besuch der Burg zum Mittagessen ins Castello einkehren.

Stretto Cafe INTERNATIONAL €€
(☎2582 0465; Old Carob Mill, Vasilissis; leichte Gerichte 6–12 €, Hauptgerichte 12–25 €; ⏲10–23 Uhr; 📶✍) Das schicke Café lockt mit Pasta, Sushi, Steaks und leichten Snacks die Hipster-Gemeinde von Lemesos an. Zum Programm gehören gemütliche Sofas, tolle Straßentische und eine wunderbare Aussicht auf das bunte Treiben.

Rizitiko Tavern ZYPRISCH €€
(Tzamiou 4–8; Hauptgerichte ab 8 €; ⏲11–23 Uhr) Dieses verlässlich gute, schlichte Lokal versteckt sich an einer Fußgängerstraße unweit der Moschee. Es hat drinnen sowie draußen Tische und überzeugt mit erstklassiger *afelia* (in Rotwein und Koriander gekochtes Schwein) sowie köstlichem *kleftiko* (im Ofen gegartes Lamm) – beides hausgemacht.

★ **Karatello** ZYPRISCH €€€
(☎2582 0464; Old Carob Mill, Vasilissis 1; Hauptgerichte ab 10–15 €; ⏲11–14 & 19.30–23 Uhr; 📶) Das stilvolle Restaurant gehört zum Old-Carob-Mill-Komplex und hat sich auf die moderne Interpretationen zyprischer Klassiker spezialisiert. Die herzhafte, traditionelle Tavernenkost mit dem gewissen Etwas orientiert sich an anspruchsvollen Gourmet-Gaumen.

Artima Bistro MEDITERRAN €€€
(☎2582 0466; Old Carob Mill, Vasilissis; Hauptgerichte 12–25 €; ⏲11–14 & 19.30–23 Uhr; 📶✍) Während eines offiziellen Besuchs im März 2011 speiste hier Königin Sofia von Spanien (sie war auf Zypern, um die Miró-Ausstellung zu eröffnen). Auf der italienisch inspirierten Speisekarte finden sich viele Pasta- und Meeresfrüchtegerichte mit clever-innovativem Touch.

Trata Fish Tavern FISCH & MEERESFRÜCHTE €€€
(☎2558 6600; Ioanni Tompazi 4; Fisch- & Meeresfrüchte-Meze 20 €; ⏲19–23 Uhr) Eines der besten Fischrestaurants der Stadt, das vor allem mit seinen tollen Meze-Tellern punktet. Der schlichten Aufmachung und bescheidenen Atmosphäre zum Trotz fallen die Einheimischen in Scharen ein, besonders an den Wochenenden. Die Taverne befindet sich hinter dem Debenhams-Kaufhaus 400 m östlich des Stadtparks.

🍷 Ausgehen & Nachtleben

Vor 22 Uhr ist in den meisten Bars nichts los. Die Läden an der Uferpromenade sind erwartungsgemäß touristisch, mit Bier vom Fass und großen Bildschirmen für Sportübertragungen. Auf der Suche nach einem authentischeren Erlebnis wird man in bzw. rund um die Old Carob Mill und in der Altstadt fündig. Überdies wartet Lemesos mit ein paar modernen, alternativ angehauchten Cafés auf, in denen man einen Frappé schlürfen, dabei im Internet surfen und die eleganten Einheimischen beobachten kann.

> **ℹ ZWEIFELHAFTER SPASS**
>
> Wir raten von einem „Kabarett"-Besuch in der Stadt ab, da viele Frauen nicht freiwillig in den Clubs arbeiten. Außerdem werden den Gästen manchmal am Ende des Abends mehrere Hundert Euro für ein paar lausige Biere in Rechnung gestellt – und wehe dem, der nicht zahlen will.

★ **Antithesis** CAFÉ
(Agiou Andreou 201; ⏲Mo, Di, Do & Fr 9.30–19, Mi & Sa bis 15 Uhr) Wir lieben dieses gemütliche Café, das leckeren Kuchen, guten Kaffee, Kannen mit Tee und köstliche Smoothies serviert. Gegen den mittäglichen Hunger hilft eine kleine Auswahl an Pasteten, gefüllten Pitas und Suppen.

Draught BAR
(Old Carob Mill, Vasilissis; ⏲11 Uhr–open end; 📶) Die lebendige Bar wartet mit dem Star-Barmixer Krisztian Gyokeres auf, der Zypern bei der Barkeeper-Weltmeisterschaft 2010 vertrat. Neben Cocktails werden auch helle und dunkle Biere sowie Weizenbiere serviert. Am Wochenende sorgt ein einheimischer DJ für Stimmung.

Adiexodo CAFÉ
(Agiou Andreou; ⏲9.30–16 Uhr) Am besten schnappt man sich einen Tisch unter dem uralten Fikus, bestellt wie die Einheimischen einen zuckersüßen Kaffee und fordert einen der älteren Stammgäste zu einem Backgammonspiel heraus.

Pi CAFÉ
(Kitiou Kyprianou 27; Snacks 5 €; ⏲10–23 Uhr) Auf der Karte des relaxten Cafés mit einem hübschen Garten stehen leichte Snacks, ausgezeichnete Salate, mehr als zehn Biersorten, gute, vor allem italienische Weine und tolle Cocktails. Schwule und Lesben sind willkommen.

Tepee Rock Bar BAR
(www.tepeerock.com; Ampelakion; ⏲11–23 Uhr) Ein beliebtes Bar-Restaurant mit toller, unterhaltsamer Atmosphäre. Gäste genießen

ihre mexikanischen Burritos hier zu Livemusik von Rockbands. Die Bar liegt in der Touristengegend, rund 4 km östlich des historischen Viertels an der Küstenstraße.

7-Seas CLUB

(www.7seaslive.com; Columbia Plaza, Agiou Andreou 223; ⌚22.30 Uhr–open end) Der hippe Club und Konzert-Veranstaltungsort hat Zyperns beste DJs und Gastbands auf dem Programm. Die regelmäßig stattfindenden Latino- und DJ-Abende (jeweils am Dienstag und Freitag) kosten keinen Eintritt. Gäste sollten sich in Schale werfen – Strandmode ist hier strikt untersagt.

Guaba Beach Bar CLUB

(Agia Varvara Beach; ⌚22 Uhr–open end) Beliebte Bar 5 km östlich der Altstadt neben dem Aquarius Hotel mit Sitzgelegenheiten am Strand. Manchmal steigen hier Partys, manchmal geht's ganz entspannt zu. Je nach Tag und Laune legen die DJs alles von Reggae bis zu Elektro auf.

Sesto Senso CLUB

(www.sestosensoclub.com; Promaxon Elevftherias 45; ⌚23 Uhr–open end) Eindrucksvolles Dekor und sehr teure Getränke machen den Club zu einer der schicksten Adressen der Stadt. Er liegt rund 3,5 km östlich des Zentrums.

☆ Unterhaltung

Rogmes Live Music LIVEMUSIK

(☎2534 1010; Agiou Andreou 197; ⌚22–5 Uhr) Hochgelobte Bouzouki-Bar, die an den Wochenenden ein irres Tempo verspricht: Dann spielen die Musiker so lang und laut, wie das Publikum es wünscht.

Rialto Theatre THEATER

(☎2534 3900; www.rialto.com.cy; Andrea Drousioti 19) Dieses herrlich restaurierte Art-déco-Schmuckstück ist *die* Adresse in Lemesos für Theaterstücke, Konzerte und Filmfeste.

K Cineplex KINO

(www.kcineplex.com; Ariadnis 8) Das K Cineplex zeigt in mehreren Sälen die neuesten Filme. Das Kino liegt im Touristengebiet, 6 km östlich des historischen Viertels. Auf der Website findet man das aktuelle Programm.

Shoppen

Viele Bekleidungs-, Schuh- und Haushaltswarengeschäfte befinden sich entlang der Fußgängerstraße Agiou Andreou im Stadtzentrum. In den Nebenstraßen stößt man auf ausgefallenere Andenkenläden, Boutiquen und Ähnliches.

Städtischer Markt ESSEN & GETRÄNKE

(Georgiou Gennadiou; ⌚Mo–Sa 6–15 Uhr) Der renovierte städtische Markt mit jeder Menge frischem Obst und Gemüse im Angebot ist ein Pflichtstopp für Selbstversorger und eine exzellente Anlaufstelle für kulinarische Souvenirs wie hiesigen Honig, Nüsse und leckere zyprische Süßwaren. Er ist in einem hübschen alten Steingebäude untergebracht, das auf das Jahr 1917 zurückgeht.

Staatliches Kunsthandwerkszentrum SOUVENIRS

(Themidos 25; ⌚Mo–Fr 9–19 Uhr, Sa bis 14 Uhr) Wie auch in den anderen Städten auf Zypern ist dieser von der Regierung finanzierte Laden die beste Quelle für authentisches, traditionelles Kunsthandwerk zu fairen Preisen.

LIMASSOL MARINA

Derzeit wird der heruntergekommene ehemalige Fischerhafen von Lemesos für sage und schreibe 300 Millionen Euro generalüberholt. 2007 gewannen die in Nikosia ansässigen Architekten Dickon Irwin und Margarita Kritioti von Irwin & Kritioti Architects die Ausschreibung für den Bau der Limassol Marina. Der innovative Ansatz des Büros sieht vor, dass der Jachthafen mit viel Stahl und wellenförmigen Elementen das Meer nachahmen soll. Abgesehen davon, dass er optisch beeindruckend sein wird, hofft man auch auf eine ganzjährige Belebung von Lemesos' Stadtzentrum. Wenn die Hochsaison Anfang Winter vorüber ist, soll der Komplex als lebendiges Konferenz- und Seminarzentrum dienen, ein sehr exklusives Wohnviertel beherbergen und sich zu einem hochklassigen Shopping- und Restaurantareal entwickeln.

Die Jachtplätze der Marina sind mittlerweile freigegeben, aufgrund von Bauverzögerungen lässt die Fertigstellung des geplanten exklusiven Wohnviertels jedoch auf sich warten. Dann wird die Limassol Marina jedoch der wohl luxuriöseste Ort auf der ganzen Insel sein.

Mehr Infos siehe unter www.limassolmarina.com.

Violet's Second Hand Shop KLEIDUNG
(Salaminos 10; ⌚Mo–Fr 9–18, Sa bis 14 Uhr) Tolle Adresse für Kleidung und Schmuck, darunter ausgefallene zyprische Vintage-Artikel.

Pana's Patchwork ACCESSOIRES
(www.panas-creations.com; Saripolou 21; ⌚Mo, Di, Do & Fr 9–19, Mi & Sa bis 14 Uhr) Ein buntes Durcheinander aus Ornamenten, Dekostoffen, Puppen und Stickarbeiten, allesamt gefertigt von der Ladeninhaberin Pana.

Praktische Informationen

Bank of Cyprus (Agiou Andreou; ⌚Mo–Fr 8.30–13.30 Uhr)

CyberNet (Eleftherias 79; 2,50 € pro Std.; ⌚Mo–Fr 13–23, Sa & So 10–23 Uhr) Internetzugang in günstiger Altstadtlage.

Cyprus Tourism Organisation (CTO; www.visitcyprus.com; Agiou Andreou 142; ⌚April–Okt. Mo, Di, Do & Fr 8.15–14.30 & 15–17.30, Mi bis 14.30, Sa bis 13 Uhr, restliches Jahr kürzere Öffnungszeiten) Es gibt eine weitere **Filiale** (Georgiou 1, 22a) im Touristenviertel. Hilfsbereites Personal und gute Stadtpläne.

Salamis Tours (☎2535 5555; www.salamisinternational.com; Salamis House, Oktovriou 28; ⌚Mo–Fr 9–18 Uhr) Organisiert Schiffsreisen nach Griechenland und verkauft Tickets für den Fährtransport des Autos bzw. Motorrads nach Griechenland oder Israel.

An- & Weiterreise

BUS

InterCity Buses (www.intercity-buses.com; einfach/hin & zurück 4/7 €) verkehrt regelmäßig vom betriebseigenen Busbahnhof am neuen Hafen, unpraktische 3,5 km westlich der Burg, nach Nikosia (Lefkosia, 1¼ Std.), Larnaka (1 Std.) und Pafos (1 Std.). Auch an den Haltestellen vor der Agia-Napa-Kirche und vor dem Debenhams-Kaufhaus (im Touristenviertel) an der Hauptküstenstraße können Passagiere aus- und zusteigen. Die zentrale Haltestelle für Verbindungen nach Pafos ist der Kreisverkehr vor dem alten Hafen.

FLUGZEUG

Lemesos befindet sich ziemlich genau auf halber Strecke zwischen den Flughäfen von Pafos und Larnaka.

Limassol Airport Express (☎7777 7075; www.airportshuttlebus.eu; Erw./Kind 9/4 €) verkehrt regelmäßig zwischen dem Flughafen von Larnaka und Lemesos. Service- oder Privattaxis fahren ebenfalls zu beiden Flughäfen. Letztere kosten rund 20 €.

SCHIFF/FÄHRE

Das ganze Jahre über starten in Lemesos teure zwei- und dreitägige Kreuzfahrten mit Kurs auf Haifa (Israel), Port Said (Ägypten) und verschiedene griechische Inseln sowie manchmal (im Sommer) auch auf den Libanon. Buchungen sind in den meisten Reisebüros möglich.

SERVICETAXI

Travel & Express (☎7777 7474; www.travelexpress.com.cy; Thessalonikis 21; ⌚Mo–Sa 6–19.30, So bis 15 Uhr) bietet montags bis freitags zwischen 6.30 und 18 Uhr alle 30 Minuten Servicetaxis nach Nikosia (11 €, 1¼ Std.), Larnaka (10 €, 1 Std.) und Pafos (9,50 €, 1 Std.) sowie am Wochenende zwischen 7 und 17 Uhr stündlich. Zudem gibt es Verbindungen zu den Flughäfen von Larnaka (13 €) und Pafos (13 €).

Unterwegs vor Ort

AUTO & MOTORRAD

An der Uferpromenade gibt's Parkplätze.

BUS

Emel (www.limassolbuses.com; Irinis) unterhält ein städtisches und regionales Busnetzwerk. Im Lemesos-Bezirk (inklusive der umliegenden Dörfer) zahlt man 1,50 € pro Strecke, 5 € für ein Tagesticket und 15 € für ein Wochenticket.

Der nützliche, häufig verkehrende **Bus 30** fährt entlang der Küstenstraße zwischen dem neuen Hafen und dem Le Meridien Hotel über den alten Hafen, das Touristenviertel und das antike Amathous.

Emels Hauptbusbahnhof für den Ortsverkehr, bekannt als Old Hospital, liegt 1 km nördlich des zentralen Hafenviertels entlang der Irinis. Zu den praktischen regionalen Busverbindungen, die von hier abfahren, gehören:

Bus 16 Zum Episkopi-Dorf und ins antike Kourion; 45 Min.

Bus 17 Zur Kolossi-Burg; 40 Min.

Bus 22 Nach Akrotiri-Dorf; 30 Min.

RUND UM LEMESOS

Ob einem nun der Sinn nach Sonne, Meer und Strandaction steht oder ob man in Zyperns Frühgeschichte eintauchen möchte, die Gegend rund um Lemesos wartet mit jeder Menge Attraktionen und Aktivitäten auf.

Anreise & Unterwegs vor Ort

Mit den Emel-Bussen 16 und 17 lässt sich problemlos ein Tagesausflug ins antike Kourion, nach Episkopi und zur Kolossi-Burg unternehmen. Die Pissouri-Bucht, das antike Amathous und sogar das Heiliger-Nikolaus-der-Katzen-Kloster (eine einstündige Wanderung hin und zurück ab dem Akrotiri-Dorf inklusive) können ebenfalls über die Emel-Verbindungen besucht werden. Diese

Art des Transports ist allerdings recht zeitintensiv. Wer es eilig hat oder die wunderschönen Dörfer nördlich von Lemesos erkunden möchte, sollte lieber in einen Mietwagen oder ein teures Taxis einsteigen.

In der Stadt selbst und jenseits der Stadtgrenzen kann man sich auch gut mit dem Fahrrad fortbewegen. Bis man die Ausläufer des Troodos-Gebirges erreicht, ist die Gegend relativ eben.

Strände

Die Stadtstrände sind recht beliebt und absolut ausreichend für eine kurze Abkühlung, besonders eindrucksvoll sind sie jedoch nicht. Ruhigere, hübschere Strände findet man etwas weiter entfernt.

Kourion-Strand

Bei Wind- und Kitesurfern erfreut sich der hübsche Sand- und Kieselstrand dank einer beständigen Brise großer Beliebtheit. Auch wer inmitten unberührter Natur und weißen Klippen im Hintergrund entspannen möchte, fühlt sich hier wohl.

Der Strand liegt etwa 17 km westlich von Lemesos auf dem Gelände der britischen Akrotiri Sovereign Base Area (SBA), deshalb ist dieser Teil der Insel auch kaum bebaut. Natürlichen Schatten sucht man vergeblich, aber in den Tavernen werden Sonnenliegen und -schirme verliehen (4 € pro Tag).

Das östliche Ende des Strands ist nicht zum Baden geeignet (das Schild beachten), deshalb sollte man Richtung Westen gehen, wenn man sich abkühlen möchte. Die Fahrt hierher kombiniert man am besten mit dem Besuch des antiken Kourion – die Überreste einer Hafenbasilika aus dem 6. Jh., mitsamt elf Säulen in der Mitte des Strands liefern schon mal einen Vorgeschmack auf die antike Stätte.

Das leckerste Essen bekommt man in der **Blue Beach Bar & Restaurant** (Hauptgerichte 9–15 €; ⏲ 10.30–22 Uhr; ✎). Entweder wählt man einen Fisch in dem großen Becken aus oder bestellt den Meeresfrüchte-Meze-Teller (21 € pro Pers.). Auch Vegetarier kommen nicht zu kurz: Für sie gibt's fleischlose Burger und verschiedene Salate.

Darüber hinaus befindet sich an dem Strand das angesehene **Curium Beach Equestrian Centre** (☎ 9956 4232; curiumequestrian@hotmail.com; Unterricht ab 25 €; 👪), wo Ausritte und Reitunterricht (inklusive Dressurreiten) angeboten werden.

Der Strand ist ab Lemesos mit öffentlichen Verkehrsmitteln (Bus 16) zu erreichen.

Lady's Mile Beach

Dieser nette 7 km lange Wochenendstrand besteht aus festem Sand und Kieseln und erstreckt sich gen Süden, vorbei am Neuen Hafen, entlang der Ostseite der von den Briten kontrollierten Akrotiri-Halbinsel. Er ist nach einem Pferd benannt, dessen Besitzer, ein Kolonialgouverneur, hier auf seiner Stute zu reiten pflegte. Die unschönen Kräne am Hafen sollte man schnellstmöglich hinter sich lassen, denn je weiter man nach Süden kommt, desto malerischer werden Strand und Aussicht.

An Sommerwochenenden strömen die Einwohner von Lemesos in Scharen herbei, um in dem relativ seichten Wasser zu plantschen. Ein paar Tavernen sorgen für das leibliche Wohl und stellen eine nette Abwechslung zu der ansonsten eher kargen Strandlandschaft dar. Am besten bringt man einen Sonnenschirm o. Ä. und Insektenschutzmittel mit, wenn man bis in die Abendstunden bleiben möchte: Der Salzsee in der Nähe ist der ideale Nährboden für fiese kleine Stechmücken.

Governor's Beach

30 km östlich von Lemesos erstreckt sich der wunderbare Governor's Beach, wo sich ein paar Buchten mit schwarzem Sand von den kreidigen Felsen abheben. Leider unterbricht das Elektrizitätswerk von Vasilikos 3 km weiter östlich den ansonsten durchgehend traumhaften Blick aufs Wasser.

Wer sich vor Ort stärken möchte, sollte das auf der Zufahrtsstraße ausgeschilderte **Panayiotis** (☎ 2563 2315; www.panayiotisgovernorsbeach.com; Hauptgerichte 9–20 €; ⏲ 11–22 Uhr) ansteuern, das seit 1963 von demselben Besitzer betrieben wird. Die Spezialität des Restaurants, Fisch-Meze, kann man in einem üppig grünen Garten mit Blick auf das unterhalb gelegene Meer und umgeben von Eukalyptus-, Oleander- und Olivenbäumen sowie Kiefern genießen. Andreas, der überschwängliche Inhaber, vermietet außerdem ein paar vernünftige Apartments.

Avdimou-Strand

An diesem hübschen Strandabschnitt befindet sich der **Zias Beach Club** (Hauptgerichte 10–14 €; ⏲ April–Nov. 10–23 Uhr) mit Essbereich und schicken Liegestühlen aus Holz. Hier kann man Sonnenschirme und -liegen mieten, ein Hauptgericht für 15 € bestellen oder

ABSEITS DER ÜBLICHEN PFADE

ANOGYRA

39 km westlich von Lemesos im Landesinneren bezaubert das verschlafene Anogyra mit honigfarbenen Steinhäusern, bunten Fensterläden und einem Gewirr aus engen Gassen. Es produziert als einziges Dorf noch immer Johannisbrot-*pasteli* (eine zyprische Süßigkeit) auf traditionelle Weise. Wer im September vor Ort ist, sollte sich das alljährliche Pasteli-Fest nicht entgehen lassen, wenn der Ort sein süßes Erbe feiert.

In der charmanten, idyllischen Ortschaft ticken die Uhren langsamer als an der hektischen Küste. Das Labyrinth aus Gassen bietet Einblicke ins zyprische Dorfleben und scheint wie geschaffen für einen gemütlichen Spaziergang. Am besten parkt man am zentralen Platz, über dem die stolze Kirche des Erzengels Michael mit einigen hübschen Ikonen thront, und startet von hier seine Erkundungstour.

Anogyra und das Umland warten zudem mit einigen interessanten kulinarischen Attraktionen auf, die einen Besuch lohnen.

Oleastro Olive Park (☎ 9952 5093; www.oleastro.com.cy; 3 km nördlich von Anogyra; Erw./Kind 3/2 €; ⌚ 10–19 Uhr) Hier erfährt man alles, was man jemals über die bescheidene Olive wissen wollte. Der Oleastro-Park widmet sich der tragenden Säule der zyprischen Küche. Das Museum informiert umfassend über die Frucht und erläutert die lange Geschichte des Anbaus auf der Insel. Zu den Exponaten gehören traditionelle Olivenölpressen. Zwischen Oktober und Februar können Besucher bei der Gewinnung des Öls zusehen. Ein gutes Restaurant auf dem Gelände serviert traditionelle zyprische Küche.

Vor Ort verkauft ein Souvenirladen alle erdenklichen Geschenkartikel aus biologischem Olivenöl.

Pasteli-Museum (☎ 2522 1500; ⌚ Juni–Sept. 10–16 Uhr, restliches Jahr kürzere Öffnungszeiten) Das niedliche Museum erläutert die traditionelle Herstellung von Johannisbrot-*pasteli*. Die zyprische Süßigkeit eroberte lange vor Snickers und Co. die Gaumen zyprischer Kinder. Außerhalb der Sommermonate ist das Museum manchmal geschlossen, deswegen fragt man am besten vorher telefonisch nach.

Nicolaidis Winery (☎ 2522 1709; www.facebook.com/nicolaides.winery) Das kleine Weingut wird in dritter Generation betrieben, ist Teil der Weinrouten des CTO und produziert einige interessante Tropfen. Besonders bekannt ist der Rosé.

sich ein Picknick für nur 3,20 € bringen lassen. Etwas traditioneller geht's im angrenzenden alteingesessenen **Kyrenia Beach Restaurant** (Hauptgerichte 9–16 €; ⌚ 11–22 Uhr) zu, das großartige Meeresfrüchte serviert.

Melanda-Strand

Einer der besten Strände der Gegend, ein Bogen aus Kieseln und Sand, erstreckt sich geschützt hinter niedrigen weißen Klippen und wird von Olivenbäumen begrenzt. Von der B6 führt eine ausgeschilderte Zufahrtsstraße hierher, die in einem ziemlich üblen Zustand, aber noch befahrbar ist.

Das **Melanda Beach Restaurant** (Hauptgerichte 10 €; ⌚ 11.30–22 Uhr) verfügt über eine Terrasse und verleiht Sonnenliegen und -schirme für 4 €.

Im Juli und August sollte man besser nicht herkommen, den Rest des Jahres über gilt Melanda aber als gute Anlaufstelle für einen Strandtag.

Pissouri-Bucht & -Dorf

In dem Badeort 10 km westlich von Avdimou werden Jetskis verliehen, außerdem kann man surfen, mit dem Bananenboot fahren und anderen unterhaltsamen Wasseraktivitäten nachgehen. Die zahlreichen Ferienhäuser in der Gegend und ein paar Luxusresorts locken viele Urlauber an. Trotz der touristischen Ausrichtung (und der Tatsache, dass in Pissouri kostenloses WLAN verfügbar ist) konnte sich das Dorf einige authentische Ecken bewahren. Die meisten Besucher kommen allerdings wegen des Strandes und des dortigen Freizeitangebots.

Aktivitäten

Cyprus Diving Adventures TAUCHEN (☎ 9766 1046; www.cyprusdivingadventures.com; Kolokotroni 26, Pissouri; ⌚ 9–18 Uhr) Neben dem kompletten Angebot an PADI- und TDI-Kursen gehören hier Tauchpakete zu Zielen im

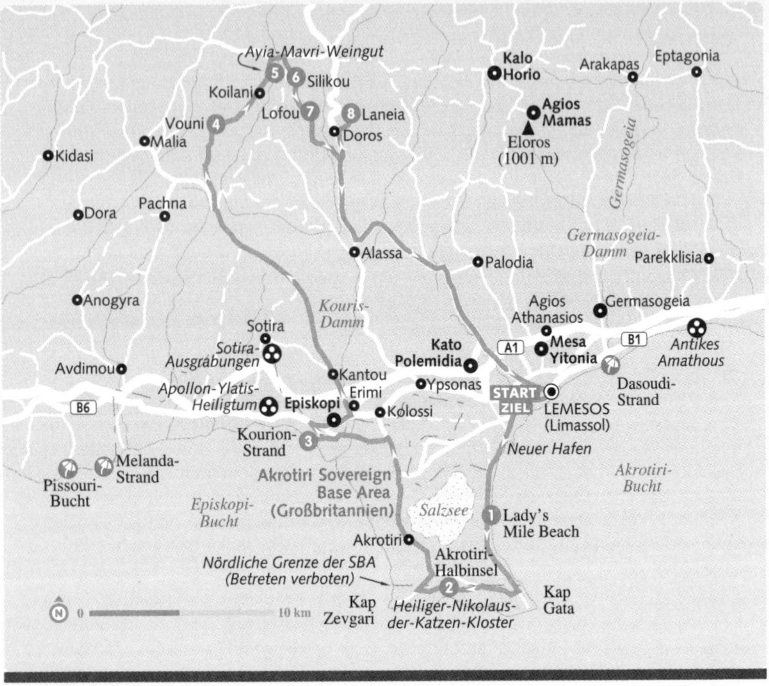

Spritztour
Katzen, Bergdörfer & Wein

START LEMESOS
ZIEL LEMESOS
LÄNGE 74 KM
DAUER 4–6 STD.

Von Lemesos aus fährt man auf der E602 gen Westen Richtung Pafos vorbei am KEO-Weingut und biegt dann links ab zum 1 **Lady's Mile Beach** (S. 56). Nach einem Sprung ins Wasser geht's mit dem Strand zur Linken zum 2 **Heiliger-Nikolaus-der-Katzen-Kloster** (S. 63). Dann passiert man den Salzsee auf dem Weg zum 3 **Kourion-Strand** (S. 56). Für die Besichtigung des antiken Kourion braucht man zwei bis drei Stunden, deshalb macht man den Abstecher vielleicht lieber an einem anderen Tag. Einen guten Vorgeschmack bekommt man bei den Ruinen der Hafenbasilika (6. Jh.) am Kourion-Strand.

Als Nächstes geht's auf der B6, die man bei der Ausfahrt Erimi E601 verlässt, zurück Richtung Lemesos. Zuerst fährt man nördlich nach Omodos, passiert einen Damm auf der Ostseite, folgt den Schildern nach 4 **Vouni** und spaziert durch den hübschen Ort. Mittags kehrt man bei Takis ein; dieses ist Teil des Vakhis-Programms, das sich für traditionelle zyprische Küche einsetzt. Nach weiteren 5 km in nördlicher Richtung erreicht man das 5 **Ayia-Mavri-Weingut** (www.ayiamavri.com). Der Cabernet Sauvignon ist exzellent, und der süße Muskateller hat schon viermal den angesehenen Titel Moscats du Monde gewonnen. Zudem ist im Dorf Zyperns führender Bioweinproduzent ansässig: Gaia Oinotechniki. An Wochentagen gibt's Weinproben.

Nach diesem Abstecher sind es 2 km bis zur Abzweigung nach 6 **Silikou** und 7 **Lofou**. Die Straße windet sich durch atemberaubende Berglandschaft und Terrassenfelder mit dem Meer in der Ferne. Bei einem Spaziergang durch die Gassen von Lofou sieht man traditionelle Kalksteingebäude, zudem gibt's drei weitere Vakhis-Restaurants.

Nächste Station ist das niedliche Dorf 8 **Laneia** (S. 62). Nach einem Kaffee im Kapudia-Restaurant (neben dem Parkplatz) und einem Bummel durch die kopfsteingepflasterten Gassen geht's auf der gut ausgeschilderten B8 zurück nach Lemesos.

ganzen Land zum Programm. „Discover Scuba" kostet 60 €, der „Bubblemaker" (Anfängerkurs für Kinder) 45 €.

Pissouri Bay Divers TAUCHEN
(☎ 9653 0761; www.pissouribaydivers.com; Pissouri-Strand; ⏲ 9–18 Uhr) Hier werden PADI-Discover-Scuba-Kurse (65 €) für Anfänger, PADI-Bubblemaker-Unterricht (45 €) für Kinder sowie viele andere PADI-Kurse angeboten. Für erfahrene Taucher gibt's zwei Tauchgänge vom Ufer aus ab 90 € und Tauchausflüge mit dem Boot ab 110 €.

Essen

Bunch of Grapes Inn MEDITERRAN €€
(☎ 2522 1275; Ioannou Erotokritou 9; Hauptgerichte ab 8 €; ⏲ 11 Uhr–open end) Das stimmungsvolle Restaurant im Dorfzentrum serviert im Schatten von Feigenbäumen und Platanen sowie dichten Weinreben exzellentes Essen. Zur köstlichen Auswahl gehören knusprig gebratene Ente in Aprikosen-Brandy-Soße oder Rotbarbe in Knoblauch. Die Zyprer lieben das Restaurant, deshalb vorab reservieren.

Two Friends ZYPRISCH €€
(☎ 2522 2527; Pissouri; Hauptgerichte ab 8 €; ⏲ 12–23 Uhr) Im Two Friends gibt's Hausgemachtes, darunter Ravioli mit Käse-Minze-Füllung sowie Tahini-Dip aus frisch gemahlenem Sesam, Knoblauch und Olivenöl etc. Das Lokal befindet sich an der Hauptstraße zum Strand, kurz hinterm Ortsausgang.

Limanaki INTERNATIONAL €€
(☎ 2522 1288; Pissouri-Strand; Hauptgerichte 12–20 €; ⏲ Di–So 12–23 Uhr) Eine alte Johannisbrotmühle beherbergt das wohl beste Lokal am Pissouri-Strand. Es ist berühmt für leckere hausgemachte Currys und gute Meze-Varianten. Reservierung empfehlenswert.

Petra tou Romiou (Aphroditefelsen & -strand)

Den wahrscheinlich berühmtesten Strand Zyperns erkennt man leicht anhand der zwei aufrecht stehenden Felsen, vor allem weil regelmäßig Schwimmer etwas unsicher oben auf den Steinen balancieren. Um hierhinzugelangen, folgt man der malerischen alten Straße B6 von Lemesos nach Pafos.

Der Name Aphroditefelsen geht auf eine Legende zurück, laut der Zyperns Schutzgöttin an genau dieser Stelle aus den schäumenden Wellen auftauchte. Die Bewohner der griechischen Insel Kythira behaupten allerdings, dass die „Schaumgeborene" den Wellen vor ihrer Insel entstiegen ist. Aber wer sagt eigentlich, dass sie nicht an zwei Stellen aufgetaucht sein könnte? Schließlich war sie eine Göttin …

Viele Besucher legen hier einen Zwischenstopp auf dem Weg zu einem anderen Ziel ein oder schauen sich den Sonnenuntergang an, den man besonders gut vom **Touristenpavillon** aus oder von dem Parkplatz an der Straße 1,5 km weiter östlich beobachten kann. In der Cafeteria des Pavillons sollte man nichts essen, denn die Snacks sind völlig überteuert. Am besten sorgt man selbst für Proviant und macht ein Picknick.

Vom Pavillon aus 500 m weiter Richtung Pafos führt eine gut ausgeschilderte Fußgängerunterführung von dem Kiosk und dem Parkplatz auf der anderen Seite der Straße zum Strand.

Antikes Amathous

Die Überreste dieser **archäologischen Stätte** (Eintritt 2,50 €; ⏲ Juli–Aug. 9–19.30 Uhr, Sept.–Juni bis 17 Uhr) 11 km östlich von Lemesos lassen nicht darauf schließen, was für eine große Bedeutung Amathous, eines der vier alten Königreiche von Zypern (die anderen drei waren Salamis, Pafos und Soloi), einst innehatte. Die Stadt entstand um 1000 v. Chr. und war bis etwa ins 12. Jh. durchgehend besiedelt. Es ist nicht ganz einfach, sich den Aufbau dieses antiken Orts vorzustellen, da die meisten Steine vor langer Zeit für andere Bauten geplündert wurden. Ein exzellenter Infoständer am Eingang hilft aber bei der Deutung der Ruinen.

Der Legende nach wurde die Stadt von Kinyras, dem Sohn von Pafos, gegründet, der auch den Aphroditekult auf Zypern begründet haben soll.

Amathous durchlebte bewegte Zeiten und wurde im 7. sowie 8. Jh. von Seeräubern geplündert. Als 1191 Richard Löwenherz auf der Insel auftauchte, hatte der Niedergang des Ortes bereits eingesetzt. Da der Hafen versandet war, musste Richard am Strand an Land gehen, um seinen Anspruch auf das ehemals so stolze, wohlhabende Amathous geltend zu machen. Dann versetzte er der Stadt den königlichen Gnadenstoß und machte sie dem Erdboden gleich.

Auf dem Gelände von Amathous finden im Sommer manchmal kostenlose Konzerte statt (nach Plakaten Ausschau halten oder bei der CTO in Lemesos nachfragen).

TIPPS FÜR EINEN BESUCH DES ANTIKEN KOURION

- Das antike Kourion ist ein beliebtes Ziel von Reisegruppen und Schulausflüglern. Am frühen Morgen oder späten Nachmittag ist meistens weniger los.
- Wer zeitgleich mit einem Reisebus eintrifft, sollte sich nicht abschrecken lassen. Die meisten Gruppen besichtigen nur das römische Theater und das Haus des Eustolius. Am besten beginnt man bei den Ruinen am Nordplateau; bis man das Theater erreicht hat, sind die Besuchermassen meist schon verschwunden.
- Das antike Kourion befindet sich in der Nähe von zwei weiteren Sehenswürdigkeiten, dem Heiligtum von Apollon Ylatis und der Kolossi-Burg. Alle drei Attraktionen können innerhalb eines Tages besichtigt werden. Für eine Pause bietet sich ein Abstecher an den Kourion-Strand an, der sich unterhalb der Stätte erstreckt.

Episkopi

3170 EW.

Hauptgrund für einen Besuch in Episkopi, 14 km westlich von Lemesos, ist das **Kourion-Museum** (Eintritt 2,50 €; ⏲ Juli–Aug. 8–19.30 Uhr, restliches Jahr kürzere Öffnungszeiten) in dem früheren Wohnhaus des Archäologen George McFadden. Zu den hier ausgestellten Exponaten gehören Terrakottagegenstände aus dem antiken Kourion und dem Apollon-Ylatis-Heiligtum. Das Museum ist an der Straße zwischen Lemesos und Kourion sowie in Episkopi ausgeschildert.

Wer Hunger hat, kann die **Old Stables** (☎ 2593 5568; Hauptgerichte 10 €; ⏲ Mo–Sa 18–23 Uhr) ansteuern, wo es zartes, saftiges *kleftiko* und ausgezeichnete Meze-Teller gibt. Die Gerichte sind auch zum Mitnehmen. Das Restaurant mit der kleinen, schattigen Terrasse vorne liegt an der Straße zwischen Lemesos und Pafos gegenüber der Eko-Tankstelle und sieht so aus, als wäre es entstanden, lange bevor die Straßen gebaut wurden.

Antikes Kourion

Das spektakuläre **antike Kourion** (Eintritt 4,50 €; ⏲ April–Okt. 8.30–19.30 Uhr, Nov.–März bis 17 Uhr) klammert sich an einen Hügel und gewährt einen Panoramablick auf einen Flickenteppich aus Feldern und das Meer. Es wurde – mit seiner strategischen Position hoch auf einem Felsvorsprung – vermutlich im Neolithikum gegründet. Etwa ab dem 13. Jh. v. Chr. war die Stadt durchgehend bewohnt; damals ließen sich hier mykenische Siedler nieder.

Eine gute Orientierungshilfe bietet das kleine Besucherzentrum mit einem Modell der gesamten Stätte.

Die Stadt blühte unter dem Einfluss der Ptolemäer und Römer auf. In römischer Zeit hingen die Bewohner von Kourion einem vorchristlichen Apollonkult an – davon zeugt das nahe gelegene Heiligtum von Apollon Ylatis – der schließlich vom Christentum verdrängt wurde. Obwohl verheerende Erdbeben in der Region wüteten, wurde im 5. Jh. eine frühchristliche Basilika errichtet, die vom starken Einfluss des „neuen" Glaubens in Kourion zu jener Zeit zeugt.

200 Jahre später stand der Fortbestand der christlichen Diözese wegen Piratenraubzügen auf Messers Schneide. Der Bischof von Kourion war gezwungen, seinen Sitz ins nahe Episkopi (bedeutet „Diözese" auf Griechisch) zu verlegen. Von da an ging es bergab mit Kourion. Erst nach halbherzigen Ausgrabungen 1876 wurde die Stadt wiederentdeckt.

Das Ticketbüro befindet sich am Eingangstor auf halbem Weg den Hügel hinauf. Von dort verläuft die Straße weiter zum Besucherzentrum und zu den Ruinen auf dem Gipfel.

Römisches Theater ARCHÄOLOGISCHE STÄTTE

Kourions römisches Theater beeindruckt vor allem mit der hübschen Aussicht auf die Küste und nicht mit dem eigentlichen Bau. Tatsächlich handelt es sich um die Nachbildung eines kleineren Theaters, das sich hier in spektakulärer Lage auf einem Hügel mit Blick auf das Meer befand und im 4. Jh. bei einem Erdbeben zerstört wurde. Besucher können sich ein Bild davon machen, wie es zu den Glanzzeiten ausgesehen haben muss. Heute wird das Gelände oft für kulturelle Veranstaltungen genutzt, etwa für die Auftritte von zyprischen und griechischen Sängern.

Haus des Eustolius ARCHÄOLOGISCHE STÄTTE

Ursprünglich beherbergte die Anlage einen Palast aus der frührömischen Zeit. Im 3. Jh. wurde sie dann zu einem öffentlicheren Komplex für die Leute aus der Umgebung umfunktioniert. Er umfasst große Bäder, Höfe und Säle. Die bunten, christlich inspirierten Mosaikböden sind gut erhalten und erinnern an den Erbauer Eustolios sowie den Schutzgott Apollon. Sehenswert sind auch die christlichen Motive (kreuzförmige Ornamente und Fische).

Frühchristliche Basilika ARCHÄOLOGISCHE STÄTTE
Die Basilika hat alle Merkmale einer frühzeitlichen Kirche. Ihr Fundament lässt deutlich erkennen, dass es eine Narthex, ein Diakonikon (einen Lagerraum für landwirtschaftliche Erzeugnisse), verschiedene Räume, eine Taufkapelle und ein Atrium gab. Zudem sind ein paar Bodenmosaiken zu sehen.

Ruinen des Nordplateaus ARCHÄOLOGISCHE STÄTTE
Die beeindruckenden Ruinen des hellenistischen und römischen Kourion befinden sich auf dem Nordplateau. Die römische Agora und Stoa mit einer Kolonnade von 16 Marmorsäulen findet man neben der frühchristlichen Basilika.

Unmittelbar nördlich führt ein Bohlenweg zu den beträchtlichen Überresten der römischen Stadtbäder, des Bewässerungssystems und des Nymphäums. Das Fundament der öffentlichen Bäder mit dem Grundriss des Frigidariums (Abkühlraums), Tepidariums (Wärmeraums) und Caldariums (Saunaraums) ist noch deutlich zu erkennen.

Haus der Gladiatoren ARCHÄOLOGISCHE STÄTTE
Am nordwestlichen Rand der Stätte befindet sich das Haus der Gladiatoren. Der Name geht auf zwei recht gut erhaltene Bodenmosaiken zurück, die Gladiatoren in Uniform zeigen. Zwei Gladiatoren, Hellenikos und Margaritis, schwingen ihre Waffen. Unmittelbar nördlich steht das **Haus des Achilles**; das Fragment eines kunstvollen Bodenmosaiks, das Achilles' Aufeinandertreffen mit Odysseus zeigt, ist erhalten geblieben.

Apollon-Ylatis-Heiligtum

2 km westlich des Haupteingangs von Kourion stößt man auf das ebenfalls zu der antiken Stätte gehörende und an der Schnellstraße ausgeschilderte **Apollon-Ylatis-Heiligtum** (Eintritt 2,50 €; ⏲ April–Okt. 8.30–19.30 Uhr, Nov.–März bis 17 Uhr).

Der Haupttempel wurde teilweise restauriert. Man beachte vor allem die wunderschönen Säulen. Ebenfalls deutlich zu erkennen sind die Priesterunterkünfte, eine Palaestra (Sportarena) und die Bäder für Athleten sowie ein unspektakuläres Stadion 500 m weiter östlich. Darin fanden einst 6000 Zuschauer Platz.

Die Anlage aus dem 8. Jh. v. Chr. wurde zu Ehren von Apollon, dem Gott der Wälder (*ylatis* bedeutet auf Griechisch „der Wälder"), errichtet. Heute ist das ehemals so baumreiche Terrain um einiges karger, wartet aber immer noch mit einigen Ruinen auf, die darauf schließen lassen, wie das Heiligtum ausgesehen hat. Es handelt sich um römische Bauten, die 365 von einem schweren Erdbeben niedergerissen wurden.

Kolossi-Burg

Die winzige **Kolossi-Burg** (Eintritt 2,50 €; ⏲ April–Sept. 8.30–19.30 Uhr, Okt.–März bis 17.30 Uhr), die eigentlich eher ein befestigter Turm als eine echte Festung ist, thront am Rand des Dorfes Kolossi und erinnert an die Herrschaft der Johanniter im 13. Jh. In der Kommende, die sich einst hier befand, produzierten die früheren Hausherren Wein und verarbeiteten Zuckerrohr. Das aktuelle Bauwerk wurde 1454 errichtet und steht wahrscheinlich auf den Fundamenten der älteren befestigten Anlage.

Über eine kurze Zugbrücke, die mit einem Maschikuli (Gussöffnung für kochendes Öl) verteidigt wurde, hat man Zugang zur Burg. Das Gebäude beherbergt zwei große Zimmer. Eines verfügt über einen riesigen Kamin und eine Wendeltreppe, die zu zwei weiteren Räumen im zweiten Stock hinaufführt. Einziger Hinweis darauf, dass der Turm einstmals bewohnt war, ist ein Wandbild der Kreuzigung im Hauptzimmer im ersten Stock. Wer der Wendeltreppe weiter folgt, gelangt aufs Dach, dessen Zinnen 1933 restauriert wurden.

Östlich der Burg sieht man ein großes Außengebäude, die sogenannte Zuckerfabrik, wo Zuckerrohr verarbeitet wurde.

Akrotiri-Halbinsel

Akrotiri Sovereign Base Area

In der Geschichte Zyperns sind immer wieder Siedler, Plünderer und Armeen aufgetaucht, für die die strategische Position der Insel von Bedeutung war. Als Zypern schließlich 1960 verspätet unabhängig wur-

ABSTECHER

LANEIA

Einige der hübschesten Dörfer Zyperns findet man nördlich von Lemesos in der bergigen Mandaria-Region. Vouni, Silikou und Lofou sind sehr sehenswert und liegen dicht beieinander. Der schönste Ort ist vermutlich Laneia, kurz hinter Doros (noch ein Schmuckstück).

Das Dorf erfreut sich großer Beliebtheit bei Künstlern und Wahl-Zyprern. Die Straßen sind mit Kopfsteinen gepflastert, überall blühen Blumen, und die Kalksteinbauten machen sich ausgezeichnet als Fotomotive. Es ist genau der richtige Ort dafür, mit der Kamera in der Hand durch die Straßen zu spazieren und darüber zu sinnieren, hier ein kleines Ferienhaus für den jährlichen Erholungsurlaub zu erwerben.

Ein einfaches landwirtschaftliches Museum beim Hauptplatz zeigt Olivenöl- und Traubenpressen. Eine Handvoll guter hiesiger Tavernen lädt zum Mittagessen ein, allerdings sollte man dabei nicht die anderen Sehenswürdigkeiten Laneias vergessen.

Marienkirche (Hauptplatz) Die Kirche aus dem 16. Jh. (1903 restauriert) steht im Herzen des Dorfes. Die Heiligendarstellungen stammen von 1676 und zeigen wunderschöne Beispiele religiöser Ikonenmalerei und dekorativer Holzverkleidungen aus jener Zeit. Zudem beherbergt die Kirche eine Ikone der Jungfrau Maria aus dem 12. Jh., der viele Wunder zugesprochen werden.

Michael Owen Gallery (www.michaelowengallery.com; ⌚10–17 Uhr) Der britische Künstler Michael Owen lebt seit 1971 auf Zypern und sein Werk ist von der zyprischen Landschaft inspiriert. Seine Galerie in Laneia ist vom Dorfzentrum ausgeschildert.

Pleiades (⌚9.30–17 Uhr) Das Pleiades, Kunstgalerie, Kunstatelier, Geschäft und Café in einem, verkauft hiesige Keramik, Schmuck und die erlesenen Glasarbeiten und Mosaiken der Besitzerin Phoebe. Das Café serviert leckeren hausgemachten Käsekuchen und eignet sich perfekt für eine Pause nach einem Spaziergang durchs Dorf. In der Nähe des Hauptplatzes von Laneia.

de, legte die alte britische Kolonialmacht fest, dass die neu gegründete Republik eine Fläche von 158 km² an sie abtreten musste. Dieses Territorium, heute als Sovereign Base Areas (SBAs) bekannt, wird von den Briten für militärische Zwecke genutzt.

Das Einzige, was darauf schließen lässt, dass man sich auf „ausländischem Terrain" befindet, ist der merkwürdige Anblick von britischen SBA-Polizisten, die mit ihren speziellen Autos das Gelände abfahren. Gleich westlich der Halbinsel, entlang der alten Straße zwischen Lemesos und Pafos (hinter Episkopi), stößt man auf grüne Sportplätze, Kricketfelder und Wohnviertel. Alles vor Ort erinnert sehr an England.

Der südlichste Abschnitt der Halbinsel ist nicht zugänglich, da er als Standort für eine abgeschlossene **Militärbasis** mit einer eigenen großen Landebahn dient. **Akrotiri** ist die einzige richtige Siedlung auf dem SBA-Gelände. In den Tavernen kehren häufig britische Soldaten ein. An ihren freien Tagen sieht man sie manchmal auf schicken Mountainbikes oder zu Fuß auf den Pfaden rings um den großen Salzsee in der Mitte der Halbinsel.

Von hier hat man es nicht weit bis zu einem der besten Restaurants der Gegend: Im **Il Gusto** (☎2529 2638; Akrotiri Vasilissis Elisavel 11; Hauptgerichte 10–15 €; ⌚11.30–23 Uhr) verpassen die Köche klassischen italienischen Rezepten eine innovative Note. Ohne Reservierung geht nichts. Das Lokal befindet sich an der Hauptstraße und ist zwischen den Chinesen, Indern sowie Fish-&-Chips-Schuppen leicht auszumachen.

Der Salzsee von Akrotiri ist ein wichtiger Lebensraum für Zugvögel wie Flamingos, Kraniche und Ibisse. Direkt südlich des Dorfes bietet das **Akrotiri Environment Centre** (☎2582 6562; http://english.akrotirienvironment.com; Akrotiri Village; ⌚Mo–Sa 8–15 Uhr) Exponate zu Flora und Fauna der Gegend, einen Stand zur Beobachtung der Tierwelt und einen kurzen Naturlehrpfad.

Zudem erlangte die Gegend Bekanntheit für ihre **Fasouri-Plantagen**, eine Reihe von Zitrushainen im Norden der Halbinsel, die unterbrochen werden von langen, geraden Straßen, über denen wiederum Zypressen aufragen. Sie erscheinen einem wie kleine Oasen nach der Trockenheit im Süden der Halbinsel.

Heiliger-Nikolaus-der-Katzen-Kloster

Das **Kloster** (⏲8–14 & 15–18.30 Uhr) wurde 327 gegründet und geht auf das Konto des ersten byzantinischen Gouverneurs von Zypern, Kalokeros, zurück. Die hübsche kleine Kapelle aus dem 13. Jh. wartet mit ein paar bemerkenswerten Ikonen auf, die von den beiden ersten vor Ort lebenden Nonnen gemalt wurden. Das Klostergebäude ist unlängst renoviert worden und sieht jetzt ziemlich modern, aber auch irgendwie nichtssagend aus. Besucher können von den Schwestern selbst gemachte Konserven, Marmeladen, Honig und Süßwaren sowie je nach Saison Orangen erstehen.

Hinter dem Namen des Klosters verbirgt sich eine kuriose Geschichte. Während der Bebauung der Akrotiri-Halbinsel herrschte über ganz Zypern eine schwere Dürre und es wimmelte nur so von Giftschlangen, was die Arbeiten erschwerte. Um den gefährlichen Reptilien zu Leibe zu rücken, ließ man deshalb eine große Ladung Katzen aus Ägypten und Palästina auf die Halbinsel bringen. Mit einer Glocke wurden die Katzen zum Fressen „gerufen" und schon stürzten sich die pelzigen Krieger auf die Schlangen. Die vielen im Schatten der Säulen schlummernden Katzen sind den sechs Nonnen, die sich heute um die Anlage kümmern, zahlenmäßig weit überlegen.

Das Kloster liegt am Rande des Salzsees – an der Rückseite verläuft der Zaun der Sovereign Base Area (SBA) – und ist von Akrotiri aus über eine gute, unbefestigte Straße oder über eine weniger offensichtliche Route, die vom Lady's Mile Beach nach Westen führt, zu erreichen.

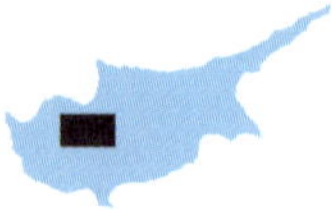

Troodos-Gebirge

Inhalt ➡

Gut essen

- ➡ Mylos Restaurant (S. 78)
- ➡ Mimi's Restaurant (S. 70)
- ➡ Elyssia (S. 73)
- ➡ Stou Kir Yianni (S. 77)
- ➡ Psilo Dendro Restaurant (S. 72)

Schön übernachten

- ➡ New Helvetia (S. 210)
- ➡ Linos Inn (S. 212)
- ➡ The Mill Hotel (S. 212)
- ➡ To Spitiko tou Arhonta (S. 210)
- ➡ Elyssia (S. 211)

Auf ins Troodos-Gebirge

Die beeindruckende Gebirgskette über den Tälern von Lemesos, Larnaka und der Mesaoria-Ebene bietet Besuchern Ausblicke über den Wald bis hin zu den Küstenorten und auf die Großstadt. Auch der höchste Berg der Insel, der Olympos (1952 m), gehört zu ihr. Zum Schutz der Tierwelt, des Ökosystems und der Felsformationen wurden über 90 km² des Waldes zum Nationalpark erklärt. Im Winter bevölkern Skifahrer und Snowboarder die Resorts an den Nordhängen, in den wärmeren Monaten lädt der Park zum Campen, Picknicken, Wandern, Radfahren und zur Vogelbeobachtung ein.

Neben der reizvollen Landschaft wartet das Troodos-Gebirge mit bilderbuchartigen, kopfsteingepflasterten Dörfern, terrassierten Hängen und traditioneller Architektur auf. In den Bergen und Tälern der Region verstecken sich ein paar der bedeutendsten mit mittelalterlichen Fresken versehenen Kirchen und Museen der Insel sowie einige der besten Weingüter des Landes.

Beste Reisezeit

➡ Von Januar bis April kann man tagsüber Ski und Snowboard fahren und sich abends bei einer herzhaften Kneipenmahlzeit erholen.

➡ April bis September ist die ideale Zeit für Weinverköstigungen, denn in den weitläufigen Weinbergen und steilen, windigen Tälern gibt's viele Kellereien.
Im Frühsommer (Mai & Juni) laden Natur- und Wanderwege mit einer Gesamtlänge von 65 km in der gesamten Region zu Touren ein.

➡ Im Juli und August schlägt man – auf den grünen Zeltplätzen in den Bergen auf etwa 1000 m Höhe – der Sommerhitze ein Schnippchen.

Troodos

24 EW.

Dieses winzige Örtchen in der Nähe des Olympos dient als Ausgangsbasis für alle, die in der Region wandern, Rad fahren oder Wintersport betreiben möchten. Auf einer Höhe von 1900 m über dem Meeresspiegel herrschen hier sehr viel kühlere Temperaturen als im Flachland, zudem genießt man einen großartigen Ausblick auf die umliegenden Täler.

Troodos ist um einen einfachen Platz (*plateia*), das sogenannte Kentriko Troodos („Zentrum von Troodos"), angeordnet. Dort gibt's einen Spielplatz mit ein paar Bänken und einige Souvenirläden, die alles Mögliche von Windspielen bis zu *soujoukko*, einer traditionellen Süßigkeit aus Mandeln sowie Saft aus sonnengetrockneten Trauben, verkaufen.

Gegenüber dem Park liegen das Troodos Hotel und ein paar Restaurants und Cafés. Ein Nachtleben existiert praktisch nicht, da fast alle Besucher erschöpft von ihrem Tagesprogramm früh ins Bett gehen. Weitere 200 m bergauf in Richtung Westen befindet sich das Besucherzentrum von Troodos. Das im Winter geöffnete Skigebiet erstreckt sich unmittelbar nördlich in der Nähe des Jubilee Hotel.

Vom Platz gehen drei Straßen ab: nordwärts in Richtung Solea-Tal und Nikosia (Lefkosia), westwärts nach Prodromos und ins Marathasa-Tal sowie südwärts nach Platres – auf manchen Karten auch Pano Platres genannt – und zu den *krasohoria* (Weindörfern) der Region Commandaria. Letztere Route ist die meistgenutzte.

Nach Troodos gelangt man am besten von Lemesos (über die B8) oder Nikosia (über die B9) aus. Alternativ führen gute, aber kurvenreiche Straßen ab Pitsylia im Osten und Pafos im Westen ins Dorf. Sonntagabends sind die Zugangsstraßen in die Berge oft stark befahren, da Wochenendausflügler nach Nikosia und an die Küste zurückkehren.

Geschichte

Die ozeanische Erdkruste von Troodos entstand vor über 90 Mio. Jahren und war der erste Teil der Insel, der vor rund 15 Mio. Jahren aus dem Meer emporstieg. In den höheren Lagen der Region findet man Gesteine wie Serpentinite, Dunite, Wehlite, Pyroxenite, Plagiogranite, Gabbro, Diabase und Vulkanite.

Laut Strabon, dem griechischen Geografen (geb. etwa 63 v. Chr.), gab es auf dem Olympos während des Hellenismus einen der Göttin Aphrodite geweihten Tempel. Für Frauen soll er nicht nur unerreichbar, sondern auch gänzlich unsichtbar gewesen sein.

Nach Berichten zyprischer Adeliger, die den umliegenden Klöstern und Erholungsgebieten einen Besuch abstatteten, ließen venezianische Generäle 1571 zum Schutz vor osmanischen Angriffen eine Festung auf dem Berg errichten.

Ende des 19. Jhs. wurde Troodos zur Sommerresidenz der englischen Gouverneure der Insel, die vor der brennenden Sonne flüchteten. Damals galt das Gebiet als sommerlicher Regierungssitz der Briten. Im Laufe der Zeit diente es als Zufluchtsort für Religionsgemeinschaften, Freiheitskämpfer, Gesetzlose und Gutbetuchte der Levante.

Heute zieht die Gegend Naturfreunde, Naturkundeinteressierte und Freizeitsportler an, die campen, wandern und im Winter Ski fahren.

NICHT VERSÄUMEN

KALEDONIA-WEG: NACHTIGALLEN & WASSERFÄLLE

Auf dem schattigen, gut ausgeschilderten Kaledonia-Weg kann man eine tolle sommerliche Wanderung machen. Die 3 km lange Route beginnt 1 km bergabwärts vom Ort Troodos und endet vor den Stadttoren von Platres. Sie windet sich am Kryos entlang, einem sprudelnden Fluss, der mithilfe von Trittsteinen und Holzbrücken überquert wird, durch ein dicht bewaldetes Tal hinunter. Der Pfad ist teilweise steil und fällt 400 m ab, deshalb nimmt man ihn sich am besten von Norden nach Süden vor. Unterwegs warten eine vielfältige Vegetation wie schwarze Kiefern und zyprische Minze sowie eine facettenreiche Vogelwelt, zu der kleine Schuppen- und Samtkopfgrasmücken sowie Nachtigallen gehören. Auf dem letzten Kilometer geht's zu den malerischen Kaledonia-Wasserfällen, die von einem gewaltigen Gabbro-Felshang 15 m in die Tiefe stürzen. Für einen entspannten Ausflug sollte man zwei Stunden einplanen.

Highlights

❶ **Panagia Forviotissa** (S. 79) und die anderen weltberühmten, zum UNESCO-Weltkulturerbe zählenden Freskokirchen auf der byzantinischen Route besichtigen.

❷ Beim **Wandern** und **Radfahren** im Schatten des Olympos (S. 68) die frische Luft und die wunderschöne Landschaft genießen.

❸ In Dörfern wie **Kakopetria** (S. 78) einige der authentischsten Unterkünfte Zyperns kennenlernen und Einblicke ins traditionelle ländliche Leben bekommen.

❹ Entlang der Weinstraßen in den Bergen die besten zyprischen Rebensäfte probieren und **Weingüter** rund um **Omodos** (S. 76) besuchen.

❺ An Raststellen wie der **Kelefos Bridge** (S. 76) am Fluss inmitten von Naturwanderwegen gemütlich picknicken.

0
5 km
Setrahos
Atsas
Elaia
Lefkosia (38 km)
B9
Nikitari
Vyzakia
E908
F932
F929
Karyotis
Panagia Forviotissa 1
Lefkosia (43 km)
Agios Theodoros
Evryhou
Agios Georgios Kafallou
SOLEA
ADELFI-WALD
Xyliatos
Setrahos
Xyliatos-Damm
E908
Kapoura
Kalyfes (1158 m)
F929
Ikos
Galata
Kakopetria 3
F907
Kalopanayiotis
Spilies tou Digeni
Atsas
Kannavia
Moutoullas
Agia Irini
Kourdali
B9
F943
Pedoulas
Spilia
Lagoudera
Platania-Picknickplatz
F929
Madari (1613 m)
Prodromos
TROODOS-WALD
Artemis-Wanderweg
E909
Alithinou
Handria
Platanistasa
Paliomylos
Livadhiou-Picknickplatz
Kardama-Wald
Kyperounda
Trikoukkia
2
Kyperounda-Weingut
Polystypos
F915
Alona
Olympus (1952 m)
Campingplatz
Jubilee
Agridia
Kirche der Verklärung des Erlösers (6 km); Maheras-Kloster (15 km)
E804
Atalante-Wanderweg
Troödos
Pano Amiantos
Kato Amiantos
F949
Trooditissa-Kloster
Loumata
Dymes
Agros
Persephone-Wanderweg
Makria Kontarka (1680 m)
Potamitissa
Kaledonia-Wasserfall
Kaledonia-Wanderweg
E801
PITSYLIA
Agios Ioannis
Pelendri
Tsiakkas-Weingut
Agios Theodoros
Foini
TROODOS-GEBIRGE
Kato Mylos
Platres
E110
E802
Kato Platres
Mandria
Moniatis
B8
Saittas
F804
Kryos
Zoöpigi
Perapedhi
Agios Mamas
Agios-Mamas-Wald
Kalo Horio
Ayia-Mavri-Weingut
Lemesos (28 km)
Lemesos (28 km)
Koilani
Trimiklini
KOMMANDARIA-REGION

Sehenswertes & Aktivitäten

Picknicken

Mit seinen neun gut organisierten Plätzen, die für 250 bis 2000 Besucher ausgerichtet sind, zieht der Troodos-Waldpark jede Menge Picknickfans an. Die mit Holztischen, frischem Trinkwasser, Toiletten, Spiel- und Parkplätzen ausgestatteten Bereiche findet man fast überall. Grillen darf man an den dafür vorgesehenen Stellen. Hier brutzeln zahlreiche Einheimische ihre Koteletts oder *kontosouvli* (Lammfleischstücke) am Spieß.

Kampos tou Livadi, ein toller kleiner, von Kiefern umgebener Platz, liegt an Km 3 der Straße zwischen Troodos und Nikosia (B9). Nach weiteren 8 km stößt man auf den beliebten Picknick- und Campingplatz **Platania** (Platanen). Am Wochenende wird es dort oft voll, denn er bietet jede Menge Schatten und einen Abenteuerspielplatz.

Radfahren

Immer mehr Rad- und Mountainbikewege durchziehen das Troodos-Gebirge, darunter einige Waldstrecken. Die Broschüre *Troodos Cycling Routes*, die es im Besucherzentrum und in den CTO-Büros gibt, informiert ausführlich über die Bergrouten. Die bekannteste im Troodos-Gebirge umfasst drei Einzelstrecken, die sich zu einer großen Rundfahrt um den Olympos zusammenfügen:

> **BESUCHERZENTRUM VON TROODOS**
>
> Unmittelbar südlich der Hauptstraße von Troodos befindet sich das lohnenswerte **Besucherzentrum** (Eintritt 1 €; ⏲ Juni 10–15 Uhr, Juli–Aug. bis 16 Uhr, in den übrigen Monaten kürzere Öffnungszeiten) mit einem kleinen Museum, in dem Exponate zur Flora, Fauna und Geologie der Region gezeigt werden. Darüber hinaus ist in einem tollen Minitheater ein informatives zehnminütiges Video zur Geschichte des Parks zu sehen, dessen Grenzen, Berge und Landschaften ein geografisches Modell im Foyer verdeutlicht. Alle Karten, Broschüren und andere Literatur zur Region, u. a. zu Wanderwegen und zur Vegetation, sind hier erhältlich. Der 250 m lange botanische und geologische Weg rund um das Gebäude bietet sowohl Kindern als auch Erwachsenen eine tolle Einführung in die Attraktionen der Gegend.

Psilo Dendro (Platres)–Karvounas 16,2 km lange flache Strecke durch leicht zu bewältigendes Gelände mit Asphalt-, Wald- und Schotterabschnitten.

Karvounas–Prodromos 22,7 km lange Fahrt mit Gefälle, einem mittleren bis hohen Schwierigkeitsgrad und guten Streckenbedingungen.

Prodromos–Psilo Dendro Einfache 18,2 km lange Route bergab mit einer Mischung aus gepflegten Straßen und reifenbeanspruchenden Steinwegen.

Mehr über Radrennen und andere Veranstaltungen auf der Insel erfährt man unter www.cypruscycling.com.

Skifahren

Im Troodos-Gebirge gibt's vier Pisten mit einer Länge von 150 bis 350 m. Die beiden längeren liegen an der Nordseite. Während der Hera-Lift Skifahrer zum 350 m langen Anfängerhang bringt, fährt der Zeus-Lift zum Gipfel mit der 500 m langen Jubiläumsabfahrt und Rennstrecken. Hier oben, beim Dias Restaurant, befindet sich das **North Face Ski Centre** (☎ 2542 0105; Troodos; ⏲ Jan.–März 9–19 Uhr), in dem man eine Skiausrüstung leihen kann.

An der Südseite führen Skilifte zu den kürzeren Aphrodite- und Hermes-Abhängen, die sich für Anfänger und etwas Erfahrenere eignen. Vor Ort sind das **Sun Valley Centre** (☎ 2542 0104; Troodos; ⏲ Jan.–März 9–18 Uhr) und ein Skiladen ansässig.

Schneeberichte und Aktuelles zu den Pistenbedingungen siehe www.skicyprus.com.

Vogelbeobachtung

Zypern wartet mit fast 400 Vogelarten auf. Ornithologen schätzen das Troodos-Gebirge wegen der Ruhe, der exzellenten Sicht und der vielfältigen Gegend. Die Bandbreite an Arten ist hoch und reicht von Gänsegeiern über Sperlinge bis zu Bachstelzen und Piepern. Auf www.cyprusbirding.com sind alle Vogelarten aufgelistet.

Wandern

Im Troodos-Gebirge erstrecken sich 13 Naturlehrpfade, darunter eine leicht zu bewältigende 1,6 km lange Strecke sowie eine 14-km-Route für Geübtere. Gemeinsam geben die Wege exzellente Einblicke in den Facettenreichtum der Region. Die meisten Bäume und Pflanzen an den Pfaden sind mit ihren lateinischen und griechischen Namen beschriftet, außerdem kann man sich auf den Holzbänken am Wegesrand ausruhen und den Ausblick genießen.

Broschüren zur Flora, Fauna und Geologie jedes Weges bekommt man im Besucherzentrum von Troodos.

Artemis-Wanderweg WANDERN
(Chionistra-Rundweg) Dieser Weg ist ein wunderbarer Einstieg für alle Wanderer und verläuft in einer Art Schleife um den Olympos. Start und Ziel sind der kleine Parkplatz bei der Straße zum Gipfel. Die Route führt abwechselnd durch schattige und offene Abschnitte, die spektakuläre Ausblicke gen Süden, endemische Flora wie Johanniskraut, Salbei, Steinkraut und Berberitze sowie geologische Formationen wie eine Chrommine und von Pyroxeniten und Duniten durchzogene Gesteine bieten. Darüber hinaus geht's an den sogenannten „Mauern der Altstadt" vorbei, angeblichen Überresten der venezianischen Festung. Auf dem Weg passiert man den günstig gelegenen Skilift. Die 7 km lange Strecke ist recht flach und in drei bis vier Stunden zu bewältigen. Wasser und Sonnenschutz nicht vergessen!

Atalante-Wanderweg WANDERN
Die leicht zu bewältigende, gut ausgeschilderte 12 km lange Route beginnt am Platz in Troodos. Sie ist nach der Waldnixe Atalante benannt und verläuft in geringerer Höhe als der Artemis-Weg, hat jedoch einen ähnlichen Streckenverlauf. Obwohl die Aussicht weniger beeindruckt als vom höheren Weg, lohnt sich die Wanderung. Nach 3 km stößt man auf eine frische Quelle mit Trinkwasser. Zurück zum Dorf führt die Hauptverbindungsstraße zwischen Prodromos und Troodos. Für den Weg muss man rund fünf Stunden einplanen.

Persephone-Wanderweg WANDERN
Der hübsche Rundweg ist nach dem Berg benannt, zu dem er ansteigt. Er führt durch hohe Kiefern, eine reiche Pflanzenwelt und offene Abschnitte mit weiten Ausblicken. Man kann die 3 km lange Strecke in rund anderthalb Stunden bewältigen. Auf dem Gipfel **Makria Kontarka** genießt man eine tolle Aussicht auf Weinberge und Dörfer bis zum Hafen von Lemesos im Süden. In nördlicher Richtung entdeckt man die klaffende Grube, die eine mittlerweile stillgelegte Asbestmine bei Pano Amiantos hinterlassen hat.

Essen

Die Auswahl ist begrenzt, es sei denn, man bevorzugt einen einfachen Imbiss. In dem Fall sollte man das **Fereos Park Restaurant** (☎ 2542 0114; Hauptgerichte ab 12 €; ⊙ 9–19 Uhr) mit seinen großzügigen Kebabs und Souvlakis ansteuern. Platres beherbergt sehr viel mehr Lokale mit verschiedener Auswahl und besserer Qualität.

ZYPERN FÜR KINDER: AUSRITTE

Der kleine Anbieter für Ausritte auf Pferden und Eseln an der Südseite des Dorfes, unweit der öffentlichen Toiletten, eignet sich ideal für Kinder ohne Erfahrung. Die Tiere sind sehr ruhig und freundlich – man muss also nicht mit wilden Galopprennen rechnen. Ein zehnminütiger Ausflug durch Troodos mit Begleitung kostet 6 €, 20 Minuten 10 € und eine halbe Stunde 15 €

An- & Weiterreise

Busse ins Troodos-Gebirge starten regelmäßig in Nikosia und Lemesos. Im Vorfeld telefonisch Routen und Abfahrtszeiten bestätigen lassen sowie nach außerplanmäßigen Stopps fragen.

Nach Troodos fahren keine Sammeltaxis. Man gelangt zwar mit einem normalen Taxi hierher, allerdings ist die Tour durch die Berge lang und deswegen teuer.

Osel Buses (☎ 2246 5546; www.osel.com.cy; einfach/Tageskarte/Hin- & Rückfahrt 1,50/5/3 €) starten zweimal täglich von der Constanza-Bastion, Nikosia, ins Zentrum von Troodos, und zwar wochentags um 5.45 und 11.55 Uhr und an Wochenenden um 8 und 14 Uhr. Busse zurück fahren genauso häufig. Die Fahrt dauert rund 1 ½ Stunden.

Emel (☎ 7777 8121; www.limassolbuses.com; einfach/Tageskarte/Hin- & Rückfahrt 1,50/5/3 €) betreibt täglich um 9 Uhr einen Bus von Lemesos ins Zentrum von Troodos, der Bus in die Gegenrichtung startet um 15.30 Uhr.

Unterwegs vor Ort

Ausflüge rund um Troodos und in die abgelegeneren Dörfer unternimmt man am besten mit einem Mietwagen, um nicht auf die begrenzten öffentlichen Verkehrsmittel angewiesen zu sein. Die Straßen sind gut, aber kurvenreich.

Platres

200 EW.

In Platres lassen einen die Nachtigallen nicht schlafen.
Georgos Seferis, Eleni, 1953

Mit rund 1200 m ist Platres, ehemals Pano Platres, eines der höchsten Bergdörfer. Es liegt inmitten eines grünen, fruchtbaren Waldes und weist eine der größten Niederschlagsmengen in Zypern auf.

Früher war es ein beliebter Kurort für britische Kolonialisten und bekannte Persönlichkeiten. Den Nobelpreisträger und griechischen Dichter Georgos Seferis inspirierte das Dorf zu seinen berühmtesten Gedichten, zudem überquerte König Faruq I. von Ägypten das Mittelmeer, um hier seinen Sommerurlaub zu verbringen.

Platres ist den Bergdörfern Kolonialasiens nachempfunden und lockt mit all den Attraktionen eines kühlen Gebirgsorts wie Waldwegen, sprudelnden Bächen, Erholung von der Hitze des Flachlands und Gin Tonics auf den Balkonen altehrwürdiger Hotels. Heute zieht es Wanderer, Pensionäre und Urlauber, die lieber die Berge als den Strand in der Nähe haben, an. Die Mischung aus traditionellem Charme, modernen Restaurants und Hotels, der reizvollen Umgebung und der Ruhe des Orts macht es zu einer hübschen Ausgangsbasis bei einer Reise durchs Gebirge. Dank seines trockenen Klimas, der Natur und der Ruhe bietet Platres wunderbare Erholung von der Sommerhitze. Im Winter verwandelt es sich in einen tollen Skiort mit gemütlichen Restaurants und knisternden Kaminfeuern.

Der Ort befindet sich abseits der Hauptverbindungsstraße zwischen Lemesos und Troodos (B9) und besteht aus einer Reihe von kurvigen Straßen, darunter die obere mit verschiedenen Hotels und die untere mit Restaurants, Geschäften sowie Bars.

Platres ist eine tolle Ausgangsbasis für Tagesausflüge zu Attraktionen in der Umgebung wie den Klöstern in Kykkos und Trooditissa, den byzantinischen Kirchen und den Weindörfern der Commandaria-Region. Um das Umland zu erkunden, ist ein fahrbarer Untersatz vonnöten.

Aktuelle Infos zur Gegend gibt es unter www.platres.org.

NICHT VERSÄUMEN

HANDGESCHÖPFTE ZYPRISCHE SCHOKOLADE

Cyprus Chocolates (☎ 9976 6446; www.cypruschocolate.com; Leoforos Archiepiskopou Makariou III; ⏲ 9.30–17.30 Uhr) Dieser Laden würde auch hervorragend in die Hauptstraße einer großen Stadt passen. Stattdessen liegt er in einer ruhigen Ecke von Platres – und das, obwohl er mittlerweile richtig bekannt ist und sogar Königin Elizabeth II. zum Fan hat. Hier bekommt man schön verpackte handgeschöpfte Schokoladen in zahlreichen Geschmacksrichtungen wie z. B. *flava* (mit Gelée Royale), die angeblich gut für die Gesundheit sind (als ob wir noch überredet werden müssten …).

Auch Gewürzschokoladen mit frischem Kardamom, wildem Rosmarin und Gartenminze stehen zum Verkauf. Außerdem werden Workshops zur Schokoladenherstellung und zum Thema Kunst mit Schokolade (ab 35 € pro Person) angeboten.

Sehenswertes

In Platres gibt's einige wunderschöne traditionelle Steinhäuser, die größtenteils von der Gemeinde verwaltet und genutzt werden. Bei einem Spaziergang sieht man etwa die **Polizeistation** (von den Briten gebaut) ganz in der Nähe des CTO-Büros, die **alte Sporthalle** (heute das Krankenhaus) 600 m südlich des Ortszentrums, die zweistöckigen **Gemeinderatsbüros** und das gepflegte Gebäude des **Elektrizitätswerks**, das 1930 mit Steinen aus der Gegend errichtet wurde.

Aktivitäten

Platres ist nur 10 km von Troodos sowie den verschiedenen Wanderwegen im Umland entfernt und wartet mit ein paar guten Routen auf, darunter die bergab nach Foini, 9 km weiter westlich, die etwas einfachere 7 km lange Strecke nach Perapedhi und der exzellente 3 km lange Aufstieg nach Pouziaris. Diese und weitere Wege sind in der CTO-Broschüre *Platres* aufgeführt, die im Besucherzentrum von Troodos erhältlich ist.

Essen

Im *krasohoria*-Tal und in der nahe gelegenen Commandaria-Region werden lokale Spezialitäten mit hervorragenden Weinen serviert.

★ **Mimi's Restaurant** ZYPRISCH €€
(☎ 2542 1449; Olympou; Hauptgerichte ab 8 €, Meze 15 €; ⏲ 9–22 Uhr) Unmittelbar hinter der Polizeiwache, an der Hauptstraße durch den Ort, liegt dieses Restaurant. Es ist zwar nicht das stimmungsvollste der Stadt, unter den Einheimischen jedoch das beliebteste, denn hier wird noch alles frisch zubereitet. Die Meze sind das Highlight auf der Speisekarte.

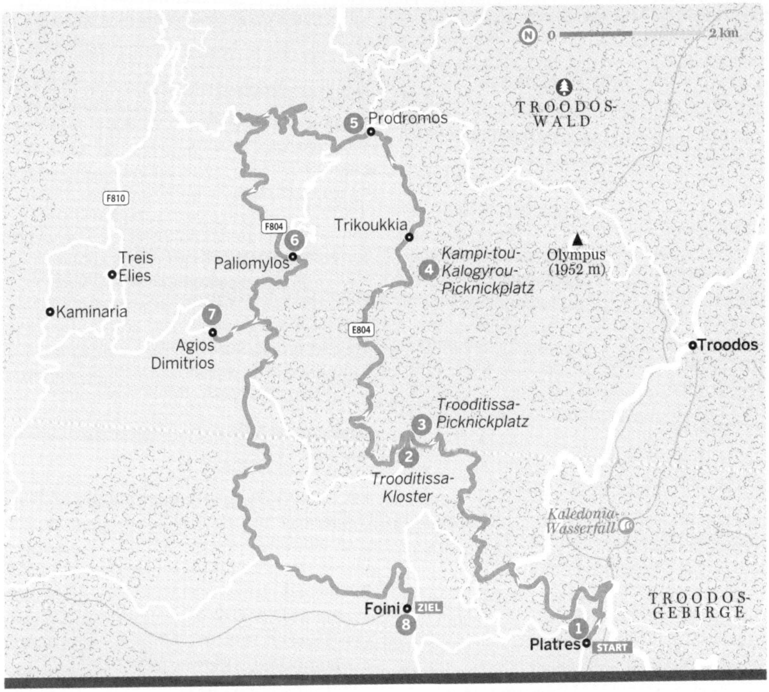

Spritztour
Klöster & Bergdörfer

START PLATRES
ZIEL FOINI
LÄNGE 44 KM
DAUER 3–4 STUNDEN

Erster Halt der Tour ist das Geschäft Cyprus Chocolates in ① **Platres**, wo man sich mit einer köstlichen Tüte handgeschöpfter Schokoladen für die Fahrt wappnen kann. Von Platres führt die E804 zu einigen versteckten Dörfern des Tals. Nun steht das im 13. Jh. errichtete ② **Trooditissa-Kloster** auf dem Programm, das inmitten dichten Kiefernwaldes über einer tiefen Schlucht thront. Es wurde nach dem Fund einer wertlosen, mit Silber verkleideten Ikone der Jungfrau Maria gegründet, die aus Kleinasien stammte und der man eine Fruchtbarkeit bringende Wirkung nachsagte. Bis zu ihrem Tod bewahrten sie zwei Eremiten in einer nahe gelegenen Höhle auf. Die Klosterkirche aus dem Jahr 1731 ist nicht für Besucher zugänglich, da sie von der Ordensgemeinschaft genutzt wird. Wer jedoch höflich und geduldig ist, bekommt eventuell Zutritt.

Anschließend geht's weiter die Bergstraße entlang, vorbei an den schattigen Picknickplätzen von ③ **Trooditissa** und ④ **Kampi tou Kalogyrou** in einem kühlen Kiefernwald, nach ⑤ **Prodromos** (www.prodromos.org.cy). Das mit 1380 m höchste Dorf Zyperns lockt mit üppigen Obstplantagen voller Apfel-, Pfirsich-, Pflaumen-, Mandel- und Kastanienbäume. Nun fährt man zurück in Richtung Süden nach ⑥ **Paliomylos** und ⑦ **Agios Dimitrios**, zwei zeitlosen, vom Tourismus gänzlich unberührten Weilern, umgeben von Weinbergen und grüner Natur.

Danach gelangt man nach ⑧ **Foini**, wo man sich mit ein paar *loukoumades* (ähnlich wie Türkischer Honig, jedoch mit Bergamotte anstelle von traditionellem Rosenwasser) und einem starken Kaffee erfrischen kann. Der Ort ist für seine handgemachte Töpferware und *pitharia* (Tongefäße zur Lagerung) bekannt. Zur Mittagszeit lockt das Neraida mit frischer Forelle. Das Lokal befindet sich im Westen des Dorfes in der Nähe des Bachs und bietet donnerstags bis dienstags Mittag- sowie freitags und samstags Abendessen.

Skylight Restaurant Bar & Pool MEDITERRAN €€
(www.skylight.com.cy; Leoforos Archiepiskopou Makariou III 524; Hauptgerichte ab 10 €; ⌚12–22 Uhr) Das beliebte Restaurant bietet eine große Auswahl an Grill- und Meeresfrüchtegerichten, dazu kann man aus einem Dutzend Salaten wählen. Ungewöhnliches Schmankerl: Zwischen den Gängen kann man sich im Restaurantpool (Eintritt 5 € pro Tag) erfrischen.

Von der riesigen, sonnigen Terrasse des Skylight kann man den Blick über die Dächer bis in die Berge genießen.

To Anoi ZYPRISCH €€
(Olympou 37; Hauptgerichte ab 10 €; ⌚10–22 Uhr) Die familiengeführte Taverne ist in einem großen Steinhaus untergebracht und kredenzt Gerichte wie *kleftiko* (Lammbraten) sowie über Holzkohle gegrillte *souvla* (Fleischspieße, zumeist Lamm).

Village Tavern ZYPRISCH €€
(Leoforos Archiepiskopou Makariou III; Hauptgerichte 8 €; ⌚8–21 Uhr) Eine Terrasse mit tollem Ausblick und große Portionen einfacher traditioneller Küche machen die gemütliche Taverne zur idealen Adresse nach einer Wanderung. Wir empfehlen die frischen zyprischen Salate mit goldbrauner Moussaka.

Psilo Dendro Restaurant ZYPRISCH €€€
(Aïdonion 13; Forelle 14 €; ⌚11–17 Uhr) Wegen seiner Nähe zum Südende des Kaledonia-Wegs aus Troodos erfreut sich das Restaurant bei hungrigen Wanderern großer Beliebtheit. Da die Besitzer gleich nebenan eine Forellenzucht betreiben, bekommt man hier den frischesten Fisch der Insel.

Praktische Informationen

Die **Cyprus Tourism Organisation** (CTO; ☎2542 1316; www.visitcyprus.com; F825 Platres; ⌚ Mo–Fr 9–15.30, Sa bis 14.30 Uhr) informiert über Wanderwege im Troodos-Gebirge.

> **INSEKTENSCHUTZ**
>
> Wer die Gegend besucht, sollte unbedingt Insektenschutzmittel mitnehmen, denn die Berge sind zwar wunderbar malerisch, allerdings fühlen sich hier auch zahlreiche Kerbtiere wohl. Viele der großen Fliegen und Käfer scheint weiße Kleidung anzuziehen, deswegen sind besonders in den wärmeren Monaten und auf dem Gipfel andere Farben eine bessere Wahl.

Wer einen **Waldbrand** melden will, muss die ☎1407 wählen.

An- & Weiterreise

Abfahrts- und Ankunftsort aller öffentlichen Verkehrsmittel ist der Bereich neben dem CTO-Büro.

Emel (☎7777 8121; www.limassolbuses.com; einfach/ganztägig & Hin- & Rückfahrt 3/5 €) Bus 64 fährt montags bis freitags sechsmal, samstags viermal und sonntags zweimal täglich von 6.05 bis 15.15 Uhr nach Platres und von Platres nach Lemesos (einfach/Hin- und Rückfahrt 1,50/3 €). Weitere Details erfährt man auf der Webseite.

Travel Express Taxis (☎2587 7666; www.travelexpress.com.cy) verkehren zwischen Lemesos und Platres und kosten pro Strecke rund 50 €.

Marathasa-Tal

Das malerische Tal nordwestlich von Troodos wartet mit einigen der bedeutendsten und eindrucksvollsten Sehenswürdigkeiten in den Bergen auf, darunter das prächtige Kykkos-Kloster, die Archangelos-Michail-Kirche in Pedoulas samt ihren wunderschönen Fresken und das einfache Agios-Ioannis-Lampadistis-Kloster in Kalopanagiotis.

Am besten kommt man im Frühling oder Herbst hierher, wenn die Wildblumen in bunten Farben leuchten. Im Tal gibt's ausgezeichnete ländliche Unterkünfte (S. 211), die größtenteils in restaurierten traditionellen Häusern untergebracht sind.

Pedoulas

195 EW.

Pedoulas (www.pedoulasvillage.com) ist der Hauptort sowie das touristische Zentrum des Marathasa-Tals mit guten Lokalen und Unterkünften und bekannt für sein Quellwasser, das auf der ganzen Insel verkauft wird. Im Sommer herrschen hier angenehm kühle Temperaturen.

Sehenswertes

★ **Archangelos Michail** KIRCHE
(⌚ Di–So 10–18 Uhr) Fast alle Besucher kommen wegen der außergewöhnlichen, zum UNESCO-Welterbe zählenden Kirche nach Pedoulas. Das 1474 errichtete Gebäude mit Giebeldach befindet sich im unteren Teil des Dorfes. 1980 wurden die bunten Fresken des Gotteshauses restauriert; sie zeigen Elemente des Naturalismus der neobyzantinischen Epoche und werden einem Künstler namens Adamos zugeschrieben. Der Schlüssel zur

ZYPERNS BYZANTINISCHE FRESKENKIRCHEN

Viele Besucher kommen wegen der faszinierenden byzantinischen Kirchen ins Troodos-Gebirge, die mit wunderschönen Fresken aufwarten und zwischen dem 11. und 15. Jh. entstanden. Zehn von ihnen zählen zum UNESCO-Weltkulturerbe.

Als die französisch-katholische Adelsfamilie Lusignan 1197 in Zypern die Macht übernahm, hatten die Arbeiten an ein paar kleinen Gotteshäusern in den Bergen bereits begonnen. Doch erst infolge der Unterdrückung und Diskriminierung griechisch-orthodoxer Zyprer durch die Lusignan-Herrscher zogen sich orthodoxe Geistliche, Handwerker und Baumeister in die Nordhänge des Troodos-Gebirges zurück. Dort bauten und verschönerten sie ihre eigenen Kirchen, in denen die orthodoxe Lehre 300 Jahre ungestört aufblühen konnte.

In Folge entstanden viele Bauten im ähnlichen Stil. Die meisten waren kaum größer als Scheunen, einige hatten Kuppeln, andere nicht. Aufgrund des harten Winters und zum Schutz gegen den Schnee wurden die Gebäude später mit schräg abfallenden, ausladenden Dächern versehen. Im Inneren entstanden aus der Hand kunstfertiger Freskomaler lebendige Bilder.

Nicht alle Kirchen wurden derart kunstvoll dekoriert, aber die von der UNESCO zum Weltkulturerbe erklärten zählen zu den schönsten Beispielen. Die Fresken zeichnen sich durch ihren Detailreichtum und gut erhaltene Farben aus. Spätere Bilder mit didaktischem Anspruch sind wie Filmstreifen gemalt und sollten wohl ungebildeten Dortbewohnern die Grundlagen der Evangelien nahebringen.

Wer alle Welterbestätten besichtigen möchte, benötigt dafür mindestens zwei Tage. Einige sind verschlossen und man muss den jeweiligen Verwalter ausfindig machen. Eine Spende von 1 bis 3 € ist angemessen. Die meisten Kirchen erreicht man am einfachsten mit dem Auto, da öffentliche Verkehrsmittel nur sporadisch verkehren.

Die zum UNESCO-Weltkulturerbe gehörenden Kirchen werden üblicherweise in dieser Reihenfolge besichtigt: Archangelos Michael, Kloster Agios Ioannis Lampadistis, Panagia tou Moutoulla, Agios Nikolaos tis Stegis, Panagia tis Podythou, Panagia Forviotissa (Asinou), Stavros tou Agiasmati, Panagia tou Araka, Timios-Stavros-Kirche, Kirche der Verklärung des Erlösers.

Kirche wird im Byzantinischen Museum auf der anderen Straßenseite aufbewahrt.

Zu den Darstellungen gehören u.a. ein über den Gläubigen thronender Erzengel Michael, der Verrat Jesu Christi, die Opferung Abrahams, Maria mit dem Jesuskind und eine wunderschöne Taufszene, in der Jesus in den Jordan steigt.

Achtung: Nicht die hoch aufragende weiße Kirche des Heiligen Kreuzes ein Stück weiter die Straße hinauf mit dieser weitaus bekannteren und historischeren Kirche verwechseln.

Byzantinisches Museum MUSEUM

(Di–So 10–16.30 Uhr) GRATIS Hier kann man eine umfassende Sammlung von Heiligenbildern aus dem 12. bis 15. Jh. bewundern, die aus den sechs alten byzantinischen Kirchen des Dorfs stammen, darunter die Ikone der Jungfrau Vorinis aus dem späten 13. Jh. Viele Stücke wurden schon in internationalen Ausstellungen gezeigt.

Volkskunstmuseum MUSEUM

(Di–So 10–16 Uhr) GRATIS In dem Museum unweit des Dorfzentrums geben Kleidung, Möbel sowie landwirtschaftliche Geräte Einblicke in die Kultur, Gebräuche und Geschichte der Marathasa-Region.

Essen

★ Elyssia ZYPRISCH €€

(9975 3573; Filoxenias 47; Hauptgerichte 10 €, Meze 20 €; 10–23 Uhr) Die Moussaka des Hauses ist so gut, dass Stammgäste aus Pafos ihretwegen hierherkommen. Die sympathische Besitzerin (die auch das gleichnamige Hotel führt) kocht für ihr Leben gern, und das schmeckt man auch. Neben den Mahlzeiten werden hier auch köstliche hausgemachte Konfitüren und Chutneys verkauft. Wer großen Hunger hat, bestellt einen weiteren Favoriten: eine Zusammenstellung aus 20 verschiedenen Meze. Im Winter lodert ein Feuer im Kamin.

Platanos ZYPRISCH €€

(Vasou Hadjiioannou; Hauptgerichte 9 €; 8–18 Uhr) Im kühlen Schatten einer Platane (*platano*) können die Gäste traditionelle Gerichte wie *souvlakia* (Souvlaki) und *afelia* (in Wein und Kräutern geschmortes Schweinefleisch) genießen. Ein echtes Muss ist der zyprische Kaffee, der nach althergebrachter Art im *brikki* (Kännchen) in einem Kästchen mit heißem Sand über der offenen Flamme zubereitet wird. Das langsame Erhitzen verleiht dem Getränk einen intensiven Geschmack.

An- & Weiterreise

Busse von Osel (S. 69) fahren von der Constanza Bastion in Nikosia werktags viermal, samstags dreimal und sonntags zweimal täglich (einfach/Hin- & Rückfahrt 1,50 €/3, 1½ Std.) nach Pedoulas.

Kalopanayiotis

290 EW.

Kalopanagiotis ist für sein Kloster und das dort untergebrachte Byzantinische Museum bekannt. Darüber hinaus lädt es mit seinen natürlichen Schwefelquellen, die Asklepios, dem antiken Gott für Heilkunde, gewidmet sind, und tollen ländlichen Unterkünften zu ein paar entspannten Tagen ein.

Sehenswertes

Kloster Ágios Ioannis Lampadistis KIRCHE

(Mai–Sept. Di–So 9–16 Uhr, in den übrigen Monaten kürzere Öffnungszeiten; P) Die UNESCO-Welterbestätte besteht aus einem im 11. Jh. errichteten Komplex mit drei Kirchen, deren Bau über 400 Jahre dauerte. Das orthodoxe Originalgebäude hat ein doppeltes Kirchenschiff, zu dem später ein Narthex und eine lateinische Kapelle hinzugefügt wurden. Heute teilen sich die drei ein Pultdach aus Holz und gehören zu den am besten erhaltenen Gotteshäusern der Region. Zum Kloster führt die enge, gewundene Hauptstraße auf der anderen Seite des Tals.

Die orthodoxe Hauptkirche mit Kuppel schmücken farbenprächtige, kunstvolle Fresken aus dem 13. Jh., die Agios Irakleidios, dem hl. Herakleidios, gewidmet sind. Zu sehen ist u. a. der Einzug Jesu in Jerusalem auf einem Esel, mit Jungen, die auf Dattelpalmen klettern, um sich eine bessere Sicht zu verschaffen. Andere Fresken stellen die Auferweckung des Lazarus sowie die Kreuzigung und den Aufstieg in den Himmel dar, wobei die bunten Farben Einflüsse aus Konstantinopel vermuten lassen.

Die Vorhalle und lateinische Kapelle zieren Fresken aus dem 15. und 16. Jh. Die in der Kapelle gelten als die umfassendste Serie italienisch-byzantinischer Fresken Zyperns. Sie zeigen den Akathistos-Hymnus, der die Jungfrau Maria in 24 Strophen lobpreist, in 24 Bildern, von denen jedes einen Buchstaben des griechischen Alphabets enthält. Die Ankunft der Heiligen Drei Könige präsentiert diese auf Pferden mit Rüstungen und auffälligen roten Halbmonden, dem römischen Symbol für die Byzantiner und später die Türken.

Leider dürfen die Fresken nicht fotografiert werden.

Die Öffnungszeiten können variieren. Wenn das Kloster geschlossen ist, wendet man sich am besten an den Priester (mitsamt seinem Schlüssel), der häufig im nahe gelegenen Dorfcafé zu finden ist.

Byzantinisches Museum MUSEUM

(Eintritt 1 €; Mai–Sept. Di–Sa 9–16, So 11–16 Uhr, in den übrigen Monaten kürzere Öffnungszeiten) Das zum Kloster gehörende Museum verfügt über eine Sammlung von 15 Ikonen aus dem 16. Jh., die 1998 entdeckt wurden. Orthodoxe Priester, die vor den Osmanen geflohen waren, versteckten sie unter der Erde. Die Ikonostase, eine mit Ikonen geschmückte Wand, zieren Schnitzereien von Farnen, die man am Fluss bei Kalopanagiotis gefunden hat und die Herkunft der Bilder bestätigen.

Moutoullas

In dem kleinen Dorf an der Straße zwischen Pedoulas und Kalopanagiotis befindet sich eine weitere UNESCO-Welterbestätte, die Panagia tou Moutoulla mit Fresken. Das Dorf ist außerdem bekannt für seine traditionellen Holzschnitzereien und seinem Reichtum an Äpfeln und Kirschen aus den weitläufigen Obstgärten rund um den Moutoullas.

Die **Panagia tou Moutoulla** (Sonnenaufgang–Sonnenuntergang) GRATIS mit ihrem für die Region typischen abschüssigen Kirchenschiff und einem Satteldach ist die älteste mit Fresken bemalte Kirche im Troodos-Gebirge. Es wird vermutet, dass sie einst als private Kapelle diente. Ungewöhnliche, nicht restaurierte Malereien zeigen u. a. Christophorus, den hl. Georg und die Jungfrau Maria und reichen bis ins Jahr 1280 zurück. Besucher müssen sich den Schlüssel im Dorfcafé besorgen.

Kykkos-Kloster

Das reichste und prächtigste orthodoxe **Kloster** (Sonnenaufgang–Sonnenuntergang; P) GRATIS der Insel wurde im 11. Jh. vom byzantinischen Kaiser Alexios I. Komninos nach einer Serie merkwürdiger Ereignisse

ERZBISCHOF MAKARIOS III.: PRIESTER & POLITIKER

Während der kurzen Phase des unabhängigen vereinigten Zyperns war Makarios Ethnarch und religiöser Führer der Insel. Am 13. August 1913 wurde er als Michalis Christodoulos Mouskos in dem kleinen Bergdorf Pano Panagia bei Pafos geboren.

Nach einem Studium in Zypern und an der Universität von Athen machte er zudem einen Abschluss an der Fakultät für Theologie in Boston. 1948 ernannte man ihn zum Bischof von Kition, zwei Jahre später zum Erzbischof.

Zunächst trat er für die zyprische Enosis-Bewegung (Vereinigung mit Griechenland) ein, später stellte er sich gegen deren Ansichten zur Unabhängigkeit, zum Commonwealth-Status und zum *taksim* (türkische Bestrebungen zur Teilung). Während der drei Jahre dauernden Aufstände in den 1950er-Jahren verdächtigten ihn die Briten der Zusammenarbeit mit der rebellischen Enosis-Bewegung Ethniki Organosi tou Kypriakou Agona (EOKA; Nationale Organisation Zyprischer Kämpfer) und verbannten ihn auf die Seychellen.

Makarios war jedoch noch immer Politiker, kein Aufständischer, und so konnte er 1959 nach Zypern zurückkehren. Im selben Jahr handelte er ein Unabhängigkeitsabkommen mit Großbritannien aus und wurde am 13. Dezember mit großer Mehrheit zum Präsidenten der neu geschaffenen unabhängigen Republik Zypern gewählt.

Makarios distanzierte sich von der Enosis-Bewegung, trat für Unabhängigkeit ein, suchte den Dialog mit der türkisch-zyprischen Minderheit auf der Insel und setzte sich für eine blockfreie Außenpolitik ein. Bei manchen türkischen Zyprern galt er allerdings als antitürkisch, deshalb kam es 1963 zu schwerwiegenden blutigen Ausschreitungen. Makarios' geringes Interesse am Westen wurde von den USA als kommunistisch interpretiert – sie bezeichneten ihn als „Castro des Mittelmeers".

1974 unternahm die griechische Militärregierung mit Unterstützung der CIA und der radikalen, für die Enosis kämpfenden EOKA-B, eine Art neuer EOKA, unter Führung des griechischen Generals Grivas einen Putschversuch. Ziel war es, Makarios zu töten und eine neue Regierung zu schaffen.

Ihr Plan schlug fehl: Makarios entkam und die Türkei, die bereits die Teilung vorbereitete, nutzte den Putschversuch als Rechtfertigungsgrund für einen Angriff, was jede Hoffnung auf Frieden zwischen den beiden Gemeinschaften zerstörte. Sie startete Bombenangriffe auf Dörfer und besetzte den Norden der Insel.

Nach dem Sturz der Militärregierung kehrte Makarios aus England zurück und regierte den nun geschrumpften Staat. Am 3. August 1977 starb er überraschend im Alter von 63 Jahren. Heute sehen viele in ihm eine Führungspersönlichkeit, einen Staatsmann und die Verkörperung des Volkswillens nach Unabhängigkeit und einer eigenen Identität.

gegründet. Über die Jahrhunderte zerstörte eine Reihe von Bränden große Teile des Originalklosters. Der heutige imposante und gepflegte Bau stammt aus dem Jahr 1831 und liegt 20 km westlich von Pedoulas. Besucher müssen sich angemessen kleiden; an zu leicht bekleidete Besucher werden Schals und Kleidungsstücke zum Bedecken verliehen. Das Kloster liegt 20 km westlich von Pedoulas.

Seine Geschichte begann mit einem Eremiten namens Isaias, der in einer Höhle in der Nähe lebte. Eines Tages begegnete er im Wald einem Jäger aus Nikosia, Manuel Voutoumetes, der außerdem byzantinischer Gouverneur Zyperns war. Voutoumetes hatte sich verlaufen und fragte den Einsiedler nach dem Weg. Dieser ignorierte ihn jedoch, weil er sich in seiner Einsamkeit gestört fühlte. Der wichtigtuerische Jäger empfand das als Anmaßung: Er beschimpfte den Eremiten und verpasste ihm als Strafe einen Fußtritt.

Zurück in Nikosia wurde Voutoumetes schwer lethargisch. Er bereute sein Verhalten und bat Isaias in der Hoffnung auf Heilung um Verzeihung.

Isaias wiederum wurde im Traum von Gott geheißen, Voutoumetes zu beauftragen, die Marienikone von Konstantinopel nach Zypern zu bringen.

Der Eremit überbrachte Voutoumetes die Nachricht, der mit großem Einsatz die Ikone nach Zypern schleppte. Er überzeugte den byzantinischen Kaiser in Konstantinopel, dessen Tochter ebenso an Lethargie litt, davon, dass sie geheilt werde, wenn sie der Bitte des Eremiten (und damit Gottes) nachkämen.

Die Ikone, die vom hl. Lukas bemalt worden sein soll, ist eine von nur drei noch existierenden. In den letzten 400 Jahren befand sie sich in einem versiegelten Silberkasten im Kykkos-Kloster.

Byzantinisches Museum MUSEUM
(☎ 2294 2736; Eintritt 5 €; ⏲ Juni–Sept. 10–18 Uhr, Okt.–Mai bis 16 Uhr; P) Das Museum beherbergt einen großen Teil der eindrucksvollen Klosterschätze, darunter viele byzantinische und kirchliche Artefakte. Links hinter dem Eingang sind Antiquitäten ausgestellt. Frühe christliche, byzantinische und postbyzantinische Gewänder, Schiffe und Schmuckstücke sieht man in der großen kirchlichen Galerie. In der kleinen runden Kammer werden alte Manuskripte, Dokumente und Bücher gezeigt, in dem größeren runden Raum eine umfassende Sammlung von Ikonen, Wandgemälden und Schnitzereien.

Grab des Erzbischofs Makarios III.

Auf dem Throni-Hügel 2 km hinter dem Kykkos-Kloster befindet sich das Grab des ersten Präsidenten Zyperns. Makarios wurde dort auf eigenen Wunsch nahe dem Ort, an dem er 1926 als Novize diente, bestattet. Das einfache Steingrab ist mit schwarzem Marmor überzogen und von einer runden Kuppel mit Steinintarsien geschmückt.

Eine riesige Bronzestatue des Erzbischofs, die 2008 vom Bischofspalast in Nikosia auf den Hügel versetzt wurde, unterstreicht die Bedeutsamkeit des Verstorbenen.

Oberhalb des Grabsteins stößt man auf den **Throni-Schrein**. Er ist der Jungfrau Maria geweiht und bietet spektakuläre Panoramablicke auf die Täler und Straßen, die aus Richtung Osten nach Kykkos führen.

Ganz in der Nähe steht ein **Wunschbaum**, an dem Gläubige – in der Hoffnung, Maria möge ihre Träume erfüllen – Nachrichten aus Papier und Stoff befestigen.

Treis Elies

Über die F10 und F811 erreicht man das südwestlich von Prodromos gelegene Treis Elies, ein ruhiges, idyllisches Örtchen. Um das Dorf führen ein kleiner Fluss und ein Naturlehrpfad, außerdem sprudelt in unmittelbarer Nähe die **Schwefelquelle** Iamatikes (als „Ιαματικές" ausgeschildert) durch große Felsen. Von hier kann man wunderbar Wanderungen zu den mittelalterlichen Brücken Kelefos, Elies und Roudhias unternehmen, die unter venezianischer Herrschaft errichtet wurden, um die Kamelkarawanenroute in der Nähe des Ortes zu optimieren. Die Kamele transportierten Kupfer von Troodos nach Polis und Pafos, wo es verkauft wurde. Leider existiert der ursprüngliche Weg nicht mehr.

Die Brücken sind durch den Europäischen Fernwanderweg E4 verbunden, der zu Trekkingtouren einlädt.

Treis Elies am nächsten ist die **Elies-Brücke** über einen unterirdischen Bach. Sie befindet sich gleich hinter dem Dorf Kaminaria in einem dichten Wald und soll die Ostverbindung der Karawanenroute gewesen sein.

Am elegantesten ist die **Kelefos-Brücke**, deren gewaltiger Spitzbogen über einem weiten Fluss thront. Man benötigt etwa zwei Stunden, um von Elies nach Kelefos zu wandern, wo sich ein ausgezeichneter Picknickplatz erstreckt. Alternativ erreicht man die Brücke auch per Auto; einfach den Schildern Richtung Agios Nikolaos folgen.

Eindrucksvoll, aber sehr viel abgeschiedener ist die **Roudhias-Brücke**, zu der eine vierstündige Wanderung führt. Sie verläuft entlang des Weges hinter der Pera-Vassas-Forststation mit Picknickplatz. Weil die Brücke nicht ganz einfach zu finden ist, braucht man eine gute Karte. Darüber hinaus gibt's eine direkte, allerdings recht schmale und nur beschränkt befahrbare Verbindungsstraße für Autos. Wer den Fluss überqueren möchte, muss einen Geländewagen mieten.

Omodos

600 EW.

Omodos ist ein beliebtes Ziel für Tagesausflügler aus den Küstenorten, und das zu Recht. Von den vielen Souvenirläden einmal abgesehen, gibt es hier einige lohnenswerte Sehenswürdigkeiten, zeitlose Straßen mit charmantem Kopfsteinpflaster sowie ein hervorragendes Restaurant und Gästehaus, dazu ein skurriles Museum und verschiedene kleinere Läden mit mehr als nur Reiseandenken.

Sehenswertes

Kloster Timiou Stavrou (Heiliges Kreuz) KLOSTER
(⏲ Do–Di 9.30–13 & 14–19, Mi 9.30–12.30 Uhr) Am beeindruckenden, mit Kopfstein gepflasterten Marktplatz erinnert eine Statue am Eingang zum Kloster an den ehemaligen Klostervorsteher Dositheos, der während der Griechischen Revolution im Jahr 1821 den

EUROPÄISCHER FERNWANDERWEG E4

Treis Elies ist die perfekte Ausgangsbasis für eine Tour auf dem **Europäischen Fernwanderweg E4**. Die faszinierende Route führt von Gibraltar durch Spanien, Frankreich, die Schweiz, Deutschland, Österreich, Ungarn, Bulgarien, Griechenland und Zypern. Der E4 ist mit Zypern per Luft- und Seeweg verbunden. Von den Flughäfen Larnaka und Pafos verläuft er durch das Troodos-Gebirge zur Akamas-Halbinsel bis zur zyprischen östlichen Region Famagustas. Die Route kann in Kartenform auf der Webseite www.wandermap.net heruntergeladen werden und auch die Broschüre der Cyprus Tourism Organisation (CTO) *European Long Distance Path E4 & Other Cyprus Nature Trails* gibt einen Überblick über die zyprischen Wanderwege, deren Länge, Schwierigkeitsgrad, Start- und Endpunkt und über interessante Attraktionen. Natürlich gehört unbedingt auch eine detaillierte Karte in den Rucksack. Die Erkundung des hiesigen Abschnitts begeistert wohl jeden Wanderfan und ist ein großartiger Einstieg, also Wanderstiefel schnüren und los geht's!

türkischen Truppen zum Opfer fiel. Heute dient das 1150 erbaute Kloster, das im 19. Jahrhundert erweitert und weitestgehend umgebaut wurde, als Stadtkirche. In vielen der Außengebäude sind mittlerweile kleine Museen untergebracht.

Eines davon ist das **Museum des Nationalen Kampfs**. Es ist klein und schlicht, doch die qualvollen Schwarz-Weiß-Fotografien von Männern und Frauen, die zwischen 1955 und 1959 von britischen Streitkräften umgebracht (und teilweise angeblich gefoltert) wurden, verfolgen einen noch lange.

In einem weiteren Außengebäude zeigt das **Museum for the Preservation of Lace** die feinen handgearbeiteten Nadelspitzen, für die das Dorf berühmt ist.

Socrates Traditional House MUSEUM
(Linou; ⏲9.30–19 Uhr) GRATIS Das skurrile Museum liegt gut ausgeschildert in einer Nebenstraße in einem traditionellen Haus. Es präsentiert eine vielseitige Sammlung an Ausstellungs- und Möbelstücken, darunter historische Weinpressen, Hochzeitsbekleidung, alte Fotos, Webrahmen, eine Getreidemühle, typische Möbel aus dem Dorf und Gebrauchsgegenstände aus dem Landleben.

Essen

★ Stou Kir Yianni ZYPRISCH €€
(☎2542 2100; Linou 15; Hauptgerichte 10–17 €; ⏲10–22 Uhr; 👪) Werke von Künstlern aus der Gegend zieren den Innenhof aus Kalkstein und weiß getünchten Wänden. Auf der Speisekarte findet man Köstlichkeiten wie *fatoush*-Salat mit Granatapfelsaft, außerdem *kleftiko*, vegetarische Moussaka, Fleischspieße und die zyprische Spezialität *karaolous me pnigouri* (Schnecken mit Bulgur).

Donnerstags bis samstags wird Livemusik von Blues bis hin zu griechischer Musik gespielt und es gibt eine Ouzo-Bar (Verkostung 5 €).

George's Bakery BÄCKEREI
(☎2542 2142; Brote ab 1,20 €; ⏲9–18 Uhr) In dieser Bäckerei mit Lebensmittelverkauf ist die Auswahl an Broten, Kuchen, Halwa, Krokant und ähnlichem riesig – und vor dem Kauf darf man probieren. Toll sind das *apkatena*-Brot aus der Region mit Zutaten wie Kichererbsen, Zimt, Muskat und Zitronenschale. Die Bäckerei befindet sich neben dem Parkhaus.

Shoppen

Byzantine Icon Studio SOUVENIRS
(maria.icon.painter@gmail.com; Linou; ⏲9.30–18 Uhr) Die Ikonenmalerin Maria Aristou verkauft ihre Arbeiten in diesem kleinen Laden in einer Seitenstraße. Ihre Bilder kosten zwischen 80 und 120 €.

Rund um Omodos

Die weitläufigen Weingüter der *krasohoria* liegen an malerischen Hängen rund um Omodos. Bis in die 1960er-Jahre hinein hatte jeder Haushalt in diesem traditionellen Weinanbaugebiet eigene Gerätschaften zum Keltern. Noch heute werden in vielen Weilern verschiedene traditionelle Produkte aus Trauben hergestellt, darunter *soujoukos* (eine Mischung aus Trauben und Mandeln), *espima* (Traubenhonig) und *palouze* (Süßwaren aus Trauben).

Zenon (☎2542 3555; Dimitri Liperti, Omodos; ⏲12–19 Uhr) Das Weingut vor den Toren von Omodos bietet Gratis-Verkostungen und ein

COMMANDARIA-REGION

In den weiten, von der Sonne durchfluteten Südhängen des Commandaria-Tals wird bereits seit über 4000 Jahren ein viel gepriesener Rebensaft hergestellt. Homer lobte seine goldgelbe Farbe und reichhaltige Süße; die Tempelritter waren so sehr davon angetan, dass sie ihn nach ihrer Commanderie (Kommende) in Lemesos benannten und nach Europa an die königlichen Höfe exportierten; und nach seiner Hochzeit in Lemesos erklärte ihn Richard Löwenherz zum „Wein der Könige" sowie zum „König der Weine". Der Commandaria besteht aus roten und weißen Trauben und hat nichts von seiner Qualität eingebüßt. Mehr als ein Dutzend Dörfer stellen ihn noch immer her. Eine große Auswahl bietet **Revecca Spirits** (www.reveccaspirits.com) in Agios Mamas, außerdem kann man ein paar Weingüter besuchen und ihre Produkte kosten.

kleines Weinmuseum. Auf jeden Fall den preisgekrönten Shiraz-Maratheftiko probieren! Bei **Vlassides** (☎9944 1574; www.vlassideswinery.com) in Kilani bekommt man aromatische, vollmundige Rotweine. **Yiaskouris** (☎2594 2470) in Pachna keltert tolle Shiraz- und trockene Weißweine.

In der Region gibt's über 50 kleine Weingüter, von denen viele nur nach Terminabsprache besucht werden können. Mehr Details dazu siehe unter www.wineriescyprus.com.

Solea-Tal

Im Solea-Tal, das vom Karyotis-Fluss zweigeteilt wird, befinden sich bedeutende Kirchen mit Fresken. Sie stammen aus der spätbyzantinischen Epoche, als die Gegend ein wichtiger militärischer Stützpunkt war.

In den 1950er-Jahren wurde das Tal seinem Ruf als strategisches Rückzugsgebiet erneut gerecht, indem es Mitgliedern der Ethniki Organositou Kypriakou Agona (EOKA; Nationale Organisation Zyprischer Kämpfer) in ihrem Kampf gegen die Briten als bedeutendes Versteck diente. Aufgrund seines unübersichtlichen Terrains und der Nähe zu Nikosia eignete es sich ideal dazu.

Heute gelangt man über die Straßen im Osten und Westen der Gegend ganz unkompliziert in die Berge und das Umland. Der Hauptort Kakopetria lädt mit seinen anständigen Hotels und dem guten Serviceangebot zu Tagesauflügen oder längeren Aufenthalten ein.

Kakopetria

1200 EW.

Kakopetria bzw. *kaki petra* („schlechter Fels") verdankt seinen Namen gigantischen Felsen, die sich an den Gebirgskamm rund ums Dorf schmiegen, und die für die ersten Siedler ein Hindernis darstellten. Der Ort erstreckt sich über beide Uferseiten des Karyotis und ist von steilen Straßen, hinabhängenden Bäumen und dem Geräusch natürlicher Regenkanäle geprägt.

Bei wohlhabenden Zyprern erfreut sich die Gegend großer Beliebtheit: Sie verbringen die Sommermonate in ihren Häusern in den Bergen. Die denkmalgeschützte Altstadt des Dorfes weiß sich mit ihren restaurierten Bauten ihren Charme zu bewahren.

Es gibt in Kakopetria gute Restaurants und Unterkünfte. Darüber hinaus eignet sich der Ort bestens als Ausgangsbasis für Erkundungstouren zu den mit Fresken geschmückten Kirchen und ins Umland.

Essen

Village Pub ZYPRISCH €
(Hauptgerichte ab 6 €; ⌚ Di–Sa 12.30–15.30 & 18–22 Uhr) Auf einer Holzterrasse mit Blick aufs Dorf serviert diese nette Kneipe gute, einfache Sommergerichte wie frische Salate, *fassolia* (weiße Bohnen) und *faggi* (Linsen).

★ **Mylos Restaurant** MEDITERRAN €€
(Mill Hotel; ☎2292 2536; www.cymillhotel.com; Mylou 8; Hauptgerichte ab 10 €; ⌚12–16 & 19–23 Uhr; 📶) Das hervorragende Restaurant am Mill Hotel liegt malerisch neben dem Fluss mit einem sich langsam drehenden Mühlrad und einer schattigen Terrasse mit tollem Blick. Die Forelle – gegrillt oder in einer köstlichen Knoblauchsauce serviert – ist legendär. Im Winter knistert im Innenraum ein historischer Kamin. Am Wochenende muss man reservieren.

Linos Inn ZYPRISCH €€
(☎2292 3161; www.linosinn.com; Palea Kakopetria 34; Meze pro Teller ab 5 €; ⌚ Restaurant ganzjährig 10–24 Uhr, Café Mai–Sept. 10–22 Uhr; 👪) Dieses atmosphärische Restaurant (das zum gleichnamigen Hotel gehört) kredenzt ausgezeichnetes Meze und tolle lokale Rotweine wie

Ktima Malia (20 €), einen vollmundigen Cabernet. Im Sommer können sich die Gäste in der Café-Bar entspannen und *nargileh* (Wasserpfeife) rauchen. Vorab reservieren!

An- & Weiterreise

Die zum UNESCO-Welterbe gehörenden Kirchen im Tal werden nicht direkt von öffentlichen Verkehrsmitteln angesteuert.

Busse von Osel (S. 69) fahren werktags etwa stündlich von 5.45 bis 20 Uhr und an Wochenenden weniger häufig ab 8 Uhr von der Constanza Bastion in Nikosia nach Kakopetria. Zurück verkehren etwa genauso viele Busse (einfach/Hin- und Rückfahrt 1,50/3 €).

Rund um Kakopetria

Die Täler eignen sich hervorragend für Wanderungen und Picknicks und beherbergen einige der historisch bedeutendsten Kirchen der Region.

Sehenswertes

Agios Nikolaos tis Stegis KIRCHE

(Di–Sa 9–18, So 11–16 Uhr) Die im 11. Jh. errichtete Kirche, eine Welterbestätte, verdankt ihren Namen „Sankt Nikolaus vom Dach" dem großen schweren Satteldach. Die Fresken der Kirche sind ein bunter Stil- und Motivmix. Zu den eindrucksvollsten gehören die Darstellung der Kreuzigung und der Geburt Christi. Kuppel, Narthex und Dach, das gegen den Schneefall in der Region schützen sollte, wurden im 15. Jh. hinzugefügt.

Die Kirche liegt 5 km nördlich von Kakopetria und gehörte ursprünglich zu einer Klosteranlage.

Panagia tis Podythou KIRCHE

(2292 2393; Galata; unregelmäßig) In dem Dorf Galata an der Straße nach Nikosia befindet sich diese Welterbestätte aus dem 16. Jh. Die Kirche ist 1502 im Auftrag von Dimitrios de Coron erbaut worden, einem griechischen Offizier, der Jakob II. von Zypern diente. Bis in die 1950er-Jahre wurde sie von Mönchen bewohnt.

Innen bedecken Fresken aus dem 17. Jh. die Wände des Ost- und Westgiebels. Die beiden auffälligen Fresken an der Süd- und Nordwand aus dem 17. Jh. wirken unvollendet. Sie zeigen die Apostel Peter und Paulus im byzantinischen Stil mit Elementen der italienischen Renaissance, wobei die lebendigen Farben sie fast dreidimensional erscheinen lassen.

Das rechtwinklige Gebäude hat eine halbkreisförmige Apsis am östlichen Ende und das für die Region typische Satteldach. Später wurde ein um alle drei Seiten angeordneter Portikus hinzugefügt.

Ist die Kirche verschlossen, kann man im Dorfcafé von Galata nach dem Verwalter fragen.

Panagia Theotokos (Arhangelou) KIRCHE

(Galata; unregelmäßig) Die kleine Kapelle aus dem Jahr 1514 liegt in der Nähe der Panagia tis Podithou. In ihrem dunklen Inneren ist eine Taschenlampe von Nutzen. Hier entdeckt man lebendige didaktische Fresken mit interessanten Szenen aus dem Leben von Jesus Christus.

Wer das Bauwerk besichtigen möchte, muss im Dorfcafé von Galata nach dem Verwalter fragen, der allerdings nicht immer leicht ausfindig zu machen ist.

Panagia Forviotissa KIRCHE

(Panagia Asinou; 9983 0329; Mo–Sa 9.30–13 & 14–16, So 10–13 & 14–16 Uhr) Beim Adelfi-Wald, 4 km südwestlich des Dorfes Nikitari, stößt man auf eine weitere spektakulär gelegene Kirche, die zum UNESCO-Welterbe gehört. Sie ist der Jungfrau von „Phorbiottissa" geweiht und beherbergt die wohl lebendigste und bunteste Sammlung byzantinischer Fresken im Troodos-Gebirge. Diese stammen aus dem 12. bis 17. Jh.

INSIDERWISSEN

KAKOPETRIAS HISTORISCHES STADTVIERTEL

Um in den malerischsten und ältesten Teil der Stadt zu gelangen, geht man die Gasse östlich des Village Pub hinab, vorbei an einem großen Felsblock, dem *Stone of the Couple*. Eine Tafel auf dem Felsen erzählt von seinem einstigen Ruf, Frischvermählten Glück zu bringen, bis er eines Tages umkippte und ein – mit wenig Glück gesegnetes – Pärchen unter sich begrub. Die Häuser haben traditionelle, mit Reet und Schindeln gedeckte Fachwerkdächer, gestützt von Balken mit überstehenden Balkonen. Der schlichten Kapelle Metamorposis Sotiros sollte man auf jeden Fall einen Besuch abstatten, ebenso dem kleinen Weinmuseum, das gut ausgeschildert in einer Nebenstraße liegt.

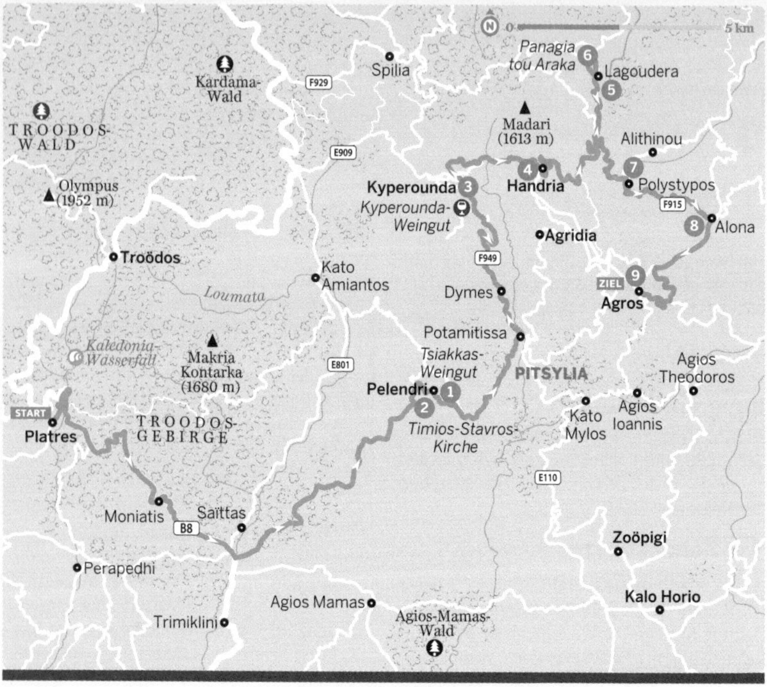

Spritztour Weinroute 6

START PLATRES
ZIEL AGROS
LÄNGE 110 KM
DAUER 7–8 STD.

Die Weinroute 6 umfasst über 14 Dörfer, zwei Weingüter und ein paar tolle Weinberge in Familienbesitz. Sie ist gut mit dunkelrot-grünen Schildern samt Traubensymbol und der Nummer sechs ausgeschildert. Auf der langen kurvenreichen Weinroute sollte man mehrere Pausen einlegen und vorher einen Fahrer bestimmen oder auf seinen Alkoholkonsum achten. Die Weingüter haben keine festen Öffnungszeiten, deshalb ruft man am besten vorher an. Sie bieten Besichtigungstouren und kostenlose Weinproben, bei denen Besucher allerdings mindestens eine Flasche kaufen sollten – kein wirklich großes Opfer! Zunächst folgt man der B8 südlich von Platres und wechselt auf die E806 Richtung Pelendri. Nach der Ausschilderung zum 1 **Tsiakkas-Weingut** Ausschau halten, wo Besucher exzellente trockene Weißweine und einen empfehlenswerten Cabernet Sauvignon probieren können. Kurz vor Pelendri biegt man nach rechts ab zur 2 **Timios-Stavros-Kirche** (S. 82), einer der schönsten mit Fresken bemalten Kirchen der Region mit seltenen Darstellungen aus dem 12. Jh. Dann nimmt man die F949, passiert die Orte **Potamitissa** und **Dymes** und gelangt schließlich nach 3 **Kyperounda** sowie zum **Kyperounda-Weingut**. Die moderne Kellerei bietet eine große Auswahl an Weiß- und Rotweinen und eine besonders süffige rote Cuvée namens Andessitis. Die nächsten Stopps sind die hoch gelegenen Dörfer 4 **Handria** und 5 **Lagoudera** an der F915 mit ihren üppigen Weinbergen. Ganz in der Nähe liegt die UNESCO-Welterbestätte 6 **Panagia tou Araka** (S. 82), eine byzantinische Kirche aus dem 12. Jh. Als Nächstes geht's ein kurzes Stück zurück, auf der F915 an 7 **Polystypos** und 8 **Alona** vorbei und auf der E903 nach 9 **Agros**, der Heimat vieler dunkelroter Mavros-Reben. Hier lässt man den Tag beim Besuch der zahlreichen Delikatessenläden ausklingen, bevor man die Nacht im hübschen Rodon Hotel verbringt.

Wer das Gebäude besichtigen möchte, sollte den Priester und Verwalter Pater Kyriakos ausfindig machen, der sich meist im *Dorfcafé* von Nikitari aufhält.

Um zur Kirche zu gelangen, folgt man den Schildern abseits der B9 ab Nikosia über Vizakia. Kurz vor der Kirche startet außerdem ein 5,6 km langer Waldwanderweg (ca. 2 Std.). Auf der anderen Straßenseite befindet sich der schattige, gut ausgestattete Picknickplatz Asinou Picnic sowie eine gute regionale Taverna.

Pitsylia

Diese weitläufige Region mit 40 Dörfern erstreckt sich vom Olympos und dem Ort Troodos in östlicher Richtung bis zum Maheras-Kloster. Ihre Nordhänge sind von großen Kiefern bedeckt und die Täler voller Weinreben sowie Nuss- und Obstbäumen.

In der Gegend gibt's mehrere byzantinische Kirchen sowie anspruchsvolle Fernwanderwege für erfahrene Trekkingfans. Agros ist der Hauptort. Bedeutende Sehenswürdigkeiten findet man darüber hinaus in den Dörfern Kyperounda, Platanistasa, Paliaiochori und Pelendri. In der Pitsylia-Region ist das Angebot an öffentlichen Verkehrsmitteln begrenzt.

Agros

1000 EW.

Agros (www.agros.org.cy) liegt auf einer Höhe von 1100 m in einem kühlen Tal und eignet sich hervorragend als Ausgangsbasis für Wander- und Autotouren in die umliegenden Berge. Der Ort ist für Erzeugnisse wie Rosenwasser und zyprisches Lokum bzw. für eingemachtes Obst und traditionelle Fleischgerichte wie *loukanika* (würzige Würste) und *lountza* (geräuchertes Schweinefilet) bekannt. Dementsprechend konzentriert sich das Angebot an Aktivitäten auf traditionelle Produktionsbetriebe.

Shoppen

Venus Rose TRADITIONELLER BETRIEB
(www.venus-rose.com; Anapafseos 12; ⌚ Mo–Fr 8–17, Sa & So 10–17 Uhr) In der Produktionsstätte des Geschäftes für Rosenprodukte erhält man Einblicke in die vielen Verwendungsmöglichkeiten von Rosen. Tolle Beispiele sind Rosenblütenwasser, Hautreinigungsmittel, Kerzen, Rosenlikör und Rosenöl, eine der gefragtesten Zutaten für Kosmetikprodukte weltweit. Eine großartige Adresse für Souvenirjäger! Wer zufällig im Mai hier ist, kann als freiwilliger Helfer bei der Rosenblütenernte mit anpacken.

Niki's Sweets TRADITIONELLER BETRIEB
(www.nikisweets.com.cy; Anapafseos 5; Konfitüren 3–5 €; ⌚ 9–18 Uhr) Niki verkauft ihre selbst gemachten Marmeladen, eingelegten Feigen und Süßigkeiten mit Walnuss auf der ganzen Insel und sogar im fernen Australien. Viele ihrer eingemachten Leckereien sollen heilende Kräfte haben. Auch Johannisbrotsirup kann man hier erwerben, ein Naturheilmittel gegen Osteoporose.

Kafkalia Sausages TRADITIONELLER BETRIEB
(Kyriakou Apeitou St; Preis nach Gewicht; ⌚ Mo–Fr 8.30–16, Sa 9–15 Uhr) Einige der besten Fleischprodukte Zyperns wie *lountza, hiromeri* (traditioneller Räucherschinken), *loukanika* und *pastourmas* (würzige geräucherte Rinderwurst) werden hier frisch zubereitet. Der Räucherraum ist neben dem Laden.

An- & Weiterreise

Busse von **Emel** (☎ 7777 8121; www.limassolbuses.com; einfach/Tageskarte/Hin- & Rückfahrt 1,50/3/5 €) fahren werktags fünfmal täglich von 5.25 bis 14.40 Uhr, samstags dreimal und sonntags zweimal von Agros nach Lemesos.

Osel Buses (☎ 2246 5546; www.osel.com.cy; einfach/Tageskarte/Hin- & Rückfahrt 1,50/5/3 €) verkehrt zweimal täglich von Agros nach Nikosia.

> **TRANK DER GÖTTER**
>
> Archäologen datieren die Anfänge der Weinherstellung auf der Insel etwa ins Jahr 4000 v. Chr., dafür sprechen Ausgrabungen von Amphoren, Krügen und Traubenkernen rund um Lemesos. Damit wäre Zypern der älteste Weinerzeuger der Welt. Dionysos, Gott des Rebsaftes, scheint heute wieder sein Zepter zu schwingen, denn zyprische Weine gewinnen erneut an Format und Beliebtheit und sind auf dem Weg zu alter Stärke.
>
> Im Troodos-Gebirge mit seinen fruchtbaren Hügeln und Tälern wachsen einige der besten Reben der Insel, darunter die endemischen Sorten Mavro (dunkelrot) und Xynisteri (weiß) sowie elf weitere. Aus ihnen werden Rotweine wie Ofthalmo, Maratheftiko, Cabernet Sauvignon, Mataro, Mavro, Lefkada und Shiraz sowie Weißweine wie Xynisteri, Sauvignon Blanc und Chardonnay gekeltert.

Rund um Pitsylia & Agros

Stavros Tou Agiasmati KIRCHE
(Orounda-Platanistasa; ⏲unregelmäßig) Die byzantinische Kirche, eine UNESCO-Welterbestätte, ist für ihre aus dem 15. Jh. stammenden Wandbilder des orthodoxen syrischen Malers Philippos Goul bekannt. Im oberen und unteren Bereich schmücken die Bilder die Decken und Balken des Satteldachs und zeigen Szenen wie die Entdeckung des Kreuzes. Ist der Priester nicht zu finden, fragt man im Café im Dorf Platanistasa nach dem Schlüssel. Die Kirche liegt 5 km vom Ort entfernt abseits der Orounda-Platanistasa-Route (E906). Einfach den UNESCO-Schildern folgen.

Panagia tou Araka KIRCHE
(Lagoudera; ⏲9–18 Uhr) Vor den Toren des Dorfes Lagoudera befindet sich die ebenfalls zum UNESCO-Welterbe gehörende Kirche aus dem 12. Jh. Das von außen riesig wirkende Bauwerk versteckt sich unter einem Satteldach und hinter Holzgittern.

Im Inneren kann man einige der schönsten Beispiele für Fresken des späten Komnenus-Stils (1192) in der orthodoxen Welt bewundern. Zu der umfassenden, absolut sehenswerten Sammlung neoklassizistischer Werke von Künstlern aus Konstantinopel zählt auch die Darstellung eines eindrucksvollen Christus Pantokrator im Tholos (bienenkorbförmiges Steingrab).

Andere faszinierende Fresken zeigen die Verkündigung des Herrn, die vier Evangelisten, den Erzengel Michael und Panagia Arakiotissa.

Der ungewöhnliche Name des Gotteshauses leitet sich von dem Wort *arakiotissa* („von der wilden Erbse") ab, eine in der Gegend weit verbreitete Pflanze. Der Priester hält sich meist nebenan auf. Wer die Fresken fotografieren möchte, sollte ihn vorher um Erlaubnis fragen.

Timios-Stavros-Kirche KIRCHE
(⏲10–17 Uhr) Ursprünglich besaß diese im 12. Jh. aus Stein errichtete Kirche, die ebenfalls eine UNESCO-Welterbestätte ist, eine Kuppel und ein einzelnes Schiff. Im 13. und 14. Jh. wurde sie erweitert; nur die mit Fresken versehene Apsis ist heute noch original erhalten.

Die Fresken (1178) zeigen u. a. einen überdimensionalen betenden Jesus von der Hüf-

WANDERN IN PITSYLIA

Pitsylia wartet mit einigen gut beschilderten Wanderrouten auf. Bei den meisten handelt es sich um Rundwege, darunter auch zwei kürzere Strecken, es sei denn, man hat das nächste Dorf zum Ziel. Die Wege führen durch Wälder, Obstgärten, Dörfer, Täler und auf Gipfel und gehören zu den besten Trekkinstrecken der Insel.

Obwohl die Broschüre der CTO Cyprus: Nature Trails Karten zu den Routen enthält, sind zusätzlich detaillierte Regionalpläne empfehlenswert.

Eine weitere hilfreiche Quelle für Wanderungen auf eigene Faust und Karten der Region ist die Webseite www.maps-and-walks.com/cyprus.

Doxasi o Theos–Madari-Feuerwache (3,75 km, 2 Std.) Der Wanderweg auf einem Gebirgskamm mit Panoramablick beginnt 2 km vor Kyperounda.

Teisia tis Madari (3 km, 1½ Std., Rundweg) Die Weiterführung der ersten Route umfasst eine Rundwanderung um den Gipfel des Madari (Adelfi; 1613 m), Traumaussicht inklusive.

Panagia tou Araka (Lagoudera)–Agros (6 km, 2½ Std.) Längere Wanderung durch Weingüter und Obstgärten mit einem tollen Aussichtpunkt auf dem Madari-Papoutsas-Gebirgskamm.

Panagia tou Araka–Stavros tou Agiasmati (7 km, 3½ Std.) Auf der längsten Wanderroute passiert man zwei der bedeutendsten byzantinischen Kirchen sowie Wälder, Weinberge und Steinterrassen.

Agros–Kato Mylos (5 km, 2 Std., Rundweg) Gemächliche Wanderung vorbei an Kirsch- und Birnenbäumen, Weinbergen und Rosengärten.

Petros Vanezis–Alona (1,5 km, 30 Min., Rundweg) Kürzere Route rund um das Dorf Alona und durch Haselnussplantagen.

Agia Irini–Spilies tou Digeni (3,2 km, 1½ Std.) Einfache Rundtour zu den abgelegenen Digenis-Höhlen, in denen sich während der Aufstände (1955–1959) EOKA-Anhänger versteckten.

te aufwärts, der von der Jungfrau Maria und Johannes dem Täufer, beide sehr klein gemalt, flankiert wird.

Darüber hinaus sind nahe dem kleinen Fenster in der Apsis Altar und Gral dargestellt, während man an der Nordseite Stephanus erkennt. Mit ihren klaren Linien und glänzenden Erdfarben gelten die von einem einzelnen Künstler geschaffenen Fresken als Vorreiter der großartigen Werke, die in anderen Kirchen des Troodos-Gebirges zu bewundern sind.

Die restlichen Bilder stammen aus dem 14. Jh., als dem Gebäude ein neuer Anstrich verpasst wurde.

Die Kirche erhebt sich am südlichen Ende des Dorfes Pelendri. Ist sie geschlossen (sehr wahrscheinlich), fragt man im *Dorfcafé* nach dem Priester.

Agia Sotira tou Soteros KIRCHE

(☎ 9997 4230; ⌚ Di & Mi 10–13 Uhr) Auf einem Berg über dem Dorf Palaichori thront eine weitere Welterbestätte aus dem 16. Jh. Die Kapelle beherbergt eine der umfassendsten Serien spätbyzantinischer Wandmalereien auf der ganzen Insel. Die von einem unbekannten Künstler gemalten Bilder zeigen vollständig erhaltene Motive wie den auf einem Löwen reitenden Eremiten Mamas. Zudem kann man eine Reihe von Ikonostasen des Mönchs Mathaios vom Berg Athos bewundern. Wer die Kirche besichtigen möchte, erkundigt sich beim Aufseher oder bei den Angestellten des Byzantinischen Museums im Dorfzentrum.

Spilia-Kourdali

460 EW.

Diese beiden traditionellen Dörfer im Adelfi-Wald wurden im 16. Jh. unweit des Klosters und der Kirche der Jungfrau Maria Chrysokourdaliotissa (Kourdali) gegründet. Wie viele Siedlungen der Region entstanden sie als Zufluchtsorte in Reaktion auf Angriffe von Eroberern wie den Franken und den Türken.

Das schmale Kourdalis-Tal (www.kourdali.org) erstreckt sich bis nach Spilia, dessen Name auf die in der Gegend gefundenen römischen Gräber (auf Griechisch *spilioi*) zurückgeht. Viele Jahre lebten die Einwohner vor allem von der Arbeit in den Asbestminen, danach widmeten sie sich dem Schneider- und Schusterhandwerk. Heute sind die Cafés und Kunsthandwerksläden die Hauptattraktionen des Dorfes.

Sehenswertes

Olivenmühle von „Paphitaina“ HISTORISCHE STÄTTE

GRATIS Die gut erhaltene Olivensteinmühle und die Presse aus Holz sind seit 1955 in Betrieb und stehen heute in einem traditionellen Haus im Zentrums Spilias. Ursprünglich war die Mühle in Privatbesitz und wurde von einem Esel angetrieben. Die zerriebenen Oliven wurden in der Presse weiterverarbeitet und das Öl in *tzares* (Tongefäße) gefüllt. Später lösten moderne Pressen in der Umgebung die Mühle ab. Den Schlüssel zu der Mühle bewahren die „Freunde von Spilia-Kourdali“ im Nachbargebäude auf.

Pafos & der Westen

Inhalt ➡

Gut essen

- Psaropoulos Beach Tavern (S. 102)
- Kiniras Garden (S. 92)
- Hondros (S. 93)
- Imogen's Inn (S. 99)

Schön übernachten

- Axiothea Hotel (S. 212)
- Bougainvillea Hotel Apartments (S. 214)
- Pyramos Hotel (S. 212)
- Ayii Anargyri Natural Healing Spa Resort (S. 214)

Auf nach Pafos und in den Westen

Aufgrund seiner außergewöhnlichen archäologischen Stätten wurde Pafos zur Kulturhauptstadt Europas 2017 ernannt. Seit Jahrzehnten locken diese Sehenswürdigkeiten – sowie hedonistischere Attraktionen – scharenweise Touristen an. Wer den Strand bei Kato Pafos als zu ausgebaut empfindet, taucht in die Seitenstraßen ein oder begibt sich in das oberhalb liegende Ktima, wo das Traditionsbewusstsein noch greifbarer ist. Entlang der Küste nach Norden reihen sich weitere Strandorte aneinander.

Um den Menschenmassen ganz zu entkommen, mietet man am besten ein Auto und macht sich auf die Suche nach traditionellen ländlichen Dörfern, die mit einigen der besten Tavernen aufwarten. Mit einem robusteren Gefährt lässt sich außerdem die urtümliche Akamas-Halbinsel mit ihren einsamen Stränden sowie einigen der schönsten Wanderwege Zyperns erkunden. Ebenso reizvoll ist der riesige Wald von Pafos im Osten, der fast unmerklich mit der düsteren Tylliria-Wildnis verschmilzt.

Reisezeit

- Bei der Reiseplanung sollte man daran denken, dass Pafos der touristische Hauptort der Insel ist.
- Im Juli und August sind die Strände voller Liegen und sonnenverbrannter Urlauber, außerdem muss man die höchsten Hotelpreise zahlen.
- Im Mai, Juni, September und Oktober geht's ruhiger zu, dennoch gibt's reichlich lange Sonnentage.
- Auch im Frühling und Herbst kann es angenehm warm sein, abends kühlt es allerdings deutlich ab.
- Im Winter schließen einige Restaurants und Hotels ganz, und im westlichen Troodos-Gebirge fällt möglicherweise sogar etwas Schnee.

Highlights

❶ Beim Besuch der römischen **Mosaiken** und **Königsgräber** (S. 86) der Vergangenheit von Pafos nachspüren.

❷ Durch die urtümliche und zerklüftete **Akamas-Halbinsel** (S. 100) fahren.

❸ Am **Lara-Strand** (S. 97), dem wildesten Sandstreifen der Republik, ins Meer springen.

❹ Durch das hübsche, ursprüngliche **Polis** (S. 101) spazieren und zur Mittagszeit im Hafen von Latsi Meeresfrüchte genießen.

❺ Leckeres *kleftiko* in Pafos' alteingesessenem Restaurant **Argo** (S. 93) schmausen, das seinen Ruf dem traditionellen Lammgericht verdankt.

❻ Im malerischen, für seine Baumwoll- und Seidentücher berühmten Dorf **Fyti** (S. 106) den Webern bei ihrer Arbeit zusehen.

❼ Auf den wunderschönen **Akamas-Höhen** (S. 96) entspannen und die schlichten alten Ortschaften in der Umgebung erkunden.

PAFOS

64 900 EW.

Eine Hauptstraße verbindet Kato Pafos (Unterstadt) und Ktima (Oberstadt, 3 km nordöstlich), die zusammen Pafos bilden. Ersteres, das touristische Zentrum, ist mit dem unvermeidlichen *„all-day English breakfast"* und seinen Bars unverhohlen auf britische Urlauber ausgerichtet. Doch es könnte schlimmer sein: Niedrige Gebäude reihen sich am von Palmen gesäumten Meer aneinander, neben einer riesigen antiken Stätte findet man versteckt in den Seitenstraßen weitere historische Kostbarkeiten wie mittelalterliche Bäder, Katakomben und eine schlichte Fischerkirche. Das absolute Highlight ist aber der Archäologische Park, eine der ergiebigsten Fundstellen im Süden der Insel. Wer hier (relativ) allein steht, umgeben von so viel Geschichte, dem endlosen blauen Himmel, wildem Fenchel und Kapernsträuchern, die am Rande des Mittelmeers wachsen, fühlt sich in eine weit entfernte Zeit versetzt.

Ktima, das alte Stadtzentrum, ist alles in allem ruhiger – hier gehen die Einwohner wie schon seit Jahrzehnten ihren täglichen Geschäften nach. Die Viertel sind gesprenkelt mit schönen Gebäuden aus der Kolonialzeit, die Regierungsbehörden und städtische Museen beherbergen. Außerdem gibt's in Ktima einige gute Hotels.

Sehenswertes

★ Königsgräber ARCHÄOLOGISCHE STÄTTE

(☎ 2694 0295; Kato Pafos; Eintritt 2,50 €; ⏲ 8.30–19.30 Uhr; P) Umringt von uralten Gräbern steht man in einer wüstenhaften Landschaft, in der einzig das Rauschen der Wellen auf den Felsen zu hören ist. Die Königsgräber, Teil der Welterbestätte Pafos, umfasst mehrere gut erhaltene unterirdische Grüfte sowie Kammern, die während der griechischen und römischen Epoche vom 3. Jh. v. Chr. bis zum 3. Jh. n. Chr. von Einwohnern Nea Pafos' genutzt wurden. Ungeachtet ihres Namens wurden hier keine Monarchen bestattet – die Bezeichnung „Königsgräber" erhielten sie wegen ihres prächtigen Aussehens.

Die Stätten liegen 2 km nördlich von Kato Pafos. Als einzigartige Bauwerke auf Zypern zeigen sie starke Einflüsse der altägyptischen Tradition, nach der die Gräber der Toten den Häusern der Lebenden ähneln sollten.

Die sieben freigelegten Begräbnisstätten verteilen sich auf dem weitläufigen Gelände. Am beeindruckendsten ist die Nr. 3 mit einem überirdischen offenen, von Säulen umringten Atrium. In anderen Grüften wurden Nischen in die Wände eingelassen, in die man die Körper der Toten bettete. Leider sind die meisten Schätze längst von Grabräubern geplündert worden.

TIPPS FÜR DEN BESUCH DER KÖNIGSGRÄBER

- Mindestens zwei Stunden für die Stätte der Königsgräber einplanen.
- Am besten frühmorgens kommen, denn später kann es bin der weitläufigen Totenstadt sehr heiß werden.
- Sonnenhut und Wasser mitbringen.
- Vorsicht beim Hinabsteigen in die Gräber: Die Steinstufen sind sehr hoch und könnten rutschig sein.

★ Archäologischer Park ARCHÄOLOGISCHE STÄTTE

(Kato Pafos; Eintritt 4,50 €; ⏲ 8–19.30 Uhr; P) Ironischerweise wird die weitläufige archäologische Stätte, die sich westlich von Kato Pafos erstreckt, Nea Pafos („Neu-Pafos") genannt. Dabei handelt es sich um die antike Stadt Pafos, die Ende des 4. Jhs. v. Chr. gegründet wurde und ursprünglich von massiven Mauern umgeben war. Obwohl sie 58 v. Chr. an die Römer fiel, blieb sie ein politisches und administratives Zentrum auf Zypern. Bekannt ist die Stätte vor allem für ihre faszinierende Sammlung kunstvoller, farbenfroher Mosaiken, die von alten griechischen Sagen inspiriert sind.

Palea Pafos („Alt-Pafos") hieß dagegen das heutige Kouklia südöstlich des modernen Pafos, wo das Heiligtum der Aphrodite lag. Zur Zeit von Nea Pafos gehörte Zypern zum Königreich der Ptolemäer, der griechisch-makedonischen Herrscher von Ägypten, mit Alexandria als Hauptstadt. Nea Pafos wurde ein wichtiger strategischer Außenposten und wuchs in den folgenden sieben Jahrhunderten beträchtlich.

Die Stadt nahm ursprünglich eine Fläche von etwa 950 000 m^2 ein und erreichte zwischen dem 2. und 3. Jh. n. Chr. ihren Zenit. Während dieser Zeit entstanden die prächtigsten öffentlichen Gebäude der Stadt, darunter auch jene, in denen sich die berühmten Mosaiken befinden.

Ein Erdbeben im 4. Jh., das Nea Pafos stark beschädigte, läutete seinen Nieder-

Kato Pafos

Kato Pafos

Highlights
1 Chrysopolitissa-Basilika & Paulussäule C2
2 Archäologischer Park A2

Sehenswertes
3 Agia Solomoni & christliche Katakombe B1
4 Agios-Lambrianos-Felsengrab B1
5 Alykes-Strand D3
6 Städtischer Hauptstrand C3
7 Burg A3

Aktivitäten, Kurse & Touren
8 Cydive B3
9 Mickys Tours D3
10 Paphos Sea Cruises B3

Schlafen
11 Alexander the Great D3
12 Annabelle D3
13 Crystallo Apartments C1
14 Daphne C2
15 Dionysos C2
16 Pyramos Hotel C2

Essen
17 Almond Tree D2
18 Argo C2
19 Chloe's No. 1 .... C3
20 Christos Steak House C2
21 Hondros B2
22 Kyra Frosini C2

Ausgehen & Nachtleben
23 Alea C3
24 Deck Café & Bar D3
25 Different Bar C2
26 La Place Royale D2
27 Old Fishing Shack Pub D2

Shoppen
28 Gabriela & Silvana B2

gang ein. Salamis im Osten wurde neue Hauptstadt Zyperns und Nea Pafos zu einer einfachen Diözese zurückgestuft. Im 7. Jh. überfielen Araber den Ort und besiegelten so seinen Untergang. Weder die Ansiedlung der Lusignans (1192–1489) noch die Kolonisation durch Venezianer und Osmanen konnten sein Schicksal wenden.

Die archäologischen Ausgrabungen werden weiter fortgesetzt, denn man rechnet damit, noch viele Schätze zu entdecken. Hier die wichtigsten Sehenswürdigkeiten:

➡ Mosaiken

Im südlichen Teil der archäologischen Stätte, direkt südlich der Agora, befindet sich die faszinierende Sammlung von Mosaiken.

1962 stieß ein Bauer durch Zufall auf die großartigen Bilder, als er sein Feld pflügte. Sie schmückten den Boden einer weitläufigen Residenz aus der römischen Epoche. Dieser Komplex, später **Haus des Dionysus** genannt (weil mehrere Mosaiken Dionysos, den Gott des Weins, darstellen), ist das größte und bekannteste der Mosaikhäuser.

Von dem künstlerischen und ästhetischen Wert einmal abgesehen ist das Schönste daran, dass jedes Mosaik eine Geschichte erzählt, meist aus der griechischen Mythologie.

Der erste Blick nach dem Betreten fällt nicht auf ein römisches Bildwerk, sondern auf ein hellenistisches einfarbiges Kieselmosaik mit dem Meeresungeheuer **Scylla**. Es wurde 1977 unter der Erde in der südwestlichen Ecke des Atriums entdeckt.

In Raum 2 wird die berühmte Geschichte von Narziss dargestellt. Das Mosaik der Vier Jahreszeiten (Raum 3) porträtiert den Frühling mit Blumenkranz und Hirtenstab, den Sommer mit einer Sichel und Kornähren, den Herbst mit einer Krone aus Blättern und Weizen und den Winter als bärtigen, grauhaarigen Mann.

Phaedra und Hippolytos (Raum 6) ist eines der bedeutendsten Bilder dieses Hauses. Es zeigt die tragische Geschichte der bizarren Liebe einer Stiefmutter zu ihrem Stiefsohn.

Ebenso beeindruckend ist die **Entführung des Ganymed** (Raum 8), einem schönen jungen Schäfer, der zum Mundschenk der Götter aufstieg. Der Künstler, der das Mosaik schuf, hatte sich offenbar beim Platzbedarf vertan, deshalb sind die Flügel des Adlers beschnitten.

Im **Westlichen Portikus** (Raum 16) stellt ein Mosaik eine Sage dar, die allen Shakespeare-Freunden bekannt sein dürfte: Die Geschichte von Pyramus und Thisbe wurde zuerst von Ovid in seinen *Metamorphosen* erzählt, später nutzte Shakespeare sie als Vorlage für *Romeo und Julia* und in abgewandelter Form für den *Mittsommernachtstraum*.

Ein kurzer Spaziergang führt zum **Haus des Theseus** und zum **Haus des Aion**. Letzteres, ein Zweckbau aus Steinen, die rund um die Stätte gefunden wurden, beherbergt ein Mosaik aus dem 4. Jh., das aus fünf verschiedenen Tafeln besteht. Seinen Namen erhielt das Haus nach dem heidnischen Gott Aion, der auf einem der Mosaiken dargestellt wird. Obwohl sein Bild etwas beschädigt ist, lassen sich Namenszug und Gesicht des Gottes noch gut erkennen.

Das Haus des Theseus war vermutlich eine private Villa aus dem 2. Jh. Benannt ist sie nach einer Darstellung des Helden Theseus, der gegen den Minotaurus kämpft. Das Gebäude umfasst eine Fläche von insgesamt 9600 m² und bisher wurden 1400 m² Mosaiken freigelegt. Das runde Mosaik mit Theseus und dem Minotaurus in Raum 36 ist exzellent erhalten. Bemerkenswert sind auch das Poseidon-Mosaik in Raum 76 und die Mosaiken des Achilles in den Räumen 39 und 40.

Für die drei Häuser sollte man mindestens zwei Stunden einplanen.

➡ Agora, Asklepieion & Odeon

Die Agora (Forum) und das Asklepieion stammen beide aus dem 2. Jh. n. Chr. und bildeten das Herz des einstigen Nea Pafos. Heute besteht Erstere vor allem aus dem Odeon, einem halbrunden Theater, das im Jahr 1970 restauriert wurde und nicht besonders alt aussieht. Der übrige Platz ist an den Überbleibseln der Marmorsäulen erkennbar, die im weitläufigen offenen Bereich ein Rechteck bilden. Die Überreste des Asklepieion, einer Heilstätte mit dem Altar des Asklepios, des Gottes der Heilkunst, erstrecken sich auf der Südseite des Odeons von Ost nach West.

➡ Saranta-Kolones-Festung

Nicht weit von den Mosaikhäusern stößt man auf die Ruinen der mittelalterlichen Festung Saranta Kolones. Sie ist nach den „40 Säulen" benannt, die einst zu dem heute fast völlig verwüsteten Kastell gehörten. Über seine genaue Funktion und Geschichte weiß man kaum etwas, außer dass es im 12. Jh. von den Lusignans errichtet und 1222 bei einem Erdbeben zerstört wurde. Einige vereinzelte Bogen sind die letzten verbliebenen Zeugen seiner früheren Erhabenheit.

★ Chrysopolitissa-Basilika & Paulussäule

ARCHÄOLOGISCHE STÄTTE

(Stassándhrou, Kato Pafos) GRATIS An dieser faszinierenden Stätte stand einer der größten sakralen Bauten von Pafos. Heute sind nur noch die Fundamente der christlichen **Basilika** aus dem 4. Jh. erhalten. Sie zeugen von der Größe und Pracht des Gotteshauses, das bei einem arabischen Angriff im Jahr 653 zerstört wurde. Von den Kolonnaden sind noch einige eindrucksvolle Marmorsäulen geblieben, andere liegen verstreut auf dem Platz, und noch immer erkennt man **Mosaiken**. Im Laufe der Zeit wurden neue Varianten der Basilika gebaut, bis zum Schluss die kleine Kirche **Agia Kyriaki** entstand, die heute für anglikanische, evangelische und griechisch-orthodoxe Gottesdienste genutzt wird.

Ein erhöhter Fußweg gewährt tolle Einblicke in die weitläufige Anlage und Schilder informieren auf Englisch. Interessant ist auch das Grab von Erik I. Ejegod, der im 12. Jh. König von Dänemark war und hier 1103 auf dem Weg ins Heilige Land starb.

Auf der westlichen Seite der Basilika befindet sich die Paulussäule: Es heißt, an diese wäre der Apostel Paulus gefesselt und 39 Mal gegeißelt worden, ehe er seinen Peiniger, den römischen Statthalter Sergius Paulus, zum Christentum bekehren konnte.

Burg
BURG

(Kato Pafos; Erw./Kind 2,50 €/frei; ⌚ 8.30–19 Uhr) Diese kleine leere Festung bewacht die Hafeneinfahrt. Eine Steinbrücke führt über den Burggraben ins Innere. Viele Besucher klettern aufs Dach, um die weiten Aussichten über den Hafen zu genießen. Beim Aphroditefest von Pafos dient das Bauwerk auch als Veranstaltungsort.

Die Burg ist alles, was von einer früheren Lusignan-Festung aus dem Jahr 1291 übrig geblieben ist, den Rest zerstörten die Venezianer keine hundert Jahre später. Die Osmanen nutzten das Erdgeschoss dann als Kerker.

Agia Solomoni & christliche Katakombe
ARCHÄOLOGISCHE STÄTTE

(Leonoros Apostolou Pavlou, Kato Pafos) GRATIS Dieser schlichte Gräberkomplex ist die Ruhestätte der sieben Makkabäischen Brüder, die um 174 v. Chr. den Märtyrertod erlitten. Ihre Mutter Agia Solomoni, eine Jüdin, wurde nach dem Tod ihrer Söhne zur Heiligen. Man vermutet, dass sich hier während der römischen Zeit eine Synagoge befand. Den Eingang zur Katakombe markieren Votiv-Stoffbänder, die an einem großen Baum draußen vor dem Grab befestigt wurden. Dieser offenbar heidnische Brauch – das Aufhängen von Tüchern – wird heute von christlichen Besuchern fortgeführt. So sind noch weitere Stoffbänder zu sehen, einige sind an die Kopien von Ikonen geknüpft.

Vorsicht am untersten Abschnitt der steilen Treppen – wenn man aus dem grellen Sonnenlicht kommt, sind die mit Wasser gefüllte Höhle und der Brunnen kaum zu erkennen und könnten eine Gefahr darstellen.

Agios-Lambrianos-Felsengrab
ARCHÄOLOGISCHE STÄTTE

(Kato Pafos) GRATIS Etwas weiter nördlich am Fabrica-Hügel erstrecken sich riesige unterirdische Kammern, die aus der frühen hellenistischen Periode stammen. Auch sie dienten als Grablege und werden mit den Heiligen Lambrianos und Misitikos in Verbindung gebracht. Fresken im Inneren der Gräber deuten darauf hin, dass sie einst von Christen als Ort des Gebets genutzt wurden. Bei den weiter andauernden Ausgrabungen entdeckte man kürzlich die Überreste eines klassischen Theaters.

Byzantinisches Museum
MUSEUM

(☎ 2693 1393; Andrea Ioannou 5, Ktima; Eintritt 2 €; ⌚ Mo–Fr 9–15, Sa bis 13 Uhr) In diesem interessanten Museum werden kirchliche Gewänder und Gerätschaften sowie Manuskripte gezeigt. Unter der Sammlung beeindruckender Ikonen ist auch eine Darstellung der Agia Marina aus dem 9. Jh., vermutlich eines der ältesten Bilder der Insel, und eine doppelseitige Ikone aus Filousa aus dem 13. Jh.

Ethnografisches Museum
MUSEUM

(www.ethnographicalmuseum.com; Exo Vrysis 1, Ktima; Eintritt 3 €; ⌚ Mo–Sa 9–18, So bis 13 Uhr) Die bunt gemischte private Sammlung umfasst Münzen, traditionelle Trachten, Küchengeräte, Axtköpfe aus der Kupferzeit, Amphoren und verschiedene andere Dinge. Im Garten gibt's noch mehr zu sehen, z. B. ein hellenistisches Felsengrab. Der Museumsführer, der für 5 € am Eingang erhältlich ist, hilft dabei, die scheinbar ungeordnete Sammlung zu verstehen.

Archäologisches Museum
MUSEUM

(Leoforos Georgiou Griva Digeni, Ktima; Eintritt 1,70 €; ⌚ Mo–Fr 9–17, Sa & So 10–13 Uhr) Für Hobbyarchäologen mit Interesse am Detail ist das kleine Museum ein Muss. Seine vier Räume bergen eine umfangreiche, vielfältige Sammlung vom Neolithikum bis zum 18. Jh. mit Gefäßen, Keramik, Glas, Werkzeugen und Münzen.

Agios-Georgios-Museum
MUSEUM

(Hlorakas; ⌚ 9–18 Uhr) GRATIS Das ungewöhnliche Museum liegt 4 km nördlich von Kato Pafos an der Stelle, wo EOKA-Anführer Georgios Grivas mit dem Kaíki *Agios Georgios*, heute das bedeutendste Ausstellungsstück, im November 1954 große Waffen- und Munitionsvorräte an Land brachte, um die britische Kolonialherrschaft zu stürzen. Bei einem erneuten Landungsversuch zwei Monate später wurden die Rebellen jedoch verhaftet. In dem Museum werden die Gefangennahme veranschaulicht sowie Fahndungsfotos und ein Teil der beschlagnahmten Waffen und Munition gezeigt.

Ktima

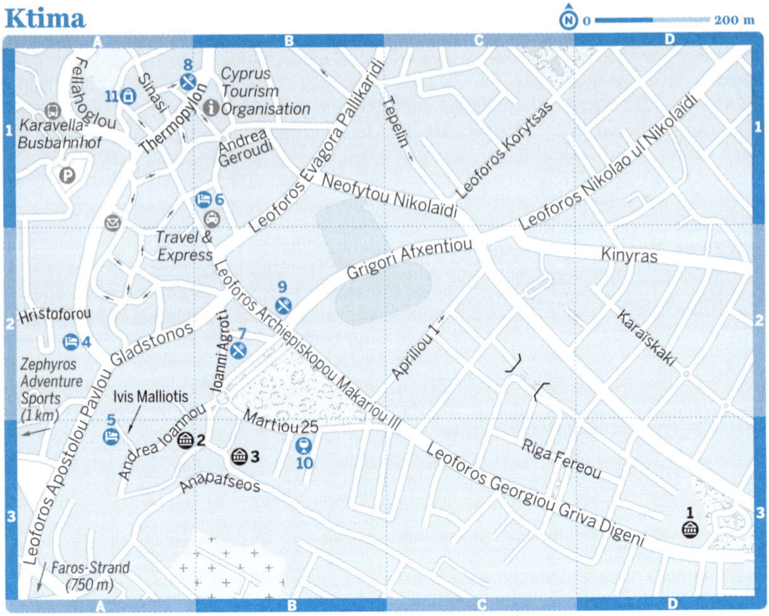

Ktima

Sehenswertes

1 Archäologisches Museum D3
2 Byzantinisches Museum A3
3 Ethnografisches Museum B3

Schlafen

4 Agapinor Hotel A2
5 Axiothea Hotel A3
6 Kiniras B1

Essen

7 Fetta's B2
Kiniras Garden .... (siehe 6)
8 Laona A1
9 Plato B2

Ausgehen & Nachtleben

10 Omnia B3

Shoppen

11 Städtischer Markt A1

Der Ort wird auch „Grivas Landing“ genannt. Man erkennt ihn leicht an der großen Agios-Georgios-Kirche, die zur Erinnerung an die Ereignisse errichtet wurde, und dem benachbarten St. Georg Hotel.

Agia Paraskevi KIRCHE

(Geroskipou; ⌚8–13 & 14–17 Uhr) Eine der bezauberndsten Kirchen in der Region ist dieser byzantinische Bau mit sechs Kuppeln in Geroskipou, 4,5 km östlich von Pafos. Die meisten noch erhaltenen Fresken stammen aus dem 15. Jh. Beim Betreten des Gebäudes fällt der Blick als Erstes auf das Abendmahl, die Fußwaschung und den Verrat Jesu. In der Hauptkuppel ist eine primitive, aber interessante Darstellung der Betenden Jungfrau (Maria mit erhobenen Händen) zu sehen.

Zoo ZOO

(☎2681 3852; www.pafoszoo.com; Pegeia; Erw./Kind 15,50/8,50 €; ⌚9–18 Uhr; P) Ein großartiger Zoo und toller Zeitvertreib für Kinder. Neben Vögeln (ursprünglich beherbergte das Areal einen Vogelpark) gibt es Giraffen, Antilopen, Rotwild, Gazellen, Mufflons, Reptilien, Riesenschildkröten, Emus, Strauße, kleine Ziegen und andere Tiere zu sehen. Auf dem Gelände befinden sich zudem ein Restaurant, eine Snackbar und ein Kinderspielplatz. Der Zoo liegt in der Pegeia-Region nahe der Korallenbucht, rund 3 km von Pafos entfernt.

Strände

Städtischer Hauptstrand STRAND

Der städtische Hauptstrand im Zentrum von Kato Pafos gilt nicht gerade als typische Urlaubsbroschüren-Idylle mit sonnengeküsstem Sand, denn er ist gepflastert und teilweise eine Fußgängerzone. Mit seiner

Ansammlung von Holzliegen, Felsen, Sand und Tauchstellen kann man es sich aber recht gemütlich machen und das kristallklare Wasser bewundern. Vor Ort gibt's Duschen, Toiletten und ein Café-Restaurant.

Alykes-Strand STRAND
Weiter östlich liegt der Alykes-Strand, bei Einheimischen besser bekannt als Sopab-Strand (nach einer Fabrik, die dort mal stand). Er erstreckt sich vom Deck Cafe & Bar bis zum Hotel Alexander der Große. Mit seinen Felsenpools, dem flachen, klaren Wasser und genug Sand zum Burgenbau eignet er sich ideal für Familien mit Kleinkindern. Die große Terrasse des Cafés über dem Strand ist sehr angenehm, um etwas zu essen und zu trinken, außerdem bekommen die Großen hier einen Cocktail zum Sonnenuntergang.

Vrysoudia-Strand STRAND
Östlich des Alykes-Strandes erstreckt sich über etwa 400 m der wohl beste städtische Strand. Liegen und Sonnenschirme (5 € pro Tag) werden vor Ort vermietet, zudem gibt es eine beliebte Strandbar.

Faros-Strand STRAND
Wer den Faros-Strand nördlich des Archäologischen Parks besuchen will, benötigt ein Fahrzeug. An dem ungeschützten Sandstrand mit ein paar Sandsteinfelsen gibt's einige Snack-Bars. Vorsicht vor der Strömung im offenen Meer, sie kann das Schwimmen gefährlich machen.

Kissonerga-Bucht STRAND
Noch weiter außerhalb, etwa 8 km nördlich von Kato Pafos, befindet sich der lange, unbebaute Sandstrand der Kissonerga-Bucht mit Bananenplantagen und einer einsamen Atmosphäre. Da es vor Ort keinerlei Einrichtungen für Touristen gibt, sollte man ein Buch, Essen und Wasser dabeihaben, dann kann man wunderbar relaxen.

Aktivitäten

Abgesehen von organisierten Touren, die von unzähligen Unternehmen angeboten werden (Flyer gibt's überall in der Stadt), konzentrieren sich die meisten Aktivitäten in Pafos aufs Meer. Über das umfassende Angebot, darunter Bootsfahrten, Tretboote und – wenn es sein muss – die allgegenwärtigen Bananenboote, informieren die Kioske am Hafen.

Küstenweg WANDERN
(Kato Pafos) Die Promenade von Kato Pafos wurde in den vergangenen Jahren erweitert. Nun erstreckt sie sich über rund 5 km westlich des Hotels Alexander der Große bis zum Louis Phaethon Beach Club gen Korallenbucht. Am hübschesten ist der Abschnitt unmittelbar östlich der Burg von Kato Pafos, der um die Spitze der Küste herumführt. Schattige Bänke säumen den Weg, und im Frühling zeigt sich auf den ostwärts liegenden Wiesen eine bunte Wildblumenpracht.

Wer die falschen Schuhe an den Füßen hat oder einfach mal eine Pause braucht, steuert die 1,6 km von der Burg entfernte Lighthouse Beach Bar (S. 94) an.

Paphos Sea Cruises BOOTSTOUREN
(☎8000 0011; www.paphosseacruises.com; Pafos Harbour, Kato Pafos) Renommierter Anbieter, dessen Bootstouren oft Extras wie Grillen an Bord, Schnorchelausrüstung, Unterhaltung für Kinder und Kanus umfassen. Tagesfahrten sind ab angemessenen 20 € pro Person zu haben. Auf Halbtagesausflügen zahlen Kinder unter zwölf Jahren je nach Angebot nichts oder nur die Hälfte.

Aphrodite's Rock Brewery BRAUEREI
(☎2610 1446; www.aphroditesrock.com.cy; Polis Rd, Tsada; ⏲10–16 Uhr; 📶) Der Familienbetrieb stammt ursprünglich aus Yorkshire und bietet neben Bierproben (fünf Sorten à 100 ml für 3,50 €) auch Führungen unter Leitung der Braumeisterin (und Tochter) Melanie

ABSTECHER

ZEPHYROS ADVENTURE SPORTS

Zephyros Adventure Sports (☎2693 0037; www.enjoycyprus.com; The Royal Complex, Shop 7, Tafon Ton Vasileon; 👪) Eltern, die gemeinsam mit Teenagern Urlaub machen – oder Teenies, die mit ihren Eltern Urlaub machen – und eine Pause voneinander brauchen, können sich bei Zephyros Adventure Sports eine schöne Aktivität aussuchen. Im Angebot sind Mountainbiken, Kajakfahren, Klettern, Schnorcheln, Tauchen und im Winter Skifahren. Das ist das beste Mittel für einen gelungenen Familienurlaub.

Alternativ unternimmt man eine gemeinsame Wanderung auf der Akamas-Halbinsel. Viele Unternehmen bieten Jeep-Safaris an, allerdings sollte man an die Umweltbelastung durch Bodenerosion, hohen Spritverbrauch und Lärmbelästigung denken und widerstehen, wenn man kann.

an. Die jährliche Produktion liegt bei 4000 l, am beliebtesten ist die Sorte Yorkshire Rose. Draußen gibt es eine kleine Bar mit Terrasse; ein Pint kostet rund 1,80 €.

Ein Laden auf dem Gelände hat einige Feinkostprodukte im Angebot, z. B. mit Bier verfeinerten Senf. Die Brauerei liegt rund 9 km nordöstlich von Pafos, direkt hinter der Abzweigung nach Tsada an der B7 Richtung Polis.

Cydive TAUCHEN

(☎ 2693 4271; www.cydive.com; 1 Posidonos, Myrra Complex 33, Kato Pafos;) Die Gewässer vor Pafos eignen sich ideal zum Tauchen, etwa 50 Spots warten auf die Erkundung. Dieser professionelle, alteingesessene Anbieter hat einen eigenen Pool und ein großes Geschäft, das Tauchausrüstung, Bademode und Ähnliches verkauft. Einzelne Tauchgänge kosten inklusive der gesamten Ausrüstung 53 €, ein Paket mit zehn Tauchgängen gibt's für 451 €.

Zum Cydive-Angebot gehört außerdem der Bubble Maker (40–45 €), ein echtes Taucherlebnis für Kinder zwischen acht und zehn Jahren. Es gibt zwei Programme: Das erste findet im Pool statt, zum zweiten gehört ein tiefer Sprung ins Meer. Das Team mit PADI-Ausbildung sorgt die ganze Zeit für Sicherheit und eine regulierte, überschaubare Umgebung. Eine tolle Möglichkeit, den Nachwuchs fürs Tauchen zu interessieren.

Mickys Tours BOOTSTOUREN

(☎ 2694 2022; www.mickys-tours.com; Posidonos, Kato Pafos; 30 € pro Pers.) Organisiert Tagestouren zur Akamas-Halbinsel.

Aphrodite Waterpark WASSERPARK

(☎ 2691 3638; www.aphroditewaterpark.com; Posidonos, Kato Pafos; Erw./Kind 30/17 €; ⏲ 10–17.30 Uhr) Hier kann man den ganzen Tag zu einem unschlagbaren Preis amüsieren. Erwachsene gönnen sich gern eine Massage, während die Kids mit dem Minivulkan kämpfen. Mittels eines Armbands behält man die Ausgaben im Blick – bezahlt wird am Ende. Der Wasserpark liegt bei der Posidonos rund 1,5 km südlich des Zentrums. Die Busse 11 und 611 bringen einen ab der Haltestelle am Hafen von Kato Pafos hierher.

Feste & Events

Aphroditefest MUSIK

(www.pafc.com.cy) Vor der passend grandiosen Kulisse der Burg werden im September unter dem Sternenhimmel hervorragende Opern gespielt. Zu den jüngsten Aufführungen zählt Bizets Klassiker *Carmen*.

Solar Car Challenge AUTORENNEN

(www.cyi.ac.cy/solar-car-challenge.html; Geroskipou) Das Autorennen im Juni zieht einheimische Teams und internationale Teilnehmer an, die im Wettkampf um das schnellste solarbetriebene Fahrzeug erfindungsreich vorgehen und mit raffinierten Konstruktionen aufwarten.

Essen

Die Restaurants in Pafos sind sehr unterschiedlich. Um die Lokale am Ufer in Kato Pafos sollte man generell einen Bogen machen, besonders wenn schon Fertigsoßen auf dem Tisch stehen. In den Seitenstraßen befinden sich Läden mit authentischer einheimischer Küche. In Ktima, das einige erstklassige Restaurants beherbergt, geht eher Qualität vor Quantität.

Ktima

★ **Kiniras Garden** ZYPRISCH €€

(☎ 2694 1604; www.kiniras.cy.net; Leoforos Archiepiskopou Makariou III 91; Hauptgerichte 8–15 €; ⏲ 8–24 Uhr;) Das Restaurant, ein Familienbetrieb in vierter Generation, wirkt wie eine grüne Oase mit Bäumen, Statuen und plätschernden Wasserspielen. Der Besitzer Georgios, ein leidenschaftlicher Vertreter traditioneller Küche, hat viele Rezepte von seiner Großmutter geerbt, außerdem stammen die Zutaten aus seinem eigenen, 60 ha großen Garten. Das Lokal ist Teil des Vakhis-Projektes (S. 142) und bietet außerdem eine leichtere Snackkarte.

Es gibt hausgemachte Desserts, auf der Weinkarte stehen hervorragende Qualitätsweine vom familieneigenen Weingut und spezielle Essenswünsche der Gäste werden berücksichtigt. Der Speisebereich wird derzeit um ein schickes Spa erweitert.

Laona ZYPRISCH €€

(☎ 2693 7121; Votis 4–6; Hauptgerichte 9 €, Meze 10 €; ⏲ Mo, Mi, Do & Sa 10–15.30, Di & Fr 10–22 Uhr;) Versteckt in einer Seitenstraße hinter dem städtischen Markt versprüht der Familienbetrieb, der in den 1980er-Jahren eröffnet wurde, das Flair einer Dorftaverne. In der Küche gibt es weder Mikrowelle noch Fritteuse; alles wird frisch zubereitet. Der zyprische Besitzer Chris bietet eine bewusst kleine Auswahl traditioneller zyprischer Leckereien wie Kaninchen-*stifado* (in Essig und Wein gekochter Eintopf mit Rind oder Kaninchen und Zwiebeln), gefülltes Gemüse und Meze.

Plato INTERNATIONAL €€
(☎7000 0785; Grigori Afxentiou, Kennedy Square; Hauptgerichte ab 8,50 €; 8.30–1.30 Uhr) Auf der Speisekarte der schick-modernen Weinbar mit Restaurant stehen Gerichte wie Pasta mit Spinat und Wildpilzen oder Lachs-Teriyaki. Außerdem kann man sich hier Salate, Sandwiches, Teller für mehrere Personen und eine gute Weinauswahl – angeblich sogar die umfangreichste der Stadt – schmecken lassen.

Entspannte Musik und das minimalistisch-leichte Design mit Holz und Bambus tragen zum stilvollen Ambiente bei.

Fetta's ZYPRISCH €€
(☎2693 7822; Ioanni Agroti 33; Hauptgerichte ab 10 €, Meze 18 €; Di–So 19–22.30 Uhr) Das Fetta's wartet mit klassischen regionalen Gerichten mit Liebe zum Detail auf. Der Essbereich erinnert an eine typische Taverne, ist jedoch größer und verfügt über eine kleine Terrasse mit Blick auf den Springbrunnen und den Park. Auf den Tisch kommt u. a. großartiges Meze mit gegrilltem Fleisch. Vorab reservieren.

Kato Pafos

Christos Steak House ZYPRISCH €
(☎9916 5934; 7 Kostantias; Hauptgerichte ab 7 €; 17 Uhr–open end) Grelle Beleuchtung, Plastikblumen und eine mit verblassten Fotos illustrierte Speisekarte – das klingt nicht gerade empfehlenswert. Wegen der traditionellen Hausmannskost lohnt sich ein Besuch des einfachen alteingesessenen Lokals aber allemal! Spezialität des Hauses sind Steaks; typische Gerichte und Beilagen wie Pasta mit geriebenem Haloumi (Helemi) sind jedoch ebenfalls eine gute Wahl. Der Besitzer ist ein echter Schatz.

★ **Argo** ZYPRISCH €€
(☎2693 3327; Pafias Afroditis 21; Hauptgerichte 10 €; 18–23 Uhr) Im relativ ruhigen Teil von Kato Pafos verströmt das Argo mit Naturstein, hölzernen Fensterläden und seinen in warmem Ocker getünchten Wänden rustikalen Charme. Auch die Spezialitäten wie Moussaka sind sehr authentisch, genau wie das *kleftiko* jeden Dienstag und Samstag; an diesen beiden Tagen ist eine Reservierung ratsam, denn dann wird's hier voll.

ABSTECHER

GOURMETDORF GEROSKIPOU

Seven St. Georges' Tavern (☎2696 3176; www.facebook.com/7StGeorges; Geroskipou; Meze 25 €; Di–Sa 12–15 & 19–23 Uhr;) Das Restaurant punktet vor allem mit dem außergewöhnlich guten Meze. Alles, was man hier zu essen und zu trinken bekommt, hat der Besitzer George zusammen mit seiner Familie biologisch angebaut, getrocknet und eingelegt. Das Meze umfasst ausschließlich saisonale Produkte, und so gibt es hier etwa handgepflückten wilden Spargel, Wildpilze mit frischen Kräutern, Auberginen in Tomatensoße oder zartes *kleftiko* (Lammbraten).

Das Restaurant ist in einem alten Haus mit einer von Wein und Palmenblättern beschatteten Terrasse untergebracht. Es befindet sich im Zentrum des hübschen, traditionellen Dorfes nahe einer eindrucksvollen byzantinischen Kirche aus dem 9. Jahrhundert.

★ **Hondros** ZYPRISCH €€
(www.facebook.com/HondrosTaverna; Leonoros Apostolou Pavlou 96; Hauptgerichte 10 €; 11–23 Uhr;) Pafos' ältestes traditionelles Restaurant wurde 1953 eröffnet und noch immer betreibt es dieselbe Familie. Zu den Highlights gehören saftiges *souvla* (am Spieß gegrilltes Schwein, Hühnchen oder Lamm) und im traditionellen Holzofen zubereitetes *kleftiko* mit gebackenen Kartoffeln und Brot. Am Wochenende wird Livemusik gespielt und es gibt eine schöne große Terrasse.

Alte Fotos von Pafos und schöne, vom ursprünglichen Besitzer gemalte Bilder schmücken den Speiseraum.

Almond Tree FUSIONSKÜCHE €€
(Konstantias 5; Hauptgerichte ab 8 €; 18.30–23 Uhr;) Ungewöhnliche thailändisch-zyprische Geschmacksnoten kitzeln den Gaumen, darunter das Hühnchen-Satay oder die Lachsküchlein mit Mango. Darüber hinaus gibt's ein überwältigendes Angebot zyprischer und internationaler Speisen. Auch für Vegetarier ist mit Pfannengerichten und anderem gut gesorgt.

Kyra Frosini ZYPRISCH €€
(Pafias Afroditis & Filoktitou 4; Hauptgerichte 8 €; 10.30–22.30 Uhr) Im Kyra Frosini, das einen hübschen von Palmen beschatteten Hofgar-

INSIDERWISSEN

WIEDERBELEBUNG VON PAFOS KTIMA

Es gibt Pläne für eine dezente, ästhetische Modernisierung des Viertels. Als Folge der wirtschaftlichen Probleme in den vergangenen Jahren musste eine erschreckende große Zahl hiesiger Geschäfte schließen. Austauschbare Schnäppchenläden nahmen ihren Platz ein. Ab 2015 soll das Zentrum schrittweise in eine Fußgängerzone umgewandelt werden, zudem will man mit günstigen Mietpreisen und anderen Anreizen hiesige Kunsthandwerker anlocken.

ten und einen gemütlichen Innenraum für den Winter hat, geht's entspannt zu. Besitzerin Andri ist für ihre griechischen Klassiker wie Moussaka und *pastitsada* (Lamm mit Nudeln, Zwiebeln und Tomaten) sowie für ihre hausgemachten Suppen und Kuchen bekannt. Im Sommer gibt's Livemusik.

Chloe's No 1 CHINESISCH €€

(☎ 2693 4676; Posidonos 13; Hauptgerichte 10 €; ⏲ 15–23 Uhr;) Das beste chinesische Restaurant der Stadt kredenzt eine große Auswahl an Standardgerichten, darunter viele vegetarische Optionen. Das Dekor ist üppig orientalisch (bewegte Bilder, die Kopfschmerzen verursachen, gibt es aber glücklicherweise nicht) und der Service erstklassig, wenn auch vielleicht etwas zu aufmerksam.

Ausgehen & Nachtleben

Die einst traditionelle Clubstraße Agiou Antoniou in Kato Pafos ist heutzutage ein eher trauriger Anblick, denn die meisten Läden mussten wegen der wirtschaftlichen Probleme der letzten Jahre schließen. Zu den Überlebenden gehören eine Handvoll englischer Sportkneipen mit großen Bildschirmen und der eine oder andere Stripclub. Die Barszene in Promenadennähe ist etwas ansprechender; zudem scheint der Trend zu anspruchsvolleren Läden zu gehen.

★ Lighthouse Beach Bar BAR

(☎ 9968 3992; www.facebook.com/lighthouse.beachbar; Lighthouse Beach, Kato Pafos; ⏲ 7–22 Uhr;) Zu Fuß gelangt man am besten über den 1,7 km langen Küstenweg ab der Burg von Pafos hierher. Die etwas umständlichere Anfahrt mit dem Auto erfolgt über die Straße zu den Königsgräbern. Belohnt wird man mit einer waschechten Strandbar samt Bob-Marley-Musik, einwandfreiem Meerblick und Sand zwischen den Zehen beim Genuss der erfrischenden Cocktails.

Zum Angebot gehören kleine Snacks und ein Spielplatz Marke Eigenbau mit Schwingseilen und Reifentunneln, der Kinder begeistern wird. Im Sommer rundet Live-Musik das entspannt-alternative Flair ab. Vor Ort werden Sonnenliegen vermietet (2,50 € pro Tag).

Alea CAFÉ, BAR

(☎ 9952 4000; 5 Posidonos, Kato Pafos; ⏲ 8–2 Uhr) Das ehemalige Restaurant, einen Steinwurf von den Wellen entfernt, ist heute eine vergnüglich-trendbewusste Bar mit Café und Lounge, die für ihre sieben Daiquiri-Varianten (5,50 €) bekannt ist. Die Musik ist passend entspannt, im Sommer treten regelmäßig Livebands auf. Gäste können zwischen der weitläufigen Terrasse und einem der intimeren Sitzbereiche im Inneren – mit bunt zusammengewürfelten Antiquitäten und schweren Holzmöbeln – wählen.

Old Fishing Shack Pub KNEIPE

(Margarita Gardens, Tefkrou, Kato Pafos; ⏲ Mo–Sa 19 Uhr–open end, So 13–23 Uhr;) Hausherr Athos liebt gutes Bier und gute Musik (klassischer Rock und Blues) – und beides wird hier geboten. Zudem stellt er selbst ein sehr empfehlenswertes Cider mit Ingwer her und veranstaltet jedes Jahr am letzten Septemberwochenende ein Bierfest mit Livemusik und Verköstigungen von über 200 Sorten.

La Place Royale CAFÉ, BAR

(Posidonos, Kato Pafos; ⏲ 8–23 Uhr) Direkt an der geschäftigen Fußgängerzone am östlichen Ende der Posidonos lockt eine der stilvollsten Café-Bars. Die kleine Oase aus Glas, Zuckerrohr, Schmiedeeisen und Mini-Wasserfällen in einem schattigen gepflasterten Innenhof bietet sich für einen Cocktail vor dem Clubbing an. Das Essen kann man sich sparen.

Omnia BAR

(Martiou 25, Ktima; ⏲ 8 Uhr–open end) Attraktiv gelegen, gegenüber einer kleinen Grünanlage, kombiniert die Bar eine weitläufige Terrasse samt weißen Korbmöbeln und vielen Pflanzen mit einem sexy Innenraum in Rosa und Schwarz. Auf verschiedenen Bildschirmen laufen Musikvideos und Sportübertragungen, und wer möchte, kann sich zum Drink leichte Snacks bestellen (Cocktails kosten 5,50 €).

Different Bar BAR

(Agias Napas, Kato Pafos) Beliebte Schwulenbar in ansprechenden dunklen Ockertönen. Die Tische auf der Terrasse bieten Blicke über die Straße.

Deck Cafe & Bar BAR

(Posidonos, Kato Pafos; ⌚8–24 Uhr) In der Bar neben dem Hotel Alexander der Große können sich Gäste bei Wohlfühl-Loungemusik und Cocktails entspannen. Die große Terrasse überblickt den Sand und die Felsen. Das mittelmäßige Essen ist nicht zu empfehlen.

Shoppen

Kings Avenue Mall EINKAUFSZENTRUM

(www.kingsavenuemall.com; Leoforos Apostolou Pavlou, Kato Pafos; ⌚Mo–Sa 9.30–20, So 11–19.30 Uhr;) Das größte Einkaufszentrum der Republik eröffnete 2013 und umfasst rund 125 Geschäfte, Restaurants, Cafés und ein Multiplexkino.

Gabriela & Silvana KERAMIK

(www.gabrielasilvanapotterycyprus.com; 92 Leonoros Apostolou Pavlou, Kato Pafos; ⌚Mo–Sa 9–21, So 17–21 Uhr) Zum Sortiment gehören farbenfrohe, sehr originelle Keramikarbeiten. In der angrenzenden Werkstatt kann man den Töpfern bei der Arbeit zusehen.

Städtischer Markt MARKT

(Agora St, Ktima; ⌚Mo, Di, Do & Fr 8–18, Mi & Sa bis 14.30 Uhr) Neben farbenprächtigem Obst und Gemüse gibt es auf dem städtischen Markt jede Menge Souvenirstände, darunter ein paar geschmackvollere, die Stickarbeiten und Schmuck aus der Gegend verkaufen.

Praktische Informationen

WLAN gibt's in Hotels in Pafos sowie in einigen Cafés und Bars, dort kann man es in der Regel kostenlos nutzen, wenn man etwas trinkt.

Cyprus Tourism Organisation (CTO; www.visitcyprus.org.cy) Flughafen (☎2642 3161; Pafos International Airport; ⌚9.30–23 Uhr); Kato Pafos (☎2693 0521; Posidonos; ⌚Mo, Di, Do & Fr 8.15–14.30 & 15–18.30, Sa 8.15–14.30 Uhr); Ktima (☎2693 2841; Agoras 8; ⌚Mo–Sa 8.15–14.30 & 15–18.30 Uhr, Mi & Sa nachmittags geschl.) Hier erhält man ordentliche Karten und hilfreiche Broschüren über Wandern, Radfahren und Agrotourismus, einen Hotelführer, Auskünfte zu Verkehrsmitteln und weitere nützliche Infos über Zypern. Donnerstags um 10 Uhr veranstaltet die Fremdenverkehrszentrale eine kostenlose Führung in und um Ktima, die vor dem Büro in Ktima startet (Reservierung erforderlich).

An- & Weiterreise

BUS

InterCity (www.intercity-buses.com) Unter der Woche verkehren sechs Busse pro Tag nach Nikosia (Lefkosia; 7 €, 2 Std.) sowie acht nach Lemesos (4 €, 45 Min.). Die Abfahrt erfolgt am Karavella-Busbahnhof in Ktima. Am Wochenende starten die Busse seltener.

VOM/ZUM FLUGHAFEN

Bus 613 fährt um 7.25 und 18.30 Uhr vom Karavella-Busbahnhof in Ktima zum Flughafen, in entgegengesetzter Richtung startet er um 8 und 19 Uhr. Die Buslinie 612 verkehrt zwischen 7 und 0.30 Uhr etwa stündlich zwischen Hafen und Flughafen; zu den Stopps zählen die Korallenbucht und Posidonos in Kato Pafos. Die einfache Fahrt kostet 1,50 €. Ein Taxi zwischen Flughafen und Pafos schlägt mit rund 30 € zu Buche.

FLUGZEUG

Der Flughafen liegt 8 km südöstlich der Stadt und wird von Linienfluggesellschaften und Billigfliegern bedient. Besonders gut vertreten ist Ryanair, das zu Redaktionsschluss 14 Ziele anflog.

SERVICETAXI

Travel & Express (☎0777 7474; www.travelexpress.com.cy; Leoforos Evagora Pallikaridi 9, Ktima) Bietet Servicetaxis nach Lemesos (9,50 €, 1 Std.), Larnaka (Umstieg in Lemesos; 19,50 €, 1½ Std.) und Nikosia (Umstieg in Lemesos; 20,50 €, 1½ Std.).

Unterwegs vor Ort

Pafos Buses (www.pafosbuses.com; Hafen von Pafos) betreibt ein stadtweites und regionales Busnetz. Die Busse starten am **Busbahnhof am Hafen** (Hafen, Kato Pafos) in Kato Pafos und am Karavella-Busbahnhof in Ktima. An beiden ist ein umfassender Fahrplan erhältlich. Die Tarife betragen 1,50 € pro Fahrt, 5 € pro Tag und 15 € pro Woche im Bezirk einschließlich der Dörfer auf dem Land.

Regelmäßige Verbindungen ab Kato Pafos (Hafen):

Korallenbucht Bus 615, 616; 25 Min.

Geroskipou-Strand Bus 611; 25 Min. (Der Strand befindet sich 4,5 km östlich von Kato Pafos.)

Kato Ktima (Markt) Bus 610; 15 Min.

Polis Bus 626; 1 Std.

Unweit des Eingangs zum Archäologischen Park in Kato Pafos gibt's einen großen kostenlosen Parkplatz. Am Hauptplatz (Ecke Gladstonos und Leoforos Georgiou Griva Digeni) und am Karavella-Busbahnhof in Ktima bestehen ebenfalls Möglichkeiten, den Wagen abzustellen.

Taxis (☎2693 3301) können telefonisch bestellt und auf der Straße angehalten werden.

Außerdem findet man sie an den vielen Ständen in der ganzen Stadt. Vorsicht: Für die 3 km zwischen Kato Pafos und Ktima berechnen die Fahrer unverhältnismäßige 8 €.

RUND UM PAFOS

Die Umgebung von Pafos lockt mit Stränden, Wanderwegen und traditionellen Dörfern und lädt zum Entdecken ein, allerdings muss man sich dafür meist einer organisierten Tour anschließen oder ein eigenes Fahrzeug haben. Auch wenn man mit dem Moped herrlich in den Ferienorten herumdüsen kann, ist ein Auto empfehlenswerter, besonders für das westliche Troodos-Gebirge, die raue, einsame Akamas-Halbinsel und die dünn besiedelte Tylliria-Gegend im Nordwesten Zyperns.

Korallenbucht

Die Korallenbucht 12 km nordwestlich von Pafos besteht aus mehreren Strandabschnitten, die alle von verschiedenen Stellen der Zufahrtsstraße erreichbar sind. Aufgereihte Sonnenschirme und Menschenmengen sind der Suche nach Korallen an diesem schönen Strand natürlich nicht zuträglich, doch die Atmosphäre ist lebhaft und die hiesigen Einrichtungen eignen sich besonders für Familien. Leider sind die Restaurants ziemlich mittelmäßig, wenn man nicht gerade auf Burger und Pommes frites steht.

Der Bau einer luxuriösen neuen Marina mit 1000 Liegeplätzen im nahe gelegenen Potima wurde auf unbestimmte Zeit verschoben.

Essen

Tweedie's INTERNATIONAL €€€

(☎ 9912 6590; Kissonerga; Hauptgerichte ab 15 €; ⌚ Do–So 19 Uhr–open end) An der Hauptstraße in Kissonerga, etwa auf halbem Weg zwischen Pafos und Korallenbucht, serviert das Tweedie's wechselnde Tagesmenüs. Im Angebot sind auch innovative Gerichte, darunter so kreative Kombinationen wie Rote Bete und Speck oder Blumenkohl und Brie (z. B. als Suppe), hausgemachte Ravioli mit ungewöhnlichen Füllungen und großartige, toll angerichtete Desserts. Vorabreservierung obligatorisch!

Akamas-Höhen

Wer Zeit in und um Pafos verbringt, sollte unbedingt die Akamas-Höhen besuchen. Viele Dörfer bieten für den Agrotourismus hergerichtete traditionelle Häuser zur Miete an (siehe www.agrotourism.com.cy), zudem ist das Essen in den Tavernen, gekocht für die Einheimischen, fast immer köstlich, und es locken fantastische Wandermöglichkeiten. Auch die Strände überzeugen, denn in der Gegend erstrecken sich einige der besten Sandstreifen im Süden.

Am besten erreicht man die Orte auf dem Weg nach Polis über die malerische westliche Straße (E701/709). Öffentliche Verkehrsmittel fahren nicht zu den Siedlungen, Stränden bzw. zur Avgas-Schlucht. Der Anstieg zu den Höhen beginnt in Pegeia, wo vor allem gut betuchte Briten leben. Von hier kann man Richtung Nordwesten fahren und gelangt so von Süden her auf die Akamas-Halbinsel.

DAS VIEL GESCHMÄHTE ZYPERN-MUFFLON

Das Zypern-Mufflon *(Ovis orientalis ophion)*, das als stilisiertes Bild die Flugzeughecks von Cyprus Airways ziert, ist das Nationalsymbol der Insel. Es ähnelt einem wilden Schaf und hat enge Verwandte auf Sardinien und Sizilien sowie im Iran. Heute beschränkt sich sein Lebensraum auf den dichten Wald von Pafos an der Westseite des Troodos-Gebirges.

Früher wurden die Tiere als Schädlinge angesehen und waren leichte Beute für schießwütige Jäger – in den 1930er-Jahren lebten nur noch 15 Mufflons auf Zypern. Seither sorgte ein vernünftiges Schutzprogramm dafür, dass ihre Zahl wieder auf etwa 3000 gestiegen ist. Mufflons sind scheu und in der Wildnis nur selten zu sehen, denn bevor man ihnen nahekommt, verschwinden sie in den Wald. Männliche Tiere haben sehr große gekrümmte Hörner, die sie in Paarungskämpfen einsetzen. Menschen greifen sie nicht an.

Die Zahl der Mufflons hat inzwischen ein stabiles Niveau erreicht, trotzdem gelten sie noch immer als bedrohte Art. Von Waldbränden und Wilderern geht die größte Gefahr aus. Mehr Infos zum Zypern-Mufflon gibt's unter www.moa.gov.cy/forest.

Lara- & Agios-Georgios-Strand

Auf der nordwestlichen Seite der Akamas-Halbinsel stoßen Besucher auf ein richtiges Juwel, denn 21 km nördlich der Korallenbucht führt eine holprige, aber befahrbare Straße von Agios Georgios zum berühmten, herrlich unentwickelten Küstengebiet Lara. Hinter der Küste erstreckt sich wüstenartiges Buschland in dunklen Ockertönen, in dem Ginster, buschige Kiefern und je nach Jahreszeit verschiedene Wildblumen wachsen; die Kulisse bilden niedrige Hügel in der Ferne. Wer auf die Schilder zum Lara Restaurant achtet, kann auf dessen riesiger Terrasse bei einem Drink oder Snack den Blick auf die unberührte **Lara-Bucht** mit ihrem Kies und dunklen Sand genießen.

Der noch berühmtere **Lara-Strand** liegt durch eine Landzunge abgetrennt in der nächsten Bucht und ist von zahlreichen Kalksteinfelsen umgeben. Abgesehen von einer bescheidenen Cafeteria-Bar in der Nähe des Zugangs ist der Sandstreifen völlig unberührt und wartet mit ruhigem, sauberem Wasser auf. Er dient auch als **Schildkrötengelege** und ist einer der wenigen verbliebenen Nistplätze für Karett- und Grüne Meeresschildkröten. Aus diesem Grund sind Liegen und Sonnenschirme nicht erlaubt. In den Meereshöhlen rund um die Halbinsel leben Mönchsrobben.

Zum Strand führt eine unbefestigte Straße, die bei trockenem Wetter auch ein Auto mit Zweiradantrieb befahren kann. Man sollte allerdings beim Parken aufpassen, dass man nicht im Sand stecken bleibt. Autovermietungen weisen zum Teil extra darauf hin, dass man nicht außerhalb befestigter Straßen fahren soll. Wer unsicher ist, leiht sich einen Geländewagen oder bucht eine Tour.

Wer nicht unbedingt nach Agios Georgios zurückwill, kann die ausgeschilderte Asphaltstraße nach **Ineia** (8 km) nehmen, die in der Nähe des Eingangs zum Lara Restaurant beginnt und sich durch kiefernbewachsene Hügel sowie Täler windet.

Zum **Agios-Georgios-Strand** gelangt man über eine Straße von Polis (über Pegeia) oder Pafos (über die Korallenbucht) aus. Der 100 m lange Strand aus Sand und Felsen hat einen einfachen Hafen, aber keinen Schatten. Immerhin werden hier Sonnenschirme und Liegen vermietet. Es gibt eine einfache Strandbar und oben auf den Klippen befindet sich eines der beliebtesten Restaurants der Region, **Saint George's Fish Tavern** (☎ 2662 1888; Agios Georgios; Hauptgerichte 13 €; ⏰ 9–23 Uhr). Weil das Lokal gleich über dem Hafen liegt, ist der Fisch der beste der Gegend – so gut, dass er nur gegrillt mit etwas Olivenöl und Zitrone serviert wird. Ebenso großartig schmecken Tintenfisch und Kalmar. Am Wochenende wird es voll, und obwohl die Terrasse sehr groß ist, muss man möglicherweise warten – dabei lässt sich der Blick aufs Meer genießen. Die Besitzer vermieten überdies ein paar Zimmer.

Das angrenzende große offene Gelände lockt bei Sonnenuntergang Romantiker an, außerdem bietet ein kleiner Markt Keramik und Feinkostprodukte. In der Nähe gibt's zudem eine bescheidene archäologische Stätte, die die Ruinen einer Basilika aus dem 6. Jh. mit teilweise erhaltenem Mosaikboden sowie einige Felsengräber aus der römischen Zeit umfasst. Die Öffnungszeiten sind Glückssache.

Dhrousia, Kritou Terra & Umgebung

390 & 90 EW.

Wer die Akamas-Höhen erklommen hat, kommt zu mehreren Weilern mit kühlem Klima, die guten Wein anbauen und wahrhaft malerisch sind – eine alternative Ausgangsbasis für Besucher, die die turbulente Küste weiter südlich meiden wollen.

Besonders hübsch sind die Dörfer **Dhrousia** und **Kritou Terra** mit ihren guten Unterkünften, Lokalen und Bars. Hier kann man sich wunderbar zurücklehnen und den Dorfalltag auf sich wirken lassen.

Ersteres ist ein Dorf mit gewundenen Straßen, in dem schnauzbärtige Männer vor dem *kafeneio* (Kaffehaus) sitzen, erhabene Feigenbäume stehen und gelegentlich Esel auf dem Kopfsteinpflaster spazieren gehen. Erfreulicherweise kann das neuere moderne Hotel, das stolz am Dorfrand thront, der untouristischen Idylle wenig anhaben.

Kritou Terra liegt etwas östlich von Dhrousia und ist ein urtümlicher Weiler mit einigen prächtigen traditionellen Häusern, die von ihren Besitzern geschmackvoll renoviert wurden; manche hat man in außerordentlich stimmungsvolle Unterkünfte verwandelt. Bei der spätbyzantinischen Kirche Agia Ekaterini am südlichen Ende des Dorfes lohnt es sich, die Kamera zu zücken.

Nicht weit von Dhrousia und Kritou Terra locken drei weitere Dörfer, das unberührte **Inia** (350 Ew.), **Miliou** (60 Ew.) und **Goudi** (160 Ew.), die ebenfalls Übernachtungsmöglichkeiten bieten.

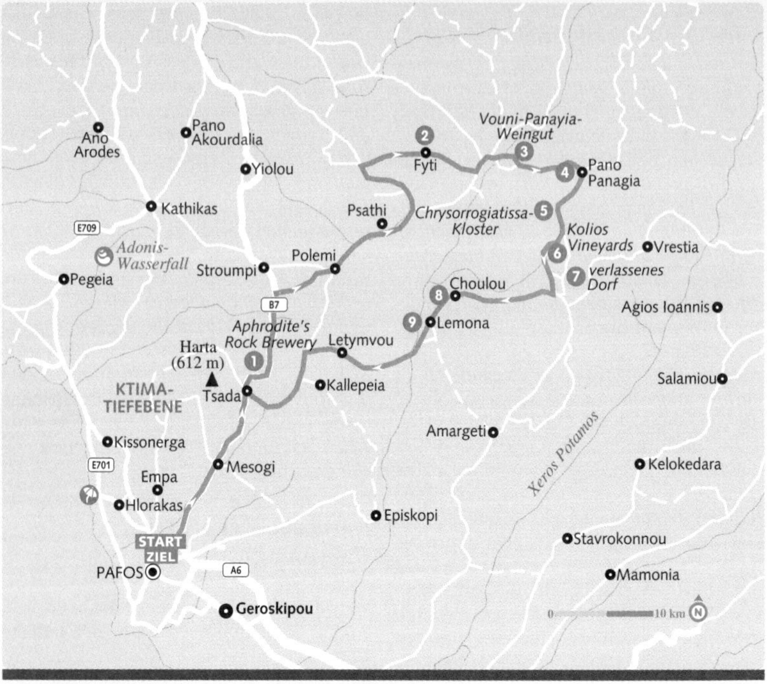

Spritztour
Weingüter, Webkunst & verlassene Dörfer

START PAFOS
ZIEL PAFOS
LÄNGE 86 KM
DAUER 4–6 STD.

Von Pafos nimmt man die B7 nach Norden Richtung Polis. Nach ca. 14 km führt ein Schild zur kleinen Brauerei 1 **Aphrodite's Rock Brewery**, wo man Bier probieren und kaufen kann. Nach weiteren 3 km gelangt man nach Fyti an der hübschen Landstraße E703, die sich durch Weinberge und Obstgärten schlängelt. Hat man Polemi und Psathi passiert, geht's an einer beschilderten Kreuzung nach links Richtung 2 **Fyti**. Einfach an der Kirche parken und nach einer Pause in der Dorftaverne, auch als Maria's Place bekannt, sowie einem Besuch im Museum für Volkskunst und Weberei auf der F725 über Kritou Marottous und Asprogia weiter nach Pano Panagia fahren. Die Gegend mit ihren Weingütern, Zitrushainen und den Bergen in der Ferne ist umwerfend schön.

Unterwegs hält man Ausschau nach dem Schild zum 3 **Vouni-Panayia-Weingut** und macht Halt für eine Weinverkostung, z. B. den trockenen Rotwein Barba Yiannis. In 4 **Pano Panagia**, Geburtsort des Erzbischofs Makarios (S. 103), besucht man dessen Elternhaus, ein typischer Bauernhof mit nur zwei Räumen.

Auf der F622 verlässt man den Ort Richtung Süden und besichtigt das gut ausgeschilderte 5 **Chrysorrogiatissa-Kloster**. Beim Mittagsmahl auf der Terrasse genießt man die herrliche Aussicht. Nur ein paar Kilometer entfernt bietet 6 **Kolios Vineyards**, ein weiteres exzellentes Weingut, kostenlose Verkostungen. Der Shiraz wird hoch geschätzt. Nun folgt man den Schildern zur E702 und nach Choulou. Nach ca. 3 km taucht ein 7 **verlassenes Dorf** auf; seit einem Erdbeben 1969 leben dort nur ein paar Bewohner, ein Esel und einige Ziegen.

In 8 **Choulou** bewundert man die schlichte, weiß getünchte Moschee (vor 1974 war dies ein türkisches Dorf) und trinkt in der traditionellen Antoyaneta Taverna einen Kaffee. Letzter Halt auf der Rundtour ist das Dorf 9 **Lemona** mit der hervorragenden Mikrowinzerei Tsangarides. Auf der B7 gelangt man über Letymvou und Tsada zurück nach Pafos.

Sehenswertes

Kouyiouka-Wassermühle HISTORISCHES GEBÄUDE
(☎2663 2847; kouyiouka@cytanet.com.cy; Gioulou; 7.30–17 Uhr) GRATIS Die 200 Jahre alte, denkmalgeschützte Wassermühle 7 km südlich von Goudi an der B7 wurde wunderschön renoviert und beherbergt heute ein Museum, ein Café und eine traditionelle Bäckerei. Das Museum stellt die traditionellen, historischen Utensilien aus, die für das Herstellen von Brot gebraucht wurden, während die Bäckerei leckere, mit Haloumi belegte Brötchen verkauft. Genießen kann man diese bei einem Kaffee oder Bier mit Blick auf die vielen Obstbäume in der Umgebung.

Essen

Finikkas ZYPRISCH €€
(☎2633 2336; Dhrousia; Hauptgerichte 9–11 €, Meze 13 €; April–Sept. Di–Sa 12–21 Uhr;) Die beliebteste Taverne des Dorfes liegt an der Kreuzung im Zentrum. Im traditionellen Speiseraum kann man sich typische Gerichte wie gegrilltes Souvlaki, Lamm-Kebabs und großzügiges, fast schon an Völlerei grenzendes Meze mit 15 Speisen schmecken lassen.

Kathikas

335 EW.

Kathikas auf halbem Weg zwischen Pafos und Polis an der E 709 ist von Pafos aus leicht zu erreichen. Das Dorf wartet mit Weingärten und edlen Tropfen auf und beherbergt mehrere beliebte Restaurants. Hier steht auch eines der sogenannten Baumdenkmäler Zyperns: die Zypresse von Agios Nikolaos. Sie misst erstaunliche 14 m und hat mehr als 700 Jahre auf dem Buckel.

Essen & Ausgehen

★ **Imogen's Inn** ZYPRISCH €€
(☎2663 3269; Georgiou Kleanthous St; Meze 16,50 €, Pizza 6,50 €; Do–Di 10–15.30 Uhr) Für etwas Abwechslung auf dem Speiseplan sorgt das Imogen's am Dorfeingang, das an ein französisches Bistro erinnert. Der Garten erstreckt sich unter einem großen Feigenbaum und wird von Jazz- und Bluesklängen erfüllt. Auf jeden Fall das vegetarische Meze probieren!

Kürzlich eröffnete das Imogen's auf demselben Gelände eine kleine Pizzeria mit Imbiss. Alle Pizzas, einschließlich vier Belägen, kriegt man zu einem günstigen Preis.

Vasilikon WEINBAR
(☎2663 3999; www.vasilikon.com; Kathikas; 8–19 Uhr;) Das Weingut hat schon mehrere angesehene internationale Preise eingeheimst. 2014 wurde eine Weinbar eröffnet, deren Käse- und Wurstplatten für mehrere Personen man gemeinsam genießen kann, während man seine Blicke weit über die Weinberge schweifen lässt. Außerdem werden täglich von 8 bis 15 Uhr Gratis-Weinproben veranstaltet. Weingut und -bar sind direkt nach der Abzweigung nach Kathikas an der Straße nach Polis ausgeschildert.

Pano Akourdalia, Kato Akourdalia & Miliou

35, 30 & 60 EW.

Von Kathikas führt ein Umweg über die B 7 (der direkten Straße von Pafos nach Polis) zu diesen beiden malerischen Dörfern, in denen man übernachten oder auch nur für ein entspanntes Mittagsmahl halten kann.

Essen & Ausgehen

★ **Pagratios** ZYPRISCH €€
(☎7000 3757; Milou Square, Milou; Meze 17 €; Di–So 12–24 Uhr) Die urzyprische Taverne stammt aus den 1930er-Jahren und diente damals als hiesige Kaffeestube. Es gibt nur eine Handvoll Tische, deswegen muss man am Wochenende vorab reservieren. Das Pagratios ist bei Einheimischen und Besuchern gleichermaßen beliebt und serviert großartiges Meze.

Amarakos Inn ZYPRISCH €€
(☎2231 3374; Kato Akourdalia; Hauptgerichte 10 €; 11–22 Uhr;) Das Restaurant gehört zur Pension Amarakos Inn (S. 214). Hier können Gäste Gaumenfreuden wie Landwürste mit gebratenen Pilzen und *afelia* (in Rotwein gekochtes Schweinefleisch) genießen.

Avgas-Schlucht

Dieser enge Einschnitt in den Akamas-Höhen ist ein beliebtes Wanderziel. Über den Agios-Georgios-Strand gelangt man ans westliche Ende der Schlucht und kann dort fast direkt bis zum Eingang fahren. Mit tiefergelegten Wagen sollte man allerdings Vorsicht walten lassen! Die Wanderung zwischen hoch aufragenden Felswänden die schmale Klamm hinauf ist einfach und sehr schön. Normalerweise strömt mindestens bis Mai Wasser in der Schlucht und sorgt für eine üppige Vegetation entlang des Flusses

NICHT VERSÄUMEN

VIKLARI

Viklari (Last Castle; ☎2699 6088; Hauptgerichte 12 €; ⏲13.30–16 Uhr; 👪) Wer kein Picknick mitgebracht hat, bekommt in der Nähe des Eingangs zur Avgas-Schlucht bei Viklari, besser bekannt als Last Castle, hervorragendes Essen. Für 12 € gibt's herrliches gegrilltes *kleftiko* mit Salat und einer gebackenen Kartoffel. Gegessen wird an schweren Steintischen unter Weinreben, umgeben von „Skulpturen" aus versteinertem Holz, liebevoll gehegten Topfpflanzen und einem Garten.

Seit 1989 begrüßt der Besitzer Savvas Symeou hier Gäste und verköstigt hungrige Wanderer. Von der Küstenstraße führen Schilder zum „Last Castle". Die Aussichten auf Zitrus- und Bananenhaine, die sich bis zum Meer ziehen, sind fantastisch.

(auf Laubfrösche achten). Für eine Strecke benötigt man höchstens 30 bis 40 Minuten, manche Wanderer kämpfen sich aber weiter den Steilhang hinauf, bis zum Dorf Ano Arodes (was nicht viel bringt, wenn das Auto am Eingang zur Schlucht steht).

AKAMAS-HALBINSEL

Zyperns westlicher Zipfel ragt fast trotzig ins Mittelmeer hinaus und ist eines der letzten wilden Gebiete der Insel. Die Akamas-Halbinsel lässt sich zu Fuß, mit dem Mountainbike oder in einem robusten Allradfahrzeug überqueren. Weniger Mutige können auch in eines der Tourboote steigen, die von Latsi, westlich von Polis, an der Küste entlangschippern. Man erreicht die Halbinsel von zwei Seiten: von Osten über Polis oder von Süden über das Dörfchen Agios Georgios. Die Verbindungswege zwischen diesen beiden Zugangspunkten sind wirklich sehr schlecht – vielleicht absichtlich, um Fahrzeuge abzuschrecken.

Größte Attraktion der Halbinsel ist ihre vielfältige Tier- und Pflanzenwelt. Diese verdankt sie ihrer besonderen Lage am östlichsten Punkt der drei großen Vegetationszonen Europas. Fast 600 Pflanzenarten wachsen hier, davon 35 endemische, die nur auf Zypern vorkommen. Außerdem leben in der Gegend 68 Vogel-, zwölf Säugetier- und 20 Reptilienarten sowie viele Schmetterlinge, darunter der einheimische *Glaucopsyche pafos*, das Symbol der Region.

Die einzige öffentliche Verkehrsverbindung in die Region ist der Bus von Polis zu den Bädern der Aphrodite.

Aktivitäten

Wandern

Die meisten Besucher schaffen sich einen Eindruck von der Akamas-Halbinsel, indem sie ein paar Stunden auf einer der folgenden Routen durch den nordöstlichen Teil wandern. Als Start- und Endpunkte dienen entweder die Bäder der Aphrodite oder der Picknickplatz Smigies, den man über eine unbefestigte Straße 2,5 km westlich von Neo Chorio erreicht.

An den Bädern der Aphrodite beginnen und enden die beiden beliebtesten Strecken. Sie sind länger als die von Smigies aus und bieten schönere Aussichten. Die erste ist der **Aphrodite-Wanderweg**, eine 7,5 km lange Rundtour von drei bis vier Stunden. Er führt zunächst von der Küste weg und bergab, was an einem heißen Tag sehr ermüdend sein kann, deshalb lohnt es sich, früh zu starten. Auf halber Strecke sieht man die Ruinen des **Pyrgos tis Rigainas** (Turm der Königin), der Teil eines byzantinischen Klosters war. Ganz in der Nähe steht eine riesige 100 Jahre alte Eiche. Danach geht's hinauf zum Gipfel des **Mouti tis Sotiras** (370 m). Von dort verläuft die Route Richtung Osten und hinunter auf den Küstenweg, der schließlich wieder am Parkplatz ankommt.

Die zweite, 3½ Stunden dauernde Strecke, der 7,5 km lange **Adonis-Wanderweg**, folgt der Aphrodite-Route bis zum Turm der Königin, wendet sich dann nach links (Richtung Süden) und verläuft in einer Schleife zurück zum Parkplatz. Am Ende muss man 400 m auf der Hauptstraße zwischen den Bädern der Aphrodite und Polis zurücklegen. Alternativ biegt man direkt hinter dem Dorf Kefalovrysi rechts (gen Süden) ab und geht zum Picknickplatz Smigies, muss aber dafür sorgen, dass man dort abgeholt wird.

Wasser gibt's sowohl am Turm der Königin als auch auf dem Adonis-Pfad in Kefalovrysi, im Hochsommer sollte man sich aber nicht darauf verlassen. Am schönsten sind die Wanderungen ohnehin im Frühling oder Herbst. Wer sie im auf Zypern extrem heißen Sommer vorhat, sollte bei Sonnenaufgang losgehen.

In der CTO-Broschüre *European Long Distance Path E4 and other Cyprus Nature Trails* werden beide Routen Schritt für Schritt und Pflanze für Pflanze beschrieben. Sie ist in den meisten Fremdenverkehrsbüros erhältlich. Zwei andere Rundwege (ebenfalls in der Broschüre aufgeführt) – der 2,5 oder 5 km lange **Smigies-Wanderweg** und der 3 km lange **Pissouromouttis-Wanderweg**, für den man 1½ Stunden benötigt – beginnen und enden am Picknickplatz Smigies. Beide bieten herrliche Aussichten auf die Chrysochou-Bucht im Nordwesten und die Küste der Akamas-Halbinsel im Westen.

Polis

1890 EW.

In ihren Augustferien kommen vor allem Zyprer nach Polis. Die Zahl der Reisegruppen, die mit Bussen von der Küste anreisen, ist allerdings gestiegen. Dennoch ist die kleine Stadt weiterhin attraktiv und bietet einen Strand, einen guten Campingplatz sowie einige ordentliche Hotels und Restaurants. Abgesehen von einer Ferienanlage, die vor einigen Jahren in Zentrumsnähe gebaut wurde, hat sich der Ort seine Ursprünglichkeit bewahrt. Darüber hinaus ist Polis eine ideale Ausgangsbasis für Wanderungen und Mountainbike-Touren in den Akamas-Höhen sowie für Ausflüge zu den hiesigen Weindörfern.

Polis liegt im Nordwesten Zyperns an der Chrysochou-Bucht, die sich in einem weiten Bogen vom Kap Arnaoutis an der Spitze der Akamas-Halbinsel bis zur wilden Tylliria-Gegend erstreckt.

Sehenswertes & Aktivitäten

Am **Hafen von Latsi** 2 km westlich von Polis gibt's zahlreiche Wassersportmöglichkeiten.

Archäologisches Museum MUSEUM
(Leoforos Archiepiskopou Makariou III; Eintritt 1 €; Mo–Mi & Fr 8–14, Do 8–18, Sa 9–17 Uhr) Hier sind u. a. Funde aus den nahe gelegenen Gräbern bei Marion und Arsinoe zu sehen. Ganz in der Nähe steht ein alter Olivenbaum, dessen Stamm fast in zwei Hälften gespalten ist, trotzdem bringt er auch nach 600 Jahren immer noch Früchte hervor.

Agios Andronikos KIRCHE
(Iouliou; 10–18 Uhr; P) Früher diente die Kirche aus dem 16. Jh. als Moschee und religiöses Zentrum der türkischen Zyprer. Kürzlich wurden einige schöne byzantinische Fresken freigelegt, die sich jahrzehntelang unter weißer Farbe verbargen. Das Gebäude liegt im westlichen Teil des Ortes und kann nur von Gruppen ab zehn Personen besucht werden. Den Schlüssel bekommt man im Archäologischen Museum.

Latsi Watersports Centre WASSERSPORT
(2632 2095; www.latchiwatersportscentre.com; Hafen von Latsi;) Tauchkurse (ab 75 €), Bootsverleih (ab 45 €), Parasailing (ab 48 €) und Windsurfen (mit Ausrüstungsverleih ab 28 € pro Std.)..

Ride in Cyprus REITEN
(9977 7624; www.rideincyprus.com; ab 30 €;) Dieses Unternehmen in Lysos, 12 km südöstlich von Polis an der Straße nach Stavros tis Psokas, organisiert einstündige Ausritte, Safaris mit Übernachtung und Tagesreittouren mit Picknick.

Strände

Die besten und von Polis aus leicht zu erreichenden Strände erstrecken sich auf der Ostseite von Latsi, 2 km weiter westlich. Dort findet man einen Mix aus Sand und Kieseln und ist ein wenig den Launen des Wetters ausgesetzt, doch die Gegend ist trotzdem recht beliebt und gut versorgt mit Restaurants.

Strand am Campingplatz STRAND
Der nächstgelegene Strand ist ziemlich gut und sehr praktisch, wenn man nicht weit von Polis weg will und Lust auf ein Picknick oder aufs Zelten hat. Duftende Eukalyptusbäume beschatten den Sandstreifen. Vor Ort gibt's ein Restaurant und Rettungsschwimmer.

Strand am Aphrodite Beach Hotel STRAND
() Dieser hübsche, friedliche Strand ist auf dem Weg zu den Bädern der Aphrodite deutlich ausgeschildert. Mit seinem zum Schwimmen geeigneten klaren Wasser und den angenehm kleinen Kieseln eignet er sich wunderbar für Kinder.

Geführte Touren

Wheelie Cyprus RADTOUREN
(9935 0898; www.wheeliecyprus.com; ab 65 €;) Organisiert Radtouren auf wenig bekannten Wegen in der ganzen Gegend. Der Preis beinhaltet ein hochwertiges Mietfahrrad, die gesamte Ausrüstung und die Abholung vom Hotel. Online buchen.

Polis

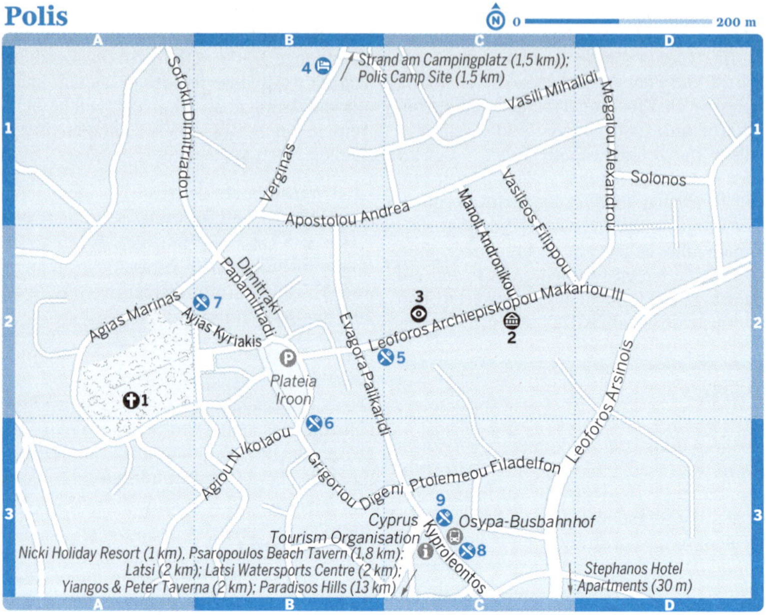

Polis

Sehenswertes
1 Agios Andronikos A2
2 Archäologisches Museum C2
3 Olivenbaum C2

Schlafen
4 Bougainvillea Hotel Apartments B1

Essen
5 Archontariki Restaurant-Tavern C2
6 Arsinoe Fish Tavern B3
7 Kivotis Art Cafe B2
8 Mosfilo's Tavern C3
9 Old Town Restaurant C3

Feste & Events

Sommernächte MUSIK
Auf der Plateia Iroon (Rathausplatz) finden im Sommer verschiedene kostenlose Konzerte statt, die von traditionellen Tanz-, Musik- und Folkloreveranstaltungen bis zu klassischer Musik und Jazz reichen.

Essen & Ausgehen

In Polis gibt's jede Menge Restaurants und Bars.

★ **Kivotis Art Cafe** CAFÉ €
(☎ 9955 5183; Ayias Kyriakis; Waffeln 4,50 €, Kuchen 2,80 €; ⏲ 10–18 Uhr; 👪) Die schattige Oase ist ein Gegenentwurf zu den wenig atmosphärischen, auf Reisegruppen ausgerichteten Cafés entlang der Straße. Für einladende Ungezwungenheit sorgen eine große Terrasse mit bunt zusammengewürfelten Möbeln, skurrile Skulpturen und Regale mit Brettspielen und Büchern. Zu den leckeren Spezialitäten gehören hausgemachte Kuchen, Eis und Waffeln, zudem gibt's leichte Gerichte.

★ **Psaropoulos Beach Tavern** FISCH & MEERESFRÜCHTE €€
(☎ 2632 1089; Polis-Latsi Rd; Fisch-Meze 17,50 €; ⏲ 10–23 Uhr; 👪) Eine exzellente Adresse für Meze mit Meeresfrüchten und Fisch. Der Familienbetrieb punktet mit großartiger Atmosphäre, ist bei Einheimischen sehr beliebt und liegt direkt am Strand. Die Köstlichkeiten aus dem Meer könnten frischer nicht sein und auch Kinder werden sich hier sehr wohl fühlen. Das Lokal liegt an der Straße nach Latsi; einfach dem Schild rechter Hand, rund 1 km nach der Kreuzung von Polis, folgen.

Mosfilo's Tavern ZYPRISCH €€
(Kyproleontos; Hauptgerichte 8 €; ⏲ Di–Sa 12–22 Uhr; 👪) Mit ihren hohen Decken, originalen Fliesen und Säulen sowie der Galerie

historischer Fotos von Polis verströmt diese Taverne ein sehr traditionelles Ambiente. Auf der Karte stehen Klassiker wie Spinat mit Lammfleisch und Brathühnchen. Leider ist die Lage gegenüber der Tankstelle an der Hauptstraße B7 nach Pafos ästhetisch weniger ansprechend.

Archontariki Restaurant-Tavern ZYPRISCH €€
(☎2632 1328; www.archontariki.com.cy; Leoforos Archiepiskopou Makariou III 14; Hauptgerichte 11 €; ⏱Di–So 18–23 Uhr) In der beliebten, traditionellen Taverne kommt man in den Genuss eines aufmerksamen Services und erstklassiger Speisen. Für ein Abendessen empfehlen wir z. B. das mit Halloumi und Pilzen gefüllte Hühnchen oder *kathisto* (Tintenfisch in Wein und Oregano gekocht). Freitags gibt's Livemusik. Man sollte vorab reservieren.

Arsinoe Fish Tavern FISCH & MEERESFRÜCHTE €€
(Grigoriou Digeni; Fisch-Meze 14 €; ⏱18–23 Uhr) Für die Einheimischen gehört der frische Fisch, den der stimmungsvolle, traditionelle Familienbetrieb serviert, zum besten der Stadt. Empfehlenswert ist vor allem das saftige Fisch-Meze.

Old Town Restaurant MODERNE ZYPRISCHE KÜCHE €€€
(☎9963 2781; www.facebook.com/oldtownpolis; Kyproleontos 9; Hauptgerichte 16 €; ⏱Di–So 19–23 Uhr) Dieses intime, entspannte Restaurant hat einen abgeschiedenen grünen Garten und einen Speiseraum mit freigelegtem Mauerwerk, frischen weißen Tischtüchern und Regalen voller Wein und Pflanzen. Die Karte ändert sich je nach Jahreszeit, doch meist locken Gerichte wie Kaninchen-*stifado* mit Wildpilzen und Wacholderbeeren, knusprige Entenfrühlingsrollen mit Honig und Chili oder Garnelenpasta. Vorab reservieren.

Yiangos & Peter Taverna FISCH & MEERESFRÜCHTE €€€
(Leoforos, Latsi; Hauptgerichte ab 12 €; ⏱8.30–23 Uhr) Das alteingesessene, beliebte Fischlokal wurde 1939 eröffnet und gehörte damit zu den ersten seiner Art vor Ort. Es liegt neben dem Hafeneingang und verfügt über eine große Terrasse. Die meisten Fische (aber nicht alle) werden am selben Tag gefangen.

☆ Unterhaltung

Die CTO informiert über Veranstaltungen. Im Eukalyptionas (Eukalyptushain) am Campingplatz finden oft Konzerte mit namhaften griechischen Künstlern statt. An warmen Sommerabenden können diese Open-Air-Veranstaltungen geradezu magisch sein. Karten kosten zwischen 10 und 20 €.

ℹ Praktische Informationen

Cyprus Tourism Organisation (CTO; www.visitcyprus.org.cy; Vasileos Stasioikou 2; ⏱So–Di, Do & Fr 9–13 & 14.30–17.30, Sa 9–13 Uhr) Büro in sehr zentraler Lage.

ℹ Anreise & Unterwegs vor Ort

Pafos Buses (www.pafosbuses.com) bietet tägliche Verbindungen vom Karavella-Busbahnhof in Ktima nach Polis und zurück. Vom Osypa-Busbahnhof in Polis verkehren alle Busse.

Bäder der Aphrodite (Bus 622; 30 Min.; 1,50 €; Mo–Fr 6–12 & 15–18 Uhr stdl., Sa & So 7-mal tgl.)

Latsi (Bus 623; 20 Min.; 1,50 €; 2-mal tgl.)

Pafos (Bus 645; 1 Std.; 1,50 €; Mo–Fr bis zu 11-mal tgl., Sa & So 5-mal tgl.)

Pomos Bus 643A; 1 Std., 1,50 €. 3-mal tgl. an Wochentagen, 2-mal tgl. am Wochenende

Bäder der Aphrodite

Der Mythos um diese kühle Höhle mit den Bädern der Aphrodite (Loutra tis Afroditis) ist eine tolle Werbung. Die Göttin der Liebe und Schutzpatronin Zyperns entstieg auf der Insel nackt dem Schaum und hat einen Kult ausgelöst, der bis heute anhält. Laut der Legende kam sie an diesen abgeschiedenen Ort, um ein Bad zu nehmen, nachdem sie ihre Liebhaber unterhalten hatte.

Zu den Bädern fließt ein steter Besucherstrom, allerdings erwarten wahrscheinlich viele Traveller mehr, als sie vorfinden. Obwohl die von Feigenbäumen umringte Grotte, aus der das Plätschern fließenden Wassers klingt, ein schönes, kühles Fleckchen ist, kommt die Umgebung nicht annähernd so luxuriös daher, wie man sich das bei einer Göttin mit derart amouröser Macht vorstellt. Immerhin gibt's einen hübschen botanischen Garten um die Grotte mit beschilderten Pflanzen und Bäumen, darunter Johannisbrotbäume, Roter Eukalyptus und nicht ganz so exotischer Löwenzahn.

Die Bäder liegen 11 km westlich von Polis an einer Asphaltstraße. Vom Parkplatz und dem benachbarten Souvenirladen führt ein 200 m langer markierter Pfad zur Höhle. Schwimmen ist verboten.

An der Grotte beginnen mehrere Wanderwege.

TYLLIRIA

Wer unberührte, friedliche Natur liebt, sollte nach Tylliria kommen. In der dünn besiedelten, bewaldeten Gegend gibt's ein paar vereinzelte Strandresorts zwischen der Chrysochou- und Morfou-Bucht. Es lohnt sich auf jeden Fall, die hiesige Wildnis zu erleben, und sei es auch nur für ein paar Tage.

Die einzige öffentliche Verkehrsverbindung ist der Bus, der von Pomos nach Polis fährt.

Pomos

570 EW.

Nach und nach wird die Küstenstraße von Polis in Richtung Tylliria immer malerischer, doch ihre ganze Schönheit entfaltet die Gegend hinter Pomos, nach 19 km das erste Dorf auf der Strecke. Dies ist fruchtbares Ackerland mit Olivenbäumen, Zitrushainen und ganz wenig Bebauung.

Sehenswertes

Naturkundemuseum MUSEUM

(Eintritt 1 €; Mo–Fr 7.30–14.30, Mi 7.30–16, Sa 8–13 Uhr; P) Das an der Hauptstraße ausgeschilderte Museum ist eine ganz unerwartete Attraktion. In zwei großen Galerien zeigt es endemische Tiere und Pflanzen Zyperns sowie eine kleine Ausstellung von Steinen und Mineralien. Tierpräparatoren mögen von einigen der mottenzerfressenen Exponate wenig beeindruckt sein, doch die umfangreiche Sammlung bietet auch manche Überraschungen, z. B. Pelikane, ein Mufflon, eine große Karettschildkröte und einen urtümlich wirkenden Geier der Spezies *gyps fulvos* – sie alle sind in Zypern heimisch.

Interessant ist auch das Foto eines Flusspferdskeletts, das in Höhlen bei Akrotiri zusammen mit dem Skelett eines Zwergelefanten gefunden wurde; beide stammen aus der Jungsteinzeit.

Essen

★ Kanali Fish Restaurant FISCH & MEERESFRÜCHTE €€

(Hafen von Pomos; Hauptgerichte ab 12 €; 10–22 Uhr) Glanzstück dieses Restaurants ist die Terrasse mit ihrer atemberaubenden Aussicht auf die türkisfarbene Bucht, den kleinen modernisierten Hafen und die bewaldeten Berge in der Ferne. Romantiker sollten sich den Sonnenuntergang hier nicht entgehen lassen. Die Küche hat sich auf frischen Fisch spezialisiert, darunter Wolfsbarsch, Brasse, Red Snapper und Rotbarbe, der mit hausgemachten Pommes Frites serviert wird.

Die Desserts – ebenfalls hausgemacht – sind auch lecker; empfehlenswert ist der wunderbar saftige Karottenkuchen, wenn er gerade im Angebot ist. Das Kanali ist vom Ortszentrum aus gut ausgeschildert und befindet sich über dem kleinen Hafen.

Sea Cave FISCH & MEERESFRÜCHTE €€

(Hauptgerichte ab 8 €; April–Sept. 12–23 Uhr;) Das solide, legere Restaurant liegt an der Küstenstraße hinter der Stadt. Die klassischen Fischgerichte – mit Schwerpunkt auf dem Fang des Tages – schmecken auf der Terrasse unter Granatapfelbäumen besonders gut.

Pachyammos

Pachyammos liegt 5 km östlich von Pomos an einem hübschen, von bunten Oleanderbüschen gesäumten Straßenabschnitt. Sein Name bedeutet „breiter Sand" – und tatsächlich ist der Strand breit und zieht sich um eine weite Bucht bis zu den Wachtürmen der Uno am Ortseingang von Kokkina, einer türkisch-zyprischen Enklave.

Der Uferstreifen besteht aus dunklem Sand und hat keinen Schatten, doch man kann hier gut schwimmen. Vor Ort gibt's keinerlei Einrichtungen, aber dafür findet man im Dorf ein, zwei Lokale an der Hauptdurchgangsstraße.

Kokkina (Erenköy)

Tylliria hatte sehr darunter zu leiden, dass nach der türkischen Invasion 1974 ein Teil der Region vom restlichen Zypern abgetrennt wurde. Seitdem ist die kleine türkisch-zyprische Enklave, die auf Griechisch Kokkina und auf Türkisch Erenköy heißt, von griechisch-zyprischem Gebiet umgeben. Auf keinen Fall sollte man von der Straße abfahren und versuchen, einen Blick auf den Ort zu werfen, denn er versteckt sich hinter Bergen und wird von mehreren Wachtürmen der Uno sowie der griechisch-zyprischen Armee bewacht. Schilder verbieten das Fotografieren.

Kato Pyrgos

1135 EW.

Dieser abgeschiedene Strand erstreckt sich so weit abseits vom Weg, wie es in der Republik Zypern nur möglich ist. Trotzdem kommen im Sommer regelmäßig Zyprer her, um die entspannte Atmosphäre zu genießen. Von Palmen gesäumte Promenaden und weißen Sand gibt's nicht, Kato Pyrgos wirkt eher ein bisschen schäbig und altmodisch. Doch gerade das zieht viele Einheimische an, die der grassierenden Kommerzialisierung in den beliebteren Strandorten entfliehen wollen. Seit vor Ort 2010 die Grenze geöffnet wurde, strömen noch mehr Besucher herbei, die auf dem Weg in den Norden eine Pause einlegen.

Das lebhafte Dorf zieht sich um eine breite Bucht, die von der Kokkino-Spitze bis zu der Stelle verläuft, wo die Grüne Linie auf das Meer trifft. Das regelmäßige Brummen der Uno-Helikopter, die vom bzw. zum nahe gelegenen Stützpunkt fliegen, ist ein Indiz für die Nähe der Grenze. An einigen Stellen der Bucht kann man baden. Der beliebteste Fleck scheint am östlichen Ende nahe der Grünen Linie zu sein; hier befindet sich auch der hübscheste Teil des Weilers mit einer belaubten Hauptstraße und einigen traditionellen Kaffeehäusern.

Kato Pyrgos wartet mit mehreren Bars und Tavernen auf. Die besten Lokale findet man unten am Strand am westlichen Stadtrand. Sie sind – erwartungsgemäß – auf Fisch und Meeresfrüchte spezialisiert und etwa von Ostern bis Oktober geöffnet.

Psokas

Kato Pyrgos und Pachyammos sind gute Ausgangspunkte für Ausflüge ins Hinterland von Tylliria, z. B. ins bewaldete Naturschutzgebiet **Stavros tis Psokas**, das man auch von Pafos (51 km) aus über eine malerische, großenteils unasphaltierte Straße erreicht. Der riesige Picknickplatz ist eine Forststation und sorgt für den Brandschutz im Wald von Pafos. Zyprische Naturfreunde kommen her, um zu wandern und den Frieden zu genießen. Leider wird es im Sommer oft ziemlich voll. In einem kleinen Gehege, das vom Hauptparkplatz ausgeschildert ist, erhaschen Besucher vielleicht einen Blick auf das seltene und bedrohte Zypern-Mufflon. Weil die Tiere ziemlich scheu reagieren, wenn sich Menschen nähern, sollte man sich aber ruhig verhalten und langsam bewegen.

An der Forststation beginnen mehrere Rundrouten. Der 5 km lange **Horteri-Wanderweg**, für den man drei Stunden benötigt, führt um die Ostseite des Stavros-Tals. Er beginnt am Platanoudkia-Brunnen, etwa auf halber Strecke auf der Zufahrtsstraße zur Forststation, die bei Selladi tou Stavrou (Stavros-Sattel) von der Hauptstraße abzweigt. Es geht häufig bergauf, was bei sommerlicher Hitze ziemlich anstrengend werden kann, deshalb empfiehlt sich ein früher Aufbruch.

DER APHRODITE-KULT

Zypern ist unauslöschlich verbunden mit der antiken Verehrung von Aphrodite (in der römischen Mythologie Venus). Diese war vor allem als griechische Göttin der Liebe, sinnlichen Begierde und Schönheit bekannt, wurde aber auch als Kriegsgöttin angebetet, besonders in Sparta und Theben. Viele Prostituierte betrachteten sie als ihre Schutzgöttin, doch der öffentliche Kult war in der Regel feierlich und ernst.

Vermutlich leitet sich der Name Aphrodite vom griechischen Wort *afros* ab, das Schaum bedeutet. Einer zyprischen Legende nach stieg die Göttin vor der Südküste Zyperns aus dem Meer. Geboren wurde sie aus weißem Schaum, der aus den abgetrennten Genitalien von Uranus (Himmel) entstand, nachdem sein Sohn Kronos (der Vater von Zeus, dem König der griechischen Götter) diese ins Meer geworfen hatte. Auf der griechischen Insel Kythira gibt's eine ähnliche Legende: Dort glauben die Bewohner, dass ein riesiger Stein vor dem Hafen Kapsali an der Südküste die Stelle markiert, an der Aphrodite erschien.

Obwohl eine Göttin, hatte Aphrodite ein Faible für sterbliche Liebhaber. Als berühmteste gelten Anchises (der Vater von Aphrodites Sohn Aeneas) und Adonis (der von einem Eber getötet wurde und dessen Tod beim Fest des Adonis von den Frauen beklagt wurde).

Wichtigste Zentren des Aphrodite-Kults auf Zypern waren Pafos und Amathus. Zu ihren Symbolen gehörten die Taube, der Schwan, Granatäpfel und Myrte.

In der griechischen Kunst wird Aphrodite als nackte Göttin dargestellt. Der antike griechische Bildhauer Praxiteles schuf eine berühmte Skulptur, die später als Modell für die hellenistische Statue diente und als *Venus von Milo* Bekanntheit erlangte.

ABSTECHER

FYTI

Das malerische Dorf Fyti, das man von Pano Panagia oder Pafos leicht erreicht, ist für seinen charakteristischen Webstil bekannt, der über Generationen weitergegeben wurde. Am besten parkt man vor der Kirche und startet mit einem Snack oder Mittagessen in der einladenden **Dorftaverne** (Maria's Place; Hauptgerichte 8–10 €, Meze 13 €; ⏲7–16 Uhr), dem beliebtesten Treffpunkt der Einwohner (inklusive des örtlichen Priesters). Zu den hier servierten Leckerbissen zählen Zucchini mit Eiern, Couscous mit Joghurt und ein ausgezeichnetes Meze für 13 €. Im Speiseraum dominieren Holzbalken und Steinbogen, außerdem schmücken Muster lokalen handgewebten Tuches die Wände. Am schönsten ist es aber auf der schattigen Terrasse.

Anschließend schlendert man über den Platz zum **Museum für Volkskunst und Weberei** (⏲8–13 & 14–17 Uhr), wo einem der ehemalige Lehrer Charalambo die Ausstellungsstücke erklärt, die von lebenden Seidenraupen in ihrem Bett aus Maulbeerblättern bis zu jahrhundertealten Eselssätteln und bäuerlichen Werkzeugen reichen. Seine fröhliche Frau Theano kreiert derweil am Webstuhl kunstvoll gemusterte Seiden- und Baumwollstoffe. Auch interessante historische Fotos sind zu sehen, darunter einige von Kamelen, die bis in die späten 1950er-Jahre als Packtiere genutzt wurden. Die handgewebten Stücke wie Kissenbezüge, Läufer und Taschen kann man erwerben – als Souvenir sollte man wenigstens ein besticktes Lesezeichen für 2 € mitnehmen. Wenn man nichts kauft, ist eine Spende gern gesehen.

Der **Selladi tou Stavrou**, ein 2,5 km langer, anderthalbstündiger Rundweg, verläuft um die Nordseite des Stavros-Tals. Am Stavros-Sattel (an der Kreuzung der Zufahrtstraße zur Forststation mit der Hauptstraße), dem deutlich markierten Startpunkt, geht's los. Eine längere Variante (7 km, 2½ Std.) folgt dieser Strecke entgegen dem Uhrzeigersinn und zweigt dann Richtung Süden zum Hubschrauberlandeplatz ab. Von dort kann man über einen Waldweg zurück zur Forststation wandern.

Mehr Infos zu den Wegen gibt's bei der CTO. Eine gute Quelle im Netz ist www.visitpafos.org.cy.

Um herzukommen, braucht man ein eigenes Fahrzeug. Bei Stavros tis Psokas erstreckt sich ein kleiner Campingplatz für maximal 60 Personen.

Kampos

430 EW.

Nur wenige Touristen besuchen Kampos, die einzige nennenswerte Ortschaft in Tylliria. Die Landschaft ist herrlich und nur wenige Ausländer verirren sich hierher.

Offiziell gehört Kampos zum Bereich des Kykkos-Klosters in Troodos, doch eigentlich liegt es am südlichen Rand der Tylliria-Wildnis. Bislang führt nur eine Straße aus dem Ort hinaus. Sie beginnt nördlich vom Dorf und endet nach nur 12 km an der Grünen Linie.

Dennoch ist dieser Teil von Tylliria dank der kürzlich fertiggestellten guten Asphaltstraße durch das Hinterland Tyllirias und den nördlichen Teil des riesigen Waldes von Pafos nicht mehr so isoliert wie früher. Sie verbindet das Kykkos-Kloster mit Pachyammos. Beim Fahren sollte man sich Zeit lassen, denn die Strecke ist zwar gut, aber sehr kurvenreich und ermüdend. In den meisten Karten wird sie noch als unbefestigt verzeichnet. Sie ist viel kürzer, aber auch schwieriger als die traditionelle Route von Südosten über Polis.

WESTLICHES TROODOS-GEBIRGE

Hauptattraktion der dünn besiedelten westlichen Ausläufer des Troodos-Gebirges sind einige charmante Dörfer, in denen alte Traditionen noch lebendig sind und der örtliche zyprische Dialekt noch ein bisschen schwerer zu verstehen ist. Wer von der Westküste ins Herz des Troodos-Gebirges will, kann inzwischen problemlos einer Mischung aus guten asphaltierten und unbefestigten Straßen in die Berge folgen. Die beste führt über das Dorf Pano Panagia zum Kykkos-Kloster.

Öffentliche Verkehrsmittel fahren selten bis gar nicht, darum benötigen Besucher entweder ein eigenes Fahrzeug oder sie schließen sich in Polis oder Pafos einer geführten Tour hierher an.

Pano Panagia

560 EW.

Dieses Dorf ist der Geburtsort von Makarios III., dem berühmten Erzbischof und Präsidenten der Insel. Auf der Hauptstraße gibt's ein paar Tavernen und Cafés, die Tagesausflügler mit recht durchschnittlichen und zudem überteuerten Snacks und Mahlzeiten versorgen.

Sehenswertes

Makarios-Kulturzentrum MUSEUM
(Eintritt 0,50 €; 9–13 & 14–17 Uhr) Ein Besuch dieses Museums lohnt sich ausschließlich für die ganz hartgesottenen Fans. Das Innere besteht aus nur einem einzigen Raum und zeigt Erinnerungsstücke aus dem politischen Leben von Makarios, darunter vor allem viele Fotos, aber auch sein Überzieher, seine Hausschuhe und sein Morgenmantel (aus dem berühmten Londoner Warenhaus Selfridges).

Elternhaus von Makarios BEDEUTENDES GEBÄUDE
(10–13 & 14–18 Uhr) GRATIS Das für eine Bauernfamilie recht große Gebäude ist das Elternhaus von Makarios. Hier werden weitere Fotos und Andenken aus seinen jungen Jahren gezeigt. Wenn das Gebäude geschlossen ist, kann man den Schlüssel im nahe gelegenen Kulturzentrum abholen.

Zederntal

In diesem kühlen Tal, dem Highlight des westlichen Troodos-Gebirges, gedeiht die ungewöhnliche endemische Zypern-Zeder (*Cedrus brevifolia*), eng verwandt mit der besser bekannten Libanon-Zeder. Man erreicht die Gegend über eine kurvenreiche, unbefestigte Forststraße von Pano Panagia auf der Pafos-Seite des Troodos-Gebirges oder über eine ausgeschilderte, ebenfalls unasphaltierte Straße vom Kykkos-Kloster her. Im Tal gibt's einen Picknickplatz und man kann den 2,5 km langen Weg zum Gipfel des **Tripylos** hochwandern.

Larnaka & der Osten

Inhalt ➡

Gut essen

- ➡ Art Cafe 1900 (S. 114)
- ➡ Voreas (S. 115)
- ➡ Militzis (S. 114)
- ➡ Karousos Beach (S. 125)
- ➡ La Cultura Del Gusto (S. 130)

Schön übernachten

- ➡ Hotel Opera (S. 215)
- ➡ Gabriel House (S. 216)
- ➡ Iosiphis House (S. 216)
- ➡ Alkisti City (S. 215)
- ➡ Golden Bay (S. 216)

Auf nach Larnaka und in den Osten

Zyperns Osten hat mehr zu bieten als Sonnenbäder und Sandburgen. Eine Wanderung entlang des Küstenweges von Kap Greco verspricht großartige Landschaften und bizarre Felsformationen, während die verschlungenen Straßen im Landesinneren durch verschlafene Dörfer an mit Wildfenchel gespickten Hängen entlangführen. Die neolithische Stätte von Choirokoitia zeugt von der frühesten menschlichen Besiedlung der Insel, Einblicke in die jüngere Geschichte wiederum bietet ein Besuch der freskengeschmückten byzantinischen Kirchen der Region.

Larnaka selbst ist eine entspannte Küstenstadt mit einer Handvoll exzellenter historischer Stätten und eine ideale Ausgangsbasis für Erkundungen des Umlands.

Die goldenen Sandstreifen locken die meisten Besucher an. Was Ferienorte betrifft, könnten das hedonistische Agia Napa und das familienfreundliche Protaras kaum gegensätzlicher sein, ihren Erfolg verdanken beide jedoch dem wunderschönen, entspannten Strandleben der Region. Und egal, für welchen Strand man sich entscheidet – enttäuscht wird man sicherlich nicht!

Reisezeit

➡ Zwischen Februar und März strömen bunte Scharen von Flamingos, Wasservögeln, Wildenten und anderen Zugvögeln zum alljährlichen Frühjahrsaufenthalt an den Salzsee von Larnaka und verwandeln das ruhige Gewässer in ein Paradies für Ornithologen.

➡ Das Kataklysmos-Fest in Larnaka im Juni zeigt auf eindrucksvolle Weise die Bedeutung von Tradition im modernen Zypern.

➡ Von Mai bis September locken hohe Temperaturen Besuchermassen an den Strand. Exzellente Sicht- und Wasserverhältnisse sorgen für ideale Bedingungen zum Tauchen und für die Erkundung des berühmten *Zenobia*-Wracks (S. 113).

➡ Im Juli und August gibt Agia Napas Vollgas und bietet Clubtouren bis in die Morgenstunden.

Highlights

❶ Das Strandleben an der Finikoudos-Promenade in **Larnaka** (S. 110) genießen und anschließend die wunderschöne byzantinische Kirche Agios Lazaros besichtigen, die dem auferstandenen Heiligen gewidmet ist.

❷ In den Kopfsteinpflastergassen von **Lefkara** (S. 121) nach der perfekten Spitzenarbeit suchen.

❸ Am **Nissi-Strand** (S. 124) ein mediterranes Strandparadies entdecken.

❹ Eine Wander- oder Radtour entlang dem eindrucksvollen **Kap Greco** (S. 127) mit vom Wasser geformten Felsbogen und Meereshöhlen.

❺ Das **Zenobia-Wrack** (S. 113), eines der bekanntesten Tauchwracks der Welt, erkunden.

❻ An der neolithischen Stätte von **Choirokoitia** (S. 119) in Zyperns Geschichte eintauchen.

❼ In der **Water World** (S. 124), Zyperns größtem Wasserpark, einen Kindertag einlegen.

LARNAKA

51 470 EW.

Larnaka ist durch seine Lage am Meer geprägt. Die lebendige breite Küstenpromenade, Finikoudes genannt, lockt Einheimische und Besucher gleichermaßen zu einem morgendlichen Kaffee, einem abendlichen Bier, einem sonnigen Strandbummel oder zu einem Spaziergang bei Sonnenuntergang an. Zahlreiche Restaurants, Cafés und Bars machen sie zum Dreh- und Angelpunkt des gesellschaftlichen Lebens und im Sommer drängen sich hier alljährlich jede Menge Urlauber.

Etwas weiter im Landesinneren zeigt sich die weniger touristische Seite Larnakas. Im modernen Zentrum wurde bewusst auf hohe Bauten verzichtet, es lebt den Gemeinschaftsgedanken und versprüht das Flair einer Arbeiterstadt. Das alte türkische Viertel Skala repräsentiert das Zypern vergangener Zeiten; in den weiß getünchten, charmant verfallenen Häusern halten Keramikwerkstätten Kunsthandwerktraditionen der Region am Leben.

Zwischen Zentrum und Skala stehen die wunderschöne byzantinische Kirche von Agios Lazaros und Larnakas kleine Festung. Beide werfen seit Jahrhunderten ein wachsames Auge auf die Stadt.

Geschichte

Larnaka hieß einst Kition und wurde im Zuge der mykenischen Expansion im 14. Jh. v. Chr. gegründet. Das in der späten Bronzezeit bedeutende griechische Stadtkönigtum florierte als Handelshafen durch den Export von Kupfer. Es überdauerte die Herrschaft der Phönizier und danach der Perser, blühte in der hellenistischen Zeit auf und übernahm sogar die phönizische Fruchtbarkeitsgöttin Astarte, die vielleicht eine Vorgängerin der zyprischen Schutzheiligen Aphrodite war.

In den Perserkriegen versuchte der Athener General Kimon 450 v. Chr., die Stadt von der persischen Herrschaft zu befreien. Er starb während der Belagerung, beschwor aber seine Kapitäne, sein Schicksal sowohl seinen Feinden als auch den Verbündeten zu verschweigen. Diese berühmte Begebenheit kennt man als *„Kai Nekros enika“* (Sogar beim Sterben war er noch siegreich!). Auf der Finikoudes ehrt ihn heute eine Statue.

Unter osmanischer Herrschaft zwischen dem 16. und 19. Jh. zog Larnaka Kaufleute, Würdenträger und ausländische Konsuln an. Viele von ihnen nahmen an der Amateurarchäologie der damaligen Zeit teil und ließen einen Großteil der hiesigen Artefakte verschwinden. Während der 88-jährigen britischen Verwaltung verlor der Ort an Bedeutung, da sich der Handel auf den Hafen in Lemesos verlagerte.

Larnaka

Highlights
1 Agios Lazaros ... B4
2 Archäologisches Museum der Pierides-Stiftung ... C2

Sehenswertes
Byzantinisches Museum ... (siehe 1)
3 Große Moschee ... C4
4 Archäologisches Museum ... B1
5 Fort ... C4
6 Städtisches Kulturzentrum ... C2
Grab von Lazarus ... (siehe 1)

Aktivitäten, Kurse & Touren
7 Larnaka City Cruisers ... C2

Schlafen
8 Alkisti City ... B4
9 Eleonora ... B2
10 Hotel Opera ... B4
11 Livadhiotis City ... B4
12 Petrou Bros ... B2
13 Sun Hall ... C2

Essen
14 Art Café 1900 ... C2
15 Chris' Kebab ... C6
16 Militzis ... C5
17 To Kafe ... B3

Ausgehen & Nachtleben
18 Brewery ... C3
19 Club Deep ... C3
20 Geometry ... B3
21 Savino's Rock Bar ... C4
22 Times ... C3

Unterhaltung
Savino Live ... (siehe 21)

Shoppen
23 Academic & General ... B2
24 Emira Pottery ... B5
25 Flamma Art Gallery ... C3
26 Fotinis Pottery ... C6
27 Handworks Handmade ... C4
28 Studio Ceramics ... C6

1974 zwang der Angriff der Türken auf Nordzypern Tausende griechischer Zyprer gen Süden nach Larnaka. Heute leben hier neben Armeniern, Libanesen, Pontos-Griechen und Palästinensern Zyprer und Europäer verschiedener Ethnien. Die wichtigste Einnahmequelle der Stadt ist der Tourismus.

Sehenswertes & Aktivitäten

★ Agios Lazaros KIRCHE

(www.ayioslazaros.org; Agiou Lazarou; ⏲ April–Aug. 8–12.30 & 15.30–18.30 Uhr, Sept.–März 8–12.30 & 14.30–17.30 Uhr) Diese Kirche aus

Larnaka

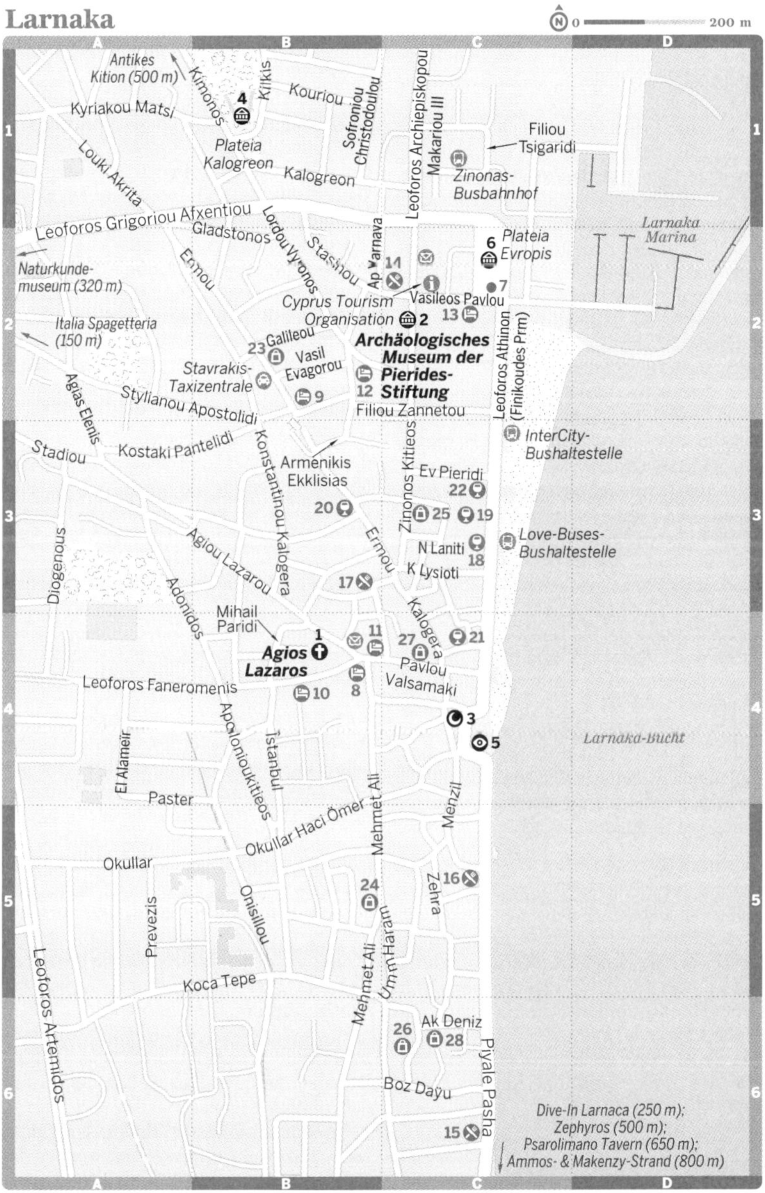

dem 9. Jh. ist Lazarus von Bethanien gewidmet, den Jesus vier Tage nach seinem Tod wiederauferstehen ließ. Die Kirche ist ein beeindruckendes Beispiel byzantinischer Architektur. Restaurierungsarbeiten im 17. Jh. versahen das Gebäude mit latinisierten und orthodoxen Elementen, die vor allem im Glockenturm zu erkennen sind. Diesen hatte man ersetzt, nachdem das ursprüngliche Gebäude von den Osmanen zerstört worden war. Der wunderschöne Innenraum weist einzigartige katholische Holzschnitzereien und fein gearbeitete vergoldete orthodoxe Ikonen auf.

Lazarus hat eine enge Verbindung zu Larnaka. Kurz nachdem er dank des wundersamen Eingreifens Christi von den Toten auferstanden war, musste er aus seiner Heimat fliehen. Sein Boot landete in Kition, wo er von den Aposteln Barnabas und Paulus zum Bischof geweiht wurde. Jenes Amt versah Lazarus 30 Jahre lang, und als er zum zweiten Mal starb, wurde er in einem versteckten Grab beigesetzt.

Im Jahr 890 entdeckte man seinen Sarkophag. Er trug die Inschrift „Lazarus, Freund von Christus". Der byzantinische Herrscher Leo VI. ließ Lazarus' sterbliche Überreste nach Konstantinopel bringen und errichtete die Kirche in ihrer heutigen Form über der Gruft, um die Christen vor Ort zu besänftigen. 1204 wurden seine Gebeine erneut verschifft, diesmal nach Marseille.

Das **Grab von Lazarus** befindet sich unter der Apsis der Agios Lazaros. Bei der Entdeckung des Gewölbes fand man angeblich mehrere Sarkophage, heute ist jedoch nur noch das leere Grab zu sehen. 1972 entdeckte man unter dem Altar menschliche Überreste. Manche glauben, dabei handele es sich um die Gebeine des hl. Lazarus, die vielleicht von Priestern versteckt wurden, um einem Diebstahl vorzubeugen.

Byzantinisches Museum — MUSEUM

(Agiou Lazarou; Eintritt 1 €; ⏲ Mo, Di, Do, Fr & So 8.30–13 & 15–17.30, Mi & Sa 8.30–13 Uhr) Ursprünglich wartete das auf dem Gelände der Agios Lazaros gelegene Museum mit zahlreichen unbezahlbaren Exponaten auf. Ein Großteil der Sammlung wurde jedoch in den 1960er-Jahren an das Archäologische Museum von Lemesos verliehen, das bei den religiösen Ausschreitungen geplündert wurde. Heute ist der Katalog der Originalstücke ausgestellt.

Das Museum bemühte sich intensiv um den Wiederaufbau der Sammlung und zeigt vielfältige Artefakte, Ikonen und kirchliche Gerätschaften; viele wurden von russisch-orthodoxen Klerikern gespendet.

★ Archäologisches Museum der Pierides-Stiftung — MUSEUM

(Zinonos Kitieos 4; Erw./Kind 3/1 €; ⏲ Mo–Do 9–16, Fr & Sa bis 13 Uhr) 1839 gründete Demetrios Pierides dieses Museum, um die Grabräuberei in der Region und den illegalen Handel mit wertvollen Artefakten aus der Gegend zu unterbinden.

Die Sammlung, die seine Nachkommen noch erweiterten, ist in der Familienvilla von 1825 untergebracht. Sie enthält Exponate aus ganz Zypern mit englischen Erläuterungen. Die sechs Räume sind chronologisch angeordnet und führen durch die Landesgeschichte.

Hier kann man z. B. neolithische Ausstellungsstücke wie die berühmte hohle Terrakottafigur von ca. 5500 v. Chr. bewundern. Gießt man Wasser in den Mund des sitzenden Mannes, kommt es durch seinen Penis wieder heraus. Archäologen sind sich nicht einig, ob die Figur eine religiöse Bedeutung hatte oder nicht.

Darüber hinaus reichen die Exponate von der mykenischen und achäischen Periode über die Eisenzeit, die römische Besetzung und die Zeit der byzantinischen Kreuzritter bis zu den Lusignan und der venezianischen und osmanischen Epoche.

Außerdem gehören zur Sammlung fein gearbeitete griechische und römische Glaswaren und exquisite Webarbeiten, Stickereien, Holzschnitzereien und traditionelle volkstümliche Trachten.

Fort — HISTORISCHE STÄTTE

(Leoforos Athinon; Eintritt 2,50 €; ⏲ Mo–Fr 9–19 Uhr) Das in der Lusignan-Zeit errichtete Fort am Meeresufer trennt die Finikoudes-Promenade vom alten türkischen Viertel. Es wurde um 1605 von den Osmanen umgestaltet.

Im Festungshof sind einige mittelalterliche Grabsteine und Kanonen zu sehen, oben von der Befestigungsmauer bieten sich zudem Blicke auf die Küste. Die Räume rechter Hand nach dem Betreten nutzten die Briten während ihrer Herrschaft über Zypern für Hinrichtungen.

Ein kleines, recht tristes **Mittelaltermuseum** zeigt in dem Raum im Obergeschoss Exponate aus der Hala Sultan Tekke und dem antiken Kition.

Im Sommer finden im Hof des Forts Konzerte und Kulturveranstaltungen statt, die auf der Finikoudes stark beworben werden.

Große Moschee MOSCHEE

(Büyük Camii; Agias Faneromenis) Die Moschee am Eingang zum türkischem Viertel mit seinem Labyrinth aus verschlafenen weiß getünchten Häuserzeilen ist der spirituelle Anlaufpunkt für Larnakas muslimische Bürger. Sie blieb unberührt, als sich die türkische Gemeinde 1974 auflöste, und wird heute vor allem von Muslimen aus Nordafrika besucht.

Ursprünglich im 16. Jh. als lateinische Heilig-Kreuz-Kirche errichtet, ist das Gebäude später zu einer Moschee umgewandelt worden. Ende des 19. Jhs. wurde das Bauwerk restauriert. Der zugehörige kleine Friedhof mit gotisch aussehenden Grabsteinen ist interessanter.

Archäologisches Museum MUSEUM

(Plateia Kalogreon; Eintritt 2,50 €; ⏲ Mo–Sa 9–17 Uhr) Larnakas archäologisches Museum liegt an der Aphrodite-Kulturroute und präsentiert eine umfangreiche Keramiksammlung aus der Zeit des alten Kition sowie ein rekonstruiertes **neolithisches Grab** aus Choirokoitia. Das Highlight der über fünf Räume verteilten Ausstellung sind die Votivfiguren aus Terrakotta.

Antikes Kition AUSGRABUNGSSTÄTTE

(Leoforos Arhiepiskopou Kyprianos; Eintritt 2,50 €; ⏲ April–Okt. Mo–Fr 8.30–17 Uhr, restliches Jahr kürzere Öffnungszeiten) Unter dem heutigen Larnaka liegen noch immer große Teile des alten Stadtkönigtums Kition. Was von dem antiken Ort freigelegt wurde, wird als Areal II bezeichnet und befindet sich 1 km nordwestlich des Zentrums. Wenn man den erhöhten Weg oberhalb der Überreste der gewaltigen Mauern nimmt, wirkt die Stätte recht karg. Am beeindruckendsten sind die Ruinen der fünf Tempel (aus dem 13. Jh. v. Chr.) und die Darstellungen von Schiffen an den Wänden des nahe gelegenen alten Hafens. Sie bestätigen, dass Kition von Seehandel treibenden Mykenern gegründet wurde.

Städtisches Kulturzentrum MUSEUM

(Leoforos Athinon, Plateia Evropis; ⏲ Di–Sa 9–12 Uhr) GRATIS Das Kulturzentrum besteht aus fünf benachbarten Warenhäusern aus der Kolonialzeit, die 1881 von den Briten errichtet wurden, und beherbergt gelegentlich Ausstellungen. Vor Ort zeigt zudem das **Städtische Kunstmuseum** alte und zeitgenössische Werke lokaler Künstler.

Naturkundemuseum MUSEUM

(Städtische Gärten, Leoforos Grigoriou Afxentiou; Eintritt 1,70 €; ⏲ Juni–Sept. Di–So 10–13 & 16–18 Uhr, Okt.–Mai Di–So 10–13 & 15–17 Uhr) In diesem Museum bekommt man eine tolle Einführung in die Naturgeschichte der Insel. Die Ausstellungsstücke stammen aus der Fauna und Flora, der Geologie, dem Unterwasserleben und der Insektenwelt. Vor Ort trifft man oft Schulgruppen. Kinder haben ihren Spaß, vor allem bei den Pelikanen, Flamingos, Pfauen und Makaken im Außenbereich des Museums. Im Garten gibt's auch einen kleinen Spielplatz.

NICHT VERSÄUMEN

DAS TÜRKISCHE VIERTEL

Türkisches Viertel (Skala) Ein Spaziergang durch das alte türkische Viertel Skala vermittelt einen Eindruck von Zyperns Vergangenheit. Den niedlichen, malerischen Stadtteil schmücken gedrungene Häuser mit abblätternder weißer Farbe, bunten Fensterläden und von Blumentöpfen umrahmten Türen. Die Straßenschilder sind noch immer auf Türkisch und erinnern an die gemischte Bevölkerung, die Larnaka bis 1974 prägte. Heute beleben einige Keramikwerkstätten das Viertel wieder und verleihen Skala ein gewisses Künstlerflair.

Dive-In Larnaca TAUCHEN

(☎ 2462 7469; www.dive-in.com.cy; Piyale Pasha 132; ⏲ 9–18 Uhr) Da das berühmte *Zenobia*-Wrack nur eine dreiminütige Bootsfahrt entfernt liegt, ist Larnaka das beste Tauchrevier Zyperns. Dieses Fünf-Sterne-PADI-Tauchzentrum verfügt über ein umfangreiches Angebot an technisch orientierten und unterhaltsamen Tauchsafaris und Kursen.

Alpha Divers TAUCHEN

(☎ 2464 7519; www.alpha-divers.com; Dhekalia, gegenüber dem Lordos Beach Hotel; ⏲ 9–18 Uhr) Sowohl für Anfänger als auch für Fortgeschrittene veranstaltet das Fünf-Sterne-PADI-Zentrum alle möglichen PADI-Tauchkurse sowie technische und auf Freizeitvergnügen ausgelegte Tauchausflüge zur *Zenobia*. Es befindet sich 10 km nördlich des Zentrums von Larnaka an der Dhekalia Road gegenüber dem großen Komplex des Lordos Beach Hotel.

Geführte Touren

Die Cyprus Tourist Organisation (CTO) bietet kostenlose Führungen an, die einen tollen Einblick in die Anlage der Stadt und ihre

ZU HEISS ZUM GEHEN?

Larnaka City Cruisers (☎ 9962 0749; Leoforos Athinon, Plateia Evropis; Tour 12 €) Die modernen Dreiräder werden von einem freundlichen Reiseveranstalter gestellt, der thematische Radtouren durch das Stadtzentrum sowie zu den Themen Kunsthandwerk und Geschichte anbietet (Letztere ist die beste). Auf jedem Ausflug hält man 20- bis 30-mal an und man kann sich umschauen. Die Guides versorgen einen eifrig mit Informationen.

Die rund einstündigen Touren sind eine tolle Art, die Stadt kennenzulernen. Los geht's an der Plateia Evropis auf der Finikoudes.

ereignisreiche Geschichte geben. „Larnaka – Its Past & Present" beginnt jeden Mittwoch um 10 Uhr an der Fremdenverkehrszentrale und führt u. a. zur Finikoudes-Promenade sowie zur Agios Lazaros und zum Pierides-Museum.

„Skala – Its Craftsmen" startet jeden Freitag um 10 Uhr am Fort. Sie führt durch die Altstadt mit ihren traditionellen getünchten Häusern, Balkonen und Bogen, außerdem in Töpfereien und Werkstätten in den Seitenstraßen.

Inklusive Pausen dauern die Rundgänge etwa zwei Stunden.

Feste & Events

Kataklysmos-Fest RELIGIÖSES FEST
Jedes Jahr im Juni findet 50 Tage nach dem orthodoxen Osterfest das Kataklysmos-Fest statt, das für die Hafenstadt Larnaka eine besondere Bedeutung hat. Kataklysmos heißt auf Griechisch „Flut" oder „Überschwemmung", gefeiert wird die Rettung Noahs aus der Sintflut.

Tagsüber gehören alle möglichen Spaß versprechenden Wassersportaktivitäten zum Programm, darunter Windsurfen, Kajakwettrennen und Schwimmwettbewerbe.

Abends locken auf der Küstenpromenade Freiluftkonzerte und an Basarständen wird alles Mögliche von Mais am Stiel bis hin zu kitschigem Klimbim verkauft.

Musiksonntage MUSIK
(⏲ Jan.–Mai & Nov.–Dez. So ab 11 Uhr) Auf der Seebühne an der Finikoudes gibt's an den Musiksonntagen Rock- und Jazzkonzerte, traditionelle Musik oder Tanzveranstaltungen. Wer auftritt, entnimmt man der kostenlosen im Buchhandel erhältlichen Broschüre namens *Larnaka This Month*.

Essen

Larnaka beherbergt zahlreiche Lokale, deren Bandbreite von Souvlakibars bis zu Gourmetrestaurants reicht. Viele liegen direkt an der Promenade Finikoudes oder nahebei, vereinzelte Geheimtipps in den Seitenstraßen. Die Zyprer essen reichlich zu Mittag und halten spät Siesta. Abendessen bekommt man meist ab 19 Uhr, doch oft ist in den guten Läden vor 22 Uhr nicht viel los.

To Kafe INTERNATIONAL €
(Nikolaou Rossou 1; Hauptgerichte 6–12 €; ⏲ 10.30–23 Uhr) Das niedliche kleine Café versteckt sich bei der Hauptstraße an der Küste und serviert exzellente hausgemachte Suppen, frische Salate und köstlichen Kuchen. An den Außentischen in einer engen Gasse abseits der Straße kann man wunderbar entspannen und einen kleinen Snack genießen.

Chris' Kebab FAST FOOD €
(Piyale Pasha; Hauptgerichte 4–6 €; ⏲ 12–22 Uhr) Die winzige Souvlakibar hat draußen nur wenige Tische. Wir empfehlen die zarte Hühnchen-Pita mit hausgemachter Tahinasoße. An windigen Tagen kann Gischt spritzen.

★ **Art Cafe 1900** ZYPRISCH €€
(☎ 2465 3027; Stasinou 6; Hauptgerichte 9–14 €; ⏲ 18.30–23 Uhr; 🖉) Kunstdrucke und Fotos an den Wänden sowie Regale voller Krimskrams machen das Art Cafe 1900 zu dem mit Abstand atmosphärischsten Lokal Larnakas. Die kleine Speisekarte umfasst zyprische Hausmannskost und eine anständige vegetarische Auswahl.

Italia Spagetteria ITALIENISCH €€
(Stylianou 1; Hauptgerichte 7–16 €; ⏲ Mo–Sa 12–15 & 18–23, So 18–23 Uhr; 🖉) In intimer Atmosphäre kommt hier eine umfangreiche Auswahl an günstiger, authentischer italienischer Küche (jede Menge Pasta, Pizza und Steaks) auf den Tisch, zu denen der freundliche Service importiertes italienisches Bier serviert. Die richtige Adresse, um den Kohlehydrathaushalt aufzufüllen.

Militzis ZYPRISCH €€
(Piyale Pasha 42; Hauptgerichte 9–12 €; ⏲ 11–23 Uhr) Die Taverne hat einen klassischen Innen- und Außenhof mit Blick auf über-

kuppelte *fourno* (traditionelle Öfen), in denen den ganzen Tag über unglaublich zartes Lammfleisch und Hühnchen schmoren. Auf der Karte stehen schlichte zyprische Meze-Gerichte mit Halloumi, Riesenbohnen und *bourgouri* (Weizenschrot).

★ Voreas ZYPRISCH €€€
(☎ 2464 7177; Agiou Demetriou 3, Oroklini; Hauptgerichte 9–17 €; ⏲ Mo–Sa 16–24, So 12–24 Uhr) Zehn Minuten außerhalb der Stadt besticht dieses im Ort Oroklini im Norden gelegene traditionelle Haus mit Innenhof durch traditionelle Speisen, Gastfreundschaft und ein schönes Umfeld. Das saftige Fleisch und die Meze-Gerichte mit wildem Gemüse sind aromatisch gewürzt und werden in üppigen Portionen serviert.

Zephyros FISCH & MEERESFRÜCHTE €€€
(Piyale Pasha 37; Hauptgerichte 9–18 €; ⏲ 11–23 Uhr) Der hervorragende Service in der modernen Taverne unweit des Hafens und das fantastische Fisch-Meze sprechen für sich. Besonders lecker sind die Calamari und die silbrigen Sardinen. Wer einmal hier gegessen hat, kommt mit Sicherheit wieder.

Psarolimano Tavern FISCH & MEERESFRÜCHTE €€€
(www.psarolimano.com; Piyale Pasha 118; Hauptgerichte 12–25 €; ⏲ 11–23 Uhr) Das Fisch-Meze, das diese Meeresfrüchtetaverne serviert, ist seinen Preis zweifellos wert. Der Ausblick über den traditionellen Fischereihafen passt bestens zum Essen, zudem ist der Service freundlich und effizient.

Ausgehen & Nachtleben

Larnakas Kneipenszene konzentriert sich auf die Finikoudes, in der sich Bars und Cafés verschiedenster Couleur aneinanderreihen. Kleinere und in der Regel günstigere Pubs sowie *kafeneia* (Cafés) liegen in den vom Meer wegführenden Nebenstraßen.

Viele eingefleischte Partysuchende zieht es nach Agia Napa mit seiner erstklassigen Club- und Barszene, aber auch in Larnaka gibt's ein paar entspannte Läden. Am Meeresufer und in den umliegenden Straßen befinden sich einige gute Clubs, doch bei unserem Besuch war die Gegend rund um den Makenzy-Strand total angesagt.

Im Sommer steigen regelmäßig Strandfeten mit Gast-DJs aus der ganzen Welt, außerdem kann man in den Beach Bars den ganzen Tag lang trinken und tanzen. Musikveranstaltungen werden überall in der Stadt auf Plakaten angekündigt.

★ Ammos BAR
(www.ammos.eu; Makenzy-Strand; ⏲ 9 Uhr–open end) Das Ammos („Sand") ist ein blendend weißer Schuppen in perfekter Strandlage, der täglich bis spätnachts geöffnet hat. In der stilvollen Bar kann man essen, trinken, entspannen oder auf der offenen Dachterrasse zu einem Mix aus urbanem House und lässigem Funk tanzen. Hier darf man ruhig die Schuhe ausziehen und auf dem weichen weißen Sand durch den Innenraum laufen.

Times BAR
(Leoforos Athinon 73; ⏲ 10–1 Uhr) In der beliebten Café-Bar am Meer sorgen coole weiße Sofas an der Wand für moderne Stimmung. Sie eignet sich toll zum Chillen und Cocktailtrinken. Sonntags gibt's Livejazz, freitags Funky House und mittwochs Rock. Anschließend ziehen die schick gekleideten Gäste weiter in den benachbarten Club Deep.

Savino's Rock Bar BAR
(9 Ouotkins, Laiki Geitonia; ⏲ 19 Uhr–open end) Die winzige einladende Kneipe mit einem Hartholztresen und Bildern von Rocklegenden an den Wänden versteckt sich direkt neben der Hauptpromenade. Im Hintergrund laufen Classic Rock, Jazz und Blues. Der Laden platzt schnell aus allen Nähten, doch glücklicherweise kann man auf das gegenüberliegende, dazugehörige Savino Live ausweichen, wenn es zu eng zum Tanzen wird.

Brewery BRAUEREI
(Leoforos Athinon 77; ⏲ 10–1 Uhr) Hier kann man sein Bier aus Minizapfanlagen direkt am Tisch einfüllen. Die Auswahl an exklusiven Lager-Bieren, Ales sowie Sorten mit Kirsch-, Limetten- und Passionsfruchtgeschmack ist groß. Zu den Snacks gehören leckere, aber nicht ganz günstige Burger.

Geometry CLUB
(Karaoli & Demetriou 8; ⏲ Fr–So 22 Uhr–open end) Der Eingang, eine beleuchtete Spiegelrampe, sieht aus wie die Kombination aus einem Retro-Raumschiff und dem Videoclip zu „Billy Jean". Im Inneren ist das Geometry ein dekadenter Schuppen mit geometrischen Lichtmustern und -prismen, der sich an ein schickes Publikum richtet. Die DJs legen eine gute Mischung aus Dance, Club und griechischer Musik auf. Wer die Location besuchen möchte, sollte es den Einheimischen nachmachen und sich angemessen kleiden.

Club Deep CLUB
(Leoforos Athinon 76; ⏲23 Uhr–open end) Auf den zwei Dancefloors dieses Ladens am Meer wird die ganze Nacht über getanzt. Im unteren Teil läuft entspannter Trance und Progressive House. Der Hauptclub (Deep) hat eine riesige Tanzfläche mit Old School, R&B und Mainstream Dance. Nach Mitternacht trudelt das junge Publikum in Scharen ein.

☆ Unterhaltung

Savino Live LIVEMUSIK
(9 Ouotkins, Laiki Geitonia; ⏲Mi–Fr & Sa 20 Uhr–open end) Diese Liverock-Location bietet Platz für bis zu 300 Gäste und ist meist voll. Musik schallt von der Bühne und auf der offenen Tanzfläche lässt es sich prima die Nacht durchtanzen. Bands aus ganz Zypern spielen hier klassischen Blues, Jazz und Rock.

K Cineplex KINO
(☎Kmax-Bowlingbahn 7777 8373, Ticketschalter 2436 2167; www.kcineplex.com; Peloponisou 1) Cineplex-Kino mit sechs Sälen, geräumigen Liegesitzen und den üblichen Hollywood-Blockbustern im Programm. Alle Filme werden im Original mit griechischen Untertiteln gezeigt. Nur bei Animationsstreifen gibt's entweder griechische oder englische Untertitel. Im Gebäude befinden sich auch die **Kmax-Bowlingbahn** mit 20 Bahnen und ein irisches Pub-Restaurant namens Finnegan's. Der Komplex liegt zehn Autominuten westlich des Stadtzentrums in der Nähe des Kamares-Aquädukts.

Shoppen

Töpferware spielt in Larnaka eine bedeutende Rolle und einige exzellente Werkstätten verkaufen Beispiele des typisch zyprischen Kunsthandwerks.

★ **Academic & General** BÜCHER
(☎2462 8401; Ermou 41; ⏲9–19 Uhr) Im Academic & General kann man problemlos einen ganzen Tag verbringen. Zum Angebot gehören Tausende englische Bücher, darunter Klassiker, Geschichts- und Philosophiewerke und Lektüre zu Zypern. Außerdem gibt's eine riesige Secondhandabteilung mit Romanen, die sich perfekt als Strandlektüre eignen. Im Sommer werden außerdem Kulturevents organisiert. Besucher sind eingeladen, sich einen Kaffee zu holen und es sich auf einem der Sofas in der Lounge oben bequem zu machen.

Studio Ceramics KERAMIK
(☎2465 0338; www.studioceramicscyprus.com; Ak Deniz 18; ⏲Mo–Sa 9–13 & 15–18 Uhr) Die Keramik ist von antiker und mittelalterlicher zyprischer Kunst inspiriert. Die Repliken der Stücke aus dem Pierides-Museum sind herausragend.

Emira Pottery KERAMIK
(☎9940 4414; www.emirapottery.com.cy; Mehmet Ali 13; ⏲Mo–Sa 9–13.30 & 15–18 Uhr) Hier werden u. a. einzigartige, fein gemusterte Teller und traditionelle zyprische Kochtöpfe verkauft. Wer möchte, kann auch selbst töpfern.

Fotinis Pottery KERAMIK
(Bozkourt 28; ⏲Mo–Sa 9.30–13.30 & 15–18 Uhr) Schöne Schüsseln und Teller für den Alltag, verziert mit Granatäpfeln, die während der heidnischen Zeit der Insel als Fruchtbarkeitssymbol galten.

Flamma Art Gallery KERAMIK
(☎2462 5530; Zinonos Kitieos 113; ⏲Mo, Di, Do & Fr 9.30–13.30 & 16–19, Mi & Sa 9.30–13.30 Uhr) Die dynamischen Stücke sind das Werk des hiesigen Keramikkünstlers Stravros Stavrou, dessen kreative Arbeiten sehr eigen sind.

Handworks Handmade SCHMUCK
(www.handworkshandmade.com; Pavlou Valsamaki 22; ⏲Mo–Sa 9–13 & 15–18 Uhr) 50 m von der Agios-Lazaros-Kirche entfernt werden in dem vielseitigen Laden in Richtung des Meeres unzählige Anhänger, Steine, Reifen, Ringe und Armbänder in allen Materialien von Holz bis Silber feilgeboten. Eine günstige Adresse für Geschenke und Erinnerungsstücke.

Praktische Informationen

GELD

Hellenic Bank (☎2414 4141; Stasinou) Gegenüber der CTO.

INTERNETZUGANG

WLAN gibt's überall entlang der Finikoudes.

Amalfi Café (Lordou Vyronos 35; 2 € pro Std.; ⏲10–1 Uhr) Im Stadtzentrum. Mit Billardtischen und Spielen.

Replay (Leoforos Athinon; 2,50 € pro Std.; ⏲10–1 Uhr) An der Hauptpromenade.

MEDIZINISCHE VERSORGUNG

Krankenhaus (☎2480 0500; Leoforos Grigoriou Afxentiou)

Apotheke mit Nachtdienst (☎1414)

POLIZEI

Polizeiwache (☎2480 4040; Leoforos Archiepiskopou Makariou III) Nahe der Finikoudes.

POST

Postamt (Plateia; ⌚ Mo–Fr 7.30–13 & 15–18, Sa 9–11 Uhr) In der Nähe des CTO-Büros.

TOURISTENINFORMATION

Cyprus Tourism Organisation (CTO; ☎ 2465 4322; www.visitcyprus.com; Plateia; ⌚ Mo, Di, Do, Fr 8.15–14.30 & 15–18.15, Sa 8.15–13.30 Uhr) Neben guten Stadtplänen gibt's hier zahlreiche Broschüren und aktuelle Veranstaltungsinfos.

An- & Weiterreise

BUS

InterCity Buses (☎ 2464 3492; www.intercity-buses.com) verkehrt regelmäßig von der Strandseite in der Mitte der Hauptküstenpromenade nach Nikosia (Lefkosia; 1 Std.), Lemesos (45 Min.) sowie Agia Napa und Paralimni (45 Min.). Der Preis beträgt 4/7 € (einfache Fahrt/hin & zurück).

FLUGZEUG

Larnakas internationaler Flughafen (☎ Flug-information 2464 3000; www.hermesairports.com) liegt 7 km südwestlich des Stadtzentrums. Dort landen Direktflieger aus allen größeren europäischen Städten und Nordafrika.

SCHIFF/FÄHRE

Larnaka Marina (☎ 2465 3110; ctolar@cytanet.com.cy), ein offizieller Einreisehafen nach Zypern, bietet zahlreiche Liegeplätze. Diese müsse im Voraus reserviert werden.

SERVICETAXI

Travel & Express (☎ 2466 1010; www.travelexpress.com.cy; Kimonos 2) betreibt montags bis samstags von 6 bis 17 Uhr alle halbe Stunde sowie sonntags bis etwa 16 Uhr (Gemeinschafts-)Taxis nach Agia Napa–Paralimni–Protaras (11,50 €, 45 Min.), Nikosia (8,50 €, 40 Min.), Lemesos (10 €, 1 Std.) und Pafos (22 €, 1¾ Std.). Das Büro liegt nördlich des Zentrums von Larnaka rund 200 m östlich der Stätte des antiken Kition.

TAXI

An der Finikoudes gibt's mehrere Taxistände. Das **Stavrakis-Taxibüro** (☎ 2465 5988; Ermou 64) befindet sich im Stadtzentrum. Ausgewählte Preise und Fahrtdauer:

Agia Napa 35 €, 30 Min.
Lemesos 50–60 €, 1 Std.
Nikosia 45 €, 35 Min.
Pafos 105 €, 1 Std. 40 Min.
Troodos 80–90 €, 1 Std.

Unterwegs vor Ort

AUTO & MOTORRAD

Am Flughafen von Larnaka sind alle großen internationalen Autovermietungen vertreten.

Andreas Petsas Rent-a-car (☎ 2464 3350; www.petsas.com.cy; Flughafen) Eine der größten Autovermietungen Zyperns.

Anemayia Car & Motorbike Rentals (☎ 9962 4726; www.anemayiacarsbikes.com; 19 Leoforos Archiepiskopou Makariou III) Vermietet auch Motorjachten, Mopeds und Buggys.

Thames Car Rentals (☎ 8004 1044; www.thames.com.cy; Vasileos Pavlou 13) Eine weitere **Filiale** (☎ 2400 8700; Flughafen) befindet sich am Flughafen.

BUS

Larnakas städtisches und regionales Busnetz wird von **Zinonas Buses** (☎ 2466 5531; www.zinonasbuses.com; Filiou Tsigaridi) betrieben, dessen zentraler Busbahnhof gegenüber dem Jachthafen liegt. Eine einfache Fahrt kostet 1,50 €, ein Tagesticket 5 €. Wegen umständlicher Streckenführung und unregelmäßiger Fahrzeiten nutzen nur wenige Besucher das Busnetz. Die Website informiert auf Englisch über die Routen, beinhaltet jedoch keine Fahrpläne. Diese gibt's bei dem hilfsbereiten Personal am Busbahnhof.

VOM/ZUM FLUGHAFEN

Der Taxistand bei der Ankunftshalle des Flughafens ist rund um die Uhr in Betrieb. Die zehnminütige Fahrt kostet rund 15 €.

Alternativ verkehren die Zinonas-Ortsbusse 417, 419, 425 und 429 zwischen der Haltestelle am Flughafen (einen kurzen Fußmarsch von der Ankunftshalle entfernt) und dem zentralen Busbahnhof nahe des Jachthafens. Die Routen sind teils recht verworren und die Tickets kosten 1,50 €.

RUND UM LARNAKA

Unterwegs vor Ort

Am besten erkundet man das Umland von Larnaka (und auch den Rest von Zypern) mit einem eigenen Verkehrsmittel. Alternativ kann man aber auch eine Sightseeingtour mit **Love Buses** (☎ 9776 1761; Leoforos Athinon, Larnaka; 10 € pro Pers.; ⌚ 11–17.30, Abendfahrten im Sommer 20.30 & 22 Uhr) unternehmen, einem knallroten, oben offenen Doppeldeckerbus, der direkt aus London stammen könnte.

Die Touren finden in der Regel zweimal täglich statt und umfassen Stopps am Salzsee von Larnaka, an der Hala Sultan Tekke und am Kamares-Aquädukt. Samstags gibt's eine Fahrt zur Panagia Angeloktisti in Kiti und in den kinderfreundlichen Mazotos Camel Park. Auf dem Oberdeck des Busses wird es heiß, deshalb sollte man sich Wasser und einen Sonnenhut mitnehmen.

Strände

Im Vergleich zu denen in Agia Napa und an der Ostküste sind Larnakas Strände ein wenig langweilig. Bei den meisten handelt es sich um festgetretene, graue Sandstreifen und gelegentlich auch Kieselstrände. Das Wasser ist in der Regel sehr flach und eignet sich deshalb wunderbar für Kids.

Makenzy STRAND

Der wohl schönste Strand der Stadt bietet alle Einrichtungen, die man für einen faulen Urlaubstag braucht. Er erstreckt sich 2 km südlich von Larnaka hinter der Piyale Pasha.

Finikoudes STRAND

Obwohl der saubere, flache Strand nicht der allerschönste ist, ist er sehr beliebt. Sonnenliegen und -schirme werden für 2 bis 3 € vermietet, und es gibt viele Kioske und Cafés.

Stadtstrand der CTO STRAND

Dieser Strand mit zahlreichen Tavernen, Restaurants und Hotels befindet sich an der Straße nach Dekelia östlich von Larnaka und ist beliebt bei den Einheimischen.

Kap Kiti & Perivolia STRAND

Südwestlich von Larnaka erreicht man diese beiden abgelegenen, schmalen Strände mit großen weißen Steinen und flachem Wasser. An der Seite des Kaps Richtung Perivolia herrscht oft eine steife Brise, sodass man hier Kite- und Windsurfen kann. Eine eigene Ausrüstung ist erforderlich.

Kamares-Aquädukt

Das vom osmanischen Gouverneur Bekir Pasha 1746 bewilligte und im klassisch römischen Stil gebaute Aquädukt – einige Historiker nehmen an, dass es tatsächlich von den Römern errichtet und von den Osmanen nur instand gesetzt wurde – sollte Larnakas Trinkwasserprobleme beheben. Ursprünglich beförderte es Wasser aus einer 10 km weiter südlich gelegenen Quelle über unterirdische Tunnel, Hunderte Schächte und zahlreiche überirdische Bogen, deren Überreste von der Autobahn nach Lemesos aus noch zu erkennen sind. Das Aquädukt wurde bis in die 1950er-Jahre hinein genutzt. Heute wird es „der Kamares" oder „die Bogen" genannt. Die Gemeinde Larnaka veranstaltet Konzerte auf dem Gelände vor dem Aquädukt, das nachts prächtig angestrahlt ist. Es befindet sich nahe dem K Cineplex an der alten Straße nach Lemesos.

Hala Sultan Tekkesi

Inmitten von Dattelpalmen, Zypressen und Olivenbäumen thront diese **Moschee** (Mai–Sept. 9–19.30 Uhr, Okt.–April bis 17 Uhr) samt *tekke* (Schrein) aus dem späten 18. Jh. wehmütig am Rand des Salzsees von Larnaka. Laut islamischer Überlieferung stürzte Umm Haram, die verehrte Amme des Propheten Mohammed, während der arabischen Angriffe auf Zypern 674 genau an dieser Stelle von ihrem Maultier und starb. Ihr Mausoleum und Schrein befinden sich in einem kleinen Raum, der an die Hauptgebetshalle der Moschee angeschlossen ist.

Die hoch verehrte Moschee wird noch genutzt und ist für Muslime von großer religiöser Bedeutung. Besucher sollten sich angemessen kleiden und die Schuhe vor Betreten der Gebetshalle ablegen. Der sehr einfache Innenraum ist kaum dekoriert; auf dem Boden liegen lediglich ein paar Gebetsmatten.

Das freigelegte Grab und der Sarkophag von Hala Sultan (Umm Haram), Türkisch für „hochgeachtete Mutter", ist links vom Eingang in einer Art Höhle zu sehen.

Die Tekke befindet sich 1 km abseits der Hauptstraße zwischen Larnaka und dem Flughafen.

Larnaka-Salzsee

Im Winter füllt sich das Schutzgebiet mit Regenwasser und bildet einen wichtigen Lebensraum für Zugvögel, Flamingos, Wildenten und Wasservögel. Wenn es Sommer wird, trocknet der See langsam aus und die Vögel ziehen weiter. Dann überzieht ihn eine verkrustete Salzschicht, die unter den Hitzewellen weiß schimmert.

Archäologen fanden heraus, dass der zentral gelegene See (von den Einheimischen Aliki genannt) in prähistorischen Zeiten ein natürlicher Hafen war, der wichtigen Handel mit der Insel ermöglichte. In der späten Bronzezeit befand sich eine recht große Stadt nahe der Stelle, wo heute die Hala Sultan Tekke steht. 1050 v. Chr. wurde sie von ihren Bewohnern verlassen und kurz darauf fiel der Wasserweg trocken und der Salzsee entstand. Jahrhundertelang wurde das Salz abgebaut und bildete ein wichtiges Exportgut Zyperns. Für die Ernte zog man temporär genutzte Häuser hoch und setzte Esel ein, die das Salz in großen geflochtenen Körben abtransportierten. In den 1980er-Jahren verlangsamte sich die Produktion und die

Kosten stiegen, weshalb der Salzabbau eingestellt wurde.

Auf den Wanderwegen am Flussufer kann man im Frühling wunderbar Vögel beobachten. Im Sommer, wenn das Wasser verschwunden ist, sollte man auf den Pfaden bleiben und nicht die Salzkruste betreten.

Kiti & Umgebung

3140 EW.

In Kiti, einem Dorf 9 km südwestlich von Larnaka, steht die Kreuzkuppelkirche **Panagia Angeloktisti** (Juni–Sept. Mo–Sa 9.30–12 & 14–16 Uhr) aus dem 11. Jh. Das Bauwerk, dessen Name „von den Engeln erbaut" bedeutet, beherbergt ein außergewöhnliches **Mosaik der Jungfrau Maria** aus dem 6. Jh. Dieses wurde erst 1952 in den Ruinen der ursprünglichen Apsis aus dem 5. Jh. entdeckt, die in das heutige Gebäude integriert wurde. Das wundervoll erhaltene Bildwerk zeigt Maria auf einem juwelenbesetzten Podest mit dem Jesuskind im Arm, rechts und links von ihr befinden sich die Erzengel Gabriel und Michael. In der Kirche werden noch immer regelmäßig Gottesdienste abgehalten.

Reist man weiter an der Küste entlang, erreicht man das Dorf **Perivolia** und das **Kap Kiti**. Neben Steilklippen und einem Leuchtturm gibt's dort ein paar herrlich ruhige Hotels und einfache Eisdielen.

Stavrovouni-Kloster

Auf dem 668 m hohen Gipfel des Stavrovouni (wörtlich „Kreuzberg") thront dieses **Kloster** (April–Aug. 8–12 & 15–18 Uhr, Sept.–März 8–12 & 14–17 Uhr). Es gilt als ältestes der Insel und soll einen Teil des Heiligen Kreuzes beherbergen, das Helena, die Mutter des Herrschers Konstantin des Großen, bei ihrer Rückkehr aus Jerusalem 327 hierherbrachte. Inzwischen wird das kostbare Stück in einem verzierten 1,2 m hohen Silberkreuz in der Kirche aufbewahrt.

Heute bekäme es allerdings selbst die hl. Helena nicht mehr zu Gesicht, da Frauen der Zugang zur Anlage verwehrt ist. Dennoch lohnt die Stätte allein wegen des unverbauten Blicks auf die Ebene von Mesaoria (Mesarya) einen Abstecher. An klaren Tagen sieht man Famagusta im Osten, das Troodos-Gebirge im Nordwesten, Larnaka und den Salzsee und in der Ferne das blaue Mittelmeer.

Besucher lassen sich am besten im sonnigen Hof vor der Kirche nieder, bestaunen den Glockenturm und sinnen über das Leben der Mönche nach. Während männliche Traveller die vielen Ikonen und Kreuzgänge bewundern können, dürfen Frauen nur die kleine **Allerheiligenkirche** außerhalb des Klostergeländes besichtigen. Zu dem Souvenir- und Buchladen mit einer großen Auswahl an Bibeln, Gesangbüchern und religiösen Objekten haben aber wieder alle Touristen Zutritt. Für 4 € bekommt man handgemachte Gebetsarmbänder, die sich toll als Souvenirs eignen.

Stavrovouni ist noch immer eine aktive religiöse Gemeinde mit zahlreichen Mönchen, die sich einem asketischen Leben verschrieben haben. Besucher sind willkommen und können auf Wunsch die Beichte ablegen, sollten aber nur während der Öffnungszeiten kommen. Fotografieren ist im Kloster verboten. Passionierte (männliche) Pilger werden vielleicht von den Brüdern eingeladen, über Nacht zu bleiben, mit ihnen zu meditieren und ihr Mahl aus selbst angebautem Obst und Gemüse zu teilen.

Das Stavrovouni-Kloster liegt 17 km von Larnaka entfernt an der Autobahn zwischen Nikosia und Lemesos (A1).

Choirokoitia

Die kleine, aber gut erhaltene neolithische Stätte **Choirokoitia** (Eintritt 2,50 €; 8.30–17.30 Uhr) erstreckt sich auf einem gut befestigten Hügel mit einer langen Schutzmauer. Sie geht auf die Zeit um 7000 v. Chr. zurück und ist die älteste menschliche Siedlung Zy-

ZYPERN FÜR KINDER: KAMELREITEN

Mazotos Camel Park (2499 1243; www.camel-park.com; Mazotos; Erw./Kind 3/2 €, Kamelritte Erw./Kind 9/6 €; Mai–Sept. 9–19 Uhr, Okt.–April bis 17 Uhr) Wenn die Kids genug von archäologischen Stätten und Kirchenikonen haben, verspricht der Mazotos Camel Park einen tollen Familienausflug. Kamele waren einst ein wichtiges Transportmittel auf Zypern, heute kann man sie noch in diesem Park bewundern. Neben Kamelritten gibt's einen Pool, einen Spielbereich und einen Streichelzoo.

Der Kamelpark liegt etwa 20 Autominuten von Larnaka entfernt und kostet 3 € Eintritt.

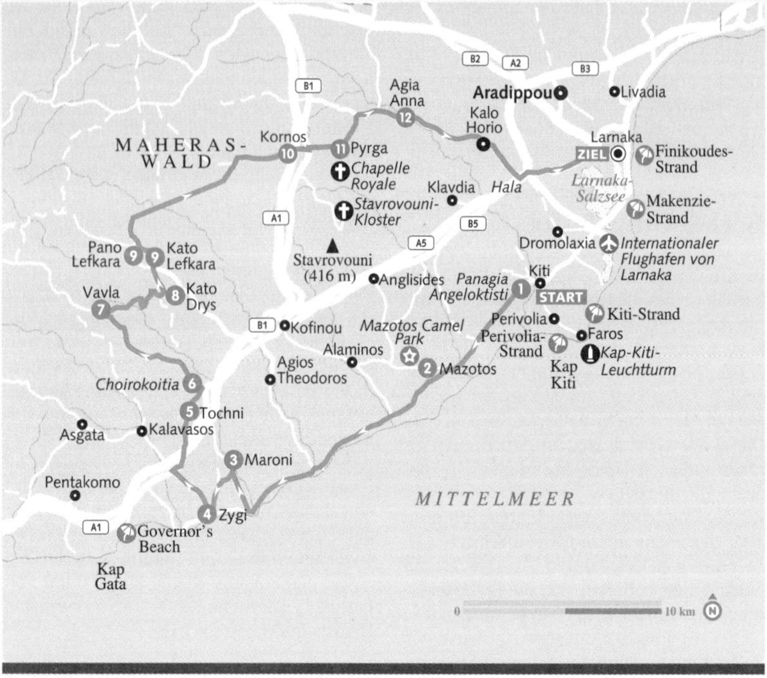

Spritztour
Kunsthandwerk aus traditionellen Dörfern

START KITI
ZIEL LARNAKA
LÄNGE 96 KM
DAUER 5–7 STD.

Von der 1 **Panagia Angeloktisti** (S. 119) in Kiti nimmt man die 403 Richtung Westen zum Dorf 2 **Mazotos**, mit einem tollen Kamelpark für Kinder. Dann 17 km westlich auf der alten Küstenstraße mit Blick aufs Meer über Felder und karges Land bis zu dem hübschen Weiler 3 **Maroni**, wo es Gurken aus der Region und griechischen Kaffee gibt. Richtung Südwesten ist es nicht weit nach 4 **Zygi**, einem winzigen Dorf mit einigen der besten Fischtavernen der Insel. Wenn man sich gestärkt hat, fährt man 1 km gen Westen, dann landeinwärts zur B1, die unter der Autobahn A1 durchführt. Nach 6 km biegt man links ab in das hübsch im Tal liegende 5 **Tochni**. Dann geht's 4 km die Straße gen Norden aus dem Ort entlang bis zur beeindruckenden prähistorischen Siedlung 6 **Choirokoitia** (S. 119). Von dieser neolithischen Stätte klettert der Weg stetig bergan Richtung Inland und 7 **Vavla** mit seinen wunderbar restaurierten Häusern. Dann folgt das schöne, gut ausgeschilderte Steindorf 8 **Kato Drys** mit idyllischen Balkonen. Die für ihre Spitzen und Silberschmiedekunst bekannten Örtchen 9 **Pano und Kato Lefkara**, in denen man durch die abschüssige Altstadt bummelt oder um Waren feilscht, liegen weitere 4 km bergan. Von Pano Lefkara fährt man 7 km auf einem guten Straßenabschnitt gen Norden, bis man linker Hand den Damm von Lefkara sieht. Anschließend folgt man der abschüssigen Strecke weiter ins 16 km entfernte Töpferdorf 10 **Kornos**. Hat man ein paar Souvenirs erstanden, geht's der Straße und den Schildern Richtung Osten nach durch die Unterführung (erneut unter der Autobahn hindurch) in das Dorf 11 **Pyrga** mit seiner von den Lusignan erbauten Chapelle Royale (ausgeschildert als „Medieval Chapel") aus dem 14. Jh. Die Kirche ist der hl. Katharina geweiht und beherbergt schöne Fresken. 4 km nördlich des Ortes biegt man rechts (Richtung Osten) auf die 104 ab, gönnt sich in 12 **Agia Anna** ein paar Meze-Gerichte und macht sich auf den Rückweg nach Larnaka.

perns, die bisher entdeckt wurde. Ein Weg führt über die Anlage und beginnt am Fuß des Hügels. Dort helfen von Archäologen nachgebaute Hütten dabei, sich den Alltag der Bewohner Choirokoitias vorzustellen. Die eindrucksvollsten Ruinen befinden sich auf dem Gipfel, wo zudem ein paar Überreste der Siedlungsmauer zu sehen sind.

Choirokoitia soll von Einwohnern Anatoliens und Kleinasiens gegründet worden sein. Vor Ort hat man über 50 Rundhäuser aus Stein und Lehm sowie prähistorische Utensilien gefunden, die darauf hindeuten, dass Choirokoitias Siedler einen gehobenen Lebensstil mit fortschrittlicher Jagd und Ackerbau pflegten. Ihre Toten bestatteten sie unter ihren Behausungen, wie Überreste von mehr als 20 Skeletten, darunter auch einige von Kindern, belegen.

Die Bedeutung der Stätte für das heutige Verständnis neolithischer Kultur wurde 1998 mit der Aufnahme ins UNESCO-Welterbe gewürdigt.

Choirokoitia liegt 32 km von Larnaka entfernt an der Autobahn nach Lemesos. 10 km weiter Richtung Lemesos erreicht man die neolithische Stätte in **Tenta** (Kalavasos), zu erkennen an dem riesigen kegelförmigen Zelt, das sie vor der Witterung schützt. Diese schlichtere Version von Choirokoitia ist archäologisch genauso bedeutend.

Lefkara

1100 EW.

Während der Renaissance galt dieses Bergdorf, das aus den Siedlungen Pano und Kato Lefkara besteht, mit einer wohlhabenden Bevölkerung von knapp 5000 Einwohnern als einer der größten und wichtigsten Orte der Insel. Schon damals war es berühmt für filigrane Spitzenarbeiten, die von den Einwohnerinnen bereits seit dem Mittelalter gefertigt werden, und für die feinen Silberschmiedearbeiten der Männer, die Sticktechniken in Edelmetall umsetzten.

Da viele reiche Siedler und Reisende hierherkamen, rüstete sich Lefkara, eine angesehene Stadt zu werden. Obwohl es dies nicht ganz schaffte, wartet es noch immer mit einer hübschen Lage inmitten von steilen Tälern voller Pinien und wilder Johannisbrotbäume auf. Enge Kopfsteingassen und traditionelle Häuser spiegeln charmant einen eindeutig venezianischen Einfluss wider.

1481 soll Leonardo da Vinci den Ort besucht und ein schönes Stück Spitze für den Altar der Kathedrale von Mailand erworben haben. Noch immer strömen Spitze- und Silberliebhaber aus aller Welt herbei und werden nicht enttäuscht. Ladenbesitzer sitzen vor ihren Geschäften, sticken und fordern Besucher auf, „unverbindlich" ihre Arbeit anzuschauen oder einen Blick auf ihre Waren zu werfen. Manche sind übereifrig, die meisten jedoch freundlich. Die Spitze ist von einmaliger Qualität, kann aber sehr teuer sein, sodass man feilschen sollte. Im Dorf selbst findet man die beste Qualität und größte Auswahl. In der Regel verbergen sich die schönsten Stücke in den Geschäften und werden nicht draußen ausgestellt.

Nach der Souvenirjagd kann man sich eine Tüte getrockneter Früchte der Saison kaufen, durch die Gassen bummeln und die wunderschönen alten Türen, Eingänge sowie versteckten Höfe erkunden.

Schilder in den Nebenstraßen weisen den Weg zum **Volkskunstmuseum** (Eintritt 2 €; Mo–Do 9.30–16, Fr & Sa 10–16 Uhr), das im ehemaligen Wohnhaus einer der reichsten Familien Lefkaras untergebracht ist. Das restaurierte Gebäude umschließt einen großen Innenhof mit einem Ofen im Freien sowie Granatapfel- und Zitronenbäumen. Im Erdgeschoss gibt's Infotafeln zur Geschichte Lefkaras und einen typischen Essbereich aus dem 19. Jh. Oben sind Beispiele von originaler Spitze und Silberarbeiten sowie traditionell eingerichtete Schlafzimmer mit antiken Toilettentischen, Spiegeln und Betten zu sehen.

Im nahe gelegenen Skarinou zieht das verrückte, von Madame Tussauds inspirierte **Fatsa-Wachsmuseum** (Georgiou Papandreou; Erw./Kind 5/3,50 €; Okt.–März 9–17.30 Uhr, April–Sept. bis 18.30 Uhr) Besucher an. Es zeigt über 120 Kunstwerke aus Wachs zur zyprischen Geschichte, zu Ereignissen und Kultur und Darstellungen prominenter Bürger wie Präsidenten, Kriegshelden und religiöse Anführer. Im Café-Restaurant gibt's Snacks.

Das beste Mittagessen der Stadt bekommt man im **Lefkara Hotel & Restaurant** (www.lefkarahotels.com; 42 Timiou Stavrou Pano, Lefkara; Hauptgerichte 12 €; 11.30–15 & 18.30–23 Uhr), dessen alte Mauern die winzige **St.-Mamas-Kirche** (ca. 974) einschließen. An schummrig beleuchteten Tischen werden Köstlichkeiten wie selbst angebautes, frisches Gemüse, zart geräuchertes Schweinefilet mit Halloumi, getrocknete Tomaten und warmer *bourgouri* serviert.

Man erreicht Lefkara über die Autobahnstrecke zwischen Nikosia und Lemesos (A1) oder über die reizvolle Straße von Choiroko-

Agia Napa

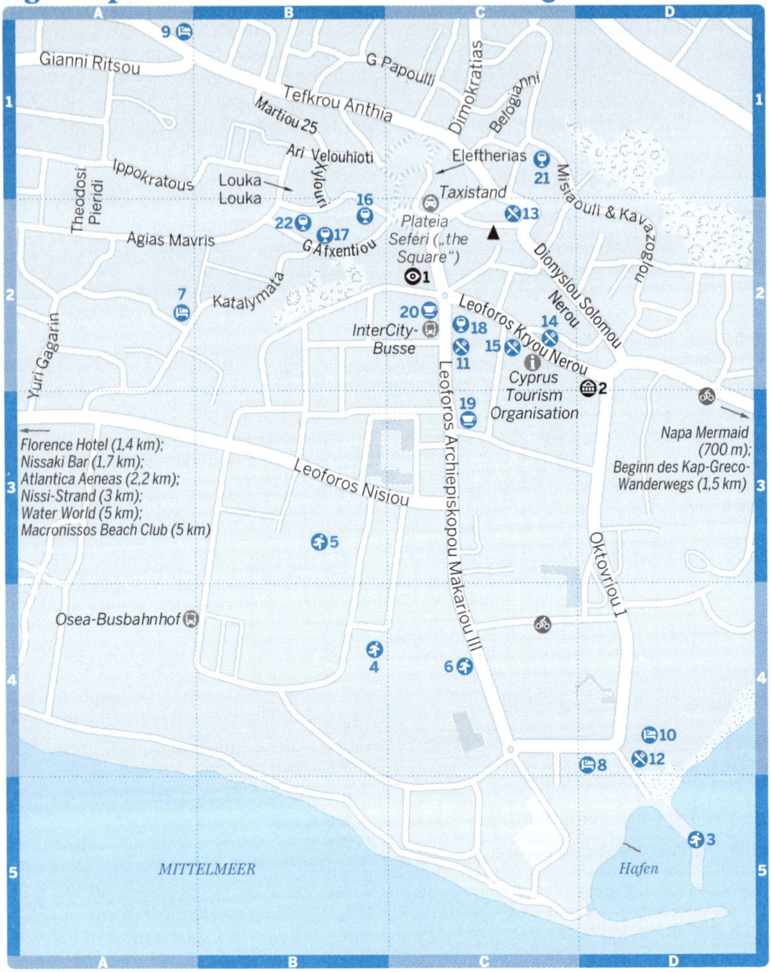

itia über Vavla. Täglich verkehrt ein Bus (einfache Fahrt 1 €, Mo–Sa) zwischen Lefkara und Larnaka, der um 7 Uhr in Lefkara startet und um 13 Uhr aus Larnaka zurückkommt; die Abfahrt erfolgt an der Zinonas-Bushaltestelle gegenüber dem Jachthafen von Larnaka.

AGIA NAPA

2680 EW.

Phänomenales Wetter und perfekte Strände haben dieses unauffällige Fischerdorf zu einem sehr beliebten Partyziel für junge Hedonisten aus Europa gemacht. Dank seiner prächtigen weißen Sandstrände und Hunderter Clubs und Bars ist Agia Napa eine Art Disneyland für Feierfreudige aus der ganzen Welt geworden.

Am zentralen Platz gibt's Clubs aller erdenklicher Stilrichtungen, u. a. mit den Mottos Familie Feuerstein, Artuslegende, Polizeisendungen der 70er-Jahre etc. Jeden Sommer legen hier weltberühmte DJs auf. In der Hauptsaison zwischen Juni und August kann es schwierig werden, am Strand einen Liegeplatz zu finden, von einer Unterkunft ganz zu schweigen.

Agia Napa

Sehenswertes

Aktivitäten, Kurse & Touren

Schlafen

Essen

Ausgehen & Nachtleben

Agia Napa gefällt nicht jedem, Kritiker nennen es geschmacklos und vulgär. In den letzten Jahren setzte sich die Gemeinde stark für mehr Familientourismus ein – mit deutlichem Erfolg –, dennoch ist Napa (wie es von vielen Besucher genannt wird) noch immer die Partyhochburg schlechthin. Feierfreudige Nachtschwärmer sind hier genau richtig, wer hingegen die wunderschöne Küste, die ursprüngliche Attraktion der Region, genießen möchte, ist in einem der Resorts außerhalb der Stadt oder im nahe gelegenen Protaras besser aufgehoben.

Sehenswertes

Agia-Napa-Kloster — KLOSTER

(Plateia Seferi; ⏲9–18 Uhr) In surrealer Nachbarschaft zu modernen Partytempeln erinnert das wunderschöne Kloster an die großartige Geschichte, die Agia Napa neben dem Nachtleben zu bieten hat. Die 1500 von den Venezianern errichtete Anlage erstreckt sich über einer Höhle, in der während des Bildersturms im 7. und 8. Jh. eine Ikone der Jungfrau Maria versteckt wurde. Das Bauwerk überstand die Herrschaft der Osmanen unbeschadet und beherbergte in verschiedenen Epochen mal Nonnen, mal Mönche, bis es 1758 verlassen wurde.

Das Kloster ist erstaunlich gut erhalten. Die robusten Schutzmauern verbergen einen idyllischen, mit einem Säulengang versehenen Hof samt einem Marmorspringbrunnen von 1530 mit einem steinernen Kuppelbau. Ebenfalls von Interesse ist der gewaltige 600 Jahre alte Maulbeerfeigenbaum vor dem Südtor. Eine moderne Stahlkonstruktion stützt seine riesigen Äste.

Von der einfachen Kirche führen Treppen hinunter zu dem Höhlenvorsprung, wo die Marienikone versteckt war.

Thalassa-Meeresmuseum — MUSEUM

(Leoforos Kryou Nerou 14; Erw./Kind 4/1,50 €; ⏲Juni–Sept. Di–Sa 9–17, Mo 9–13 Uhr, So 15–19 Uhr, restliches Jahr kürzere Öffnungszeiten) In dem fantastischen modernen Museum, das 2005 öffnete, dreht sich alles ums Thema Meer. Hier wird der große Einfluss der See auf das Leben und die Kultur Zyperns verdeutlicht.

Das Museum widmet sich über 700 Jahren Meeresgeschichte und stellt die exakte Replik eines alten Schiffes aus, das im 3. Jh. vor der Küste von Kyrenia sank. Der *Kyrenia II* getaufte Nachbau wurde mit traditionellen Methoden und Materialien von Wissenschaftlern rekonstruiert.

In der oberen Etage sind u. a. Fischfossilien, Korallen und Muscheln sowie alle Arten von Seeigeln und Meerespflanzen zu sehen, die Hauptattraktion ist jedoch das komplette Skelett eines Zwergflusspferdes, das auf über 75 000 Jahre geschätzt wird.

Einen Großteil des Erdgeschosses nimmt die Replik der Kyrenia II ein, zudem sind archäologische Artefakte ausgestellt, die Schritt für Schritt durch Zyperns Geschichte führen.

Im Kellergeschoss stellt das **Meereslebenmuseum** Tornaritis-Pierides-Muscheln, Schwämme sowie präparierte und ausgestopfte mediterrane Fische, Haie, Schildkröten und Seevögel aus.

Makronissos-Gräber — ARCHÄOLOGISCHE STÄTTE

(⏲Sonnenauf- bis Sonnenuntergang) Die antike Nekropole mit 19 in den Fels gehauenen Gräbern und Blick auf das Meer wird der hellenistischen und römischen Zeit zugeschrieben. Ihre Kammern sind praktisch identisch. Breite Stufen führen hinab zu schlichten Grotten mit Steinbänken, auf denen einst die Sarkophage standen. Die Anlage wurde in den 1870er-Jahren massiv geplündert.

Ausgrabungen brachten die Überreste eines Steinbruchs und Nachweise alter griechischer Beisetzungen zutage. Die Stätte ist ab der Hauptstraße westlich von Agia Napa gut ausgeschildert.

Strände

Nissi-Strand
STRAND

Der Nissi-Strand, Agia Napas Hauptattraktion, wartet mit kristallklarem, flachem Wasser, weichem weißen Sand und einer malerischen Felseninsel 60 m vor der Küste auf. Im Sommer wird es hier extrem voll, dann prägen Sonnenbadende, Schirme und Strandliegen das Bild. Der gut mit Bars, Wassersportmöglichkeiten und Duschen ausgestattete Strand befindet sich 3 km vom Platz im Zentrum entfernt. Viele Gäste kommen mit dem Roller oder Fahrrad.

Kermia-Strand
STRAND

Goldener Sandstrand mit einem Felsbrocken für alle, die es etwas ruhiger mögen. Er liegt wunderbar einsam 2 km östlich von Napa Richtung Kap Greco. Toll für Familien.

Konnos-Strand
STRAND

2 km hinter Kermia und an Paralimni angrenzend erstreckt sich dieser schöne weiße Sandstrand im Schutz einer Bucht und dahinter thronenden Hügeln. Hier wird jede Menge Wassersport angeboten, perfekt für die sanften Wellen.

Pantahou
STRAND

Der Sandstrand erstreckt sich von Agia Napas Fischereihafen über 1 km gen Osten. Vor Ort gibt's Lokale, Snackstände und jede Menge Aktivitäten. Im Juli und August ist hier sehr viel los.

Geführte Touren & Aktivitäten

In Agia Napas umgestaltetem Hafen legen zahlreiche große Schiffe, Glasbodenboote und Schnellboote ab. Sie machen z. B. Rundfahrten zum Kap Greco, zur Konnos-Bucht, nach Protaras oder nach Pernera.

Zwischen Nissi-Bucht, Kap Greco und Konnos-Bucht bis hoch nach Protaras eignet sich das Meer hervorragend zum Tauchen: Es ist ruhig, warm und klar und eine Vielzahl von Einbuchtungen und natürlichen Höhlen lädt zum Erkunden ein. Eigentliches Highlight für Taucher ist jedoch das berühmte Wrack der *Zenobia*, das zu den weltweiten Top Ten der Wrack-Tauchstätten zählt; s. S. 37.

Cyprus Tourism Organisation
STADTSPAZIERGANG

(CTO; www.visitcyprus.com; Leoforos Kryou Nerou 12) Die CTO veranstaltet von November bis März jeden Mittwoch und Freitag den kostenlosen Stadtspaziergang „Agia Napa and the Sea“. Die Führung beginnt um 10 Uhr am CTO-Büro.

Sunfish
TAUCHEN

(2372 1300; www.sunfishdivers.com; Leoforos Archiepiskopou Makariou III 26) Dieser zuverlässige Veranstalter hat über zehn Tauchspots im Programm, darunter Riffe, Höhlen, Schluchten und das berühmte *Zenobia*-Wrack. Das Angebot an Zertifikationskursen reicht von „Discover Scuba“ bis hin zur Master-Klasse. Schnorcheln in eine Tiefe bis 2 m wird ebenfalls angeboten und eignet sich für Kinder ab 8 Jahren. Eine Tour mit zwei Tauchgängen inklusive Ausrüstung kostet 90 €, der PADI-Schnupperkurs Discover Scuba für Anfänger 60 €.

Water World
WASSERPARK

(www.waterworldwaterpark.com; Agias Theklis 18; Erw./Kind 35/20 €; April–Okt. 10–18 Uhr) Der Wasserpark 5 km westlich vom Zentrum Agia Napas hat sich die griechische Mythologie zum Thema gemacht und ist der beste Wasserpark Zyperns. Über 18 Attraktionen warten, darunter auch die Klassiker. Toll für kleine Kinder und Familien sind der Atlantis-Activitypool und das Troja-Abenteuer. Sie machen Kinder aller Altersgruppen Spaß.

Parko Paliatso
FREIZEITPARK

(www.parkopaliatsocy.com; Leoforos Nisiou; April–Okt. 18–1 Uhr) Highlight des Parks ist der Slingshot, der höchste seiner Art Europas. Er katapultiert Wagemutige in einem runden Käfig innerhalb von anderthalb Sekunden 90 m gen Himmel. Dabei werden Fotos geschossen, sodass man ein Andenken an sein verzerrtes, versteinertes Gesicht hat. Im Park gibt's auch ruhigere Fahrgeschäfte wie Autoscooter, Karussells und einen Geisterzug.

Napa Bungee
BUNGEE-JUMPING

(www.facebook.com/NapaBungee; abseits der Leoforos Nisiou; Sprung inkl. Foto, DVD & Freigetränk 70–80 €; Mai–Sept. 10–18 Uhr) Napa Bungee, die Adresse für Adrenalin-Junkies, bietet einen exzellenten Sicherheitsstandard und tolle Anlagen – ein Sprung ist über 60 m hoch. Es werden Einzel- und Tandemsprünge angeboten, auch Hochzeitssprünge und Nacktsprünge hat man hier schon gesehen. Sehr erfahrener Anbieter.

Black Pearl Pirate Boat BOOTSTOUREN
(☎ 9940 8132; www.blackpearlayianapa.com; Hafen von Agia Napa; Erw./Kind 35/15 €; ⏲ Mai–Sept. Abfahrt 11.30 Uhr) Eine Fahrt mit diesem Kreuzer im Piratenlook inklusive Live-Freibeutern und Schatzsuche ist toll für Kids. Das Schiff hält an zwei malerischen Badeplätzen in den Buchten beim Kap Greco. Anschließend wird an Deck ein komplettes Mittagessen mit griechischem Salat serviert. An Bord gibt's auch eine Bar (natürlich mit Rum!), aber Getränke kosten extra.

Fantasy Boat Party BOOTSTOUREN
(☎ 9940 8132; www.fantasyboatparty.com; Hafen von Agia Napa; Erw. 55 €, Getränke extra; ⏲ Abfahrt Juli–Aug. 17.30–21 Uhr tgl., April–Juni & Sept.–Okt. Di & Sa) In diesem schwimmenden Nachtclub sorgen DJs für Musik, während die Massen auf See tanzen und trinken. Unterwegs werden Schwimmstopps eingelegt und das Publikum zu Tauchspielen und Anfeuern animiert. Die Touren sind nur etwas für Hartgesottene – hier trifft man auf jede Menge eingefleischte Partygänger.

Essen

Viele Lokale in Agia Napa sind gewöhnlich und unkultiviert, doch zwischen all den Fast-Food-Ketten und Burgerrestaurants verstecken sich auch ein paar anständige Restaurants. Die Preise sind nicht exorbitant hoch, man merkt jedoch, dass dies eine Touristengegend ist.

★ Limelight ZYPRISCH €€
(www.limelighttaverna.com; D Liperti; Hauptgerichte 11–25 €; ⏲ 11–23 Uhr) Der traditionelle alteingesessene Familienbetrieb versteht sich bestens auf die Spezialität des Hauses: über Holzkohle zubereitete Grillgerichte. Daneben stehen Pasta, Steak, Hummer und Meeresfrüchte zur Auswahl, für den großen Gästeansturm sorgen jedoch das zarte Rindfleisch, Lamm und *stifado* (Eintopf aus Rind- oder Kaninchenfleisch). Es gibt auch eine spezielle Speisekarte für Kinder.

Quadro ITALIENISCH €€
(Leoforos Kryou Nerou 7; Hauptgerichte 16–24 €; ⏲ 10–24 Uhr) Dieses moderne italienische Restaurant wartet mit einer offenen Terrasse, gemütlichen Sitzgelegenheiten und bezahlbarem, leckerem Essen auf. Es gibt eine große Auswahl an Pizzas und Pasta sowie Gerichte zum Mitnehmen.

★ Sage INTERNATIONAL €€€
(www.sagerest.com; Leoforos Kryou Nerou 10; Hauptgerichte 25 €; ⏲ 11–23 Uhr) Dank seines modernen Dekors wie den Schieferwänden wirkt dieses Restaurant sehr elegant. Auf der Speisekarte steht u. a. Filetsteak mit verschiedenen Soßen. Das Essen ist teuer, aber seinen Preis wert. Während des Sommers kann man wunderbar im Hof mit den Sonnenschirmen relaxen.

Karousos Beach FISCH & MEERESFRÜCHTE €€€
(Oktovriou 1; Hauptgerichte 22 €; ⏲ 10.30–23 Uhr) Köstlich frisches Fisch-Meze (die Ouzo-Muscheln probieren) und lokale Weine werden an gemütlichen Tischen direkt am Meeresufer serviert. Der Service ist makellos und persönlich.

Fiji INTERNATIONAL €€€
(www.polynesian-ayianapa.com; Leoforos Archiepiskopou Makariou III 23; Hauptgerichte 17–25 €; ⏲ 18–24 Uhr; 🖉) Bananenbäume, übergroße Blumen und gemütliche Korbmöbel sorgen für ein recht bizarres Flair, das an die Pazifikinseln erinnert. Das Essen, eine Art asiatisch-polynesische Fusionsküche, ist hingegen exzellent. Empfehlenswert sind ganz besonders das Mango-Rind und das Lachs-Teriyaki.

Ausgehen & Nachtleben

Vom Platz aus reihen sich in alle Richtungen unzählige Bars und Clubs aneinander. Es ist ein unglaublicher Anblick, wenn hier im Juli Tausende Touristen durch die Hitze taumeln. Zwischen 22 und 2 Uhr trinken und tanzen Nachtschwärmer in den Bars. Anschließend geht's in einen der unzähligen Clubs. Fast alle öffnen nach 1 Uhr und werden erst um 3 Uhr richtig voll. Normal ist ein Eintrittspreis von 10 bis 15 €. Die besten Angebote machen Ticketverkäufer auf dem Platz.

Macronissos Beach Club BAR
(Macronissos-Strand; ⏲ 12 Uhr–open end) Außerhalb der Stadt, am Strand gegenüber dem Water World, liegt der Macronissos Beach Club, eine der besten Kneipen Agia Napas. Tagsüber präsentiert er sich als entspanntes Bar-Restaurant im Lounge-Stil, mit fortschreitendem Abend als Club. Beliebt sind

die wöchentlichen Ministry-of-Sound-Veranstaltungen, regelmäßige internationale Konzerte und die Strandpartys.

Golden Arrow BAR

(Leoforos Archiepiskopou Makariou III 21; ⌚9–2.30 Uhr; 📶) Einen Katzensprung vom Platz entfernt stößt man auf diese entspannte Familienbar mit extrem freundlichen Angestellten und einem hervorragenden Unterhaltungsprogramm. Entweder sucht man sich draußen einen Platz und beobachtet die vorbeiziehenden Menschen, macht es sich an der Bar gemütlich oder schaut auf den großen Bildschirmen Fußball.

Castle CLUB

(www.thecastleclub.com; Grigoriou Afxentiou; ⌚1–5 Uhr) Das Castle ist schwer zu übersehen, denn es fasst in seinen drei Räumen mit unterschiedlicher Musik über 2000 Personen. Im Sommer legen hier einige der besten DJs der Welt auf. Fans von Dance, House und Garage kommen voll auf ihre Kosten. Partygänger aufgepasst: Der Club zählt zu den besten der Stadt.

Black & White CLUB

(Louka Louka 6; ⌚1–5 Uhr) Hier wird seit den 1990er-Jahren zu Hip-Hop, R&B und Soul getanzt. Der dunkle Schuppen besteht aus mehreren Bars und einer kleinen Tanzfläche. Er platzt schnell aus allen Nähten.

Starsky's CLUB

(www.starskysayianapa.com; Louka Louka; ⌚20–2 Uhr) Der Klassiker der hiesigen Partyszene ist auf Dance und House spezialisiert und hat eine achteckige Bar mit Stangen zum Tanzen und Retro-Discokugeln. An diesem Club kommt keiner vorbei, wie schon das Schild besagt: „All roads lead to Starsky's".

River Reggae Club CLUB

(Misiaouli & Kavazoglou; ⌚2 Uhr–open end) Der Open-Air-Club mit Palmen, einer Tanzfläche aus Holz, einem kurvigen Pool und Reggae-Musik gehört zu den beliebtesten Nachtclubs der Stadt. Ab 4 Uhr ist die Stimmung am besten, dann wird's mit tanzenden und teils nackt badenden Gäste ziemlich verrückt. Wem's gefällt …

Jello Bar CAFÉ

(Leoforos Archiepiskopou Makariou III 43; ⌚9–2 Uhr) Die trendige Bar serviert alles Mögliche, von Bier über Cocktails bis hin zu Kaffee und Milchshakes. Gegen den Hunger hilft eine anständige Auswahl an Burgern und Desserts. Ab 20 Uhr ist Happy Hour.

Nissaki Bar BAR

(Sandy Bay; ⌚11 Uhr–open end) Wer es gerne ruhiger mag, kann in dieser entspannten Mischung aus Restaurant, Café und Bar in wunderschöner Lage am Strand einen Drink oder eine tolle Auswahl an zyprischen Speisen genießen.

Kafenio CAFÉ

(Leoforos Archiepiskopou Makariou III; ⌚10 Uhr–open end) Das entspannte Café-Bar-Restaurant in zentraler Lage mit freundlichem Ambiente ist eine tolle Anlaufstelle für einen entspannten Tag oder für einen Einstieg in die Partynacht. Besonders gemütlich ist die Dachterrasse.

ℹ Praktische Informationen

GELD

Geldautomaten gibt's an den meisten Straßen.

Hellenic Bank (☎2372 1588; Leoforos Archiepiskopou Makariou III 18) Unmittelbar südlich des Hauptplatzes von Agia Napa.

INTERNETZUGANG

3W Internet Café (☎2372 3032; Leoforos Nisiou 27; 3 € pro Std.; ⌚10–2 Uhr) Internetzugang, Ausdrucke, Foto-Download.

Backstage Internet Centre (☎2381 6097; Ari Velouchioti 7; 3 € pro Std.; ⌚10–24 Uhr) Internetzugang, Spiele und Billardtisch.

MEDIZINISCHE VERSORGUNG

Apothekennotdienst nach Geschäftsschluss (☎192)

Napa Olympic Polyclinic (☎2372 3222; Chavares 24) Privatklinik.

Paralimni-Krankenhaus (☎2382 1211; Paralimni) 15 Autominuten entfernt in Paralimni.

POLIZEI

Polizeiwache (☎2472 1553; Kavo Greko) Nördlich vom Zentrum Agia Napas am großen Kreisel.

POST

Postfiliale (☎2472 2141; D Liperti 3; ⌚Mo–Fr 9–13.30 Uhr) Unmittelbar östlich des Platzes.

TOURISTENINFORMATION

Cyprus Tourism Organisation (CTO; ☎2372 1796; Leoforos Kryou Nerou 12; ⌚Mo, Di, Do & Fr 8.15–14.30 & 15–18.30, Mi & Sa bis 14.30 Uhr) Hilfsbereites, freundliches Personal und gute Stadtpläne.

ℹ An- & Weiterreise

BUS

InterCity Buses (☎2381 9090; www.intercity-buses.com; einfache Fahrt 4 €, hin & zurück 7 €)

InterCity-Busse halten an offiziellen Haltestellen des Marina Hotel an der Leoforos Kryou Nerou und vor dem Wasserpark Water World an der Leoforos Nisiou. Obwohl dies nicht in den Fahrplänen ausgewiesen ist, stoppen alle InterCity-Busse auch an der Bushaltestelle direkt gegenüber dem Agia-Napa-Kloster an der Leoforos Archiepiskopou Makariou III direkt im Zentrum.

Es gibt regelmäßige Verbindungen nach Paralimni (15 Min.), Larnaka (45 Min.), und Nikosia (2 Std.).

FLUGZEUG

Der 48 km entfernte Larnaka International Airport ist der nächste Flughafen.

SERVICETAXI

Travel & Express (☎ 2382 6061; www.travelexpress.com.cy; George Griva Digeni 105, Paralimni; ⏲ Mo–Sa 6.30–19, So bis 16 Uhr) Bietet Sammeltaxis nach Larnaka (8,50 €), zum Flughafen von Larnaka (11,50 €), nach Nikosia (17 €), Lemesos (18,50 €) und Pafos (28 €). Sie verkehren alle halbe Stunde ab 6 Uhr, wobei das letzte Taxi (je nach Ziel) meist um 17 Uhr abfährt. Sonntags sind die Verbindungen weniger häufig und teurer. Reservierungen sind telefonisch möglich.

TAXI

Taxis warten am Hauptplatz. Preise und Fahrtzeiten:

Larnaka 35–43 €, 30 Min.

Lemesos 60–70 €, 1 Std.

Nikosia 45–52 €, 35 Min.

Pafos 120 €, 1 Std. 40 Min.

Troodos 90–100 €, 1 Std.

Unterwegs vor Ort

Das kompakte Zentrum von Agia Napa lässt sich zu Fuß erkunden. Das städtische Busnetz ist recht gut, man kann es jedoch auch den anderen gleichtun und einen Roller, Buggy oder ein Motorrad mieten.

AUTO & MOTORRAD

Easyriders (☎ 2372 2438; www.easyriders.com.cy; Gianni Ritsou 1; ⏲ 9–21 Uhr) Roller mit 50 ccm gibt's ab 20 € pro Tag, Quads und 800-ccm-Maschinen von Kawasaki oder Suzuki ab 55 €. In der Dimokratias 17 befindet sich eine Zweigstelle.

V&L Tsokkos (☎ 9968 4785; Leoforos Nisiou 58; ⏲ 9–19 Uhr) Vermietet Autos, Quads, Buggys und Roller zu vernünftigen Preisen.

BUS

Agia Napas lokales und regionales Busnetz wird von **Osea** (☎ 2381 9090; www.osea.com.cy; Evagora Pallikaridi) bedient. Es gibt eine Reihe von Routen, die für Besucher nützlich sind. Die einfache Fahrt kostet 1,50 €, ein Tagesticket 5 €.

Bus 101 Vom Wasserpark Water World über Agia Napa nach Protaras und Paralimni (ca. alle 40 Min., 7–23 Uhr)

Bus 102 Von Paralimni und Protaras über Agia Napa zum Wasserpark Water World (ca. alle 40 Min., 7–23 Uhr)

Bus 201 (Agia-Napa-Ringlinie) Ringroute von Oseas Busbahnhof zum Nissi-Strand (stdl., 8.15–16.15 Uhr)

RUND UM AGIA NAPA

Unterwegs vor Ort

Sofern man nicht mit einem Osea- oder InterCity-Bus reist, mietet man am besten einen Roller oder Buggy in Agia Napa oder Protaras, wo die Preise anständig sind.

Eine Fahrt durch die Paralimni-Region ist traumhaft, allerdings braucht man ein leistungsstarkes Fahrzeug. Für Strandhopping am Küstenabschnitt zwischen Pernera und Protaras reicht ein Scooter, Buggy oder Quad. Die Gegend eignet sich auch prima zum Radeln. Zwischen Agia Napa und dem Kap Greco erstrecken sich ausgewiesene Radwege.

Um das weitere Umland zu erkunden, sollte man ein Auto oder kleines Allradfahrzeug benutzen.

Paläste & Meereshöhlen

In der Einbuchtung zwischen dem Limnara-Strand und dem Kap Greco liegen einzigartige **Paläste** genannte Felsformationen, die über die Jahrhunderte von den an die Küste gischtenden Wellen in den Stein gegraben wurden und wie Gucklöcher aussehen. Sie sind ein tolles Revier für Taucher und nur per Boot zu erreichen.

Weiter östlich durchziehen spektakuläre **Meereshöhlen** die Küste. Von Aussichtssitzen direkt darüber kann man dem Echo der hinein- und herausströmenden Brandung lauschen. Bei ruhiger See gelangt man zu Fuß zu einigen der Höhlen, doch bei rauem und windigem Wetter spritzt die Gischt bis zu 10 m hoch, sodass die Wangen brennen und man das Salz auf der Zunge schmeckt. Den besten Blick genießt man vom Meer aus. Deshalb lohnt es sich, eines der vielen Charterboote vom Hafen von Napa aus zu nehmen.

Kap Greco

Von diesem Nationalpark aus genießt man einen umwerfenden Blick auf das Meer und die Küste und findet tolle Wander- und Reitmöglichkeiten. Ein Küstenpfad beginnt in der Kryou Nerou in Agia Napa und windet sich empor bis zum Leuchtturm an der Spitze des Kaps. Dieser Spaziergang dauert rund 3½ Stunden. Die Natur bietet keinen Schutz, also Hüte, Wasser und Sonnenschutz mitbringen. Es gibt schöne Picknickplätze auf dem teilweise holprigen Weg. Für Radfahrer empfiehlt sich hier ein Mountainbike.

15 km Wanderwege mit interessanter lokaler Flora wie der Weißen Meerzwiebel, wilden Orchideen und Dünen-Trichternarzissen, die im hochgradig salzigen Boden gedeihen, durchziehen die Region. Kommt man zum Kap Greco selbst, kann man gen Norden in Richtung der kleinen Bucht laufen und zu den Felsplattformen hinabsteigen. Von hier aus springen Schwimmer ins idyllische Meer.

Paralimni

11 100 EW. (EINSCHLIESSLICH PROTARAS & PERNERA)

Paralimni liegt im Inland nahe dem je nach Saison existierenden See, der ihm seinen Namen gibt. Der inoffizielle Hauptort des Famagusta-Bezirks ist dank Einwanderern aus dem besetzten Norden und den nahe gelegenen boomenden Strandorten Agia Napa und Protaras gewachsen. Viele der Bewohner besitzen Unternehmen in der Gegend und arbeiten dort.

Die Stadt selbst hat wenig zu bieten: Es gibt einen asphaltierten Platz, eine Kirche (Agios Georgios) und eine wachsende Promenade mit Restaurants und Geschäften.

Deryneia

7500 EW.

Deryneia ist ein traditionelles Dorf mit byzantinischen Kirchen aus dem 12. Jh. und einem lohnenswerten Volkskunstmuseum. Bekannt ist es jedoch vor allem für seine Lage am östlichen Ende der geschlossenen „Grenze“, die den besetzten Norden von der Republik trennt. Die meisten Besucher kommen, um das Kulturzentrum mit Blick auf die UN-Pufferzone und die unheimliche Geisterstadt Varosia zu besichtigen. Ein Stopp lohnt sich für alle, die sich für Zyperns Zeitgeschichte interessieren.

Wer keinen Mietwagen hat, nimmt den regelmäßig von Agia Napa nach Deryneia verkehrenden Osea-Bus 501. Zurück fährt der Bus 502.

Sehenswertes

Kulturzentrum des besetzten Famagusta MUSEUM

(Evagorou 35; Mo–Fr 7.30–16.30, Sa 9.30–16.30 Uhr) GRATIS Das nüchterne Zentrum erinnert mittels audiovisueller Präsentationen und Infos zu Famagusta an die andauernde Teilung der Insel. Doch die eigentliche Attraktion (Ferngläser werden gestellt) ist der Panoramablick vom Dach über das bizarre, mit Stacheldraht gespickte Niemandsland bis Varosia. Die verfallenen, verlassenen Überreste des einstigen angesagten Mittelmeerresorts sind ein trauriger, eindrucksvoller Zeuge der fortdauernden Teilung.

Varosias Bewohner flohen im August 1974 vor den türkischen Truppen. Der einst florierende Urlaubsort mit seinen schicken Hotels ist heute vom türkischen Militär komplett abgeschottet und verfällt langsam.

Volkskunstmuseum MUSEUM

(Demetris Lipertis 2; Eintritt 2,50 €; Mo–Sa 9–13 & 16–18 Uhr) Das kleine Museum zeigt landwirtschaftliches Gerät und andere ethnografische Exponate zum typischen Landleben.

Dekelia Sovereign Base Area

Dekelia ist eine von zwei großen Militärbasen unter britischer Oberheit, deren Rechte als Teil der Unabhängigkeitsversammlungen zwischen entstehenden Republik Zypern und der britischen Regierung ausgehandelt wurden. Die Gegend nimmt einen Großteil Ostzyperns von der Bucht von Larnaka bis zur Grenze zum Norden ein. Traveller können den Stützpunkt passieren und sogar eine Rast mit Fisch 'n' Chips in der nichtmilitärischen Zone einlegen. Hier gibt's einen kleinen Strand mit Geschäften im britischen Stil und einen Kinderspielplatz.

Das Militärgebiet selbst darf man nicht betreten. Noch immer ist der Stützpunkt ein entscheidendes Zentrum für Informationserfassung und Überwachung des Mittleren Ostens. Die britische Regierung erklärte, einen Teil des Gebiets zurückzugeben, wenn sich Zypern wiedervereinigt.

Kokkinohoria

16 300 EW.

Die Kokkinochoria („Rote Dörfer“) verdanken ihren Namen der tiefroten, mineralhaltigen Erde dieser Gegend. Dazu gehören die

Orte **Xylofagou**, **Avgorou**, **Frenaros**, **Liopetri** und **Sotira** im Inland. Fast alle leben von der Landwirtschaft und sind berühmt für ihre Kartoffeln sowie *kolokasi* (Taro, ein stärkehaltiges Wurzelgemüse). Windbetriebene Wasserpumpen sprenkeln die Äcker und drei- bis viermal pro Jahr wird geerntet.

Die Region ist ein Paradebeispiel des ländlichen Zypern: Hier findet man hervorragende Landtavernen mit einfachen Gerichten aus frischem Obst- und Gemüse. Wer das Gebiet besucht, muss eine gute Karte mitnehmen, da die Beschilderung schlecht ist.

Pyla

1370 EW.

Pyla (Pıle) ist das einzige Dorf im Süden, in dem noch immer griechische und türkische Zyprer zusammenleben. UN-Blauhelme überwachen symbolisch den Frieden, doch die Einwohner haben sich arrangiert und gehen ihrem Alltag nach. Der Ort selbst befindet sich in der UN-Pufferzone. Auf dem Platz liegt ein rot-weißer türkisch-zyprischer Kaffeeladen friedlich gegenüber einem blau-weißen griechisch-zyprischen *kafeneio*.

Einzig in den lokalen Steuern und Kosten für Einrichtungen zeigen sich Unterschiede. Nur Griechen müssen zahlen, die Türken als Bürger des Nordens nicht. Politik steht jedoch im Hintergrund. Wichtig ist, dass sich alle Einwohner als Zyprer verstehen.

In der nahe gelegenen Stadt Pergamos gibt's einen Grenzübergang für Fahrzeuge in den Norden.

Protaras

11 100 EW. (EINSCHLIESSLICH PARALIMNI & PERNERA)

Zahlreiche kinderfreundliche Aktivitäten in der Gegend, wunderschöne weite Strände und entspanntes Urlaubsflair machen den Ferienort Protaras zu einem beliebten Ziel für Familien. Die modernisierte Küste ist durch und durch auf den Tourismus ausgerichtet und bietet neben Wander- und Fahrradwegen weitläufige Hotels mit gepflegten Gartenanlagen und riesigen Pools. An der Hauptstraße findet man zahlreiche Geschäfte, Restaurants, Hotels und Bars.

Sehenswertes & Aktivitäten

Agios Elias KIRCHE

Die 1980 wiedererrichtete Kirche thront auf einem Felssporn an der Straße zwischen Protaras und Pernera. Eine lange Treppe verläuft zum Gipfel, von dem man traumhafte Ausblicke auf Protaras und die Bucht genießt. Schilder führen hierhin.

Magic Dancing Water WASSERSHOW

(Erw./Kind 15/8 €; 21 Uhr) Jüngere Kinder lieben diese Show, bei der Wasser zu schlechter 1980er-Jahre-Musik, Laserlicht und Hologrammen tanzt und sich zu dabei auch zu drehen scheint.

Moonshine Ranch REITEN

(9960 5042; Cape Greco; Ausritte 40 €; 8–19 Uhr) Die Ranch punktet mit einer großartigen Lage samt einmaligem Blick auf das Kap Greco. Zum Angebot gehören Ausflüge aller Schwierigkeitsstufen zur Konnos-Buch, zum Kap und in das umliegende bergige Tal. Der Reiterhof liegt an der Küstenstraße zwischen Agia Napa und Protaras.

Strände

Protaras STRAND

Protaras' Hauptstrand besteht aus weichem goldenen Sand, eine paar flachen Felshöhlen und einem Spazierweg entlang der grünen Gärten der Resorthotels. Hier bekommt man alles, was man braucht, außerdem eignet sich der Sandstreifen toll zum Sonnenbaden und Schwimmen. Auch zahlreiche Wassersportarten werden angeboten.

Feigenbaumbucht STRAND

Die Feigenbaumbucht am Südende des Hauptstrands von Protaras erfreut sich großer Beliebtheit. Zu ihr gehört eine kleine vorgelagerte Insel, an der man schnorcheln und viele Fische sehen kann. Da es zahlreiche Hotels und Restaurants gibt, kann man hier gut essen, schwimmen, trinken und entspannen.

Essen

Fast alle Restaurants liegen an der Hauptmeile der Stadt.

Kyklos Restaurant ZYPRISCH €€

(Protaras Ave; Hauptgerichte ab 12 €; 11–23 Uhr) In dem Lokal am Südende der Hauptstraße von Protaras bekommt man gut zubereitete authentische Gerichte wie langsam gegartes Meze (Genuss pur verspricht das zarte Lamm-*souvla* mit Knoblauch und Zitrone).

Nikolas Tavern ZYPRISCH €€

(Feigenbaumbucht, Protaras; Hauptgerichte ab 11 €; 11.30–23 Uhr) Preisgünstige, beständig gute zyprische Klassiker, gepaart mit wunderbar freundlichem Service. Wir empfehlen *stifado* oder *kleftiko* (im Ofen gegartes Lamm) mit einem Wein aus der Gegend.

Pernera

Ein kleines Stück nördlich von Protaras stößt man auf einen weiteren Küstenort, der erholsame Urlaubsidylle verspricht. Protaras liegt so nahe, dass beide Orte praktisch zu einer Stadt verschmolzen sind. Hier versprechen wunderschöne sandige Ufer und winzige Buchten Strandspaß pur. Im Ort selbst gibt's ein paar hervorragende Restaurants und Wassersportgeschäfte.

Strände

Louma STRAND

Kleiner gebogener Strand mit flachem Meerwasser, der von einer künstlichen Bucht geschützt wird. Der Sand ist fein und das Wasser klar. Bäume am nördlichen Ende spenden Schatten.

Pernera STRAND

Bei Familien ist der winzige, sichelförmige weiche Sandstrand mit flachem Wasser und einem Restaurant sehr beliebt.

Agia Triada STRAND

Der niedliche Strand mit niedrigem Wasserspiegel und gröberem Sand eignet sich wunderbar als Anlegestelle für Boote.

Skoutari STRAND

Abgelegene Bucht vor einer Klippe mit festgetretenem Sand und Felsen. Ideal zum Schnorcheln.

Aktivitäten

Under Sea Adventures WASSERSPORT

(☎ 9956 3506; www.underseawalkers.com; Agia-Triada-Strand) Bei Under Sea Adventures können abenteuerlustige Kids ab acht Jahren mit Helm ausgestattet im Flachwasser tauchen (Erw. 45 €, Kinder zwischen 8 und 16 Jahren 35 €) und Ältere alternativ einen BOB (Breathing Observation Bubble, verglaster Scooter mit Sauerstoffbehälter; Kinder ab 13 Jahren 55 €) nehmen. Beides verspricht eine Menge Spaß und erlaubt eine sichere Erkundung des Unterwasserlebens.

Die „Spaziergänge" finden in einer Tiefe von 3 m statt. Hier kann man wunderbar trocken unter seinem Helm Steinformationen und Meeresbewohner bestaunen.

Essen

★ **La Cultura Del Gusto** MEDITERRAN €€€

(Ifaistou Skarou Markou 9; Hauptgerichte ab 18 €; ⏲ 11–23 Uhr) Auf der einfallsreichen Speisekarte dieses schicken Lokals stehen vor allem Gerichte im italienischen Stil. Das zuvorkommende Personal und Spezialitäten wie Lammschenkel und saftiges Hähnchen runden den schönen Aufenthalt ab.

Nikosia (Lefkosia)

Inhalt ➡

Lecker essen

- ➡ Shiantris (S. 141)
- ➡ Mattheos (S. 139)
- ➡ Syrian Arab Friendship Club (S. 143)
- ➡ Zanettos Taverna (S. 141)
- ➡ Silver Pot (S. 143)

Tolle Museen

- ➡ Zypern-Museum (S. 133)
- ➡ Leventis-Stadtmuseum (S. 133)
- ➡ Nicosia Municipal Arts Centre (S. 133)
- ➡ AG Leventis Gallery (S. 138)

Auf nach Nikosia

Egal ob man ein wenig Abwechslung von der Küste und vom Sonnenbaden braucht oder nicht – zu einem Urlaub auf dieser Insel gehört unbedingt auch ein Abstecher in die Hauptstadt. Nikosia bzw. Lefkosia, wie es von den Griechen und auch offiziell genannt wird, bietet wunderbare Einblicke in das moderne Zypern. Antike Mauern, traditionelle Restaurants und eine wachsende Café- und Kulturszene sind die Grundpfeiler des verführerischen Ortes. Fast alle Attraktionen befinden sich innerhalb der historischen Mauer, wo sich Kirchen, Moscheen und faszinierende Kolonialbauten zu einem Labyrinth schmaler Gassen vereinen. Darüber hinaus gibt's hier das beste Museum des Landes mit einer umfassenden archäologischen Sammlung.

Nikosia ist die letzte geteilte Hauptstadt der Welt. Obwohl die Spaltung spürbar ist, sorgen mittlerweile rund um die Uhr geöffnete Grenzübergänge dafür, dass man jederzeit den türkischen Nordteil Lefkoşa (Nord-Nikosia) besuchen kann.

Reisezeit

- ➡ Die besten Jahreszeiten für einen Besuch sind der Frühling und der Herbst mit angenehm warmen Temperaturen und wenig Regen.
- ➡ Auch die Osterwoche sorgt mit ihren traditionellen Umzügen und festlicher Stimmung für ein besonderes Urlaubserlebnis.
- ➡ Der Hochsommer ist nicht zu empfehlen, denn dann zählt die Hauptstadt mit rund 36 °C zu den heißesten Orten der Insel, auch wenn es sich um eine trockene Hitze handelt.
- ➡ Außerdem schließen im August viele Restaurants und Hotels, damit sich die Angestellten an der kühleren Küste erholen können.

NIKOSIA (LEFKOSIA)

213 500 EW.

Geschichte

Nikosia war schon immer die Hauptstadt des Landes, vor allem weil die wenig gesicherten Küstenstädte leichte Angriffsziele boten. Seine Lage inmitten einer Ebene versprach zumindest etwas Schutz vor marodierenden Eindringlingen. In der byzantinischen Epoche erlebte der Ort seine Blütezeit. Den Byzantinern folgten die Venezianer; sie brachten die Stadt 1489 unter ihre Kontrolle, hatten den Osmanen jedoch nichts entgegenzusetzen, die 1570 an die Macht kamen. Bis zur Ankunft der Briten 1878, mit der auch jenseits der Stadtmauern die Zeichen auf Fortschritt gestellt wurden, stagnierte Nikosia.

In den 1950er-Jahren eskalierte der Kampf der Ethniki Organosis Kyprion Ago-

Highlights

1 Die wunderbar erhaltene **venezianische Festungsmauer** (S. 135) rund um die Altstadt erkunden.

2 Beim Überqueren des **Grenzübergangs für Fußgänger in der Ledrastraße** (S. 140) beide Seiten von Europas letzter geteilter Hauptstadt kennenlernen.

3 Exquisite Kunst in der herausragenden **AG Leventis Gallery** (S. 138) bestaunen.

4 In den kleinen familienbetriebenen Geschäften der Altstadt, z. B. im **Atelier D'Art** (S. 146), Andenken, Kunst und Kunsthandwerk kaufen.

5 Auf der Terrasse eines der vielen Cafés in der **Ledrastraße** (S. 143) den bunten Trubel beobachten.

6 Eine der hervorragenden **kostenlosen Altstadt-Führungen** (S. 144) der Touristeninformation mitmachen.

7 Durch die gepflasterten Gassen der malerischen Mesaoria-Dörfer wie **Pera** (S. 152) schlendern.

niston (EOKA; Nationale Organisation Zyprischer Kämpfer) gegen die Briten und auf den Straßen der Hauptstadt kam es zu blutigen Aufständen.

Weitere Gewaltausbrüche in Form von Zusammenstößen zwischen griechischen und türkischen Zyprern im Jahr 1963 führten zur faktischen Teilung Nikosias. Die sogenannte „Grüne Linie" entstand, als die Briten die Grenze zwischen dem griechischen und türkischen Teil mit einem einfachen grünen Stift auf einer Militärkarte einzeichneten. Der Name blieb erhalten.

1974 zementierte der türkische Einmarsch die Teilung der Stadt, die noch bis heute anhält und von den wachsamen, aber zunehmend müden Augen der UN-Friedenstruppe beaufsichtigt wird. Seit 2003 dürfen alle Bürger die Grüne Linie überqueren. Nun arbeiten etliche türkische Zyprer im Südteil Nikosias, während die griechischen Zyprer die zahlreichen Kasinos im Norden sowie die wilde Nordostküste besuchen.

Die Eröffnung des Grenzübergangs für Fußgänger in der Ledrastraße im April 2008 erleichtert nun den Verkehr in beide Richtungen und das Projekt Nicosia Master Plan versucht, die Bewohner zu beiden Seiten der Grünen Linie auf Kurs zu bringen, denn man geht unverändert von einer Wiedervereinigung der Stadt aus.

Sehenswertes

Der interessanteste Stadtteil für Besucher ist die von der venezianischen Festungsmauer aus dem 16. Jh. begrenzte Altstadt. Aufgrund umfassender Umbauarbeiten wurde ein Großteil von Nikosias Plateia Eleftherias bei der Südmauer (S. 148) gesperrt. Dort sollen ein Park und ein von Palmen sowie den alten Mauern gesäumter Fußgängerweg mit Parkplätzen und einer städtischen Gartenanlage entstehen.

Die Neustadt erstreckt sich südwärts. Ihre Hauptverkehrsader, die moderne Leoforos Archiepiskopou Makariou III (Makarios-Allee), säumten früher Dutzende Cafés, Bars, Restaurants und Geschäfte. Die Wirtschaftskrise hat aber viele Opfer gefordert: Zahllose Läden mussten schließen, andere sind in die belebtere Ledrastraße in der Altstadt umgezogen. Neben dem dortigen Grenzübergang gibt's einen weiteren beim Ledra Palace Hotel im äußersten Westen der Altstadt; beide dürfen nur von Fußgängern genutzt werden. Der Agios-Dometios-Grenzübergang nordwestlich der Neustadt ist nur für Fahrzeuge.

★ Zypern-Museum — MUSEUM

(☎ 2286 5888; Leoforos Mouseiou 1; Eintritt 4,50 €; ⏲ Di–Fr 8–16, Sa 9–16, So 10–13 Uhr) Dieses ausgezeichnete Museum gegenüber vom Stadtpark, zehn Gehminuten westlich der Plateia Eleftherias, beherbergt die beste Sammlung archäologischer Funde in Zypern. Zu den Highlights gehört die bemerkenswerte Kollektion von **Votivfiguren aus Terrakotta**, die 1929 in Nordzypern entdeckt wurde. Die 2000 Figuren gehen auf das 7. und 6. Jh. v. Chr. zurück und wurden so angeordnet, wie man sie fand: halbkreisförmig. Ein weiterer Höhepunkt ist die Gruppe von drei **Kalksteinlöwen** und zwei **Sphinxen**, die in der Nekropole Tamassos südlich von Nikosia ausgegraben wurden.

In Saal 5 steht die Statue der **Aphrodite von Soli**, Zyperns berühmte Göttin, die auf vielen Touristenplakaten zu sehen ist. Eine gewaltige, beeindruckende Bronzestatue des **Kaisers Septimus Severus**, ein 1928 in Değirmenlik (Kythrea) gemachter Fund, steht im Mittelpunkt von Saal 6.

In Saal 7B sind einige schöne Mosaike wie **Leda mit dem Schwan** aus Palea Pafos sowie verschiedene Goldfunde aus Gräbern ausgestellt.

★ Leventis-Stadtmuseum — MUSEUM

(www.leventismuseum.org.cy; Ippokratous 17; ⏲ Di–Sa 10–16.30 Uhr) GRATIS Hier steht die Geschichte der Insel – und insbesondere ihrer Hauptstadt – im Mittelpunkt. Die Dauerausstellung umfasst traditionelle Kleider, Gemälde, archäologische Funde sowie eine faszinierende historische Postkartensammlung und ist ganz stilgemäß in einer hübschen neoklassizistischen Villa untergebracht. Der Andenkenladen ist top.

★ Nicosia Municipal Arts Centre — MUSEUM

Pierides Foundation; www.nimac.org.cy; Apostolou Varnava 19; ⏲ Di–Sa 10–15 & 17–23, So 10–16 Uhr) GRATIS Das Museum für zeitgenössische Kunst, untergebracht in einem ehemaligen Elektrizitätswerk, ist das zyprische Pendant zum Londoner Tate Modern. Die dramatische Industriekulisse mit hohen Decken und einigen originalen Gerätschaften wie Flaschenzügen setzt die innovativen Installationen wunderbar in Szene. Zur Dauerausstellung gehören Gemälde, Fotografien, Videos, Skulpturen und andere Werke aus dem Dimitris-Pierides-Museum für zeitgenössische Kunst in Griechenland. Die Ausstellungen wechseln monatlich und behandeln häufig kontroverse politische und kulturelle Themen.

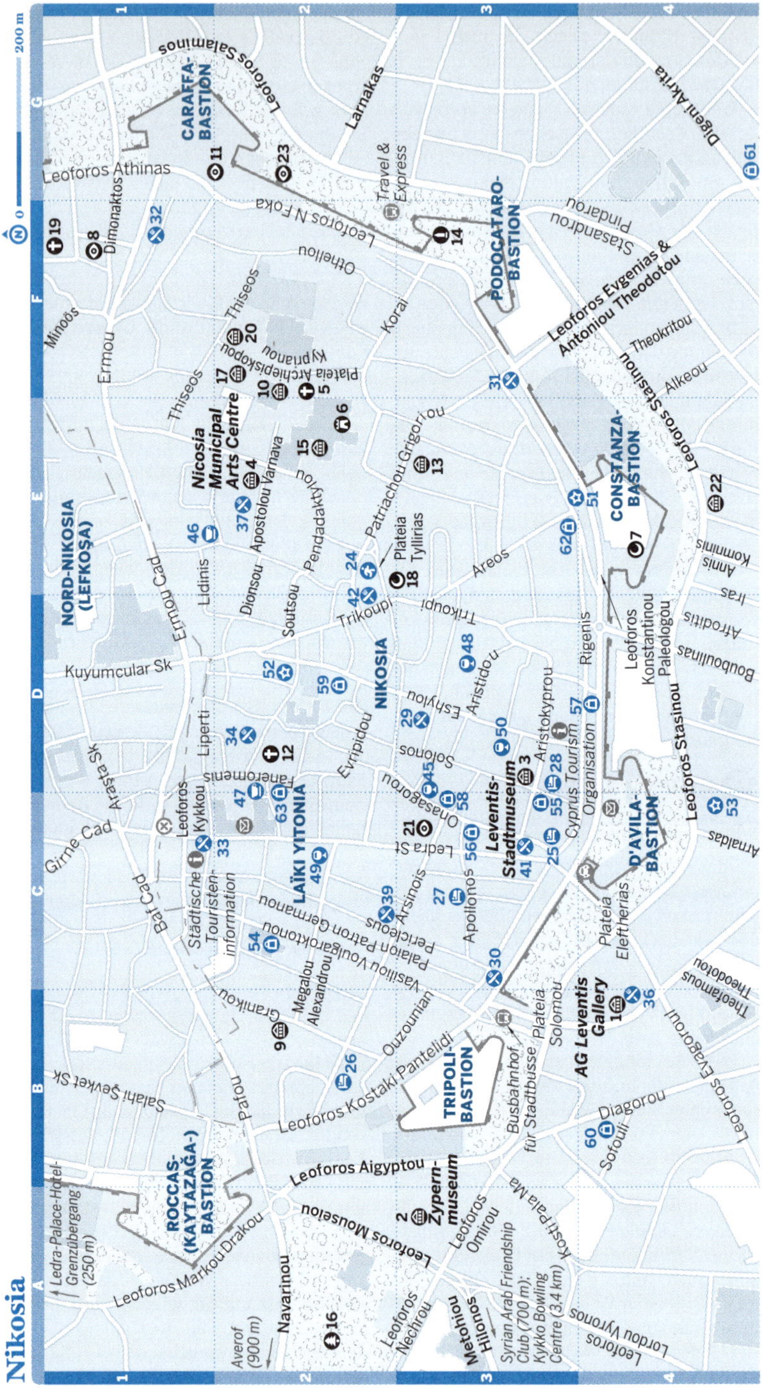

Nikosia
0
200 m
CARAFFA-BASTION
PODOCATARO-BASTION
CONSTANZA-BASTION
D'AVILA-BASTION
TRIPOLI-BASTION
ROCCAS-(KAYTAZAĞA-)BASTION
NORD-NIKOSIA (LEFKOŞA)
NIKOSIA
LAÏKI YITONIA
Nicosia Municipal Arts Centre
Leventis-Stadtmuseum
AG Leventis Gallery
Zypern-museum
Städtische Touristen-information
Cyprus Tourism Organisation
Busbahnhof für Stadtbusse
Travel & Express
Ledra-Palace-Hotel-Grenzübergang (250 m)
Averof (900 m)
Syrian Arab Friendship Club (700 m); Kykko Bowling Centre (3,4 km)
Leoforos Salaminos
Leoforos Athinas
Leoforos N Foka
Leoforos Evgenias & Antoniou Theodotou
Leoforos Stasinou
Leoforos Konstantinou Paleologou
Leoforos Kostaki Pantelidi
Leoforos Aigyptou
Leoforos Markou Drakou
Leoforos Mouseiou
Leoforos Omirou
Leoforos Nechrou
Leoforos Vyronos
Leoforos Evagorou
Leoforos Kykkou
Larnakas
Digeni Akrita
Kuyumcular Sk
Girne Cad
Arasta Sk
Ermou Cad
Baf Cad
Salahi Şevket Sk
Ermou
Minoos
Dimonaktos
Thiseos
Othellou
Korai
Pindarou
Stasandrou
Theokritou
Alkeou
Patriachou Grigoriou
Plateia Archiepiskopou Kyprianou
Apostolou Varnava
Pendadaktylou
Lidinis
Dionsou
Soutsou
Trikoupi
Plateia Tyllirias
Areos
Rigenis
Aristidou
Eshylou
Evripidou
Liperti
Faneromenis
Solonos
Onasagorou
Ledra St
Aristokyprou
Apollonos
Arsinois
Pericleous
Palaion Patron Germanou
Vasiliou Voulgaroktonou
Granikou
Megalou Alexandrou
Ouzounian
Patou
Navarinou
Metohiou
Hilonos
Kosti Pala Ma
Plateia Solomou
Plateia Eleftherias
Diagorou
Sofouli
Theofanous Theodotou
Arnaldas
Boubolinas
Afroditis
Iras
Annis Komninis
1 2 3 4 5 6 7 8 9 10 11 12 13 14 15 16 17 18 19 20 21 22 23 24 25 26 27 28 29 30 31 32 33 34 36 37 39 41 42 45 46 47 48 49 50 51 52 53 54 55 56 57 58 59 60 61 62 63
A B C D E F G

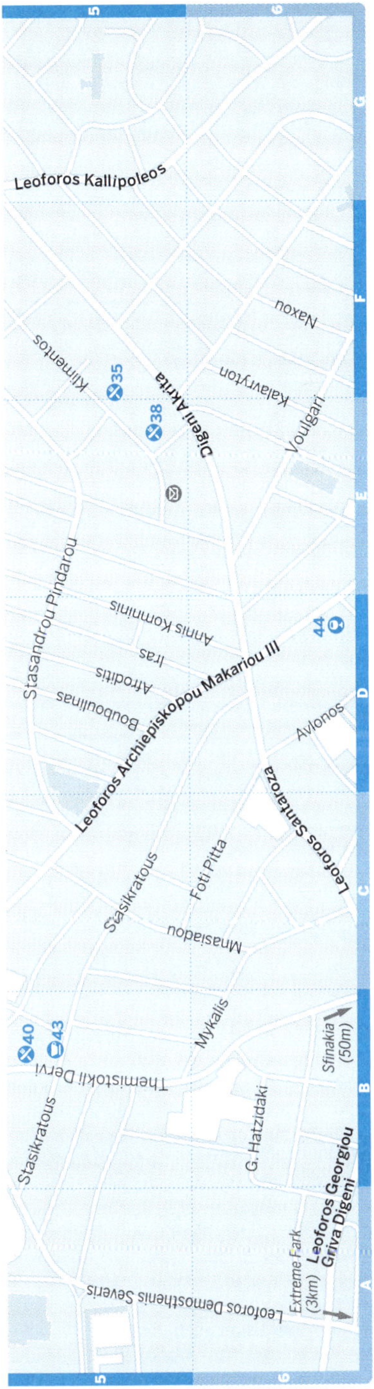

Zum Kunstmuseum gehören ein feines Restaurant, ein Souvenirladen und eine umfassende Bibliothek für Besucher. Der Weg hierhin führt durch den kleinen Bogengang rechts vom Museum des Nationalen Kampfes. Dann geht's einen Block entlang der Apostolou Varnava.

Venezianische Festungsmauer

HISTORISCHE STÄTTE

Wer die Festungsmauer rund um die Altstadt einmal auf dem Stadtplan gesehen hat, wird das Bild nicht so schnell wieder vergessen. Und das liegt nicht allein an ihrer Form, die stark an eine Schneeflocke erinnert.

Die Venezianer errichteten die Mauer 1567, um die gefürchteten osmanischen Angreifer fernzuhalten, doch leider ohne Erfolg: Im Juli 1570 gingen die Osmanen in Larnaka an Land. Drei Monate später stürmten sie Nikosias Festungsanlage und töteten rund 50 000 Bewohner. Seither hat sich die Mauer kaum verändert.

Fünf der Bastionen, **Tripoli**, **D'Avila**, **Constanza**, **Podokataro** und **Caraffa**, befinden sich im südlichen Teil Nikosias. **Flatro** (Sibeli) im Ostteil der Altstadt ist von türkisch-zyprischen, griechisch-zyprischen und UN-Truppen besetzt. Die übrigen Bollwerke, **Loredano** (Cevizli), **Barbaro** (Musalla), **Quirini** (Cephane), **Mula** (Zahra) und **Roccas** (Kaytazağa), liegen in Nord-Nikosia (Lefkoşa).

Die venezianische Festungsmauer und der Graben rund um Nikosia (Süd-Nikosia) sind in exzellentem Zustand. Heute werden sie als Parkplätze, Veranstaltungsorte für Freiluftkonzerte oder einfach zum Spazieren und Erholen genutzt. In Nord-Nikosia ist die Anlage weniger gut erhalten und teils überwuchert sowie verfallen.

An mehreren Stellen gibt's Durchbrüche für den Verkehr, sodass auch Fahrzeuge Zugang zur Altstadt haben.

Haus des Hatzigeorgakis Kornesios

MUSEUM

Patriarchou Grigoriou 20; Eintritt 1,70 €; ⌚ Mo–Fr 8–14, Sa 9–13 Uhr) (Von 1779 bis 1809 gehörte dieses Gebäude Kornesios, dem Dragoman (auf Türkisch *tercüman*) – Dolmetscher bzw. Vermittler zwischen den osmanischen und den orthodoxen Behörden – von Zypern. Er häufte durch seine Ländereien und Steuerbefreiungen ein erhebliches Vermögen an und stieg in jener Zeit zum mächtigsten Mann Zyperns auf. Seine Extravaganz war jedoch zugleich sein Verderben. Ein Bauernaufstand im Jahr 1804, der sich gegen die gesamte herrschende Klasse richtete, zwang

Nikosia

Highlights
1 AG Leventis Gallery B4
2 Zypern-Museum A3
3 Leventis-Stadtmuseum D3
4 Nicosia Municipal Arts Centre E2

Sehenswertes
5 Agios-Ioannis-Kirche F2
6 Erzbischöflicher Palast E2
7 Bayraktar-Moschee E4
8 Chrysaliniotissa-Kunsthandwerkszentrum F1
9 Zyprisches Museum für Motrorrad-Oldtimer B2
10 Ethnografisches Museum F2
11 Famagusta-Tor G2
12 Faneromeni-Kirche D2
13 Haus des Hatzigeorgakis Kornesios E3
14 Freiheitsdenkmal F3
15 Makarios-Kulturstiftung E2
16 Stadtpark A2
17 Museum des Nationalen Kampfes F2
18 Omeriye-Moschee E3
19 Panagia Chrysaliniotissa F1
20 Museen im Panzyprischen Gymnasium F2
21 Shacolas-Tower-Observatorium C3
22 Staatliche Galerie für Zeitgenössische Zyprische Kunst E4
23 Venezianische Festungsmauer G2

Aktivitäten, Kurse & Touren
24 Omeriye-Hamam E2

Schlafen
25 Centrum C3
26 Classic Hotel B2
27 Royiatiko C3
28 Sky Hotel D3

Essen
29 Casa Vieja D3
30 Christakis C3
31 Da Paolo F3
32 Egeon F1
Inga's Veggie Heaven .... (siehe 8)
33 Kathodon C1
34 Mattheos D2
35 Mediterranean F5
36 Pinakothiki B4
37 Power House E2
38 Sawa E5
39 Shiantris C2
40 Silver Pot B5
41 Tospitikon C3
42 Zanettos Taverna D2

Ausgehen & Nachtleben
43 Brew Lab B5
Erodós .... (siehe 24)
44 Finbarr's D6
45 Gym D3
46 Haratsi E1
47 Kalakathou D2
48 Oktana D3
49 Patio Cocktail Bar C2
50 Plato's D3

Unterhaltung
51 Academy 32 .... E3
52 Weaving Mill D2
53 Zoo C4

Shoppen
54 Antiques C2
55 Astor C3
56 Atelier D'Art C3
57 Staatliches Kunsthandwerkszentrum .. D4
58 Diachroniki Gallery C3
59 Messa D2
60 Moufflon Bookshop B4
61 Städtischer Markt G4
Phanero Menis 70 .... (siehe 63)
62 Utopia E3
63 Yatanou C2

Kornesios zur Flucht nach Istanbul. Als er fünf Jahre später aus dem Exil zurückkehrte, klagte man ihn des Landesverrats an. Seine Besitztümer wurden konfisziert, er selbst ohne viel Federlesens enthauptet. Das Haus an sich ist schöner als die Ausstellungsstücke im Inneren. Ein Raum wurde mit edlen Sitzkissen und *nargileh* (Wasserpfeifen) einem Wohnbereich nachempfunden, in den übrigen Zimmern werden Antiquitäten und osmanische Exponate präsentiert.

Makarios-Kulturstiftung MUSEUM
(Plateia Archiepiskopou Kyprianou; Eintritt 1,70 €; ⏲ Mo–Fr 9–16.30, Sa bis 13 Uhr) Highlight der Stiftung ist das wunderbare **Byzantinische Kunstmuseum** mit der größten Sammlung zyprischer Ikonen der Insel. Hier werden rund 220 Stücke präsentiert, die aus dem 5. bis 19. Jh. stammen. Auf keinen Fall verpassen: Die sechs Beispiele großartiger **Kanakaria-Mosaiken** (S. 225), die nach dem türkischen Einmarsch 1974 aus der Panagia Kanakaria (Kanakaria-Kirche) in Nordzypern gestohlen und nach einem langen Rechtsstreit 1991 wieder zurückgegeben wurden.

Interessant sind auch die Ikonen von **Jesus & der Jungfrau Maria** (12. Jh.) aus der Kirche der Jungfrau Maria Arakas in Lagoudera sowie die „Auferstehung“ (13. Jh.) aus der Kirche im Kloster des hl. Johannes Lambadistis in Kalopanayiotis.

Ethnografisches Museum MUSEUM

(Plateia Archiepiskopou Kyprianou; Eintritt 2 €; ⌚ Mo–Fr 9–17, Sa 10–13 Uhr) Das Ethnografische Museum wartet mit Zyperns umfangreichster Sammlung an Kunsthandwerk und Ethnografie auf, darunter exquisite Beispiele von Stickereien, Spitzenarbeiten, Kostümen, Töpferei, Metallarbeiten, Korbwaren, gemalter Volkskunst, gravierten Kalebassen, Lederwaren und Holzschnitzereien, beispielsweise wunderschöne, kunstvoll verzierte Truhen. Das Gebäude stammt aus dem 15. Jh. und wurde später erweitert.

Museum des Nationalen Kampfs MUSEUM

(Plateia Archiepiskopou Kyprianou; Eintritt 0,80 €; ⌚ Mo–Mi & Fr 8–14, Do 8–14 & 15–19 Uhr) Dieses Museum eignet sich wirklich nur für Geschichtsfanatiker und blutdürstige Kinder. Es zeigt Dokumente, Fotos und andere Exponate zum oftmals gewalttätigen zyprischen Befreiungskampf (1955–59) gegen die Briten, z. B. eine grauenvolle Nachbildung der Galgen.

Shacolas-Tower-Observatorium OBSERVATORIUM

(11. OG, Shacolas Tower, Ecke Ledra St & Arsinois; Eintritt 2 €; ⌚ 10–18.30 Uhr) Das Observatorium im Shacolas Tower, eine Aussichtsplattform über dem Debenhams-Kaufhaus, bietet einen tollen Blick über die Stadt. Besucher können durch Ferngläser ganz Nikosia, die Grüne Linie und das Gebirge in der Ferne betrachten, auf dessen Berghang eine gewaltige (und umstrittene) türkische Flagge gemalt ist. Über die verschiedenen Gebäude und Stadtviertel informieren Erklärungen auf Deutsch, Englisch und Französisch.

Museen im Panzyprischen Gymnasium MUSEUM

(Agiou Ioannou & Thiseos; ⌚ Mo, Di, Do & Fr 9–15.30, Mi 9–17, Sa 9–13 Uhr) GRATIS Zyperns älteste noch genutzte Schule, ein 1812 errichtetes Gymnasium, verfügt über einen faszinierenden, zwölf Räume umfassenden Ausstellungsbereich mit mehreren Museen. Zu den Highlights gehören eine umfangreiche naturhistorische Sammlung, zahlreiche gotische Skulpturen und eine Kunstgalerie mit Werken lokaler Maler, darunter ehemalige Lehrer und Schüler. Lawrence Durrell, der Autor von *Bittere Limonen*, unterrichtete hier in den 1950er-Jahren Englisch.

Omeriye-Moschee MOSCHEE

(Ecke Trikoupi & Plateia Tyllirias; ⌚ außerhalb der Gebetszeiten) Die Omeriye-Moschee, ursprünglich die Augustinerkirche der hl. Maria, stammt aus dem 14. Jh. Schon von eitem ist das hohe Minarett auszumachen, den Eingang zur Moschee erreicht man etwa auf halbem Weg entlang der Trikoupi. Heute wird das Gotteshaus in erster Linie von muslimischen Urlaubern aus nahe gelegenen arabischen Ländern genutzt. Auch Nichtmuslime dürfen es besuchen, wenn sie sich an die Regeln halten, also keine freizügige Kleidung tragen, die Schuhe an der Tür stehen lassen und die offiziellen Gebetszeiten meiden.

Faneromeni-Kirche KIRCHE

(Plateia Faneromenis) Die Faneromeni-Kirche wurde 1872 auf dem Gelände eines alten orthodoxen Frauenklosters errichtet. Sie ist das größte Gotteshaus der Stadt und von einer Mischung aus neoklassizistischen, byzantinischen sowie lateinischen Stilen geprägt. Das **Marmor-Mausoleum** an der Ostseite des Bauwerks wurde zum Gedenken an vier Geistliche errichtet, die vom osmanischen Statthalter 1821 zu Beginn des Griechischen Unabhängigkeitskriegs hingerichtet worden waren.

Panagia Chrysaliniotissa KIRCHE

(Archiepiskopou Filotheou; ⌚ außerhalb der Gottesdienste) Der griechische Name dieser der Jungfrau Maria geweihten Kirche bedeutet „Unsere Muttergottes des goldenen Flachses“. Sie gilt als ältestes byzantinisches Gotteshaus Nikosias und wurde 1450 im Auftrag von Königin Helena Paleologos errichtet. Hier wird eine eindrucksvolle Sammlung alter, seltener Ikonen aufbewahrt.

Laïki Geitonia STADTVIERTEL

Nachdem es viele Jahre leichten Damen und zwielichtigen Händlern als Revier gedient hatte, wurde Laïki Geitonia (wörtlich: „beliebtes Stadtviertel“) restauriert. Der winzige Südteil der Altstadt ist Nikosias touristisches Zentrum, d. h. es gibt jede Menge schlechte Restaurants mit kitschigen Wasserfontänen, Kellnern, die ihre Kundschaft mit billigen Sprüchen umwerben, und meist überteuertem Essen. Dennoch lädt das hübsche Viertel zu einem kurzen Spaziergang ein. Wer Hunger hat, sollte allerdings den vielen guten Lokalen und Kneipen in anderen Teilen der Stadt den Vorzug geben.

In der Gegend gibt's ein Büro der Cyprus Tourism Organisation (CTO), das viele kostenlose Karten und Broschüren auf Lager hat.

Famagusta-Tor HISTORISCHE STÄTTE

(Caraffa-Bastion; ⌚Mo–Fr 10–13 & 17–20 Uhr) Das östliche Tor ist das am meisten fotografierte und am besten erhaltene der drei Originalbauten, die in die Altstadt führten. Hinter der eindrucksvollen Holztür und abfallenden Fassade erstreckt sich ein Tunnel zu einer Befestigungsmauer. Rechts hinter dem Gang liegt eine kleine Open-Air-Arena, wo im Sommer Konzerte veranstaltet werden.

Bayraktar-Moschee MOSCHEE

Die kleine Moschee kennzeichnet die Stelle, an der die Osmanen 1570 die venezianische Festungsmauer durchbrachen. Der osmanische *bayraktar* (türkisch für Fahnenträger; nach ihm ist die Moschee benannt) wurde von den Verteidigern getötet, seine Leiche jedoch später gefunden und hier begraben. Die Moschee war mehrfach Ziel terroristischer Anschläge, Anfang der 1960er-Jahre wurde sie von EOKA-nahen Kräften beschädigt. Nach den Reparaturarbeiten schloss man die Moschee für die Öffentlichkeit.

Freiheitsdenkmal DENKMAL

Unweit der Moschee auf der Podokataro-Bastion stößt man auf dieses nachdenklich machende Monument. Es symbolisiert die 1959 erfolgte Befreiung der griechischen Zyprer von der britischen Kolonialmacht und zeigt 14 Kämpfer der EOKA, die aus dem Gefängnis entlassen werden, sowie Bauern und Priester, was die verschiedenen Schichten der griechisch-zyprischen Gesellschaft repräsentiert.

Chrysaliniotissa-Kunsthandwerkszentrum KUNSTHANDWERK

(Dimonaktos 2; ⌚Mo–Fr 10–13 & 15–18, Sa 10–13 Uhr; 🚻) Wegen seiner interessanten Exponate zu Zyperns Kunst und Kunsthandwerk aus lohnt das kleine Zentrum einen Besuch. In einem Gebäude, das nach dem Vorbild eines traditionellen Gasthofs errichtet wurde, reihen sich mehrere Ateliers und ein vegetarisches Restaurant um einen Innenhof.

★ AG Leventis Gallery MUSEUM

(www.leventisgallery.org; Leonidou St, Neustadt; Eintritt 5 €; ⌚Mo & Do–So 10–17, Mi bis 22 Uhr; P 📶) Das Kunstmuseum in der Neustadt öffnete 2014 seine Pforten. Die Sammlung besteht aus Gemälden und Skulpturen europäischer Künstler des 16. bis 20. Jhs. und ist in drei Abschnitte unterteilt. Die **Paris-Sammlung** umfasst Werke von Chagall, Monet und Renoir, die **Griechische Sammlung** bedeutende Arbeiten griechischer Meister des 19. und 20. Jhs. Das Vorzeigestück der **Zyprischen Sammlung** im Erdgeschoss ist das beeindruckende und nachdenklich stimmende Gemälde *The World of Cyprus* von Adamantios Diamantis, einem berühmten einheimischen Künstler, das ganze 17 m misst.

Alle Ausstellungsstücke stammen aus der Privatsammlung von Anastosios G. Leventis, einem wohlhabenden zyprischen Geschäftsmann und Philanthropen, und der AG Levantis Foundation. Diese Stiftung wurde nach Leventis' Tod 1978 gegründet und war ein wichtiger Impulsgeber bei der Eröffnung des Levantis-Stadtmuseums (ebenfalls in Nikosia). Die Paris-Sammlung ist nach Leventis' Pariser Zuhause benannt, wo die Gemälde früher ihren Platz hatten – der Öffentlichkeit unzugänglich. Die Werke der Griechischen Sammlung erwarb er 1973, die Zypern-Sammlung wurde in der jüngeren Vergangenheit von der Stiftung zusammengestellt.

GRENZÜBERGÄNGE IN DER LEDRASTRASSE & BEIM LEDRA PALACE HOTEL

Diese beiden Kontrollpunkte sind die einzigen auf der Insel, über die man ausschließlich zu Fuß oder mit dem Fahrrad zwischen den beiden Landesteilen reisen kann. Unzählige Touristen und Einheimische nutzen diese Möglichkeit, viele auch zu später Stunde nach einer durchfeierten Nacht. Wer seinen Pass vergisst, darf die Grenze nicht passieren.

Am Übergang in der Ledrastraße kommt man an einem kleinen Büro mit Soldaten und Polizeibeamten aus der Republik vorbei. Sie führen ihre Kontrollen nur bei der Rückkehr aus dem Norden durch und durchsuchen meist gründlich die Taschen. In der Regel sind sie freundlich, allerdings sollte man darauf achten, nicht die erlaubten Mengen an Zigaretten und Alkohol, die man aus dem Norden einführen darf, zu überschreiten.
Danach gelangt man zu den Grenzposten der Türkischen Republik Nordzypern, wo man gebeten wird, auf einem Visumsformular Namen und Passnummer einzutragen. Ein Formular gilt für mehrere Grenzübergänge in den Norden. Dann kann man sich frei bewegen.

Am Grenzübergang beim Ledra Palace Hotel erfolgt das gleiche Prozedere.

Staatliche Galerie für Zeitgenössische Zyprische Kunst MUSEUM

(Ecke Stasinou & Kritis, Neustadt; Mo–Fr 10–16.45, Sa bis 12.45 Uhr) GRATIS Dieses Museum beherbergt eine große Sammlung hochwertiger Kunstwerke aus der Mitte des 19. Jhs. bis zum Ende des 20. Jhs., darunter einige schöne Skulpturen. Die hübsch gestalteten Galerien sind in einem historischen Kolonialbau untergebracht und erstrecken sich über drei Stockwerke.

Zyprisches Museum für Motorrad-Oldtimer MUSEUM

(2268 0222; www.agrino.org/motormuseum; Granikou 44, Altstadt; Mo–Fr 9–13 & 15–18, Sa 9–13 Uhr) GRATIS In manchen von uns schlummert ja ein Hell's Angel… Wer sich angesprochen fühlt, sollte dieses Privatmuseum nicht verpassen. Der Besitzer plaudert gern über seine mehr als 150 Modelle umfassende Sammlung. Deshalb: Kutte überziehen, nur für den Fall.

Stadtpark PARK

(Leoforos Mouseiou; 8–22 Uhr) Ein hübscher Park inkl. großem Spielplatz, Teichen und Wasserspielen sowie alten schattenspendenden Bäumen mitten in der Altstadt. Ein weiteres Plus: Hier sind immer ein paar Eisverkäufer unterwegs.

Omeriye-Hamam TÜRKISCHES BAD

(Ömeriye-Hamam; 2246 0006; www.hamamomerye.com; Plateia Tyllirias; Di–So 10.30–12.30 & 13–21.30 Uhr) Zwei Jahre lang war das traumhafte türkische Bad (16. Jh.) geschlossen, jetzt ist es endlich wieder in Betrieb. Das geschmackvoll restaurierte Bauwerk hat ein opulentes Design im osmanischen Stil. Man kann sich verschiedene Massagen, Ganzkörper-Peelings und andere Behandlungen gönnen.

Geführte Touren

Die Cyprus Tourism Organisation (CTO; Karte S. 148) bietet montags und donnerstags um 10 Uhr kostenlose Führungen vom CTO-Büro in die Altstadt an.

Montags steht eine Tour namens „Chrysaliniotissa & Kaimakli: the Past Restored“ auf dem Programm, bei der man sowohl mit dem Bus als auch zu Fuß unterwegs ist, während man donnerstags einen Rundgang durch die Altstadt unternehmen kann. Die Führungen dauern zwei Stunden und 45 Minuten und beinhalten eine 30-minütige Pause zur Halbzeit.

> **WO GEHT'S LANG?**
>
> Den kostenlosen guten Stadtplan von Nikosias Zentrum samt Karte des Umlandes auf der Rückseite gibt's in allen Büros der Cyprus Tourism Organisation (CTO). In der *Street & Tourist Map of Nicosia* sind die Außenbezirke allerdings detaillierter dargestellt, zudem enthält sie einen Straßenindex. Man bekommt sie in den meisten Buchläden und Schreibwarengeschäften der Stadt.

Alternativ besorgt man sich die CTO-Broschüre mit Stadtspaziergängen oder lässt sich von unserem Vorschlag auf der nächsten Seite inspirieren.

Essen

Restaurants findet man in der Altstadt, der Neustadt und den expandierenden Vororten im Westen bzw. Süden. Außenbezirke wie Engomi im Westen und Strovolos im Süden sind immer für kulinarische Überraschungen gut.

Gastronomisch gesehen hat Nikosia einiges zu bieten. Da es kein eigentliches Urlauberziel ist, gibt's nur wenige schlechte und überteuerte Touristenlokale und stattdessen zahlreiche ausgezeichnete, recht einfache Läden, die traditionelle zyprische Gerichte wie Hülsenfrüchte, frisches saisonales Gemüse und Fleischeintöpfe servieren. Zunehmende multikulturelle Einflüsse ebnen darüber hinaus den Weg für eine raffiniertere, internationalere Küche.

Während der mehrwöchigen Ferien im August sind viele Restaurants geschlossen.

Altstadt

Die gastronomische Szene der Altstadt konzentriert sich auf zwei Bereiche mit verschiedenen günstigen, einfachen Lokalen. Laïki Geitonia erfreut sich vor allem zur Mittagszeit bei Tagesausflüglern großer Beliebtheit, während die verlässlich guten Bars und Restaurants rund um das Famagusta-Tor abends zahlreiche ortskundige Einheimische anlocken.

★ Mattheos ZYPRISCH €

(Plateia 28 Oktovriou 6; Hauptgerichte ab 6 €; Mo–Sa 10–16 Uhr;) In dem atmosphärischen Lokal neben der Faneromeni-Kirche können Gäste an den Tischen mit bunten karierten Decken speisen. Die zyprische

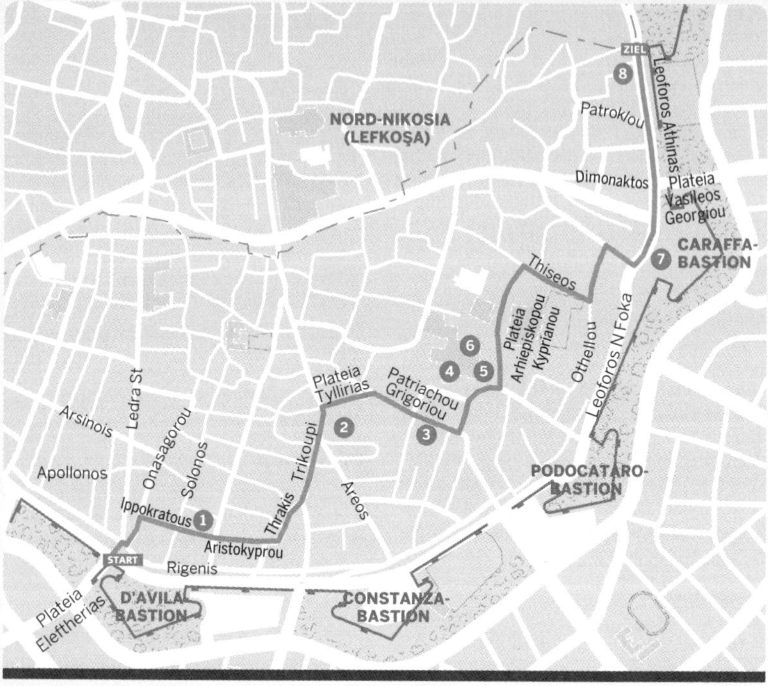

Stadtspaziergang
Reise in die Vergangenheit

START PLATEIA ELEFTHERIAS
ENDE FLATRO (SIBELI) BASTION
LÄNGE 2 KM
DAUER 2 STD.

Diese Tour führt durch die Hauptstraßen der Altstadt, vorbei an vielen Museen. Zunächst folgt man von der Plateia Eleftherias aus der Ledrastraße und biegt rechts auf die Ippokratous ab. Dort befindet sich die 1 **AG Leventis Gallery** (S. 133), das die Geschichte Nikosias von prähistorischer Zeit bis heute dokumentiert.

Von der Ippokratous (die zur Aristokyprou wird) geht's links ab auf die Thrakis und über eine scharfe Biegung auf die Trikoupi, an der rechts die 2 **Omeriye-Moschee** (S. 137) mit ihrem imposanten Minarett und dem Originaleingang aus dem 14. Jh. liegt. Dann biegt man rechts auf die Plateia Tyllirias ab und gelangt nach einem kurzen Fußmarsch auf die Patriarchou Grigoriou. Dieser folgt man 125 m, bis rechts das im 18. Jh. errichtete 3 **Haus des Hatzigeorgakis Kornesios** (S. 135) erscheint, das inzwischen ein Museum beherbergt.

Die nächste Straße nach links führt zum 4 **Erzbischöflichen Palast** an der Plateia Archiepiskopou Kyprianou. Darin befindet sich die 5 **Makarios-Kulturstiftung** (S. 136) mit einem interessanten Museum für Byzantinische Kunst. Zum Gelände der Stiftung gehört auch die 6 **Agios-Ioannis-Kirche** von 1662; ihre Fresken stammen aus dem Jahr 1736.

Nun geht's weiter Richtung Norden und rechts auf die Thiseos, dann links und erneut rechts auf die Leoforos N Foka. Nach einer weiteren Linkskurve taucht vor einem das imposante 7 **Famagusta-Tor** (S. 138) auf, in dem Ausstellungen und kulturelle Veranstaltungen abgehalten werden. Von hier erkundet man die Leoforos Athinas mit ihren angesagten Restaurants und Bars, bis die Straße nach 400 m vor dem Stacheldrahtzaun und den UN-Wachttürmen der 8 **Flatro-(Sibeli-)Bastion.** endet. Die direkteste Route zurück zum Laïki Geitonia führt über die Leoforos N Foka; einfach den Schildern zur Cyprus Tourism Organisation (CTO) folgen und unterwegs die venezianische Festungsmauer bestaunen.

Hausmannskost wie herzhaftes *kleftiko* (Lammbraten), *stifado* (Rindfleisch- oder Kanincheneintopf) und gefülltes Gemüse zieht viele Büroangestellte in ihrer Mittagspause an. Weil das Mattheos zu den beliebtesten Restaurants der Stadt gehört, ist hier ein leerer Stuhl ebenso ungewöhnlich wie ein mittelmäßiges Essen.

Christakis ZYPRISCH €
(Leoforos Kostaki Pantelidi 28; Hauptgerichte 6 €; Mo–Sa 8–22 Uhr) Laut den Stadtbewohnern serviert das schlichte Lokal gegenüber dem Busbahnhof das beste *souvlaki*. Salate, Gemüsebeilagen, traditionelle Bohnengerichte und eine gesellig-familiäre Atmosphäre runden das Gesamtpaket ab. Am besten kommt man früh, denn es gibt nur wenige Tische.

Tospitikon ZYPRISCH €
(Onasagorou 6; Snacks 1 €; 9–22 Uhr) Dieses nüchterne Lokal hat drinnen wie draußen nur eine Handvoll Tische, deshalb sollte man sich schnell einen schnappen und die Spezial-*pourekia* (kleine frittierte Teigtaschen) mit einer Füllung aus Spinat, Pilzen oder Halloumikäse bestellen. Oder man nimmt enen *groat* (eine frittierte Pastete, die traditionell mit Hackfleisch gefüllt ist). Und zum Nachtisch auf jeden Fall noch schön klebrige Baklava verdrücken... mmmmh.

★ **Shiantris** ZYPRISCH €€
(Pericleous 38; Hauptgerichte ab 8 €; Mo–Sa 8.30–21 Uhr;) Unser Lieblingsrestaurant ist umgezogen und nimmt jetzt drei Etagen plus Dachterrasse ein. Es ist nach seinem herzlichen Besitzer benannt, der eine fantastische Auswahl an saisonalen Bohnengerichten mit Zitrone, Petersilie und Olivenöl sowie traditionell zyprische Pasta und Fleischspeisen wie in Tomatensoße gekochtes Rindfleisch kredenzt.

Die neue Location ist hell, luftig und modern – die perfekte Kulisse für die weiterhin entschieden klassische (und köstliche) Küche.

Zanettos Taverna ZYPRISCH €€
(Trikoupi 65; Hauptgerichte ab 9 €, Meze-Gerichte 2 €; 18.30–24 Uhr;) Das 1932 eröffnete Lokal zählt zu den ältesten traditionellen Tavernen Nikosias. Einheimische schwören zu Recht auf die saftigen griechisch-zyprischen Meze-Gerichte. Wer diese genießen möchte, muss das in einer Seitengasse versteckte Restaurant allerdings erst mal finden.

Es gibt keine Speisekarte, aber auf Nachfrage kann man die Geschichte der Taverne nachlesen – absolut faszinierend! Meze wird immer in großzügigen Portionen serviert; am besten richtig hungrig herkommen.

Kathodon GRIECHISCH €€
(2266 1656; www.kathodon.eu; Ledra St 62; Hauptgerichte ab 8 €; 9–23.45 Uhr;) Groß, laut und touristisch... aber das ist vergessen, sobald man die authentisch griechischen Gerichte wie *apaki* (speziell eingelegtes mageres Schweinefleisch) und knusprigen Kürbis gekostet hat. An der Wand hängen Fotos von glücklichen Gästen, dar-

ÜBER DIE GRÜNE LINIE

Obwohl das Passieren der Grenze nach Nord-Nikosia mittlerweile problemlos möglich ist, verströmen die Grüne Linie und die Pufferzone mit ihren verlassenen Häusern noch immer eine gewisse Faszination. Mit Ausnahme von kreativer Graffiti-Kunst gibt's wenig zu sehen, trotzdem verleiht das Grenzgebiet Nikosia eine Art Kick. Hier blickt man auf die zwei Minarette der Selimiye-Moschee, dem Wahrzeichen von Nord-Nikosia, zwischen denen die türkische und die türkisch-zyprische Flagge weht. Die Grüne Linie verkörpert die Beklommenheit, die der Teilung der Hauptstadt und des Landes innewohnt, insbesondere angesichts der düsteren Ereignisse des Jahres 1974.

Den **Bunkern** der UNO und der Republik an der Grenze darf man nicht zu nahe kommen. Der vom Zyprischen Fremdenverkehrsamt (CTO) ausgeschilderte Stadtspaziergang führt zur Grenzlinie im äußersten Osten der Stadt, unweit der vom Militär bewachten **Flatro-(Sibeli-)Bastion**. Biegt man an der letzten Abzweigung links von der Leoforos Athinas ab und folgt der Agiou Georgiou, stößt man rechts bald auf eine kleine Straße namens Axiothea. An ihrem Ende quetscht man sich durch die schmale Öffnung auf die nächste Straße, dem ausgeschilderten Stadtspaziergang folgend.

Die Gegend um das Ende der **Pendadaktylou** herum, da, wo sie auf die **Ermou** trifft, die einst die Altstadt teilte, war früher besonders verlassen und baufällig. Die Gebäude werden jetzt nach und nach restauriert und zu Künstlerateliers u. Ä. umfunktioniert.

unter auch Bill Clinton, das schönste Ambiente und die beste Aussicht bietet aber die große Terrasse. Ein weiteres Plus: griechische Livemusik, jeden Abend!

Da Paolo ITALIENISCH €€
(Leoforos Konstantinou Paleologou 52; Pizza ab 11 €, Pasta ab 9 €; ⏲ 18 Uhr–spätabends) Das kleine italienische Restaurant mit einem Sitzbereich auf der Terrasse neben der venezianischen Festungsmauer, einem Holzofen sowie traditionellem Dekor in Form von Knoblauchketten bietet eine große Auswahl an Pizzas und Pasta. Richtig gut ist die *cipriota pizza* („Pizza Zypern") mit Feta, Halloumi, Oliven, Salami und Tomaten, ein Fest für die Geschmacksknospen.

Inga's Veggie Heaven VEGETARISCH €€
(Chrysaliniotissa-Kunsthandwerkszentrum, Dimonaktos 2; Hauptgerichte 10 €; ⏲ Di–Sa 9–17 Uhr; ✎) Inga, die freundliche isländische Küchenchefin, bereitet verschiedene rustikale vegetarische Tagesmenüs zu, darunter gefüllte Paprika oder Linsenburger, die jeweils mit Salat und hausgemachtem Brot serviert werden. Darüber hinaus sind die mit Liebe gebackenen Kuchen ein nahrhaftes Highlight. Nach dem Essen kann man die angrenzenden Kunstateliers erkunden.

Casa Vieja SPANISCH €€
(☎ 2267 3371; Archangel Michael; Paella für 2 Pers. 22 €, Tapas 5–8 €; ⏲ 19.30–23.30 Uhr) Die *Viva España*-Atmosphäre ist hier echt stimmig: Die Wände sind in dunklem Ocker gehalten, darüber hängen Poster von Stierkämpfen, die Zierkacheln stammen aus Andalusien. Dazu gibt's typisch spanisches Essen, ob Tapas in Form von *tortilla* (Kartoffelomelette) und *croquetas de queso* (Käsekroketten) oder drei Arten Paella, darunter die klassische Variante (*Valenciana*) aus Valencia mit Hühnchen und Meeresfrüchten. Immer freitags wird spanische Livemusik gespielt.

Egeon ZYPRISCH €€
(☎ 2243 3297; Ektoros 40; Meze ab 18 €; ⏲ Di–Sa 19–23 Uhr) Das unprätentiöse, überaus beliebte Egeon zieht eine treue, hauptsächlich einheimische Stammklientel an. Hier gibt's verlässlich gutes Essen, vor allem Meze-Gerichte, die man im Sommer im Innenhof und im Winter in einem atmosphärischen alten Haus verspeisen kann. Unbedingt reservieren!

Power House INTERNATIONAL €€
(Apostolou Varnava 19; Hauptgerichte ab 12 €; ⏲ Di–Sa 10–23 Uhr; 📶) Passenderweise ist das kultivierte Restaurant des Nicosia Municipal Arts Centre mit beeindruckenden Gemälden und Skulpturen dekoriert. Auf der Speisekarte stehen Steaks, Kebabs, Pasta sowie Salate und sehr innovative Desserts (z. B. Schokoladenmousse mit Earl-Grey-Aroma). Im Sommer finden fast jeden Samstag Jazzkonzerte statt.

AUTHENTISCHE ZYPRISCHE KÜCHE

Wer Lust auf authentische zyprische Küche hat, sollte nach einer Taverne mit Vakhis-Symbol Ausschau halten – zu Redaktionsschluss gab es davon allerdings erst etwa acht in der gesamten Republik. Das Vakhis-Zertifikat wurde 2006 von der Cyprus Tourism Organisation in Zusammenarbeit mit Eurotoques International, einer europäischen Vereinigung von Köchen, entwickelt und ist Teil eines von der EU finanzierten landesweiten Projekts zur Förderung des ländlichen Tourismus. Benannt ist es nach Vakhis, einer Art zyprischem Jamie Oliver der Antike, der in der Stadt Kition rund 300 n. Chr. lebte und vor allem kochte.

Zu typischen Zutaten klassischer zyprischer Gerichte zählen wilder Spargel, Artischocken, mancherlei Blattgemüse, kaltgepresstes Olivenöl und frische Kräuter. Im Vakhis-zertifizierten Restaurant Kiniras Garden (S. 92) bereitet der Besitzer Georgios die Marinade für sein geschmortes Lamm aus mindestens zehn verschiedenen Kräutern zu.

Neben dem Kiniras findet man einige weitere Vakhis-Restaurants in den malerischen Dörfern des Weinanbaugebiets in den Ausläufern des Troodos-Gebirges südwestlich von Nikosia. Dazu gehören das **Loufou-Agrovino** (☎ 2547 0202; Hauptgerichte ab 8 €; ⏲ Mo–Sa 12–16 Uhr) und **Kamares** (☎ 2547 0719; Hauptgerichte ab 10 €; ⏲ Di–So 11.30–16 & 19–22 Uhr) in der malerischen Ortschaft Lofou sowie das **Takis** (☎ 2594 3631; Hauptgerichte ab 10 €; ⏲ Di–So 12–16 Uhr) im nahe gelegenen Vouni. Rein optisch zeichnen sich Vakhis-Restaurants durch hübsches traditionelles Dekor mit karierten Tischtüchern, Holztischen, Korbstühlen etc. aus.

Neustadt

Aufgrund der Wirtschaftskrise 2013 zogen viele Restaurantbetreiber von der Leoforos Archiepiskopou Makariou III in die Ledrastraße in der Altstadt um. In ein paar der Straßen rund um die Leoforos kann man aber immer noch exzellent essen gehen, z. B. in der baumbestandenen Klimentos, in der sichtbar wohlhabendere Zyprioten leben. Die Themistokli Dervi mausert sich derweil zu der besten Adresse für einen Kaffee in einem der coolen neuen Coffeeshops.

★ Syrian Arab Friendship Club NAHER OSTEN €€

(SAFC; Vassilisa Amalia 17; Meze ab 15 €; ⌚12–24 Uhr; 🌱 👪) Vegetarier und Familien werden sich in diesem wunderbaren Restaurant besonders wohlfühlen. In dem großen Garten können Kinder spielen, außerdem wartet das Lokal mit einer großen Auswahl an Meze, jeder Menge leckerer Dips, etwa mit Roter Bete und Aubergine, schmackhaften Falafel, saftigem Taboulé samt Petersilie und Tomaten und einigen Fleischgerichten auf.

Silver Pot CAFÉ €€

(☎2210 1722; www.silverpot.com.cy; Themistokli Dervi 3; Hauptgerichte ab 7 €; ⌚Mo–Fr 8–17, Sa 10.30–15.30 Uhr; 📶 🌱) Wirklich viel Platz ist hier nicht, dafür ist der „silberne Topf" in Sachen Bohemien-Atmosphäre ganz groß. In der Küche werden Gerichte aus lokalen Zutaten zubereitet, die oft das Prädikat „Bio" tragen. Die Karte wechselt täglich, aber Thai-Currys, Schweinerippchen aus dem Ofen (mariniert in Zitronensaft und Thymian) und fantasievolle Salate mit feinen Schmankerln wie Schimmelkäse, Feigen, Pekannüssen und Moosbeeren (besser bekannt als Cranberries) zählen zu den üblichen Verdächtigen. Der Samstagsbrunch ist zu Recht beliebt.

Pinakothiki ZYPRISCH €€

(AG Leventis Gallery, Leonidou St; Hauptgerichte ab 10 €; ⌚Mi–Mo 8.30–24 Uhr; 📶 👪) Das Ambiente (zeitgenössisch-modern) passt zur Leventis-Galerie, an die das Pinakothiki angeschlossen ist. Das Dekor wechselt zwischen glänzendschwarz und cremefarben, mit einer langen Theke, die zum Aperitif-Schlürfen auf Barhockern einlädt. Die Gerichte – Lachs aus dem Ofen, Entenfleisch-Pfannkuchen in Sojasoße (mit Ingwer verfeinert!), sechs verschiedene Salate etc. – sind leicht und lecker. Toll für Eltern: Kinder bekommen eine eigene umfangreiche Speisekarte.

EIN „MASTER PLAN" FÜR NIKOSIA

Im Sinne der Annäherung zwischen dem Norden und der Republik sind mit Geldern der UN und der EU rund 100 osmanische, fränkische und byzantinische Gebäude auf beiden Seiten der Grenze sorgsam restauriert worden. Seit 1979 wurden im Rahmen des Nicosia Master Plan Kirchen, Moscheen, Hamams (türkische Bäder), Gräber, Herrenhäuser, Denkmäler, Museen und Kulturzentren renoviert, um das Verständnis der gemeinsamen Geschichte auf beiden Seiten zu fördern. Auch an ein paar der verfallenden Häuser in der „Pufferzone", die 40 Jahre lang unangetastet geblieben waren, wurden Arbeiten aufgenommen. Mehr Infos unter www.cy.undp.org.

Sawa NAHER OSTEN €€

(☎2276 6777; www.abbarahbrothers.com; Klimentos 31; Meze ab 15 €; ⌚12–23.30 Uhr) Überzeugt mit seiner syrischen Küche und einem großartigen Dekor, das mit seinen kunstvollen Steinmeißelarbeiten, blubbernden Springbrunnen und dem eleganten Speisesaal an einen Sultanspalast erinnert. Zum leckeren Meze-Angebot passt eine Flasche libanesischer Ksara-Riesling. Vorab reservieren!

Mediterranean FISCH & MEERESFRÜCHTE €€

(Klimentos Towers, Klimentos 43; Hauptgerichte ab 10 €; ⌚12–15 & 18–23 Uhr) Hier erwartet Gäste Fangfrisches aus dem Meer. Eine Fischplatte für zwei Personen kostet akzeptable 25 €, Spaghetti mit einem ganzen Hummer 18 €.

Ausgehen & Nachtleben

Sowohl in der Gegend rund um das Famagusta-Tor in der Altstadt als auch entlang der Leoforos Archiepiskopou Makariou III gibt's zahlreiche stimmungsvolle und einladende Bars, die zum einen oder anderen abendlichen Drink einladen.

Altstadt

Die meisten Ausgehadressen mit Flair findet man in der Altstadt, denn bei der Bohème-Szene ist diese beliebter als die eher konservativere Neustadt.

★ Patio Cocktail Bar BAR

(☎2266 4488; www.patiococktailbar.com; Megalou Alexandrou 55–56; ⌚18–2 Uhr; 📶) Das Herzstück des begrünten Hofs ist die Wand aus Lamellentüren, die alle in Primärfarben gestrichen wurden. Drinnen hinterlassen die nackten Steinwände, schicken Möbel sowie das viele Glas und die tolle Beleuchtung einen ähnlich bleibenden Eindruck. Ein tolles Plätzchen für einen Cocktail vor oder nach dem Abendessen, auch dank der loungigen Musik.

Oktana — BAR

(Aristidou 6; ⏲10–2 Uhr; 📶) In der atmosphärischen Bar mit innovativen Art-déco-Postern und einem gemütlichen Senkgarten im Schatten eines gewaltigen Feigenbaums geben sich Künstler, Schauspieler und Akademiker ein Stelldichein. Der weitläufige Innenbereich beherbergt einen Buchladen und mehrere Räume, darunter einen im Keller für *nargileh*-Liebhaber. Hier werden regelmäßig Kunstausstellungen und Dichterlesungen veranstaltet.

Haratsi — CAFÉ

(Lidinis; ⏲16–24 Uhr) Das traditionelle Haratsi gibt es schon seit den 1930er-Jahren und das Schöne an dem Café ist, dass sich hier seit damals kaum etwas verändert hat. Chillige Musik oder ein abgefahren-modernes Dekor sucht man hier vergebens und irgendwie verspürt man in diesem Ambiente auch nie das Bedürfnis, sein iPad zu zücken.

Der Besitzer Stavros betont, dass seine Stammgäste kommen, um sich zu unterhalten, einen Kaffee oder ein Bier zu trinken und eine Runde Karten zu spielen. Seine Klientel ist aber alles andere als altmodisch; dies ist eines der coolsten Cafés der Stadt.

INSIDERWISSEN

PLATEIA FANEROMENIS

In den letzten Jahren hat sich auf dem Platz und in der Fußgängerzone rund um die Faneromeni-Kirche in der Altstadt eine quirlige Cafészene mit über einem halben Dutzend unabhängiger Coffeeshops entwickelt. Auf der Plateia Faneromenis stehen Tische und Stühle in angemessenem Abstand zu der hübschen Kirche. Die Entwicklung der Cafészene hat die Eröffnung kleiner Kunsthandwerkerläden und Galerien nach sich gezogen, die das dynamische, junge Flair dieser Gegend noch unterstreichen. Anscheinend haben die lokalen Behörden dafür gesorgt, dass die Mietpreise in dem historischen Stadtviertel sinken, um es wieder ein wenig aufzupäppeln.

Kalakathou — CAFÉ

(Nikokleous 21; ⏲10–1 Uhr; 📶) Das Kalakathou ist eines von mehreren Cafés in direkter Nachbarschaft, denen eine alternative und sehr entspannte Atmosphäre gemein ist. Man kann Brettspiele spielen, den Musikern zuhören und dabei einen Frappé im Schatten der Kletterpflanzen schlürfen sowie einen leichten Imbiss oder selbstgebackenen Kuchen vertilgen. Das zauberhafte Gebäude gehörte einst zur nahen Faneromeni-Kirche.

Plato's — BAR

(Platonas 8; ⏲20–2 Uhr) Gleich mehrere Bars mit viel Charme sind in dem Gebäude aus dem frühen 20. Jh. untergebracht, das noch über die ursprünglichen Kacheln, Bogengänge und einen Hof verfügt. Typischerweise werden Rock und Blues gespielt und an den Tischen sitzen Einheimische in geselliger Runde.

Erodós — BAR

(☎2275 2250; Plateia Tyllirias; ⏲11 Uhr–spätabends) Ein hübsches Kolonialgebäude beherbergt diese Bar mit burgunderfarbenen Wänden, viel warmem Holz und mehreren stimmungsvoll beleuchteten Räumen. Donnerstags um 22.30 Uhr finden Konzerte von Jazz bis Blues statt.

Gym — BAR

(☎2200 2001; Onasagorou 85–89; ⏲10 Uhr–spät abends; 📶) In dieser Eckkneipe ist immer etwas los. Essen kann man hier auch, aber gewöhnlich halten sich die Gäste an Flüssignahrung; bei mehr als 20 verschiedenen Cocktails sollte für jeden Geschmack etwas dabei sein. Die Bar ist groß – hinten durch befindet sich eine kleine Kunstgalerie – und an den Wochenenden legen DJs auf.

Weaving Mill — KULTURZENTRUM

(☎2276 2275; Lefkonos 69; ⏲Di–So 16 Uhr–spätabends; 📶👪) Leontios, der Besitzer, gründete den gemeinnützigen Bildungs- und Kulturverein, um Kinder von Einwanderern zu fördern. Heute begreift sich die Weaving Mill als multikultureller Treffpunkt, zeigt Filme, richtet gelegentliche Konzerte aus und bietet einen großen gemütlichen Bereich mit WLAN, Brettspielen und einer umfangreichen Bibliothek samt Leseecke. In der einfachen Bar erhält man kleine Snacks und Getränke.

Neustadt

Wer in der Neustadt auf die Piste gehen möchte, sollte Jeans und Turnschuhe im Schrank lassen, denn in Nikosia wirft man sich gern in Schale. Tagsüber locken ein paar Cafés mit netter Atmosphäre.

Brew Lab CAFÉ
(www.brewlab.com.cy; Stasikratous 3; ⏲ Mo–Sa 7–20 Uhr; 📶) Die Nase in die Höhe recken und dem Duft von frisch geröstetem, fair gehandeltem Kaffee aus Costa Rica folgen, der hier voller Stolz serviert wird. Dazu gibt's Leckereien wie frisch gebackene Bagels und Brownies. Hinten befindet sich ein kleiner Hof, aber auch auf dem Gehsteig vorn sind einige Sitzplätze.

Finbarr's BAR
(Leoforos Archiepiskopou Makariou III 52b; ⏲ 12–15 & 19–24 Uhr) Guinness vom Fass, Fußball im TV und die kuschelig-nette Atmosphäre ziehen jede Menge Einheimische und ortsansässige Ausländer an. Die Happy Hour dauert von 16.30 bis 20 Uhr und es gibt Hühnchen mit Pommes in klassicher Pub-Manier.

Zoo CLUB
(Leoforos Stasinou 15; ⏲ Do–So 19 Uhr–spätabends) Der Inbegriff von Stil und Klasse unter Nikosias Clubs. Die Musik reicht von internationalen Hits bis hin zu griechischem Pop. Die Zoo Lounge ganz oben (nur im Sommer geöffnet) ist ein wunderbarer Ort, um sich bei einem Cocktail tief in die Augen zu blicken. Dazu gibt's Chill-out- oder Livemusik auf die Ohren.

Sfinakia CLUB
(Ecke Sypros Kyprianou & Themistokli Dervi; ⏲ Do–Sa 21 Uhr–spätabends) Bei Mädels mit halsbrecherischen High Heels und flirtbereiten Jungs mit brettharten Gelfrisuren steht dieser Schuppen in der angesagten Themistokli Dervi hoch im Kurs.

☆ Unterhaltung

Über das Unterhaltungsangebot, insbesondere klassische Konzerte sowie Theatervorstellungen, informieren die bei der CTO erhältlichen Broschüren *Nicosia This Month* und *Diary of Events*. Außerdem gibt's in der Stadt mehrere Kinos, die aktuelle und teils auch ältere englischsprachige Filme zeigen.

Academy 32 LIVEMUSIK
(Leoforos Konstantino Paleologou 32, Altstadt; ⏲ Di–So 19–2 Uhr; 📶) Es überrascht nicht gerade, dass sich im Keller der Cyprus Academy of Music eine der besten Livebühnen der Stadt befindet (der Besitzer ist der Intendant der Akademie). Der Fokus liegt auf Jazz, Klassik und Weltmusik. Darüber hinaus lockt hier eine Kunstgalerie, außerdem kann man sehr guten Wein trinken und eine Kleinigkeit essen.

K-Cineplex KINO
(www.kcineplex.com; Makedonitissis 8; 👪) 2,5 km vom Zentrum entfernt in Strovolos gelegen, verfügt das K-Cineplex über sechs Vorführräume, in denen die neuesten Filme gezeigt werden, sowie einen großen Parkbereich und eine Cafeteria. (Sound-)Technisch ist es auf dem aktuellsten Stand.

Theater & Livemusik

Leider werden fast alle Stücke der aufstrebenden Theaterszene Nikosias nur auf Griechisch aufgeführt. Wer sich davon nicht abschrecken lässt, bekommt in der Touristeninformation das aktuelle Programm. Die ehemals wichtigste Bühne, das Stadttheater von Nikosia, ist seit einem Brand 2008 bis auf Weiteres geschlossen.

Wer sich für traditionelle Musik interessiert, könnte die Restaurants in Laïki Geitonia und entlang der Ledrastraße in der Altstadt ansteuern, in denen Livemusik gespielt wird. Im Sommer lohnt es sich außerdem, nach Plakatwerbung griechischer Gastmusiker Ausschau zu halten.

Sport

Fußball ist in Nikosia sehr beliebt. Die Saison dauert von September bis Mai. Seit vie-

> **ℹ DES NACHTS AN DER GRÜNEN LINIE**
>
> Nikosia ist eine bemerkenswert sichere Stadt. Dennoch wirken die Straßen der Altstadt, insbesondere in der Nähe der Grünen Linie, bei Nacht oft verlassen und bedrohlich, deswegen sollten sie von Frauen ohne Begleitung gemieden werden. Die Einreise nach Nordzypern ist ausschließlich an den offiziellen Grenzübergängen erlaubt. Daran muss sich jeder Besucher halten, denn wer woanders die Grenze passiert, handelt sich großen Ärger ein. Zudem sollte man darauf achten, weder die Grüne Linie noch die Sicherheitszone zu fotografieren, da dies zur Beschlagnahmung der Kamera und eventuell zu einem unangenehmen Verhör führt.

len Jahren ist der 23-fache Meister und 20-fache Pokalsieger APOEL Nicosia das Maß aller Dinge, zudem sind in der Stadt die Vereine Omonia und Olympiakos ansässig. Tickets können am Tag vor dem Spiel am Tor gekauft werden. Für weitere Infos kann man einfach eine E-Mail an folgende Adresse schicken: tickets@apoelfc.com.cy.

Das **GSP-Stadion** (☎22874050; www.gsp.org.cy; Pangyprion Avenue), das wichtigste und größte Stadion der gesamten Insel, fasst 22 859 Menschen. Hier werden vor allem Fußballspiele ausgetragen, aber auch große Konzerte veranstaltet. Das Stadion befindet sich in Strovolos im Südosten von Nikosia, ca. 6,5 km vom Zentrum entfernt.

Shoppen

Angesichts der vielen modebewussten Girlies verwundert es kaum, dass Nikosia in Sachen Kleidung ein kleines Einkaufsparadies ist. Sogenannte Rabattläden bieten um 30 bis 80 % reduzierte Klamotten und Schuhe, und viele Einheimische kämpfen mit Ellbogeneinsatz um das beste Schnäppchen. Grundsätzlich gibt's zwei Shoppingreviere. Die Ledrastraße in der Altstadt säumen zahlreiche altmodische sowie moderne Boutiquen und Geschäfte und ein Debenhams-Kaufhaus, während die Leoforos Archiepiskopou Makariou III in der Neustadt das Mekka internationaler Ketten wie Mango und Zara ist (einige Läden sind aber mittlerweile in die Ledrastraße umgezogen).

Die Touristenshops in Laïki Geitonia in der Altstadt haben u. a. Backgammonspiele und Spitzenarbeit im Angebot – Feilschen lohnt sich! Auf der Constanza-Bastion ist mittwochs von 6 bis 17 Uhr ein großer, lebendiger Markt mit frischem Obst, Gemüse & Co.

★ Diachroniki Gallery — KUNST

(www.diachroniki.com; Arsinois 84, Altstadt; ⏲ Mo–Sa 10–19 Uhr) Die Sammlung aus Gemälden, Skulpturen, Radierungen und Drucken, die Chris Kikas, der Besitzer dieser Galerie, zusammengetragen hat, ist unbezahlbar. Ihm gehörte früher eine Galerie auf der Londoner King's Road. Kunstkenner von nah und fern kommen in sein Geschäft in der Altstadt, um die Werke genauer unter die Lupe zu nehmen. Unheimlich sehenswert!

Atelier D'Art — KERAMIK

(Apollonos 16, Altstadt; ⏲ Mo–Sa 9.30–18.30 Uhr) Die originellen Tonwaren (Haushaltsuntensilien, farbenprächtige Mobiles und Schmuck) von Meistertöpfer Stavros Prepare sind wirklich beeindruckend. Er lernte sein Handwerk in Italien, Frankreich und London.

Phanero Menis 70 — KUNSTHANDWERK

(www.kyriakicosta.net; Phaneromenis 70, Altstadt; ⏲ Mo–Fr 9.30–18.30, Sa bis 13 Uhr) Kyriaki, die Besitzerin dieses faszinierenden Geschäfts,

ZYPERN FÜR KINDER: NIKOSIA

Im Gegensatz zu den Küstenstädten hat Nikosia Familienurlaubern auf den ersten Blick eher wenig zu bieten, obwohl die Bewohner wie die meisten Zyprer kinderfreundlich sind. Leider gibt's vor Ort keine professionellen Babysitteragenturen.

Die Cyprus Tourism Organisation (CTO) informiert über kindgerechte Veranstaltungen und mit ein wenig Glück fällt ein Besuch mit einer Aufführung des traditionellen zyprischen Schattentheaters zusammen.

Wenn es in den Straßen zu heiß wird, sorgt der große, von Olivenbäumen gesäumte **Eleon-Swimmingpool** (☎2266 7833; www.eleonpark.com; Ploutarhou 3; Erw./Kind 6,50/4 €; ⏲ Mitte Mai–Mitte Sept. 9–18 Uhr) in Engomi mit seinem attraktiven Kinderspielplatz für Erfrischung.

Als tolles Ausflugsziel für Familien, wo die Kids Homer Simpsons Lieblingshobby nachgehen können, gilt das Kykko Bowling Centre (☎2235 0085; Archimidous 15–19, Engomi; ⏲ Mo–Fr 14–1, Sa & So 13–1 Uhr). Die Anlage befindet sich direkt hinter dem Hilton Park Hotel im Westen der Neustadt. Auch das Café ist mit seinen Snacks und Getränken ganz nach dem Geschmack der lieben Kleinen.

Noch mehr Spaß und Spannung verspricht der **Extreme Park** (☎2242 4681; www.extremepark.com.cy; 149 Strovolos Ave; Erw./Kind Mo–Do frei/3 €, Fr, Sa & So 5/5,50 €; ⏲ Mo–Fr 16–21, Sa & So 11–21 Uhr) südwestlich des Zentrums. Dort ist der Name Programm: Riesige Innen- und Außenanlagen mit Kletterwand, aufblasbaren Rutschen, Bungee-Trampolinen, Seilgarten, Minigolf, Fußball, Bowling, einem Kinderkino und drei Cafeterias wollen erobert werden.

KULTURZENTREN

Interessiert an Zyperns außergewöhnlicher Geschichte und Kultur? Dann sollte man die verschiedenen Kulturzentren inkl. Bibliotheken besuchen, die eine große Auswahl an Zeitschriften und Fachbüchern auf Lager haben. Die Öffnungszeiten sind gewöhnlich Mo, Di, Do & Fr 9–19 Uhr und Mi 9–13 Uhr.

British Council (☎2266 5152; www.britishcouncil.com.cy; Leoforos Mouseiou 3)

Makarios-Kulturstiftung (S. 136)

Ahilleios-Bibliothek (☎2276 3033; Leoforos Konstantinou Paleologou 30)

Nicosia Municipal Arts Centre (S. 133)

Bibliothek des Bildungsministeriums (☎2230 3180; www.moec.gov.cy (auf Griechisch); Leoforos Konstantinou Paleologou)

ist Künstlerin. Das muss man angesichts des ausgefallenen, hochwertigen Kunsthandwerks und der feinen Stoffe, die hier zum Verkauf stehen, aber eigentlich nicht extra erwähnen. Sie stellt auch Kinderkleidung, Spielzeug, Schmuck, Taschen, Mode und fantasievolle Dekogegenstände her.

Zyprisches Kunsthandwerkszentrum KUNSTHANDWERK
(Leoforos Athalassis 186, Altstadt; ⏲Mo–Mi & Fr 7.30–14.30, Do 7.30–14.30 & 15–18 Uhr) Spitzen- und Stickarbeiten zu vernünftigen Preisen sowie Lederware, Mosaiken, Keramik und Töpferhandwerk. In der staatlich finanzierten Stiftung, die sich der Bewahrung zyprischen Kunsthandwerks verschrieben hat, können Besucher außerdem einen Blick in die Produktionswerkstätten werfen.

Astor SCHUHE
(Ippocratous 16b, Altstadt; ⏲Di–So 10–16.30 Uhr) Hier gibt's handgefertigte Sandalen und Stiefel aus lokaler Produktion. Sie haben ein schlichtes Design, bestehen aus hochwertigem Leder und sind z. T. schon für 25 € zu haben. Die Taschen werden aus Griechenland importiert.

Antiques ANTIQUITÄTEN
(☎9966 4722; Vasiliou Voulgaroktonou 5 & 6, Altstadt; ⏲Mo, Di & Fr 10–18, Mi & Sa 10–14 Uhr) Die beiden staubigen, aber faszinierenden Antiquitätengeschäfte liegen einander direkt gegenüber. Eventuell muss man beim Besitzer klingeln, um durch die tolle Auswahl stöbern zu können, die von altem Krimskrams bis hin zu hübscher Keramik, Gemälden und Ornamenten reicht.

Utopia ESSEN & TRINKEN
(www.utopia-cy.com; Areos 48; ⏲Mo, Di, Do & Fr 9–19, Mi & Sa 9–14 Uhr) Für bewusste Selbstversorger ist das von einem Biobauern betriebene Geschäft die ideale Adresse. Freitags werden hier Mittagsmenüs serviert, zudem gibt's die ganze Woche über Tees und Getränke.

Yatanou KUNSTHANDWERK
(Papadopoulou 25, Altstadt; ⏲Mo, Di, Do & Fr 9–19, Mi & Sa 9–14 Uhr) So ein buntes Schaufenster hat man selten gesehen! Das Aushängeschild dieses Geschäfts sind handgefertigtes Kinderspielzeug und Dekoartikel wie Mobiles, Strickpuppen und schöne Kissen.

Messa BAKLAVA
(Aischylou 73; ⏲Mo, Di, Do & Fr 9–19, Mi & Sa 9–14 Uhr) Elegant verpacktes, lecker-klebriges syrisches Baklava zum Verschenken oder aber zum selbst Genießen.

Moufflon Bookshop BÜCHER
(www.moufflon.com.cy; Sofouli 1, Neustadt; ⏲Mo, Di, Do & Fr 9.30–18, Mi & Sa 9–14 Uhr) Das Moufflon verfügt angeblich über die größte Auswahl englischsprachiger Titel auf der gesamten Insel. Der Laden existiert schon seit 1967 (als noch viel mehr Menschen ihre Nasen in richtige Bücher zu stecken pflegten).

Stadtmarkt MARKT
(Digeni Akrita, Neustadt; ⏲Do–Sa & Mo–Di 7–16, Mi 7–14 Uhr) Der Stadtmarkt in der Neustadt wurde Anfang 2014 nach umfassender Renovierung neu eröffnet. Er besteht aus einer übersichtlichen, erlesenen Auswahl an Ständen mit Obst und Gemüse, Gewürzen, Backwaren, Käse etc. Nett sind auch das Café und die tolle Limoncello Deli-Bar, eine Mischung aus Restaurant und Delikatessenladen.

Praktische Informationen

INTERNETZUGANG

Die meisten Hotels der Mittel- und Spitzenklasse sowie viele Cafés bieten zahlenden Gästen

WLAN-Zugang. In der Stadt gibt's auch ein paar Internetcafés, entsprechende Adressen hält die Touristeninformation bereit.

MEDIZINISCHE VERSORGUNG

Wer einen Arzt oder eine Apotheke sucht, wählt die ☎ 9090 1432. Sprechstunden dauern in der Regel von 9 bis 13 und von 16 bis 19 Uhr. In lokalen Zeitungen sind Apotheken aufgelistet, die nachts sowie am Wochenende und an Feiertagen geöffnet sind, außerdem die Namen von Ärzten, die Notdienst haben. Adressen liefert auch die Webseite www.cytayellowpages.com.cy.

Krankenhaus (☎ 2280 1400; Leoforos Nechrou) Westlich der Altstadt.

NOTFALL

Im Notfall wählt man die ☎ 199 (Polizei) oder die ☎ 112 (Ambulanz).

Polizeiwache (☎ 2247 7434) In der Altstadt am nördlichen Ende der Ledrastraße bei der Grenzlinie.

TOURISTENINFORMATION

Cyprus Tourism Organisation (CTO; www.visitcyprus.org.cy; ⏲ Mo–Fr 8.30–16, Sa bis 14 Uhr) Neustadt (☎ 2233 7715; Leoforos Lemesou 19); Altstadt (☎ 2244 4264; Aristokyprou 11) Das Hauptbüro der Fremdenverkehrszentrale befindet sich in der Neustadt, ist allerdings nicht auf Publikumsverkehr eingestellt.

Städtische Touristeninformation (Ledrastraße; ⏲ tgl. 7.30–14.30 & Mi 15–18 Uhr) Das Büro beim Grenzübergang an der Ledrastraße hat mehrsprachige Broschüren zur Stadt auf Lager; einfach nach dem großen Friedenssymbol links kurz vor der Grenze Ausschau halten. Hier finden regelmäßig Fotoausstellungen statt, meist zu provokanten, zum Nachdenken anregenden Themen.

An- & Weiterreise

AUTO & MOTORRAD

Die meistbefahrenen Zugangsstraßen nach Nikosia sind die aus dem Troodos-Gebirge im Westen sowie aus Larnaka und Lemesos im Süden. Am Stadtrand Nikosias, rund 6 km südlich der Altstadt, endet recht abrupt die Autobahn zwischen Larnaka und Lemesos. Folgt man hier der Anschlussstraße bis ins Stadtzentrum, gelangt man zur Leoforos Archiepiskopou Makariou III, der Hauptverkehrsader in der Neustadt. Wer aus Richtung Troodos-Gebirge kommt, erreicht Nikosia über die Leoforos Georgiou Griva Digeni.

Die besten Parkmöglichkeiten bieten die großen Parkplätze bei den Bastionen rechts der Leoforos Archiepiskopou Makariou III bzw. linker Hand, wenn man vom Troodos-Gebirge kommt. Am praktischsten für Neuankömmlinge ist der weitläufige Parkplatz zwischen den Bastionen D'Avila und Constanza an der Leoforos Stasinou. Pro Tag zahlt man etwa 10 €.

Den Weg aus der Stadt heraus zeigen die vielen Schilder entlang der Leoforos Stasinou. Vorsicht: Es gibt eine Menge Einbahnstraßen und Parkverbotszonen. Die Hauptverkehrszeit an Wochentagen zwischen 11 und 13 Uhr sollte man meiden, denn dann geht's nur sehr langsam voran.

BUS

Fast alle Stadtbusse fahren vom Busbahnhof auf der Plateia Solomou bei der Tripoli-Bastion (Altstadt) ab.

DIE PLATEIA ELEFTHERIAS

Aufgrund umfassender Umbauarbeiten wurde ein Großteil der Plateia Eleftherias in Nikosia gesperrt. Verantwortlich dafür ist Zaha Hadid, eine der besten Architektinnen der Welt und für Arbeiten mit sozialem Anspruch bekannt. Zu ihrem eindrucksvollen Portfolio zählen eine Straßenbahnhaltestelle in Straßburg, ein Wohnungsbauprojekt für IBA-Block 2 in Berlin und die Mind Zone im Londoner Millennium Dome. Zusammen mit ihrem zyprischen Kollegen Christos Passos plant Hadid, entlang des Grabens neben der venezianischen Festungsmauer einen Grüngürtel zu schaffen und den Innenbereich in einen Stadtpark (eine Art Central Park für Nikosia) zu verwandeln. Das Ganze soll dann von einer Fußgängerzone mit Palmen eingerahmt werden. In der Mitte der Grünfläche wollen die beiden einen betonierten Platz errichten, der zum Spazieren und Verweilen einlädt und dem Viertel ein neues Zentrum gibt. Hadid bezeichnet ihren Entwurf als „urbanen Eingriff".

Wie jedes andere große architektonische Werk wird natürlich auch dieses Projekt kritisiert. Gegner bemängeln eine zu geringe Einbeziehung der Bürger und den eingeschränkten Zugang zur Altstadt, zudem halten sie die weitläufige Betonstruktur neben der alten Festungsmauer für unpassend. Die Arbeiten begannen 2008, mussten aber immer wieder unterbrochen werden (u. a. wegen der prekären Wirtschaftslage). Wahrscheinlich dauern sie noch bis 2015 (phi mal Daumen) an.

InterCity Buses (www.intercity-buses.com; Plateia Solomou) bietet einige regelmäßige Verbindungen zu größeren Städten und Urlaubsorten, u. a. zu folgenden Zielen:

Agia Napa & Paralimni Mo–Fr 6-mal tgl., Sa 3-mal tgl. (5 €, 1 Std.).

Larnaka Mo–Fr 12-mal tgl., Sa 6-mal tgl. (4 €, 45 Min.).

Lemesos Mo–Fr 4-mal tgl., Sa 2-mal tgl. (5 €, 1 Std.).

Pafos Mo–Fr 5-mal tgl., Wochenende 4-mal tgl. (7 €, 1¾ Std.).

FLUGZEUG

Nikosias Flughafen befindet sich in der UN-Sicherheitszone und ist mittlerweile stillgelegt. Besucher der Stadt landen auf dem schicken neuen Flughafen Larnaka im Süden. Die meisten Airlines mit Verbindungen in die Republik haben in Nikosia Filialen.

SERVICETAXI

Travel & Express (☎ 7777 7474; www.travelexpress.com.cy; städtischer Parkplatz, Leoforos Salaminos) bedient mehrere beliebte Orte wie Lemesos (11 €, 1½ Std.), Pafos (mit Umstieg in Lemesos, 20,50 €, 1½ Std.), Larnaka (8,50 €, 1 Std.) und Agia Napa (17 €, 1 Std.).

Außerdem holt das Unternehmen Passagiere zu einer vereinbarten Zeit an einem beliebigen Ort in der Innenstadt ab, allerdings sind Verspätungen von bis zu 30 Minuten die Regel. Wer bei der Podokataro-Bastion zusteigt, muss erst die rund 30-minütige Abholtour über sich ergehen lassen, bevor es tatsächlich losgeht. Am besten plant man einen Zeitpuffer von etwa einer Stunde ein.

TAXI NACH NORDZYPERN

Über die Grenze nach Nordzypern zu reisen ist heute fast problemlos möglich, allerdings sollte man dies nicht mit einem Mietwagen tun. Wer Gepäck dabeihat und die Grenze nicht zu Fuß passieren möchte, nimmt am besten ein Taxi, das einen zu einem beliebigen Ziel im Norden fährt. Die meisten Fahrer machen das gern; weigert sich einer, fragt man einfach einen anderen. Fast alle haben auch schon das nötige Visumsformular bei sich. Die Fahrt von Nikosia nach Nordzypern kostet in der Regel zwischen 28 und 45 €. Alternativ passiert man die Grenze zu Fuß und mietet dann in Nord-Nikosia ein Auto; das ist die billigere und flexiblere Variante.

Unterwegs vor Ort

AUTO & MOTORRAD

Das Mietwagenunternehmen **A. Petsas & Sons** (☎ 2246 2650; www.petsas.com.cy) befindet sich an der Plateia Solomou. Eine Alternative ist **Hertz** (☎ 2220 8888; www.hertz.com.cy; 16 Aikaterinis Kornaro, abseits der Leoforos Athalassis) in Strovolos mit guten Online-Angeboten. Wer ein Auto in Nikosia mietet und es in einer anderen Stadt abgibt, zahlt eine Gebühr von etwa 35 €. Parkplätze sind entlang der Festungsmauer zu finden.

In der bzw. rund um die Altstadt kann man keine Motorräder mieten.

AUDIOGUIDES

Die Cyprus Tourism Organisation (CTO; www.visitcyprus.com) bietet verschiedene Audioguides an, die man in sechs Sprachen als MP3 oder auf sein Handy herunterladen kann. Zu den kommentierten Sehenswürdigkeiten gehören das Zypern-Museum (Nikosia), zehn byzantinische Kirchen im Troodos-Gebirge, die archäologische Stätte von Kourion (Lemesos), der Archäologische Park und die Königsgräber (beide in Pafos). Weitere Informationen gibt's auf der Website.

BUS

Osel Buses (www.osel.com.cy) Das Unternehmen betreibt die Stadtbusrouten in Nikosia und den Vororten. Weitere Informationen gibt's auf der Website.

VOM/ZUM FLUGHAFEN

Zwischen Nikosia und den Flughäfen von Larnaka und Pafos gibt's weder öffentliche noch von den Fluglinien betriebene Verkehrsmittel. Am besten nimmt man deshalb ein Servicetaxi (Sammeltaxi), wobei ein Zeitpuffer von mindestens einer Stunde einzuplanen ist, da auf dem Weg andere Passagiere ein- oder aussteigen. Das gilt insbesondere für alle, die zum Flughafen Pafos möchten, denn wer mit dem Servicetaxi von Nikosia nach Pafos fährt, muss in Lemesos umsteigen und somit eine rund 30-minütige Wartezeit in Kauf nehmen.

Ein Servicetaxi zum Flughafen Larnaka kostet etwa 15 € und zum Flughafen Pafos ca. 30 €. Man kommt damit zwar zum Flughafen, allerdings wird man dort nicht abgeholt. Stattdessen gelangt man nur mit einem Mietwagen oder einem herkömmlichen Taxi nach Nikosia, was recht teuer ist. Vielleicht bietet auch das jeweilige Hotel einen Abholservice.

TAXI

An der Plateia Eleftherias befindet sich ein großer Taxistand.

Apostrati (☎ 2266 3358; Plateia Eleftherias)

Elpis (☎ 2276 4966; Leoforos Archiepiskopou Makariou III 63c)

Ethniko (☎ 2266 0880; Plateia Solomou)

RUND UM NIKOSIA

Während der Sommermonate, wenn die Sonne unnachgiebig auf die Insel brennt, ist die weite Ebene von Mesaoria (bedeutet „zwischen zwei Bergen") eine ausgedörrte Landschaft. Im Frühling und Winter hingegen verwandelt sie sich wie der Großteil Zyperns in grünes, fruchtbares Terrain. Die Mesaoria wird im Norden von der Gebirgskette Kyrenia (Girne) und im Westen sowie Südwesten vom Troodos-Gebirge gesäumt. Besucher finden hier verschiedene archäologische Stätten sowie Kirchen und Klöster, von denen manche nur von Gruppen besichtigt werden können, da sie sonst gar nicht erst aufgeschlossen werden.

Anreise & Unterwegs vor Ort

Einige der hier aufgelisteten Sehenswürdigkeiten sind nur mit einem eigenen Auto zu erreichen. Öffentliche Busse, die meisten davon bunte alte Modelle, verbinden fast alle Mesaoria-Dörfer mit Nikosia. Weil ihre Fahrpläne jedoch auf Arbeiter und Schulkinder ausgerichtet sind, haben sie für unternehmungslustige Besucher nur geringen Nutzen.

Aufgrund des größtenteils sanften Gefälles eignet sich die Region gut für Radtouren, allerdings wird es im Sommer oft sehr heiß, außerdem können die stark befahrenen Hauptstraßen gefährlich sein.

Antikes Tamassos

Tamassos' (Eintritt 2,50 €; Juni–Sept. Mo–Fr 9.30–17, Sat & So 10–15 Uhr, den Rest des Jahres kürzere Öffnungszeiten) große Bedeutung gründete auf seinen schier endlosen Vorräten an Kupfer, dem Mineral, das Zypern seinen Namen gab (auf Griechisch Kypros, auf Türkisch Kıbrıs). Bereits im 7. Jh. v. Chr. entstand hier eine Siedlung, die vom Kupferabbau lebte. Der Industriezweig blühte bis weit in die hellenistische Epoche hinein. 1889 begann man damit, die Überreste der Zitadelle auszugraben. Etwa zu dieser Zeit entdeckte man zwei Gräber, die auf das 6. Jh. v. Chr. datieren. Heute sind diese die Hauptattraktion der Stätte.

In Homers *Odyssee* ist die Rede von einem Ort namens Temesa, womit wahrscheinlich das antike Tamassos gemeint ist. Die Göttin Athene sagt dort zu Odysseus' Sohn Telemachos: „Jetzt schiff't ich hier an, denn ich steuere mit meinen Genossen über das dunkle Meer zu unverständlichen Völkern, mir in Temesa Kupfer für blinkendes Eisen zu tauschen." Das ansonsten wenig bekannte Stadtkönigtum thront auf einem kleinen Hügel 17 km südwestlich von Nikosia neben dem Dorf Politiko.

Vermutlich fanden in den Gräbern einst die Könige der Zitadelle ihre letzte Ruhe. Die wertvollen Grabschätze, die ihnen wohl Gesellschaft leisteten, sind seitdem längst in die Hände von Plünderern gefallen. Ein Loch im Dach der größeren Stätte zeigt, wo die Grabräuber einstiegen. Die ungewöhnlich bearbeiteten Wände erinnern an eine Holzoberfläche, ein Merkmal, das Archäologen auf mögliche anatolische Einflüsse während der Blütezeit der Zitadelle zurückführen. Einige Fachleute glauben, dass Tamassos einst sogar zum hethitischen Großreich gehörte.

Auf dem Gelände haben Archäologen noch weitere Funde gemacht, darunter drei Kalksteinlöwen und zwei Sphinxen, die im Zypern-Museum in Nikosia ausgestellt sind, sowie ein erstaunlicher Bronzekopf des Apollo, der sich mittlerweile im British Museum in London befindet.

Agios-Irakleidios-Kloster

Ein Ausflug nach Tamassos lässt sich wunderbar mit der Besichtigung dieses alten **Klosters** (8.30–18 Uhr) verbinden. In den 1960er-Jahren zogen die ersten Nonnen ein. Die Originalkirche wurde im 5. Jh. nach Chr. errichtet, die heutige Klosteranlage stammt jedoch aus dem späten 18. Jh. Inzwischen schmücken den Bau die üblichen Fresken und Ikonen. Auf einem Tisch im östlichen Teil der Kirche beherbergt ein mit Edelsteinen besetzter Reliquienschrein den Schädel des hl. Herakleidios.

Der hl. Herakleidios stammte aus Tamassos und führte Paulus und Barnabas durch Zypern. Später wurde er von Barnabas zu einem der ersten Bischöfe Zyperns ernannt. Man schreibt ihm verschiedene Wunder zu, darunter auch Exorzismen.

Agios Mamas

Weil das Gewölbe dieser etwas in Vergessenheit geratenen gotischen Kirche aus dem 16. Jh. zunächst unvollendet blieb, umgibt die wunderschönen Bogen wohl eine gewisse Nostalgie. Obwohl das Gebäude im Lusignan-Stil nicht zugänglich ist, kann man die Bogen, das Hauptschiff und die Seitenschiffe wunderbar von außen betrachten. Die abge-

schiedene Ruine befindet sich in dem Geisterdorf **Agios Sozomenos**, das seit den Konflikten im Jahr 1964 verlassen ist.
Kirche und Dorf sind ab Nikosia über die A1 zu erreichen. Man nimmt einfach die Ausfahrt 6 in Richtung Potamia und folgt dann rund 2 km vor Potamia einer befestigten Nebenstraße sowie dem Schild nach Agios Sozomenos.

Macheras-Kloster

Ein ordentlicher Fußmarsch führt zu dem weitläufigen **Kloster** (⏲ Mo, Di & Do 9–12 Uhr), das sich am Fuße des östlichen Troodos-Ausläufers unter der riesigen Radaranlage auf dem Berg Kionia (1423 m) im Süden befindet. Seine Gründungsgeschichte ähnelt der des Kykkos-Klosters (S. 74). 1148 entdeckte ein Eremit namens Neophytos in einer Höhle unweit der heutigen Anlage eine Ikone, die von einem Messer (auf Griechisch *maheras*) bewacht wurde.

Auf den Fund folgte die Gründung des Klosters, das bald eine Blütezeit erlebte. Vom Originalbau ist leider nichts geblieben; das aktuelle Gebäude geht etwa auf das Jahr 1900 zurück. Inzwischen hat sich das Kloster zu einem beliebten Ausflugsziel der Zyprer entwickelt, die sowohl das kühle Klima schätzen als auch auf der Suche nach Spiritualität sind. Zu dem Komplex gehört eine kleine Cafeteria, außerdem können Pilger vor Ort übernachten.

Weil das Kloster nur von Gruppen und nur zu bestimmten Zeiten besichtigt werden kann, fragt man am besten in der Gegend oder beim CTO-Büro in Nikosia nach, ob und wie man sich diesen Gruppen, die meist aus zyprischen Pilgern bestehen, anschließen kann. Besucher sollten den nötigen Ernst und Respekt zeigen. Man erreicht die Anlage am besten über Klirou und Fikardou, denn die alternative Route über Pera und die E902 ist zwar sehr hübsch, jedoch kurvenreich und zeitaufwendig.

Rund um Nikosia

DRESSCODE FÜR MOSCHEEN & KLÖSTER

Für Besucher von Moscheen oder Klöstern ist angemessene Kleidung Pflicht. Beide Geschlechter sollten weder kurze Hosen noch Oberteile mit kurzen Ärmeln tragen, vor allem Frauen müssen sich so gut wie möglich bedecken. Praktischerweise gibt's in immer mehr Einrichtungen dieser Art Umhänge, teils kostenlos, teils gegen eine Leihgebühr – ein echtes Gottesgeschenk an einem heißen Tag ...

Mesaoria-Dörfer

Bei einer Tour mit dem Mietwagen durch die Mesaoria kann man wunderbar die Dörfer der Region erkunden. Aber Vorsicht: Hier enden die engen, kurvenreichen Straßen oft willkürlich in schlecht beschilderten Senken und Schluchten und winden sich von Tal zu Tal, sodass man nur langsam vorankommt. Jeeptouren durch Zypern beinhalten oft auch Ausflüge zu den Orten der Gegend.

Zu den beliebteren Weilern gehört **Pera** (1020 Ew.), ein paar Kilometer von Tamassos entfernt. Es gibt hier zwar keine spezifischen Sehenswürdigkeiten, doch das Dorf an sich ist hübsch. Bei der ausgeschilderten Kirche Arghaggelou Michail kann man parken und dann über die umliegenden gepflasterten Seitenstraßen spazieren. Wer gern fotografiert, findet hier schöne Motive, wie von Bougainvilleen bedeckte alte Häuser, antike Steinkrüge, schmucke Türen und auf Mauern balancierende Katzen. Für eine kleine Stärkung sorgt das *kafeneio* (Café), in dem Einheimische und oft auch der Dorfpriester bei einem Kaffee gemütlich ein Schwätzchen halten.

In **Orounda** (660 Ew.) und **Peristerona** (2100 Ew.) westlich von Nikosia sind interessante, hübsche Kirchen zu sehen. Mitten in **Lythrodontas** (2620 Ew.) 25 km südlich von Nikosia gibt's einen reizvollen großen Platz mit ein paar atmosphärischen traditionellen Cafés.

Das malerische Dorf **Fikardou** (16 Ew.) liegt ganz in der Nähe des Maheras-Klosters, deswegen lässt sich ein Besuch gut miteinander verbinden. Fikardou ist der „offizielle" Hauptort einer Reihe gut erhaltener Weiler im östlichen Troodos-Gebirge. Nach und nach werden die Häuser aus der osmanischen Epoche mit Holzbalkonen restauriert – sie stellen einen angenehmen Gegensatz zu den Betonbauten in vielen modernen Dörfern des Troodos-Massivs dar. Ansonsten gibt's in Fikardou mit seiner Handvoll Einwohner nur wenig zu sehen.

An der Hauptstraße, die nur ein paar Hundert Meter lang ist, steht die Kirche der Apostel Petrus & Paulus. Gegenüber zeigen einige grauenvolle Fotos vier Soldaten zwischen 22 und 24 Jahren aus dem Ort, die beim türkischen Einmarsch 1974 getötet wurden. Die meisten Besucher stärken sich in dem Dorfcafé mit angeschlossenem Restaurant, bevor es mit der Reise weitergeht – viel mehr kann man hier nämlich nicht tun. Bei einer Reise durch die Region lohnt ein Besuch des Ortes dennoch, da er zu den wenigen zählt, die Einblicke in die zyprische Kultur und Lebensweise der jüngeren Vergangenheit bieten.

Unmittelbar südlich im hübschen **Lazanias** lädt das **Magic Lazania** (☎9653 0129; ⏲Di–So 9–16), dessen Terrasse mit Ausblick auf die Berge und das Kloster lockt, zum Verweilen ein. Luis, der Besitzer, ist ausgebildeter Koch und zaubert exzellent zubereitete regionale Gerichte wie *kleftiko*, Zucchini mit Eiern und saftige Hühnchen-Kebabs auf den Tisch. Große Gruppen sollten telefonisch reservieren.

Von den Dörfern winden sich verschiedene malerische Straßen über die Pitsylia-Region in die höheren Lagen des Troodos-Gebirges. Diese Routen sind insbesondere am Wochenende zu bevorzugen, wenn die Einwohner Nikosias zu Hunderten über die B9 (über Astromeritis und Kakopetria) ins Troodos-Gebirge einfallen, um dort zu picknicken und sich von der Hitze in der Stadt zu erholen.

In den meisten Dörfern und selbst in abgeschiedenen Gegenden am Wegesrand entdeckt man Kneipen oder ein Restaurant. Viele Bewohner der zyprischen Hauptstadt fahren am Wochenende aufs Land, um in ihren Lieblingslokalen zu essen.

In **Agia Marina** (630 Ew.) sieht man jede Menge Werbung für das **Katoï** (☎2285 2576; Agia Marina Xyliatou; Hauptgerichte ab 8 €; ⏲12–22 Uhr), das über dem Dorf thront und dessen Lichter nachts schon aus der Ferne zu sehen sind. Das Restaurant wartet mit einer tollen Aussicht auf die Ausläufer des Troodos bzw. die Mesaoria auf und serviert solide zyprische Klassiker sowie eine fantasievolle Auswahl an Meze.

In der Gegend erstrecken sich mehrere meist kühle und grüne Picknickplätze, darunter der **Xyliatos-Damm** in der Nähe des gleichnamigen Dorfes oder **Kapoura** an einer malerischen Nebenstraße (F929), die Vyzakia mit der B9 verbindet. In höheren Lagen im Maheras-Wald südlich von Pera lockt außerdem **Skordokefalos** entlang der E902, die zum Maheras-Kloster führt. Alle Picknickplätze in der Gegend verfügen über Grillstellen, Tische, Stühle und vor allem Schatten.

Nord-Nikosia (Lefkoşa)

Inhalt ➡

Gut essen

- Sabor (S. 162)
- Boghjalian (S. 162)
- Passport Cadde (S. 163)
- Old Mosaic (S. 161)

Die besten kulturellen Sehenswürdigkeiten

- Büyük Han (S. 156)
- Bedesten (S. 157)
- Selimiye-Moschee (S. 156)
- Mevlevi-Schrein-Museum (S. 159)

Auf nach Nord-Nikosia

Nikosias nördliche Hälfte, in der rund ein Drittel der Bevölkerung Nordzyperns wohnt, ist eine Welt für sich. Von den schicken Boutiquen in der Ledrastraße kommend, verwandelt sich die Hauptstraße in einen medinaähnlichen Markt mit Buden und Kebabhäusern. Dank des Nicosia Master Plan werden viele der historischen Gebäude restauriert, besonders die Gegend rund um die Selimiye-Moschee ist beeindruckend.

Weil tagsüber am meisten los ist, besteht der größte Reiz darin, die Einwohner zu beobachten und die staubigen, von uralten Moscheen und fränkischen Ruinen gesäumten Straßen zu erkunden. Zahlreiche Besucher unternehmen Tagesausflüge über die Grenzübergänge am Ledra Palace und an der Ledrastraße. Am besten bleibt man bis zur Dämmerung, wenn die Minarette beleuchtet werden, der Muezzin zum Abendgebet ruft und die Luft von einer berauschenden Mischung aus wildem Jasmin und frisch gegrillten Kebabs erfüllt ist.

Reisezeit

- Im Juli und August kann es in Nord-Nikosia unangenehm heiß und trocken werden. Zu dieser Zeit fliehen viele Einwohner an die kühlere Küste.
- Besucher sollten darauf achten, wann Ramadan ist, wobei die Fastenzeit nicht so strikt eingehalten wird wie auf dem türkischen Festland.
- Im September hält man es hier besser aus, dann ist viel los, vor allem zum International Cyprus Theatre Festival.
- Die Frühjahrs- und Herbstmonate sind angenehm warm. Im Dezember und Januar regnet es am meisten und mit durchschnittlich 15 °C ist es nun am kältesten.

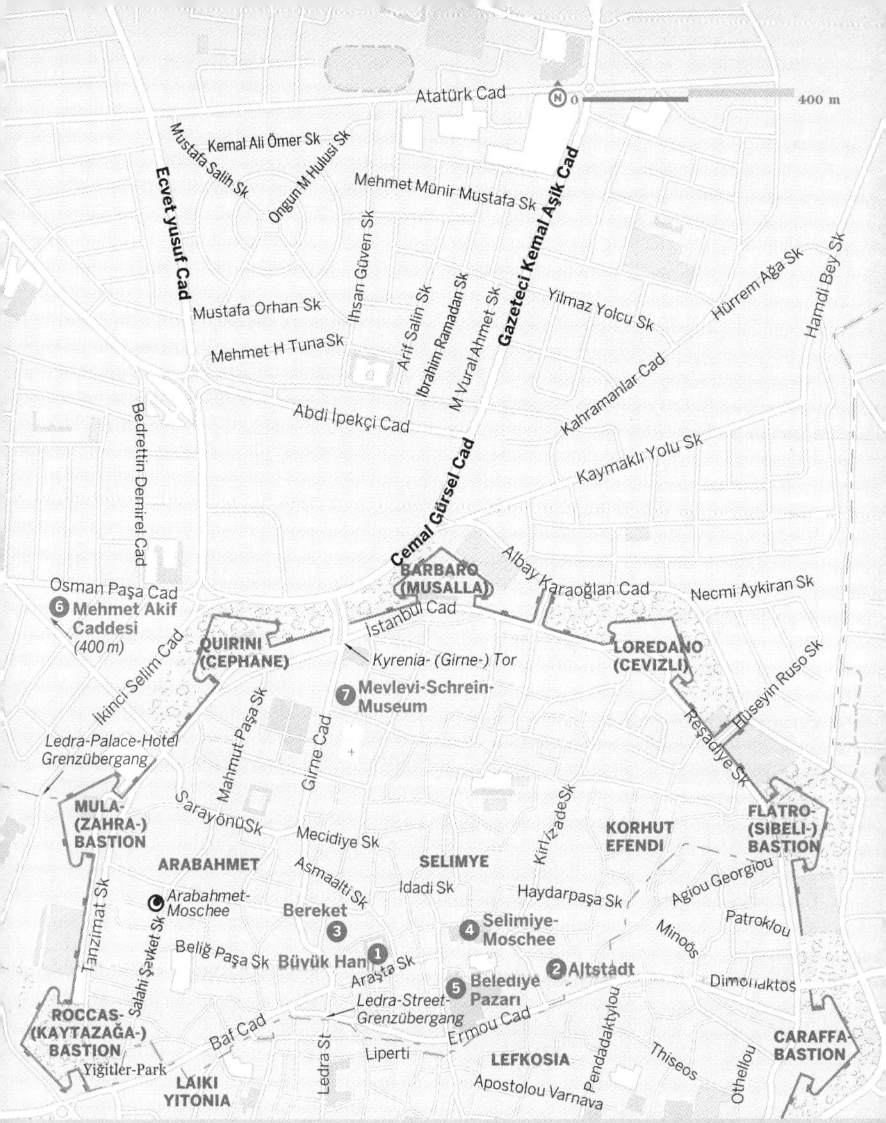

Highlights

❶ Die **Büyük Han** (S. 156) besuchen, ein prächtiges osmanisches Bauwerk mit reizvollen Kunsthandwerksläden.

❷ Durch das bunte Straßenlabyrinth der **Altstadt** (S. 156) spazieren.

❸ In einem **Bereket** (S. 161), einem traditionellen Kiosk in Nord-Nikosia, einen fantastischen Kebab, Pide oder Lahmacun (türkische Pizza) kosten.

❹ Die Schlichtheit und Stille der **Selimiye-Moschee** (S. 156) auf sich wirken lassen.

❺ Zwischen Bergen von Wassermelonen den **Belediye Pazarı** (S. 157) durchkämmen.

❻ Die schicken neuen Restaurants und Bars an der kosmopolitischen **Mehmet Akif Caddesi** (S. 163) in der Neustadt entdecken.

❼ Das **Mevlevi-Schrein-Museum** (S. 159) erkunden – in dem Gebäude lebten einst tanzende Derwische.

Geschichte

Bis 1963 verlief die Geschichte Nord-Nikosias nahezu parallel zu der ihres abgetrennten Südteils.

Als es 1963 zu Gewalttaten durch die Rebellen der Ethniki Organosi tou Kypriakou Agona (EOKA; Nationale Organisation Zyprischer Kämpfer) gegen türkische Zyprer kam und sich diese in sichere Enklaven sowie Ghettos zurückziehen mussten, wurde die Hauptstadt in einen griechischen und einen türkischen Sektor unterteilt. Die „Grüne Linie", wie die Grenze genannt wird, entstand, als ein britischer Militärkommandeur sie mit einem grünen Stift auf einem Stadtplan einzeichnete. Der Name ist seither geblieben.

1974 zementierte die türkische Militärinvasion, die fast alle türkischen Zyprer als Rettungsoperation betrachteten, die Trennung. UN-Blauhelme, die seit konfessionellen Unruhen 1963 über die Grüne Linie wachten, handelten einen Waffenstillstand aus.

Heute können Besucher und Bürger problemlos die Grenze passieren. Dennoch ist die Stadt weiterhin im wörtlichen und symbolischen Sinne geteilt, und viele Angehörige der älteren Generation (sowohl Griechen als auch Türken) hegen der anderen Seite gegenüber noch immer Groll und weigern sich, die Grüne Linie zu überqueren.

Sehenswertes & Aktivitäten

Um die Sehenswürdigkeiten der Stadt in angemessener Weise kennenzulernen, ist ein Stadtplan von Nord-Nikosia hilfreich, der im freundlichen Touristenbüro erhältlich ist. Wer sich verirrt, orientiert sich an der venezianischen Mauer, der man folgt, um zu einem Orientierungspunkt zu gelangen. Vom Kyrenia-Tor Richtung Süden verläuft die Girne Caddesi, die später zum Hauptplatz Atatürk Meydanı voller Banken und Geschäfte führt.

GRENZÜBERGÄNGE

Es gibt keinerlei zeitliche Beschränkungen für Grenzgänger, so kann man problemlos über Nacht (oder länger) auf der anderen Seite der Grünen Linie bleiben. Übergänge für Fußgänger findet man an der Ledrastraße und am Ledra Palace Hotel in Nikosia (Lefkosia). Von Letzterem sind es zehn Gehminuten bis zum Kyrenia-Tor. Sieben Stellen verbinden die griechisch-zyprische mit der türkisch-zyprischen Hälfte. Die neueste ist der Limnitis-Yeşilirmak-Grenzposten im Nordwesten der Insel, der im Oktober 2010 eröffnet wurde.

Mit Mietwagen darf man nur vom Süden in den Norden fahren, nicht andersrum.

★ Büyük Han — HISTORISCHES GEBÄUDE

(Große Herberge; Araşta Sk; Mo–Sa 10–22 Uhr) GRATIS Die Büyük ist ein tolles Beispiel osmanischer Architektur und eine der wenigen noch existierenden mittelalterlichen Karawansereien. Der Komplex wurde 1572 von Musafer Pasha, dem ersten osmanischen Gouverneur von Zypern, errichtet. Seit seiner Renovierung in den frühen 1990er-Jahren ist er wieder zum Zentrum der lebendigen Altstadt geworden. Er beherbergt Cafés, Geschäfte und traditionelle Kunsthandwerkstätten in kleinen Zellen, die einst als Schlafräume dienten.

Zur Zeit der Osmanen im Mittelalter kamen Reisende und Händler in *hans* (Herbergen) unter, stellten ihre Pferde in den Stall, handelten und traten mit anderen Besuchern in Kontakt.

Mitten im zentralen Hof steht eine *mescit* (kleines Gebetshaus) auf sechs Säulen über einem *şadrvan* (Brunnen für rituelle Waschungen). Diese Bauweise findet man nur hier sowie in zwei anderen Herbergen der Türkei.

★ Selimiye-Moschee — MOSCHEE

(Selimiye Camii; Selimiye Sk) Nord-Nikosias auffälligstes Wahrzeichen ist auch von der Südhälfte der Stadt aus deutlich zu erkennen. Das seltsam anmutende Gebäude wirkt wie eine Mischung aus einer französischen Gotikkirche und einer Moschee und blickt auf eine faszinierende Geschichte zurück. Heute ist die Moschee ein aktiv genutztes Gotteshaus. Wer sie besuchen möchte, kommt am besten direkt vor oder nach den fünf muslimischen Gebetsstunden.

1209 begann man mit dem Bau, der nur langsam voranging. Ludwig IX. von Frankreich kam auf seinem Weg zum Kreuzzug 1248 durch Nikosia und gab dem Ganzen den dringend benötigten Anschub, indem er die Dienste seines Gefolges von Handwerkern und Baumeistern anbot. Dennoch dauerte es weitere 78 Jahre, bis das Gebäude endlich fertig war und 1326 schließlich als Agia-Sofia-Kathedrale geweiht wurde.

DIE TANZENDEN DERWISCHE UND DER MEVLEVI-ORDEN

Gründer des Mevlevi-Ordens war der im 13. Jh. geborene Dichter Jelaluddin Mevlana, im Westen als Rumi bekannt. Sein berühmtestes Werk *Mathnawi*, ein langes Gedicht, erklärt seine Lehren und sein Weltverständnis. Es unterstreicht den Glauben, dass die Seele eines Individuums während seines Lebens auf Erden vom Göttlichen getrennt ist und nur die Liebe Gottes die Kraft hat, es zurück zu seiner Quelle zu führen. Rumis Lehren basierten auf der Überzeugung, dass alles von Gott geschaffen wurde und deshalb jede Kreatur geliebt und respektiert werden musste. Der Orden verschrieb sich in hohem Maße der Geduld, Bescheidenheit, unbegrenzter Toleranz, Nächstenliebe und positivem Denken.

Das Wichtigste jedoch und ein Schock für die orthodoxen Muslime der damaligen Zeit war seine Behauptung, Musik sei der einzige Weg, die mondänen Sorgen des Lebens zu überwinden, und dass man durchs Tanzen mit dem Göttlichen in Verbindung treten könne.

Der langsame, kreisende und tranceartige Tanz der Derwische heißt *sema*. Er wird begleitet von einer *nay* (Längsflöte), die bei Rumis Konzept der Sehnsucht nach dem Göttlichen eine zentrale Rolle spielt. Der Klang der *nay*, deren tonale Bandbreite jener der menschlichen Stimme ähnelt, soll den Schrei der Seele nach Gott symbolisieren. Begleitet wird der *sema* von einer *oud* (Kurzhalslaute) und *kudum* (paarigen Trommeln). Während sie tanzten, hielten die Derwische eine Handfläche nach oben und die andere nach unten, um die Position der Menschheit als Brücke zwischen dem Himmel und der Erde zu symbolisieren. Der *sema* diente ausschließlich als spirituelle Übung. Den Tanz für Geld oder des Vorzeigens wegen aufzuführen galt als Blasphemie.

700 Jahre lang florierte der Mevlevi-Orden im türkischen Leben und verbreitete sich von Konya in der Türkei über den Balkan und Südosteuropa, bis er 1950 durch Atatürk aus der Türkei verbannt wurde. Heute treten die Derwische in Theatern auf der ganzen Welt auf, und man kann ihren schönen Tanz in den meisten westlichen Ländern bewundern.

Auftritte der tanzenden Derwische

Vorstellungen der faszinierenden tanzenden Derwische finden von April bis September täglich um 12, 14, 15 und 17 Uhr 50 m nördlich der Selimiye-Moschee statt. Sie dauern rund 30 Minuten und kosten 7 €. Unter www.danceofcyprus.com lassen sich die Auftrittszeiten nachprüfen.

Bis 1570 verwüsteten Genuesen und Mamelucken das Gebäude, außerdem litt es unter den Folgen von Erdbeben in den Jahren 1491 und 1547. Als die Osmanen 1571 nach Nikosia kamen, entfernten sie die christlichen Elemente und fügten der Kirche zwei Minarette hinzu, zwischen denen heute die türkisch-zyprische und die türkische Flagge wehen. Trotz islamischer Verkleidungen wie getünchten Wänden und Säulen und der Ausrichtung des Grundrisses Richtung Mekka ist die gotische Bauweise im Inneren noch sichtbar. Zu den interessantesten Details gehören die verzierte Westfront mit drei Eingängen in verschiedenen Stilen und die vier Marmorsäulen. Letztere stammen aus dem antiken Salamis und wurden in der Apsis neben den Hauptschiffen platziert.

★ Bedesten — KIRCHE

(Hl. Nikolaus der Engländer; Arasta Sk; ⏲ Mo–Di, Do–Sa 10–13, Mi 14–17 Uhr) Im 6. Jh. wurde der im Rahmen des Nicosia Master Plan renovierte beeindruckende Bedesten als kleine byzantinische Kirche errichtet. Mit ihrer prächtigen Umgestaltung im 14. Jh. wandelte man sie in ein katholisches Gotteshaus um.

Seit das imposante Gebäude für 2 Mio. Euro aus EU-Finanzmitteln renoviert wurde, er strahlt es wieder in seinem alten Glanz. 2009 erhielt der Bedesten als bedeutendes Kulturerbe den renommierten Europa-Nostra-Preis.

Nach Ankunft der Osmanen 1571 diente die Kirche als Kornkammer und Markt und zerfiel letztendlich. Am Nordeingang erkennt man prächtige Wappen, die einst noblen venezianischen Familien gehörten. Vermutlich unterstützten Letztere die orthodoxe Kirche, die trotz der katholischen Dominanz in Zypern fortbestehen durfte.

Tafeln erläutern die Restaurierungsarbeiten und die Geschichte des Bauwerks. Derzeit wird es vor allem als Kulturzentrum genutzt.

Belediye Pazarı — MARKT

(Städtischer Markt; Kuyumcular Sk; ⏲ Mo–Sa 6–15 Uhr) Hier kann man Obst und Gemüse aus

Nord-Nikosia (Lefkoşa)

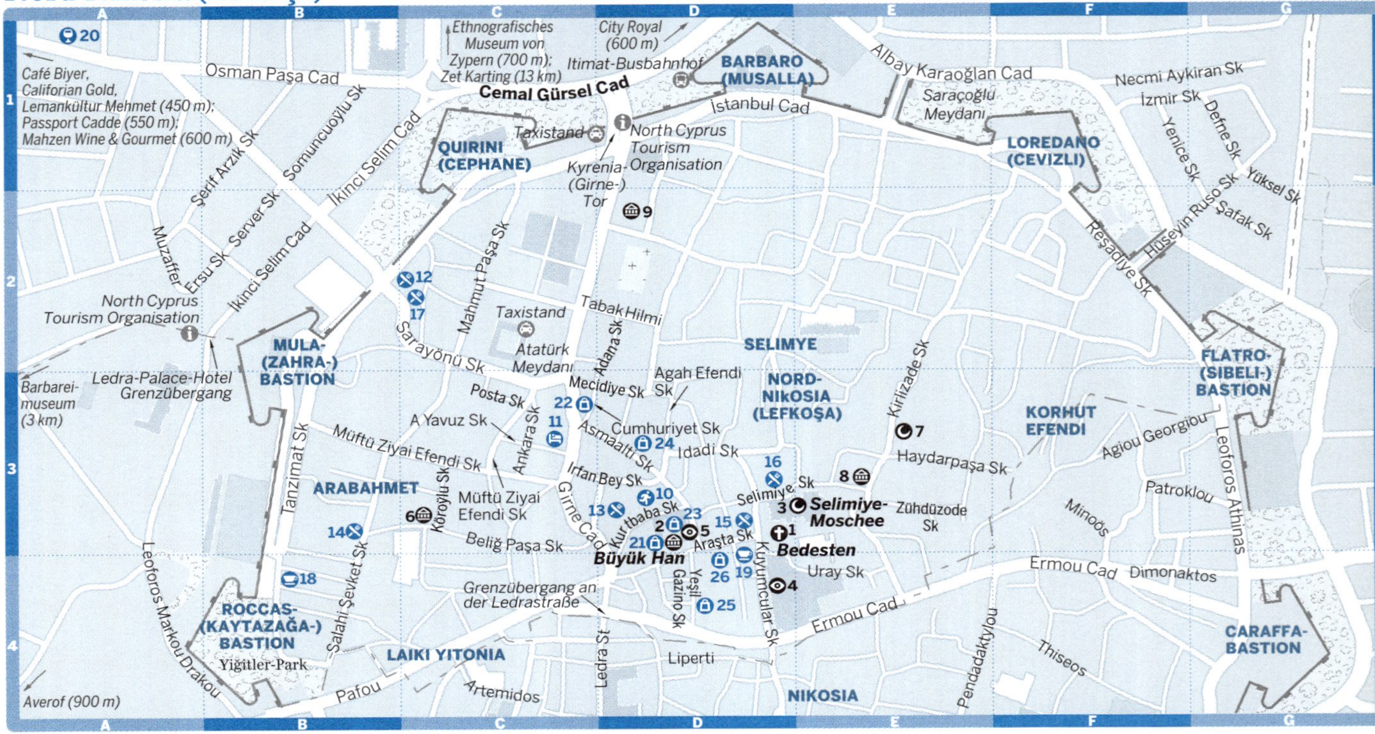

der Region kaufen sowie die quirlige Atmosphäre genießen. Entweder schreien die Verkäufer der Kundschaft Angebote entgegen oder dösen auf den Theken zwischen Bergen von Obst und Gemüse. Es gibt auch eine Ecke mit Souvenirs. Feilschen nicht vergessen!

Mevlevi-Schrein-Museum MUSEUM

(Mevlevi Tekke Müzesi; Girne Cad; Erw./Kind 5/3 TRY; ⌚Juni–Mitte Sept. 9–12.30 & 13.30–16.45 Uhr, restliches Jahr kürzere Öffnungszeiten) Diese ehemalige *tekke* (islamischer Schrein) aus dem 17. Jh. gehörte einer mystischen islamischen Sekte, die als Mevlevi-Orden bzw. Gruppe tanzender Derwische bekannt ist. Deren spirituelle Philosophie, die ihren Ursprung in der türkischen Stadt Konya hat, basiert auf dem Sufismus, einer mystischen Abzweigung des Islam. In einem Raum des faszinierenden Museums stehen die Särge von 16 Mevlevi-Scheichen.

Am bemerkenswertesten ist die ehemalige Küche der *tekke,* das Zentrum der hierarchischen Ordnung, wo die Mönche lebten und von „Praktikanten" zu echten Derwischen wurden. Jeder Anwärter musste sich als würdig erweisen, indem er mehrere Jahre lang die Rolle des Küchendieners übernahm. Bei den Mahlzeiten hatte er still in der Ecke zu stehen und auf dezente Hinweise zu warten, dass die Derwische etwas brauchten. Hielt einer von ihnen ein Stück Brot in die Höhe, bedeutetet dies, dass er durstig war und mehr Wasser wollte.

Draußen im Hof befinden sich muslimische Grabsteine.

Derwisch-Pascha-Museum MUSEUM

(Derviş Paşa Konaği; Beliğ Paşa Sk; Erw./Kind 5/3 TRY; ⌚Juni–Mitte Sept. 9–12.30 & 13.30–16.45 Uhr, restliches Jahr kürzere Öffnungszeiten) Das kleine 1988 eröffnete ethnografische Museum ist in einer Villa untergebracht, die 1807 vom wohlhabenden türkischen Zyprer Derviş Paşa erbaut wurde. Der ehemalige Besitzer gab die erste türkischsprachige zyprische Zeitung heraus. Heute sind in den früheren Zimmern der Bediensteten im Erdgeschoss Haushaltswaren wie ein alter Webstuhl, Glasware und Keramik ausgestellt. Oben werden reich bestickte türkische Gewänder präsentiert.

In der äußeren Ecke sind eine luxuriöse *selamlık* (Rückzugsraum für den Besitzer der Villa und seine Gäste) mit Sofas sowie *nargileh* (Wasserpfeifen) zu sehen. Es gibt sogar ein paar „Gäste" in Form von gruseligen, schick angezogenen Schaufensterpuppen.

Haydarpasha-Moschee MOSCHEE

(Camii Haydarpaşa; Kirlizade Sk; ⌚Mo–Fr 9–13 & 14.30–17, Sa 9–13 Uhr) GRATIS Heute dient die im 14. Jh. als Kirche der hl. Katharina errichtete Moschee als Kunstmuseum. Nach der Selimiye-Moschee ist sie das zweitwichtigste gotische Bauwerk in Nord-Nikosia. In und an dem Gebäude sieht man verzierte Skulpturen wie Wasserspeier, Drachen, Schilde und menschliche Köpfe.

Lapidarium-Museum MUSEUM

(Taş Eserler Müzesi; Kirlizade Sk; ⌚Mo–Mi & Fr 9–15.30, Do bis 17 Uhr) GRATIS Zu den Ausstellungsstücken dieses schönen Gebäudes aus dem

Nord-Nikosia (Lefkoşa)

Highlights
1 Bedesten D3
2 Büyük Han D3
3 Selimiye-Moschee E3

Sehenswertes
4 Belediye Pazarı D4
5 Zyprisch-türkisches-Schattentheater.. D3
6 Derwisch-Pascha-Museum C3
7 Haydarpasha-Moschee E3
8 Lapidarium-Museum E3
9 Mevlevi-Schrein-Museum D2

Aktivitäten, Kurse & Touren
10 Büyük-Hamam D3

Schlafen
11 Saray C3

Essen
12 Bay Kahkaha C2
13 Bereket D3
14 Boghjalian B3
15 Old Mosaic D3
16 Sabor D3
Sedirhan .... (siehe 21)
17 Seli C2

Ausgehen & Nachtleben
18 Atolye Cadi Kazani Café B4
19 Özerlat D4
20 Street Corner Pub A1

Shoppen
21 Koza D3
22 Rüstem Kitabevi C3
23 Şenay Erkut D3
Shiffa Home .... (siehe 21)
24 THC D3
25 Yağcioğlu D4
26 Yumurtacioglu D4

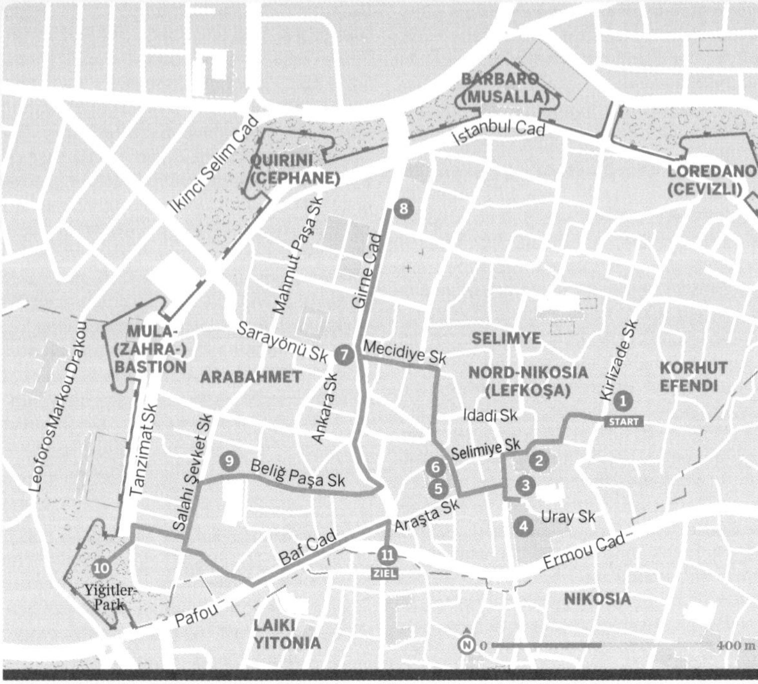

Stadtspaziergang
Die Vergangenheit entdecken

START HAYDARPASHA-MOSCHEE
ZIEL GRENZÜBERGANG IN DER LEDRASTR.
LÄNGE 4 KM
DAUER CA. 2 STD.

Der Spaziergang beginnt an der 1 **Haydarpasha-Moschee** (S. 159), die im 14. Jh. noch eine katholische Kirche war. Ganz in der Nähe befindet sich die einstige Lusignan-Kirche Agia Sofia und heutige 2 **Selimiye-Moschee** (S. 156) mit hoch emporragenden Minaretten, die durch die Osmanen hinzugefügt wurden.

Nun geht's weiter entlang der Araşta Sokak zum großartigen 3 **Bedesten** (S. 157) gegenüber dem lebendigen städtischen Markt 4 **Belediye Pazarı** (S. 157). Anschließend bummelt man die Araşta Sokak hinab zum 5 **Büyük-Hamam** (S. 161) und dann Richtung Norden zur prächtigen türkischen Karawanserei in der 6 **Büyük Han** (S. 156), wo Kunsthandwerksläden und eine Erfrischung warten.

Gen Westen gelangt man über die Mecidiye Sokak zum Hauptplatz 7 **Atatürk Meydanı**. Von hier führt ein kurzer Spaziergang auf der Girne Caddesi Richtung Norden zur Mevlevi Tekke, in der einst die tanzenden Derwische lebten. Heute ist dort das 8 **Mevlevi-Schrein-Museum** (S. 159) untergebracht.

Nun geht man über die Girne Caddesi zurück und biegt rechts in die Beliğ Paşa Sokak im schönen arabischen Viertel ab. Hier stößt man auf das 9 **Derwisch-Pascha-Museum** (S. 159) in einer alten türkischen Villa. Man bleibt auf der Beliğ Paşa Sokak, biegt links in die Salahi Şevket Sokak ab und lässt das Straßenleben sowie die renovierten und zerfallenden alten Häuser auf sich wirken.

Am Ende der Salahi Şevket Sokak kommt man zum kleinen Yiğitler-Park auf der 10 **Roccas-(Kaytazağa-)Bastion**. Während die Grenzüberquerung inzwischen kein Problem mehr ist, war dieser Punkt die einzige Stelle an der Grünen Linie, wo sich die türkischen und griechischen Zyprer von Nahem sehen konnten.

Von hier folgt man der Baf Caddesi an der Grenze entlang, bis man den 11 **Grenzübergang in der Ledrastraße** erreicht.

15. Jh. gehören eine vielseitige Sammlung aus Sarkophagen, Schilden, Stelen und Säulen sowie ein gotisches Fenster aus dem Lusignan-Palast, der einst in der Nähe des Atatürk Meydanı stand.

Ethnografisches Museum Zypern MUSEUM
(☎ 227 1785; Ecvet Yusuf Cad 56; Eintritt 10 TRY; ⏲ Mo–Sa 9–16 Uhr) Die facettenreiche Privatsammlung des freundlichen englischsprachigen Museumsbesitzers Kibris Özei umfasst über 150 Jahre altes Kunsthandwerk. Die Exponate verteilen sich auf weitläufige Galerien über drei Stockwerke und beinhalten feine osmanische Rosenwassersprinkler aus Glas, geschnitzte zyprische Anrichten aus dem 19. Jh., traditionelle Hochzeitskleider und eine umfangreiche Ausstellung exquisiter Stickarbeiten. Bald soll ein Café eröffnet werden, das leichte Snacks serviert.

Das Museum liegt einen Block nördlich der Deniz Plaza. Eine Taxifahrt vom Kyrenia-Tor sollte rund 10 TRY kosten.

Barbareimuseum MUSEUM
(Barbarlık Müzesi; Irhan Sk 2; ⏲ Juni–Sept. 9–12.30 & 13.30–16.45 Uhr, restliches Jahr kürzere Öffnungszeiten) GRATIS Mittlerweile sind die grausamen Poster und Fotos, die Neuankömmlinge am Grenzübergang am Ledra Palace Hotel begrüßten, entfernt worden. In diesem Museum werden teilweise ähnlich erschütternde Dinge gezeigt, z. B. Fotodokumentationen, vor allem von türkischen Zyprern, die in den Dörfern Agios Sozomenos und Agios Vasilios ermordet wurden.

Das Barbareimuseum liegt etwas versteckt in einem ruhigen Viertel 3 km westlich der Altstadt. Am besten gelangt man mit dem Taxi hierher (kostet ca. 12 TRY ab dem Zentrum).

Zyprisch-türkisches Schattentheater THEATER
(☎ 0542 850 3514; Büyük Han; 4 TRY; ⏲ Sa 11 Uhr; 👪) Bedenkt man die illustre Rolle des Schattentheaters in der Geschichte Zyperns, das im 16. Jh. von den Türken eingeführt wurde, überrascht es, dass dieses Theater das einzige seiner Art auf der Insel ist. Vorstellungen finden samstags um 11 Uhr in der ersten Etage der Büyük Han in einem winzigen Saal mit rund 50 Sitzen statt.

Puppenspieler Mehmet Ertuğ klagt darüber, dass er bisher noch keinen Nachfolger gefunden hat, deswegen sollten sich – Kinder und Erwachsene gleichermaßen – die Gelegenheit auf eine Vorführung nicht entgehen lassen.

Büyük-Hamam DAMPFBAD
(Tarihi Büyük Hamam, Große Bäder; Irfan Bey Sk 9; Behandlungen 60–100 TRY; ⏲ 9–15 & 15.30–21 Uhr) Durch eine niedrige verzierte Tür, die auf 2 m unter Straßenniveau abgesackt ist, betritt man den nach Jahren der Restaurierung wiedereröffneten Hamam. Ursprünglich war die Tür Teil der Kirche des hl. Georg der Lateiner aus dem 14. Jh. Gäste können aus einer der vielen Anwendungen wie Schlammbäder, Kaffeepeeling und Aromatherapiemassage auswählen. Die Anwendungen sind für Männer, Frauen oder ein gemischtes Publikum. Mittwoch- und samstagmorgens ist das Bad Frauen vorbehalten.

Drinnen markiert ein Nagel die Hochwasserhöhe von 1330 des Flusses Pedieos (Kanlı Dere); 3000 Einwohner Lefkosias kamen dabei ums Leben.

Zet Karting KARTBAHN
(☎ 0533 866 6173; www.zetkarting.com; Lefkoşa-Güzelyurt Anayolu; 25–45 TRY pro 10 Min.; ⏲ Juni–Mitte Sept. Di–So 16–24 Uhr, restliches Jahr kürzere Öffnungszeiten) Geschwindigkeitsfans können auf den langen Parcours ein paar Runden drehen. Auf der 300-m-Bahn für Kinder kostet ein Kart für zehn Minuten 25 TRY, auf der 900-m-Bahn 35 TRY und auf der professionellen 1200-m-Bahn 45 TRY. Anschließend bietet sich ein Besuch der Z1 Bar oder der Z1 Cafeteria an.

Zet Karting befindet sich am Hauptkreisel der Straße, die Richtung Norden aus Nord-Nikosia herausführt, wo man die Abfahrt Richtung Morfou (Güzelyurt) nehmen muss. Nach der Abzweigung nach Alakoy liegt sie auf der linken Seite, rund 13 km vom Kyrenia-Tor entfernt.

Essen

Nord-Nikosias gastronomische Szene wartet mit einer relativ großen Vielfalt auf: Es gibt kleine Kebabhäuser, *meyhane* (Tavernen) sowie traditionelle und moderne Restaurants. Mittags ist die Auswahl in der Altstadt besser als abends, wenn diese sehr ruhig und etwas unheimlich wird. In der Neustadt bietet die Mehmet Akif Caddesi mehrere gute Optionen fürs Mittag- und Abendessen.

Altstadt

★ **Old Mosaic** TÜRKISCH €
(☎ 227 9551; Selimiye Meydani 4–5; Meze-Gerichte 5 TRY; ⏲ 10 Uhr–open end) Den hübschen Innenhof des Lokals mit dem Ambiente eines Gemüsegartens schmücken wallende Bou-

SICHERHEIT

Nord-Nikosia ist zu jeder Tages- und Nachtzeit sicher, deshalb kann man unbedenklich durch die Straßen bummeln.

Abends wird es in der Altstadt jedoch sehr ruhig, sodass sich manche Besucher nicht wohl dabei fühlen, allein durch die schummrigen, oft engen Straßen zu streifen. In dem Fall meidet man diese am besten einfach. Wegen ihrer großen schwarz-roten Schilder, die ausdrücklich das Fotografieren und Betreten der Pufferzone verbieten, wirken die Gegenden rund um die Grüne Linie bedrohlich.

An der Roccas-(Kaytazağa-)Bastion am westlichen Ende der Altstadt kann man noch immer ins griechische Nikosia (Lefkosia) hinüberblicken und darf keine Fotos machen. Zwar wurden die Gesetze zur Grenzüberquerung gelockert, das Gebiet ist aber noch immer unter der Kontrolle des Militärs. Vor Ort sind wachsame Soldaten stationiert, die man nicht auf den ersten Blick sieht. Sie stellen Besucher eventuell zur Rede und konfiszieren Kameras.

gainvilleen, Terrakottatöpfe und üppige Pflanzen. Besonders empfehlenswert sind die Meze-Gerichte wie Hummus, *patican salata* (Aubergine in Knoblauch), *pastirma* (würzige Wurst) und *barbunya* (Borlottibohnen in Olivenöl). Dieselben Besitzer betreiben die einladende Old Mosaic Bar in der Nähe.

Bereket FAST FOOD €
(Irfan Bey Sk; Pide & Lahmacun 7–10 TRY; ⏲ 7–13.30 Uhr) Schlichter Essensstand wenige Meter von der prächtigen Büyük Han entfernt. Der Besitzer Ilker macht in seinem Steinofen die leckersten Pide und *Lahmacun* (türkische Pizza mit Lammhack und Petersilie) der Stadt. Es gibt Stühle im Freien und Gerichte zum Mitnehmen.

★ **Boghjalian** TÜRKISCH €€
(☎ 228 0700; Salahi Ševket Sk; Meze-Gerichte 10 TRY; ⏲ Mo–Sa 12–15.30 & 19–23 Uhr) In der ehemaligen Villa eines wohlhabenden Armeniers gibt's ein festgelegtes Menü aus Meze oder gemischtem Kebab. Das schmackhafte Essen wird im grünen Hof oder in einem der beiden eleganten Speisezimmer serviert. Wir empfehlen das grandiose *ceviz macanu* (grüne Walnüsse und Mandeln mit Zitrone, Zucker und Nelken). Vorab reservieren!

Sabor MEDITERRAN €€
(Selimiye Sk 29; Hauptgerichte ab 13 TRY; ⏲ Mo–Sa 11–24 Uhr) Nord-Nikosias bestes Restaurant, wenn man kein Kebab mehr sehen kann, ist das gegenüber der Selimiye-Moschee gelegene Sabor. Auf der Karte stehen vorwiegend italienische und spanische Speisen sowie einige asiatische Nudelgerichte. Die Portionen sind großzügig, die Preise fair und die Angestellten (sowie die ansässige Katzenschar) freundlich.

Bay Kahkaha TÜRKISCH €€
(Queen's Pub; Tanzimat Sk 166; Hauptgerichte 18 TRY; ⏲ Mo–Sa 12 Uhr–open end) Mehmet, der türkisch-zyprische Besitzer, kehrte kürzlich nach mehreren Jahren Aufenthalt in Australien zurück und eröffnete daraufhin dieses Bar-Restaurant. Das atmosphärische Gebäude mit Originalkacheln aus dem Jahr 1928 verfügt über mehrere kleine Speiseräume und einen Essbereich im Garten mit Palmen und Olivenbäumen. In der traditionellen Küche werden Spezialitäten wie *kahkah tavuk dolma* (mit Pilzen gefülltes Hühnchen) zubereitet.

Im Queen's Pub im selben Gebäude herrscht abends jede Menge Stimmung, wobei im Sommer Livemusik gespielt wird.

Sedirhan TÜRKISCH €€
(Büyük Han; Hauptgerichte 18 TRY; ⏲ Mo–Sa 8–19.30 Uhr) Das Café ist die ideale Adresse für Gerichte wie Pasta mit Artischocken und türkische Ravioli. Beim Essen blickt man direkt auf die schöne Büyük Han, denn das Lokal liegt in ihrem Hof. Zur Auswahl stehen zudem Kaffee, Bier und einfache traditionelle ortstypische Speisen wie *börek* (Fleisch oder Käse in einer dünnen Blätterteigrolle).

Neustadt

An der wichtigsten Restaurant- und Einkaufsstraße im neuen Teil der Stadt, der Mehmet Akif Caddesi, liegen schicke Restaurants, und man hat die Wahl aus einem Dutzend Optionen mit vorwiegend moderner zyprischer bzw. internationaler Küche. Darüber hinaus gibt's entspannte Bars, darunter mindestens eine mit irischem Bier vom Fass. Parkplätze findet man in den Wohngebieten in den Seitenstraßen.

Lemankültur Mehmet INTERNATIONAL €
(www.lmk.com.tr; Mehmet Akif Caddesi 80; Frühstück 8–10 TRY; 8–24 Uhr;) Bei sich ankündigenden Kopfschmerzen ist dieses Lokal wohl nicht die richtige Adresse: Das umfangreiche Dekor präsentiert sich als verspielte Kombination aus Pop Art und Cartoons in kräftigen Farben und Mustern. Toll ist das große Frühstücksangebot, das von leckeren gefüllten Bagels bis zu Pfannkuchen und Omeletts nach amerikanischer Art reicht.

★ **Passport Cadde** INTERNATIONAL €€
(www.caddepassport.com; Mehmet Akif Caddesi 88; Hauptgerichte 16 TRY; Mo–Sa 9–1 Uhr;) Einer der vollsten und zu Recht angesagtesten Läden der Restaurantmeile. Rund um die Uhr legt ein DJ auf, der Innen- und der Sitzbereich auf der Terrasse sind riesig und auf der Speisekarte stehen u. a. asiatisch inspirierte Gerichte, italienische Spezialitäten, Currys, Fajitas sowie schmackhafte Salate.

Seli TÜRKISCH €€
(Pencizade Sk 5; Hauptgerichte 15 TYL; Mo–Sa 9–24 Uhr) Das einladende Seli liegt zwar etwas abseits, lockt jedoch mit seinen traditionellen Speisen und dem eleganten Ambiente samt weißen Tischdecken einheimische Klientel an. Die tief liegende Küche erlaubt es Gästen, bei der Zubereitung der am Spieß gegrillten Kebabs und Fleischgerichte zuzuschauen und die Aromen zu genießen. Auf den Tisch kommen zudem leichtere Snacks wie Pitas und Sandwiches.

Californian Gold INTERNATIONAL €€
(Mehmet Akif Caddesi 74; Hauptgerichte 14 TRY; 8–24 Uhr;) Dieses ebenfalls an der Restaurantmeile gelegene beliebte Lokal verfügt über eine weitläufige Terrasse sowie Tische auf zwei Etagen und platzt zumeist aus allen Nähten. Mit seiner internationalen Küche zieht es ein jugendliches, wohlhabendes Publikum an. Zum Angebot gehören Fajitas, Pasta, Steak, Kebab und auch interessante Salate, etwa eine leckere vegetarische Variante mit Linsen, roten Paprika und Ziegenkäse.

Die Schreibweise des Namens ist übrigens absichtlich gewählt, um potenziellen Konflikten bezüglich Urheberrechten mit dem Sunshine State aus dem Weg zu gehen.

Mahzen Wine & Gourmet INTERNATIONAL €€
(www.mahzenwineandgourmet.com; Mehmet Akif Caddesi 75; Hauptgerichte 14 TRY; 11–23 Uhr) In dem historischen Gebäude, das zum alten Bahnhof von 1905 hinausgeht (1951 wurde der Betrieb eingestellt), kann man z. B. Pasta- und Hühnchengerichte mit verschiedenen Soßen bestellen. Die hervorragende Weinkarte bietet eine interessante Auswahl an edlen Tropfen aus Südafrika, Frankreich und Italien.

Ausgehen & Nachtleben

Die Einwohner geben selbst zu, dass das hiesige Nachtleben niemanden vom Hocker haut, zumindest nicht in der Altstadt. Wenigstens ist auf der Mehmet Akif Caddesi in der Neustadt ein bisschen was los. Wer mehr Action möchte, überquert die Grüne Linie oder fährt ins 25 km entfernte Kyrenia.

Eine beliebte Kneipenecke in der Altstadt liegt hinter dem Belediye Pazarı im restaurierten alten Marktgebäude. Mit seinen hohen Decken und tief hängenden Lampen sieht es zwar aus wie ein Kaufhaus, ist aber fröhlich und modern. Es beherbergt mehrere Bars und bietet viele Möglichkeiten, eine *nargileh* (Wasserpfeife) zu rauchen.

Im zentralen Hof der Büyük Han gibt's dienstag- und donnerstagabends Livemusik.

Café Biyer BAR
(Mehmet Akif Caddesi 61; 11–24 Uhr;) Die gemütliche Bar mit kosmopolitischem Flair bietet freitags und samstags Livemusik, eine eindrucksvolle Auswahl an 14 Cocktailspezialitäten und acht Tequila-Sorten. Gegen den Hunger helfen Barsnacks wie Käseteller und Wraps oder ein Besuch des schickeren Biyer Restaurant nebenan.

Özerlat CAFÉ
(Araşta Sk 73; Kaffee 2,50 TRY; Mo, Di, Do & Fr 9–19, Mi & Sa bis 13 Uhr) Das Café mit Laden besteht seit 1935 und ist bekannt für seine eigene Kaffeemarke, die sogar in die USA exportiert wird. Die freundliche Besitzerin bäckt tagtäglich köstlichen Kuchen.

SHOPPINGFANS AUFGEPASST!

Wer vom Süden aus den Norden besucht oder umgekehrt und shoppen will, muss auf die griechisch-zyprischen Zollbedingungen achten. Besucher dürfen 200 Zigaretten, 1 l Alkohol oder Wein und dazu andere Waren im Wert von bis zu 100 € über die Nord-Süd-Grenze bringen. Also Finger weg von teuren Teppichen!

Street Corner Pub BAR
(Osman Paşa Caddesi; ⌚12–2 Uhr) Das beliebte Irish Pub ist am rosafarbenen Cadillac auf dem Dach zu erkennen und serviert schaumiges Bier vom Fass. Mittwochs wird Livemusik gespielt.

Atolye Cadi Kazani Café CAFÉ
(Tanzimat Sk 77; ⌚17–1 Uhr;) Eine viel gelobte, von einem Künstler geführte kleine Café-Bar in einer Nebenstraße. Die Kunstwerke des Besitzers zieren die Wände, und die regelmäßigen Livejazz-Konzerte unterstreichen das entspannte, kosmopolitische Ambiente.

Solomajia CLUB
(☎227 7901; Kurtuluş Meydanı; ⌚22 Uhr–open end) In dem beliebten Club an der Nordseite der Stadt wird feuriger Salsa getanzt. Mit einer 90-minütigen Aufwärmstunde geht's los, danach spielt eine Liveband Latin, Reggae und Pop.

Shoppen

In der Büyük Han gibt's tolle Souvenirs, darunter echtes Kunsthandwerk.

Koza SEIDE
(Büyük Han; ⌚10–19 Uhr) Im Koza lebt die zyprische Tradition weiter, mit Seidenraupen Seide zu produzieren, zudem wird einem der einst allgegenwärtige Maulbeerbaum wieder ins Gedächtnis gerufen. Hier spinnen die Besitzerin Munise und ihre betagte Mutter Seidenmuster per Hand. Diese wurden traditionell zum Einrahmen von Bildern oder auch einfach als Wanddekoration genutzt.

Senay Erkut KUNSTHANDWERK
(Büyük Han; ⌚10–19 Uhr) Die wunderschönen handgemachten Schmuckstücke aus Keramik mit Blumenmotiven sind tolle, günstige und ungewöhnliche Geschenke.

Shiffa Home BIOPRODUKTE
(Büyük Han; ⌚10–19 Uhr) Die Besitzerin des Shiffa stellt die Seifen, Marmeladen und Konserven selbst her. Außerdem berät sie zu lokalen Kräuter- und Aromatherapiemitteln und verkauft diese auch gleich.

Yumurtacioglu SÜSSWAREN
(Bekediye Pazari; ⌚Mo–Sa 8–19 Uhr) Das vor diesem Geschäft ausgestellte *lokum* (türkischer Honig) sticht sofort ins Auge und lässt einem das Wasser im Mund zusammenlaufen. Hier, nahe dem Haupteingang des Marktes, kaufen Einheimische ihre Süßwaren ein, die in keiner Weise mit den verdächtig billigen Süßigkeitenboxen in Souvenirläden zu vergleichen sind.

Rüstem Kitabevi BÜCHER
(☎228 3506; Girne Caddesi 22; ⌚Mo, Di & Do 9–19, Mi & Sa bis 13 Uhr) Die Auswahl an alten und neuen Werken, darunter viele englische, ist groß. Darüber hinaus gibt's allerlei Zeitschriften. Vor Ort ist auch eine Filiale von Gloria Jeans Coffee untergebracht. Zur Auswahl stehen 14 verschiedene Kaffeesorten, die man im schattigen Hof trinken kann.

THC KUNSTHANDWERK
(Asmaalti Sk; ⌚Mo, Di, Do & Fr 9–19, Mi & Sa bis 13 Uhr) Ist auf eindrucksvolle iranische Glasware und Keramik im typischen schillernden Blau spezialisiert. Auf Anfrage wird die Ware auch versandt.

Yağcioğlu KUNSTHANDWERK
(Yeşil Gazino Sk 46; ⌚Mo, Di, Do & Fr 9–19, Mi & Sa bis 13 Uhr) Versteckt zwischen den schier endlosen Ständen, die Leggins und Ähnliches verkaufen, vertreibt dieser Laden bereits seit den 1950er-Jahren Knöpfe. Das wunderbar umfangreiche Sortiment reicht von durchsichtig und fein über groß und auffällig bis hin zu ansprechendem Retro-Stil. Zudem gibt's Kunsthandwerk.

Praktische Informationen

GELD

In allen Wechselstuben gleich hinter der Passkontrolle am Ledra Palace Hotel und auch am Grenzübergang in der Ledrastraße kann man sein Geld in türkische Lira eintauschen. Geldautomaten findet man in der **TC Ziraat Bankası** (Girne Caddesi) am Nordende der Straße sowie in der **Kıbrıs Vakıflar Bankası** (Atatürk Meydanı). Beide tauschen ebenso wie die nahe gelegenen privaten Wechselbüros Fremdwährungen ein.

INTERNETZUGANG

In den Cafés im Norden gibt's zumeist kein WLAN, deshalb muss man sich mit Internetcafés behelfen.

Orbit Internet Cafe (Girne Caddesi 180; 2 TRY pro Std.; ⌚24 Std.) Gut besuchter, zentral gelegener Laden.

MEDIZINISCHE VERSORGUNG

Poliklinik (☎227 3996; Gazeteci Kemal Aşik Caddesi) In dieser Klinik werden Ausländer behandelt.

NOTFALL

Telefonisch unter ☎155 erreichbar.

Polizeiwache (☎228 3311; Atatürk Meydanı)

TOURISTENINFORMATION

North Cyprus Tourism Organisation (NCTO; ☎ 227 2994; www.northcyprus.org) Kyrenia-Tor (☎ 227 299; www.northcyprus.org; ⌚ 8–17 Uhr); Grenzübergang am Ledra Palace Hotel (☎ 227 2994; www.northcyprus.org; ⌚ Mo–Sa 9–17, So bis 14 Uhr) Das beste Büro ist das am Kyrenia-Tor mit englischsprachigem hilfsbereitem Personal.

An- & Weiterreise

AUTO & MOTORRAD

Auto- und Motorradfahrer erreichen Nord-Nikosia über eine der beiden Hauptstraßen, die direkt in die Altstadt führen. Wer vom Flughafen Famagusta oder Ercan kommt, gelangt über die Mustafa Ahmet Ruso Caddesi und dann die Gazeteci Kemal Aşik Caddesi nach Nord-Nikosia. Letztere verläuft direkt zum Kyrenia-Tor. Wer von Kyrenia anreist, nimmt die Tekin Yurdabay Caddesi und die Bedrettin Demirel Caddesi, die ebenfalls zum Kyrenia-Tor führt.

Autofahrer aus der Republik überqueren die Grenze in Agios Dometios westlich der Stadt. Am einfachsten erreicht man die Altstadt, indem man direkt hinter dem Ledra Palace Hotel rechts abbiegt und über die Memduh Asar Sokak weiterfährt. Nachdem man den Stadtgraben passiert hat, biegt man links auf die Tanzimat Sokak und kommt nach rund 200 m zum Kyrenia-Tor.

Parken ist kein Problem. Wer allerdings werktags am späten Vormittag einen Platz in der Altstadt sucht, könnte es schwer haben. Fährt man frühmorgens her, stellt man sein Auto an der Girne Caddesi ab.

BUS

Der Busbahnhof für Fernverbindungen liegt an der Ecke Atatürk Caddesi und Gazeteci Kemal Aşik Caddesi in der Neustadt. Hier gibt's auch Verbindungen in die größeren Städte. Mit dem Bus reist man in der Regel stressfreier als mit den haarsträubenden Servicetaxis oder *dolmuş* (Minibussen).

FLUGZEUG

Der **Flughafen Ercan** (Tymvou; ☎ 231 4703) befindet sich 14 km nordöstlich von Nord-Nikosia. Ein Stadtbus fährt über die Schnellstraße hierher. Viele Traveller, die in den Norden reisen möchten, fliegen nach Larnaka, da es dorthin Direktverbindungen gibt und es zu weniger Verzögerungen kommt. Vom Flughafen Ercan geht's regelmäßig nach London und zu Reisezielen in der Türkei. Alle Charterflüge starten hier. Wenn der Airport gewartet wird, werden die Flüge zum Militärflughafen in **Geçitkale** (Lefkoniko; ☎ 227 9420; Lefkoniko) umgeleitet, das dichter an Famagusta liegt.

Turkish Airlines (Türk Hava Yolları, THY; ☎ 227 1061; www.turkishairlines.com; Mehmet Akif Caddesi 32), **Pegasus Airlines** (www.flypgs.com) und **Onur Air** (www.www.onurair.com) sind die größten Linien, die regelmäßig Flüge über die Türkei nach Ercan anbieten.

SERVICETAXI & MINIBUS

Minibusse zu Zielen in der Gegend und weiter weg starten an mehreren Stellen außerhalb der venezianischen Mauer und am Itimat-Busbahnhof beim Kyrenia-Tor. Die beste Haltestelle für Servicetaxis nach Kyrenia liegt unmittelbar südöstlich des Mevlevi-Schrein-Museums. Die Taxis steuern u. a. Famagusta (15 TRY, 1 Std.) und Kyrenia (12 TRY, 30 Min.) an. Sie fahren ebenfalls am Itimat-Busbahnhof ab.

Unterwegs vor Ort

AUTO

Wer eine hiesige günstige Autovermietung sucht, trifft mit **Sun Rent a Car** (☎ 227 2303; www.sunrentacar.com; Abdi Ipekçi Caddesi 10) eine gute Wahl. Wer aus dem Süden anreist, kann vorher anrufen und sich eventuell am Kyrenia-Tor abholen lassen. Die Tagessätze beginnen bei 85 TRY. In der Hauptsaison muss man mindestens drei Tage buchen.

BUS

Es gibt zwar öffentliche Busse in Nord-Nikosia, allerdings steuern diese vor allem Viertel außerhalb der Altstadt an. Die Busse starten in der Nähe des Kyrenia-Tors.

TAXI

In Nord-Nikosia herrscht kein Mangel an Taxiständen. Die am Atatürk Meydanı und am Kyrenia-Tor sind besonders einfach zu erreichen. Eine Fahrt im Stadtgebiet sollte zwischen 5 und 10 TRY kosten, außerdem stellen die meisten Fahrer den Taxameter an.

Zu den verlässlicheren Unternehmen gehören **Ankara Taxi** (☎ 227 1788), **Özner Taxi** (☎ 227 4012), **Terminal Taxi** (☎ 228 4909) und **Yılmaz Taxi** (☎ 227 3036).

VOM/ZUM FLUGHAFEN

Regelmäßig verkehren Busse des Kibhas-Flughafenshuttles (www.kibhas.org) zur Gazeteci Kemal Aşik Caddesi in der Neustadt (35 Min., 8 TRY). Für ein Taxi vom Kyrenia-Tor zum Flughafen zahlt man rund 40 TRY.

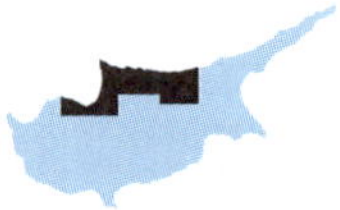

Kyrenia (Girne) & der Norden

Inhalt ➡

Gut essen

- ➡ İkimiz (S. 172)
- ➡ Tervetuloa Restaurant (S. 172)
- ➡ Kybele (S. 180)
- ➡ St. Kathleen's Restaurant (S. 175)
- ➡ Kıbrıs Evi (S. 172)

Schön übernachten

- ➡ Bellapais Gardens (S. 220)
- ➡ Nostalgia (S. 219)
- ➡ White Pearl Hotel (S. 220)
- ➡ Lapida Garden (S. 220)

Auf nach Kyrenia und an die Nordküste

Burgen erheben sich auf zerklüfteten Bergkuppen. Einsame Kirchen stehen auf Hügeln inmitten von Wildblumen. Felder mit knorrigen Olivenbäumen erstrecken sich entlang der Küste, wo der Hafen von Kyrenia vor der beeindruckenden Kulisse eines zerklüfteten Gebirgszugs Richtung Meer blickt. Die winzige Region vereint Zyperns schönste Landschaften mit einer bedeutenden Geschichte.

Die meisten Besucher zieht es wegen der Sonne und der Strände nach Zypern, was zu einer raschen, scheußlichen Bebauung der Küste geführt hat. Ignoriert man die Betonklötze, bietet die Insel viele Reize. Von der Bellapais-Abtei bis zur märchenhaften St.-Hilarion-Burg ist die Region durchsetzt mit unzähligen Ruinen mit traumhaftem Blick in der Landschaft.

Die Region ist berühmt für ihr Outdoor-Potenzial: Wandern, Schildkrötenbeobachtung, blühende Orchideen und Vogelbeobachter locken Besucher an, die gerne im Freien sind. Die Wanderwege werden wenig beworben und sind herrlich ruhig, sodass man sie ganz ungestört erkunden kann.

Reisezeit

- ➡ Zwischen Februar und April blühen leuchtende Wildblumen und seltene Orchideen an Kyrenias Küste und verwandeln die Felder in eine bunte Farbenlandschaft.
- ➡ Der April ist der schönste Monat zum Wandern. Klares Wetter und warme Temperaturen sind praktisch garantiert.
- ➡ Im Mai findet unter den gotischen Arkaden, unter denen einst Mönche umherschritten, das Musikfestival Bellapais statt.
- ➡ Von Juni bis August nisten Schildkröten an Zyperns Stränden.
- ➡ Der hohen Luftfeuchtigkeit im Juli und August wirkt man am besten entgegen, indem man an Bord eines Gulets (türkisches Holzschiff) bei einer Tour von Kyrenia aus die frische Meeresbrise genießt.

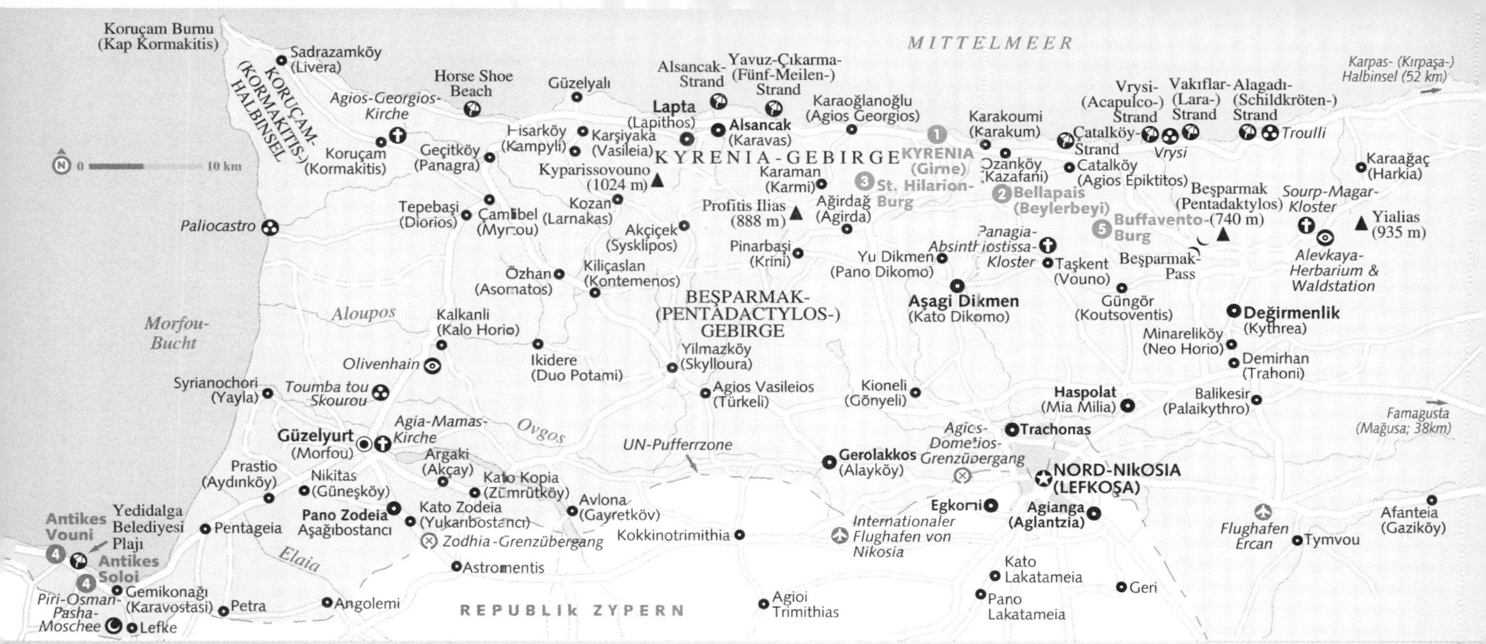

Highlights

1 Die Festungsmauern der **Kyrenia-Burg** (S. 169) erklimmen, ehe man es sich im Alten Hafen gemütlich macht und den goldenen Sonnenuntergang am Mittelmeer beobachtet.

2 Eine „Pilgertour" durch die Gassen von **Bellapais** (S. 178) unternehmen und dann die schöne mittelalterliche Abtei des Ortes erkunden.

3 Sich in der **St.-Hilarion-Burg** (S. 176) in die goldenen Zeiten von Einsiedlermönchen und Rittern in glänzenden Rüstungen zurückversetzen.

4 Im **Antiken Vouni** (S. 185) noch tiefer in die Geschichte eintauchen und dann die abenteuerliche kurvige Straße bergauf zum **Antiken Soloi** (S. 185) in Angriff nehmen.

5 Von den Türmen der **Buffavento-Burg** (S. 180) die Küste aus der Vogelperspektive betrachten.

KYRENIA (GIRNE)

33 200 EW.

Kyrenia wurde schon immer vom Meer beherrscht. Sein natürlicher Hafen, der die Stadt so attraktiv für Herrscher mit imperialen Bestrebungen machte, ist heute beliebt bei Besuchern, die Strandspaziergänge unternehmen und einen Bootsausflug durch die Bucht machen. Es ist reizvoll, die honigfarbene Festung der byzantinischen Burg zu erklimmen, von oben den Blick auf die hufeisenförmige Bucht zu genießen und zu beobachten, wie sich die Fischerboote im Wasser heben und senken. Zusammen mit den Scharen von Tagesausflüglern und Reisenden kann man vor dem ehemaligen Johannisbrot-Warenhaus Platz nehmen, in dem sich heute Cafés und Restaurants mit Blick auf den Hafen befinden, und sich die bedeutende Geschichte des uralten Hafens vor Augen führen, während man aufs Meer hinausblickt.

Zwar sind die Händler und Exporteure, die einst ihre Geschäfte hier führten, lange verschwunden – heute werden hier Schiffstouren und Restaurants beworben –, doch man kann die Vergangenheit noch spüren, wenn man durch die engen, gewundenen Gassen der Altstadt rund um den Hafen bummelt. Am malerischsten zeigt sich Kyrenia frühmorgens, wenn die Straßen noch weitgehend menschenleer sind. Oder man schlendert wie die meisten Besucher abends an der Uferpromenade entlang und lernt die moderne Urlauberseele der Stadt kennen.

Geschichte

Kyrenia wurde ca. 1200 v. Chr. von mykenischen Griechen gegründet und war eines der alten Stadtkönigtümer der Insel. Was über die frühe Entwicklung der Stadt bekannt ist, deckt sich praktisch mit der Geschichte ihrer Burg – man weiß nur sehr wenig, bis zu dem Moment, als die Byzantiner im 7. Jh. die Festung erbauten, um die häufigen Angriffe der Araber abzuwehren.

1191 eroberte Richard Löwenherz das Bauwerk auf dem Weg nach Jerusalem zu seinem dritten Kreuzzug. Von nun an diente es als Wohnsitz und Gefängnis. Es wurde an den Templerorden verkauft und dann Guy de Lusignan zum Geschenk gemacht, als er König von Zypern wurde.

Im 14. Jh. erweiterten die Venezianer die Burg und errichteten die trutzigen Türme zum Meer hin, die bis heute erhalten blieben. Unter den Osmanen wurde die Anlage erneut verändert, während Kyrenia vor allem als einziger Hafen im Norden der Insel fungierte. Diese Rolle hat die Stadt jedoch schon lange aufgegeben. Größe und Tiefe des alten Hafens erlauben keinen Verkehr

Kyrenia (Girne)

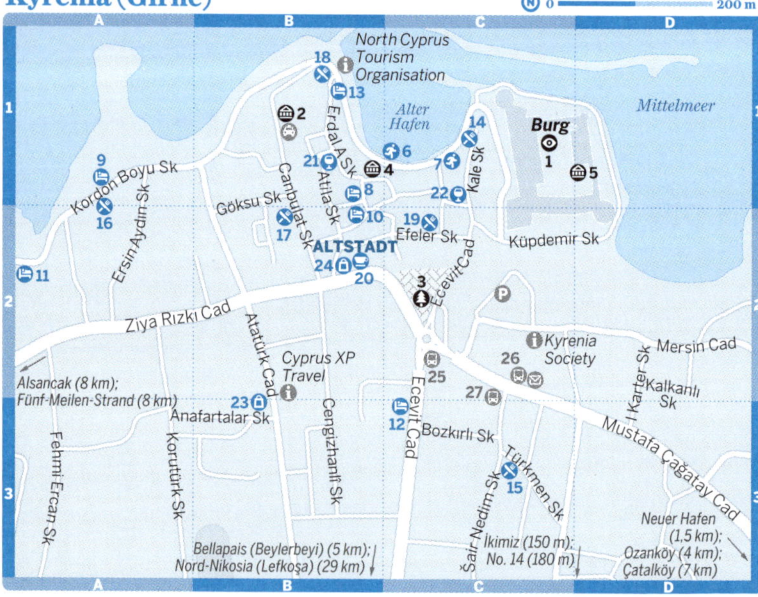

mehr außer von Ausflugsschiffen, Fischerbooten und kleinen Jachten. 2 km östlich von Kyrenia ist mittlerweile ein neuer Hafen entstanden, den Frachter und Passagierschiffe aus der Türkei anlaufen.

Unter der britischen Herrschaft entwickelte sich Kyrenia zu einem beliebten Altersruhesitz für pensionierte (Kolonial-)Beamte. Als die Türken 1974 auf Zypern einfielen, landeten ihre Truppen hauptsächlich an den Stränden westlich von Kyrenia. Nahezu alle griechischen Zyprer und viele britische Rentner flohen.

Heute, 40 Jahre später, wächst und gedeiht die Tourismusindustrie. Besucher kommen hauptsächlich aus Großbritannien, Deutschland und der Türkei.

Sehenswertes

Im dicht gedrängten Viertel mit dem Alten Hafen und der Altstadt unmittelbar hinter der Bucht findet man Kyrenias wichtigste Sehenswürdigkeiten.

★ Burg HISTORISCHE STÄTTE
(Girne Kalesi; Alter Hafen; Erw./Student 12/2 TRY; Juni–Sept. 9–19 Uhr, Okt.–Mai bis 16 Uhr) Könnten die dicken Mauern der Kyrenia-Burg sprechen, hätten sie bestimmt jede Menge zu erzählen. Erbaut wurden sie von den Byzantinern, möglicherweise auf den Überresten eines früheren römischen Forts. Alle darauf folgenden Herrscher von Richard Löwenherz bis hin zu den Osmanen hinterließen ihre baulichen Spuren an dem Gebäude.

Die große rechteckige Anlage umfasst eine Zisterne, einen Kerker und eine Kapelle, doch das wirkliche Highlight ist ein Spaziergang über die Festungsmauer hoch oben über dem Hafen.

Man betritt die Burg über eine Steinbrücke, die über den ehemaligen Burggraben und zur kleinen byzantinischen **Kapelle des hl. Georg** aus dem 12. Jh. führt. Diese befand sich ursprünglich außerhalb der Wälle, bis die Venezianer ihre Mosaiken und korinthischen Säulen in den Bau einbanden.

An der Westseite der inneren Burg liegt das berühmt-berüchtigte Verlies, wo die (schwangere) Geliebte von König Peter I., Joanna L'Aleman, auf Geheiß seiner eifersüchtigen Gemahlin Eleonore gefoltert wurde.

Auf der anderen Seite des Hofs stehen im nordöstlichen Lusignan-Festungsturm Ritter in Rüstung. Der venezianische Festungsturm befindet sich in der südöstlichen Ecke. Zwischen den Türmen sind zwei kleine Museen untergebracht.

Auf den mit einem Geländer gesicherten Wällen kann man zwischen den vier Türmen der Burg umherschlendern. Dabei sollte man auf den markierten Routen bleiben und kleinere Kinder an die Hand nehmen, da manche Abschnitte nicht ungefährlich

Kyrenia (Girne)

Highlights
1 Burg ... C1

Sehenswertes
2 Museum für Archangelos-Ikonen ... B1
3 Belediye Meydanı ... C2
4 Zypern-Haus ... B1
Galerie archäologischer Fundstücke (siehe 5)
5 Schiffswrackmuseum ... D1

Aktivitäten, Kurse & Touren
6 Aphrodite Boat Charters & Fishing ... C1
7 Highline Tandem ... C1
Ladyboss Fishing ... (siehe 7)

Schlafen
8 Cyprus Dorms ... B1
9 Dome Hotel ... A1
10 Nostalgia ... B2
11 Rocks Hotel & Casino ... A2
12 The Colony ... C3
13 White Pearl Hotel ... B1

Essen
14 Corner Restaurant ... C1
Kıbrıs Evi ... (siehe 14)
15 Kyrenia Tavern ... C3
16 Niazi's Restaurant & Bar ... A2
17 Özgulen Restaurant ... B2
18 Six Brothers Restaurant ... B1
19 Stone Arch ... C2

Ausgehen & Nachtleben
20 Ali's Special Café ... B2
21 Casablanca ... B1
22 Ego Bar ... C1

Shoppen
23 Ordu Pazarı ... B3
24 Round Tower ... B2

Transport
25 Libra-Tur-Bus-Büro ... C2
26 Minibusse nach Lapta ... C2
27 Minibusse nach Nord-Nikosia ... C2

sind. Von dort oben genießt man einen umwerfenden Blick auf den alten Hafen, besonders am Morgen.

➡ **Schiffswrackmuseum**

In der Schiffswrack-Kammer sind die Überreste des Schiffs von Kyrenia zu sehen, das älteste Wrack, das je aus zyprischen Gewässern geborgen wurde. Es handelt sich um ein griechisches Segelschiff, gebaut aus dem Holz der Aleppo-Kiefer, das ca. 300 v. Chr. vor Kyrenia sank und 1967 von einem einheimischen Taucher gefunden wurde. Es hatte Amphoren, Mandeln, Getreide, Wein und Mühlsteine von den griechischen Inseln Samos, Rhodos und Kos geladen. Vermutlich trieb die Besatzung Handel entlang der anatolischen Küste bis zu den Dodekanes-Inseln in Griechenland.

Untersuchungen lassen vermuten, dass das damals etwa 80 Jahre alte Boot bei einem Piratenangriff sank. Ein Großteil der Ladung scheint geplündert worden zu sein und der Rumpf weist Löcher auf, die wahrscheinlich von Speeren stammen. Darüber hinaus wurde im Wrack eine Fluchtafel entdeckt. Damals glaubten Piraten, das Anbringen einer solchen Tafel an einem sinkenden Schiff würde dessen Schicksal besiegeln und seine Reste für immer auf dem Grund des Meeres festhalten.

Eine hervorragende moderne Rekonstruktion des Schiffs aus denselben Materialien ist im Thalassa-Meeresmuseum in Agia Napa zu sehen.

➡ **Galerie archäologischer Fundstücke**

Mit ihren Fundstücken, die vom Neolithikum über die Bronzezeit bis zur hellenistischen und byzantinischen Epoche reichen, zählt diese kleine Ausstellung zu den interessantesten Sammlungen im Burgkomplex. Hier werden Amphoren, Goldschmuck und alte Münzen gezeigt sowie Rekonstruktionen jungsteinzeitlicher Rundhäuser (4500–3900 v. Chr.) aus Lehm und Stein präsentiert, die in der Ausgrabungsstätte Ayios Epiktitos Vrysi bei Çatalköy entdeckt wurden.

KYRENIA UND DAS JOHANNISBROT

Heute mag der Alte Hafen zwar gerammelt voll sein mit Restaurants und Cafés, aber die schönen alten Steingebäude am Ufer spielten einst eine zentrale Rolle als Johannisbrot-Warenhäuser für die bedeutende Johannisbrotindustrie der Stadt.

Johannisbrot wurde in Zypern seit dem 1. Jh. n. Chr. angebaut und war vom Mittelalter bis zum Ende des britischen Mandats eins der wichtigsten Exportgüter der Insel. Da beinahe 30 % der Erträge der Johannisbrotbäume rund um Kyrenia geerntet wurden, entwickelte sich der Hafen zum Handelszentrum.

Die Gebäude am Hafen wurden als Lagerhäuser für Johannisbrot (und auch für andere Exportgüter wie Olivenöl und Baumwolle) vor ihrer Verschiffung nach Europa genutzt. Obwohl der internationale Johannisbrothandel in den 1960er-Jahren zusammenbrach, wird in Nordzypern noch immer Johannisbrot angebaut und zum äußerst beliebten Würzmittel *pekmez* (Molasse) weiterverarbeitet.

Altstadt STADTVIERTEL

Rund um den Alten Hafen liegt zwischen Canbulat Caddesi und Kale Sokak die winzige und malerische Altstadt von Kyrenia. Hier kann man toll durch die gewundenen Gassen bummeln und die Mischung aus alten verlassenen Steingebäuden, die langsam zerfallen, und neueren Häusern aus Beton anschauen.

Bummelt man die Ağa Cafer Paşa Sokak hinab, kommt man zur **Agha-Cafer-Paşa-Moschee** (1589 erbaut) und zu den baufälligen Überresten der **Chysopolitissa-Kirche** aus dem 16. Jh. An der Canbulat Caddesi liegt ein altes griechisch-römisches Grab.

Zypern-Haus MUSEUM

(Alter Hafen; Erw./Student 5/2 TRY; ⌚ Mo–Sa 9–18 Uhr) Das liebevoll restaurierte ehemalige Johannisbrot-Warenhaus im alten Hafen beherbergt heute interessante ethnografische Ausstellungsstücke wie traditionelle Kleidung, Möbel und zypriotische Textilarbeiten. Ausstellungstafeln erzählen die Geschichte des Hafens, der für den Export von Johannisbrot nach Europa bedeutend war.

Museum für Archangelos-Ikonen MUSEUM

(Canbulat Caddesi; Eintritt 5 TRY; ⌚ Mo–Mi, Fr & Sa 8–15.30, Do bis 17 Uhr) Die Kirche des Erzengels Michael aus dem 19. Jh. erkennt man leicht an ihrem markanten Glockenturm. Sie beherbergt eine Ausstellung von Ikonen aus dem 18. und 19. Jh., die aus orthodoxen Kirchen in ganz Nordzypern gerettet werden konnten. Bemerkenswert sind die Darstellungen des hl. Georg mit dem Drachen und der Enthauptung des Täufers Johannes sowie ein Bildnis der Jungfrau mit dem Kind.

Aktivitäten

Tauchen und Schiffstouren sind die beliebtesten Aktivitäten in Kyrenia.

Im alten Hafen tummeln sich zahlreiche Betreiber von Ausflugsbooten, die alle mit ähnlichen Angeboten um Kundschaft werben. Für 50 bis 60 TRY kann man an einem Tagesausflug auf einem türkischen Gulet (Holzschiff) teilnehmen. In der Regel gibt's zwei Stopps zum Baden und Schnorcheln, anschließend wird an Bord gegrillt (Getränke kosten extra). Die Boote legen um 10.30 Uhr ab und kehren um 17 Uhr zum Hafen zurück. Sie bieten bis zu 20 Passagieren Platz.

Cyprus Wildlife Ecology OUTDOOR-AKTIVITÄTEN

(☎ 224 0850; www.cypruswildlifeecology.com) Die hervorragenden Ausflüge zur Vogelbeobachtung werden von dem Umweltschützer-Biologen-Duo Robin Snape und Damla Beton geführt. Die beiden engagieren sich stark für die North Cyprus Society for Protection of Birds und bieten ihren Kunden maßgeschneiderte Touren in die unglaublich vogelreichen Gebiete rund um Kyrenia und Famagusta an.

Über die Maßen empfehlenswert für alle, die Nordzyperns reiche Flora und Fauna kennenlernen möchten.

Aphrodite Boat Charters & Fishing BOOTSAUSFLÜGE

(☎ 0533 868 0943; musa-aksoy@hotmail.co.uk; Old Harbour; Schiffsausflug pro Pers. 35 €, Angelausflüge 70 € pro Pers.; ⏲ März–Okt.) Kapitän Musa Aksoy war der erste Anbieter von Sportangeltouren in Nordzypern und veranstaltet Schiffsausflüge rund um die Bucht und Angeltouren. Wer also einen großen Fang machen möchte, ist hier genau richtig.

Beim Schnorcheln und Schwimmen von seiner Gulet (max. 12 Pers.) aus gelangt man in abgelegene Buchten, in die größere Schiffe nicht hineinfahren.

Eine gemütlichere und friedlichere Art, Kyrenias Küste kennenzulernen als auf den anderen Partyschiffen.

Highline Tandem PARAGLIDEN

(☎ 0542 855 5672; www.highlineparagliding.com; Old Harbour; Erw. inkl. Transport, Flug & Versicherung 89 €) Ein neuseeländisch-zyprisches Pärchen betreibt diesen Laden. Highline verhalf einer 100-jährigen Schottin dazu, dass sie als älteste Frau, die diesen Abenteuersport jemals gewagt hat, ins Guinnessbuch der Rekorde eingetragen wurde. Wenn das Wetter mitspielt, werden das ganze Jahr über Tandemsprünge aus einer Höhe von 750 m angeboten, die einen einmaligen Panoramablick über das Land erlauben.

Ladyboss Fishing ANGELN

(☎ 0542 855 5672; www.fishingnorthcyprus.com; Alter Hafen; 60 € pro Pers.) Das Team von Highline Tandem unternimmt auch großartige Angelausflüge auf der 10 m langen Ladyboss. Diese dauern in der Regel fünf Stunden und danach kann man den Fang des Tages für sich zubereiten lassen.

Scuba Cyprus TAUCHEN

(☎ 0533 865 2317; www.scubacyprus.com; Camelot-Strand, Alsancak; 1 Tauchgang 22 €, Paket mit 5 Tauchgängen 105 €; ⏲ 9–17 Uhr) Bietet regelmäßig PADI- und SSI-Tauchkurse sowie günstige Tauchpakete und Tauchausflüge an. Das Schiff ankert oft in Kyrenias Altem Hafen, das Hauptbüro liegt 12 km westlich von Kyrenia.

Amphora Diving TAUCHEN

(☎ 0542 851 4924; www.amphoradiving.com; Kervansaray-Strand, Karaoğlanoğlu; 1 Tauchgang 30 €, Tauchexkursion zum Zenobia-Wrack 115 €) Neben den üblichen PADI- und BSAC-Kursen organisiert Amphora auch regelmäßige Tauchausflüge zum Wrack der *Zenobia* sowie Tauchsafaris. Der Veranstalter ist rund 6 km westlich von Kyrenia zu finden.

Örnek Holidays WANDERN

(☎ 815 8969; www.ornekholidays.com; Dedekorkut Plaza 13, Karakum; ⏲ Mo–Sa 9–17 Uhr) Die Spezialisten für geführte Spaziergänge und Wandertouren in Nordzypern mit hervorragenden Guides, die sich sowohl in der Pflanzen- und Vogelwelt als auch in Geschichte auskennen.

Essen

Am atmosphärischsten speist man in Kyrenias Altem Hafen. Zwar bestechen viele Restaurants eher mit ihrer Lage als mit ihrer Speisekarte, doch gibt es unter den mondäneren Adressen auch das eine oder andere Juwel. Einige hervorragende Restaurants liegen auch im alten Türkischen Viertel von Kyrenia.

Selbstverpfleger sind im zentral gelegenen und gut bestückten Supermarkt **Ordu Pazarı** (Atatürk Caddesi; ⏲ 8–21 Uhr) richtig.

Alter Hafen & Türkisches Viertel

Özgulen Restaurant TÜRKISCH€
(☎868 6872; Canbulat Sokak; Lahmacun 3,50 TRY, Hauptgerichte 9–16 TRY; ⌚11–22.30 Uhr) In dieser fröhlichen Kantine isst man am besten leckere, sättigende türkische Gerichte wie Linsensuppe, *lahmacun* (türkische Pizza), Kebab-Teller und *dürüm* (Kebab-Wraps).

★ **İkimiz** ZYPRIOTISCH€€
(Meşeli Sokak 22, Türkisches Viertel; Hauptgerichte 15–25 TRY; ⌚ Mo–Sa 11.30–14.30 & 18.30–23 Uhr; 🖉)Das Mutter-Tochter-Duo, das hinter diesem süßen Restaurant steht, serviert köstlichstes zypriotisches Soul Food. Auf der kleinen (ständig wechselnden) Speisekarte stehen herzhafte und gesunde Spezialitäten wie *molohiya*-(Gartenmalven-)Eintopf und *pirohu* (Ravioli mit Halloumi-Füllung). Um dorthin zu kommen biegt man auf der Şair Nedim Sokak in die zweite Straße nach links ein.

Kıbrıs Evi ZYPRIOTISCH €€
(Kale Sokak, Alter Hafen; Hauptgerichte 16–18 TRY; ⌚10.30–23 Uhr; 🖉) Direkt neben der Burg und mit einem unschlagbaren Hafenblick werden hier traditionelle zypriotische Gerichte serviert. Wer einen Tisch auf der Dachterrasse oder auf einem der winzigen Balkone ergattert, kann mit allerschönster Aussicht speisen. Typisch zypriotische Leckereien sind *bumbar* (Würstchen) und die gefüllten Artischocken.

Corner Restaurant INTERNATIONAL €€
(Alter Hafen; Hauptgerichte 16–30 TRY; ⌚10.30–23 Uhr; 📶🖉) Das einladende Restaurant am Hafen schenkt den besten Kaffee in ganz Kyrenia aus und ist die Topadresse für Kaffeejunkies. Auf der tollen Speisekarte stehen Meeresfrüchte und europäisch-moderne Gerichte mit moderner türkischer Note.

Kyrenia Tavern ZYPRIOTSCH€€
(Türkmen Sokak, Türkisches Viertel; Gerichte 30 TRY; ⌚18.30–23 Uhr) Wer es authentisch und rustikal mag, ist hier genau richtig. Auf der Karte stehen einfache, leckere zypriotische Spezialitäten wie Meze, Moussaka und *kleftiko* (Lamm aus dem Tontopf), die in der Regel täglich frisch zubereitet werden. Es liegt hinter der kleinen Feuerwache an der ersten Ecke links an der Şair Nedim Sokak.

No. 14 INTERNATIONAL €€
(Yazıcızade Sokak 14, Türkisches Viertel; Hauptgerichte 18–28 TRY; ⌚ Mo–Sa 18.30–23 Uhr) In diesem Gartenrestaurant mit Pool bekommen Gäste schlichte Köstlichkeiten wie gepfeffertes Schweinefleisch, Filetsteaks und gefüllten Tintenfisch. Der Service ist hervorragend. Den Schildern von der Namik Kemal Sokak folgen und an der Moschee links abbiegen.

Niazi's Restaurant & Bar TÜRKISCH €€
(Kordon Boyu Caddesi; Fleischspieß 20–30 TRY; ⌚11–23 Uhr) Ein Paradies für Fleischliebhaber und die beste Adresse für Grillspieße: Türkische Spezialitäten wie *Adana kebap*, *köfte* (Fleischbällchen) und *patlıcan kebap* (Auberginen-Kebab) stehen ebenso auf der Karte wie zypriotische *sheftelia* (pikante Hackfleischröllchen; auf Türkisch *şeftalı*).

Six Brothers Restaurant TÜRKISCH €€
(Kordon Boyu Caddesi; Hauptgerichte 18–35 TRY; ⌚10.30–24 Uhr) Wie eine Novelle liest sich die Speisekarte hier. Die Auswahl an Meze, Fisch, Grill- und internationalen Gerichten ist überwältigend, und die Mahlzeiten werden von einem freundlichen Personal aufgetragen. Am besten setzt man sich an einen der Tische im Freien mit Blick auf die Bucht.

Stone Arch INTERNATIONAL €€€
(Efeler Sokak 13, Alter Hafen; Hauptgerichte 30–40 TRY; ⌚18.30–23 Uhr; 📶🖉) Eine hervorragende Adresse für eine besondere Mahlzeit ist das Stone Arch mit gestärkten weißen Tischdecken und romantischer Beleuchtung. Auf der kleinen Karte stehen Meeresfrüchte und Steaks, dazu gibt es eine anständige Weinkarte und der Service ist unaufdringlich.

Außerhalb der Stadt

Tervetuloa Restaurant TÜRKISCH€€
(Ufuk Sokak, Alsancak; Mahlzeiten 25–35 TRY; ⌚11–15 & 18–23 Uhr) Fans von Meze sollten sich das Tervetuloa nicht entgehen lassen. Das lässige, charmante und unprätentiöse Restaurant bringt die frischesten und schmackhaftesten Meze Nordzyperns auf den Tisch. Es liegt an der Hauptküstenstraße rund 10 km westlich von Kyrenia.

Jashan's INDISCH €€
(Karaoğlanoğlu Caddesi; Hauptgerichte 18–25 TRY; ⌚ Sa–Do 12–15 & 18–23, Fr 18–23 Uhr) Wer Sehnsucht nach indischer Küche hat, ist im Jashan's, abseits der Hauptstraße rund 4 km westlich von Kyrenia, genau richtig. Hier bekommt man alles von Kormas und *Chicken tikka* bis hin zu authentischeren indischen Gerichten.

Çatalköy Kebapcısı TÜRKISCH€€€
(Uğur Mumcu Bulvarı, Çatalköy; Menü 40 TRY; 18–23 Uhr) Wohl eins der besten Kebabhäuser Nordzyperns. Großen Hunger mitbringen, denn das Menü beinhaltet 10 Meze und sieben verschiedene Fleischsorten vom Holzkohlegrill, sodass auch die hungrigsten Gäste garantiert satt werden. Es befindet sich an der Hauptstraße 7 km östlich von Kyrenia.

Ausgehen & Nachtleben

In Kyrenia versammeln sich die meisten Reisenden abends rund um den Hafen . Die Tische im Freien direkt am Wasser laden zum Verweilen bei einem Kaffee oder Bier ein. Wer ein bisschen mehr Action sucht, findet Clubs in einigen der größeren Strandorte an der Küste. Die meisten sind recht billig. Alleinreisenden Herren wird oftmals der Eintritt in Nachtclubs verwehrt, wenn sie nicht in weiblicher Begleitung auftreten.

Ali's Special Cafe CAFÉ
(Ziya Rızkı Caddesi; 10–19 Uhr) Bei einem dickflüssigen zypriotischen Kaffee oder einem frisch gepressten Orangensaft kann man in diesem niedlichen kleinen Café unter einem schattigen Baum entspannen und das Treiben beobachten.

Ego Bar BAR
(Doğan Türk Sokak, Old Town; 18–2 Uhr) Dank ihrer entspannten Atmosphäre ist die Ego Bar eine tolle Adresse für einen abendlichen Drink im Innenraum mit Steinwänden oder im Hof. Im Sommer spielen Livebands Jazz, Rock, Blues und Soul.

Casablanca BAR
(Atila Sokak; Do–Sa 20 Uhr–open end) Diese kleine Bar in der Altstadt verkauft Getränke zu anständigen Preisen und zieht eine prima Mischung aus Einheimischen, Auswanderern und Reisenden an.

Escape Beach CLUB
(www.escapebeachclub.com; Yavuz Çıkarma Beach, Alsancak; Do–Sa 22 Uhr–open end) Direkt am Meeresufer liegt das Escape Beach. Hier wird es oft voll, wenn eine Mischung aus R'n'B, Hip-Hop und türkischem Pop gespielt wird. Der Club liegt 10 km westlich von Kyrenia abseits der Hauptstraße.

Ice Lounge CLUB
(Yavuz Çıkarma Beach, Alsancak; 22.30–5 Uhr) Dieser Club oberhalb des Yavuz-Çıkarma-Strands im Stadtteil Alsancak ist einer der beliebtesten Nachtclubs Kyrenias. Bunte schillernde Lichter beleuchten die Open-Air-Bars und die Bühne. Im Sommer legen hier internationale DJs auf.

Shoppen

Die Ziya Rızkı Caddesi ist die Haupteinkaufsstraße.

Round Tower KUNSTHANDWERK
(Ziya Rızkı Caddesi; Mo–Sa 10–17.30 Uhr) In dem zentral gelegenen restaurierten Rundturm aus der Lusignan-Zeit ist ein kleiner Kunsthandwerksladen mit interessanten Büchern, Kunst aus der Region, alten Fotos und Töpferware untergebracht. Es gibt auch eine Abteilung für gebrauchte englische Bücher für 5 TRY pro Stück.

Green Jacket BÜCHER
(Temmuz Caddesi 20; Mo–Sa 9–17 Uhr) Die beste Adresse für fremdsprachige Bücher liegt westlich des Stadtzentrums nicht weit vom Astro-Supermarkt entfernt.

Praktische Informationen

GELD

An der Ziya Rızkı Caddesi befinden sich zahlreiche Banken und Geldautomaten.

Türk Bankası (Ziya Rızkı Caddesi; Mo–Sa 8–12 & 14–17 Uhr) In der Nähe des Belediye Meydanı.

Gesfi Money Exchange (Kordon Boyu Sokak 40; 8.30–20 Uhr) Gegenüber dem Dome Hotel.

INTERNETZUGANG

Cafe Net (Mustafa Çağatay Caddesi; 3 TRY pro Std.; 10–24 Uhr) Kyrenias bestes Internetcafé. Der Besitzer Mehmet Çavuş spricht Englisch und serviert heiße sowie kalte Getränke und Ofenkartoffeln. Zum Laden gehört auch ein kleiner Büchertauschservice. Südöstlich des Stadtzentrums.

City.Net Internet Cafe (abseits der Ziya Rızkı Caddesi; 2 TRY pro Std.; 10–24 Uhr) Im Einkaufszentrum zwischen Ziya Rızkı Caddesi und Ecevit Caddesi. Schnelles Internet und freundlicher Service.

MEDIZINISCHE VERSORGUNG

Akçiçek Hastahanesi (815 2254; Mustafa Çağatay Caddesi) Kyrenias Krankenhaus liegt 300 m südöstlich der Post.

TOURISTENINFORMATION

North Cyprus Tourism Organisation (NCTO; Alter Hafen; Mai–Sept. 8–18 Uhr, Okt.–April bis 16 Uhr) Extrem hilfreiche Angestellte und kostenlose Stadtpläne.

Kyrenia Society (Mersin Caddesi; 10–12 Uhr) Hinter der Hauptpost gibt's vor allem im

Sommer Aushänge zu Veranstaltungen und Ausflügen sowie ein schwarzes Brett mit weiteren Infos.

An- & Weiterreise

AUTOVERMIETUNG

Es gibt zahlreiche Autovermietungen. Ein Mietwagen kostet überall auf der Insel ungefähr gleich viel: im Durchschnitt 40 bis 50 € pro Tag.

Oscar Car Rentals (☎ 815 2272; Kordon Boyu Sokak) Gegenüber vom Dome Hotel.

BUSSE & MINIBUSSE

Kyrenias Verkehrsknotenpunkt ist der Belediye Meydanı. Von hier aus pendeln zahlreiche private Busse und Minibusse (dolmuşes) zu Fahrtzielen im ganzen Land.

Busse nach Famagusta (Mağusa; 8 TRY, 1¼ Std., stündl. von 7 bis 18 Uhr) starten am **Büro von Libra Tur** (☎ 815 7248; Ecevit Caddesi; ⏲ 7–21 Uhr).

Minibusse nach Nord-Nikosia (4,50 TRY, 35 Min., halbstündl. von 7 bis 18.30 Uhr), Lapta (4 TRY, 20 Min., ca. alle 20 Min. von 7 bis 18 Uhr) und Güzelyurt (Morfou; 5 TRY, 1¼ Std.) sowie zu anderen Fahrtzielen fahren an der Mustafa Çağatay Caddesi ab.

FLUGZEUG

Flughafen Ercan (Ercan Havalimanı; ☎ 600 5000; www.ercanhavalimani.com) liegt 40 km südöstlich von Kyrenia.

Cyprus XP Travel (☎ 815 1453; Atatürk Caddesi; ⏲ Mo–Sa 9–17 Uhr) ist der nordzypriotische Vertreter von Pegasus Airlines.

SCHIFFE/FÄHREN

Jeden Dienstag und Donnerstag um 14 Uhr sowie Freitag um Mitternacht legt im Neuen Hafen östlich der Stadt eine Autofähre nach Taşucu in der Türkei ab (ohne/mit Auto 75/175 TRY, Ausreisesteuer 25 TRY, 7 Std.).

Die Passagierschnellfähre in die Türkei ist seit 2013 nicht ausgelaufen, soll jedoch wieder in Betrieb genommen werden. Aktuelle Informationen hierzu und Fährtickets bekommt man bei **Mavi Tur** (☎ 815 2344; Ziya Rızkı Caddesi 6; ⏲ Mo–Sa 9–18 Uhr) am Kreisel vor dem Belediye Meydanı.

SERVICETAXIS

Servicetaxis (sog. *kombos*) fahren nach Nord-Nikosia (5 TRY) und Famagusta (10 TRY). Sie starten, wenn sie voll sind, in der Nähe des Büros von Libra Tur an der Belediye Meydanı.

Unterwegs vor Ort

TAXI

Private Taxis sind sehr praktisch, um nach Bellapais (15 TRY) und zur St.-Hilarion-Burg (hin und zurück 80 TRY) zu gelangen, die beide leider nicht von öffentlichen Verkehrsmitteln angesteuert werden.

VOM/ZUM FLUGHAFEN

Kibhas (☎ Flughafen Ercan 0533 870 7848, Kyrenia 0533 870 7846; www.kibhas.org; Ticket 11,50 TRY) betreibt Airport-Shuttles zwischen Kyrenia und dem Flughafen, die mehrmals täglich fahren. Am Büro von Libra Tur im Stadtzentrum können die Fahrgäste ein- und aussteigen.

Ein Taxi zum/vom Flughafen kostet rund 80 TRY.

RUND UM KYRENIA & DAS KYRENIA-GEBIRGE

Kyrenia hat eine günstige Lage für Ausflüge in andere Teile des Nordens, wo Strände, Wanderwege, Berge und natürliche Wildnis sowie beeindruckende mittelalterliche Burgen und antike Fundstätten locken. Alle Ziele befinden sich dicht beieinander und die Anfahrtswege sind kurz. Die Straßen können fast immer mit einem regulären PKW befahren werden.

Strände

In Nordzypern sind viele Strände in öffentliche und gebührenpflichtige Abschnitte (*halk plajları*) aufgeteilt. Letztere sind auf die Bedürfnisse von Touristen eingestellt und kosten in der Regel zwischen 6 und 10 TRY.

Fünf-Meilen-Strand STRAND

(Yavuz Çıkarma Plajı; Alsancak; Eintritt 10 TRY) Einer der schönsten Badestrände von Kyreni ist der Fünf-Meilen-Strand (auch bekannt als Yavuz Çıkarma) 10 km westlich von Kyrenia. Er wird vom Escape Beach Club betrieben und ist so beliebt, dass man im Sommer früh herkommen muss, um überhaupt noch ein freies Eckchen zu finden. Sonnenliegen und -schirme werden vermietet. Schwimmer sollten den starken Wind nicht unterschätzen, der häufig vom offenen Meer hereinweht und sich wunderbar für Wassersport eignet.

Der Sandstreifen ist unter drei Namen bekannt: Altınkaya, nach dem benachbarten Felsen, Beşinci Mil („fünf Meilen") und Yavuz Çıkarma („entschlossener Ausbruch"). Er war einer der Orte, an denen die türkischen Truppen 1974 bei ihrer Invasion landeten. An der Straße oberhalb des Meeres erinnert heute ein phallusähnliches Denkmal an das Ereignis – von den Einheimischen wird es als „türkische Erektion" bezeichnet.

Çatalköy-Strand STRAND
(Çatalköy) GRATIS Der schmale Çatalköy-Strand etwa 7 km östlich von Kyrenia ist ruhig und hat weniger Infrastruktur als die anderen Strände der Region. Er erstreckt sich in einer reizvollen kleinen Bucht 1,5 km rechts von der Hauptstraße. Hier kann man Sonnenliegen leihen und von einem Ponton ins Wasser hüpfen.

Vrysi-(Acapulco-)Strand STRAND
(Çatalköy; Eintritt 25 TRY) Das Mega-Resort Acapulco Holiday Village, das diesen Strand verwaltet, verlieh ihm seinen Spitznamen Acapulco-Strand. Hier aalen sich vor allem Pauschaltouristen in der Sonne. Tagesgäste sind ebenfalls willkommen. Der (vergleichsweise teure) Eintritt schließt auch den Zugang zu allen Annehmlichkeiten des Hotels wie Pools, Umkleiden, Sonnenliegen und Schirmen ein. Der Strand selber ist schön und sauber, kann jedoch enorm voll werden.

Lara-Strand STRAND
(Vakıflar Plajı; 3 km östlich von Çatalköy) GRATIS Wer nicht gerade auf der Suche nach dem perfekten goldenen Sandstrand ist, wird auch am gräulichen Lara-Strand glücklich. Hier kann man toll schwimmen, es gibt saubere Toiletten und Umkleiden und eine kleine Snackbar.

Alagadı-Strand STRAND
(Schildkrötenstrand; Alagadı) GRATIS Am Alagadı-(Schildkröten-)Strand etwa 19 km östlich von Kyrenia betreibt ein Schildkrötenschutzprojekt (Society for the Protection of Turtles, SPOT) die kleine Beobachtungsstation **Goat Shed** („Ziegenstall"; ☎ 0533 872 5350; www.cyprusturtles.org; Alagadı-Strand; ⏲ 1. Juni–15. Sept. 9–20.30 Uhr), in der man viel über den Schutz von Schildkröten erfährt. Dies ist kein Badestrand, aber ein interessanter Lebensraum für Schildkröten. An beiden Buchten wurde daher bewusst auf Infrastruktur verzichtet. Zwischen Mai und Oktober ist der Strand von 20 bis 8 Uhr geschlossen.

Im familiengeführten **St. Kathleen's Restaurant** (☎ 0533 861 7640; Main Rd, Alagadı; Hauptgerichte 15–25 TRY; ⏲ 11–22 Uhr) an der nahe gelegenen Hauptstraße gibt's hervorragende, günstige Meze, Grill- und Fischgerichte.

Aktivitäten

Schildkröten-beobachtung OUTDOOR-AKTIVITÄTEN
(☎ 0533 872 5350; www.cyprusturtles.org; Alagadı-Strand; ⏲ 1. Juni–15. Sept.) Von Juni bis August bietet die Society for the Protection of Turtles (SPOT) abendliche Führungen an, bei denen Besucher beobachten können, wie die Schildkrötenweibchen ihre Nester zudecken. Die Teilnehmerzahl ist auf 10 Personen pro Abend begrenzt. Von Ende Juli bis Ende September kann man auch zusehen, wie Junge schlüpfen und Nester ausgegraben werden.

Reservierungen können durch Goat Shed (das Forschungszentrum von SPOT) am Alagadı-Strand vorgenommen werden.

Octopus Aqua Park WASSERPARK
(☎ 853 9674; Beşparmak Caddesi, Çatalköy; ⏲ Juli–Aug. 8–17 Uhr) Im Octopus Aqua Park 8 km

INSIDERWISSEN

SCHILDKRÖTEN BEOBACHTEN AM ALAGADI-STRAND

Kutlay Keço ist ein Gründungsmitglied der North Cyprus Society for the Protection of Turtles (SPOT).

Warum spielt der Alagadı-Strand so eine wichtige Rolle beim Schutz von Schildkröten? Der Alagadı-Strand ist der wichtigste Nistplatz der Grünen Meeresschildkröte und der Karettschildkröte und der zweitwichtigste Nistplatz für die Grüne Meeresschildkröte im gesamten Mittelmeerraum.

Wie hilft SPOT beim Schutz der Schildkröten Nordzyperns? Wir haben eine 100-prozentige Kontrolle über den Alagadı und können die Nester vor streunenden Hunden und Füchsen schützen, die die größte Gefahr darstellen. Wir untersuchen und überwachen auch das Nistverhalten von Schildkröten in ganz Nordzypern. Unsere größter Verdienst ist, dass jetzt alle von den Schildkröten am Alagadı wissen, dass dieser zum Sonderschutzgebiet erklärt wurde und dass die Population wächst.

Wie können Reisende Schildkröten zu Gesicht bekommen? Während der Brutzeit bieten wir kostenlose nächtliche Führungen am Alagadı an. Wir müssen die Gruppen klein halten, daher sollte man bei der Ankunft sofort eine Führung buchen, um einen Platz zu bekommen.

östlich von Kyrenia, einer echten Oase, können die Kleinen klettern, schaukeln, rutschen und im Nassen sowie im Trockenen herumtollen, während ihre Eltern an der Poolbar und im Restaurant entspannen.

Wandern

Der 240 km lange hervorragende **Kyrenia-Bergwanderweg** durchzieht Nordzypern von West nach Ost, von **Koruçam Burnu** (Kap Kormakitis) bis nach **Zafer Burnu** (Kap Apostolos Andreas). Entweder sucht man sich einen Abschnitt aus oder – für ganz Ambitionierte – nimmt sich gleich die gesamte wunderschöne Route vor.
Während der besten Wanderzeit im Frühjahr bekommt man unterwegs viele der in Nordzypern heimischen beeindruckenden 1600 Pflanzen-, 350 Vogel- und 26 Reptilienarten zu Gesicht. Der Frühling eignet sich auch hervorragend, um Orchideen anzuschauen. Auch der Herbst ist eine tolle Jahreszeit für Wanderungen.

Leider hat die NCTO ihre Broschüre „Mountain Trails" eingestellt, und eine vernünftige Wanderkarte zu finden ist gar nicht so einfach. Die Website www.kyreniamountaintrail.org gibt Hinweise zur Routenplanung und man kann dort auch Karten erwerben. Alle Abschnitte zum Kyrenia-Bergwanderweg sind mit grün-weißen Markierungen versehen.

Bellapais-Wanderung WANDERN

Der Rundweg beginnt am Ende der Straße direkt hinter dem Ambelia Holiday Village in Bellapais und führt hügelaufwärts auf einen Gebirgskamm oberhalb des winzigen Dorfs, von dem aus man einen beeindruckend schönen Panoramablick über die gesamte Landschaft hat.

Wanderung von Karaman nach İlgaz WANDERN

Die einfache Wanderung beginnt im Ort Karaman und ist ein besonderes Highlight für Fans von Wildblumen und Orchideen. Auf der Straße 400 m Richtung Westen gehen und dann dem Feldweg weiterhin Richtung Westen folgen. Unterwegs bieten sich tolle Blicke auf die St.-Hilarion-Burg, die meisten Besucher reizt jedoch vor allem die Flora.

Wanderung zur Burg Buffavento WANDERN

Am Buffavento-Café an der Beşparmak-Passstraße beginnt diese Tour die Bergstraße hinauf zu den Überresten der Buffavento-Burg oben auf den Felsen. Nach zweieinhalb Kilometern bergauf zweigt der rot markierte Weg nach rechts ab und führt zum Parkplatz der Burg oben auf dem Berg.

Diese Tageswanderung ist wunderbar für Besucher ohne eigenes Verkehrsmittel, da die Busse auf der Route Kyrenia–Famagusta direkt am Buffavento-Café vorbeifahren.

Wanderung über die Beşparmak-Berge WANDERN

Die ultimative Wanderung für Besucher, die auf einen großartigen Bergblick aus sind, ist die Strecke über den Rücken des Beşparmak-(Pentadaktylos-)Gebirges. Sie schlängelt sich über Waldwege und durch zahlreiche Dörfer. Man teilt die Tour am besten in Etappen ein und übernachtet in einem der Dörfer. Einer der schönsten Abschnitte ist der, der an der Buffavento-Burg beginnt und in Bellapais endet.

Wanderung von Alevkaya nach Kantara WANDERN

Eine 40 km lange östliche Route verbindet Alevkaya mit Kantara. Sie verläuft von der Waldstation des Alevkaya-Herbariums zur Kantara-Burg.

Wanderung von Ağirdağ nach Geçitköy WANDERN

Die Strecke von Ağirdağ nach Geçitköy ist toll für erfahrene Wanderer. Am besten nimmt man sich für den Weg, der an der Südflanke des Kyrenia-Gebirges gen Westen verläuft, ein paar Tage Zeit. Los geht's in Ağirdağ an der Straße zwischen Kyrenia und Nord-Nikosia, Ziel ist Geçitköy zwischen Kyrenia und Güzelyurt (Morfou).

ℹ Unterwegs vor Ort

An öffentlichen Verkehrsmitteln in der Region Kyrenia sind Busse, *dolmuş* (Minibusse) und Servicetaxis (auch *kombos* genannt) im Einsatz. Sie verkehren den ganzen Tag über zwischen den großen Städten und größeren Orten. Die Fahrpreise sind günstig (ca. 4–6 TRY), wenn man Pech hat, kommen sie jedoch zu spät oder fahren unregelmäßig.

Bei schönem Wetter ist Radfahren eine gute Alternative; die Strecken von Ost nach West sind meist eben und gut an Unterkünfte, Restaurants und Strände angebunden.

St.-Hilarion-Burg

Wie märchenhaft die **St.-Hilarion-Burg** (Hilarion Kalesi; ☎0533 161 276; Erw./Schüler 7/3 TRY; ⏲April–Okt. 9–18.30 Uhr, Nov.–März bis 15.30 Uhr) wirklich aussieht, erkennt man erst, wenn man direkt unter ihr steht. Die Steinmauern und halb zerfallenen Ruinen fügen sich praktisch nahtlos in die Felslandschaft ein und wirken wie eine Traumlandschaft aus einer Kinderfantasie mit versteckten Zimmern, Geheimgängen und zerfallenden Türmen.

Die Stätte besteht aus drei Hauptteilen, einer Unterburg, einer Oberburg und dem Prinz-Jean-Turm, die über steile Treppen miteinander verbunden sind. Der unglaubliche Blick ist den mühseligen Aufstieg wert.

Gerüchten zufolge inspirierten die zerklüfteten Konturen von St. Hilarion Disney zu seinem Film *Schneewittchen*. Eine lokale Volkslegende besagt, dass die Burg einst 101 Zimmer hatte und das letzte zu einen geheimen innenliegenden Garten führte, der einer Feenkönigin gehörte. Diese Zauberin war bekannt dafür, Jäger, Hirten und Reisende zu betören und diese zu berauben, nachdem sie sie in ihrer Kammer in einen tiefen Schlaf versetzt hatte.

Die tatsächliche Geschichte der Festung ist weniger fantastisch, denn das hoch aufragende Fort wurde nach dem Mönch Hilarion benannt, der vor seiner Verfolgung im Heiligen Land hierher geflohen war. Er lebte (und starb) in einer Berghöhle mit Blick über die Ebene von Kyrenia sowie den Pass zwischen der Küste und Nikosia (Lefkosia).

Im 10. Jh. errichteten die Byzantiner über dem Grab des Mönchs eine Kirche und ein Kloster. Aufgrund der strategisch günstigen Lage wurde die Anlage während der arabischen Angriffe im 7. und 8. Jh. als Aussichtspunkt und Signalstation genutzt. Sie war ein wichtiges Verbindungsglied in der Kommunikation zwischen den weiter östlich gelegenen Burgen Buffavento und Kantara.

1191 schlug Guy de Lusignan den selbst ernannten (byzantinischen) Herrscher von Zypern, Isaak Komnios, und errang so die Kontrolle über St. Hilarion. Nun wurde die Festung großflächig erweitert und als Militärposten sowie als Sommerresidenz für den Hof der Lusignans genutzt. Unter den Venezianern gab man sie dann auf, sodass sie verfiel.

1964 übernahm die türkische nationalistische Untergrundgruppe TMT (Turk Müdafaa Teskilati) die Burg, wiederum wegen ihrer strategisch günstigen Position. Seither ist sie in türkisch-zyprischen Händen. Auf dem unterhalb gelegenen Bergzug befindet sich eine geschützte türkische Militärbasis.

Besucher betreten die Burg durch den Zwinger und gelangen so in die **Vorburg**, die einst als Hauptgarnison und Stallbereich diente. Dann folgt man dem gewundenen Pfad zur **Unterburg**, die früher durch eine Zugbrücke geschützt wurde. Dort sind die Überreste der Kirche, Stuben der Soldaten, königliche Gemächer und eine große Zisterne zu sehen.

Ein gewundener asphaltierter Weg führt hinauf zum Lusignan-Tor, über dem ein byzantinischer Turm aufragt. Dahinter öffnet sich der Haupthof der **Oberburg**, um den sich weitere königliche Gemächer sowie Küchen und Kammern für die Bediensteten reihen.

Zum Schluss kann man zum **Prinz-Jean-Turm** hochkraxeln. Angeblich befürchtete der Königssohn von Antiochia, dass seine bulgarischen Leibwächter ihn umbringen wollten, und ließ sie von dieser Klippe in den Tod stürzen.

BAUM DES MÜSSIGGANGS

Als der Schriftsteller Lawrence Durrell zwischen 1953 und 1956 in Bellapais (Beylerbeyi) lebte, ahnte er nichts von der kleinen Kontroverse, die knapp 50 Jahre später ausbrechen sollte. In seinem berühmten Buch *Bittere Limonen* beschreibt er das Leben in der damals idyllischen ländlichen Gemeinde, ihre Intrigen und den Dorfklatsch sowie seine Versuche, ein Haus zu kaufen und zu renovieren.

Zu den Lieblingsbeschäftigungen der Dorfbewohner gehörte es, viele Stunden träge unter dem sogenannten „Baum des Müßiggangs" zu plaudern, der auf dem Hauptplatz stand. Im ganzen Buch erwähnt Durrell allerdings nicht einmal, um welchen Baum es sich handelte. War es eine Platane, ein Maulbeerbaum oder gar eine Eiche?

Heute wetteifern zwei Bäume um diesen Titel. Einer ist ein grüner Maulbeerbaum am Kaffeeladen und Ticketbüro des Klosters, der andere eine kaum 20 m entfernte Robinie, die ihren Schatten über das Restaurant Huzur Ağaç (Baum des Müßiggangs) wirft. Beide sind für die Rolle qualifiziert und haben ihre Fangemeinde in Form von trägen Betrachtern, die Kaffee oder ein kaltes Bier trinken wie einst die Dorfbewohner zu Durrells Zeiten. Also wählt man einfach einen der beiden aus, um darunter etwas zu faulenzen und zu sinnieren.

Vom Turm aus sieht man an klaren Tagen das 100 km entfernte Taurusgebirge in der Türkei.

Im Sommer kommt man am besten früh her und vermeidet so die Kletterpartie in der Mittagshitze.

Bellapais (Beylerbeyi)

Das charmant-verschlafene kleine Örtchen Bellapais schmiegt sich an den Berghang und hat einen spektakulären Blick auf die darunter liegende Mittelmeerküste. Die beeindruckenden Überreste der Bellapais-Abtei liegen am unteren Rand des Dorfes, von wo sich eine enge, von Häusern mit Blumenkübeln vor den Türen gesäumte Straße den Berg hinaufwindet. Direkt hinter dem Kloster befindet sich linker Hand ein großer Parkplatz, sodass man nicht auf der Hauptstraße halten muss.

Unsterblich wurde das Dorf durch den britischen Autor Lawrence Durrell, der hier während der Aufstände der Ethniki Organosi tou Kypriakou Agona (EOKA; Nationale Organisation Zyprischer Kämpfer) gegen die britische Herrschaft lebte. Seine unterhaltsamen Memoiren über seine Zeit in Bellapais, *Bittere Limonen,* ist eine Liebeserklärung an das Dorf und eine Lebensart, die es schon lange nicht mehr gibt.

Sehenswertes

Bellapais-Abtei HISTORISCHE STÄTTE
(Zafer Caddesi; Erw./Schüler 9/3 TRY; ⏲ Juni–Sept. 9–20, Okt.–Mai bis 16.45 Uhr) Die prächtigen Ruinen des Augustinerklosters sind Grund genug für eine Fahrt in die Berge. Erbaut wurde die Abtei im 12. Jh. von Mönchen, die 1187 nach der Eroberung Jerusalems durch Saladin (Selahaddin Eyyubi) aus Palästina hatten fliehen müssen. Sie nannten sie Abbaye de la Paix (Abtei des Friedens), woraus sich der verstümmelte Name „Bellapais" entwickelte.

Hugo III. erweiterte das zwischen 1198 und 1205 errichtete Originalgebäude in den Jahren 1267 bis 1284. Die Kreuzgänge und das große Refektorium fügte Hugo IV. (1324–1359) hinzu. Das, was von den Bauten heute noch übrig ist, stammt größtenteils aus dieser letzten Phase.

Die **Kirche** aus dem 13. Jh. ist in einem guten Zustand und blieb weitgehend unverändert, seitdem die letzten standhaften Orthodoxen sie im Jahr 1976 verlassen mussten.

Der dahinter liegende **Kreuzgang** aus dem 14. Jh. ist von hoch aufragenden Zypressen gesäumt und von gotischen Arkaden überspannt, die die letzten Jahrhunderte nahezu unbeschadet überstanden haben. Von hier aus führt eine Treppe hinauf zum Dach, das einen einmaligen Blick über die Ebene bis zum Meer bietet. An der Westseite des Kreuzgangs befand sich der Küchenbereich, von dem nur ein paar Mauern übrig geblieben sind.

Das **Refektorium** an der Nordseite des Kreuzgangs wird regelmäßig für Zusammenkünfte, Veranstaltungen und als Kulisse für Hochzeitsfotos genutzt. Auf dem Türsturz über dem Haupteingang erkennt man das Lusignan-Wappen.

Haus von Lawrence Durrell BEMERKENSWERTES GEBÄUDE
(Eintritt 13 TRY; ⏲ Sept. 11.30–13 Uhr) Eine gelbe Plakette über der Tür kennzeichnet das Haus, in dem Lawrence Durrell in den frühen 1950er-Jahren lebte. Die Idylle des Lebens in der gemischten Gemeinde schildert er in seinem Bericht *Bittere Limonen*, durch den Bellapais in die Annalen der Literatur einging.

Um zum Haus zu gelangen, folgt man den Schildern an der Hauptstraße 200 m hügelaufwärts. Es liegt rechts neben dem Restaurant Huzur Ağaç (Baum des Müßiggangs). Heute ist das Gebäude ein Privathaus und nur im September für Besucher geöffnet.

Feste & Events

Musikfestival MUSIK
(www.bellapaisfestival.com) Jedes Jahr im Mai und Juni findet dieses Fest in der Abtei statt. Im Refektorium werden Konzerte, Lesungen und Auftritte von Blechmusikkapellen veranstaltet. Details gibt's in und um Kyrenia.

NAMEN SIND NUR SCHALL UND RAUCH

Nach 1974 wurden alle ursprünglich griechischen Ortsnamen durch türkische Bezeichnungen ersetzt. Auf Straßenschildern nach Kyrenia (Girne) und Famagusta (Mağusa) sind in der Regel beide Namen angegeben, Wegweiser zu kleineren Orten und Dörfern sind oft nur in türkischer Sprache. Wer nur die Namen aus der Zeit vor der Teilung kennt, hat möglicherweise Probleme, sich ohne eine neue Straßenkarte (erhältlich im Touristenbüro in Kyrenia) zu orientieren.

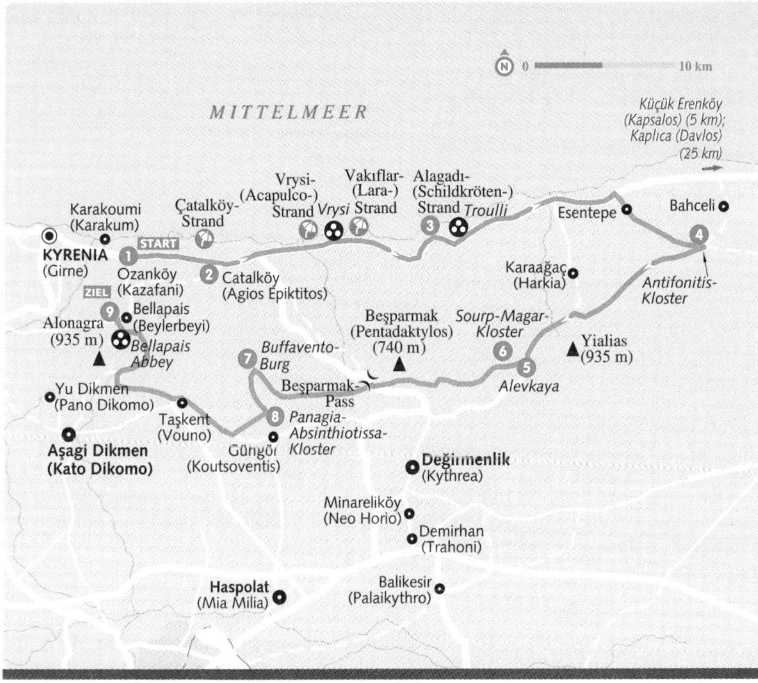

Spritztour
Der nordöstliche Kamm & die Küste

START OZANKÖY (KAZAFANI)
ZIEL BELLAPAIS (BEYLERBEYI)
LÄNGE 95 KM
DAUER 6–8 STD.

Das schöne 1 **Ozan-köy**, berühmt für Olivenöl und Johannisbrot-*pekmez* (Sirup), liegt 4 km östlich von Kyrenia. Die Zyprioten schwören, dass ein Teelöffel *pekmez* pro Tag alle Krankheiten fernhält. Nach einem Blick in die mittelalterliche Kirche geht's Richtung Osten über die Küstenstraße (der Beschilderung „Uğur Mumcu Bulvan" folgen) nach 2 **Çatalköy**. Die Höhlen dort boten dem Eremiten Epiktitos im 13. Jh. Zuflucht. Nach weiteren 10 km erreicht man den 3 **Alagadı-Strand** (S. 175), der zu einem Spaziergang einlädt. Dann erneut 10 km die Küstenstraße entlang bis zur Abzweigung nach Esentepe. Dort geht's Richtung Inland zum byzantinischen 4 **Antifonitis- Kloster**.

Nach einem Besuch des Klosters folgt man der reizvollen Bergstraße 17 km gen Westen, bis man auf Höhe 5 **Alevkaya (Halevga)** ein Herbarium besichtigen kann. 2,5 km weiter Richtung Westen auf der Hauptstraße gelangt man zu den zerfallenen Ruinen des koptisch-armenischen 6 **Sourp-Magar-Klosters** aus dem 11. Jh., das sich rechts unter Pinien erstreckt. Zur Kirche biegt man an der Picknickstelle rechts ab und folgt dem Waldweg hinab.

Nun geht's auf die Hauptstraße zurück und 9 km Richtung Westen hinauf zum Beşparmak-(Fünf-Finger-)Pass. Am Buffavento-Café dann biegt man links ab und folgt der gewundenen Straße 6 km hinauf zur 7 **Buffavento-Burg**, einem der schönsten Aussichtspunkte Nordzyperns. Hat man die Ruinen ausgiebig erforscht, verlässt man den Parkplatz der Burg und folgt der asphaltierten Straße 3 km, bis man unter sich das kuppelförmige Dach des einsamen byzantinischen 8 **Panagia-Absinthiotissa-Klosters** erspäht. Der Abzweigung auf der linken Seite Richtung Picknickstelle folgen, um zur Kirche zu kommen. Von hier geht's hinab in das enge Tal von Taşkent, an der zweiten Abzweigung nach links auf die Kammstraße oberhalb des Ortes, dort verlässt man den Ort Richtung Nordwesten. Nach 10 km erreicht man 9 **Bellapais (Beylerbeyi)** mit seiner schönen gotischen Abtei.

Essen

Paşa TÜRKISCH €
(Zafer Caddesi; Mahlzeiten 12 TRY; ⌚11–22 Uhr) In diesem winzigen Lokal an der Hauptstraße von Bellapais bekommt man preiswerte und gute Portionen hausgemachter, sättigender Gerichte wie *lahmacun* und *mantı* (türkische Ravioli), die zusammen mit großen Salaten und jeder Menge Lächeln serviert werden.

Huzur Ağaç (Baum des Müßiggangs) Restaurant INTERNATIONAL €€
(☎815 3380; Zafer Caddesi; Sandwiches & Snacks 10–15 TRY, Hauptgerichte 20–35 TRY; ⌚10–23.30 Uhr) Die schattige Veranda des Huzur Ağaç gegenüber der Bellapais-Abtei ist eine tolle Adresse für ein Mittagessen. Zur Auswahl stehen sättigende Sandwiches, Fleischspieße und klassische zypriotische Favoriten. Vor dem Haus steht die 200 Jahre alte Robinie, die eventuell Lawrence Durrells berühmter „Baum des Müßiggangs" ist (oder auch nicht).

Tarihi Değirmen Historisches Mühlencafé CAFÉ €€
(Değirmen Sokak; Hauptgerichte 15–20 TRY; ⌚11–18 Uhr) Folgt man den Schildern von der Abtei in Bellapais aus den Hügel hinauf, kommt man zu diesem Café in einer alten Mühle (mit Schleifmaschinen zum Anschauen), in der die Einheimischen einst ihr Olivenöl herstellten. Ideal für Kaffee oder kalte Getränke sowie Snacks und traditionelle zypriotische Grillgerichte.

★ Kybele ZYPRIOTISCH €€€
(auf dem Gelände der Bellapais-Abtei; Hauptgerichte 30 TRY; ⌚11–23 Uhr) Selbst wenn das Essen nur mittelmäßig wäre, würden die stimmungsvolle Lage im Garten und der fantastische Blick auf die benachbarte Bellapais-Abtei das Kybele zum besten Platz für ein Abendessen machen, bei dem man die romantisch angeleuchtete Abtei erleben kann. Zum Glück sind die traditionellen Gerichte (und internationale Klassiker wie Steaks) hervorragend.

Buffavento-Burg

Die **Buffavento**-Burg (Buffavento Kalesi; ⌚Sonnenauf- bis Sonnenuntergang) GRATIS thront hoch oben auf 940 m über der Mesaoria-(Mesarya-) Ebene. Dass sie ständig dem Wind ausgesetzt ist, verlieh dem Bauwerk seinen Namen, der auf Italienisch „Windstoß" bedeutet.

Das Bauwerk ist unterteilt in **Unter-** und **Oberburg**, die einen kleineren Bereich auf dem felsigen Gipfel einnimmt. Es wurde so angelegt, dass es außer den Außenwänden keine weiteren Verteidigungsmauern benötigte. Dank seiner natürlich geschützten Lage gibt's nur einen einzigen Eingang.

Über die frühe Geschichte der Anlage ist wenig bekannt. Im Mittelalter hieß sie Löwenburg, nachdem Richard Löwenherz sie 1191 von der Tochter des byzantinischen Herrschers Isaak Komninos erobert hatte. Später nutzten die Lusignans sie als Gefängnis und Signalposten. Sie war das Verbindungsglied zwischen der Kantara-Burg im Osten und St. Hilarion im Westen.

Zwar ist sie stärker zerfallen als andere Burgen – und einige der Gebäude wurden leider mit Graffiti verschandelt –, doch die noch stehenden Türme und Mauern lassen auf ihre vergangene Pracht schließen, die vom Blick über die bewaldeten Hügel überboten wird.

Vom Beşparmak-(Pentadaktylos-)Pass aus ist die „Buffavento Kalesi" deutlich ausgeschildert. Mit dem Auto sind es 15 Minuten bis zum Parkplatz unterhalb der Burg. Von dort führt eine stetig ansteigende Straße hinauf. Der Anstieg dauert 20 Minuten. Festes Schuhwerk wird empfohlen.

Panagia-Absinthiotissa-Kloster

An der Flanke des Beşparmak-Gebirges liegt dieses Kloster idyllisch zwischen Wacholdersträuchern mit Blick auf die Mesaoria-(Mesarya-)Ebene.

Den spätbyzantinischen Bau krönt eine mächtige Kuppel mit zwölf Fenstern. Im 15. Jh. lebten hier katholische Mönche, die dem Gebäude gotische Wölbungen und einen ungewöhnlichen Narthex (Vorhalle) mit Doppelapsiden zufügten. An der Nordseite des Hofes befindet sich das Refektorium mit seinem flachen Tonnengewölbe und auffälligen Lanzettfenstern.

Die in den 1960er-Jahren aufwendig restaurierte Anlage wurde leider nach 1974 schwer verwüstet. Viele ihrer Fresken sind gestohlen oder auch verschandelt worden.

Der verputzte Innenraum ist heute komplett mit Graffiti überzogen, und der Boden, der mit Ziegendreck bedeckt ist, bildet einen seltsamen und leicht gruseligen Kontrast zur nach wie vor schönen Architektur des hoch aufragenden Gebäudes.

Von der Buffavento-Burg bis zum Kloster, das direkt oberhalb des Ortes Taşkent liegt, sind es rund 10 Minuten. Um es zu besuchen, folgt man vom Parkplatz der asphaltierten Straße.

Alevkaya-Herbarium

An einer Nebenstraße ins Beşparmak-(Pentadaktylos-)Gebirge findet man zwischen den beiden Orten Esentepe (Agios Amvrosios) und Değirmenlik (Kythrea) die Forststation. Das **Alevkaya-Herbarium** (8–16 Uhr) GRATIS präsentiert die endemische Flora mit 1250 zyprischen Pflanzenarten. Hier sind zahlreiche konservierte und lebende Spezies aus der Sammlung des englischen Botanikers Deryck Viney ausgestellt, dessen Buch *Illustrated Flora of North Cyprus* die herrliche botanische Vielfalt der Insel dokumentiert.

Das Herbarium liegt an der ausgeschilderten Waldstraße, die von der Südseite des Beşparmak-(Pentadaktylos-)Passes abgeht. Kommt man hingegen von der nördlichen Küstenstraße, folgt man der Straße mit der Ausschilderung Karaağaç (Harkia) bzw. Esentepe.

WEST-KYRENIA

Lapta (Lapithos)

Das weitläufige Dorf Lapta inmitten von üppigen Zitronenhainen ist ein beliebtes Ziel für Tagesausflüge von Kyrenia aus. Zwar ist die umliegende Gegend mit nichtssagenden Ferienhäusern zugebaut worden, doch der alte Teil des Orts, der sich Richtung Inland hügelaufwärts erstreckt, wartet noch mit von Bäumen gesäumten Gassen und traditionellem Charme auf.

Lapta, eines der früheren Stadtkönigtümer Zyperns und unter römischer Herrschaft Hauptstadt der Region, war dank seiner üppigen Wasservorräte und der geschützten Lage jahrhundertelang das Lieblingsziel ausländischer Herrscher und Siedler.

Vor 1974 lebten hier griechische und türkische Zyprer friedlich zusammen, bis in den 1960er-Jahren zu Beginn der Streitigkeiten der Glockenturm einer Moschee zerstört wurde. Mitte der 1990er-Jahre vernichteten Waldbrände große Teile der Region, doch Lapta blieb glücklicherweise verschont. Heute wohnen in Lapta Einwanderer, Türken vom Festland und türkische Zyprer.

SCHUTZ DER KÜSTE

Einst war der Küstenabschnitt zwischen Kyrenia (Girne) und Yenierenköy (Yiallousa) eines der unberührtesten Habitate der Region, aber inzwischen hat sich viel verändert. Neue Straßen erstrecken sich als breite asphaltierte Schneisen an der Küste entlang, zudem wurden große Teile unberührten Gebietes massiv und schnell mit Ferienresorts bebaut.

Mit diesem Trend ging es los, als 2004 der Annan-Plan ausgearbeitet wurde. Er diente als Rahmenrichtlinie für die Wiedervereinigung der Insel und sah vor, dass alles unbebaute griechische Land im Norden Zyperns an seine Besitzer vor 1974 zurückgegeben werden sollte. Für bereits bebautes Land waren Entschädigungen vorgesehen. In einem Mehrheitsentscheid lehnte der Süden den Annan-Plan zwar ab, doch die Bauunternehmer aus dem Norden machten trotzdem munter weiter für den Fall, dass man zu einer Einigung kommen würde.

In der türkisch-zyprischen Zeitung *Yeni Duzen* las man 2000, dass auf einer Fläche von 607 000 m^2 neue Gebäude standen, und 2005 waren es schon 4,4 km^2. Die Bauvorhaben beeinträchtigen große Gebiete natürlichen Lebensraums, die Wildtiere der Region und viele alte Olivenhaine. Auch Kulturerbestätten sind bedroht. 2004 geriet die türkisch-zyprische Altertumsverwaltung in hellen Aufruhr, nachdem die Nekropole von Vounos bei Kyrenia Schaden davontrug: 140 antike Gräber waren von einem privaten Bauunternehmen für Luxuswohnkomplexe zerstört und komplett eingeebnet worden. Selbst nach dieser Entdeckung fuhr die Firma fort und verteidigte ihr Baurecht mit staatlichen Genehmigungen. Auf politischer Ebene trugen diese Vorfälle nur zu stärkeren Bedenken der griechischen Zyprer hinsichtlich ihrer Rechte und des Landbesitzes bei und verschärften damit den kritischsten Aspekt einer Einigung zwischen dem Norden und dem Süden. Umweltschützer auf beiden Seiten setzen sich für eine maßvolle, nachhaltige und umweltfreundliche Bebauung ein, die bestimmte Gebiete zu Tabuzonen erklären würde, während weiter Verhandlungen über die Zukunft der Insel stattfinden.

Essen

Başpınar Restaurant ZYPRIOTISCH€€
(☎821 8661; Hauptgerichte 20 TRY; ⌚19–23.30 Uhr) In diesem Restaurant oberhalb des Dorfes Lapta auf einem Hügel gibt's das leckerste Essen: Kanincheneintopf und Meze. Das Lokal liegt rund um ein altes römisches Aquädukt und bietet einen tollen Ausblick. Tische müssen vorab reserviert werden.

Hanımeller ZYPRIOTISCH€€
(Fevzi Çakmak Caddesi; Hauptgerichte 18–25 TRY; ⌚10.30–23 Uhr) Einen Tisch am Meeresufer schnappen, den Seeblick genießen und sich die gut zubereiteten, leckeren Grillgerichte und typischen türkisch-zypriotischen Spezialitäten schmecken lassen.

DER NORDWESTEN

Die nordwestliche Region des Kyrenia-Gebirges schließt die Koruçam-(Kormakitis-) Halbinsel ein. Im Süden erstreckt sich die landwirtschaftlich geprägte Stadt Güzelyurt (Morfou) an einer Bucht. Das schöne Dorf Lefke (Lefka) auf einem Hügel und die einstige Minenstadt Gemikonağı (Karavostasi) liegen im Westen. Ein Stück weiter entfernt befinden sich die bedeutende Ausgrabungsstätte Soloi und der Palast von Vouni.

Weil die Entfernungen hier relativ kurz sind, kann man eine Rundtour über die Halbinsel und Kyrenia oder umgekehrt nach Nord-Nikosia unternehmen. In Zodhia bei Güzelyurt gibt's einen Grenzübergang an der Grünen Linie in die Republik.

Strände

Der 12 km lange Küstenabschnitt westlich von Gemikonağı besteht aus Sand- und Kieselstränden und endet an der Grenze zum Süden.

Yedidalga-Strand STRAND
(Yedidalga Plaji) GRATIS An diesem gut ausgeschilderten öffentlichen Kieselstrand findet man einige Abschnitte mit importiertem Sand, einen hölzernen Pier, von dem Taucher und Schwimmer ins Meer springen können, eine kleine Bar, ein Restaurant, Umkleidemöglichkeiten und Toiletten.

Asmalı-Strand STRAND
GRATIS Der Asmalı liegt direkt vor dem Grenzort Yeşilirmak (Limnitis). An dem sauberen Kieselstrand liegen auch ein paar Restaurants.

Unterwegs vor Ort

Tagsüber verkehren regelmäßig (ca. alle 30 Min.) *dolmuşes* (Minibusse) von Nord-Nikosia (Lefkosia) und Kyrenia (Girne) nach Güzelyurt (Morfou 4 TRY), Gemikonağı (5 TRY) und Lefke (5 TRY), Letztere über Güzelyurt.

Mit eigenem fahrbarem Untersatz ist das Reisen jedoch viel einfacher, vor allem wenn man das Antike Soloi und das Antike Vouni besuchen möchte.

Güzelyurt (Morfou)

18 946 EW.

Der ruhige Ort Güzelyurt (Morfou) war einst das Zentrum von Zyperns lukrativer Zitrusindustrie. Ein Großteil der Zitronenhaine gehört noch immer griechischen Zyprern. Das Gebiet ist ein besonderer Zankapfel in den Wiedervereinigungsdebatten. Nach dem Einfall der Türken im Jahr 1974 erlitt die Zitrusindustrie massive Einbrüche. Ein Mangel an Kultivierung und Pflege, steigende Versalzung der Grundwasserschichten zur Bewässerung der Haine sowie drastisch sinkende Wasservorräte trugen dazu bei, dass es mit der Zitrusindustrie abwärts ging.

Die riesigen Haine beginnen kurz vor dem Ort Şahinler (Masari) und erstrecken sich bis ans Meer. Anfang des 20. Jhs., in besseren Zeiten, wurden die prächtigen Orangen der Region mit dem Zug über die Mesaoria-(Mesarya-)Ebene nach Famagusta transportiert und von dort nach Übersee verschifft. Zwar hat man den Passagierverkehr auf dieser alten Bahnlinie 1932 eingestellt, Waren sind allerdings noch bis 1951 befördert worden. Mittlerweile liegt die Strecke schon so lange still, dass sie komplett verfallen ist. Eine der zwei noch existierenden Lokomotiven, eine Baldwin Baujahr 1924 aus Philadelphia, kann man im **Belediye-Parki** gleich außerhalb der Stadt bewundern.

Güzelyurt selbst besteht aus ein paar engen gewundenen Straßen, kleinen Geschäften und einer lebendigen Landwirtschaft. Auf dem Dorfplatz in der Nähe der beeindruckenden modernen **Moschee** gibt es zwei Sehenswürdigkeiten, die einen Zwischenstopp wert sind.

Sehenswertes

Orthodoxe Agios-Mamas-Kirche KIRCHE
(Marktplatz; Kombinierte Eintrittskarte mit Museum Erw./Schüler 7/3 TRY) Die Orthodoxe Agios-Mamas-Kirche ist dem geliebten Schutzhei-

KORUÇAM-(KORMAKITIS-)HALBINSEL

Die Fahrt zur rauen Nordwestspitze Nordzyperns, dem **Koruçam Burnu** (Kap Kormakitis), ist ein toller Tagesausflug von Kyrenia aus, der an abgelegenen Stränden vorbeiführt. Am besten stellt man sich einen Picknickkorb zusammen und genießt die Einsamkeit am Kap und im Umland. Abgesehen davon, dass man sich hier am „Ende des Landes" befindet, lebt vor Ort auch eine der am wenigsten bekannten religiösen Gemeinden Zyperns: die Maroniten.

Im 4. Jh. lösten sich die Maroniten von der vorherrschenden orthodoxen Theologie des Christentums, die besagte, Jesus sei sowohl Mensch als auch Gott gewesen. Stattdessen näherten sie sich der monophysitischen Linie an, nach der Jesus nur als eine göttliche Person gesehen werden kann.

Von den orthodoxen Christen wegen ihres Glaubens verfolgt, flohen die Maroniten erst in den Libanon und nach Syrien und erreichten im 12. Jh. Zypern im Gefolge der Kreuzritter, die sie als Hilfstruppen im Heiligen Land unterstützt hatten.

Nach 1974 blieben nur wenige zyprische Maroniten im Dorf Koruçam, wo sie noch eine eigene Kirche haben. Über die Jahre sind große Teile der einst mächtigen Gemeinde abgewandert. Heute erhalten kaum mehr 100 Anhänger die alten Traditionen und die Religion am Leben. Wie die Armenier und die katholischen Religionsgemeinden mussten auch die Maroniten in den 1960er-Jahren entscheiden, ob sie sich mit den Griechen oder den Türken verbündeten. Sie wählten Erstere, und seit 1974 wanderte die Jugend aus dem Dorf nach und nach in den Süden ab, um an griechischen Schulen zu lernen. Die wenigen, die im Norden blieben, haben den schmalen Grat zwischen politischer und religiöser Loyalität recht erfolgreich gemeistert. Vor 2003 durften ihre Verwandten aus dem Süden sie am Wochenende besuchen, aber seit die Grenze wieder geöffnet ist, können die südlichen Maroniten wieder für längere Zeit in den Norden kommen. Viele hoffen, dass ein Teil der jüngeren Generation ins Dorf zurückkehrt und den Ort samt seiner Traditionen am Leben hält.

Über die größtenteils asphaltierte Straße herzufinden ist nicht schwer. Es lohnt, eine Rundtour zu unternehmen, die am Nordende der Straße zwischen Kyrenia und Güzelyurt an der Kreuzung gleich hinter dem Dorf Karşıyaka (Vasileia) beginnt.

Schilder weisen den Weg zur türkischen Siedlung Sadrazamköy (Livera). Auf dem Weg sieht man rechter Hand den kleinen **Horse Shoe Beach** und das **Horseshoe Beach Restaurant** (☎ 861 6664; Grill- & Fischgerichte 8 TRY; ⏲ 11–20 Uhr), wo man hervorragend zu Mittag essen und schwimmen kann.

Um zum Kap zu gelangen, folgt man der gewundenen Straße 10 km, bis kurz hinter Sadrazamköy ein 3,5 km langer ungepflasterter Weg abgeht, den man problemlos mit jedem Auto meistert. Besucher erwarten nackte Felsen, ein solarbetriebener Signalposten für Schiffe und eine kleine Felsinsel vor der Küste. An diesem Punkt ist man am dichtesten an der Türkei – übers Meer sind es nur 60 km.

Eine interessante Alternativroute zurück ist die malerische Inlandstraße durch das Dorf Koruçam und vorbei an der massiven maronitischen **Agios-Georgios-Kirche**. Sie wurde 1940 mithilfe von Mitteln erbaut, die von den Dorfbewohnern zusammengetragen worden waren.

Koruçams Maroniten sprechen seit Jahrhunderten eine Variante des Aramäischen (die vergessene Sprache Jesu), angereichert mit griechischen, türkischen, französischen und italienischen Wörtern. Die meisten kommunizieren in diesem Dialekt oder auf Türkisch, manche Einheimische in dem kleinen Kaffeeladen verständigen sich aber auch auf Griechisch.

Kurz bevor man die Straße von Kyrenia nach Güzelyurt erreicht, durchquert man türkisches Militärgebiet, an dessen Checkpoints man eventuell angehalten wird. Hat man sie passiert, geht's bei Çamlibel (Myrtou) auf die Schnellstraße zurück nach Kyrenia. Von dort kann man auch Richtung Süden nach Güzelyurt oder nach Südosten Richtung Nord-Nikosia (Lefkosia) weiterfahren.

ligen der Insel geweiht, der sich weigerte, Steuern zu zahlen. Dort, wo sich die Kirche befindet, war einst ein heidnischer Tempel. Vor 1974 pilgerten Gläubige zum alten Marmorgrab des hl. Mamas, aus dem früher eine mysteriöse Flüssigkeit ausgetreten sein soll, als die Osmanen es auf der Suche nach Schätzen durchbohrten. Der Flüssigkeit, die in unregelmäßigen Abständen aus dem Grab floss, wurden Heilkräfte gegen Ohrleiden zugeschrieben; daher sieht man bis heute ohrförmige Opfergaben rund um das Grab. Das Gebäude ist verschlossen. Einlass gewährt das Personal im benachbarten Museum für Archäologie und Naturgeschichte.

Museum für Archäologie & Naturgeschichte MUSEUM
(Güzelyurt Muzesi; Marktplatz; Kombinierte Eintrittskarte mit Orthodoxer Agios-Mamas-Kirche Erw./Schüler 7/3 TRY; ⌚ Mai–Sept. 9–18 Uhr, Okt.–April bis 15.30 Uhr) Neben der Orthodoxen Agios-Mamas-Kirche liegt dieses kleine Museum, in dessen Obergeschoss außerordentliche Fundstücke von den archäologischen Stätten Soli und Toumba tou Skourou sowie eine unglaublich hübsche in Salamis gefundene Artemis-Statue ausgestellt sind.

Im Erdgeschoss ist eine bizarre Ausstellung ausgestopfter Tieren zu sehen, darunter ein Lamm mit zwei Köpfen und (seltsamerweise) Kaninchen aus Neuseeland.

Essen

Nayazi Şah TÜRKISCH
(☎ 714 3064;Meze 25 TRY; ⌚ 11–22 Uhr) Das Nayazi Şah ist eins der besten Meze-Restaurants im Norden und liegt südlich des nördlichen Kreisels. An Wochenenden lockt es mit regelmäßigen Livekonzerten. Hier gibt's leckere Fleischplatten mit Wachteln und Lammwürstchen.

Gemikonağı (Karavostasi)

Von diesem ruhigen, abgelegenen Kieselstrand aus kann man die gesamte Küste überblicken, die sich Richtung Nordosten um die Bucht von Morfou erstreckt. Obwohl die Strände weniger ansprechend sind als ihre weicheren Pendants an der Nordküste, trifft man auch hier Schwimmer.

Vor 1974 kamen viele Menschen von den Troodos-Ausläufern zum Relaxen in die Bucht. Heute, da die Grenze wieder geöffnet ist, sind einige zu dieser Gewohnheit zurückgekehrt.

Die Bucht dominiert der einst florierende Hafen Gemikonağı, dessen Pier zusehends vermodert.

Östlich des Ortes fällt das vernarbte Hinterland auf, in dem ein riesiger Konzern massiven Bergbau betrieb. Nachdem die Minen 1974 stillgelegt worden waren, versank Gemikonaği in der Bedeutungslosigkeit, dennoch zieht es dank einiger guter Restaurants und der Strände Touristen an. Besucher, die es ländlicher und menschenleerer mögen, werden sich hier wohlfühlen.

Das nahe gelegene **Mardin Restaurant** (☎ 727 7527; Hauptgerichte 18–25 TRY; ⌚ 11–23 Uhr) hat eine Terrasse mit Meerblick und serviert köstliche Fischgerichte, Meze und Grillspieße.

Lefke (Lefka)

11 090 EW.

Ein paar Kilometer von Gemikonağı entfernt knickt die Straße im rechten Winkel zum Bergdorf Lefke ab, das wegen seiner Lage inmitten endlosen Grüns und sanfter Hügelketten reizvoll und kühl ist.

Der Name des Städtchens kommt vom griechischen Wort *lefka* („Pappel"). Inzwischen sieht man in der Umgebung allerdings mehr Orangenhaine und Palmen als Pappeln und der Ort ist für seine hervorragenden Zitrusfrüchte bekannt.

In Lefke gibt's zwar eine große Gemeinde britischer Einwanderer, die Stadt ist jedoch außerdem auch eine Hochburg des islamischen Glaubens. Hier befindet sich der Hauptsitz des sufistischen Naqschbandi-Ordens und ihres charismatischen Anführers Şeyh Nazım Kıbrısi. Seine Anhänger folgen treu den Prinzipien des Islam und fordern von weniger strikten türkischen Zyprern, es ihnen gleichzutun.

Im Ort selbst hat man kaum Zerstreuungsmöglichkeiten. Besucher können die **Piri-Osman-Pascha-Moschee** und ihren Hof besichtigen, durch die gewundenen Straßen bummeln, köstliche Orangen essen und die Ruinen eines Aquädukts erkunden. Den Grenzübergang Zodhia erreicht man von Güzelyurt (Morfou) aus über die Hauptstraße gen Süden. Dank ihm hat die Gegend wieder Anschluss an die nur 3 km entfernte Region Tylliria und den Pafos-Wald. Auf der Straße durch die Berge weht ein kräftiger Wind, doch die Fahrt lohnt sich. Es gibt einen weiteren Grenzübergang in der Nähe des Palasts von Vouni bei Limnitis-Yeşilirmak nahe Kato Pyrgos.

Antikes Soloi

Soloi (Soli Harabeleri; Erw./Schüler 7/3 TRY; ⌚ Mai–Sept. 8–19 Uhr, Okt.–April bis 15.30 Uhr), ein weiteres altes Stadtkönigtum, war ursprünglich als Si-il-lu bekannt, wie eine assyrische Tributliste von 700 v. Chr. belegt.

Die Stätte besteht aus zwei Hauptteilen: der **Basilika** nahe dem Eingang zur Anlage und dem **Theater** auf dem Hügel südlich davon. Ein Großteil der Stätte ist noch nicht freigelegt worden, doch einige spärliche Überreste einer Agora aus der Römerzeit findet man nördlich des Eingangs hügelabwärts.

Solois Blütezeit begann 580 v. Chr., als König Philokyprios auf Anraten seines Mentors, des Athener Philosophen Solon, die Hauptstadt von Aepia hierher verlegte und die Zitadelle ihm zu Ehren in Soloi umbenannte.

498 v. Chr. kämpfte der Ort im Ionischen Aufstand unter Onesilos, König von Salamis, gegen die persische Vorherrschaft, die sich auch auf Zypern erstreckte. Onesilos hatte alle Stadtkönigtümer Zyperns (außer Amathous) hinter sich vereint, um das Reich zu stürzen, wurde aber am Ende geschlagen.

Danach stagnierte Solois Entwicklung bis zur Römerzeit, wo es dank seiner ergiebigen Kupferminen neu erblühte. Wie andere Teile Zyperns litt auch dieser reiche Ort unter den Raubzügen und Plünderungen der Araber im 7. Jh. n. Chr.

Basilika von Soloi — ARCHÄOLOGISCHE STÄTTE

In Soloi ist der hl. Markus vom hl. Auxibius getauft worden. Die ursprüngliche Kirche soll aus dem 4. Jh. stammen. Angesichts der Überreste ist es schwierig, sich Größe und Ausmaße des Gotteshauses vorzustellen, das allen Berichten nach beeindruckend war. Am auffälligsten sind die noch intakten verzierten Böden, darunter ein Schwanenmosaik mit verschlungenen Blumenmustern und kleinen Delfinen.

Römisches Theater — ARCHÄOLOGISCHE STÄTTE

Das römische Theater wurde teilweise restauriert, nachdem die Briten einen Großteil der Steine entfernt und damit den Kai am Port Said wiederaufgebaut hatten. Einst bot es wahrscheinlich bis zu 4000 Zuschauern Platz. In der Nähe entdeckte man die berühmte römische Statuette der Aphrodite von Soli, die nun im Zypern-Museum in Nikosia (Lefkosia) ausgestellt ist.

Antikes Vouni

Die Ruinen des **Antiken Vouni** (Vouni Sarayı; Erw./Schüler 5/3 TRY; ⌚ Mai–Sept. 8–19 Uhr, Okt.–April bis 15.30 Uhr) mögen zwar etwas dürftig sein, doch der Blick, der sich hier bietet, ist umwerfend und den Abstecher wert. Einst bestand die alte Stätte in erstklassiger Lage auf einem Hügel aus einem Palast und einem weitläufigen Gebäudekomplex, die bis ins 4. Jh. v. Chr. zurückreichen.

Die Anlage besteht aus einem **Megaron** (dreiteiliger rechteckiger Bau mit zentraler Kochstelle und Thron) und Privaträumen. Treppen führen in einen Hof und zu einer **Zisterne** hinab. Außerdem sieht man hier einen birnenförmigen Stein, der zu einer Ladewinde gehört haben soll.

Ursprung und Geschichte sind kompliziert. Es gibt Annahmen, dass der Prachtbau im Auftrag eines persischen Herrschers aus dem Stadtkönigtum Marion (das heutige Polis) errichtet wurde. Vielleicht sollte er dazu dienen, die nahe gelegene, mit den Griechen verbündete Stadt Soloi zu überwachen. Dies lässt sich jedoch kaum untermauern und basiert lediglich auf knappen Eintragungen Herodots im Buch V. seiner *Historien*. Sicher ist jedoch, dass die Festung persische Palastarchitektur aufweist und später unter hellenistischer Herrschaft erweitert und ausgeschmückt wurde.

Der Palast wurde 380 v. Chr. niedergebrannt (warum und von wem ist unbekannt) und nicht wieder aufgebaut. Heute stehen die spärlichen Überreste verlassen auf einem Hügel, von dem man einen traumhaften Blick über die Region hat.

Man erreicht die Ruine, indem man von der Hauptstraße aus der ausgeschilderten Abbiegung folgt und auf der steilen, gewundenen Straße bergauf bis zum Parkplatz und zum Ticketbüro fährt.

Famagusta (Mağusa) & die Karpaz-(Kırpaşa-) Halbinsel

Inhalt ➡

Gut essen

- Petek Confectioner (S. 193)
- Ginkgo (S. 193)
- Oasis Restaurant (S. 205)
- Aspava Restaurant (S. 193)

Schön übernachten

- Nitovikla Garden (S. 222)
- Seabird (S. 222)
- Oasis at Ayfilon (S. 222)
- Club Malibu (S. 222)

Auf nach Famagusta und zur Karpaz-Halbinsel

Wie ein schmaler Finger ragt die Karpaz-(Kırpaşa-)Halbinsel, bedeckt von ausgedehnten Wiesen und zerklüfteten Felsen, ins Meer. Mit ihren unberührten Stränden, die hie und da von verschlafenen Dörfern unterbrochen werden, verkörpert sie ein Stück des „alten“ Zypern. Obwohl auch hier neue Straßen und Häuser entstehen, hat man doch den Eindruck, als wäre die Zeit vor ein paar Jahrzehnten einfach stehen geblieben.

Nach einigen Tagen Entspannung in der Abgeschiedenheit der Karpaz-Halbinsel ist es an der Zeit für einen Besuch des antiken Salamis im Westen, das Einblick in die hellenistische Welt gewährt. Es ist die eindrucksvollste archäologische Stätte des Landes.

Ein Stück weiter südlich befindet sich Famagusta. Wer mag, kann auf der Stadtmauer spazieren gehen und anschließend durch Gassen wandeln, in denen sich alte Häuser an Ruinen einst prächtiger Kirchen reihen.

Geschichtsträchtig und von Mutter Natur mit einer unglaublichen Schönheit gesegnet, ist dies die mit Abstand sehenswerteste Region Zyperns.

Reisezeit

- Von März bis Mai blühen wilde Orchideen und Blumen auf der Halbinsel und verschiedene Vogelarten flattern durch die Lüfte. In dieser Zeit zeigt sich Zypern von seiner hübschesten Seite. Ein wahres Fest, vor allem für Naturliebhaber.
- Im Juni und Juli steigt in Famagusta das Internationale Kunst- & Kulturfestival. Dann finden in der Altstadt und in den Ruinen von Salamis Veranstaltungen statt.
- Im August und September legen Suppen- und Karettschildkröten ihre Eier im Sand entlang der Küste der Halbinsel ab.

FAMAGUSTA (MAĞUSA)

40 920 EW.

Die Altstadt von Famagusta (Mağusa) ist wie gemacht für Entdeckungstouren zu Fuß. Entlang der Gassen stehen bescheidene Häuschen und dann, plötzlich, kommt die Ruine einer gotischen Kirche ins Blickfeld ... Dort nisten Vögel zwischen Steinbogen, die schon lange kein Dach mehr schützt, und Unkraut bricht durch einst wunderbar detailreiche Mosaikböden. Von der venezianischen Verteidigungsmauer wirken die Silhouetten der verfallenen Kirchen in der Kulisse der einst wichtigsten und prunkvollsten Stadt der Insel noch markanter.

Über dem großen Platz in der Neustadt, Yirmisekiz Ocak Meydanı, thront eine riesige schwarze Statue von Atatürk, ein guter, nicht zu verfehlender Orientierungspunkt. Gleich gegenüber liegt das Landtor, der Hauptzugang in die Altstadt. Unmittelbar rechts neben dem Eingang erstreckt sich ein Parkplatz.

Obwohl Famagusta zu den faszinierendsten Orten Zyperns gehört, ist die touristische Infrastruktur nicht gut ausgebaut. Die meisten Reisenden quartieren sich anderswo ein und unternehmen einen Tagesausflug hierhin.

Geschichte

Famagusta und das Umland blicken auf eine bewegte und ziemlich komplexe Geschichte zurück. In der hiesigen ausladenden Bucht und der weitläufigen Mesaoria-(Mesarya-) Ebene wurden im Laufe der Zeit drei größere Siedlungen gegründet: das bronzezeitliche Enkomi (Alasia) im 17. Jh. v. Chr., ein mykenischer Ort mit Gräbern im 9. Jh. v. Chr., der in Homers *Ilias* als florierende Kultur beschrieben wird, und das glanzvolle Königreich Salamis, das im 6. Jh. v. Chr. seine Blütezeit erlebte.

Schließlich entstand im 3 Jh. v. Chr. unter Ptolemaios II. Philadelphos Famagusta, das ursprünglich unter dem griechischen Namen Ammochostos („versteckt im Sand") bekannt war und viele Jahre im Schatten des berühmten Stadtkönigreichs Salamis im Norden verbrachte. Nachdem Letzteres aufgegeben worden war, wuchs Famagustas Bevölkerung beträchtlich an. Ihre eigentliche Blüte erlebte die Stadt aber erst nach dem Fall Akkons 1291.

Damals flüchteten Christen aus dem Heiligen Land und ließen sich hier nieder. Im späten 13. Jh. avancierte Famagusta zum wichtigsten Knotenpunkt des Schiffhandels in der Region und gelangte quasi über Nacht zu großem Reichtum. Ein verschwenderischer, dekadenter Lebensstil hielt Einzug – so soll es in der Stadt damals mehr Juwelen und Gold gegeben haben als an allen europäischen Königshöfen zusammen. Dies erregte den Zorn der Gläubigen, die daraufhin den Mangel an Moral kritisierten. Um dem entgegenzuwirken, wurden in kurzer Zeit zahlreiche Kirchen gebaut.

Der Verfall der Stadt begann mit der Machtergreifung der Genuesen im 14. Jh., die mit der Abwanderung ihrer reichsten und berühmtesten Bewohner einherging. Obwohl Famagusta 117 Jahre später von den Venezianern zurückerobert werden konnte, fand es nie zu altem Reichtum und früherer Pracht zurück. Damals entstanden die große Befestigungsmauer und die Bastionen, doch diese Maßnahmen richteten nicht viel gegen den Angriff der Osmanen 1571 aus. Es folgte eine zehnmonatige Belagerung, in der schätzungsweise 100 000 Kanonenkugeln abgefeuert wurden.

Unter den Osmanen zerfiel Famagusta zusehends. Die verwitterten Gebäude sind nie restauriert worden und verleihen dem Ort ein fast gotisches Antlitz. Die Altstadt, Kaleici, wurde zur Festung der türkischen Zyprer.

Anfang der 1960er-Jahre erlebte die Region einen erneuten Aufschwung, als der griechisch geprägte Urlaubsort Varosia (Maraş: S. 194) im Süden der Stadt mit seinen Traumstränden jährlich Tausende sonnenhungrige Touristen anlockte.

1964 sorgten Konflikte zwischen der griechischen und türkischen Bevölkerung für vermehrte Zusammenstöße in der Gegend. Daraufhin verbarrikadierten sich die Türken in der Altstadt, und die Griechen wurden nach Varosia zurückgedrängt.

Während der türkischen Invasion 1974 wurden Famagusta und insbesondere der Vorort Varosia zur militärischen Sperrzone erklärt. Die griechischen Bewohner flohen daraufhin vor den herannahenden türkischen Truppen. Auch heute noch gehört Varosia zur weitläufigen unbewohnten Sicherheitszone und ist inzwischen eine Geisterstadt. Mit seinen unheimlichen dunklen Fenstern und verlassenen Wohnblocks, die eine Barrikade aus Ölfässern und Stacheldrahtzaun umgibt, hat sich der Ort mit Ausnahme von ein paar Militärposten und gelegentlichen UN-Patrouillen seit 1974 kaum verändert.

Highlights

❶ Eine der bedeutendsten Städte des zyprischen Altertums, das **antike Salamis** (S. 195), erkunden.

❷ Von den gut erhaltenen Ruinen der **Kantara-Burg** (S. 201) die spektakuläre Sicht über die Küste genießen.

❸ Ein paar Tage abschalten und die Ruhe in einem der abgeschiedenen Hotels auf der **Karpaz-(Kırpaşa-)Halbinsel** (S. 201) auf sich wirken lassen.

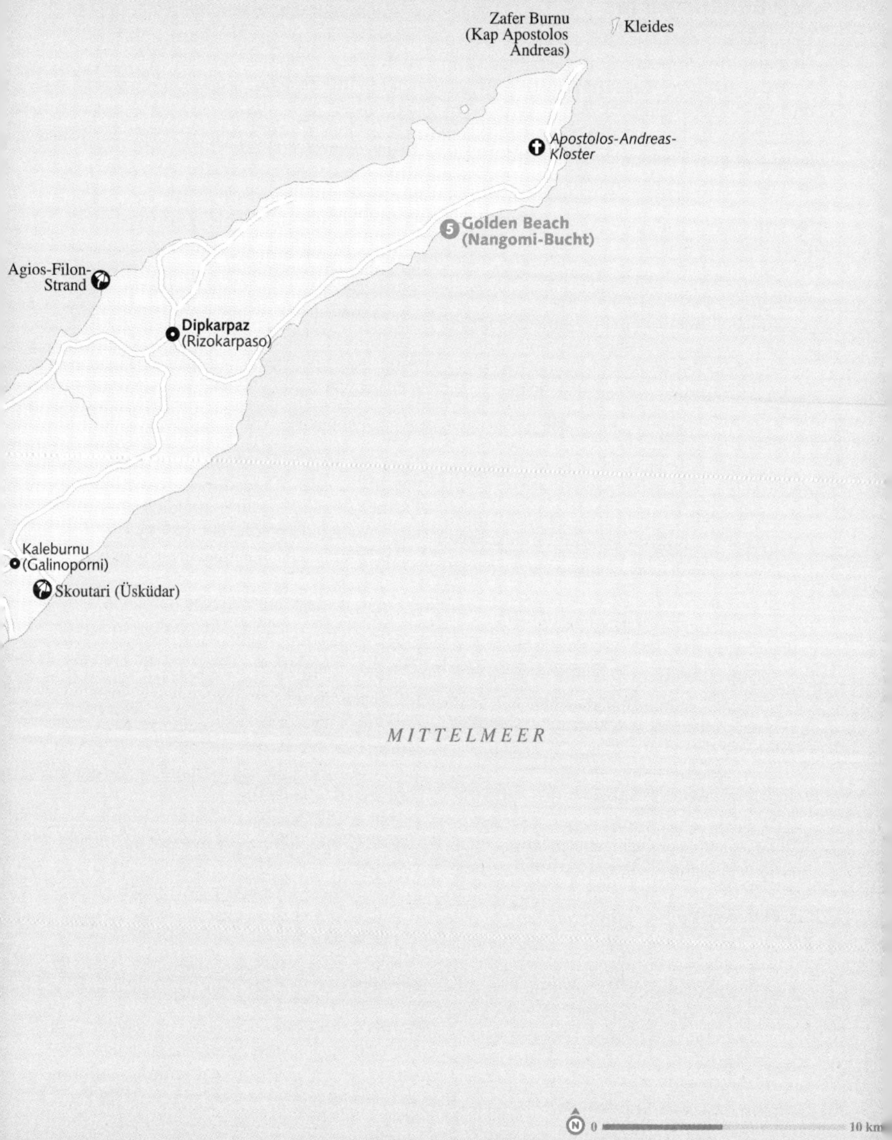

4 Die Pracht vergangener Zeit erahnen, während man von der venezianischen Mauer und den gebieterischen Bastionen über die befestigte Stadt **Famagusta** (S. 187) blickt.

5 Am **Golden Beach** (S. 201), einem der schönsten Strände der Insel, ins Meer hüpfen.

6 Die wunderschöne Architektur und die phänomenale Ikonensammlung der **Apostolos-Varnavas-Kirche** (S. 199) bewundern.

Sehenswertes

Den facettenreichen Mix aus von Bogen überspannten Gassen, Kapellenruinen, türkischen Bädern, byzantinischen Kirchen und mittelalterlichen Vierteln kann man wunderbar zu Fuß erkunden. Für eine umfangreiche Besichtigungstour sollte man einen kompletten Tag einplanen.

★ Venezianische Festungsmauer — HISTORISCHE STÄTTE

Die imposante Festungsmauer wurde Anfang des 16. Jhs. von den Venezianern errichtet und definiert bis heute die Außengrenzen der Altstadt. Das über 15 m hohe und bis zu 8 m dicke Bauwerk mit einem früher von Wasser gefluteten Graben vermochte nicht, den Osmanen Einhalt zu gebieten; 1571 überrannten sie die Stadt.

Wie ihr Pendant in Nikosia ist Famagustas Mauer mit 14 Bastionen und fünf Toren versehen. Man kann fast die gesamte quasi rechteckige Anlage entlanglaufen und dabei eine exzellente Sicht auf Famagusta genießen.

Othelloturm — HISTORISCHE STÄTTE

(Zitadelle; Othello Kalesi; Erw./Stud. 7/3 TRY; ⏲ aktuell geschl.; reguläre Öffnungszeiten Juni–Sept. 9–20, Okt.–Mai bis 17 Uhr) Der Othelloturm ist eine Erweiterung der Festungsanlage und wurde im 12. Jh. während der Lusignan-Herrschaft errichtet, um den Hafen zu schützen. 1492 verstärkten die Venezianer die Zitadelle und verwandelten sie in ein Bollwerk der Artillerie.

Derzeit ist das Bauwerk für Besucher geschlossen; umfassende Renovierungsmaßnahmen sind im Gange. Gewöhnlich kann man mehrere Türme und Artillerieräume, ein Refektorium und Wohnquartiere besichtigen.

Seinen Namen verdankt der Turm Shakespeares Theaterstück *Othello*, in dem von einem „Seehafen in Zypern" die Rede ist. Über dem eindrucksvollen Eingang des Gebäudes wacht ein venezianischer Löwe, dessen Inschrift auf den Architekten Nicolò Foscarini hinweist. Auf Famagustas illustrer Gästeliste steht angeblich auch Leonardo da Vinci. Er soll bei seinem Besuch auf Zypern 1481 Ratschläge für die Renovierung des Bauwerks erteilt haben.

Der Mix aus venezianischen und lusignanischen Elementen im Inneren der Zitadelle ist ein Traum. An den Innenhof grenzt eine große Halle mit einem wunderschönen Gewölbe und korrodierten Sandsteinwänden im hinteren Bereich. Belüftungsschächte an den Mauern verlaufen zu Korridoren im Lusignan-Stil und versiegelten Räumen. Der Legende nach liegen hier immer noch Schätze vergraben, die venezianische Händler vor den heranrückenden Osmanen versteckt haben sollen.

★ Lala Mustafa Paşa Camii — MOSCHEE

(Agios-Nikolaos-Kathedrale; Erenler Sokak; ⏲ außerhalb der Gebetszeiten) GRATIS Die frühere Agios-Nikolaos-(Nikolaus-)Kathedrale gehört zu den schönsten Beispielen für gotische Lusignan-Architektur auf Zypern. Sie wurde zwischen 1298 und 1326 nach dem Vorbild der Kathedrale von Reims errichtet und überstrahlt ihre Schwesterkirche Agia Sofia (die heutige Selimiye-Moschee) im Norden Nikosias.

Nach der osmanischen Invasion 1571 verwandelte man sie in eine Moschee bzw. *camii* (auf Türkisch), die heute über den Dächern der Altstadt thront. Besuche sind außerhalb der Gebetszeiten möglich, allerdings nur mit angemessener Bekleidung.

Während der Lusignan-Herrschaft war das Bauwerk das Herzstück Famagustas, deshalb bestattete man hier den letzten Lusignan-König der Insel, Jakob II., und seinen kleinen Sohn, Jakob III.

Während der osmanischen Besatzung Famagustas nahm das Bauwerk starken Schaden und die Zwillingstürme wurden zerstört. Die Osmanen fügten das Minarett hinzu, entfernten das christliche Interieur und leerten die Gräber.

Am eindrucksvollsten ist die Fassade auf der Westseite, neben der heute eine Fußgängerzone verläuft: Drei prächtige Portale zeigen auf ein sechsgliedriges, mit einer runden Rose verziertes Fenster.

Die Wände im Inneren wurden im muslimischen Stil weiß getüncht, der gotische Grundriss ist aber noch gut nachzuvollziehen.

Palazzo del Provveditore — HISTORISCHE STÄTTE

(Venezianischer Palast; Namık Kemal Meydanı) Die Ruine des Palazzo del Provveditore befindet sich gegenüber der Lala-Mustafa-Paşa-Moschee. Hier sind einige verfallene Bogen und Stützsäulen aus Salamis zu sehen. Der Eingang, bestehend aus drei Steinbogen, ist der am besten erhaltene Teil des Bauwerks.

Namık-Kemal-Gefängnis — MUSEUM

(Namık Kemal Meydanı; Erw./Kind 5/3 TRY; ⏲ Juni–Sept. 9–14 Uhr, den Rest des Jahres kürzere Öffnungszeiten) In dem ehemaligen Gefängnis saß fast vier Jahre lang der türkische Dichter, Dramatiker und Dissident Namık Kemal (1840–88) ein, weil der Sultan sich von seinen Schriften beleidigt fühlte. Um ehrlich zu sein: Die Sammlung besteht aus nicht viel mehr als ein paar angestaubten Exponaten, Porträts und einem kleinen Raum mit einer Puppe des berühmten Ex-Insassen (alle Infos dazu auf Türkisch). Wer dies nicht verlockend findet, kann sich den Eintritt sparen.

Sinan Paşa Camii HISTORISCHE STÄTTE
(Peter-und-Paul-Kirche; Abdullah Paşa Sokak) Zwar ist diese gigantisch große Kirche aus dem 14. Jh. nicht öffentlich zugänglich, doch die gut erhaltene Fassade ist sehr sehenswert und vermittelt einen Eindruck davon, wie Famagusta ausgesehen hat, als auch die übrigen Kirchen und Denkmäler noch intakt waren.

Den Bau der St.-Peter-und-Paul-Kirche (1358–1369) finanzierte ein einheimischer Kaufmann, Simon Nostrano. Die Osmanen nutzten das Gotteshaus als Moschee. Später, nach Ankunft der Briten, fand es eine neue Verwendung als Getreidelager.

Nestorianische Kirche KIRCHE
(Abdullah Paşa Sokak) Die hervorstechendsten Teile der nestorianischen Kirche, erbaut zwischen 1360 und 1369, sind der hervorragend erhaltene Glockenturm und die Fassade aus goldgelben Steinen.

Einer Überlieferung zufolge kann man Feinde loswerden, indem man eine Handvoll Erde vom Kirchengelände in deren Haus platziert. Innerhalb eines Jahres wird der ungeliebte Zeitgenosse entweder tot sein oder Zypern verlassen haben. Vielleicht nicht unbedingt die feine englische Art.

Canbulat-Museum MUSEUM
(Canbulat Yolu; Erw./Stud. 5/3 TRY; ⌚ Juni–Sept. 9–19, Okt.–Mai 9–12.30 & 13.30–16.45 Uhr) Während der Besatzung Famagustas soll der osmanische Held Canbulat Bey auf seinem Pferd in ein grausames mittelalterliches Verteidigungsinstrument, ein mit Messern versehenes Wagenrad, gestürmt sein. Er und das Tier ließen dabei zwar ihr Leben, zerstörten jedoch die Apparatur und ermöglichten es den Osmanen, die von Venezianern besetzte Stadt zu erobern.

Beys Grabstätte beherbergt ein kleines Museum mit einer einfachen Sammlung von Keramiken und Porträts von Lala Mustafa Paşa. Eine historische Ausstellung zeigt die türkische Sichtweise der Ereignisse von 1974 und präsentiert außerdem die Enklaven in der Altstadt.

St.-Georg-Kirche der Griechen HISTORISCHE STÄTTE
(Mustafa Paşa S.M Ersu Sokak) Die Ruinen dieser einst prachtvollen byzantinischen Kirche sind wirklich bildhübsch. An den Steinwänden innen sind noch immer die Umrisse der einst opulenten Fresken auszumachen, die einmal aufwendig verziert waren.

St.-Georg-Kirche der Lateiner HISTORISCHE STÄTTE
(Cafer Paşa Sokak) Eine der ältesten Kirchen von Famagusta erhebt sich unpassenderweise an einer Straßenkreuzung. In den noch stehenden Wänden sind auffällige Lanzettfenster eingelassen; ein gutes Beispiel frühgotischer Architektur.

NICHT VERSÄUMEN

SPAZIERGANG AUF DER STADTMAUER

Ausgangspunkt dieses Spaziergangs ist die am südliche Ende in der Nähe des **Landtors** gelegene **Ravelin-(Rivettina-)Bastion** (⌚ Mo–Fr 9–18 Uhr) GRATIS, die auch „Akkule" oder „weißer Turm" genannt wird. Dort durchbrachen die Osmanen die Festungsmauer und wurden von weißen Fahnen schwenkenden Venezianern erwartet. Besucher haben Zutritt zu den verwinkelten Innenräumen.

Von diesem Bollwerk führt die Mauer nordwärts an kleineren Bastionen namens **Diocare, Moratto, Pulacazara, San Luca** und **Martinengo** vorbei.

Letztere sticht durch ihre Größe besonders hervor. Danach folgen die Bastionen **Del Mezzo, Diamante** und **Signoria**, bis man schließlich den **Othelloturm**, eine eindrucksvolle Zitadelle, erreicht.

Ursprünglich ging das **Seetor** direkt aufs Meer hinaus. Heute ist die Landbrücke durch die Piere des modernen Hafens beträchtlich erweitert.
Am südöstlichen Rand erhebt sich die **Canbulat-Bastion**, wo General Canbulat Bey während der blutigen Besatzungszeit einen heldenhaften Tod starb, als er die befestigte Anlage auf dem Pferd attackierte. Ab hier verläuft die Mauer über die **Bastionen Camposanto**, **Andruzzi** und **Santa Napa** zurück zum Landtor.

Famagusta (Mağusa)

Strände

Glapsides STRAND

GRATIS Dank seines seichten Wassers und der durch die Bucht geschützten Lage ist der öffentliche Sandsteifen 4 km nördlich von Famagusta bei den Einheimischen sehr beliebt, zudem eignet er sich wunderbar für Kinder.

Vor Ort gibt's eine Strandbar und ein Restaurant. Besucher können Liegen und Sonnenschirme sowie Jetskis, Räder und Kanus leihen. Auch die Schnorchelbedingungen gelten als hervorragend. Wenn Zugvögel unterwegs sind, ist Glapsides darüber hinaus ein toller Beobachtungsposten.

Man erreicht den Strand über den Weg neben dem Golden-Terrace-Restaurant an der Hauptstraße.

Palm Beach STRAND

Famagustas bester Strand liegt vor dem Palm Beach Hotel & Casino und ist auch für Besucher zugänglich, die hier nicht übernachten. Das Serviceangebot kann sich sehen lassen, ist dafür aber auch alles andere als günstig. Um zum Strand zu kommen einfach den Schildern „To the Beach Club“ südlich des Hotels folgen. Auf der Küstenstraße (Havva Sentürk Caddesi) geht's in südöstlicher Richtung.

Famagusta (Mağusa)

Highlights
1 Lala Mustafa Paşa Camii C2
2 Venezianische Festungsmauer D2

Sehenswertes
3 Agora A2
4 Andruzzi-Bastion C4
5 Agios-Epifanios-Basilika C3
6 Camposanto-Bastion D3
7 Canbulat-Bastion D3
8 Canbulat-Museum D3
9 Apostolos-Varnavas-Kirche B3
10 Del-Mezzo-Bastion A1
11 Diamante-Bastion B1
12 Diocare-Bastion B3
13 Kambanopetra-Basilika A2
14 Landtor B4
15 Martinengo-Bastion A1
16 Moratto-Bastion A3
17 Namık-Kemal-Gefängnis B3
18 Nestorianische Kirche B3
19 Othelloturm C1
20 Palazzo del Provveditore C3
21 Pulacazara-Bastion A2
22 Ravelin- (Rivettina-) Bastion B4
23 Reservoir C3
24 Römische Villa C2
25 San-Luca-Bastion A2
26 Santa-Napa-Bastion C4
27 Seetor C2
28 Signoria-Bastion C1
29 Sinan Paşa Camii B3
30 St.-Georg-Kirche der Griechen C3
31 St.-Georg-Kirche der Lateiner C2

Schlafen
32 Altun Tabya B4
33 Portofino D4

Essen
34 Aspava Restaurant C2
35 Desdemona Bar & Restaurant D3
36 Ginkgo C2
37 Petek Confectioner C2

Ausgehen & Nachtleben
38 D&B C3
39 Monks Inn C2

Shoppen
40 Hoşgör C3

Feste & Events

Internationales Kunst- & Kulturfestival FAMAGUSTA KULTURVERANSTALTUNG
(www.magusa.org/festival) Die musikalische Bandbreite des jährlich vom 20. Juni bis 12. Juli stattfindenden Festivals reicht von klassischer Musik über Hip-Hop bis zu Reggae. Zu diesem Anlass geben sich sowohl internationale als auch lokale Künstler die Ehre. Theaterstücke werden auf der Namık Kemal Meydanı, beim Othelloturm und im Theater von Salamis aufgeführt.

Essen

In der bzw. rund um die Altstadt locken ein paar gute Restaurants und Imbissstuben.

★ **Petek Confectioner** CAFÉ €
(☎ 366 7104; Liman Yolu 1; Gebäck 3–7 TRY, Eis 3–8 TRY; ⏲ 10–23 Uhr) Petek, ein Tempel der süßen Versuchungen, ist im ganzen Norden der Insel bekannt. Hier türmen sich *lokum* (türkischer Honig) und klebrige Baklava und die *dondurma* (Eiscreme) ist die wahrscheinlich Beste der ganzen Insel. Damit kann man sich auf einer der Bänke auf der Veranda niederlassen und einfach mal abschalten … und der Zahnarzt zu Hause hat auch noch was davon.

Ginkgo INTERNATIONAL €€
(☎ 366 6660; Namık Kemal Meydanı; Hauptgerichte 15–25 TRY; ⏲ 11–22 Uhr) Das nette Café-Restaurant direkt neben der Lala-Mustafa-Paşa-Moschee ist in einer alten Medrese (islamische Religionsschule) und einem christlichen Gebäude mit Gewölbedecke untergebracht. Das Speisenangebot ist breitgefächert: Es gibt leckere Salate, Sandwiches und Kebabs, Pasta und gegrillten Fisch. Das Mittagsmenü hat einen super Preis.

Aspava Restaurant TÜRKISCH €€
(Liman Yolu 19; Kebabs 11–15 TRY; ⏲ 11–23 Uhr) In einem Garten mit Weinranken und Blick auf den Platz sowie die Moschee kommt man in den Genuss saftiger Grillspieße, Grillteller und Meze-Gerichte.

Desdemona Bar & Restaurant TÜRKISCH €€
(Canbulat Yolu 3; Hauptgerichte 17 TRY; ⏲ 18–24 Uhr) In seinem fensterlosen Turm bietet das Lokal großzügige, günstige Meze-Portionen und traditionelles Flair. Während der Wintermonate verwandelt es sich in eine Musikbar.

Hurma MEDITERRAN €€€
(☎ 366 9700; Kemal Server Sokak 17; Hauptgerichte 25–30 TRY; ⏲ 18.30–23 Uhr) Das schicke Restaurant im Hacienda-Stil liegt gleich neben dem Palm Beach Hotel & Casino. Zwischen

VAROSIA (MARAŞ)

Bis 1974 war Varosia (auf Türkisch Maraş) eine florierende griechisch-zyprische Gemeinde. Sie galt als Famagustas Riviera, und viele ihrer Einwohner betrieben große Resorthotels an den vielleicht schönsten Stränden der Insel.

Im August desselben Jahres veranlassten Bombenangriffe und die in den Norden einmarschierende türkische Armee die Bewohner jedoch zur Flucht. Sie wurden praktisch am Frühstückstisch von den Entwicklungen überrascht und nahmen nicht viel mehr mit als die Kleider, die sie trugen. Viele dachten, sie könnten in ein paar Tagen zurückkehren, sobald die unmittelbare Gefahr gebannt und wieder relative Normalität eingekehrt sei. Aber dazu kam es nicht. Die türkische Armee konnte die Stadt ungestört erobern und hat sie bis heute nicht freigegeben.

Die in Varosia errichteten Barrikaden, die an jene dunklen Tage erinnern, gehören zu den eindringlichsten Anblicken auf der Insel. Wohnblocks, Geschäfte und Häuser sind seit 37 Jahren unberührt und von Schutt und Staub bedeckt. Im Verkaufsraum eines geplünderten Autohauses überdauerte ein einzelnes Modell die vergangenen Jahrzehnte. Die stattlichen Hotels des einst blühenden Urlaubsortes mit ihren klaffenden Fenstern und Waffenlagern wurden dem Verfall überlassen und wachen wie seelenlose Riesen über der Küste.

Einst gab es in der Stadt ein prächtiges archäologisches Museum, doch niemand weiß, was mit seiner riesigen Sammlung während der Plünderungen geschah. Wegen der Isolierung Varosias ist eine Aufklärung leider unmöglich. Historiker befürchten, dass bedeutende Stücke woanders hingebracht oder auf dem Schwarzmarkt verkauft wurden.

Varosia und das restliche Sperrgebiet sind von Stacheldrahtzaun umgeben und die Straßen durch Metallfässer gesperrt. Besucher dürfen das Gebiet mit Ausnahme der **Agios-Ioannis-Kirche** (Eintritt 4 TRY; ⌚ Mo–Fr 9–13 Uhr), die 120 m innerhalb des Sperrgebiets liegt, nicht betreten. Zunächst muss man allerdings einen Kontrollpunkt passieren, an dem man nicht selten abgewiesen wird.

Ein sehr kleiner Teil des Ortes 200 m abseits der Hauptstraße Polat Paşa ist noch immer bewohnt. Dort kann man am Zaun entlangfahren und einen Blick hineinwerfen; das Fotografieren ist aber nicht erlaubt.

Palmen und auf einer ruhigen Terrasse mit Meerblick gibt's gehobene internationale Spezialitäten wie Schnecken und frische Fischgerichte mit Zitrone, Knoblauch und Kräutern.

Ausgehen & Nachtleben

Das Unterhaltungsprogramm ist recht überschaubar. Am besten hält man sich an die Straße, die an der Universität vorbei nach Salamis verläuft und mit ein paar Bars sowie Cafés aufwartet.

D&B CAFÉ
(Namık Kemal Meydanı; ⌚ 10–23.30 Uhr) Toplage im Zentrum, gleich gegenüber der Hauptmoschee. Hier tummeln sich Studenten, Touristen und der ganze Rest. Genau das Richtige für ein Päuschen, nachdem man sich die eine oder andere Ruine angesehen hat.

Monks Inn BAR
(⌚ 17 Uhr–spätabends) Die in einem mittelalterlichen Haus untergebrachte Bar lädt zum Entspannen und Cocktails-Trinken ein. Sie liegt in einer Seitenstraße östlich der Lala Mustafa Paşa Camii.

Shoppen

Famagustas Shoppingangebot ist sehr begrenzt. Vorsicht: Bei vielen Artikeln wie Uhren, Turnschuhen und Kleidung handelt es sich um Fälschungen aus der Türkei.

Hoşgör ANTIQUITÄTEN
(Mahmut Celalettin Sokak 24/1; ⌚ Mo–Sa 10–14 Uhr) Ein interessanter Antiquitätenladen mit traditioneller zyprischer Keramik, Gravurarbeiten, Stickereien und anderen hübschen Souvenirs.

Praktische Informationen

Auf der Namık Kemal Meydanı, gegenüber der Moschee Lala Mustafa Paşa, findet man Geldautomaten und eine Bank.

Krankenhaus (Yaşam Hastanesi; ☎ 366 2876; Gazi Mustafa Kemal Bulvarı) Fünf Minuten südlich der Altstadt.

North Cyprus Tourism Organisation (NCTO; ☎366 2864; Ravelin Bastion; ⏰8–17 Uhr) Die Angestellten sprechen Englisch und versorgen Touristen mit kostenlosen Karten der Altstadt. Auf der Innenseite des Land Gate.

Polizeiwache (☎366 5310; İlker Sokak Körler) Gleich südlich der Altstadt; der İlker Sokak Körler folgen.

Wechselbüro (İstiklal Caddesi; ⏰Mo–Fr 8–17.30 Uhr)

An- & Weiterreise

BUS

Zahlreiche Busse verkehren zwischen Famagusta und Nord-Nikosia sowie Girne.

Am **Busbahnhof İtimat** (İtimat Otogar; ☎366 6666; Onbeş Ağustos Caddesi) starten Busse zwischen 7 und 17.30 Uhr im Halbstundentakt nach Nord-Nikosia (8 TRY, 1 Std.).

Am selben Terminal machen sich Busse immer um „zwanzig nach" auf den Weg nach Girne (8 TRY, 1¼ Std.); die erste Verbindung ist um 6.20, die letzte um 17.20 Uhr. Die Busse nach Girne halten immer um „halb" am Büro von Goçmen Transport.

Die Busse aus Girne steuern eher das Büro von **Goçmen Transport** (☎366 4313; www.gocmentransport.com; Gazi Mustafa Kemal Bulvarı) an als den Busbahnhof.

MINIBUS

Dolmuşes (Minibusse) fahren montags bis samstags um 13 und 17 Uhr nach Yenierenköy (Yiallousa; 7 TRY, 1 Std.) und Dipkarpaz (Rizokarpaso; 7 TRY, 1 Std.) auf der Karpaz-Halbinsel. Man findet sie hinter dem Busbahnhof İtimat.

Unterwegs vor Ort

Innerhalb der Stadt verkehren keine öffentlichen Busse, da man fast alle wichtigen Ziele zu Fuß erreichen kann.

Taxistände sind über das gesamte Zentrum verteilt. **Kale Taksi** (Liman Yolu) und **Ada Taksi** (İsmet İnönü Caddesi) bedienen sowohl Famagusta als auch das weitere Umland. In der Regel gelten Fixpreise, trotzdem sollte man vor Antritt der Fahrt nachfragen.

Ein Taxi nach Salamis kostet 25 TRY pro Strecke.

RUND UM FAMAGUSTA

Die wichtigsten Attraktionen und Strände der Region liegen 9 bis 10 km nördlich von Famagusta rund um die Bucht.

Wer mit dem Auto unterwegs ist, sollte einige der weniger touristischen Dörfer im Landesinneren wie Geçitkale (Lefkoniko) und İskele (Trikomo) in der Mesaoria-(Mesarya-)Ebene erkunden.

Strände

Rund um das antike Salamis nördlich von Famagusta erstrecken sich herrliche Strände. Noch 70 m vor der Küste ist das Meer knietief. An windigen Tagen kann der Seegang recht stark sein.

Silver Beach STRAND
Der Sandstrand nördlich von Famagusta vor Salamis mit seichtem Wasser und dem versunkenen Hafen der antiken Stadt eignet sich wunderbar zum Baden und Schnorcheln.

Bediz-Strand STRAND
Gleich hinter Salamis bietet dieser weiche Sandstrand Annehmlichkeiten wie Liegen, Sonnenschirme, Duschen und eine Restaurant-Bar. An einem heißen Tag sorgt nach der Besichtigung der Ruinen ein Bad für Erfrischung.

Bafra-Strand STRAND
10 km hinter Boğaz lockt der ausgeschilderte öffentliche Sandstreifen mit klarem Wasser und einfachen Anlagen Besucher an. Man erreicht ihn, indem man rechts in Richtung Bafra-Bucht abbiegt.

Unterwegs vor Ort

Am besten erkundet man die Gegend mit einem Auto, wobei die meisten Attraktionen nahe genug beieinander liegen, um sie alternativ mit dem Taxi zu besuchen.

Auch das Fahrrad ist eine gute Option, allerdings benötigt man sein eigenes, da es in Famagusta keine guten Verleihstellen gibt.

Die Minibusse, die zwischen Famagusta und Yenierenköy (Yiallousa) unterwegs sind, können Fahrgäste an der Abzweigung nach Salamis und in Boğaz absetzen, sie fahren allerdings unregelmäßig.

Antikes Salamis

Salamis (Salamis Yolu; Erw./Stud. 9/3 TRY; ⏰April–Okt. 9–20, Nov.–März bis 17 Uhr) soll etwa 1180 v. Chr. von Teucer (Teukros), Sohn des griechischen Königs Telamon von Salamina, gegründet worden sein. Als Bruder des Helden Ajax konnte er nach dem Trojanischen Krieg nicht nach Hause zurückkehren, da er es nicht geschafft hatte, den Tod seines Bruders zu rächen.

Heute zählen die weit verstreuten Ruinen an der dem Meer zugewandten Seite der Schnellstraße zwischen Famagusta und Boğaz 9 km nördlich von Famagusta zu den besten archäologischen Stätten der Insel.

Die Anfänge des antiken Stadtkönigtums sind nicht historisch belegt, die spätere Herrschaft der Assyrer hingegen schon. Die erste schriftliche Erwähnung stammt von einer assyrischen Stele aus dem Jahr 709 v. Chr.

Nach einer Land- und Seeschlacht 450 v. Chr. gingen Stadt und Insel von den Griechen an die Perser über. Salamis blieb unter persischer Kontrolle, bis der Kampf für Freiheit des großen patriotischen Königs Evagoras Früchte trug. Während seiner Herrschaft erlebte der Ort seine Blütezeit. Die Einwohner druckten ihr eigenes Geld, und berühmte Dichter und Denker sorgten für eine florierende Philosophie- und Literaturszene.

Nachdem Alexander der Große der persischen Herrschaft über die Insel ein Ende gesetzt hatte, erlebte die Stadt eine kurze Zeit des Friedens. Nikokreon, der letzte König von Salamis, unterwarf sich dem Eroberer aus Makedonien. Nach Alexanders Tod kooperierte er mit dessen ptolemäischen Nachfolgern und gebot Aufständen in anderen zyprischen Königreichen Einhalt. Wie Nikokreon im Jahre 311 v. Chr. ums Leben kam, bleibt ein Rätsel. In manchen Texten heißt es, er habe Selbstmord begangen, in anderen, er sei ermordet worden. Fest steht jedenfalls, dass die Stadt nach seinem Tod ins Straucheln geriet, obwohl Salamis noch bis 58 v. Chr. unter der Kontrolle der Ptolemäer stand.

Erst als Zypern römische Kolonie war, sorgten Bauprojekte für neuen Aufschwung. Nach zwei Erdbeben und einer Flutwelle wurden große Teile unter Kaiser Konstantin II. neu aufgebaut. 350 n. Chr. benannte man die Stadt in Constantia um und erklärte sie zum Bischofssitz.

Der Ort durchlebte jedoch ähnliche Probleme wie sein Vorgänger und musste im 7. und 8. Jh. Angriffe von Sarazenen abwehren.

Darüber hinaus wurde der im Sand versinkende Hafen unbrauchbar, und die Stadt geriet in Vergessenheit. Für die Errichtung von Famagusta verwendeten die Baumeister viele ihrer Steine.

Gymnasion ARCHÄOLOGISCHE STÄTTE

Mit dem Säulenhof und den angrenzenden Wasserbecken, die sowohl zum Trainieren als auch zur Entspannung dienten, geben die Ruinen dieser Sportanlage einen Eindruck von Salamis' verblasster Pracht. Die Säulenhalle im Nordteil wird von Statuen ohne Kopf gesäumt. Christliche Fanatiker entfernten diese als Symbole des heidnischen Glaubens. Viele Statuen, die die zahlreichen Plünderungen überstanden hatten, sind seit 1974 verschwunden, doch ein paar haben es als gefeierte Exponate in Nikosias Zypern-Museum geschafft.

Rund um Famagusta (Mağusa)

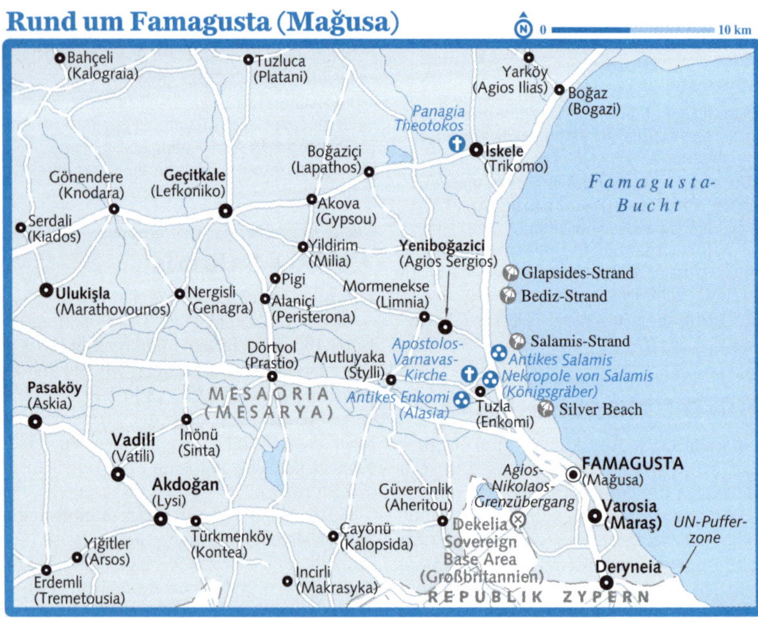

Bäder ARCHÄOLOGISCHE STÄTTE

Östlich der Säulenhalle liegen die hellenistischen und römischen Bäder mit einer Bodenheizungsanlage. Den Südeingang schmückt ein Fresko mit zwei Gesichtern, und in der südlichen Halle sind zwei der schönsten Mosaiken der Stätte zu sehen. Sie stammen aus dem 3. und 4. Jh.

Eines zeigt Leda und den Schwan, das andere Apollo und Artemis beim Kampf gegen die Niobiden. Einige Forscher halten die zweite Darstellung für eine Schlacht zwischen Kriegern und Amazonen.

Theater ARCHÄOLOGISCHE STÄTTE

In dem Theater, das aus der Zeit von Augustus (31 v. Chr.–14 n. Chr.) stammt, fanden einst 15 000 Zuschauer Platz. Große Teile wurden durch Erdbeben zerstört und viele Steine für andere Bauten genutzt. Heute ist das Bauwerk teils renoviert und dient als Veranstaltungsort für gelegentliche Open-Air-Events (Werbung für das Programm findet man in Famagusta).

Römische Villa ARCHÄOLOGISCHE STÄTTE

Früher war die Villa südlich des Theaters ein zweistöckiges Gebäude mit Empfangshalle und einem Innenhof samt Portikus. Auch als die Stadt schon längst verlassen war, wurde es noch als Olivenölpresse genutzt. Der Mahlstein aus dieser Zeit ist erhalten.

Kambanopetra-Basilika ARCHÄOLOGISCHE STÄTTE

Die Ruinen der Basilika aus dem 4. Jh. verströmen eine besondere Magie. Einsam ragen Säulen in die Höhe, dahinter glitzert das Meer. Mit seinen drei Apsiden war das Bauwerk früher eine imposante Erscheinung. Im Komplex hinter der Kirche (dort soll ein Badehaus gewesen sein) ist noch ein aufwendig gestalteter Mosaikboden zu sehen.

Agios-Epifanios-Basilika ARCHÄOLOGISCHE STÄTTE

Zyperns ehemals größte Basilika wurde zu Zeiten des Episkopats von Epifanios (386–403) errichtet. Die Araber zerstörten das Bauwerk im 7. Jh.

Wasserspeicher ARCHÄOLOGISCHE STÄTTE

Salamis wurde über ein 50 km langes Aquädukt mit Wasser versorgt. Am südlichen Ende des Areals befindet sich noch ein römischer Wasserspeicher.

Agora & Zeustempel ARCHÄOLOGISCHE STÄTTE

Direkt hinter dem Wasserspeicher stößt man auf die mageren Überreste der römischen **Agora** (Versammlungsplatz) und des **Zeustempels**, den die Römer auf den Fundamenten eines älteren hellenistischen Tempels errichtet hatten. Zu sehen ist wirklich nicht mehr viel; die Steine sind längst stibitzt und in anderen Komplexen verbaut worden.

TIPPS FÜR EINEN BESUCH DES ANTIKEN SALAMIS

- Wer sich die gesamte Anlage ansehen möchte, wird ca. 7 km Fußweg zurücklegen müssen. Dafür benötigt man mindestens einen halben Tag.
- Nach Passieren des Haupteingangs sollte man sich an den Übersichtsplan der Stätte halten, um Umwege zu vermeiden.
- An heißen Tagen sind Sonnenschutz und Wasser vonnöten, da es keinen Schatten gibt.
- Insbesondere in den überwucherten Teilen der Anlage muss man sich vor Schlangen in Acht nehmen.
- Nach der Besichtigungstour sorgt der benachbarte Strand für Abkühlung. Direkt neben dem Parkplatz am Eingang befindet sich ein netter Sandstreifen. Wer zwischendurch eine Runde schwimmen will, kann den kurzen Weg von der Kambanopetra-Basilika hinunter zum Strand nehmen.
- Das Restaurant am Eingang lädt zum Mittagessen ein. Die Meze- und Grillgerichte sind superlecker.

Nekropole von Salamis

Dieser antike **Friedhof** (Königsgräber, Salamis Mezarlık Alanı; ☎378 8331; Erw./Stud. 7/3 TRY; ⏲9–17 Uhr) stammt aus dem 7. und 8. Jh. v. Chr. Die 150 Gräber sind über ein großes Gelände verteilt.

Die Anordnung der Grabkammern ähnelt Beschreibungen von mykenischen Grabstätten in Homers *Ilias*. Hier wurden Könige und Adlige mit ihren bevorzugten weltlichen Gütern, Essen, Getränken sowie geopferten Sklaven begraben.

Der Friedhof ist deutlich sichtbar ausgeschildert und erstreckt sich südlich der Abzweigung nach Salamis entlang der Straße zur Apostolos-Varnavas-Kirche.

Weiter südlich bei einem einsamen Eukalyptusbaum liegen die kleinen Cellarka-Grä-

Antikes Salamis

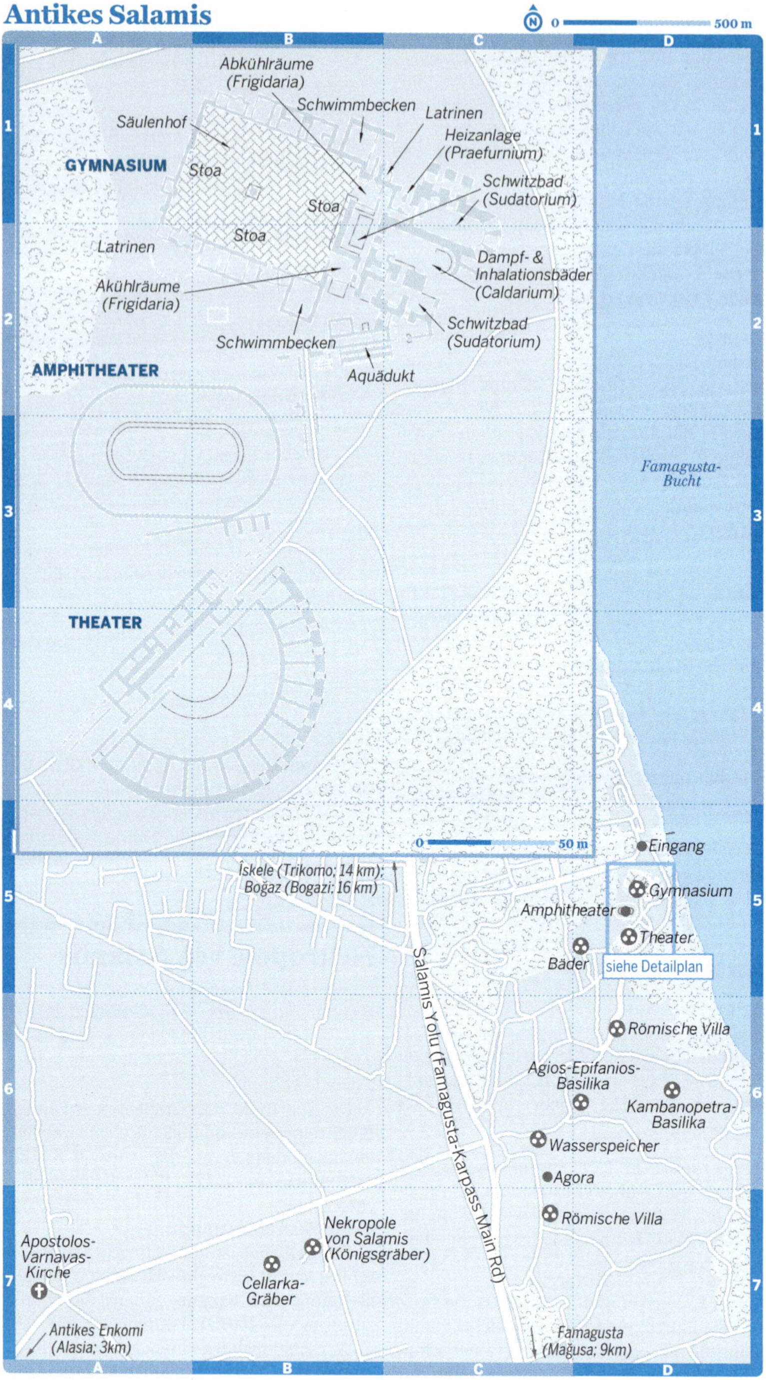

ber. In ihnen fanden weniger bedeutende Mitglieder der königlichen Gemeinschaft ihre letzte Ruhe. Die steil abfallenden Treppen der Gräber führen zu unterirdischen Kammern mit Steinurnen. War deren Inhalt zerfallen, wurden die sterblichen Überreste entfernt und die Kammern neu belegt.

Die meisten Gräber sind über die Jahre geplündert worden, doch man kann die Schätze und antiken Objekte dreier Stätten in Nikosias Zypern-Museum bewundern.

Apostolos-Varnavas-Kirche

Die hübsche orthodoxe **Kirche** (☎378 8331; Erw./Stud. 7/3 TRY; ⌚Juni–Sept. 9–19, Okt.–April bis 15.30 Uhr) ist Varnavas (Barnabas), einem Freund des Apostels Paulus, geweiht, der aus Zypern stammt und hier als Missionar tätig war. Obwohl sein Name und Werk in der Apostelgeschichte des Lukas auftauchen, gehörte er nie offiziell zu den Jüngern Jesu.

Mittlerweile beherbergt die Kirche ein Ikonenmuseum mit einer umfassenden Sammlung orthodoxer Heiligenbilder und einigen Fresken, das eigentliche Highlight ist aber die fantastische Architektur.

Drei Mönche (und Brüder) namens Barnabas, Stefanos und Khariton waren ab 1917 Verwalter der Kirche. Sie überstanden das Jahr 1974, verließen die Anlage aber 1976, nachdem diese mehrfach durchsucht worden war und ihnen die türkischen Behörden Reisebeschränkungen auferlegt hatten. Ihren Lebensabend verbrachten sie im Stavrovouni-Kloster.

Weil die bedeutende orthodoxe Kirche von den türkischen Behörden in ein Museum verwandelt wurde, ist sie nicht wie andere christliche Bauten im Norden geplündert und zerstört worden. Obwohl sich viele griechische Zyprer dagegen aussprachen, mit der Stätte Geld zu verdienen, anstatt sie als Gotteshaus zu nutzen, waren sie froh, dass sie überlebt hatte.

Die Originalkirche wurde 477 n. Chr. an der Stelle von Varnavas' Grab errichtet und nach einem Traum von Anthemios, Bischof von Constantia (Salamis) entdeckt. 1756 entstand unter dem Erzbischof Philotheos das heutige Bauwerk, das dem Originalgebäude sehr ähnelt.

Im Innenhof zeigt das kleine archäologische Museum ein paar exquisite Funde aus Salamis und dem nahe gelegenen Enkomi. Vermutlich stammen einige der Exponate aus Varosias inzwischen geschlossenem archäologischen Museum.

Weder die Ausstellungsstücke noch die Räume sind gut ausgeschildert. Vom Eingang aus im Uhrzeigersinn beherbergt der erste Raum Objekte aus der Bronzezeit, der nächste Stücke aus der venezianischen Periode und der letzte eine Mischung von Funden aus der osmanischen und klassischen Epoche. Das interessanteste Exponat ist die Statue einer Frau mit einer Mohnblume; sie soll die Göttin Demeter darstellen.

Die Kirche liegt 9 km nordwestlich von Famagusta. Einfach der gut ausgeschilderten Abzweigung gleich südlich von Salamis 2 km folgen.

Antikes Enkomi (Alasia)

Die Stadt **Enkomi** (Enkomi Ören Yeni; Erw./Stud. 5/3 TRY; ⌚Mai–Sept. 9–19, Okt.–April bis 15.30 Uhr) geht auf das Jahr 1800 v. Chr. zurück und gewann in der späten Bronzezeit (1650–1050 v. Chr.) als Kupferzentrum an Bedeutung.

Die Überreste der Stätte datieren etwa ins Jahr 1200 v. Chr. Damals wurde der rechtwinklige Grundriss angelegt, und es entstanden prächtige öffentliche Gebäude.

Enkomi befindet sich 2 km westlich der Apostolos-Varnavas-Kirche (an derselben Straße). Um das weitläufige Gelände zu erkunden, muss man große Strecken zurücklegen. Beim Ticketbüro gibt's ein Infoblatt mit Lageplan.

Enkomi war einst für einen hohen Lebensstandard und wohlhabende Kaufleute bekannt, die für die Mykener Handel betrieben.

Auf akkadischen Keilschrifttafeln, die man im ägyptischen Tell el-Amarna entdeckte, ist von Kupfer die Rede, das der König von Alasia dem Pharao im Tausch gegen Silber und Luxusgüter versprochen hat. Bis heute weiß man nicht, ob sich der Name Alasia auf ganz Zypern oder nur auf Enkomi bezog.

Ein Brand, mindestens zwei Erdbeben und das Versinken des Binnenhafens führten zu seinem Niedergang. Manche Forscher vermuten, dass die letzten Bewohner zur Küste zogen und Salamis gründeten. Im Laufe der Jahre wurde die Anlage größtenteils geplündert – in vielen Gräbern sollen sich Gold, Elfenbein und kunstvolle mykenische Töpferkunst versteckt haben.

Südteil der Anlage ARCHÄOLOGISCHE STÄTTE

Aus dem südlichen Teil Enkomis (dem Ticketbüro am nächsten gelegen) stammen einige der wichtigsten Funde des frühen 20. Jhs. Wenn man sich von Süden nach Norden bewegt, passiert man zuerst das **Haus der Bronzen**, in dem 1934 Bronzeobjekte ausgegraben wurden, dann das **Haus der Säulen**, ein öffentliches Gebäude. Weiter folgt das **Heiligtum des gehörnten Gottes**, in dem eine 60 cm hohe Bronzestatue entdeckt wurde, die nun im Zypern-Museum ausgestellt ist, und zuletzt **Grab 18**, wo ein Großteil der Schätze Enkomis vergraben lag.

Kenotaph ARCHÄOLOGISCHE STÄTTE

Das Kenotaph wurde auf einem felsigen Außenposten errichtet. Sein Inhalt, Kalksteinstatuen, Amphoren aus Rhodos, ein antiker Bronzeschild und mehrere Tonplastiken, fiel nicht in die Hände der Plünderer.

Archäologen gehen davon aus, dass dieses mutmaßliche Grab Nikokreon gehörte und die Ebene zwischen Enkomi und Salamis ehemals als bedeutende Verbindung zwischen den zwei Städten diente.

İskele (Trikomo)

Im Geburtsort von Georgios Grivas, Anführer der Ethniki Organosi tou Kypriakou Agona (EOKA; Nationale Organisation Zyprischer Kämpfer), steht die aus dem 12. Jh. stammende **Panagia-Theotokos-Kirche** (Kirche der seligen Jungfrau Maria), die inzwischen als **Ikonenmuseum** (İskele İkon Müzesi; Erw./Stud. 5/3 TRY; ⏲ Juni–Sept. 9–17, Okt.–Mai bis 15.30 Uhr) dient.

Den kuppelförmigen Bau mit gewölbten Einbuchtungen an den Seitenwänden schmücken kunstvolle Gemälde, auf denen Mariä Verkündigung und das Gebet von Joachim und Anna zu sehen sind. Hinter dem sich umarmenden Pärchen späht ein kleines Mädchen durchs Fenster. Die Marmorintarsien der originalen Ikonenwand befinden sich im Glockenturm.

Die Panagia Theotokos liegt am westlichen Ortsrand.

Boğaz (Bogazi)

Dieses beschauliche Fischerdorf 24 km nördlich von Famagusta ist der letzte Strandort, bevor die Straße ins Landesinnere zur Karpaz-Halbinsel führt. Im kleinen Hafen mit charmantem Flair ankern die Boote der einheimischen Fischer. Gleich südlich befindet sich ein Strand mit Strohschirmen und Sonnenliegen.

Viele Russen, Deutsche und Briten mieten hier im Sommer Ferienhäuser. Entlang der Küste reihen sich moderne Gebäude aneinander, die sich ähneln wie ein Ei dem anderen. Um all die saisonalen Gäste glücklich zu machen, haben sich am Wasser zahllose teure Fischrestaurants angesiedelt. An der Strandpromenade bietet das **Kiyi** (Boğaz; Hauptgerichte 25–30 TRY; ⏲ 11–23 Uhr) eine tolle Aussicht sowie fangfrischen Fisch mit Pommes frites zu vernünftigen Preisen.

KARPAZ-(KIRPAŞA-) HALBINSEL

Weit weg vom Stadttrubel wartet die Karpaz-Halbinsel (auf Türkisch auch Karpasia oder Kırpaşa genannt) mit ausladenden hügeligen Feldern, wilden Tieren, Olivenhainen, Johannisbrotbäumen, schier unendlichen Badestränden, vergessenen archäologischen Stätten und den Überresten zerstörter christlicher Kirchen auf. Dank der wunderschönen Wildblumen, die im Frühling in allen Farben strahlen, eignet sich die Gegend wunderbar für Wander- und Radtouren.

Die Halbinsel konnte sich ihre Ursprünglichkeit größtenteils bewahren, und in ihren vereinzelten Dörfern scheint die Zeit stehen geblieben zu sehen. Von den Ereignissen des Jahres 1974 blieb die Region quasi unberührt, weil die hier in Abgeschiedenheit wohnenden Türken und Griechen die Teilung einfach ignorierten und weiter Seite an Seite lebten.

Im Dorf Dipkarpaz (Rizokarpaso) gibt's noch immer ein paar ältere griechische Zyprer, doch mittlerweile sind in den meisten Ortschaften, vor allem Richtung Norden, Türken vom Festland ansässig.

Yenierenköy (Yiallousa) mit einem kleinen Platz und Zentrum ist das größte Dorf. Hier befindet sich eine gute Touristeninformation, die das Interesse an der Gegend wecken soll. Da man heute problemlos die Grenze zwischen der Republik und dem Norden passieren kann, kommen vermehrt Besucher zur Karpaz-Halbinsel, was sich allmählich in den Preisen widerspiegelt.

Viele griechische Zyprer pilgern zweimal im Jahr vom Süden zum Apostolos-Andreas-Kloster am äußersten Zipfel.

Die touristische Entwicklung macht auch vor der Halbinsel nicht Halt und so entstehen mancherorts ziemlich protzige, deplatziert wirkende Betonbunker. Glücklicherweise wurde das komplette Kap ab Dipkarpaz zum Nationalpark erklärt, der Flora und Fauna in Zukunft hoffentlich schützen kann.

Strände

Kumyalı-Strand STRAND
(Koma tou Gialou) Bevor es in den Westteil der Halbinsel und zu den hübscheren Stränden geht, bietet sich der kleine Sandstreifen mit Fischerhafen vor den Toren des Dorfes Kumyalı für einen letzten Badestopp an.

Golden Beach STRAND
(Nangomi-Bucht) Der wohl schönste Strand der Insel lohnt schon für sich allein genommen einen Ausflug zur Karpaz-Halbinsel. Hier treffen weiße Dünen und eine sanft geschwungene Küste auf das ruhige, klare Meer, während Wildesel in aller Ruhe auf den umliegenden Hügeln grasen.

Der Strand 5 km vor Zafer Burnu (Apostolos-Andreas-Kap) liegt zwischen buschigen Landzungen und ist mehrere Kilometer lang. Vor Ort gibt es ein paar einfache Restaurants und Unterkünfte.

Der Golden Beach gehört mittlerweile zu einem Nationalpark und wird von Schildkröten zur Eiablage genutzt. Im September kann man sich mit freiwilligen Helfern in Verbindung setzen, die über die Entwicklung der Tiere wachen (www.cyprusturtles.org), und mit etwas Glück ein paar Schildkrötenbabys schlüpfen sehen.

Agios-Filon-Strand STRAND
Mit seinem feinen Sand und den großen flachen Meeresfelsen ist dieser Strand nahe dem Hotel und Restaurant Oasis at Ayfilon eine fantastische Option. Das finden auch die Schildkröten! Hinzu kommt, dass man hier herrliche Sonnenuntergänge erleben kann.

Unterwegs vor Ort

Weil der zwischen Famagusta und Yenierenköy pendelnde Bus (6 TRY, 1¼ Std.) das einzige öffentliche Verkehrsmittel der Gegend ist, braucht man für die Erkundung der Region einen eigenen fahrbaren Untersatz. Taxis können vor Ort organisiert werden.

Die Hauptstraße zur Halbinsel ist in sehr gutem Zustand, allerdings lässt die Beschilderung zu wünschen übrig, sodass man eine gute Karte dabeihaben sollte.

Kantara-Burg

Die schönste Aussicht auf die Karpaz-Halbinsel hat man von dieser **Burg** (Kantara Kalesi; Erw./Stud. 6/3 TRY; ⌚ Juni–Sept. 9–17, Okt.–Mai bis 15.30 Uhr). Von den insgesamt drei gotischen Lusignan-Burgen der Insel liegt sie am weitesten östlich und ist mit 690 m Höhe zugleich die niedrigste. Dennoch gewährt sie einen genialen Rundumblick auf die Umgebung. Bei gutem Wetter reicht die Sicht bis zur türkischen Küste und sogar bis nach Syrien. Richard Löwenherz hat die Burg 1191 erobert, die zuvor Isaak Komninos, dem byzantinischen Kaiser Zyperns, gehört hatte.

Kantara wurde genutzt, um mit der Buffavento-Burg im Westen zu kommunizieren. Ab dem 16. Jh. vertrauten die venezianischen Verteidigungsstrategen eher auf Waffen als auf Höhe. 1521 verließ die venezianische Garnison das Bauwerk und überließ es Plünderern, die nach den legendären Schätzen der Burg suchten.

UMWELTSCHUTZ

1983 erklärte die türkisch-zyprische Seite 150 km² der Karpaz-Region von der Gemeinde Dipkarpaz (Rizokarpaso) bis Zafer Burnu (Kap Apostolos Andreas) zum Nationalpark. Seitdem wurden im Zuge der fortschreitenden Erschließung und des Baubooms 2004 – beides Folgen der erhofften Wiedervereinigung der Insel – in nahe gelegenen Orten wie Bafra und Yenierenköy (Yiallousa) neue Hotels und Resorts errichtet. Diese Entwicklung lässt Umweltschützer zunehmend aufhorchen, die sich um das Umland, insbesondere um die einzigartige Tier- und Pflanzenwelt, sowie um unentdeckte archäologische Stätten und zerklüftete Strände sorgen.

Inzwischen kämpfen sie gemeinsam mit Lobbygruppen und Biologen für eine Ausdehnung des Parks bis zur Ronas-Bucht nördlich von Dipkarpaz. Sie wollen strengere Richtlinien bezüglich der Nutzung der Insel und ihrer zukünftigen Entwicklung durchsetzen. Aktuell gehören der Bau neuer Straßen und von Elektrizitätswerken in abgelegenen Gegenden des Kaps zu ihren größten Sorgen. Das Gebiet ebenfalls zum Nationalpark zu erklären wäre ein Schritt in die richtige Richtung, allerdings sind noch weitere Anstrengungen nötig, um eine der letzten unberührten Regionen der Insel zu bewahren.

Karpas-(Kirpaşa-)Halbinsel

Heute sind noch der gut erhaltene Nordteil der Festung sowie die Türme und Mauern zu sehen. Der Außeneingang führt zu dem recht überwucherten Wachtturm. Nord- und Südturm thronen neben dem inneren Eingang, durch den man zur eigentlichen Burg mit der Garnison, Latrinen und einer Zisterne gelangt.

Der höchste Punkt der Anlage ist der Aussichtsturm, auf dem einst Flaggen vor drohender Gefahr warnten. Am südwestlichen Ende befinden sich weitere Garnisonen und der hintere Eingang, durch den einst Soldaten marschierten und Angreifer abfingen. Das schmale Dach des Nordturms ohne Geländer ist nichts für schwache Nerven, lockt jedoch mit traumhaftem Ausblick.

Besucher bekommen vor Ort eine kostenlose Karte und benötigen rund eine Stunde für die Besichtigung. Kinder sollten nie ohne Begleitung eines Erwachsenen durch die Gegend stromern, denn es gibt einige nicht umzäunte Abhänge, unebene Wege und ungeschützte Löcher.

Von Girne aus sind es etwa zwei Stunden bis zur Kantara-Burg. In Kaplıca verlässt man die Küstenstraße und folgt einer schmalen, gewundenen (aber gut zu fahrenden) Straße bis zum Parkplatz hinauf.

Yenierenköy (Yiallousa)

In dem ehemals vorwiegend griechischen Weiler siedelten sich türkische Zyprer aus Erenköy (Kokkina) im Süden an. Gleich nördlich des zweitgrößten Orts der Halbinsel befindet sich ein neuer 15 Mio. € teurer Jachthafen, die **Karpaz Gate Marina** (www.karpazbay.com), mit ein paar guten Restaurants.

Das Personal der **Touristeninformation** (☎ 374 4984; Yenierenköy; ⏲ Juni–Sept. 10–18 Uhr, Okt.–Mai 9–15 Uhr) spricht Englisch und verfügt über jede Menge Infos zur Umgebung. Zu den Attraktionen der Region gehören die

riesigen **Höhlengräber** von Derince (Vothylakas) sowie ihre kleineren Pendants zwischen Avtepe (Elisi) und Kuruova (Korovela). Die Gegend ist größtenteils unberührt, und viele Wege führen südwärts in Richtung Meer zu den Ruinen der bronzezeitlichen Festung **Nitovikla**.

Weiter ostwärts entlang der Küste in der Nähe von Kaleburnu (Galinoporni) stößt man auf einige **Sandsteingräber**. Die Wege sollten nur mit dem Geländewagen befahren werden, zudem braucht man eine gute Karte. Am besten fragt man in der Touristeninformation oder in einem Dorf in der Nähe nach, wie die nicht ausgeschilderten Gräber zu finden sind.

Sipahi (Agia Triada)

In diesem kleinen Dorf leben viele Bulgarien-Türken vom Festland sowie eine kleine griechische Gemeinschaft. Wie ihre in ähnlich kleiner Zahl in Dipkarpaz vertretenen Landsleute weigern sie sich, ihre Heimat im Norden zu verlassen, und bleiben trotz der politischen Situation weiterhin auf der Halbinsel.

Vor Ort warten die Ruinen der **Agia-Triada-Basilika** (Sipahi; Erw./Stud. 5/3 TRY; ⌚9–17 Uhr) aus dem 5. Jh. mit einigen großartigen Mosaiken auf. Von dem eigentlichen Bauwerk ist wenig geblieben, dafür kann man aber den weitläufigen, kunstvoll mit geometrischen und abstrakten Mustern verzierten Boden bewundern. Griechischen Inschriften am nördlichen und südlichen Ende des ehemaligen Kirchenschiffs ist zu entnehmen, dass die Kirche teilweise von Diakon Iraklios, der ein entsprechendes Gelübde abgelegt hatte, finanziert wurde.

Sie befindet sich an der östlichen Grenze Sipahis und ist am besten vom Dorfrand bei Dipkarpaz aus zu erreichen.

Dipkarpaz (Rizokarpaso)

3500 EW.

Im größten und abgeschiedensten Dorf der Halbinsel befinden sich eine große moderne Moschee und eine alte orthodoxe Kirche, deren Glocken nicht mehr läuten, obwohl in Dipkarpaz eine kleine griechische Gemeinschaft wohnt. Heute sind in dem einst aufstrebenden Städtchen größtenteils Türken und Kurden vom Festland ansässig. Sie führen ein entbehrungsreiches, von der Landwirtschaft geprägtes Leben.

Ein paar Läden und eine Tankstelle bieten die letzte Möglichkeit, Reisevorräte aufzufüllen. Im **Manolyam Restaurant** (Hauptgerichte 20–30 TRY) gleich neben den Karpaz Arch Houses, 500 m vom Zentrum entfernt, gibt's eine kleine, aber sättigende Auswahl an traditionellen türkischen Meze-Gerichten.

Agios Filon & Afendrika

5 km nördlich von Dipkarpaz steht die **Agios-Philon-Kirche** aus dem 12. Jh. einsam an der kargen Küste neben dem Hotel Oasis at Ayfilon. Ihre noch gut erhaltenen Außenwände wurden über einer christlichen Basilika aus dem 5. Jh. errichtet, und außerhalb der Mauern sind Mosaiken zu sehen. Auf dem Gelände erstreckte sich einst der antike Ort **Karpasia**, der in der hellenischen Periode und im Mittelalter seine Blütezeit erlebte. Darüber hinaus gab es hier früher einen römischen Hafen; im Meer er-

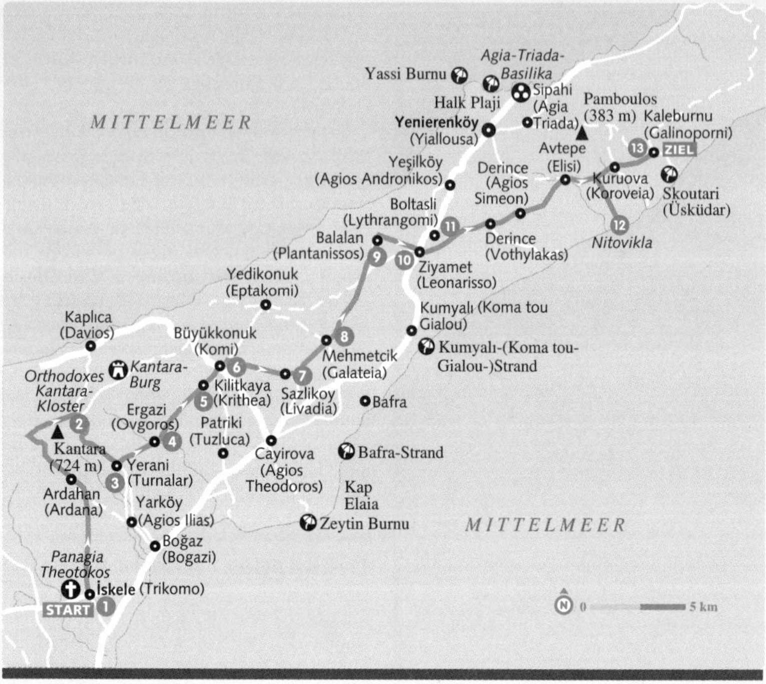

Spritztour
Die abgeschiedenen Dörfer der Karpaz-Halbinsel

START İSKELE (TRIKOMO)
ZIEL KALEBURNU (GALINOPORNI)
LÄNGE 85 KM
DAUER 5–6 STD.

Nachdem man die Kirche und das Museum von 1 **İskele** besichtigt hat, geht's nordwärts an Ardahan (Ardana) vorbei, die gewundene 12 km lange Straße nach Osten entlang zum orthodoxen 2 **Kantara-Kloster** aus dem Mittelalter. Von dort folgt man der Hauptstraße gen Süden zum Dorf 3 **Yerani** (Turnalar), wo die Panagia-Evangelistria-Kirche 1 km westlich des Orts zu einem Besuch einlädt. Weiter geht's ostwärts über Kutulus Turnalar Yolu durch das traditionelle Dorf 4 **Ergazi** (Ovgoros) und dann 9 km nordöstlich nach 5 **Kilitkaya** (Krithea). Nur 2,5 km weiter liegt 6 **Büyükkonuk** (Komi), Zyperns erstes Ökodorf mit restaurierten alten Gebäuden und einer Olivenmühle. Nach dem Genuss einiger Mandeln und Feigen folgt man der alten Straße ostwärts nach 7 **Sazlikoy** (Livadia) und zu den aus dem 6. Jh. stammenden Ruinen der Panagias-tis-Kryas-Kirche. Über die Straße Richtung Nordosten gelangt man zu den Weinbergen von 8 **Mehmetcik** (Galateia), wo man in den Genuss des rund 45-prozentigen *zivania* kommt. Danach geht's über die Hauptstraße im Nordosten (nicht die Stadionstraße) ins Zentrum der Karpaz-Halbinsel und über 16 km durch Felder und Haine nach 9 **Balalan** (Plantanissos). Weitere 3 km in südwestlicher Richtung und man erreicht 10 **Ziyamet** (Leonarisso). Hinter der Kreuzung in Karpas Anayolu fährt man vorbei an Gelincik (Vasili) und Richtung 11 **Boltasli** (Lythrangomi) mit der Panagia-Kanakaria-Kirche aus dem 6. Jh. Sie ist verschlossen, aber der *muhtar* (gewähltes Dorfoberhaupt) hat einen Schlüssel. Von dort verläuft eine Straße durch die kleinen Orte Derince, Avtepe und Kuruova, von denen mehrere nicht beschilderte Wege zu alten Felsengräbern und der bronzezeitlichen Festung 12 **Nitovikla** (3 km entfernt) an der Südküste führen. Am besten fragt man in den Dörfern nach den schönsten Wanderrouten. Weiter geht's ostwärts nach 13 **Kaleburnu** (Galinoporni). Wenn man sich gestärkt hat, folgt man dem Strandweg nach Skoutari (Üsküdar), wo ein erfrischendes Bad lockt.

kennt man noch immer die Überreste seines Damms.

Am Wasser erstreckt sich der idyllische Agios-Philon-Strand, zudem lädt das **Oasis Restaurant** (Oasis at Ayfilon; Hauptgerichte 20–30 TRY; ⏲11–15 & 18–23 Uhr; ✎) mit Grillgerichten und dem fangfrischsten Fisch der Halbinsel zu einer Pause ein.

7 km ostwärts liegt **Afendrika**, das im 2. Jh. v. Chr. eine recht bedeutende Stadt war. Heute ist hier eine Ruinenstätte mit drei Kirchen zu sehen: **Agios Georgios** aus dem 6. Jh. sowie **Panagia Khrysiotissa** und **Panagia Asomatos** aus dem 10. Jh. Ganz in der Nähe befinden sich eine Nekropole und die Überreste einer Zitadelle.

Apostolos-Andreas-Kloster

Jedes Jahr ziehen am 15. August und 30. November Busladungen voll griechisch-zyprischer Pilger gen Norden zu diesem **Kloster** (Spenden willkommen) nahe der Spitze der Karpaz-Halbinsel. Dort sollen sich mehrere Wunder ereignet haben.

2013 begannen die lange überfälligen Renovierungsarbeiten. Am besten erkundigt man sich vor dem Besuch bei der Touristeninformation von Yenierenköy, ob das Kloster zugänglich ist (normalerweise ist es das ganzjährig).

Seinen Ruf als Wunderstätte verdankt es dem hl. Andreas, dem Schutzheiligen der Seeleute, der hier bei seiner Ankunft aus Palästina einem Schiffskapitän sein Augenlicht wiedergegeben haben soll. Seitdem reicht die Bandbreite der angeblichen Wunder von der Heilung weiterer Blinder, Epilepsiekranker und Gehbehinderter bis zur Erfüllung besonderer Wünsche.

Dank der Förderung vieler Gläubiger und Pilger erstrahlte das Kloster bis 1974 in voller Pracht. Getrennt von seinen Fürsprechern und mit nur einer Handvoll griechisch-zyprischer Verwalter, hat sich sein Zustand inzwischen jedoch merklich verschlechtert. Die türkisch-zyprischen Behörden haben kleinen Gruppen von griechisch-zyprischen Pilgern erstmals 1996 erlaubt, im Rahmen organisierter Touren in den Norden zu reisen. Jetzt, da die Grenzübergänge geöffnet sind, gestalten sich diese Pilgerfahrten sehr viel unkomplizierter, und die Gläubigen dürfen die Stätte ohne Begleitung aufsuchen.

Zafer Burnu (Kap Apostolos Andreas)

Ein 3 km langer, unbefestigter Weg führt vom Apostolos-Andreas-Kloster zum östlichsten Zipfel Zyperns. Hier sieht man ein paar felsige Inseln, die **Kleides** (Schlüssel) genannt werden.

Einst befand sich vor Ort die neolithische Siedlung **Kastros**. Später errichteten die alten Griechen einen Aphrodite geweihten Tempel, von dem nichts geblieben ist. Wer mit einem Geländewagen anreist, kann für den Rückweg nach Dipkarpaz die holprigere Straßen im Norden nehmen, was jedoch besonders bei Regen alles andere als ein einfaches Unterfangen ist.

Unterkunft

Inhalt ➡

Schön übernachten

- Bellapais Gardens (S. 220)
- Linos Inn (S. 212
- Elyssia (S. 211)

Die besten Budgethotels

- Pyramos Hotel (S. 212)
- Petrou Bros (S. 216)
- Bunch of Grapes Inn (S. 209)

Tolle ländliche Unterkünfte

- Nitovikla Garden (S. 222)
- Gabriel House (S. 216)
- To Spitiko tou Arhonta (S. 210)

Wo übernachten?

Jede Region hat ihren ganz eigenen Charakter, deshalb sollte man zuerst entscheiden, was man von seinem Urlaub eigentlich erwartet. Larnaka im Süden ist das Zentrum der touristischsten Gegend der Insel, das nahe gelegene Agia Napa die Hochburg für Clubber. Das kultivierte Lemesos im Westen gilt dagegen als Gourmet-Mekka sowie als perfekte Basis für Ausflüge ins Inland und darüber hinaus. Noch weiter westlich liegt das bei Familien und Reisegruppen beliebte Pafos. Von hier aus hat man Zugang zu den unberührten Stränden an der Westküste und zum Troodos-Gebirge. Einen ganz anderen Charme verströmt die Hauptstadt, das kultivierte Nikosia (Lefkosia) mit seinen tollen Museen und historischen Sehenswürdigkeiten. Im Norden der Insel wartet Kyrenia mit ein paar erstklassigen Hotels samt Hafenblick auf, während die Karpaz-(Kırpaşa-)Halbinsel weiter westlich mit einer traumhaften Landschaft, ursprünglichen Stränden und Buchten bezaubert.

Preise

Folgende Preise gelten für ein Doppelzimmer mit eigenem Bad, aber ohne Frühstück. Die Tarife sind für die Neben- (Wintermonate) sowie für die Hauptsaison (Sommermonate) angegeben.

In der günstigen Kategorie werden Bäder häufig gemeinschaftlich genutzt, zudem sind Einrichtungen und Services begrenzt. Bei den mittelpreisigen Unterkünften gehören oft TV, Balkone und WLAN zum Standard. Die teuersten Hotels sind recht luxuriös und in opulenten historischen oder supermodernen Gebäuden untergebracht.

KATEGORIE	PREIS
€	bis 60 € (Republik Zypern), bis 40 € (Nordzypern)
€€	60–90 € (Republik Zypern), 40–70 € (Nordzypern)
€€€	ab 90 € (Republik Zypern), ab 70 € (Nordzypern)

Unterkunftsarten

In Zypern gibt's alle möglichen Arten von Unterkünften, die von Strandhütten bis zu umwerfend luxuriösen Hotels reichen. Bei den Tarifen im kostenlosen *Cyprus Hotel Guide,* der von der Cyprus Tourism Organisation (CTO) herausgegeben wird, handelt es sich um die höchsten, in der Regel im Hochsommer gültigen Preise. Sie werden von der CTO reguliert.

Agrotourismus

Im Süden kann man zwischen zahlreichen Agrotourismus-Optionen wählen. Großfamilien oder Gruppen von Freunden bevorzugen vermutlich Häuser mit Gärten, während Pärchen vielleicht lieber Apartments in alten Steingebäuden buchen. Die Unterkünfte sind voll ausgestattet und warten häufig mit Extras wie einem Swimmingpool und WLAN auf. Der Agrotourismus ist eine tolle, oftmals sehr preiswerte Möglichkeit für Individualreisende, die Zypern von einer anderen Seite kennenlernen möchten. Für ein Einzelzimmer werden etwa 40 €, für ein Doppelzimmer 55 bis 70 € und für ein Luxusstudio 100 € berechnet.

Viele Grundstücke liegen abseits der dichter besiedelten Gebiete und die öffentlichen Verkehrsmittel fahren z. T. sehr selten, deshalb braucht man einen Wagen, um von A nach B zu gelangen.

Camping

Im Süden gibt's nur vier offizielle Campingplätze mit saisonal unterschiedlichen Öffnungszeiten, zwei in Pafos, einen in Lemesos und einen in Troodos. Alle verfügen über Warmwasserduschen, kleine Supermärkte und eine Snackbar. Im Norden werden noch weniger Zeltplätze betrieben. Ihre Einrichtungen sind nicht so gut wie im Süden, trotzdem kosten sie ähnlich viel.

Privatzimmer

Domatia (Gästezimmer), die mit dem Wort *camere* beworben werden, sind in Zypern unüblich und die CTO rät sogar von dieser Art der Unterbringung ab. Dennoch entdeckt man in Agia Napa sowie den beliebteren Ferienorten in den Bergen (z. B. im Troodos-Gebirge) und der Gegend rund um Pafos *camere*-Schilder. Die Zimmer sind sehr günstig (15–20 €) und häufig werden auch Mahlzeiten angeboten. Wenn man kein Schild findet, fragt man am besten in einer Taverne oder Bar nach Unterkünften.

Hotels

Viele Hotels in den Hauptferienorten im Süden ziehen vor allem Pauschaltouristen an, aber gewöhnlich gibt's in den Resorts immer noch Platz für ein paar Individualreisende. Die Qualität schwankt, doch die Preise werden von der CTO streng kontrolliert. Meistens haben die Unterkünfte gute Einrichtungen, hauptsächlich für Familien, außerdem ist das Frühstück im Preis inbegriffen.

Bei einem Großteil des Publikums handelt es sich um Pauschalurlauber, doch wie im Süden sind üblicherweise auch für spontane Übernachtungsgäste Zimmer frei. Mehr Infos bietet der bei der North Cyprus Tourism Organisation (NCTO) und den Touristenbüros in größeren Städten vorrätige *North Cyprus Hotel Guide*. Die Website von **North Cyprus Hotels** (www.northcyprushotels.co.uk) beinhaltet einen umfangreichen Guide zu Hotels in Nordzypern.

Wenn man online bucht, kann man oft Geld sparen.

Apartmenthotels

Apartmenthotels sind auf dem Vormarsch, besonders in den Ferienhochburgen im Süden (Pafos, Lemesos und Larnaka) sowie in und rund um Kyrenia in Nordzypern. Fast alle verfügen über gut ausgestattete Küchen und eignen sich besonders gut für Familien mit kleinen Kindern (oder schwierige Esser!).

Ein Studioapartment mit einem Zimmer ist ab 35 € zu haben, ein Doppelzimmer ab 40 € (jeweils inklusive Küchenzeile).

ÖKOLOGISCHE UNTERKÜNFTE

2014 legte die Cyprus Tourism Organisation (CTO) für Hotels in der gesamten Republik verpflichtende Nachhaltigkeits-Mindeststandards fest. Dazu gehören die Unterstützung der hiesigen Landwirtschaft, das Nutzen zyprischer Produkte und Dienstleistungen (so weit wie möglich) und das Reduzieren des Energieverbrauchs und Abfalls. Sie sind ein weiteres, umweltpolitisch bedeutendes Zeichen in einem Land, das in Europa bereits für sein beispielloses Engagement in Sachen Solarenergie steht.

LEMESOS & DER SÜDEN

Lemesos (Limassol)

In Lemesos gibt's viele Hotels, allerdings liegen die meisten an einer 9 km langen „Touristenmeile" nordöstlich der Altstadt, sind häufig überlaufen und dazu überteuert. In der Altstadt gibt's leider nur wenige gute Unterkünfte, doch in dieser Gegend sind die Leute eher mit dem „Phänomen Individualreisender" vertraut, deshalb haben Traveller bessere Chancen auf ein freies Zimmer.

Die günstigsten Hotels liegen östlich der Burg und die luxuriöseren Bleiben am nordöstlichen Ende des Touristenzentrums.

Metropole HOTEL €
(Karte S. 49; ☎2536 2686; Ifigenias 6; EZ/DZ 45/55 €; ❄📶) Eine solide Budgetoption im Herzen des historischen Zentrums. Die recht geräumigen, etwas dunklen Zimmer haben Dekor in angenehm hellen Pfirsich- und Beigetönen, hübschen Drucken mit lokalen Motiven an den Wänden und winzige Balkone.

Lordos Hotel Apts APARTMENTS €
(☎2558 2850; www.lordoshotelapts.com; Andrea Zaimi 13; 2-Pers.-Apt. ab 55 €; ❄📶) Die einfachen, aber makellos sauberen Apartments mit Küchenzeilen bieten Selbstversorgern ein gutes Preis-Leistungs-Verhältnis. Die Zimmer sind teils etwas laut – wer einen leichten Schlaf hat, bucht am besten eine Unterkunft abseits der Straße. Die Anlage liegt einen Block vom Debenhams-Kaufhaus (einem praktischen Orientierungspunkt) und 2-km-Fußmarsch vom historischen Zentrum entfernt.

Luxor Guest House GASTHAUS €
(Karte S. 49; ☎2536 2265; Agiou Andreou 101; EZ/DZ 20/40 €) Zwar ist die alteingesessene Backpacker-Unterkunft mittlerweile ziemlich in die Jahre gekommen, Geschäftsführer Serg ist jedoch herzlich wie immer. Die geräumigen Zimmer mit bemalten Holzdecken, winzigen Balkonen und Gemeinschaftsbädern versprühen verblasst-knorrigen Charme. Wer auf Charakter statt Komfort Wert legt und nicht viel Geld hat, kann hier gut eine Nacht verbringen.

★ Chrielka APARTMENTS €€
(☎2535 8366; Olympion 7; Neben-/Hauptsaison Studio 60–70 €, Apt. 85–110 €; ❄📶🏊) Elegante Keramikarbeiten und Artefakte aus Asien, die der Besitzer Herr Nikitas bei seinen Reisen gesammelt hat, schmücken die Gemeinschaftsbereiche. Auch die 33 Apartments und Studios sind geschmackvoll und umfassen einen Balkon und eine Küchenzeile. Es gibt eine nette Bar und einen Pool. Zudem ist die Lage neben dem Stadtpark idyllisch.

Estella Hotel Apartments APARTMENTS €€
(☎2532 1922; www.estellacyprus.com; Christaki Kranou 3, Germasogeia; Neben-/Hauptsaison Zi. 45–60 €; P❄📶🏊) Die gepflegte Anlage im Touristenviertel, rund 4 km östlich des historischen Zentrums, verfügt über geräumige, helle und recht farbenfrohe Zimmer sowie einfache Studios mit Küchenzeilen. Alles ist gut in Schuss, sehr sauber und – auch dank des aufmerksamen Personals – sehr heimelig.

Londa BOUTIQUEHOTEL €€€
(☎2586 5555; www.londahotel.com; George A 72, Potamos Germasogeia; Neben-/Hauptsaison Zi. inkl.

VILLEN MIETEN

Wer eine Villa für eine Woche oder länger mietet, zahlt weniger als für ein Hotelzimmer. Wunderbare Herrenhäuser, mit oder ohne Pool, findet man sowohl in den touristischen Gegenden als auch mitten in der Pampa. Immobilienmakler sind bei der Suche behilflich. Alternativ kann man sich aber auch den Anzeigenteil in den lokalen englischsprachigen Zeitungen ansehen. Eine Nacht kostet mindestens 40 € pro Person. Oft wird erwartet, dass man das Haus für mindestens zwei Wochen bucht.

Verschiedene Websites vermitteln Villen:

Rent Cyprus Villas (www.rentcyprusvillas.com) Luxusvillen.

Cyprus Apartments (www.cyprus-apartments.net) Apartments für Selbstversorger in den wichtigsten Ferienorten im Süden.

Owners Direct (www.ownersdirect.co.uk/cyprus.htm) Verlässlicher Vermittler für privat vermietete Unterkünfte.

Rent Villa Cyprus (www.rentvillacyprus.net) Umfangreiche Auswahl an Villen, größtenteils mit einem Mindestaufenthalt von einer Woche.

Frühstück 119–180 €; P ❄ 📶 ≋) Das erste Couture-Hotel der Insel versprüht lässigen Glamour. Dafür sorgen weiße Bettwäsche, schicke Erdfarben und moderne maßgefertigte Möbel. Zu den umfangreichen Einrichtungen zählen ein Spa, ein langer Pool und die Caprice Bar, die sich abends in einen kuscheligen Club mit hauseigenem DJ verwandelt. Liegt 550 m östlich des historischen Zentrums.

Curium Palace HOTEL €€€
(☎ 2536 3121; www.curiumpalacehotel.com.cy; Vyronos 2; Neben-/Hauptsaison inkl. Frühstück EZ 75–90 €, DZ 90–115 €; P ❄ 📶 ≋) Elegante Kronleuchter und weißer Marmor im Foyer: Das alteingesessene Hotel zählt zu den schicksten Unterkünften in Lemesos. Die Gäste logieren in geräumigen Zimmern in ansprechenden gedeckten Farben mit großen glänzenden Bädern. Jede Menge Extras wie Fitnesszentrum, Tennisplatz sowie Restaurants und Bars sorgen für Komfort.

Le Meridien Limassol HOTEL €€€
(☎ 2586 2000; www.lemeridien-cyprus.com; Lefkosia-Lemesos Hwy; Neben-/Hauptsaison EZ 101–170 €, DZ 120–292 €; P ❄ 📶 ≋) Der luxuriöse Riese am Strand bietet alles, vom edlen Spa bis hin zu Restaurants und Unterhaltungsmöglichkeiten. Die hellen, modernen Zimmer versprühen passendes Strand-Flair, und es gibt Unterkünfte für bewegungseingeschränkte Gäste. Es liegt rund 13 km östlich des Stadtparks; einfach der Küstenstraße folgen.

Rund um Lemesos

Bunch of Grapes Inn HOTEL €
(☎ 2522 1275, Ioannou Erotokritou 9, Pissouri; EZ/DZ/3BZ 30/50/60 €; 📶) Dieses atmosphärische Herrenhaus mit beliebtem Restaurant hat 200 Jahre auf dem Buckel. Es steht im Zentrum und beherbergt neun schlichte Zimmer mit Ventilatoren und jeder Menge einfachem ländlichem Flair. Sie gehen auf einen zentralen Hof hinaus, in dem es nach Jasmin und Geißblatt duftet.

Art by Praxis APARTMENTS €€
(☎ 9989 4737; www.artbypraxis.com; Governor's Beach; Neben-/Hauptsaison Studio 45–55 €, Apt. 55–75 €; P ❄ 📶) 🍃 Die ultramodernen Apartments sind zu Fuß vom Governor's Beach erreichbar und bieten auffällige zeitgenössische Kunst sowie schicken, minimalistischen Stil. In der Regel gilt ein Mindestaufenthalt von drei Nächten. Praxis ist ein Architektur- und Designunternehmen in Lemesos mit Fokus auf bioklimatischem Design, daher bestehen die Apartments aus wiederverwertbaren Materialien. Zudem wird Energie nur aus Solarzellen gewonnen und zum Bewässern wird aufbereitetes Wasser benutzt.

Vouni Lodge AGROTOURISMUS €€
(☎ 9968 5395; www.agrotourism.com.cy; Vouni; 2-/4-Pers.-Apt. 65–85 €; P 📶) An der Hauptstraße im Dorf steht dieses 200 Jahre alte Gebäude mit drei Apartments im rustikal-traditionellen Stil und Tischen unter Olivenbäumen. Die Zimmer weisen Balkendecken, schmiedeeiserne Möbel und Spitzentagesdecken auf. Vom Apartment im Obergeschoss erspäht man in der Ferne das Meer. Gäste müssen mindestens drei Nächte buchen.

★ Apokryfo BOUTIQUEHOTEL €€€
(☎ 2581 3777; www.apokryfo.com; Lofou; Zi. inkl. Frühstück ab 150 €; P ❄ 📶 ≋) Ländlicher Schick am Rand des Dorfes Lofou. Der Name (Apokryfo bedeutet auf Griechisch „versteckt") passt perfekt zu diesem charmanten Boutiquehotel. Die Zimmer wurden von dem Architekten Vakis Hadjikyriacou und seiner Frau, einer Innenausstatterin, neu gestaltet. Mittels Erdfarben, gekalktem Holz und Textilien aus der Region verbinden sie auf harmonische Weise rustikales Flair mit modernem Luxus. Die Abreise aus diesem Paradies fällt schwer.

Auf Wunsch werden Babywannen, Kinderbettchen und Hochstühle bereitgestellt. Auch das hoteleigene Restaurant ist erstklassig.

REISEZEIT

Im Juli und August haben die Zyprer Ferien. Dann ist es wegen der einheimischen Urlauber vor allem in den Badeorten erheblich voller und die Übernachtungspreise schießen in die Höhe. Weil nun auch in den übrigen Ländern Europas Schulferien sind, sorgt das für eine zusätzliche Touristenflut. Im August herrschen in Nikosia (Lefkosia) unangenehm heiße Temperaturen, zudem bleiben viele Geschäfte und Restaurants etwa eine Woche lang geschlossen. Als ideale Reisezeit gelten die Monate März bis Juni und September bis Oktober, wenn es vernünftige Hoteltarife gibt und das Wetter angenehm warm ist. In der Nebensaison von November bis Februar kann man tolle Schnäppchen machen.

TROODOS-GEBIRGE

Troodos

Im Troodos-Waldpark erstrecken sich vier Zeltplätze. Bei längerem Aufenthalt sollte man den Troodos-Platz (siehe unten) ansteuern, denn die anderen drei, Platania, Kampi tou Kalogyrou und Prodromos Dam, sind zwar ebenfalls gut, haben aber einfachere Einrichtungen und eignen sich deshalb eher für Kurzbesuche.

Troodos CAMPINGPLATZ €
(☎ 2242 1624; Stellplätze pro Zelt 6 €; ⏲ Mai–Okt.; P) Der Campingplatz 500 m östlich von Troodos' Zentrum verfügt über eine Küche, Duschen, Toiletten und fließendes Wasser. Ein Zelt ist im Preis inbegriffen.

Jubilee HOTEL €€
(☎ 2542 0107; www.jubileehotel.com; Neben-/Hauptsaison EZ 35–50 €, DZ 70–95 €; P ❄ @ 📶) 350 m vom Dorf entfernt an der Straße nach Prodromos. Die Nähe zu den Skihängen macht es zur besten Option im Winter. In den Wohnbereichen sorgen Kamine, warme Farben und Kartentische für Gemütlichkeit. Die Anlage wird gerade umfassend renoviert, voraussichtlich bis Frühling 2015, und die Preise werden sich eventuell leicht ändern.

Platres

In den Berghotels sind noch deutliche Spuren der britischen Kolonialzeit zu erkennen. Sie haben häufig jede Menge Charakter und versprühen das Flair der Alten Welt. Da der Agrotourismus in sämtlichen Dörfern auf dem Vormarsch ist, gibt's ein paar exzellente Übernachtungsmöglichkeiten.

Petit Palais HOTEL €
(☎ 2542 2723; www.petitpalaishotel.com; Platres; EZ/DZ 35/50 €; 📶) Das Hotel in alpinem Stil, direkt an der Hauptkreuzung der Stadt, ist unmöglich zu übersehen und bietet ein sehr gutes Preis-Leistungs-Verhältnis. Die geräumigen, gemütlichen Zimmer mit Parkettboden sind in Beigetönen gehalten und verfügen über Balkone; die Eckzimmer haben sogar zwei (Nr. 100 ist eine gute Wahl). Es gibt eine große Sonnenterrasse sowie ein Restaurant und eine Bar im der unteren Etage.

★ New Helvetia HOTEL €€
(☎ 2542 1348; www.newhelvetiahotel.com; Elvetias 6; EZ/DZ inkl. Frühstück 45/70 €; P ❄ @) In abgeschieden idyllischer Lage am Nordostende des Dorfes besticht dieses 1929 eröffnete Hotel mit faszinierendem altmodischem Luxus und Komfort. Die Zimmer mit Parkettboden und Holzbalkonen mit Blick auf die Pinien haben einen frischeren, jedoch noch immer rustikalen Stil.

Semiramis HOTEL €€
(☎ 9979 2331; www.semiramishotelcyprus.com; Spyrou Kyprianou 55; Neben-/Hauptsaison Zi. inkl. Frühstück 45–75 €; P ❄) Supernetter kleiner Familienbetrieb zwischen Kiefern mit nur zehn gemütlichen Zimmern und Jahrhundertwende-Charme. Wer hier übernachtet, kann wunderbar abschalten. Es gibt Frühstück, die Atmosphäre ist entspannt und das Personal sehr freundlich.

Forest Park HOTEL €€€
(☎ 2542 1751; www.forestparkhotel.com.cy; Spyrou Kyprianou 62; EZ/DZ inkl. Frühstück 70–95 €; P ❄ @ ≋) Hier nächtigten schon Griechen, Ägypter und Briten von königlichem Geblüt. Über die Jahre ist der Glanz des Bauwerks etwas verblasst, wobei man den Glamour längst vergangener Zeiten in der üppigen Bar noch durchaus spüren kann. Die Anlage umfasst zwei Swimmingpools, ein Fitnessstudio, einen Massagesalon, eine Sauna und vollständig ausgestattete Zimmer. Viele betuchte Zyprer steigen hier ab.

Rund um Platres

To Spiti tou Xeni AGROTOURISMUS €
(☎ 9941 9251; Galata; Studio 40–50 €; P ❄) Das gepflegte, traditionelle Haus im Dorf Galata hat alles, was Selbstversorger brauchen. Es gibt einen Kamin und Lehmöfen, und der Blick auf die Landschaft ist wunderbar. Insgesamt strahlt dieser Ort herrliche Gelassenheit aus. Einfach Frau Vathoulla anrufen und nach einer Wegbeschreibung und Gruppentarifen fragen.

★ To Spitiko tou Arhonta AGROTOURISMUS €€
(☎ 2546 2120; www.spitiko3elies.com; 2-/4-Pers.-Apt. 75/130 €; P ❄ 📶) Am oberen Ende des Dorfes Treis Elies stößt man auf eine Bleibe mit schattigem Garten und drei komplett ausgestatteten, herrlich rustikalen Apartments (zwei mit je einem und eines mit zwei Schlafzimmern). Die nette Besitzerin bereitet auf Wunsch Mahlzeiten zu und zeigt einem vielleicht sogar, wie man *kleftiko* (gebackenes Lamm) macht. Ideale Ausgangsbasis für Ausflüge auf dem E4-Fernwanderweg.

UNTERKÜNFTE AUF DEM LAND

Agrotourismus (Unterkünfte auf ländlichen Anwesen) wurde in den 1990er-Jahren „geboren", als die Cyprus Agrotourism Company (CAC) begann, den Umbau traditioneller Wohnhäuser in atmosphärische Unterkünfte für Touristen finanziell zu unterstützen. Damals hatte die Landflucht zugenommen und man befürchtete, ein Stück Kulturerbe zu verlieren. Aufgrund ihrer Lage laden die Bleiben zum Wandern sowie Rad- und Skifahren ein, doch es werden auch andere Aktivitäten angeboten (Halloumi-Käse-Herstellung, Olivenernte, Reiten, Exkursionen zu byzantinischen Kirchen etc.). Es gibt etwa 100 Anwesen, vor allem in den Ausläufern des Troodos-Gebirges sowie in den Bezirken Nikosia, Larnaka, Lemesos und Pafos. Die **Cyprus Agrotourism Company** (☎2233 7715; www.agrotourism.com.cy; PO Box 4535, CY-1390 Lefkosia) verfügt über eine exzellente Broschüre mit Adressen und Fotos der Unterkünfte, zudem kann man sich online informieren.

Es gibt einen Flughafentransfer und einen Fahrradverleih. Man muss mindestens zwei Nächte bleiben.

Stou Kir Yianni HOTEL €€
(☎2542 2100; www.omodosvillagecottage.com; Aivou 15, Omodos; Zi. inkl. Frühstück 70 €; 📶) Hübsches kleines Hotel am Ende einer engen Nebenstraße im Zentrum des Dorfes. Die Zimmer haben dunkle Holzmöbel, farbenfrohen Anstrich, Himmelbetten und kleine Küchenzeilen. Beste Wahl sind die Zimmer mit Balkon und Blick zur Straße. Das hauseigene Restaurant gehört zu den besten der Stadt.

Marathasa-Tal

Die Übernachtungsmöglichkeiten in Pedoulas sind respektabel und bieten meist ein schlichtes Dekor sowie einfachen Komfort.

★ **Elyssia** HOTEL €
(☎9975 3573, Filoxenias 47, Pedoulas; Neben-/Hauptsaison Zi. inkl. Frühstück 40–60 €; P ❄ 🏊) Geräumige, hübsche Zimmer mit Balkonen inklusive Aussicht auf das Tal. Der freundliche Besitzer kümmert sich sehr gut um das Anwesen. Drei der Unterkünfte verfügen über Whirlpools (kein Aufpreis). Die Dachterrasse ist eine tolle Alternative zum Pool und das exzellente Restaurant serviert Frühstück und später am Tag traditionelle zyprische Küche.

Christys Hotel HOTEL €
(☎2295 2655; anchristys@cytanet.com.cy; Filoxenias 45; Zi. 21 €; 📶) Das familienbetriebene Hotel ist zwar etwas verwohnt, die Zimmer sind aber akzeptabel und sauber, obwohl die Bäder klein sind. Auf der großen Terrasse kann man sich unter Weinreben das Frühstück mit Blick über die Dächer schmecken lassen. Insgesamt eine tolle Budgetoption.

Two Flowers HOTEL €
(☎2295 2372; Filoxenias 26, Pedoulas; Neben-/Hauptsaison Zi. inkl. Frühstück 40–60 €; P 📶) Ansprechendes kleines B&B mit individuell gestalteten Zimmern. In einem hängen z. B. rote Vorhänge passend zur roten Steppdecke, ein anderes ist schlicht und rustikal in Weiß gehalten. Teilweise genießt man auch einen Blick aufs Tal. Sehr familienfreundlich mit exzellentem Preis-Leistungs-Verhältnis.

Olga's Katoï AGROTOURISMUS €€
(☎2235 0283; Kalopanayiotis; DZ inkl. Frühstück 70 €; P ❄ @ 📶 🏊) Dieses zweigeschossige traditionelle Steinhaus wird schon seit mehr als 300 Jahren hingebungsvoll instand gehalten. Es besteht aus einem Haupthaus mit Wohnzimmer, Küche und zwei Zimmern oben, während die übrigen zehn Unterkünfte separat in einer Reihe stehen. Sie alle bieten eine herrliche Aussicht auf das Tal. Das Frühstück wird auf der Terrasse serviert.

To Spiti tis Polyxenis AGROTOURISMUS €€
(☎2249 7509; 2-/4-Pers.-Haus 70/145 €; P ❄) Das Haus mit zwei Schlafzimmern befindet sich auf der Richtung Nikosia gelegenen Seite des Dorfs Kalopanayiotis. Es ist mit traditionellen Möbeln ausgestattet, und große Holztüren gehen auf den friedlichen, sonnigen Hof hinaus. Zur Anlage gehören auch eine Küchenzeile und ein großes Bad.

Solea-Tal

Kakopetria bietet mit die beste Auswahl an hochwertigen Unterkünften in den Bergen.

Ekali HOTEL €
(☎2292 2501; www.ekali-hotel.com; Grigoriou Digeni 22, Kakopetria; EZ/DZ 40/55 €; P ❄) Ordentliche, saubere Option ohne viel Schnickschnack. Die Zimmer in dunklem Rot sind

mit Laminatboden ausgestattet. Es eignet sich hervorragend für Familien mit kleinen Kindern, denn es gibt Babyfone. Ohne Reservierung muss man allerdings mit z.T. überzogenen Preisen rechnen.

Mill Hotel HOTEL €€
(☎ 2292 2536; www.cymillhotel.com; Mylou 8, Kakopetria; Zi. inkl. Frühstück 90 €; ⊙ 20. Nov.–20. Dez. geschl; P ❄ 📶) Bei der alten Mühle, auf der dem Hügel zugewandten Seite des Flusses, befindet sich dieses historische Hotel mit verschieden eingerichteten, großen, komfortablen Zimmern und edlem neokolonialem Dekor. Die luftigen Unterkünfte mit großen Bädern und Whirlpools sind in Toplage, zwei Minuten vom Dorfplatz entfernt.

★ **Linos Inn** HOTEL €€€
(☎ 2292 3161; www.linosinn.com; Palea Kakopetria 34, Kakopetria; Neben-/Hauptsaison Zi. 80–95 €; P ❄ @) Die beeindruckende Originalarchitektur des Hotels ist weitgehend erhalten, zudem punktet das Linos Inn mit antiken Möbeln, rustikalen Zimmern samt Himmelbetten, weißer Bettwäsche und Kaminen. Die Luxussuiten und -studios sind mit Flachbildfernsehern und Jacuzzis ausgestattet, und es gibt eine separate Sauna. Wer hier am Wochenende übernachten möchte, muss vorab reservieren. Im Restaurant gibt es hochwertige traditionelle Küche.

Agros

Archontiko Rousias AGROTOURISMUS €€
(☎ 2275 0605; Palichori; 2-/4-Pers.-Haus 70/140 €; P ❄) Agrotourismus vom Feinsten bietet dieses überladene alte Gebäude im Dorf Palichori, 14 km östlich von Agros. Die luxuriösen Zimmer sind modern eingerichtet, ohne den Originalcharakter eingebüßt zu haben, und von den Balkonen hat man herrliche Sicht auf die Umgebung. Prima für Selbstversorgerfamilien oder verliebte Pärchen, die einen Rückzugsort in den Bergen suchen.

Rodon HOTEL €€
(☎ 2552 1201; www.rodonhotel.com; Agros; Zi. inkl. Frühstück 55–70 €; P ❄ @ 🏊) Das moderne Hotel mit Blick auf die Dächer und die Berge in der Ferne bietet noblen Schick und richtet sich an größere Gruppen und Pauschalurlauber. Zu den exzellenten Anlagen gehören ein Restaurant, eine Bar, zwei Pools und Tennisplätze. Gute Ausgangsbasis, um die zahlreichen Wanderwege ringsum zu erkunden.

PAFOS & DER WESTEN

Pafos

Die Unterkünfte in Pafos richten sich in erster Linie an Reisegruppen, deshalb gibt's nur wenige gute Budgethotels. In den meisten Standardunterkünften trifft man kaum Individualreisende, aber wenn Zimmer frei sind – mit Ausnahme von Juli und August dürfte das kein Problem sein –, wird einem natürlich Obdach gewährt. Wer die Kosten niedrig halten möchte und mehr Platz bevorzugt, sollte sich für ein Apartmenthotel entscheiden. Die meisten Unterkünfte findet man in Kato Pafos.

★ **Pyramos Hotel** HOTEL €
(Karte S. 87; ☎ 2693 0222; www.pyramos-hotel.com; Agias Anastasias 4, Kato Pafos; Neben-/Hauptsaison inkl. Frühstück EZ 35–40 €, DZ 45–50 €; P ❄ 📶) Eine der besseren kleinen Unterkünfte in Kato Pafos. Hier genießt man einen ganz besonderen Ausblick, nämlich auf die archäologische Stätte der Hrysopolitissa-Basilika. Cremefarbene Wände, orangefarbene Überwürfe und Mosaikbäder schaffen eine herrlich beruhigende Atmosphäre. Vor dem Gebäude befindet sich eine kleine Bar mit kostenlosem WLAN für die Hotelgäste.

Crystallo Apartments APARTMENTS €
(Karte S. 87; ☎ 2695 4233; crystallo@cytanet.com.cy; Ikarou 2, Kato Pafos; Neben-/Hauptsaison 2-Pers.-Studio 40–50 €; @ 🏊) Die geräumigen Studioapartments in Kato Pafos warten mit guter Ausstattung (Küchenzeile mit Töpfen und Tellern, Esstisch und Stühlen, Sofa, TV etc.) und kleinen Terrassen auf. Manche gehen auf die angrenzende Ayia-Marina-Kirche hinaus, andere säumen den Pool. Die Anlage wurde 2013 renoviert, was sich zum Glück nicht im Preis niedergeschlagen hat.

In der Lobby stehen ein paar Computer mit Internetzugang, und nebenan befindet sich ein Bar-Café. Besitzer George bereitet seinen Gästen einen herzlichen Empfang.

★ **Axiothea Hotel** HOTEL €€
(Karte S. 90; ☎ 2693 2866; www.axiotheahotel.com; Ivis Malliotis 2, Kato Pafos; Neben-/Hauptsaison EZ 35–40 €, DZ 45–65 €; P ❄ 📶) Das altrosafarbene Hotel wurde geschmackvoll renoviert. Schicke Steinfliesen haben die Teppiche ersetzt und angenehmes Blaugrau und zarte Grüntöne dominieren. Vom eleganten Empfangsbereich, von der Bar und von vielen Zimmern aus hat man herrlichen Blick

aufs Meer. Die Zimmer im ersten Stock verfügen über große Privatbalkone.

Die Kunstwerke stammen von Christos Christou, einem bekannten zyprischen Künstler und langjährigen Freund des Besitzers.

Kiniras HOTEL €€

(Karte S. 90; 2694 1604; www.kiniras.cy.net; Leoforos Archiepiskopou Makariou III 91, Ktima; Neben-/Hauptsaison inkl. Frühstück EZ 40–60 €, DZ 65–80 €;) Das zentrale Kiniras wird leidenschaftlich von seinem enthusiastischen Besitzer Georgios geleitet, auf dessen Konto die bunten Fresken und Gemälde gehen. Die Zimmer sind unterschiedlich groß, haben teils Balkone und versprühen heimeliges Flair. Zudem verfügen sie über hohe Decken, sind in gedeckten Farben gehalten und bieten Extras wie Telefon, Radio, Fernseher und Kühlschrank. Ein Spa ist noch geplant.

Das Frühstücksbuffet mit warmen und kalten Speisen ist großartig, ebenso das Restaurant Kiniras Garden (S. 92).

Agapinor Hotel HOTEL €€

(Karte S. 90; 2693 3926; www.agapinorhotel.com.cy; Nikodimou Mylona 24–25, Ktima; Neben-/Hauptsaison inkl. Frühstück EZ 45–65 €, DZ 65–90 €; P) Ein bei Reisegruppen beliebtes Hotel in Ktima mit erstklassigen Einrichtungen: zwei Pools, eine Sonnenterrasse, luftige Zimmer mit neuen Teppichen und ein am Abend geöffnetes Restaurant. Das Lokal hat sich auf die zyprische Küche spezialisiert, allerdings wird sonntags ein englisches Mittagessen mit Roastbeef und Yorkshire-Pudding serviert.

Dionysos HOTEL €€

(Karte S. 87; 2693 3414; www.dionysoshotelpaphos.com; Dionysou 1, Kato Pafos; Neben-/Hauptsaison inkl. Frühstück EZ 55–60 €, DZ 60–70 €; @) Über die große Posidonos Ave in Kato Pafos gelangt man zu diesem soliden Mittelklassehotel mit schattigem Hof, kleinem Pool und Solarium. Warme Farben, Naturholz und Kalkstein prägen das Ambiente. Die Zimmer wurden renoviert: Braun- und Grautöne sowie angenehmes Beige sorgen nun für modernen Schick.

Es gibt Privatbalkone, Kühlschränke, Satellitenfernsehen sowie kostenloses WLAN am Empfang und in Gemeinschaftsbereichen. Für die Aussicht auf den Pool muss man etwas mehr zahlen.

Daphne APARTMENTS €€

(Karte S. 87; 2693 3500; www.daphne-hotel.com; Alkminis 3, Kato Pafos; Neben-/Hauptsaison EZ 30–60 €, DZ 50–75 €;) Dank seiner adretten, komplett ausgestatteten Apartments gilt der Komplex abseits der Touristenmeile als gute Wahl für Selbstversorger. Der Pool kann von der Straße her eingesehen werden. Es gibt einen Bereich für Kinder, kostenlose Gitterbettchen und Ermäßigungen für die Kleinen. Die Lage in Kato Pafos ist sehr zentral, und die Angestellten sind nett und hilfsbereit.

★ **Annabelle** HOTEL €€€

(Karte S. 87; 2693 8333; www.annabelle.com.cy; Posidonos; Neben-/Hauptsaison Zi. inkl. Frühstück 180–230 €; P) Ein paar der luxuriösen Zimmer des erstklassigen Hotels in Kato Pafos besitzen einen eigenen Pool, außerdem gibt's ein riesiges Schwimmbecken für alle, das sich quer über das Grundstück windet. Die Sonnenliegen an seinem Rand stehen im Schatten hoher Palmen. Neben einigen Restaurants und Bars gehören ein Spa und Yogaunterricht zum Angebot. Familien kommen außerdem in den Genuss exzellenter Einrichtungen für Kinder.

Ein Besuch lohnt sich allein schon wegen des klassischen englischen Nachmittagstees (13 €) samt leckeren hausgemachten Scones mit Sahne sowie Mini-Sandwiches und Kuchen.

Alexander the Great HOTEL €€€

(Karte S. 87; 2696 5000; www.kanikahotels.com; Posidonos; Neben-/Hauptsaison Zi. inkl. Frühstück 100–140 €; P) Stilvolle Unterkunft in Kato Pafos, die vor allem von gut betuchten Pauschaltouristen gebucht wird. Die noblen Zimmer mit Teppichböden sind sehr elegant in Blau und Gold gehalten und die Wände zieren geschmackvolle Kunstwerke. Keine Lust, das Hotel zu verlassen? Das ist auch gar nicht nötig: Zur Anlage gehören ein Fitness- und ein Kinderbereich, ein Restaurant, eine Bar, ein Innen- und ein Außenpool sowie ein Tennisplatz, außerdem liegt das Alexander direkt am Strand.

Rund um Pafos

Camping Feggari CAMPINGPLATZ €

(2662 1534; Coral Bay; Stellplatz pro Erw./Kind 7/4 €; April–Okt.; P) Dieser hübsche, von Zypressen umringte Campingplatz mit guten Einrichtungen (u. a. einem Imbiss) ist nur wenige Gehminuten vom Strand der Korallenbucht entfernt. Bis zu Geschäften und Restaurants hat man es nicht weit. Ein Zelt ist im Preis inbegriffen.

Akamas-Höhen

Makriniari AGROTOURISMUS €
(☎2693 2931; www.agrotourism.com.cy; Kritou Terra; Apt. mit 1 Schlafzimmer ab 40 €) Für ein paar entspannte Tage ist das eingeschossige Landhaus mit der Steinfassade genau das Richtige. Die Apartments mit einem Schlafzimmer gruppieren sich um einen zentralen Hof und Garten, in dem ein traditioneller Ofen steht. Von ihnen blickt man auf eine grüne Schlucht.

Amarakos Inn AGROTOURISMUS €€
(☎2663 3117; www.amarakos.com; Neben-/Hauptsaison Studio 70–75 €, Apt. mit 1 Schlafzimmer 80–100 €;) Ansprechende Unterkunft mit geräumigen, klimatisierten Apartments in einem Gebäudekomplex aus Holz und Stein und einem Innenhof voller Blumen sowie einer originalen Traubenpresse. In zwei Apartments gibt's einen Kamin. Die Inhaberfamilie organisiert kulturelle Ausflüge im Minibus und Ausritte. Weitere Extras sind ein Pool, Einrichtungen für Kinder und ein exzellentes Restaurant.

Droushia Heights Hotel HOTEL €€
(☎2633 2200; www.droushiaheightshotel.com; Droushia; EZ/DZ inkl. Frühstück 45/90 €;) Am Rand des Dorfes in historisch-idyllischem Ambiente punktet dieses ganz und gar gemütliche Hotel mit stilvoller, moderner Einrichtung und luxuriösen Extras wie einem Fitnessbereich und einem Infinity-Pool mit Panoramablick bis zum Meer. Die Zimmer sind in wohltuendem Hellgrau, Olivgrün, Beige und Taupe gehalten.

Sapho Manor House AGROTOURISMUS €€
(☎2633 2650; www.agrotourism.com.cy; Drousia; Studio ab 55 €, Apt. mit 2 Schlafzimmern 70 €; Mai–Okt.;) Von der geschmackvoll restaurierten Villa aus dem Jahr 1912 ist es nicht weit bis zur hübschen Dorfkirche, falls man spontan etwas beichten muss. Das Haus beherbergt mehrere traditionell-rustikal gestaltete Einzimmerstudios und Apartments. Wer eine private Terrasse möchte, muss nur 10 € drauflegen. Der Garten wird gemeinschaftlich genutzt. Zu den Annehmlichkeiten gehören auch ein Pool und eine Waschküche (6 € pro Maschine).

★ **Ayii Anargyri Natural Healing Spa Resort** HOTEL €€€
(☎2681 4000; www.aasparesort.com; Miliou; Zi. ab 105 €;) Gleich außerhalb des urtümlichen Dorfes Miliou, in einem von dicht bewaldeten Hängen umgebenen Tal, bietet dieses ehemalige Kloster 18 frühere Mönchsquartiere als Gästezimmer an. Das angrenzende Luxusspa ist dagegen durch und durch weltlich. In dem Hochglanz-Marmortempel werden traditionelle Behandlungen wie Wickel mit Meeresmineralien (70 €) oder das verlockende Göttinnenbad (100 €) in Verbindung mit den aktuellsten therapeutischen Techniken angeboten. Das mineralstoffreiche Spa-Wasser sprudelt fröhlich aus den Ayi Anargyri-Quellen aus dem 17. Jh.

Akamas-Halbinsel

★ **Bougainvillea Hotel Apartments** APARTMENTS €
(Karte S. 102; ☎2681 2250; www.bougainvillea.com.cy; Verginas 13, Polis; Studio 50 €, Apt. mit 1 Schlafzimmer 65 €; April–Okt.;) Polis' beste Unterkunft besteht aus Apartments, die jeweils über ein Schlafzimmer, ein Wohnzimmer und einen Balkon mit Blick auf die Olivenhaine verfügen. Ein mit Blumen begrünter Pfad führt an ihnen vorbei. Die Anlage verströmt eine vertraute, heimelige Atmosphäre und umfasst einen Swimmingpool, eine Rasenfläche sowie einen kleinen Spielplatz.

Polis Camp Site CAMPINGPLATZ €
(☎2681 5080; Stellplätze pro Erw./Kind/Zelt 2,50/1/3 €; April–Okt.;) Umgeben von duftenden, schattenspendenden Eukalyptusbäumen erstreckt sich dieser hübsche Zeltplatz mit einem tollen Privatstrand ca. 2 km nördlich von Polis. Hier kann man sich richtig ausbreiten, zudem sind die Einrichtungen erstklassig. Schilder weisen einem bereits im Dorfzentrum den Weg. In den Sommermonaten finden vor Ort regelmäßig Konzerte statt.

Stephanos Hotel Apartments APARTMENTS €
(☎2632 2411; www.stephanos-hotel.com; Leoforos Arsinois, Polis; 2-Pers.-Apt. 50 €; April–Nov.;) Bei britischen und deutschen Wanderern erfreut sich die gepflegte Anlage in Polis großer Beliebtheit. Zwei Apartmentkomplexe mit einem hellen Kiefernholz- und cremefarbenem Dekor umgeben einen zentralen Pool. Zur Ausstattung gehören Küchenzeilen und private Balkone. Im großen Restaurant unten wird ordentliches, wenn auch nicht gerade umwerfendes zyprisches Essen serviert.

★ **Paradisos Hills** BOUTIQUEHOTEL €€

(☎ 2632 2287; www.paradisoshills.com; Lysos; EZ/DZ inkl. Frühstück 70 €; P ❄ 📶 ≋) 13 km südwestlich von Polis mit Blick auf das hübsche Dorf Lysos bietet dieses Hotel großartige Anlagen wie einen Infinity-Pool mit grandiosem Panoramablick und ein exzellentes Restaurant mit regelmäßig stattfindenden Kochkursen (1 Tag, 140 €). Die Zimmer sind geschmackvoll mit Terrakottafliesen, dunklen Holzmöbeln und weißem Leinen eingerichtet, zudem gibt es Privatterrassen mit Meer- oder Bergblick.

Nicki Holiday Resort APARTMENTS €€

(☎ 2632 2226; www.nickiresort.com; Polis; Neben-/Hauptsaison Studio-Apt. 45–70 €; ⏲ April–Nov.; P ❄ ≋) Die familiengeführte Anlage liegt 1 km südlich des Zentrums auf dem Weg nach Latsi. Die zehn niedrigen Apartments befinden sich in einem gepflegten Garten mit drei Swimmingpools, darunter ein Planschbecken für die ganz Kleinen. Und wenn dann Schlafenszeit ist, darf man sich auf sein nettes Zimmer mit Küchenzeile und Satelliten-TV freuen (damit man auch ja keine Folge seiner Lieblingsserie verpasst). Zum Angebot gehören außerdem ein Restaurant, eine Snackbar und Tennisplätze.

Tylliria

Tylos Beach Hotel HOTEL €

(☎ 2652 2348; www.tyloshotel.com.cy; Nikolaou Papageorgiou 40, Kato Pyrgos; EZ/DZ inkl. Frühstück 30/60 €; ❄ 📶) Ordentliche kleine Zimmer in modernem Stil mit Marmorböden, Kiefernholz, blassblauer Farbe und kleinen Balkonen, die zumeist einen Hafenblick bieten. Das Restaurant unten ist sehr groß und scheint eher für Reisegruppen als für „normale" Abendgesellschaften gemacht zu sein.

Westliches Troodos-Gebirge

Stelios House AGROTOURISMUS €

(☎ 2672 2343; www.agrotourism.com.cy; Pano Panagia; 2-Pers.-Apt. ab 50 €; P) Eines von mehreren traditionellen Steinhäusern der Region, die in Touristenapartments umgewandelt wurden. Die Unterschiede zwischen den Häusern sind gering, denn alle warten mit warmem, rustikalem Farbschema, Fensterläden aus Holz und privaten Balkonen auf. Das Stelios hat jedoch einen entscheidenden Vorteil: einen hübschen, geräumigen Hof.

LARNAKA & DER OSTEN

Larnaka

In der Stadt gibt es eine gute Auswahl an kleinen Mittelklassehotels (teils in restaurierten Häusern) und Ferienwohnungen. Diese eignen sich bestens als Basis für Individualreisende, die den Süden erkunden wollen, ohne sich jeden Abend eine neue Unterkunft suchen zu müssen. Östlich von Larnaka erstrecken sich entlang des Dekelia-Strands luxuriöse, auf puren Ferienspaß ausgerichtete Hotelanlagen. Da sie vor allem Pauschalurlauber ansprechen, bekommt man übers Internet meist bessere Angebote als bei einer Spontanbuchung. In den Sommermonaten ist für alle Unterkünfte Larnakas eine Reservierung zu empfehlen.

Alkisti City HOTEL €

(Karte S. 111; ☎ 2481 5140; www.cityalkisti.com; Agiou Lazarou; EZ/DZ 35/45 €; P ❄ 📶) Seit seiner Generalüberholung 2006 präsentiert sich das traditionelle Steinhaus im charmanten neuen Look. Die acht kompakten Zimmer verfügen über hübsche, moderne Möbel und sind gemütlich eingerichtet. Unten lädt ein grasbewachsener Hof zum Sonnenbaden ein. Die Lage, direkt gegenüber der Agios Lazaros, ist perfekt. Allerdings ist die Rezeption nicht rund um die Uhr besetzt.

Eleonora APARTMENTS €

(Karte S. 111; ☎ 2462 6222; www.eleonorahotelapts.com; Ermou 55; Neben-/Hauptsaison Studio 40–55 €, Suite 50–75 €; P ❄ 📶) Mitten im Herzen der Stadt bietet das Eleonora geräumige, saubere Studios mit Küchenzeilen und exzellentem Preis-Leistungs-Verhältnis. Die größeren Suiten sind eine gute Wahl für kleine Familien und bieten Platz für bis zu vier Personen.

★ **Hotel Opera** HOTEL €€

(Karte S. 111; ☎ 2440 0110; www.hoteloperalarnaca.com; Leoforos Faneromenis 11; EZ/DZ 50/60 €; P ❄ 📶) Mediterrane Blau- und Weißtöne, luftig-frische Zimmer, eine schnuckelige kleine Sonnenterrasse, jede Menge skurrile Kunst und nette Extras wie Kaffee, Obst und Kuchen ohne Aufpreis machen das Opera zu einem gemütlichen zweiten Zuhause. Die freundliche Hotelleitung erfüllt ihren Gästen jeden Wunsch, und die hervorragende Lage neben der Agios Lazaros rundet das Gesamtpaket ab.

Livadhiotis City HOTEL €€

(Karte S. 111; ☎ 2462 6222; www.livadhiotis.com; Nikolaou Rossou 50; EZ/DZ 65/85 €; P ❄ @) Nur einen Steinwurf von der Agios Lazaros und dem Strand entfernt verfügt dieses schicke Hotel über recht gemütliche Zimmer mit ziemlich hippem Retro-Dekor. Das coole Café im Erdgeschoss ist im Sommer ein beliebter Treffpunkt.

Petrou Bros APARTMENTS €€

(Karte S. 111; ☎ 2465 0600; http://petrouapartho tel.com; Armenikis Eklisias; Neben-/Hauptsaison Apt. 34–65 €; P ❄ ☰) Die lichtdurchfluteten Apartments in zentraler Lage bieten ein gutes Preis-Leistungs-Verhältnis. Dafür sorgen ansehnliche Küchenzeilen mit Kühlschrank, zwei Herdplatten und jeder Menge Töpfe und Pfannen sowie eine solide Grundausstattung.

E-Hotel HOTEL €€€

(☎ 2474 7000; www.hotel-e.com; Faros 1, Pervolia; EZ/DZ 70/140 €; P ❄ @ ☰ ≋) In der Nähe des Faros-Strands, 20 Fahrminuten westlich der Stadt, liegt diese schicke Anlage. Die luxuriös-modernen Zimmern sind in neutralen Farben gehalten und verfügen über Plasmafernseher und funkelnde Bäder. Im Spa kann man sich ein großes Angebot an Behandlungen angedeihen lassen. Eine hübsche, ruhige Option für Mietwagenbesitzer (in der Nähe gibt's keine Serviceeinrichtungen).

Sun Hall HOTEL €€€

(Karte S. 111; ☎ 2465 3341; www.aquasolhotels.com.cy; Leoforos Athinon 6; Neben-/Hauptsaison inkl. Frühstück EZ 76–124 €, DZ 90–147 €; P ❄ @ ≋) Das noble Hotel mit professionellem Service und modernen Zimmern mit Balkonen sowie geräumigen, ebenfalls modernen Bädern liegt direkt an der Küste. Die Zimmer mit Meerblick versprühen das volle Finikoudes-Flair.

Golden Bay HOTEL €€€

(☎ 2464 5444; www.goldenbay.com.cy; Dhekelia; EZ/DZ ab 90/120 €; P ❄ @ ☰ ≋) Larnakas Luxusgigant, der Spitzenreiter unter den Strandhotels am Küstenstreifen 8 km nördlich des Zentrums, bietet seinen Gästen all den Luxus, den sie von einem Spitzenklassehotel erwarten. Die Zimmer sind luftig und wunderbar komfortabel. Außerdem gibt es Pools, Bars, Restaurants und sonstige familienfreundliche Einrichtungen. Auch für mobilitätseingeschränkte Gäste ist gesorgt.

Rund um Larnaka

In den Dörfern westlich von Larnaka finden sich exzellente Unterkunftsalternativen für alle, die etwas tiefer ins zyprische Leben eintauchen möchten. Der öffentliche Nahverkehr in der Region ist allerdings unregelmäßig, sodass man einen Mietwagen benötigt.

Iosiphis House AGROTOURISMUS €

(☎ 9979 0780; www.iosiphishouse.com; 1 Apriliou 19, Lefkara; Apt. 45–55 €, Familien-Apt. 55–90 €; ❄ ☰) Die winzigen Apartments im malerischen Lefkara mit ihren voll ausgestatteten Küchenzeilen lassen einen am dörflichen Leben teilhaben. Zur Wahl stehen lediglich fünf Wohnungen, zwei davon bieten genügend Platz für Familien. Im Inneren herrscht rustikaler Charme, draußen lädt ein niedlicher gepflasterter Hof zum Entspannen ein.

★ **Gabriel House** AGROTOURISMUS €€

(☎ 9945 1250; www.gabrielhouse-cy.com; Kato Drys; Apt. 70 €; ❄ ☰) Im ruhigen, gemütlichen Gabriel House werden Gastfreundlichkeit und Herzlichkeit großgeschrieben. In den zwei Apartments mit Küchenzeilen sorgen Wände aus hiesigem Stein, Spitzenbettwäsche sowie mit lokaler Keramik bestückte Nischen und Ecken für jede Menge Charakter. Ideal für alle, die einen idyllischen Rückzugsort mit ortstypischem Charme suchen.

Lefkara Hotel AGROTOURISMUS €€

(☎ 2434 2154; www.lefkarahotels.com; Lefkara; EZ/DZ inkl. Frühstück 60/70 €) Das charaktervolle Hotel im Zentrum Lefkaras bietet jede Menge altmodischen Charme und einfach eingerichtete, recht geräumige Zimmer. Das Restaurant im unteren Stock serviert gutes Mittag- und Abendessen, das sich auch für Nicht-Gäste lohnt.

Agia Napa

Von Mitte Juni bis Mitte August geht in diesem Ferienort ohne Reservierung gar nichts. Es besteht ein riesiges Angebot an Unterkünften, das von (nicht offiziellen) Privatzimmern bis zu Luxushotels reicht. Dabei sieht man den Zimmern generell an, dass viele Besucher sie nur zum Schlafen aufsuchen bzw. um dort ihren Rausch auszuschlafen. In der Regel sind sie zwar sauber, aber nichtssagend und mitunter schon recht betagt. Die Preise sind durchweg etwas überzogen. Individualreisende sind willkommen, wenn die Hotels noch freie Quartiere haben, sonst werden sie zum nächsten Schwesterhotel geschickt. Allerdings müssen „Überraschungsgäste" für ihre Spontaneität häufig etwas mehr bezahlen. Viele Bleiben entlang der Küste öffnen nur von März bis Oktober.

Green Bungalows APARTMENTS €

(Karte S. 122; ☎2372 1511; www.greenbungalows.com; Katalymata 19; Neben-/Hauptsaison Studio 32–50 €, Apt. 40–60 €; ⊙April–Okt; P ❄ @ ≋) Die einfachen Studios und Apartments mit gefliesten Böden, Balkonen und kleinen Küchenzeilen sind bei Nachtschwärmern beliebt. Komfort darf man nicht erwarten (Klimaanlage und WLAN kosten extra) und die Anlage wirkt recht verwohnt. Partygänger finden hier jedoch eine günstige Bleibe.

Napa Prince APARTMENTS €€

(Karte S. 122; ☎2372 1483; www.napaprince.com; Tefkrou Anthia 65; Neben-/Hauptsaison Zi. 40–80 €; P ❄ ≈ ≋) Er mag zwar etwas in die Jahre gekommen sein, dennoch überzeugt dieser freundliche Familienbetrieb mit sauberen Zimmern und gutem Preis-Leistungs-Verhältnis sowie seiner direkten Nähe zum zentralen Platz. Es gibt einen tollen Pool mit Bar, und das Personal ist unheimlich fürsorglich und hilfsbereit. Für die Klimaanlage werden 6 € pro Tag verlangt.

Okeanos Beach HOTEL €€

(Karte S. 122; ☎2372 4440; www.okeanoshotel.com.cy; 1 Oktovriou; Neben-/Hauptsaison Zi. 70–112 €; P ❄ @ ≋) Das Okeanos punktet mit toller Lage – alles Wichtige ist zu Fuß erreichbar – und sauberen, hellen Zimmern mit hübschen kleinen Balkonen, die den Pool und den Strand überblicken.

Limanaki Beach HOTEL €€

(Karte S. 122; ☎2372 1600; www.limanakibeach.com; 1 Oktovriou 18; Neben-/Hauptsaison Zi. 65–130 €; P ❄ @ ≈ ≋) Abgesehen von der sonderbaren bunten Beleuchtung in der Lobby und der Tatsache, dass WLAN extra kostet, ist dieses Hotel eine anständige Option in exzellenter Lage in Hafennähe. Die recht kleinen, modernen Zimmer sind makellos sauber und haben Balkone mit Blick auf den einladenden Pool.

Florence Hotel APARTMENTS €€

(☎2372 2088; Leoforos Nisiou; Neben-/Hauptsaison Apt. 50–70 €; P ❄ ≈ ≋) Am Rand des Zentrums liegen diese gemütlichen, ruhigen Apartments mit altmodischen Möbeln um einem gepflegten Poolbereich. Familien, die abseits der hektischen Innenstadt nächtigen möchten, schätzen das gute Preis-Leistungs-Verhältnis und die Gastfreundschaft. Klimaanlage kostet extra.

Napa Mermaid HOTEL €€€

(☎2372 1606; www.napamermaidhotel.com; Leoforos Kryou Nerou 45; Zi. 90–150 €; P ❄ ≈ ≋) Das noble Hotel liegt in Strandnähe, dennoch ist auch das Zentrum gut zu Fuß zu erreichen. Die ruhige Unterkunft beherbergt Zimmer, die in elegant-gedeckten Farben gehalten sind, und Anlagen (Pool, Tennisplätze, Bars und Restaurants), die einen perfekten Badeurlaub versprechen.

Atlantica Aeneas HOTEL €€€

(☎2372 4000; www.atlanticahotels.com; Leoforos Nisiou 100; Neben-/Hauptsaison EZ 65–110 €, DZ 105–150 €; P ❄ @ ≈ ≋) Wer es gern etwas exquisiter hätte, ist hier an der richtigen Adresse. Das Aeneas bietet moderne „Inlandzimmer", die auf einen der größten Pools im gesamten Mittelmeerraum hinausgehen. In dem opulenten Hotel dreht sich alles ums Wasser, zudem verfügt es natürlich über alle Extras. Auch die Lage ist genial: Gleich gegenüber erstreckt sich der Nissi-Strand.

Rund um Agia Napa

Fast alle Hotels drängen sich an der Straße zwischen Protaras und Pernera und richten sich vornehmlich an Pauschaltouristen. Budgetunterkünfte sind spärlich gesät, ansonsten hat man aber eine riesige Auswahl. In der Hauptsaison sollte man vorab reservieren.

Brilliant APARTMENTS €€

(☎2383 2211; www.brillianthotelapts.com; Kavo Greco, Protaras; Studio/Apt. 100/120 €; P ❄ ≈ ≋) Die sauberen, hellen und offenen Apartments mit Küchenzeilen und Terrassen sind für einen tollen Preis zu haben. Der Komplex umfasst exzellente Anlagen mit Pool, Bar und gutem Restaurant. In der Regel gilt ein Mindestaufenthalt von einer Woche.

Seagull APARTMENTS €€

(☎2383 1270; www.seagullhotelapts.com; Hifastios 2; Neben-/Hauptsaison Studio 40–63 €, Apt. 48–65 €; P ❄ ≋) In der Nähe des Strands in Pernera (von Protaras der Küste 2 km weiter folgen) trumpft das Seagull mit hellen, geräumigen, minimalistisch eingerichteten Apartments inklusive Balkonen auf. Der Pool hat eine hervorragende Größe und eignet sich wunderbar für Familien. Von Mai bis Oktober geöffnet.

Cavo Maris Beach HOTEL €€€
(☎ 2383 2043; www.cavomaris.com; Protaras; Neben-/Hauptsaison Zi. 65–120 €; P ❄ @ 📶 🏊) Pools, Restaurants, Bars, Unterhaltungsmöglichkeiten und ein hauseigener Strand – dieses große, familienfreundliche Hotel garantiert Urlaubsspaß mit Sonne, Sand und Meer. Die geräumigen Zimmer sind etwas einfallslos, dafür jedoch hell und mit großen Balkonen ausgestattet. Von April bis Oktober geöffnet.

NIKOSIA (LEFKOSIA) & UMGEBUNG

Nikosia (Lefkosia)

Nikosia verfügt nur über wenige günstige Bleiben. Die meisten ehemaligen Budgetunterkünfte gibt's nicht mehr bzw. wurden zu Mittelklassehotels aufgewertet. Unter den Luxushotels findet man all die üblichen Verdächtigen mit edlem Design und jeder Menge Komfort. Abgesehen von ein paar Ausnahmen fehlt es der Stadt jedoch an Unterkünften mit origineller Aufmachung.

Sky Hotel HOTEL €
(Karte S. 130 f.; ☎ 2266 6880; www.skyhotel.ws; Solonos 7c; EZ/DZ inkl. Frühstück 40/50 €; ❄ 📶) Nikosias beste Budgetbleibe befindet sich mitten in der Altstadt und ist von Souvenirläden sowie Cafés umgeben. Die Zimmer sind groß, einfach und etwas düster, dafür ist das Frühstücksbuffet umfangreicher als bei den meisten Konkurrenten und der Service immer freundlich.

Averof HOTEL €
(☎ 2277 3447; www.averof.com.cy; Averof 19; EZ/DZ inkl. Frühstück 45/65 €; ❄ 📶) In einem ruhigen Wohnviertel unweit des historischen Zentrums und des britischen Hochkommissariats stellt das Averof sein kitschig-rustikales Dekor zur Schau. Die auf traditionell gemachten Zimmer sind geräumig, sauber und hell. Bei längerem Aufenthalt kann man sich über großzügige Rabatte freuen.

Classic Hotel HOTEL €€
(Karte S. 130 f.; ☎ 2266 4006; www.classic.com.cy; Rigenis 94; EZ/DZ 77/90 €; P ❄ 📶) Dieses Hotel in der Nähe des Pafos-Tors ist Mitglied der Gruppe „Small Luxury Hotels of the World" (SLH). Überall herrschen Cremefarben und Holz sowie ein minimalistisches Design und eleganter Stil vor. Das Restaurant 59 Knives hat sich auf feine Küche spezialisiert und trägt ebenfalls zum luxuriösen Flair des Classic bei, genauso wie das Fitnessstudio auf dem Dach.

Centrum HOTEL €€
(Karte S. 130 f.; ☎ 2245 6444; www.centrumhotel.net; Pasikratous 15; Neben-/Hauptsaison inkl. Frühstück EZ 60–70 €, DZ 70–80 €; ❄ @ 📶) Manche der großen, in Rot- und Lachsfarben gehaltenen Zimmer dieser hippen Mischung aus Boutique- und Geschäftshotel besitzen Balkone und einige haben En-suite-Bäder. Die Unterkünfte im byzantinischen Flügel sind mit traditionelleren Möbeln ausgestattet. Wer hier unterkommt, muss bis zur Plateia Eleftherias nur wenige Schritte zurücklegen. Es gibt hervorragende Businesseinrichtungen und das Restaurant ist für seine zyprische Küche bekannt.

★ **Royiatiko** HOTEL €€€
(Karte S. 130 f.; ☎ 2244 5445; www.royiatikohotel.com.cy; Apollonos 27; EZ/DZ inkl. Frühstück 75/100 €; P ❄ 📶 🏊) Die Zimmer sind in eleganten Braun- und Cremetönen gehalten und die riesigen Kopfkissen weich wie Marshmallows. Neben Kühlschränken, Wasserkochern, Blumen und schicken, grau gefliesten Bädern gibt's auch ein Fitnessstudio und einen im Winter beheizten Pool. Die Lage im Herzen des historischen Zentrums überzeugt auf ganzer Linie.

Cyprus Hilton HOTEL €€€
(☎ 2237 7777; www.hilton.com; Leoforos Archiepiskopou Makariou III; Neben-/Hauptsaison inkl. Frühstück EZ 173–218 €, DZ 207–252 €; P @ 📶 🏊) Anscheinend diente das wunderbare Hotel während des Kalten Kriegs als Sammelpunkt für Spione aus dem Osten und Westen – damals war Zyperns strategisch günstige Position von unschätzbarem Wert. Wer weiß, welche Ränke in den luxuriösen Zimmern geschmiedet wurden? Vielleicht aber auch an den Innen- und Außenpools, auf den Tennis- und Squashplätzen oder in den hauseigenen Restaurants? Am besten durchforstet man die Website nach Rabatten.

Rund um Nikosia

★ **Avli House** AGROTOURISMUS €
(☎ 2254 3236; www.avli.net; Markou Drakou 3, Lythrodontas; Neben-/Hauptsaison DZ 45–52 €, Fam.-Suite 75–86 €, Haus 240–268 €; P) In den voll ausgestatteten Zimmern dieser tollen ländli-

chen Unterkunft im Dorf Lythrodontas nahe dem Maheras-Wald können bis zu 14 Personen übernachten. Die Apartments und das Haus liegen um einen hübschen, begrünten Innenhof. Man merkt, dass der Besitzer ein versierter Künstler ist. Gäste müssen mindestens zwei Nächte buchen.

An den Wänden hängen Bilder und geschmackvolle Radierungen, Holzelemente sorgen für Gemütlichkeit, Stoffe und Teppiche sind in bunten Farben gehalten und es gibt ein paar beeindruckende traditionelle architektonische Kniffe.

NORD-NIKOSIA (LEFKOŞA)

Leider ist die Auswahl an Unterkünften in Nord-Nikosia ziemlich trostlos. Die günstigsten Absteigen befinden sich im Selimiye-Moschee-Bezirk und in den Straßen östlich der Girne Caddesi. Sie verfügen über Mehrbettzimmer, die ca. 7 € kosten, empfehlen können wir diese Schlafmöglichkeiten aber nicht. Abgesehen davon gibt's eine Handvoll mittelteurer und luxuriöser Hotels, die trotz angeschlossener Kasinos seriös sind.

City Royal HOTEL €€
(☎228 7621; www.city-royal.com; Gazeteci Kemal Aşik Caddesi; EZ/DZ 50/70 €; ❄📶🏊) Beliebt bei Geschäftsreisenden und Kasino-Liebhabern. Die geräumigen Zimmer verfügen über Teppichböden, Minibars, Telefone (sogar im Bad) und Satelliten-TV. Darüber hinaus gehören ein Swimmingpool, ein Fitnessstudio und natürlich ein Kasino zur Anlage. Wer hier unterkommen möchte, geht vom Kyrenia-Tor ca. 300 m Richtung Nordosten.

Saray HOTEL €€
(Karte S. 158; ☎228 3115; saray@northcyprus.net; Atatürk Meydanı; EZ/DZ/3BZ 45/77/88 €; ❄@📶) Die mit goldenem Lack verzierten Kopfenden der Betten und gemusterten Teppiche versprühen Kitsch pur. Dafür ist das Hotel komfortabel und zentral gelegen und verfügt im Untergeschoss über ein Kasino im 1970er-Jahre-Stil, das allerdings nicht den feudalen Charakter eines Caesar's Palace versprüht. Das Frühstück wird in der achten Etage mit eindrucksvollem Panoramablick serviert.

Das Saray war übrigens das erste türkisch-zyprische Hotel und wurde 1962 von Mitgliedern des alten osmanischen Religionsordens Vakif eröffnet.

Golden Tulip HOTEL €€€
(☎610 5050; www.goldentulipnicosia.com; Dereboyu 1; EZ/DZ 85/135 €; P❄📶🏊) Eines der neuesten Hotels in der Gegend, dessen Form weniger an eine „Goldene Tulpe" als vielmehr an einen umgestülpten Glaseimer erinnert. Drinnen erwarten einen außer dem typischen Hochglanz-Corporate-Stil Extras wie ein Fitnessstudio und ein Spa, eine Kinderkrippe und ein Kasino. Der Standard ist hoch, der Service hervorragend und die Atmosphäre international, aber auch anonym. Das Hotel liegt in der Neustadt, unmittelbar westlich des Nordendes der Mehmet Akif Caddesi.

KYRENIA (GIRNE) & DER NORDEN

Kyrenia (Girne)

Unterkünfte gibt es in der und um die Altstadt nahe des Hafens. Große, vorwiegend auf Pauschaltouristen ausgerichtete Resortanlagen findet man am Ortsrand.

★**Nostalgia** HOTEL €
(Karte S. 168; ☎815 3079; www.nostalgiaboutiquehotel.com; Cafer Paşa Sokak 7; B/EZ/DZ inkl. Frühstück 12/20/35 €, Anbau EZ/DZ 30/50 €; ❄📶🏊) Mitten im Straßengewirr der Altstadt befindet sich das atmosphärische, mit bunt zusammengewürfeltem, altmodischem Krimskrams geschmückte Nostalgia. Die kleinen Zimmer sind zwar etwas dunkel, Details wie Holzdecken und Himmelbetten sorgen aber für rustikalen Charme. Wer Geld sparen möchte, übernachtet im Schlafsaal. Kostspieligere um einen Pool angeordnete Unterkünfte gibt's im Anbau um die Ecke.

Lage und Alter des Gebäudes könnten Gästen mit leichtem Schlaf Probleme verursachen.

Cyprus Dorms HOSTEL €
(Karte S. 168; www.cyprusdorms.com; Bozoklar Sokak; Neben-/Hauptsaison B/EZ/DZ/3BZ 10–12/25–30/30–35/39–46 €; ❄📶) Anständige Schlafsäle und geräumige Privatzimmer machen das Cyprus Dormsa zur perfekten Budgetoption. Der Service ist zwar recht durchwachsen, dafür stimmt die Hygiene. Es gibt warmes Wasser und die Lage – nur einen Steinwurf vom Hafen entfernt – ist kaum zu schlagen.

White Pearl Hotel HOTEL €€
(Karte S. 168; ☎815 0429; www.whitepearlhotel.com; Efdal Akca Sokak 26; EZ/DZ 50–68 €; ❄📶) Die tolle Mittelklasseoption direkt am Hafen überzeugt mit traumhaftem Meerblick. Die neun gemütlichen Zimmer sind einfach, aber sehr sauber. Fast alle verfügen über Balkone mit Aussicht aufs Mittelmeer. Weitere Pluspunkte gibt's für die hilfsbereite Hotelleitung und die Dachterrasse mit Bar und indischem Restaurant, das auch für Nicht-Gäste einen Besuch lohnt.

Dome Hotel HOTEL €€
(Karte S. 168; ☎815 2453; www.hoteldome.com; Kordon Boyu Caddesi; EZ/DZ/Suite 50/68/80 €; P❄📶≋) Das in Lawrence Durrells *Bittere Limonen – Erlebtes Cypern* erwähnte Dome ist seit 1928 im Geschäft. Zwar sieht man dem Hotel sein Alter an, in Sachen Ambiente vergangener Zeiten ist die Grande Dame Kyrenias jedoch nicht zu schlagen. Die beste Wahl sind die ruhigen geräumigen Zimmer auf der Meerseite mit Balkonen direkt über den Wellen.

The Colony HOTEL €€€
(Karte S. 168; ☎815 1518; www.thecolonycyprus.com; Ecevit Caddesi; EZ/DZ/Suite 110/130/160 €; P❄📶≋) Es ist das mit Abstand luxuriöseste Hotel Kyrenias und bietet Zimmer voller edler Stoffe und hübscher Kunst mit charmanten altmodischen Details, allerdings ohne Meerblick. Das macht jedoch die Dachterrasse mit glamourösem Poolbereich und ausladender Panoramasicht wieder wett.

Rocks Hotel & Casino HOTEL €€€
(Karte S. 168; ☎650 0400; www.rockshotel.com; Kordon Boyu Caddesi; EZ/DZ/Suite 145/195/350 €; P❄📶≋) Der Hotel-Kasino-Riese wartet mit großen, elegant eingerichteten Zimmern und umfassenden Anlagen auf. Dazu gehören etwa ein Fitnessstudio, ein Spa, ein türkisches Bad und ein attraktiver Poolbereich am Meer. Wer über eine Reiseagentur bucht, erhält einen beträchtlichen Rabatt.

Rund um Kyrenia & das Kyrenia-Gebirge

An der Küste westlich und südlich von Kyrenia findet man die meisten auf Pauschaltouristen ausgerichteten Resorts Nordzyperns. In Bellapais gibt's ein paar hervorragende alternative Schlafgelegenheiten. Kyrenia ist von hier aus problemlos zu erreichen, aber zugleich weit genug entfernt und ausreichend hoch gelegen, um einem das Gefühl zu vermitteln, die Welt hinter sich lassen zu können.

Lapida Garden HOTEL €€
(☎862 1500; www.lapidahotel.com; Ibrahim Nidai Caddesi, Lapta; EZ/DZ/3BZ 36/40/56 €, EZ/DZ mit Meerblick 40/48 €; P❄📶≋) Das familiengeführte Hotel ist umgeben von Zitronenbaumhainen. Hinter dem Haus liegen ein wunderschöner, saftig-grüner Garten und ein Pool. Es verfügt über helle, saubere und geräumige Zimmer mit ein paar frechen rosa Details. Das Restaurant – voll von dekorativem Krimskrams und Pflanzen – ist sehr charmant und serviert preisgünstige Gerichte (Menüs 20–25 TRY).

Gardens of Irini B&B €€
(☎815 2820; www.gardensofirini.com; Bellapais; Zi. ab 40 €, pro Woche 300 €) Am oberen Ende von Bellapais, inmitten eines üppigen Gartens, stehen die zwei Ferienhäuschen des Gardens of Inri. Der Stil ist charmant-marode, und die Häuschen verfügen über einen eigenen Hof. Besitzerin Deirdre bereitet ein ordentliches Frühstück (und auf Wunsch auch Abendessen) zu, das im Grünen serviert wird. Gäste, die hier übernachten, müssen Tiere mögen, denn der Garten ist so etwas wie ein Hort für Katzen und Straßenhunde.

Olive Paradise Village HOTEL €€
(☎821 3390; www.oliveparadisevillage.com; Ibrahim Nidai Caddesi, Lapta; EZ/DZ 25/50 €; P❄📶≋) Die Häuschen liegen abseits der Straße und sind um einen einladenden Poolbereich angeordnet, dem die Anlage ihr idyllisches Flair verdankt. Die zweistöckigen Cottages sind etwas trist, die Suiten mit ihrer durch und durch alpinen Kiefernholzverkleidung jedoch hübsch, hell, frisch und mit traumhafter Aussicht gesegnet. Von April bis November geöffnet.

★ **Bellapais Gardens** BOUTIQUEHOTEL €€€
(☎815 6066; www.bellapaisgardens.com; Bellapais; Neben-/Hauptsaison Studio EZ 63–130 €, DZ 75–170 €, Cottage EZ 85–155 €, DZ 115–205 €; P❄📶≋) Direkt unterhalb der Abtei von Bellapais bietet dieses hübsche Resort inmitten grüner Gärten eine idyllische Ruheoase, die ihr Geld zweifellos wert ist. Die Zimmer mit frischem Dekor und modernen Bädern verströmen lässigen Luxus. Besonders einladend sind die zweistöckigen Häuschen mit Balkon-Panoramablick aufs Meer. Bei einem Drink am Pool mit Blick auf die eindrucks-

volle Architektur der Abtei kann man sich nur schwer vorstellen, jemals wieder auszuchecken.

Hideaway Club HOTEL €€€
(☎822 2620; www.hideawayclub.com; Edremit Caddesi, Karaoğlanoğlu; Neben-/Hauptsaison Zi. ab 70–80 €; P ❄ @ ☰ ≋) Ganz in Weiß und vor grandioser Bergkulisse lockt der Hideaway Club mit Pools und Terrassen. Die sauberen Häuschen mit Meerblick warten mit frischen Blumen und Spitze auf und gelten als beschauliches Nest für Pärchen und Romantiker. Kinder sind nicht erlaubt. Es liegt 4 km westlich von Kyrenia (Richtung Lapta).

Bella View HOTEL €€€
(☎816 1155; www.bellaview.net; Bellapais Yolu, Bellapais; Neben-/Hauptsaison EZ 40–50 €, DZ 60–85 €; P ❄ ☰ ≋) Für Mietwagenbesitzer ist dieses freundliche Hotel an der Hauptstraße zwischen Girne und Bellapais eine tolle Option. In den Zimmern sorgen dunkles Holz, Antiquitäten, türkische Teppiche und Stoffe in angenehmen Karamelltönen für altmodisches Flair. Eine große Terrasse mit Pool erlaubt großartigen Blick auf die Abtei von Bellapais, die über einen 20-minütigen Fußmarsch bergaufwärts zu erreichen ist.

Der Nordwesten

Lefke Gardens HOTEL €€
(☎7288 223; www.lefkegardenshotel.org; Lefke; EZ/DZ/3BZ inkl. Frühstück 32/49/65 €; ❄ ☰ ≋) Wer eine Bleibe im Nordwesten sucht, ist in diesem kleinen Hotel richtig. Das traditionelle osmanisch anmutende Gebäude hat Zimmer in einfachem türkischem Stil, die einen zentralen Hof säumen.

Güzelyurt Otel HOTEL €€
(☎714 3412; Bahçelievler Bulvarı; EZ/DZ 30–50 €; ❄ ≋) Ist man einmal in Güzelyurt gestrandet, ist dieses einfache Hotel am Stadtrand die einzige anständige Option der Gegend. Die Zimmer sind etwas trist, jedoch sauber. Pool und Bar helfen gegen die Langeweile.

Soli Inn HOTEL €€
(☎727 7575; soliinn@northcyprus.net; Gemikonağı; EZ/DZ inkl. Frühstück 30–50 €; P ≋) Das Mittelklassehotel westlich von Güzelyurt in Gemikonağı liegt direkt am Meer und lockt vor allem Touristen vom türkischen Festland an. Es hat einfache Doppelzimmer und (bessere) Suiten und besitzt einen Pool. In der Nähe erstreckt sich ein Golfplatz.

FAMAGUSTA (MAĞUSA) & DIE KARPAZ-(KIRPAŞA-)HALBINSEL

Famagusta (Mağusa)

Die Hotels in Famagusta sind entweder superschick oder bescheiden, dazwischen gibt's so gut wie nichts. Weil es in der Stadt nur eine kleine Auswahl an Unterkünften gibt, begnügen sich die meisten Besucher mit einem Tagesausflug.

Altun Tabya HOTEL €
(Karte S. 192; ☎366 2585; altuntabyahotel@hotmail.com; Kızılkule Sokak, Altstadt; EZ/DZ/3BZ 25/30/35 €, DZ mit Klimaanlage 35 €) Sehr einfache (klimatisiert ist nur ein Zimmer), aber saubere Unterkunft. Jedes Zimmer hat einen winzigen Balkon, warmes Wasser ist ausreichend vorhanden und der witzige, freundliche Besitzer Halil führt sein Haus mit großem Engagement. Wer direkt in der Altstadt nächtigen möchte, ist hier genau richtig.

Portofino HOTEL €
(Karte S. 192; ☎366 4393; www.portofinohotel-cyprus.com; Feyzi Çakmak Bulvarı 9; EZ/DZ/3BZ 25/35/50 €; P ❄ ≋) Unmittelbar vor den Toren der Altstadt in der Nähe des Hafens befindet sich das Portofino mit seinen großen, in die Jahre gekommenen Zimmern. Eine ordentliche Renovierung würde ihnen durchaus gut tun, für eine Nacht allerdings kann man hier gut sein Lager aufschlagen, zumal es auch über einen annehmbaren Pool verfügt.

Crystal Rocks BUNGALOWS €€
(☎378 9400; www.cypruscrystalrocks.com; Salamis Yolu; Zi. 57–70 €; P ❄ ☰ ≋) Die Anlage mit mehr als 60 Bungalows, 10 km nördlich von Famagusta, befindet sich neben dem Strand und nicht weit von Salamis entfernt. Die modernen und hellen zweistöckigen Häuschen sind bei europäischen Urlaubern sehr beliebt, versprühen ein gewisses 1980er-Jahre-Flair und sind alle sehr sauber. Pool und Wasserrutschen kommen vor allem bei Kindern gut an.

Salamis Bay Conti HOTEL €€€
(☎378 8201; www.salamisbayconti.com; Salamis Yolu; Zi. 60–90 €; ❄ ☰ ≋) 8 km nördlich von Famagusta thront dieses preiswerte Riesenhotel mit großem attraktivem Poolbereich an einem weitläufigen privaten Sandstrand.

Die Zimmer sind angemessen geräumig und elegant. Ebenfalls zur Anlage gehören ein Spa, ein Kasino sowie verschiedene Bars und Restaurants. Die Zimmer ohne Meerblick kosten erwartungsgemäß auch weniger.

Karpaz-(Kirpaşa-) Halbinsel

Die Halbinsel besticht durch ein paar bemerkenswerte alternative Unterkünfte, die es in dieser Art nirgendwo sonst auf der Insel gibt. Naturliebhaber finden hier idyllische Abgeschiedenheit, in der man bestens loslassen und vom hektischen Alltag abschalten kann.

★ Nitovikla Garden AGROTOURISMUS €€
(☎ 375 6120; www.nitovikla.com; Kumyalı; EZ/DZ 25/50 €; P ❄ 📶 ≋) Jede Menge Charakter und altes landwirtschaftliches Dekor machen das Nitovikla zu einem gemütlichen zweiten Zuhause. Zur Auswahl stehen zehn traditionell gehaltene Zimmer mit geschnitzten Holzmöbeln, bestickten Stoffen und vielen hübschen Nischen mit Kissen, die zum Entspannen einladen. Eine prima Adresse für Wanderer, Radfahrer und alle, die die wunderschöne Natur der Karpaz-Halbinsel genießen möchten.

Der freundliche Besitzer Zekai brachte mit viel Leidenschaft sein Fachwissen und seine Liebe zum Essen und zum Leben im Allgemeinen in sein Hotel und Restaurant ein. Es gibt einen Fahrradverleih und jede Menge Infos zu Wanderungen in der Gegend. Die Unterkunft liegt mitten im Zentrum von Kumyalı nahe der Kirche; der Strand ist nur einen kurzen Spaziergang entfernt.

Seabird BUNGALOWS €€
(☎ 372 2012; Golden Beach, Dipkarpaz; EZ/DZ/3BZ mit Halbpension 45/60/80 €; ⏲ März–Nov.; P) Knapp 1 km hinter dem Kloster Apostolos Andreas praktiziert dieses charmant-rustikale Hotel Naturverbundenheit in kultivierter Form. Eine Handvoll Holz- und Steinhütten steht unmittelbar am Strand. Alle verfügen über Betten, Moskitonetze und ausreichend warmes Wasser. Das Restaurant tischt leckere Gerichte auf, beispielsweise von hiesigen Fischern gefangenen Fisch. Am Abend kann man das friedliche, entspannte Ambiente genießen – einfach großartig.

UNTERKUNFT ONLINE BUCHEN

Weitere Hotelbeschreibungen von Lonely Planet Autoren gibt's unter hotels.lonelyplanet.com/Cyprus. Dort findet man unabhängige Kritiken und Empfehlungen zu den besten Unterkünften, außerdem kann man sie gleich online buchen.

Oasis at Ayfilon BUNGALOWS €€
(☎ 0533 840 5082; www.oasishotelkarpas.com; Agios-Philon-Strand, Dipkarpaz; Neben-/Hauptsaison DZ 35–50 €; P) Die minimalistisch eingerichteten Hütten bieten ein Stück einfaches ländliches Leben. Hier wohnt man direkt auf den Klippen über den Wellen, die an die Felsen klatschen. Jede Hütte bietet gemütliche Betten mit Moskitonetzen und traumhaften Meerblick. Vor Ort gibt es zudem ein gutes Restaurant.

Blue Sea HOTEL €€
(☎ 372 2393; www.blueseahotelkarpaz.com; Golden Beach, Dipkarpaz; Neben-/Hauptsaison EZ 25–35 €, DZ 35–50 €; P ❄) Der ruhige, einfache Familienbetrieb nahe des Golden Beach steht auf einer Felsnase an der Südseite der Halbinsel, im Schatten der Bäume entlang der Küstenlinie. Hier kommt man jeden Tag in den Genuss frisch gefangenen Fisches, den der Hotelbesitzer persönlich serviert.

Club Malibu HOTEL €€
(☎ 374 4264; www.clubmalibucy.com; Yenierenköy; Neben-/Hauptsaison EZ 40–47 €, DZ 50–60 €; P ❄ 📶) Das niedrig gebaute Hotel mit Restaurant liegt direkt an einem hübschen Strand. Die einfachen, hellen Zimmer verfügen über Balkone mit Meer- oder Gartenblick.

Karpaz Arch Houses HOTEL €
(☎ 372 2009; www.karpazarchhouses.com; Dipkarpaz; Zi. 45 €; P ❄ 📶) Rund 500 m vom Zentrum des Dorfes Dipkarpaz entfernt beherbergt dieses traditionelle Steinhaus zwölf recht geräumige Zimmer. Küchenzeilen machen diese zu einer guten Wahl für Selbstversorger.

Kaplıca Beach Hotel HOTEL €€
(☎ 387 2031; www.kaplicabeach.com; Main Rd, Kaplıca; Zi. ab 50 €; P 📶) Die Häuschen gegenüber dem Kaplıca-Strand haben große, spärlich möblierte Zimmer. Eine gute Option, wenn man ruhige Abgeschiedenheit in direkter Strandnähe sucht.

Zypern verstehen

Zypern aktuell

In der Republik Zypern ist derzeit ein Präsident des Mitte-Rechts-Spektrums an der Macht. Die Bankenkrise hat weltweit Aufmerksamkeit erregt und einen strikten Sparkurs nach sich gezogen, den die standhaften Zyprer allerdings mit viel Fassung tragen. Derweil wurden die Friedensverhandlungen wieder aufgenommen und die Entdeckung von Öl und Erdgas bietet Anlass zu Optimismus auf beiden Seiten der Grünen Linie.

Top-Bücher

Bittere Limonen – Erlebtes Cypern (Lawrence Durrell) Der Reisebericht spielt in den 1950er-Jahren.

Zypern (Colin Thubron) Zeichnet eine 600 Meilen lange Wanderung durch Zypern im Jahre 1974 nach.

Kurze Geschichte des modernen Zypern (1878–2009) (Heinz A. Richter) Geschichtlicher Überblick.

Top-Websites

Talk Cyprus (www.cyprus-forum.com) Politisches Forum für Zyprer.

Cyprus Tourism Organisation (www.visitcyprus.com) Die offizielle Website des zyprischen Fremdenverkehrsamts steckt voller praktischer Infos.

Cypriot Food (www.flavoursofcyprus.com) Klassische und moderne Rezepte authentischer Gerichte.

Cyprus Business Directory (www.cyprusbestcompanies.com) Eine Art Gelbe Seiten, mit aktuellen, vielfältigen Infos zu zyprischen Unternehmen.

Etikette

Autofahren Zyprer telefonieren gern beim Fahren und blinken nur selten. Am besten sucht man an Kreuzungen Augenkontakt, bevor man losfährt.

Takt Bei den Themen Politik, Teilung und Grüne Linie taktvoll bleiben.

Essen gehen Wird man eingeladen, zahlt der andere. Man sollte anbieten, sich zu beteiligen – trotz Spott.

Neue Friedensgespräche

Seit der Teilung 1974 gab es sporadisch wenig erfolgreiche Friedensgespräche. Manche hofften, die EU-Mitgliedschaft würde die Chancen auf eine Wiedervereinigung erhöhen, doch die Einmischung großer europäischer Staaten machte alles noch komplizierter. 2008 wurde der Friedensprozess wiederbelebt, als der Präsident der Republik Demetris Christofias versprach, mit dem türkisch-zyprischen Staatsoberhaupt Mehmet Ali Talat zusammenzuarbeiten. In der Folge kam es zu über 100 Treffen. Die versöhnlichen Töne, die ein „Klima des Friedens“ zum Ziel hatten, waren türkischen Offiziellen ein Dorn im Auge. 2010 änderte sich das Blatt erneut, als der pro-türkische Dervis Eroglu an die Macht gelangte.

In den folgenden Jahren gab es weitere Gespräche mit UN-Vermittlern, doch erst im Februar 2014 schien ein Wendepunkt erreicht, als seit 55 Jahren erstmals wieder gleichzeitig Friedensverhandlungen in Athen und Ankara stattfanden. Kudret Özersay reiste als Unterhändler der türkisch-zyprischen Seite nach Griechenland, Andreas Mavroyiannis als Vertreter der griechisch-zyprischen Seite fuhr derweil in die Türkei. In demselben Monat legten die führenden Politiker beider Seiten nach fast zweijährigem Stillstand der Friedensverhandlungen gemeinsam einen „Friedensplan“ vor, der das langersehnte Ende der Krise herbeiführen soll. Bei Redaktionsschluss dauerten die Gespräche noch an. Die türkischen Zyprer zeigten sich zuversichtlich, dass bis 2015 eine Einigung getroffen werden könnte, die griechische Seite war derweil vorsichtiger mit ihren Äußerungen und beharrte darauf, dass nach wie vor eine breite Kluft zwischen den Lagern bestünde.

Seitdem Joe Biden im Mai 2014 sowohl den türkischen als auch den griechischen Teil der Insel besucht hat, sind die Bande zu den USA fester geworden. Der US-Vizepräsident garantierte beiden Seiten Unterstützung bei der Lösung des 40-jährigen Konflikts.

Die EU & die Wirtschaft Zyperns

Der EU-Beitritt der Republik Zypern 2004 brachte viele Änderungen mit sich. Die Gebühren und Steuern für Haus- und Grundstückskäufe stiegen, Wasser- und Strompreise explodierten regelrecht. Die Lebensmittelpreise zogen an und auch eine Tasse Kaffee kostet heute deutlich mehr. Darüber hinaus sind demografische Veränderungen spürbar. In den letzten zehn Jahren haben Arbeitskräfte aus Osteuropa, Asien, Afrika und Indien den Markt erobert, dadurch ist das Lohnniveau gesunken. In Restaurants und Geschäften arbeiten jetzt vornehmlich Osteuropäer und viele Familien haben Hausangestellte oder Kindermädchen aus Sri Lanka oder von den Philippinen.

Der Beitritt zur europäischen Währungsunion und die enge finanzielle Bindung an Griechenland wirkten sich 2012 und 2013 negativ auf Zyperns Banken aus, die einen Großteil der griechischen Staats- und Unternehmensanleihen besaßen. Im März 2013 schlossen sie für zwölf Tage, während der Internationale Währungsfonds und die EU die Konditionen für einen 10 Milliarden Euro schweren „Rettungsschirm“ ausarbeiten. Zypern musste sich verpflichten, 5,8 Milliarden Euro zurückzuzahlen, was nur mithilfe eines strikten Sparkurses möglich sein wird.

Ein Jahr später gab es erste Hinweise auf Besserung. Das Wirtschaftswachstum sank nur um 5,4 % und nicht wie befürchtet um 20 %, der Finanzsektor stabilisierte sich und auch die Einnahmen aus der Tourismusbranche blieben solide, vor allem dank großzügiger Urlauber aus Russland. Auch der Fund von Öl und Erdgas vor der zyprischen Küste deutet auf ein Ende der finanziellen Sorgen hin. Gleichzeitig könnte diese Entwicklung den Wiedervereinigungsprozess vorantreiben, denn die Mineralölunternehmen haben signalisiert, dass sie sich eine Lösung wünschen, bevor sie riesige Geldsummen in die Öl- und Erdgassuche investieren.

Russen in der Republik Zypern

In der Republik Zypern gibt's 40 000 russischsprachige Einwohner – eine erstaunliche Zahl angesichts einer Gesamtbevölkerung von 800 000. Ein Großteil der russischen Gemeinde lebt in und um Lemesos, das mittlerweile auch gern Limassolgrad genannt wird. Hier sind russische Speisekarten und Ladenschilder ein alltäglicher Anblick, ganz besonders an der Strandpromenade. Es gibt drei Lokalzeitungen in russischer Sprache und mindestens eine russische Schule. Dort findet auch seit 2004 jedes Jahr im Juni das zweitägige zyprisch-russische Festival mit Konzerten bekannter russischer Musiker, typischer Küche und Feuerwerk. Russland ist einer der wichtigsten Gelbgeber Zyperns und für ein stolzes Drittel aller Auslandsinvestitionen verantwortlich. Zudem gehören etwa 25 % der Bankeinlagen in der Republik russischen Sparern.

BEVÖLKERUNG: **1 120 500 (NORD-ZYPERN CA. 295 000 EW.)**

FLÄCHE: **9251 KM² (NORD-ZYPERN 3355 KM²)**

BIP: **REPUBLIK ZYPERN 21 827 MRD. US$ (NORD-ZYPERN 4,3 MRD. US$)**

Gäbe es nur 100 Zyprer, würden …

71 in Städten leben
29 auf dem Land leben

Religiöse Gruppen

(% der Bevölkerung)

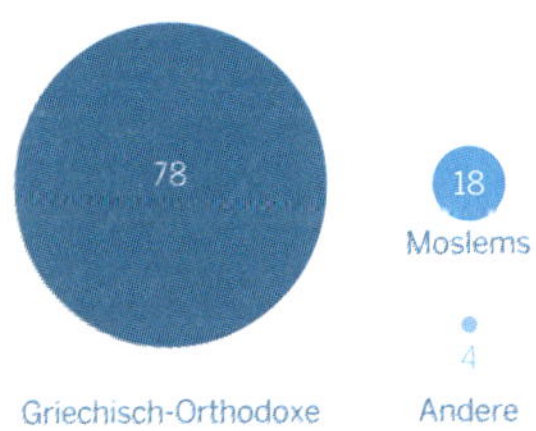

Bevölkerung pro km²

Geschichte

Auch wenn Zypern in den letzten Jahrzehnten so einiges durchstehen musste, so war diese Zeit doch keinesfalls ein ungewöhnlicher Abschnitt in der komplexen und turbulenten Geschichte der Insel. Ihre Lage am Schnittpunkt antiker Seewege im östlichen Mittelmeerraum bescherte ihr über die Jahrhunderte hinweg immer wieder Invasionen zahlreicher Dynastien, die ihre Spuren hinterließen. Selbstverständlich kann dieses Kapitel nicht die gesamte Geschichte Zyperns beleuchten, es soll vielmehr als Überblick dienen und Hintergrundinformation zur aktuellen politischen, wirtschaftlichen und territorialen Situation geben.

Im 1. Jh. v. Chr. wurde Zinn aus dem Libanon nach Zypern importiert. Mit Kupfer gemischt, entsteht daraus Bronze. Diese Legierung war härter und dauerhafter und diente zur Herstellung besserer Werkzeuge und Waffen.

Frühgeschichte

Stadtkönigtümer in Zypern

Zypernbesucher können außergewöhnliche Überreste antiker Stadtkönigtümer besichtigen, die den Ausgrabungen zufolge in hellenistischer Zeit äußerst wohlhabend und einflussreich waren. Solche Stadtkönigtümer gab es in Kourion, Pafos, Marion (heute Polis), Soloi, Lapithos, Tamassos und Salamis, später kamen noch zwei weitere in Kition und Amathous dazu. Die Phönizier aus dem Libanon, die große Seehändler waren, ließen sich etwa zur selben Zeit in Kition (Larnaka) nieder und brachten das griechische Alphabet nach Zypern (das phönizische Alphabet gilt als Vorgänger praktisch aller modernen Alphabete).

Zwischen 1400 und 1200 v. Chr. strömten mykenische und achäische Griechen scharenweise auf die Insel und brachten ihre Sprache, Kunst und Kultur sowie ihre Götter mit. Die Einheimischen fanden insbesondere an der Fruchtbarkeitsgöttin Aphrodite Gefallen, deren legendärer Geburtsort, der Fels in der Nähe von Pafos, noch heute ein beliebtes Touristenziel ist.

Unter der Herrschaft der Stadtkönigtümer erlebte Zypern von 750 bis 475 v. Chr. eine Periode des Fortschritts und zunehmenden Wohlstands, von der die spektakulären Königsgräber bei Salamis zeugen. Sie enthielten außergewöhnlich kostbare Beigaben und entsprechen ziemlich genau Homers Beschreibungen der mykenischen Begräbnisse in der *Ilias*. Das antike Salamis als die bedeutendste der Besuchern zugänglichen

ZEITACHSE

Vor Millionen von Jahren

Die Insel wird vom Grund des Mittelmeers emporgehoben, Troodos-Massiv, Kyrenia-Gebirge und Mesaoria-Ebene tauchen auf. Heute untersuchen hier Wissenschaftler den Meeresboden.

10 000–8000 v. Chr.

Jäger und Sammler gründen erste Siedlungen. Die ältesten Brunnen und Haustiere erscheinen auf der Bildfläche.

6000 v. Chr.

In kleinen ummauerten Dörfern wie Choirokoitia werden Steinhäuser gebaut. Die Einwohner beginnen, Getreideanbau, Steinarbeiten und Haustierzucht zu organisieren.

Stätten archäologisch ausgegrabener Stadtkönigtümer sollte man sich nicht entgehen lassen!

In dieser Zeit dehnte sich der griechische Einfluss über die ganze Insel aus und Zypern zog eine Reihe ausländischer Herrscher an, darunter die Assyrer, die Ägypter und schließlich die Perser, die alle ihre Macht mehr durch Tributforderungen als durch Besetzungen ausübten und die Stadtkönigtümer im Wesentlichen der Selbstregierung überließen.

498 v. Chr. schlossen sich die Stadtreiche unter König Onesilos von Salamis dem Ionischen Aufstand gegen die persische Herrschaft an. Einzige Ausnahme war Amathous, das sich mit den Phöniziern verbündete. Das persische Heer landete in der Nähe von Salamis und schlug den Aufstand schließlich nieder, nachdem Stesenor, der König von Kourion, die Griechen verraten hatte und Onesilos getötet worden war.

Trotz der persischen Vorherrschaft blieb die Insel dem Hellenismus stark verbunden. 381 v. Chr. versuchte König Euagoras von Salamis erneut, die Perser zu vertreiben und die Stadtkönigtümer mit den griechischen Stadtstaaten zu vereinen. Er wurde geschlagen und sieben Jahre später ermordet. Damit endete die klassische Periode des griechischen Einflusses.

Wer die antiken zyprischen Keramiken und Skulpturen liebt, die in den Museen gezeigt und oft von örtlichen Künstlern nachgebildet werden, findet Infos unter www.thebritishmuseum.org.

Hellenistisches Zypern

Der Sieg Alexanders des Großen über den persischen König Dareios III. bei Issos im Jahr 333 v. Chr. befreite die Insel von den Persern, doch Alexander kontrollierte Zypern als Teil des griechischen Reiches nur flüch-

STEINHÄUSER

Die menschliche Besiedlung Zyperns begann um 10 000 v. Chr., als Jäger und Sammler durch die Küstenhöhlen von Akrotiri Aetokremnou (Geierklippen) und über die Halbinsel im Süden streiften. Diese Jäger und Sammler sind unter Umständen verantwortlich für das Aussterben des Zwergflusspferdes und des Zwergelefanten aus dem Pleistozän (das Skelett eines Zwergelefanten wurde 1902 in einer Höhle in der Nähe von Kyrenia entdeckt).

Etwa ab 6000 v. Chr. errichteten die Nomaden schließlich Steindörfer wie die akeramische neolithische Siedlung von Choirokoitia, eine faszinierende Stätte in der Nähe von Larnaka, die heute für Besucher geöffnet ist.

Sie ähneln Bauten aus der gleichen Zeit, die auf Kreta und in Mesopotamien gefunden wurden. Die Hütten standen innerhalb einer Schutzmauer um einen zentralen Hof und hatten verschiedene Kammern, die zum Kochen und Essen sowie zum Schlafen und als Lagerräume dienten.

Funde zeigen, dass die Einwohner Steinwerkzeuge, Waffen, Behälter und Schmuck herstellten. Sie sammelten Früchte, fischten, hielten Schafe, Ziegen und sogar Haustiere. Hier wurde die erste Verbindung vom Mensch zur Katze entdeckt: eine domestizierte Katze, die mit ihrem Besitzer bestattet war. Das Grab ist viel älter als ähnliche Funde in Ägypten.

2500 v. Chr.

Einwanderer aus der Levante bringen neue Technologien und Stile mit. Zu den künstlerischen Neuheiten zählen kreuzförmige menschliche Figuren aus Pikrolith, einem zyprischen Gestein.

2300–1950 v. Chr.

Frühe Bronzezeit. Mit importiertem Zinn werden Objekte gegossen, und fantasievoll dekorierte Keramik, inspiriert von Motiven aus dem Dorfleben, erlebt eine Blütezeit.

1950–1650 v. Chr.

Mittlere Bronzezeit. Andauernder Abbau von Kupfer und Beginn der Handelsbeziehungen mit der Ägäis. Gesiedelt wird in den Gebirgsausläufern und Ebenen in agrarisch geprägten Gemeinschaften.

1650–1050 v. Chr.

Aus Kreta wird die kypro-minoische Schrift, eine Linearschrift, adaptiert. Umfangreicher Handel mit dem Ausland trifft auf die kunstvolle Produktion von Schmuck, Schnitzarbeiten und Keramik.

tig. Den Stadtkönigtümern gewährte er Autonomie, verweigerte ihnen aber das Recht, eigene Münzen zu prägen. Nach seinem Tod 323 v. Chr. und Streitigkeiten zwischen seinen Nachfolgern übernahm Ptolemaios I. die Insel als Teil des hellenistischen Ägypten und unterwarf die Stadtreiche.

Zyperns Hauptstadt wurde von Salamis nach Pafos verlegt, das auf dem Seeweg vom ägyptischen Alexandria aus leicht zu erreichen war. Von nun an nahm Ägypten starken Einfluss auf die Insel und viele regionale Sekten integrierten ägyptische Götter und Göttinnen in ihre Riten. Gleichzeitig entwickelte sich Zypern zu einem Mittler zwischen der griechischen Welt und dem Nahen Osten – Handwerker, Bildhauer und Kaufleute aus dem gesamten östlichen Mittelmeerraum führten Töpferei, Bildhauerkunst und Schmuck ein.

Zypern ist eine der kupferreichsten Gegenden der Welt, und in der Kupfer- und Bronzezeit war Zypern eins der reichsten Länder der Erde.

Nikokreon, der letzte König von Salamis, unterstützte Ptolemaios dabei, die Macht zu zentralisieren und von den Städten an einen Generalgouverneur in Pafos zu übertragen. Später wurde er des Verrats verdächtigt und brannte seinen opulenten Palast in Salamis bis auf die Grundmauern ab, ehe er sich selbst tötete.

Infolgedessen wurde auf der Insel, die für weitere 200 Jahre eine Kolonie des Ptolemäerreiches blieb, ein *demos* genanntes Parlament (Repräsentantenhaus und Senat) geschaffen, das sich unter der Herrschaft eines berufenen Generalgouverneurs nicht mehr weiterentwickelte.

Römische Herrschaft & Ausbreitung des Christentums

58 v. Chr. annektierte das sich ausbreitende Römische Reich auch Zypern. Einer seiner ersten römischen Statthalter war der Schriftsteller Cicero. General Marcus Antonius übergab die Insel für kurze Zeit seiner

KUPFERINSEL

Nach der Entdeckung von Kupfer auf Zypern um 2600 v. Chr. ersetzte man nach und nach das alte Steinrepertoire und fing an, die reichen Metalllagerstätten im Troodos-Massiv abzubauen.

Gewinnung und Export des Rohstoffs waren auf der Insel bald hochorganisiert und es begann ein ernsthafter Handel mit anderen Mittelmeerinseln und Ägypten. Dadurch gewann Zypern große wirtschaftliche Bedeutung im Mittelmeerraum.

Um 2000 v. Chr., am Übergang zur Bronzezeit, brachten Einwanderer wie die Hethiter eine Reihe neuer Technologien und Stile ins Land. In dieser Periode entstanden entlang der Küste auch neue Städte, zudem dehnte sich der Auslandshandel mit Tonbehältern und Kupferbarren (in Form einer gespannten Ochsenhaut) aus.

Zypern erlebte einen nie da gewesenen Wohlstand, ausländische Waren und Menschen strömten auf die Insel. Dank ihrer Lage und ihres natürlichen Reichtums wurde die Insel zum Treffpunkt der östlichen und westlichen Kulturen.

1200 v. Chr.

Die Insel erlebt ein bisher unerreichtes Niveau des Wohlstands und der Einwanderung. Nun lassen sich die ersten Griechen nieder und bringen ihre Sprache, Kunst, Kultur und ihre Götter mit.

1200–1100 v. Chr.

Städte werden nach einem rechteckigen Raster gebaut oder erweitert. Stadttore und wichtige Gebäude korrespondieren mit dem Straßennetz. Eine stärkere soziale Hierarchie bildet sich aus.

1200–1000 v. Chr.

Die großen griechischen Stadtkönigtümer Salamis, Kourion, Pafos, Marion, Soloi, Lapithos und Tamassos florieren. Zypern erlebt eine Zeit rasanten Fortschritts und wachsenden Reichtums.

11. Jh. v. Chr.

Klassische Schriftsteller schreiben griechischen Helden, die aus dem Trojanischen Krieg zurückkehren, die Gründung einflussreicher Städte zu: Teukros habe Salamis gegründet und Agapenor Pafos.

Geliebten Königin Kleopatra von Ägypten, später fiel sie zurück an Rom. Unter Roms Herrschaft erlebte Zypern sechs Jahrhunderte relativen Friedens und Wohlstands; viele öffentliche Gebäude, Aquädukte, Häfen und Straßen stammen aus dieser Zeit. Zu den bedeutenden Gebäuden dieser Epoche gehören das Theater in Kourion, das mit Kolonnaden geschmückte Gymnasium in Salamis und das Apollon-Ylatis-Heiligtum. Viele der Ruinen können noch heute besichtigt werden, ebenso wie die zahlreichen Mosaikböden mit Szenen aus der griechischen Mythologie. Auch der Handel mit Exportgütern wie dekorativer Töpferware, Kupfer und Glaswaren florierte.

Die griechischen Zyprer sind überwiegend Nachkommen mykenischer und achäischer Einwanderer, die sich um 1100 v. Chr. mit den Ureinwohnern mischten, sowie der bis ins 16. Jh. nachfolgenden Siedler.

Insel der Heiligen

Das Christentum tauchte erstmals 45 n. Chr. auf Zypern auf, als der Apostel Paulus begann die neue Religion zu verbreiten. Ihn begleitete Barnabas, ein in Salamis geborener griechischer Jude, der später heiliggesprochen wurde und auf Griechisch Agios Varnavas genannt wird. Die Missionare bereisten die Insel, verkündeten das Wort Gottes und bekehrten viele Einwohner. In Pafos gewährte ihnen der römische Statthalter Sergius Paulus eine Audienz. Ein Hofzauberer verspottete ihre Reden und verärgerte Paulus, der den Magier daraufhin wegen seiner Ungläubigkeit zeitweilig geblendet haben soll. Der Statthalter war davon überwältigt und konvertierte als einer der Ersten zum Christentum. So wurde Zypern das weltweit erste von einem Christen regierte Land und der Glaube erstarkte.

Die Apostel gründeten die Kirche von Zypern, eine der ältesten unabhängigen Kirchen der Welt, und das Land erlangte schnell als „Insel der Heiligen“ Bekanntheit.

Einige Persönlichkeiten, die an der frühen Ausbreitung des Christentums beteiligt waren, werden als Heilige verehrt, etwa Lazarus, den Jesus vom Tode auferweckt hat und der Erzbischof von Kition wurde. Auch die hl. Helena besuchte die Insel. Sie brachte Stücke des „Heiligen Kreuzes“ mit und ließ sie in der Obhut des Klosters Stavrovouni und in Tochni, wo sie sich noch heute befinden.

Zur Zeit Konstantins des Großen hatte das Christentum das Heidentum fast völlig verdrängt.

Byzantinisches Zypern

Konstantinopel meldet sich zu Wort

Bei der Teilung des Römischen Reiches 395 fiel Zypern an die östliche Hälfte, das Byzantinische Reich mit der Hauptstadt Konstantinopel, und neue Verwalter wurden nach Zypern entsendet.

Die Insel konnte sich eine beträchtliche kirchliche Autonomie bewahren, nachdem der zyprische Erzbischof den byzantinischen Kaiser davon überzeugt hatte, dass die hiesige Kirche von den Aposteln gegründet

8.–3. Jh. v. Chr.

Die Assyrer sind die ersten einer Reihe von Eroberern, die Zypern kontrollieren. Ihnen folgen die Ägypter unter Pharao Amasis (568–525 v. Chr.) und die Perser unter König Kyros (525–333 v. Chr.).

560–525 v. Chr.

Der König von Salamis lässt die ersten zyprischen Münzen prägen. Sie bestehen aus Edelmetallen und folgen dem persischen Gewichtssystem.

499–450 v. Chr.

Zyperns Stadtkönigtümer schließen sich dem Ionischen Aufstand gegen die Perser an. Nach der Niederschlagung wird Salamis bestraft. Kition entwickelt sich zum wichtigen Handelsposten der Phönizier.

411–325 v. Chr.

Klassisches Zeitalter. Alexander der Große befreit Zypern von den Persern (351 v. Chr.) und die zyprische Kunst entwickelt sich, stark beeinflusst von Attika. Auf Zypern wird der Philosoph Zenon geboren (334 v. Chr.)

worden war. 448 erhielt der Erzbischof das Recht, ein Zepter anstelle des Hirtenstabs zu tragen. Außerdem durfte er mit Tinte in kaiserlichem Purpur unterschreiben – ein Brauch, der noch heute so gepflegt wird.

In dieser Periode entstanden auf der Insel viele beeindruckende Gotteshäuser mit von Fresken geschmückten Wänden, Mosaiken und Kuppeldächern, darunter die St.-Barnabas-Kirche in Famagusta, die über dem Grab des hl. Barnabas errichtet wurde.
Die relative Stabilität währte allerdings nicht lange: Bald sollte sich die Insel im Konflikt zwischen den Byzantinern und dem wachsenden islamischen Reich an vorderster Front befinden.

Arabische Angriffe

Die islamische Expansion im 7. Jh. hatte tiefgreifende Folgen für Zypern, denn nun mussten die Länder des Byzantinischen Reiches Angriffe durch muslimische Araber abwehren. 647 starteten Schiffsflotten eine Reihe blutiger Überfälle, bei denen es viele Tote gab und Küstenstädte zerstört wurden. Salamis (Constantia) trug schwere Verwüstungen davon und wurde geplündert – es erholte sich nie wieder ganz. Das Stadtkönigtum Kourion erlebte einen dramatischen Niedergang und viele Küstenbewohner zogen ins Inland.

Tiefere Einblicke in Zyperns Archäologie liefert die hervorragende Website www.cyprus-archaeology.org.uk.

Als Reaktion auf diese Angriffe errichteten die Inselherren Festungen und Burgen, darunter die drei größten St. Hilarion, Buffavento und Kantaro im Kyrenia-Gebirge zur Verteidigung der Nordküste.

Während eines Angriffs in Kition fiel Umm Haram, die Frau eines arabischen Kommandeurs und Tante des Propheten Mohammed, vom Pferd und starb. An der Stelle ihres Sturzes am Rand des Salzsees von Larnaka wurde die Moschee Hala Sultan Tekke gebaut. Sie zählt zu den heiligsten muslimischen Stätten der Welt.

688 kam es zum Waffenstillstand, als sich Justinian II. und der arabische Kalif Abd-al-Malik über die gemeinsame Herrschaft über Zypern einigten. Ihre Vereinbarung hatte bis 965 Bestand. Dann schickte Kaiser Nikephoros Phokas ein Heer auf die Insel, um sie wieder unter vollständige Kontrolle der Byzantiner zu bringen.

Die neuen Statthalter hatten den Rang von Fürsten. Weil die Küstenstädte zerstört waren, wurde Nikosia (Lefkosia) im Landesinneren zur Hauptstadt erwählt, sie entstand auf den Überresten der alten Stadt Ledra.

Kreuzzüge

Die Herrschaft der Byzantiner hätte vermutlich fortgedauert, wenn sich der abtrünnige Statthalter Isaak Komnenos nicht 1184 zum Kaiser von Zypern erklärt hätte.

Während seines dritten Kreuzzugs musste die Flotte von König Richard Löwenherz auf dem Weg ins Heilige Land wegen schlechten Wet-

323 v. Chr.
Nach Alexanders Tod verbünden sich die zyprischen Könige mit Ptolemaios I. gegen Antigonos. Ptolemaios wird Herrscher von Ägypten, Syrien, Pentapolis (Libyen) und Zypern (323–283 v. Chr.).

323–58 v. Chr.
Enge Handelsbeziehungen mit Athen und Alexandria sorgen dafür, dass der hellenistische Einfluss auf Zypern stark bleibt. Ptolemaios regiert die Insel mittels ägyptischer Verwalter bis 58 v. Chr.

300 v. Chr.
Zenons philosophische Schule der Stoa setzt sich in Athen durch. Sie beruht auf Logik und Ethik und floriert von der hellenistischen bis zur römischen Epoche.

289 v. Chr.
Ptolemaios II. ist Mitregent von Ägypten, Zypern und den Außengebieten. In seiner Regierungszeit (285–247 v. Chr.) wird der wichtige Handelshafen Famagusta (bei Salamis) gegründet.

ters in Lemesos anlegen. Das erste Schiff, das den Hafen erreichte, war das der frisch verwitweten sizilianischen Königin Johanna von England, Richards Schwester, und seiner Verlobten Berengaria von Navarra.

Komnenos plante, die königlichen Besucher in Geiselhaft zu nehmen. Als Richard von dem Plan erfuhr, geriet er vor Wut außer sich, marschierte in Lemesos ein, stürzte seinen Widersacher und errang die Kontrolle über die Insel. Dies bedeutete das Ende der byzantinischen Herrschaft.

Nach seiner Niederlage floh Komnenos auf die Kantara-Burg im Norden, und Richard heiratete 1191 auf der Burg von Lemesos seine Verlobte.

Wegen einer Erkrankung musste Richard auf Zypern bleiben und seinen Kreuzzug ins Heilige Land verschieben. Er eroberte die ganze Insel, bis er nach einem Jahr gesund genug war, um weiterzureisen. Vorher verkaufte er Zypern an die Tempelritter, um seine Staatskasse zu füllen. Diese konnten sich den Unterhalt der Insel jedoch nicht leisten und gaben sie 1192 an Guy de Lusignan weiter. Der vertriebene König von Jerusalem hatte Richard im Kampf gegen Komnenos unterstützt.

The Stones of Famagusta ist ein Dokumentarfilm aus dem Jahr 2008, der den historischen Spuren und Ruinen der einst herrlichen Architektur Famagustas auf den Grund geht. Die Einheimischen lieben dieses Werk zweier engagierter Briten, die nach Zypern ausgewandert sind.

Herrschaft der Lusignans

Der französischsprachige Herrscher von Zypern, Guy de Lusignan, begründete eine langjährige Familiendynastie, die für die Insel Vor- und Nachteile hatte. Er starb 1194 und wurde in der Templerkirche von Nikosia beigesetzt. Ihm folgte sein Bruder Amalric auf den Thron.

Guy hatte christliche Familien, die ihr Hab und Gut im Heiligen Land verloren hatten, eingeladen, sich auf Zypern niederzulassen. Viele davon waren noch in Besitzstreitigkeiten in Jerusalem verwickelt. Bis zum Fall von Akkon 1291 stellte dies eine große wirtschaftliche Belastung für die Insel dar.

In den folgenden 100 Jahren genoss Zypern eine Periode voll Reichtum und Wohlergehen. Unangefochtenes Zentrum des Handels war das heutige Famagusta (Mağusa). Viele byzantinische Burgen wurden in großem Stil erweitert und prachtvolle Gebäude und Kirchen entstanden, darunter die Agia-Sofia-Kathedrale in Nord-Nikosia (Lefkoşa), das Bellapais-Kloster in Kyrenia (Girne) und die Kolossi-Burg bei Lemesos.

Abkömmlinge der Lusignans setzten ihre Herrschaft über das Königreich von Zypern bis 1474 fort. Seinen Zenit erreichte der Wohlstand der Insel unter König Peter I. (reg. 1359–1369), der einen großen Teil seiner Regierungszeit im Ausland im Krieg verbrachte. Er schlug viele türkische Piratenangriffe zurück, bis er 1365 zum Gegenangriff überging. Bei seinem erfolglosen Kreuzzug gelang es ihm nur, die Stadt Alexandria zu plündern. Als der König schließlich von seinen eigenen Adligen ermordet wurde, wendete sich das Glück der Lusignans.

Nun warfen Genuesen und Venezianer ein Auge auf Zyperns Reichtum und seine strategische Lage als Handelsstützpunkt. Erstere eroberten Fa-

60 v. Chr.

Geburt des zyprischen Arzts Apollonios von Kition. Er schreibt wichtige medizinische Bücher der Antike. Als einziges erhalten blieb Peri Arthron (Über die Gelenke) mit handgezeichneten Illustrationen.

58 v. Chr.–395 n. Chr.

Die Römer übernehmen die Herrschaft. Bedeutende Gebäude wie Theater und Gymnasien werden gebaut. Straßen und lebenswichtige Aquädukte, die Wasser in die Orte bringen, entstehen.

45 n. Chr.

Der Apostel Paulus und Barnabas tragen das Christentum auf die Insel. Die Kirche von Zypern wird gegründet. Zypern ist das erste Land, das von einem Christen regiert wird.

115–116

Ein jüdischer Aufstand in Mesopotamien springt auf Zypern über und hinterlässt Tausende Tote. Der römische Kaiser Trajan interveniert, stellt den Frieden wieder her und vertreibt die Juden aus Zypern.

magusta und beherrschten es für 100 Jahre – als Resultat ging es sowohl mit Famagusta als auch mit der Insel bergab. Der letzte König der Lusignans, Jakob II. (reg. 1460–1473), konnte die Genuesen schließlich vertreiben. Er heiratete die venezianische Adlige Caterina Cornaro, die seine Nachfolge antrat. Sie war die letzte Königin Zyperns und letzte Regentin der Lusignan-Familie. Unter Druck trat sie Zypern an Venedig ab.

Venezianische Festungen

Von 1489 bis 1571 blieb Zypern unter venezianischer Herrschaft. Diese zeichnete sich durch Gleichgültigkeit gegenüber der griechischen Bevölkerung aus, der es nun nicht besser erging als unter den Genuesen.

Die Venezianer, die exzellente Händler waren, wollten vor allem ihr maritimes Reich erweitern. Sie schätzten die Lage der Insel an der lebenswichtigen Seidenroute nach China und nutzten Zypern zur Verteidigung gegen die wachsende osmanische Bedrohung.

Weil sie in Nikosia und Famagusta mit Angriffen rechneten, ließen sie mächtige Festungen um die Städte errichten, trotzdem fielen die Osmanen hier ein. Sie eroberten zuerst Nikosia und metzelten die Garnison nieder. Dann schickten sie den abgetrennten Kopf des Statthalters als makabre Botschaft an den Generalkapitän Marcantonio Bragadino in Famagusta, der sofort 8000 Mann für den Angriff in Bereitschaft setzte.

Bald belagerte ein osmanisches Heer mit mehr als 200 000 Soldaten und 2000 Kanonen die Stadt und in der Bucht von Famagusta lagen ihre Schiffe dicht an dicht. Fast ein Jahr lang hielt Bragadino die eingeschlossene Festung. Bei seiner Gefangennahme wurde er zur Strafe für den Widerstand bestialisch gefoltert.

Mit dem Fall von Famagusta endete die westliche Präsenz und christliche Vorhut in der Levante für die nächsten 300 Jahre.

Die Bürger von Famagusta (Mağusa) waren so reich, dass ein Händler einst vor all seinen Gästen einen Diamanten zermahlte, um damit das Essen zu würzen.

Osmanische Herrschaft

Nach der Niederlage der Venezianer 1571 ließen sich 20 000 Türken auf Zypern nieder, doch für die Osmanen besaß die Insel keine hohe Priorität. Der herrschende Sultan entsandte türkische Gouverneure, die umgehend die Macht der katholischen Kirche beschränkten, die Leibeigenschaft abschafften und die orthodoxe Hierarchie sowie die Kirche von Zypern wiederherstellten, um die Bevölkerung zu beschwichtigen und sie kontrollieren zu können.

Von nun an wurden die Steuern für griechische Einwohner willkürlich erhöht und der orthodoxe Erzbischof für deren Eintreibung verantwortlich gemacht. Angesichts dieser hohen Lasten konvertierten einige Griechen zum Islam, um sich der Unterdrückung zu entziehen.

In jeder Stadt wurde ein sogenannter Dragoman des *serai* (Übersetzer im Gouverneurspalast) eingesetzt. Diese residierten in prächtigen Stein-

4. Jh.
Starke Erdbeben erschüttern die Insel, viele Küstenstädte werden beschädigt oder zerstört, darunter das bedeutende Salamis. Es folgen Dürren und Hungersnöte.

350
Constantius II., ein Sohn Konstantins des Großen, baut Salamis als prachtvolle Stadt wieder auf und benennt sie in Constantia um.

395–647
Nach der Teilung des Römischen Reiches kommt die Insel unter byzantinische Herrschaft. Die Kirche von Zypern erhält eine nie da gewesene Autonomie von Konstantinopel; diese Praxis währt bis heute.

647
Erste arabische Angriffe bringen Verwüstungen und Leid. Salamis wird zerstört, Kourions Niedergang setzt ein. Die Küstenbewohner flüchten vor ständigen Plünderungen und Überfällen ins Inland.

häusern und fungierten als Vermittler für alle Angelegenheiten, die die griechischen Zyprer betrafen.

1821 begann auf dem Festland der griechische Freiheitskampf gegen die Osmanen. Zyperns orthodoxer Erzbischof unterstützte die Griechen in der Hoffnung, damit zur Befreiung der Insel beizutragen. Als der *paşa* (Statthalter) Mehmed Silashor dies herausfand, ließ er den Erzbischof auf dem öffentlichen Platz vor dem *serai* hängen. Jede Unterstützung für die griechische Revolution sollte nun im Keim erstickt werden. Drei weitere Bischöfe wurden wegen eines ähnlichen Verdachts geköpft und auch mehrere Priester, darunter der Abt des Klosters Kykkos, hingerichtet.

Die Osmanen herrschten bis 1878 über die Insel, dann griffen die Briten in der Region nach der Macht.

Die meisten türkischen Zyprer stammen von den osmanischen Siedlern ab, die 1570 nach der Eroberung der Insel in Zypern eintrafen.

Zypern in der Neuzeit

Kampf um die Unabhängigkeit

1878 unterzeichneten die Türkei und Großbritannien eine Vereinbarung, nach der die Türken die formelle Souveränität über die daniederliegende Kolonie behalten, deren Verwaltung aber an die Briten abtreten würden. Großbritanniens Ziel war es, sich einen strategischen Außenposten im Nahen Osten zu sichern, von dem es die militärischen Bewegungen und Handelsaktivitäten im östlichen Mittelmeer und im Kaukasus beobach-

RÄTSEL UM DIE KANAKARIA-MOSAIKE

Einer der spektakulärsten Diebstähle überhaupt erinnert an einen Krimi von Raymond Chandler: der Raub der Kanakaria-Mosaike, die irgendwann zwischen 1974 und 1979 aus der Panagia-Kanakaria-Kirche auf der Karpaz-Halbinsel entwendet wurden. Später tauchten die unbezahlbaren Mosaike in Indianapolis auf, wo ein Kunsthändler sie mehreren Museen und Galerien zum stattlichen Preis von rund 20 Mio. US$ feilbot. Der kluge Kurator des J. Getty Museum in Kalifornien schöpfte Verdacht und kontaktierte die griechisch-zypriotischen Behörden, die bestätigten, dass es sich tatsächlich um die gestohlenen Mosaike aus der Panagia-Kanakaria-Kirche handelte. 1991 wurden sie pflichtgemäß zurückgegeben und sind heute im Byzantinischen Museum in Nikosia ausgestellt.

Der türkische Kunsthändler, der später als Aydin Dikmen identifiziert wurde, konnte 1997 nach achtmonatiger Observation in München überführt werden. Die Polizei stürmte seine Wohnung und entdeckte eine unschätzbare Sammlung aus rund 5000 zypriotischen Ikonen, Fresken und anderen Schätzen, die er in den Wänden und unter den Dielen seiner Wohnung versteckt hatte. Unter den Fundstücken befanden sich zwei unbezahlbare Ikonen aus dem Kloster St. Chrysostomos.

2010 wurden die Kunstschätze nach einem über 10 Jahre dauernden Rechtsstreit vor bayerischen Gerichten an Zypern zurückgegeben.

688–965
Justinian II. und der Kalif Abd-al-Malik einigen sich, Zypern gemeinsam zu regieren. 965 wird diese Vereinbarung gebrochen und die Byzantiner übernehmen erneut die gesamte Insel.

1191
Richard Löwenherz erleidet auf seinem Weg nach Akkon bei Lemesos Schiffbruch; er erobert Zypern und heiratet Prinzessin Berengaria in der Agios-Georgios-Kapelle.

1191–1192
Richard erkrankt und ihn plagen Geldsorgen. Nach dem Sieg über den Gouverneur von Lemesos, Isaak Komnenos, verkauft er Zypern an die Tempelritter, um seinen dritten Kreuzzug zu finanzieren.

1192
Guy de Lusignan übernimmt Zypern von den Tempelrittern. Prächtige Kirchen und Burgen werden gebaut.

ten konnte. Als Teil der Vereinbarung gewährten die Briten den asiatischen Gebieten der Türkei militärischen Schutz vor der Bedrohung durch Russland. Doch mit Beginn des Ersten Weltkriegs 1914 befanden sich beide Länder im Krieg gegeneinander. Großbritannien annektierte Zypern, doch die Türkei weigerte sich, dies anzuerkennen, bis es 1923 zum Vertrag von Lausanne kam. Dieser schloss auch die Gebietsansprüche des neuen unabhängigen Staates Griechenland ein.

Zunächst begrüßten fast alle griechischen Zyprer die britische Herrschaft, da sie hofften, dass Großbritannien mit den Griechen kooperieren und die Enosis (Einheit) Zyperns mit Griechenland anstreben würde. Die türkischen Zyprer, die nur 17% der Inselbevölkerung ausmachten, waren dagegen alles andere als begeistert und fürchteten die Verbannung.

Zwischen 1955 und 1958 gründete der zyprische Oberstleutnant Georgios „Digenis" Grivas die Ethniki Organosi tou Kypriakou Agona (EOKA; Nationale Organisation Zyprischer Kämpfer), die eine Reihe von Anschlägen auf Militär und britische Verwaltung verübte. Damit verlieh sie ihrer Unzufriedenheit über den mangelnden britischen Einsatz für die Enosis Ausdruck. Tiefe Einblicke in diese turbulente Zeit gewährt das Agios-Georgios-Museum in Pafos.

Colin Thubrons Buch *Zypern* ist eine klassische Reisegeschichte. Der Autor bereiste die Insel 1974, kurz vor der Invasion der Türken, legte fast 1000 km zu Fuß zurück und verwob Mythen und Historie mit persönlichen Erlebnissen.

Großbritannien äußerte zwar verschiedene Vorschläge für eine begrenzte Autonomie, doch die türkischen Zyprer forderten nun eine Teilung *(taksim)* der Insel zwischen Griechenland und der Türkei.

1959 traf sich der griechisch-zyprische Ethnarch, Erzbischof (und Präsident) von Zypern, Makarios III., in Zürich mit Faisal Küçük, dem Führer der türkischen Zyprer. Hier ratifizierten die beiden einen zuvor ausgehandelten Vertrag, der Zypern zu Bedingungen, die alle Seiten zufriedenstellten, die Unabhängigkeit gewährte.

Die Briten behielten als Teil dieser Vereinbarung zwei Militärbasen und eine Reihe weiterer Standorte. Zypern erklärte sich bereit, auf politische oder wirtschaftliche Bündnisse mit der Türkei bzw. Griechenland ebenso wie auf eine Teilung zu verzichten. Die politische Macht wurde im Verhältnis von 70 % für die griechischen sowie 30 % für die türkischen Zyprer aufgeteilt und Großbritannien, die Türkei und Griechenland als Garantiemächte für die Insel benannt.

Unabhängige Republik Zypern

Am 16. August 1960 wurde Zypern unabhängig. Der Übergang von der Kolonie zur Republik gestaltete sich schwierig und wurde von sporadischen Gewaltausbrüchen und Protesten begleitet, da Extremisten auf beiden Seiten ganz widersprüchliche Pläne verfolgten.

1963 brach ein Bürgerkrieg aus und die Kluft zwischen griechischen und türkischen Zyprern wuchs. Mit dem Vorwurf, dass der Präsident, Erzbischof Makarios, für die Enosis sei und nicht genug gegen die radi-

1194

Nach dem Tod seines jüngeren Bruders Guy führt Amalric Lusignan das Feudalsystem ein und wird als Amalric I. König von Zypern.

1478

Der letzte Lusignan-König, Jakob II., heiratet die venezianische Adlige Caterina Cornaro; sie wird die letzte Königin von Zypern. 1489 tritt sie die Insel an Venedig ab.

1571

Die Osmanen besiegen die Venezianer und übernehmen Zypern. Um die Steuereintreibung zu erleichtern, wird die orthodoxe Hierarchie wiederhergestellt. 20 000 Türken lassen sich auf der Insel nieder.

1625–1700

Die Pest dezimiert die Inselbevölkerung um mehr als die Hälfte und endet erst 1700. Eine Reihe blutiger Aufstände gegen die osmanische Unterdrückung wird brutal niedergeschlagen.

kalen Kräfte unternehme, zogen sich die türkischen Zyprer aus der Regierung zurück.

1964 entsandte die UNO eine Friedenstruppe unter Leitung des britischen Generalmajors Peter Young auf die Insel. Young zog auf der Karte von Nikosia mit einem grünen Stift die berühmte „Grüne Linie" zwischen den griechischen und türkischen Stadtteilen, die bald ganz Zypern teilen sollte. Viele türkische Zyprer siedelten in Enklaven um und grenzten sich von den Griechen ab.

Da sich der Kalte Krieg auf seinem Höhepunkt befand, war die Insel für die Briten und Amerikaner von enormer strategischer Bedeutung, um die sowjetischen Bewegungen zu beobachten. Makarios strebte die politische Neutralität an und wurde als Kommunist verdächtigt. Die USA und Großbritannien befürchteten eine weitere Kubakrise, diesmal aber im Mittelmeer, was ihrer Einmischung sehr große Dringlichkeit verlieh.

Die türkischen und griechischen Zyprer mögen räumlich getrennt sein, doch sie eint die Idee eines einzigen Gottes – wenn auch im Rahmen zweier verschiedener Religionen, dem sunnitischen Islam und dem orthodoxen Christentum.

RAUF DENKTAŞ: PORTRÄT EINES HARDLINERS

Für die Griechen ist er der Fluch der zyprischen Gesellschaft, für viele Türken ihr Erlöser: Rauf Denktaş ruft bei den Zyprern noch immer starke Gefühle hervor. Bevor der einstige Anwalt 2005 als Präsident seiner selbst ernannten unabhängigen Republik zurücktrat, konnten ihm nur wenige Politiker im Nahen Osten in Sachen Unverwüstlichkeit und politischer Langlebigkeit das Wasser reichen. Mit Charme und Beharrlichkeit führte er die türkischen Zyprer schon vor der erzwungenen Teilung Zyperns 1974 an. Als Mehmet Ali Talat 2005 die Wahl gewann, blickte Denktaş auf 31 Jahre als politischer Führer zurück.

Denktaş, eine lebhafte Persönlichkeit, wurde an der Südküste der Insel in der Nähe von Pafos geboren und machte zunächst in London eine Ausbildung als Anwalt. Seit 1960 war er Vorsitzender des türkischen Kommunalparlaments und stand immer wieder im Rampenlicht, bis er nach der Teilung 1974 schließlich Führer der türkisch-zyprischen Gemeinschaft wurde.

Denktaş war bekannt für seine Ausdauer und Unnachgiebigkeit während der Suche nach einer Lösung für die Wiedervereinigung Zyperns. Seine Entschlossenheit, einen für beide Seiten akzeptablen Ausweg aus der politischen Sackgasse zu finden, wurde dadurch beeinträchtigt, dass er hartnäckig an der alten Parteilinie festhielt. Während der Gespräche, die im Frühling und Sommer 2002 dreimal wöchentlich in der UN-Pufferzone stattfanden, weigerte sich Denktaş, von der Position seiner Unterstützer vom türkischen Festland auch nur im Geringsten abzurücken. Diese bestanden auf einem Zweizonenstaat mit einem hohen Grad an Autonomie und Separation für beide Volksgruppen. Die Gespräche kamen 2003 ohne jegliche Fortschritte zum Erliegen.

Im gleichen Jahr kündigte Denktaş überraschend Erleichterungen im Grenzverkehr an; Zyprer aus beiden Landesteilen durften ab sofort die Grenze überqueren. Diese Entscheidung war ein Meilenstein in der jüngeren Geschichte der Insel und ein wichtiger Schritt nach vorn.

1821

Griechische Zyprer stellen sich in einem Aufstand gegen die türkische Herrschaft an Griechenlands Seite. Führende orthodoxe Geistliche werden hingerichtet, mehr als 20 000 Christen fliehen von der Insel.

1878–1923

Großbritannien pachtet Zypern von der Türkei und wird zum Verwalter der Insel. 1914 annektieren die Briten Zypern. Die Türkei erkennt dies bis 1923 nicht an.

1914–1915

Im Ersten Weltkrieg steht die Türkei an der Seite Deutschlands. Großbritannien bietet Zypern den Griechen an, um ihre Unterstützung zu gewinnen. Um neutral zu bleiben, lehnt König Konstantin das Angebot ab.

1923–1925

Großbritannien entschädigt die Türkei für den Verlust der Insel. Zypern wird Kronkolonie (1925) und vom britischen Hochkommissar regiert.

Obwohl Zypern politisch weiterhin instabil blieb, beruhigte sich die Lage zwischen 1964 und 1967, als sich die türkischen Zyprer in eigene Viertel zurückzogen. In diesem Zusammenhang bildeten sie eine provisorische Regierung in Nord-Nikosia (Lefkoşa).

Trotz seines zunehmenden Wirtschaftswachstums ist der Norden finanziell (und politisch) stark von Ankara abhängig, von dem er mehr als 600 Mio. US$ jährlich erhält.

Staatsstreich & Invasion

1967 gab es wieder verstärkte Diskussionen über eine Teilung der griechisch- und türkisch-zyprischen Gemeinschaft. Nach einem Militärputsch in Griechenland gelangte dort eine rechte Militärjunta an die Macht und die Beziehungen zwischen Griechenland und Zypern kühlten sich ab. Makarios hatte mehrere diplomatische Treffen mit den Sowjets, blieb aber bei seiner Politik der Blockfreiheit. Das machte sowohl die griechische Junta als auch die Amerikaner misstrauisch, die befürchteten, dass Zypern dem Kommunismus zuneigte.

Im Juli 1974 unterstützte die CIA einen von der griechischen Junta organisierten Staatstreich in Zypern mit dem Ziel, eine prowestlichere Regierung einzusetzen.

Am 15. Juli versuchte eine abtrünnige, von Offizieren aus Griechenland angeführte Einheit der zyprischen Nationalgarde von nur 180 Mann Makarios zu ermorden und die Enosis zu erreichen. Makarios gelang in letzter Minute die Flucht. Danach wurde der Zyprer Nikos Sampson, ein früheres EOKA-Mitglied mit engen Verbindungen zur griechischen Militärjunta, zum Präsidenten Zyperns ausgerufen.

Fünf Tage später landeten türkische Truppen in der Nähe von Kyrenia (Girne), unter dem Vorwand, dass sie zur Wiederherstellung der rechtmäßigen Regierung intervenieren dürften.

Die reguläre griechisch-zyprische Armee bekämpfte die vordringenden Türken, doch nachdem diese rund um Kyrenia einen Brückenkopf errichtet hatten, konnten sie schnell die Verbindung mit dem türkischen Sektor in Nord-Nikosia herstellen. Von diesem Moment an war die griechisch-zyprische Armee in der Unterzahl und nicht mehr in der Lage, den türkischen Ansturm aufzuhalten.

Am 23. Juli 1974 brach in Griechenland die Militärdiktatur zusammen und eine demokratische Regierung unter Konstantinos Karamanlis wurde gebildet. Zur selben Zeit ersetzten die Zyprer Sampson durch Glafkos Klerides, den Präsidenten des Repräsentantenhauses und ein Mitglied der Demokraten.

Die drei Garantiemächte Großbritannien, Griechenland und die Türkei trafen sich zu Gesprächen in Genf, wie es der Vertrag verlangte, allerdings erwies es sich als unmöglich, Letztere zum Einhalten der Vertragsvereinbahrungen zu bewegen. Die Gespräche dauerten mehr als drei Wochen an, bis zum 16. August 1974. Zu diesem Zeitpunkt kontrollierte die Türkei schon 37% im Norden der Insel. Als Makarios nach Zypern

1955–1960
Die EOKA (Nationale Organisation Zyprischer Kämpfer) wird gegründet. Ihr Guerillakrieg richtet sich gegen die Briten. Makarios wird erster Präsident des unabhängigen Staates Zypern.

1963–1964
Makarios schlägt Verfassungsänderungen vor und es kommt zu Kämpfen zwischen den Volksgruppen. Türkische Zyprer ziehen sich zurück, UN-Friedenstruppen treffen ein. Die Grüne Linie wird durch Nikosia gezogen.

1974
Die griechische Junta organisiert einen Putsch. Darauf besetzt die türkische Armee ein Drittel der Insel. Der Palast des Erzbischofs wird zum Schauplatz heftiger Kämpfe. Schließlich kommt es zur Teilung Zyperns.

1975
Türkische Zyprer bilden ein unabhängiges Parlament und setzen Rauf Denktaş an ihre Spitze. Danach einigen sich Denktaş und Klerides über einen Bevölkerungsaustausch zwischen Norden und Süden.

zurückkehrte, um das Präsidentenamt wieder aufzunehmen, war die Insel bereits geteilt.

Insgesamt 190 000 griechische Zyprer, die zuvor im nördlichen Drittel der Insel gelebt hatten, waren vertrieben worden und mussten ihre Häuser, Grundstücke und Unternehmen zurücklassen. Viele wurden bei den türkischen Angriffen getötet, die anderen flohen schnellstmöglich in den sicheren Süden. Zur gleichen Zeit wanderten etwa 50 000 türkische Zyprer aus dem Süden in die türkisch kontrollierten Gebiete im Norden ab.

Der Preis, den die Insel zahlen musste, war katastrophal. Die nun gestutzte Republik hatte einen Teil ihres besten Landes, zwei große Städte, die lukrative Zitrusindustrie und den Hauptteil ihrer touristischen Infrastruktur verloren, zudem kam es vielerorts zu Plünderungen.

Die Invasion und die erzwungene Teilung dienten komplizierten politischen und militärischen Zielen. Auch nach Wiedereinsetzung der rechtmäßigen Regierung und der Auflösung der Militärjunta änderten die Türken ihre Haltung nicht. Sie setzten die illegale Okkupation des Nordens fort, und die türkischen Truppen blieben.

Eine UN-Friedenstruppe wacht an der Grünen Linie und der Grenze, die seitdem quer über die Insel verläuft. Diese Truppe bewacht die Pufferzone entlang der Grünen Linie, die mit Stacheldraht und regelmäßigen Patrouillen geschützt wird. Das Niemandsland mit seinen ausgebombten Gebäuden erinnert schmerzlich an die Brutalität des Konflikts.

Ohne eine Einigung in der Zypernfrage kann die Türkei der EU nicht beitreten, was bedeutet, dass sie die griechisch-zyprische Regierung anerkennen müsste.

GRÜNES LICHT AUF DER GRÜNEN LINIE

Alles passierte innerhalb von Stunden. Am 23. April 2003 verkündete Rauf Denktaş, damals Führer der türkischen Zyprioten, überraschend, die Grüne Linie werde an diesem Tag geöffnet und alle Zyprioten dürften sie von 9 bis 24 Uhr überqueren. Die griechisch-zypriotische Regierung, fassungslos von dieser Nachricht, meldete sich nicht zu Wort. Niemand wusste, wie die Zyprioten regieren würden und was für Konsequenzen diese Entscheidung haben würde.

Frühmorgens passierten zögerlich ein paar einzelne Besucher die Grüne Linie, in den darauffolgenden Tagen überschritten Tausende Menschen die Grenze. Freunde und Familien trafen sich und es flossen viele Tränen. Griechen und Türken kehrten in ihre einstigen Häuser zurück und wurden von den aktuellen Bewohnern empfangen. Die zwei Völker behandelten sich anständig und höflich und in den über zehn Jahren seit Öffnung der Grenze kam es zu keinen schwerwiegenden Zwischenfällen.

Viele türkische Zyprioten passieren die Linie heute täglich auf dem Weg zur Arbeit im südlichen Teil der Insel. Serdar Denktaş, Raufs Sohn und treibende Kraft hinter der Grenzöffnung, nannte das Geschehene eine „stille Revolution". Viele verglichen sie mit dem Mauerfall 1989, nur ohne dramatisches Zerschlagen der Pufferzone, das noch immer auf sich warten lässt.

1977

Makarios III., der erste Präsident Zyperns, stirbt unerwartet im Alter von 63 Jahren: Bei seiner Beerdigung erweisen ihm 250 000 Menschen die letzte Ehre. Spyros Kyprianou wird sein Nachfolger.

1983

Die Türkische Republik Nordzypern wird ausgerufen. Ihre Souveränität erkennt nur die Türkei an. Tausende Festlandtürken lassen sich im Norden nieder.

1999

In der Republik Zypern beginnt ein Wirtschaftsboom, der Lebensstandard steigt. Nordzypern leidet unter internationalen Sanktionen und wird hauptsächlich von der Türkei unterstützt.

2002

Zypern und die Türkei wollen der EU beitreten. Die Führer aus Nord und Süd treffen sich zu intensiven Gesprächen über eine Wiedervereinigung, doch ohne Erfolg.

1983 wurde die Türkische Republik Nordzypern (TRNZ) durch ihren Präsidenten Rauf Denktaş ausgerufen. Offiziell anerkannt wird sie nur von der Türkei.

Echoes from the Dead Zone: Across the Cyprus Divide von Yiannis Papadakis beschreibt die Reise des Autors von der griechischen auf die türkische Seite der Insel, bei der er Vorurteile überwindet und auf Verständnis trifft.

Bemühungen um die Wiedervereinigung

In den Jahren seit der Teilung gab es nur sporadische Gespräche über eine Wiedervereinigung, denn beide Seiten vertreten festgefahrene und kompromisslose Standpunkte.

Im Frühling und Sommer 2002 bemühten sich Zypern und die Türkei um den EU-Beitritt. Führer aus dem Norden und Süden der Insel trafen sich dreimal wöchentlich zu Gesprächen über eine Wiedervereinigung. Doch erneut kamen die Verhandlungen bei den komplizierten Details des Landbesitzes und der tatsächlichen Anzahl zyprischer Siedler vom türkischen Festland ins Stocken.

Im April 2003 verkündete der Präsident der TRNZ Erleichterungen im zyprischen Grenzverkehr. Griechische Zyprer sollten nun täglich den Norden der Insel betreten können. Seitdem wurden sieben Grenzübergänge geöffnet und die Besuchszeiträume von einem Tag auf bis zu drei Monate verlängert.

Während dieser Periode vermittelte der damalige Uno-Generalsekretär Kofi Annan eine Vereinbarung, die getrennte Volksabstimmungen der gesamten zyprischen Bevölkerung über einen Wiedervereinigungsplan vorsah.

Cyprus: A Modern History von William Mallinson beleuchtet die zyprische Geschichte mit Schwerpunkt auf der Zeit nach 1974. Der Autor untersucht die große Bedeutung einer EU-Mitgliedschaft sowohl für Zypern als auch für die Türkei.

Ziel des Annan-Plans war es, Zypern zu einer Konföderation zweier selbständiger Teilstaaten zu machen, die sich die Macht proportional teilen würden. Politiker beider Seiten riefen dazu auf, gegen den Plan zu entscheiden. Im Referendum lehnten die griechischen Zyprer ihn mehrheitlich ab (76 %), während die türkischen Zyprer dafür stimmten (65 %). 2013 wurde der christdemokratisch-konservative Nikos Anastasiades, der sich für einen Sparkurs aussprach, zum neuen Präsidenten der Republik gewählt, und wieder einmal standen Friedensverhandlungen auf der Agenda. Gespräche zwischen den politischen Anführern beider Seiten fanden statt, und als dieses Buch geschrieben wurde, herrschten vorsichtiger Optimismus und der Glaube, dass in absehbarer Zukunft ein neuer gemeinsamer Zypern-Kurs eingeschlagen werden würde.

Die Schäden reparieren

Viele griechische Zyprer organisierten sich nach 1974 schnell neu und setzten ihre ganze Kraft daran, die zersplitterte Nation wieder aufzubauen. Innerhalb weniger Jahre erholte sich die Wirtschaft und die Republik Zypern wurde international als einziger rechtmäßiger Vertreter der Insel anerkannt. In den 1980er-Jahren ging es stetig aufwärts. Die zyprische Wertpapierbörse, die 1999 eröffnet wurde, absorbierte anfangs gewaltige

2003
Der Führer des Nordens Rauf Denktaş kündigt überraschend an, dass Zyprer beider Seiten den anderen Teil der Insel besuchen dürfen. Die ersten Grenzüberquerungen nach 29 Jahren verlaufen friedlich.

2004
Die Republik Zypern tritt der EU bei.

2007
Türkische Zyprer reißen die Lokmaci-Barrikade ein, die seit 1967 ein Symbol der Trennung ist. Griechische Zyprer reißen die Barrikade kurze Zeit später auf griechischer Seite ein.

März 2008
Vertreter der griechischsprachigen und türkischsprachigen Volksgruppen beginnen erneut mit Verhandlungen über eine Vereinigung der Insel.

BLUTVERGIESSEN AN DER GRENZE

Am 11. August 1996 endete eine Friedensfahrt von Berlin nach Zypern mit Motorradfahrern aus ganz Europa im griechisch-zyprischen Dorf Deryneia. Es grenzt an die Grüne Linie zwischen Nordzypern und der Republik. Unter den Bikern war auch ein junger griechischer Zyprer aus Protaras namens Tassos Isaak.

Während die Fahrer an der Grenze protestierten, um ihre Wut über die andauernde Besetzung des Nordens durch türkisches Militär auszudrücken, kam es zu einem Handgemenge. In der Uno-Pufferzone, die zwischen den beiden Landesteilen verläuft, prallten griechische und türkische Zyprer aufeinander.

Tassos Isaak wurde in dem Chaos von seinen Mitdemonstranten getrennt und sah sich plötzlich von Türken umringt. Obwohl unbewaffnet, wurde er angegriffen und zu Tode geprügelt. Mitarbeiter der Uno bargen später seinen Leichnam.

Drei Tage danach versammelte sich am Kontrollpunkt Deryneia erneut eine Menschenmenge, um gegen seinen Tod zu protestieren. Unter den Demonstranten befand sich auch der 26-jährige Solomos Solomou, der außer sich über den Tod seines Freundes war. Trotz Versuchen, ihn zurückzuhalten, umging er die Friedenstruppen der Uno und schlüpfte ins Niemandsland bis zu einem Fahnenmast mit der türkischen Flagge. Er schaffte es, den Mast halb hochzuklettern, dann wurde er von fünf Schüssen getroffen. Die Kugeln kamen aus der Waffe eines türkisch-zyprischen Grenzpostens und wahrscheinlich auch von Soldaten der Armee, die im Gebüsch versteckt waren. Solomos' Tod wurde auf Video festgehalten. Der Film wird heute an den Aussichtspunkten gezeigt, von denen man die Stätte der Todesfälle von Deryneia überblicken kann.

Summen privater Finanzmittel. In den frühen 2000ern fielen die Kurse jedoch im Sturzflug und viele Zyprer verloren riesige Beträge. Ähnliche finanzielle Verluste waren auch das Ergebnis einer sich verschärfenden Rezession, der Bankenkrise und der darauf folgenden EU-Rettungsaktion (unter der Bedingung, dass Zypern strikte Sparmaßnahmen einhalten muss).

Der Tourismus blieb dagegen lebhaft; nach wie vor stellen Briten den größten Anteil an Zypern-Reisenden, doch die Zahl russischer Touristen ist deutlich gestiegen.

Das Gebiet nördlich der Grünen Linie wird von den meisten Ausländern einfach „Nordzypern" und von den Griechen „Besetzte Gebiete" *(ta katehomena)* genannt. Im Vergleich zum Süden hat es sich im Schneckentempo entwickelt. Der Zustrom von Festlandtürken und internationale wirtschaftliche Sanktionen gegen die Regierung des Nordens erschweren das Wachstum. Nordzypern wird hauptsächlich von der Türkei unterstützt, vor allem wegen seiner Rolle als militärischer Außenposten des Landes, und bekommt deshalb direkte Finanzhilfen.

Zahlreiche Türken vom Festland haben türkische Zyprer geheiratet. Manche türkisch-zyprische Bürgerliche, die Wert darauf legen, dass sie anders sind als die Festlandtürken, missbilligen solche Beziehungen.

3. April 2008
In der Altstadt von Nikosia wird in der Ledrastraße die Grenze geöffnet.

2012
Pavlos Kontides gewinnt die Silbermedaille im Laser-Segeln bei den Olympischen Spielen in London und holt damit Zyperns erste Olympia-Medaille.

2013
Der christdemokratisch-konservative Nikos Anastasiades wird zum Präsidenten der Republik Zypern gewählt.

Februar 2014
Nachdem sie 2012 ausgesetzt wurden, beschließen beide Volksgruppenführer, die Verhandlungen über eine Vereinigung formal wieder aufzunehmen.

Die zypriche Lebensart

An dieser Schnittstelle zwischen dem Mittelmeer und dem Nahen Osten hat sich, geprägt durch jahrhundertelange Herrschaft verschiedener Nationen, eine einzigartige Kultur entwickelt. Die Familie ist der Lebensmittelpunkt und älteren Menschen wird großer Respekt entgegengebracht. Und obwohl sich Zypern beim Thema Religion nach außen entspannt gibt, spielen die Traditionen und Werte der orthodoxen Kirche im Süden und des Islam im Norden eine unverändert große Rolle innerhalb der Gesellschaft.

Kurzinfos

Die Sonne scheint durchschnittlich an 326 Tagen im Jahr.

Höchster Punkt ist der Olympos mit 1952 m.

Vor 20 Mio. Jahren erhob sich Zypern als Ophiolith aus dem Meer.

Die große Teilung

Viele Aspekte des zyprischen Alltags werden noch immer von der Teilung der Insel von 1974 bestimmt. Fast zwei Generationen sind inzwischen mit ihr sowie den permanenten politischen Neuigkeiten und Diskussionen auf beiden Seiten der Grünen Linie aufgewachsen. Heute betrachten sich die meisten Inselbewohner in erster Linie als Zyprer und erst dann als Griechen oder Türken, obwohl die Bande zu den Mutternationen auf dem Festland weiter bestehen. Seit einigen Jahren drängt vor allem die jüngere griechisch- und türkisch-zyprische Generation – geboren nach der Teilung – auf eine Lösung. Sie ist das ewige politische Taktieren satt, das die Schlagzeilen der zyprischen Zeitungen dominiert.

Als 2003 die ersten Grenzübergänge zwischen Nord und Süd geöffnet wurden, wusste niemand, wie die Zyprer reagieren und welche Konsequenzen daraus erwachsen würden. Musste man mit Krawallen rechnen? Immerhin durfte – von diplomatischen Besuchern abgesehen – 29 Jahre lang keiner die Grüne Linie überqueren. Zahlreiche Einwohner hatten auf der „anderen Seite" jedoch noch immer Freunde, Verwandte oder auch ein Zuhause, das sie vermissten.

Nur Freunde nennen einander beim Vornamen, eine sehr vertrauliche Form der Anrede. Normalerweise grüßt man andere mit dem Titel *kyrie* oder *kyria* (Griechisch für Herr und Frau) und dem Familiennamen. Auf Türkisch folgen dem Namen die entsprechenden Titel *bey* bzw. *hanım*.

Innerhalb von Stunden strömten Tausende über die Grenze. Viele türkische Zyprer auf Besuch im Süden waren beeindruckt vom Reichtum und den eleganten Geschäften und Restaurants in den Straßen Nikosias, während griechische Zyprer durch Nord-Nikosia (Lefkoşa) spazierten und staunten, wie wenig sich in 30 Jahren verändert hatte. Alte Bekannte trafen sich, Tränen flossen. Einige Griechen besuchten ihre einstigen Häuser und Grundstücke im Norden, und manche wurden von den neuen Bewohnern herzlich begrüßt, auf einen Kaffee eingeladen und mit Zitrusfrüchten und Blumen beschenkt. Geschätzte 35 % der zyprischen Bevölkerung überquerten in den ersten zwei Wochen die Grenze, und mehr als 25 000 türkische Zyprer beantragten einen Pass der Republik Zypern allein in jenem Jahr.

Die Menschen behandelten einander bewusst höflich und freundlich, und bis heute gab es keine größeren Zwischenfälle. Die Grenze zu überqueren ist zur Normalität geworden. Mehr als 20 Mio. Übertritte wurden registriert, davon 70 % von Nord nach Süd. Viele türkische Zyprer kommen inzwischen täglich über die Grenze, um im Südteil der Insel einzukaufen oder zu arbeiten. Die griechischen Zyprer überqueren die Grenze weniger häufig, doch viele reisen an Ostern in den Norden, vor allem, um die Apostolos-Andreas-Kirche zu besuchen, günstig einzukaufen und ins Kasino zu gehen.

Politik wird auf beiden Seiten der Grenze offen diskutiert, doch Traveller sollten sehr taktvoll mit dem Thema umgehen. Sowohl griechische als auch türkische Zyprer mögen das Problem zwar freimütig besprechen, trotzdem wartet man besser, bis sie es selbst anschneiden, denn auf beiden Seiten der Grünen Linie gibt es noch immer Gruppen von Hardlinern. Außerdem ist gerade für die ältere Generation die Teilung ihrer Insel noch immer ein heikles Thema, besonders dann, wenn sie die traumatische Trennung direkt miterlebt haben.

Multikulti

Zyprer sind von Natur aus gastfreundlich, allerdings betrachten manche von ihnen Fremde mit Zurückhaltung und Skepsis – angesichts der langen Besatzungsgeschichte ihrer Insel und ihres Kampfes um Unabhängigkeit ist das verständlich.

Patriotismus ist Teil der zyprischen Identität. Zyprer im Norden bezeichnen Übersiedler vom Festland mitunter als Außenseiter und ziehen eine deutliche Trennungslinie zwischen ihrer Insel und der Türkei. Ganz ähnlich ist es im Süden: Einige Einwohner, vor allem solche, die Zypern nie verlassen haben, sehen Einwanderer der zweiten Generation immer noch als *xeni* (Ausländer) an.

Während der letzten zehn Jahre haben sich sehr viele Immigranten auf beiden Seiten der Grünen Linie niedergelassen. Im Norden waren es oft ausländische Studenten, die von den Universitäten angezogen wurden und nach ihrem Abschluss blieben. Im Süden arbeiten Einwanderer meist als Handwerker oder im Service. Dieser multikulturelle Einfluss hat das Gesicht der Bevölkerung rasch verändert. Bedenkt man nun, dass sich aus der kolonialen Vergangenheit der Insel eine gewisse „Britishness" gehalten hat und die Insel in hohem Maße vom Tourismus abhängig ist, verwundert es vielleicht nicht, dass sich viele Zyprer von Ausländern geradezu überlaufen fühlen – ob Sie damit nun Recht haben oder nicht.

Eine große Sorge ist, dass die traditionelle Lebensweise und Kultur Schritt für Schritt verloren gehen, was bei einigen Zyprern Unmut erzeugt. Doch viele andere, besonders jene, die ins Ausland gereist sind oder auch dort studiert haben, begrüßen die kulturelle Vielfalt.

Selbst konservative Zyprer erkennen jedoch, dass sich die Gesellschaft in diese Richtung entwickelt. Dies zeigt sich in der wachsenden Anzahl von Zyprern, die Ausländer heiraten (14 % aller Ehen) – vor allem Euro-

Traditionell braucht ein zyprischer Mann für die vollkommene Entspannung in seinem Hof oder Garten sieben alte Holzstühle: einen für seinen Stock, einen für seinen Kaffee, einen für jeden Arm, einen für jedes Bein und einen, auf dem er sitzt.

DAS KAFENEIO & DAS TEEHAUS

Der zentrale Treffpunkt in den Dörfern des griechischen Teils der Insel ist das *kafeneio* (Kaffehaus). Meist gibt's zwei, die sich durch ihre politische Haltung (sozialistisch bzw. nationalistisch) unterscheiden. Das türkisch-zyprische Pendant zum *kafeneio* ist das Teehaus. Das eine wie das andere ist gefüllt mit Männern jeden Alters, die dort sitzen, servieren oder etwas spielen. Viele kommen auf dem Weg von der und zur Arbeit vorbei. Die Alten sitzen ruhig auf ihren Stühlen, lassen die Zeit vorüberziehen, verspeisen Halloumi und Oliven oder trinken Kaffee, Tee und, im Süden, *zivania* (Schnaps aus Traubentrester). Gute Freunde hocken beisammen, rauchen und spielen im Schatten des Weinlaubs *tavli* (Backgammon). Ihre Würfel klappern, während sie Züge berechnen und flüsternd Strategien entwickeln. Zur Mittagszeit bleiben dicke Rauchschwaden zurück, denn die Männer gehen zum Essen und zur Siesta nach Hause – um am Abend zurückzukommen und genau dasselbe wie zuvor zu tun.

SOMMER-SOUVLA

Eine der liebsten zyprischen Freizeitbeschäftigungen ist der Genuss einer *souvla* (am Spieß gegrilltes Fleisch), die stundenlang über Grillkohle gegart wurde. Besonders viel Spaß macht das am Strand. Man sagt scherzhaft, das Lieblingsauto der Zyprer sei ein Kleintransporter, denn beim Familienausflug am Wochenende müssen in den Wagen etwa 20 Stühle, ein Tisch und die Grillausrüstung hineinpassen. Viele Einwohner verbringen auch einen Teil ihres Sommerurlaubs beim Camping am Meer und das Geräusch rotierender Grillspieße und der Duft von zartem Lamm mit Kräutern erfüllen die Luft.

päer sowie Russen meist orthodoxen Glaubens. Dadurch ist eine neue multikulturelle Generation entstanden. Auch wenn hartnäckige kulturelle und ethnische Barrieren weiterhin bestehen – oder wahrgenommen werden –, verlieren sie doch zunehmend an Einfluss.

Die meisten Besucher werden die Zyprer als liebenswürdig, herzlich und gastfreundlich kennenlernen, egal, ob sie nun in Städten, Dörfern oder kaum entwickelten Gebieten leben. Das macht die wenigen Überbleibsel von Engstirnigkeit mehr als wett.

Orthodoxe Kirche & Islam

In Zypern gibt es keine FKK-Strände. „Oben ohne" zu baden ist in der Republik Zypern okay, Nacktbaden allerdings nicht. Im Norden sollte man das Bikinioberteil nur in den Hotelanlagen ausziehen (und vorher fragen, ob das o.k. ist). Nicht vergessen: Zypern ist eine traditionelle Nation; deshalb sollte man sich abseits des Strandes immer ein T-Shirt überziehen.

Fast 78 % der Zyprer sind griechisch-orthodox und 18 % Muslime. Die restlichen 4 % gehören den Maroniten, der Armenischen Apostolischen Kirche und anderen Denominationen an. Wegen der Teilung der Insel leben die Muslime hauptsächlich im Norden und die griechisch-orthodoxen Zyprer im Süden.

In jüngster Zeit kamen mehr Asylbewerber aus dem Nahen Osten, Afrika sowie Mittel- und Südasien, weshalb die Zahl der praktizierenden Muslime in der Republik Zypern zugenommen hat, vor allem in Larnaka, Nikosia und Lemesos. In allen drei Städten gibt es Moscheen.

Im Süden ist die Präsenz der orthodoxen Kirche sowohl im politischen Leben als auch im Alltag fest verankert. Das zyprische Jahr dreht sich um die Feste und Heiligentage des orthodoxen Kalenders. Besonders die Sonntage erfreuen sich großer Beliebtheit, um Klöster und byzantinische Kirchen im Troodos-Gebirge zu besuchen.

Die meisten türkischen Zyprer im Norden sind gemäßigte sunnitische Muslime. In ihrer Kultur spielt der Glaube zwar eine große Rolle, doch von den konservativen Traditionen, die anderswo im Nahen Osten lebendig sind, spürt man wenig. Alkohol ist weithin erhältlich und wird auch regelmäßig von türkischen Zyprern getrunken, und die Frauen tragen viel lässigere Kleidung als in anderen muslimisch geprägten Ländern.

Neue Rollenmuster

In einigen Bereichen der zyprischen Gesellschaft gelten noch traditionelle Vorstellungen über die Rolle der Frau: Sie soll sich um Haushalt und Familie kümmern. Doch die modernen zyprischen Einwohnerinnern, besonders in den Städten, mögen Designerkleider, spazieren im Bikini am Strand entlang, sind berufstätig und gehen gerne aus.

In vielen Bereichen genießen Frauen Freiheit und Unabhängigkeit, doch es bleibt immer noch genügend zu tun, vor allem in der Arbeitswelt. Höhere Positionen sind bis heute überwiegend Männern vorbehalten.

Die Haltung gegenüber Homosexuellen hat sich im Lauf der Jahre gelockert, obwohl Zärtlichkeiten in der Öffentlichkeit weiterhin von vielen missbilligt werden. In Städten wie Nikosia, Lemesos, Larnaka und Pafos gibt's zahlreiche Schwulenbars und -clubs mit entspannter Atmosphäre. Im türkischen Teil der Insel empfiehlt sich Zurückhaltung, insbesondere abseits der Touristenhochburg Girne.

Kotschys Bienen-Ragwurz

Natur & Umwelt

Für immer mehr Touristen ist der Hauptgrund für eine Zypernreise die einzigartige Inselflora und -fauna. Im Frühling blühen winzige seltene Orchideenspezies an von Wildblumen übersäten Hängen. Im Sommer legen scharenweise Schildkröten ihre Eier an den Stränden ab und in den Wäldern im Hochland sowie an den Salzseen in den Tälern kann man heimische Vogelarten wie auch Besucher „auf der Durchreise" beobachten. Die reiche Artenvielfalt macht Zypern zu einem Paradies für Naturliebhaber.

Geografie

Mit seiner scharfen Spitze und den ausgestellten Flanken ähnelt Zypern, die drittgrößte Mittelmeerinsel, einem auftauchenden Schwertfisch.

Das 170 km lange Kyrenia-(Girne-)Gebirge im Norden verläuft parallel zur Küste und entstand im Mesozoikum durch nach oben drängende Kalksteinmassen. Sein berühmtestes Wahrzeichen ist der „Fünf-Finger-

Fans von Schmetterlingen finden im detailreichen Taschenbuchführer *Butterflies of North Cyprus* von Dr. Daniel H. Haines und Dr. Hilary M. Haines einen guten Begleiter.

Berg" (Pentadaktylos auf Griechisch, Beşparmak auf Türkisch), ein Gipfel mit fünf Erhebungen.

Unmittelbar südlich des Gebirgszuges erstreckt sich die weite Mesaoria-Ebene („zwischen den Bergen") von Güzelyurt (Morfou) im Westen bis nach Famagusta (Mağusa) im Osten. Ziemlich genau in der Mitte liegt die geteilte Hauptstadt Nikosia/Nord-Nikosia. Das über 1900 km^2 große Schwemmland ist das wichtigste Getreideanbaugebiet der Insel. Weiter südlich erhebt sich das riesige Troodos-Gebirge, das vor Millionen von Jahren aus dem tiefen Ozean als geschmolzenes Gestein aufstieg. Neben dem imposanten Olympos wartet es mit niedrigeren Plateaus im Osten auf. Die Region ist reich an Mineralien und Bodenschätzen wie Chromit, Gips, Eisenpyrit, Marmor und Kupfer und die Tausende Jahre andauernde Förderung war in früheren Zeiten entscheidend für die Entwicklung der Insel.

Nationalparks & Naturschutzgebiete

Immer mehr Naturgebiete werden zu Nationalparks erklärt. Im griechischen Teil der Insel gehören bereits der Akamas-Wald in der Pafos-Region, der Troodos-Nationalpark (seit 1992), das Kap Greco sowie die Bucht der Halbinsel im Osten von Agia Napa dazu, ebenso wie der Nationalpark Athalassa-Wald westlich von Nikosia, der Polemidia-Wald in der Nähe von Lemesos, der Rizoelia-Wald unweit von Larnaka und das Tripylos-Naturreservat östlich von Pafos mit dem wunderschönen Zederntal.

Weitere Infos zur Flora Zyperns bietet George Sfikas' *Die Wildblumen Zyperns*.

Bald sollen auch folgende Gebiete unter Schutz gestellt werden: das Platis-Tal nahe dem Kykkos-Kloster im Troodos-Gebirge, Madari östlich des Troodos-Gebirges in Richtung Larnaka, Mavroi Kremnoi (Teil des staatlichen Waldes bei Pafos) und die Akrotiri-Salzseen auf der Akrotiri-Halbinsel unweit von Lemesos.

Das Lara-Toxeftra-Reservat vor der Westküste nahe der Pafos-Region ist der einzige Meerespark. Er schützt Schildkröten und ihre Bruttstrände.

Dank des Kampfes von Umweltschützern gegen die Bebauung der sensiblen, einzigartigen Region wurden in Nordzypern 150 km^2 der

FLOWER POWER

Blumenliebhaber müssen sich auf lange Fußmärsche und viel Sucherei einstellen, da zahlreiche Arten nur in bestimmten kleinen Gebieten vorkommen. Man sollte also geduldig sein und Freude am Wandern haben!

Casey-Rittersporn Die spätblühende Art zeichnet sich durch einen dünnen Stängel mit rund einem Dutzend dunkelvioletter herabhängender Blüten aus. Sie wächst nur in den felsigen Gipfeln 1,5 km südwestlich von St. Hilarion.

Zypern-Krokus Diese bedrohte weiß-gelbe Blume gehört zur Familie der Schwertlilien, steht unter Naturschutz und kommt in den Höhen des Troodos-Gebirges vor.

Zypern-Tulpe Eine empfindliche, dunkelrote, seltene Blume, die ebenfalls geschützt wird und auf der Akamas-Halbinsel, der Koruçam-(Kormakitis-)Halbinsel sowie in abgelegenen Gegenden des Beşparmak-(Pentadaktylos-)Gebirges zu finden ist.

Orchideen Zyperns wohl beliebteste Wildblumen. Eine bekannte endemische Vertreterin ist die recht seltene Kotschys Ragwurz, die in Form und Farbe einer Biene ähnelt. Sie gedeiht in verschiedenen Regionen der Insel. Auf den Abhängen des Olympos blühen außerdem das schlank gewachsene rosafarbene Anatolische Knabenkraut, die kegelförmige Pyramiden-Hundswurz, die Riesenorchidee und die farbenprächtigen Ragwurzen.

St.-Hilarion-Kohl Diese Schönheit mit dem wenig attraktiven Namen kommt im Norden vor, besonders an Felsvorsprüngen rund um die St.-Hilarion-Burg. Es handelt sich dabei um eine endemische Kohlblume, die bis zu 1 m groß wird und cremefarbene Blüten hat.

Troodos-Lotwurz Die gelbe, glockenförmige, reich beblätterte endemische Blume gehört zu den Raublattgewächsen. Auch sie ist bedroht und wächst nur auf den höchsten Gipfeln des Troodos-Gebirges.

Landschaft bei Latsi (S. 101), Halbinsel Akamas

Zypern wartet mit 140 ausschließlich im Troodos-Gebirge wachsenden Blütenpflanzen auf. Außerdem bietet es im Frühling und im Herbst insgesamt 390 verschiedenen Zugvögeln eine Heimat und verfügt über 80 Brutplätze für seltene geschützte Schildkröten.

Karpaz-(Kırpaşa-)Halbinsel zum Nationalpark erklärt. Davon profitieren die seltenen Meeresschildkröten, die an den Stränden auf beiden Seiten der Halbinsel nisten.

Reiche Pflanzenwelt

Beim ersten Besuch Zyperns ist die Vielfalt der Inselflora oft nicht sofort erkennbar. Nach dem faszinierenden Farbenspiel endemischer Pflanzen und Wildblumen im Frühling verleiht der Sommer der Insel ein ausgedörrtes Antlitz mit nur wenigen zähen Blumen und Disteln.

Es gibt rund 1800 Pflanzenarten, etwa 7% davon ausschließlich auf Zypern, und hauptsächlich fünf Biotoptypen: Kiefernwälder, Garigue und Maquis (mediterraner Buschwald), Felslandschaften sowie Küsten- und Sumpfgebiete. Besonders viele endemische Pflanzenarten, nämlich rund 45, findet man im Troodos-Gebirge. Auf der Karpaz-(Kırpaşa-)Halbinsel gibt's weitere 19 endemische Arten, die nur im Norden vorkommen.

Auf Zypern gedeihen über 40 Orchideenarten, ein Großteil davon – wie das seltene Punktierte Knabenkraut – im Kyrenia-Gebirge. Wer Zyperns Wildblumen in ihrer vollen Pracht erleben möchte, sollte die Insel in der Vorfrühlingszeit (Feb.–März) oder im Spätherbst (Okt. & Nov.) besuchen, wenn sie von dem feuchteren Klima profitieren.

Naturliebhaber werden sich über die wachsende Anzahl von ländlichen Unterkünften in den Bergen und traditionellen Dörfern freuen. Genaueres erfährt man unter www.agrotourism.com.cy.

Umweltbewusstsein

Leider hat die wunderschöne Insel mit Umweltproblemen zu kämpfen. Manche davon sind auf den Tourismus zurückzuführen, schwerer wiegen jedoch zugemüllte Straßen und Strände und am Straßenland abgeladener Abfall. Industriemüll, Kühlschränke, Schutt und Ähnliches werden oft in Wäldern und in der Nähe natürlicher Salzseen entsorgt.

Die Regierung reagierte mit Werbeaktionen, die dazu aufrufen, Abfall in Mülleimern zu entsorgen und Zigarettenkippen nicht am Strand lie-

JUERGEN RICHTER / GETTY IMAGES ©

Grotten (S. 127) bei Agia Napa

gen zu lassen. Darüber hinaus gibt's neue Recyclingstationen. Aufklärungsprogramme in Grundschulen sollen die neue Generation schon früh für das Thema Umweltbewusstsein sowie Abfallverwertung sensibilisieren. Auch die Gemeinderäte ziehen mit und stellen bei natürlichen Lebensräumen, in denen oft Müll hinterlassen wird, Container auf. Diese Maßnahmen schaffen neue Hoffnung und machen auf das wichtige Thema aufmerksam.

Wasserknappheit

Der Hauptgrund für die Wasserknappheit auf Zypern sind die geringen Regenfälle, aber der Tourismus – fast 3 Mio. Besucher pro Jahr – hat die Situation noch verschärft. Traveller sollten deshalb besonders bewusst mit Wasser umgehen.

Die Wasserknappheit ist ein signifikantes Problem, mit dem die Insel schon seit Langem zu kämpfen hat und für die es verschiedene Ursachen gibt: Das Bevölkerungswachstum, der falsche Umgang mit Grundwasserleitern, aber auch mehrere aufeinanderfolgende Dürrejahre, aufgrund derer die Wasservorräte an Staudämmen etc. erschöpft sind.

Auf der Suche nach einer nachhaltigen Lösung des Problems begann man im Süden in den 1990er-Jahren mit dem Bau von Entsalzungsanlagen. Mittlerweile gibt es vier davon, die jeweils 40 000 m^3 Trinkwasser pro Tag produzieren –mehr als 50 % des Brauchwassers. Derzeit entsteht noch eine weitere Anlage.

Im Norden erfolgte 2013 der Startschuss für ein ambitioniertes Bauprojekt: Zwischen dem türkischen Festland und Zypern soll – für stolze 484 Millionen US$ – eine Unterwasser-Pipeline angelegt werden, um eine ständige Wasserversorgung zu garantieren. Wenn sie einmal fertig ist, wird die Pipeline die längste Unterwasserleitung der Welt sein! Kritiker halten das Projekt für unwirtschaftlich, andere glauben, dass es nicht nur die Wasserversorgung im Norden sicherstellen wird, sondern auch eine Schlüsselrolle für die Wiedervereinigung der Insel spielen könnte, wenn Norden und Süden Pläne für eine gemeinschaftliche Wasserversorgung erarbeiten.

Inseltiere

Vögel

Zypern ist ein wichtiges Winterdomizil für Zugvögel, kann sich aber auch zweier endemischer Arten rühmen, die es sonst nirgendwo auf der Welt gibt: die Schuppengrasmücke und der Zypern-Steinschmätzer. Viele begeisterte Ornithologen kommen ausschließlich nach Zypern, um diese beiden Vögelchen zu sehen.

Ganzjährig findet man nur etwa 50 Arten auf der Insel, während der Hauptmigrationsphase am Mittelmeer nutzen aber mehr als 200 Arten die Insel als Zwischenstopp auf ihrer Reiseroute.

Von Oktober bis April kann man jederzeit Vögel beobachten, doch der Frühling (insbesondere der April) ist die beste Zeit.

Websites für Vogelkundler

Vogelwelt Zypern (www.birdlife cyprus.org; Süd-Zypern); auf Engl.

Vogelbeobachtungen in Nord-Zypern (www.kibrisbirds.net); auf Engl.

Säugetiere

Das Mufflon ist das bekannteste zyprische Wildtier. Daneben treiben sich auch noch ein paar scheue Wildesel auf der Karpaz-(Kırpaşa-)Halbinsel herum, bei denen es sich wohl um die Nachfahren domestizierter Esel handelt, die 1974 ausgerissen sind oder zurückgelassen wurden.

In den verschiedenen Wäldern der Insel hausen kleinere Tiere wie Füchse, Kaninchen, Hasen, Igel, Eichhörnchen und Flughunde.

Reptilien

In der trockenen, heißen Sommerlandschaft der Insel fühlen sich Eidechsen, Geckos, Chamäleons und Schlangen wohl, von denen nur die Europäische Eidechsennatter und die Levanteotter giftig sind. Eidechsen sieht man häufig beim Sonnenbad auf Felsen, Ruinen und Betonwänden. Wer in einem der großartigen Landhotels der Insel übernachtet, entdeckt vor der Tür vielleicht auch einen Gecko auf Insektenjagd.

Meeresbewohner

In Zyperns warmen, klaren Gewässern leben über 260 Fischarten. Die Buchten und unterirdischen Riffe an der Küste eignen sich mit ihrer

BEOBACHTUNGSPOSTEN

Zugvögel, die zwischen Afrika und Europa umherziehen, nutzen Zypern als Zwischenstopp auf ihrer Route, deshalb sieht man neben einheimischen Arten auch exotischere Spezies. Folgende Gebiete eignen sich gut als Beobachtungsposten:

Larnaka-Salzsee In diesem wichtigen Zugvogelrevier tummeln sich von Februar bis Mai Flamingos und Wasservögel. An der Straße zum Flughafen von Larnaka findet man Aussichtsposten mit Sitzen, außerdem erstrecken sich tolle Naturpfade um die Seen hinter der Hala Sultan Tekke.

Troodos-Gebirge Entlang der vielen Wanderwege in der Region gibt's exzellente Aussichtspunkte. Mit einem Fernglas im Gepäck kann man Gänsegeier und Falkenarten beobachten. Die Kaledonia-Route bietet mit ihren Schuppen- und Samtkopf-Grasmücken sowie Nachtigallen einige besonders schöne Ausblicke.

Kap-Greco-Halbinsel Das Kap wartet nicht nur mit wunderbaren Meereshöhlen auf, sondern ist mit seinem Buschland und den Felsvorsprüngen auch eines der wichtigsten Reviere für Zugvögel. Die Bandbreite reicht von Chukarhühnern und Brillengrasmücken über Steppenweihen bis zu Rötelschwalben.

Kyrenia-(Girne-)Gebirge Habichtsadler nisten in den zerklüfteten Felsen und Schuppengrasmücken sowie Zypern-Steinschmätzer sind ein gewohnter Anblick. Ebenfalls zahlreich vertreten sind Kappenammern, Brillengrasmücken und Blaumerlen.

Feuchtgebiete um Famagusta Ähnlich wie am Larnaka-Salzsee im Süden werden auch die Feuchtgebiete um Famagusta im Norden von Zugvögeln bevölkert. Stammgäste sind z. B. Pelikane, Flamingos, Jungfernkraniche und Löffler.

Möwen über den Salzmarschen von Lemesos (Limassol; S. 50)

Wildesel

Zypern-Mufflon

reichen Unterwasserwelt aus Korallen, Schwämmen, Muscheln und Seeanemonen hervorragend zum Tauchen und Schnorcheln.

Oft bekommt man hier Schwärme von Zackenbarschen, Jack- und Thunfischen, Barracudas, Rochen und Papageienfischen vor die Taucherbrille. Außerdem sind in den Gewässern rings um die Insel Muränen, Tintenfische und Schildkröten (Suppen- und Unechte Karettschildkröten) heimisch.

Bedrohte Arten

Mufflons (zyprische Wildschafe) sind scheu, flink und gute Kletterer. Die Männchen haben riesige geschwungene Hörner. Sie wurden in der Lusignan-Epoche von Adligen und später von Jägern und Bauern gejagt. Anfang des 20. Jhs. galten sie deshalb fast als ausgestorben. Doch dann stieg das Bewusstsein für die bedrohliche Lage des Nationalsymbols, das mittlerweile in Reservaten wie der Waldstation Stavros tis Psokas in Pafos geschützt wird, wo eine kleine Herde lebt (s. S. 100). In freier Wildbahn entdeckt man die Tiere nur sehr selten – und wenn doch, dann ausschließlich in abgeschiedenen Bergregionen.

Seit Jahrhunderten leben und brüten Suppen- und Unechte Karettschildkröten an Zyperns Stränden, aber der Tourismus und die zunehmende Bebauung bedrohen wichtige Nistplätze wie die weichen Sandstrände im Norden. Diese sind mittlerweile beschildert und nachts (zur Brutzeit) geschlossen. An der Küste gibt's verschiedene Schutzprojekte. Besucher sollten die vorgeschriebenen Badezeiten einhalten und Sonnenschirme möglichst nah am Wasser aufstellen, um keine Eier zu schädigen. Mönchsrobben sind nur sehr selten vor der Küste zu sehen und galten vor zehn Jahren als ausgestorben. Sichtungen vor der Ostküste und in den Meereshöhlen des Greco-Kaps in den letzten Jahren machen jedoch Hoffnung. Heute glaubt man, dass eine sehr kleine Anzahl in abgeschiedenen Gewässern vor der Küste überlebt hat.

Das Zypern-Mufflon, ein ehemals bedrohtes Wildschaf, ist das Nationalsymbol der Insel. Es lebt in abgelegenen Bergregionen des Troodos und bei Pafos. In der unbewohnten Sicherheitszone zwischen Norden und Süden soll es ein paar Unterarten geben.

Freske im Agios-Ioannis-Lambadistis-Kloster (S. 74)

Kunst & Kultur

Zyperns reiches Kulturerbe spiegelt eine vielseitige Liebe zu Kunst und Kultur wider. Mit glanzvollen Ikonen in ausdrucksvollen Farben bis hin zu filigran und kompliziert gearbeiteten Stickereien beweisen die Zyprioten ein tief verankertes künstlerisches und ästhetisches Bewusstsein für visuelle und kreative Kunst. Fester Bestandteil ihres Lebens ist auch Musik, und Traditionen wie die urbane griechische Volksmusik *rebetiko* werden nach wie vor gepflegt.

Bildende Kunst

Politische Unruhen und die Teilung hinterließen unverkennbare Spuren in der traditionell östlich wie westlich geprägten zyprischen Kunst.

Von Fresken zu volkstümlicher Malerei

Keramiken und Mosaiken aus der neolithischen Epoche zeugen von einem Bedürfnis nach dekorativen Elementen, das sich mit der Christianisierung der Insel 45 n.Chr. und dem Aufkommen byzantinischer Kunst fortsetzte. Die religiöse Kunstform fand in Fresken, Mosaiken und Ikonen ihren Ausdruck. Viele dieser Werke sind noch heute in Klöstern und Kirchen zu bewundern. Die umfassendsten Sammlungen beeindruckender Kunstwerke aus dieser Zeit bieten die Byzantinischen Museen im Kulturzentrum der Stiftung Erzbischof Makarios in Nikosia (Lefkosia) mit Zyperns größter Ikonensammlung sowie das Kykkos-Kloster bei Pedoulas im Troodos-Gebirge. Kykkos ist nur eines der zahlreichen Klöster, die mit farbenfrohen komplexen Mosaiken aufwarten. Klöster und Kirchen, die ebenfalls einen Besuch wert sind – vor allem wegen ihrer byzantinischen Fresken –, sind u.a. Agios Nikolaos tis Stegis, Panagia tis Podythou, Panagia Forviotissa und Timios Stavros.

Aus der fränkischen (1192–1489) und venezianischen (1489–1571) Epoche ist aufgrund wiederholter Plünderungen leider wenig geblieben. Die Situation verbesserte sich auch nicht mit der osmanischen Eroberung 1570, als Überleben wichtiger war als die Kunst.

Im 19. Jh. tauchten vermehrt volkstümliche Maler und Bildhauer auf, die Vorläufer zeitgenössischer zyprischer Künstler. Sie bemalten Friese in Cafés und verzierten Glas und Möbel, insbesondere traditionelle Eisenbetten, die mit Pflanzenmotiven und Ähnlichem verschönert wurden.

Malerei & Bildhauerei des 20. & 21. Jhs.

In den 1950er-Jahren kehrten Künstler nach ihrem Studium im Ausland auf die Insel zurück. Zu den wichtigsten zählen der stark vom Kubismus und Expressionismus geprägte Christofos Savva (1924–1968) sowie die abstrakten Künstler Costas Joachim (geb. 1936), Nicos Kouroussis (geb. 1937) und Andreas Ladommatos (geb. 1940).

Die 1974 erfolgte Teilung der Insel beeinflusste die Kunst entscheidend. Symbolismus und Gegenstandskunst reflektierten die spirituelle Leere jener Zeit. Bedeutende Künstler dieser Epoche sind u.a. Angelos Makrides (geb. 1942), der Zypern bei der Biennale di Venezia 1988 repräsentierte, und Emin Chizenel (geb. 1949), türkisch-zyprischer Fulbright-Stipendiat, der beide Seiten der Teilung veranschaulicht.

Die aus Nikosia stammende Künstlerin Haris Epaminonda (geb. 1980) ist für ihre Collagen, Installationen und Videos bekannt, der türkische Mustafa Hulusi zeigte 2010 eine Solo-Performance in Londons Tate Modern und trug 2012 Werke zur Ausstellung *Terra Mediterranea in Crisis* im Städtischen Kunstzentrum Nikosia bei.

2014 eröffnete die AG Leventis Gallery in Nikosia. Hier sind Werke ausgestellt, die zu Zyperns symbolträchtigsten zeitgenössischen Kunstwerken gehören. Das Herz der Ausstellung ist das monumentale Werk *The World of Cyprus* des berühmten verstorbenen zypriotischen Malers Adamantios Diamantis. Es basiert auf 75 Zeichnungen, die Land und Leute auf der Insel zeigen. Ein weiteres Kunstmuseum, das hervorragenden Einblick in Zyperns Kunst liefert, ist die ebenfalls in Nikosia angesiedelte State Gallery of Cypriot Contemporary Art.

Zyperns berühmteste Bildhauer

- *Demetris Constantinou (geb. 1924)*
- *Andreas Savvides (geb. 1930)*
- *George Sfikas (geb. 1943)*
- *Nicos Dymiotis (1930–1990)*
- *Kypros Perdios (geb. 1942)*
- *Leonidas Spanos (geb. 1955)*

Ikonen

Einige zyprische Kirchen und Museen schmücken noch immer wunderschöne byzantinische Ikonen, viele wurden allerdings geplündert und ihre Schätze verkauft. Oft sind sich die Abnehmer der Ikonen ihrer Herkunft gar nicht bewusst. Über dem Kamin des Sängers Boy George hing jahrzehntelang eine Ikone, bis sie bei einem Fernsehinterview zufällig von einem Experten entdeckt wurde. Seit 2011 ist sie wieder im Besitz der St.-Charalambos-Kirche in Chorio Kythrea, aus der sie 1974 gestohlen worden war.

In zahlreichen Klöstern werden noch immer Ikonen hergestellt. Vater Kallinikos Stavrovounis, betagter Priester des Stavrovouni-Klosters

Freske in der Panagia tou Araka (S. 82)

STUART BLACK / GETTY IMAGES ©

Römisches Mosaik, Antikes Kourion (S. 60)

Traditionelle Spitzenherstellung in Lefkara (S. 121)

(S. 119) zwischen Nikosia und Lemesos, ist der zu Recht bekannteste der modernen Ikonenmaler. Die Erlöse seiner Kunst fließen in den Unterhalt des Stavrovouni-Klosters und anderer Abteien.

Traditionelles Kunsthandwerk

Zypern hat sich seine Volkskunst bewahrt, die von Korbflechterei bis zur Spitzenherstellung reicht. Authentische Produkte und faire Preise bieten die Verkaufsstellen des Staatlichen Kunsthandwerkszentrums in Nikosia (S. 147), Lemesos (S. 54) oder Pafos.

Tonwaren

Es lohnt sich, nach dekorativen Tonwaren Ausschau zu halten, vor allem den riesigen *pitharia* (Tongefäße), die oft als Blumentöpfe herhalten, ursprünglich jedoch zur Aufbewahrung von Wasser, Öl oder Wein dienten. Eine der besten Adressen, um mehr über die Geschichte der *pitharia* zu erfahren, ist das Museum für Volkskunst in Foini (S. 71) im Troodos-Gebirge. Museumsdirektor Theophanis Pilavakis, mittlerweile über 90 Jahre alt, ist berühmt für seine riesige handgefertigte *pitharia* (in der Ausstellung zu sehen), die es mit einem Fassungsvermögen von 2000 Litern ins *Guinness-Buch der Rekorde* geschafft hat. Das zwischen Lemesos und Larnaka gelegene Dorf Kornos sowie Pafos und der Südwesten der Republik genießen mit ihrer Töpferkunst ebenfalls einen hervorragenden Ruf.

Korbflechten

Früher lernte jedes Familienmitglied das Flechten von Körben. Heute werden diese noch immer aus Schilf hergestellt, das an Flussufern wächst. Dörfer auf der Akamas-Halbinsel wie Kritou Terra wiederum sind für ihre kunstvollen Zweigkörbe bekannt. Aus Palmenblättern und

THEATER

Das Theater ist in Zypern eine wichtige Kunstform mit langer Geschichte. Dazu gehören z. B. im Süden die traditionellen griechischen Stücke und im Norden die osmanisch inspirierten Schattenpuppentheater (S. 161).

Tanzfestival, Antikes Salamis (S. 195)

Stroh entstehen die charakteristischen farbenfrohen *tsestos* (dekorative Teller mit geometrischem Design). Sie sind typisch für den Norden, besonders für die Regionen Karpasia und Mesaoria. Plastikimitate erkennt man zum Glück recht leicht.

Spitze

Zu den bekanntesten Kunsthandwerksexporten zählen die kunstvollen Lefkara-Spitzenarbeiten aus dem gleichnamigen Ort in den südlichen Ausläufern des Troodos-Gebirges. Vorsicht vor nachgeahmter chinesischer Ware! Fyti in der Pafos-Region wartet ebenfalls mit tollen Handarbeiten auf, darunter gewebte und bestickte Seide und Baumwolle. Bisher blieb das Dorf vom Tourismus verschont. Besuchenswert ist das Museum zur Erhaltung des Spitzenhandwerks im Timiou-Stavrou-(Heiliges Kreuz-)Kloster in Omodos.

Musik & Tanz

Zyperns facettenreiche Musik und Tänze wurden von Griechen, Türken und Arabern beeinflusst. Traditionelle Lieder sind auch heute noch beliebt, davon zeugen die aus offenen Autofenstern tönenden Bouzouki-Klänge.

Musik

Griechische Zyprer hören gerne Musik vom griechischen Festland. Außerdem gibt's einige zyprische Musiker, die sowohl in Griechenland als auch in ihrer Heimat Erfolge feiern. Namhafte Künstler sind zum Beispiel Anna Vissi aus Larnaka, die 2014 von Zyperns beliebtem Radiosender Super FM zur besten weiblichen Künstlerin gewählt wurde. Alknoös Ionnides ist ein junger Sänger aus Nikosia, zu dessen Repertoire selbstkomponierte emotionale Balladen gehören, die teilweise Richtung Rock und Rap gehen. Er trat schon in Sälen wie dem Opera House in Toronto vor großem Publikum auf.

Die auf Zypern allgegenwärtige Bouzouki, ein mandolinenähnliches Instrument, erinnert an die türkische *saz* und *baglama*. Sie zählt zu den Hauptinstrumenten der Rebetiko-Musik, der griechischen Version des Blues. Der Name *rebetiko* kommt eventuell vom türkischen Wort *rembet*, was so viel wie „Gesetzloser" bedeutet. Mutmaßungen zu den Ursprüngen von *rebetiko* gehen auseinander, vermutlich handelt es sich um eine Mischung verschiedener Musikarten. Eine Quelle war die Musik, die in den 1870er-Jahren in den zwielichtigen *tekedes* (Haschischhöhlen) im Stadt- und Hafenbereich entstand. Zyperns heutige Musikszene ist ein Mix aus Alt und Neu bzw. aus Tradition und Moderne. Die griechisch-zyprische Jugend lauscht ebenso Rebetiko oder Folklore wie moderner griechischer Rockmusik.

Evagoras Karageorgis, ein zyprischer Liedermacher, schrieb einige wunderbare Songs wie *Topi se Hroma Loulaki* („Violett bemalte Orte"). Er singt das nostalgische, schmerzvolle Lied über die verlorenen Dörfer Nordzyperns in einer Mischung aus zyprischem Dialekt und Griechisch, begleitet von traditionellen und modernen Instrumenten.

Im Norden ähneln die Musiktrends denen der Türkei, dennoch erfreut sich griechische Musik noch immer großer Beliebtheit. In Bezug auf Instrumente und Musikstile gibt's viele Gemeinsamkeiten zwischen beiden Kulturen.

Tanz

Bei traditionellen zyprischen Tänzen handelt es sich meist um den Tanz zweier Paare oder um energische Soloaufführungen von Männern, bei denen der Tänzer Gegenstände wie eine Sichel, ein Messer, ein Sieb oder ein Glas in der Hand hält. In beliebten Touristenlokalen wird häufig ein Tanz namens *datsia* gezeigt, bei dem der Tänzer volle Weingläser auf einem Sieb balanciert.

Bezüglich ihrer Entwicklung und Ausführung ähneln die Tänze im Norden sehr denen im Süden. Der einzige richtige Unterschied sind die Namen: Beispielsweise heißt der *tsifteteli* (eine Art Bauchtanz) im Norden *ciftetelli*. Darüber hinaus gibt's die Hochzeitstänze *testi* und *kozan* sowie den *kaşikli oyunlari*, bei dem Holzlöffel zum Einsatz kommen. Die nördlichen Varianten zyprischer Tänze bekommt man am einfachsten bei entsprechenden Aufführungen in Restaurants zu sehen.

Dancecyprus (www.dancecyprus.org), das zyprische Ballettensemble, präsentiert kreative moderne und klassische Werke mit europäischem Standard sowie charakteristischen zyprischen Elementen. U. a. treten sie im renommierten Rialto-Theater in Lemesos auf.

Literatur

Zypern hat einige gute Autoren hervorgebracht und die Literaturszene wird sowohl in der Republik als auch in Nordzypern aktiv gefördert. Zu den bedeutendsten zyprischen Schriftstellern zählt Loukis Akritas (1932–1965), der sich in Griechenland als Journalist und Autor einen Namen machte. Später verteidigte er die zyprische Unabhängigkeit gänzlich gewaltlos mit dem geschriebenen Wort. Sein Werk umfasst Romane, Theaterstücke, Kurzgeschichten und Essays.

Theodosis Pierides (1908–1967), der 1928 mit dem Schreiben begann, ist einer der angesehensten Dichter der Insel. Seine *Cypriot Symphony* bezeichnete sein Zeitgenosse und Lyrikerkollege Tefkros Anthias (1903–1968) als „bestes, einflussreichstes Epos, das je ein griechischer Dichter über Zypern anfertigte". Anthias selbst wurde von der orthodoxen Kirche exkommuniziert und von den Briten 1931 wegen seiner Gedichtesammlung *The Second Coming* unter Hausarrest gestellt. Während

Die schönsten Musikfestivals

Bellapais Music Festival (www.bellapaisfestival.com), Bellapais, Nordzypern (Mai)

International Famagusta Art & Culture Festival (www.magusa.org), Famagusta, Nordzypern (Juli)

Berengaria International Music Festival (www.festivalberengaria.com) Lemesos, Republik Zypern (März)

Pafos Aphrodite Festival (www.pafc.com.cy) Pafos, Republik Zypern (September)

des Freiheitskampfes 1955 bis 1959 wurde er verhaftet und inhaftiert. Im Gefängnis verfasste er eine Sammlung mit Gedichten namens *The Diary of the CDP,* die 1956 veröffentlicht wurde.

Im Norden gibt's eine kleine, aber feine Literaturszene, die rund 30 Namen umfasst. Nese Yasin (geb. 1959) ist Schriftsteller, Journalist, Dichter und Gründungsmitglied der Bewegung „'74 Generation Poetry Movement". Die Autorengruppe ließ sich nach der Teilung Zyperns von der vorherrschenden Atmosphäre inspirieren. Yasins Gedichte wurden übersetzt und in Magazinen, Zeitungen, Anthologien und Büchern in Zypern, der Türkei und Griechenland sowie im ehemaligen Jugoslawien, in Ungarn, den Niederlanden, Großbritannien und Deutschland veröffentlicht.

Praktische Informationen

Allgemeine Informationen

Arbeiten auf Zypern

EU-Bürger und Schweizer können problemlos in der Republik Zypern arbeiten.

Auf dem Meer

Manchmal besteht die Möglichkeit, auf Jachten und Kreuzfahrtschiffen mitzuhelfen, oft handelt es sich jedoch um unbezahlte Arbeit. Einfach an den verschiedenen Häfen nachfragen.

In Urlaubsorten

Im Sommer gibt's in den Küstenorten Jobs. Wer zu Beginn der Saison kommt und genügend Zeit mitbringt, hat gute Chancen. Ausschreibungen für Kellner, Babysitter, Köche, Putzhilfen etc. findet man in fremdsprachigen Lokalzeitungen.

Sprachunterricht

Deutsch gilt bei vielen Zyprern zwar nicht als allererste Wahl, aber gerade in Tourismusgebieten ist Interesse vorhanden. Wer bereits Deutsch als Fremdsprache unterrichtet hat, sollte also sein Glück versuchen. Wenn man gute Englischkenntnisse mitbringt, kann man ebenfalls unterrichten. Vor allem in Nordzypern, wo die Sprache nicht so weit verbreitet ist, besteht entsprechender Bedarf. Allerdings ist die Konkurrenz recht groß, deswegen sind Qualifikationen wie das TEFL-Zertifikat eine Hilfe.

Eine gute Anlaufstelle für Deutschlehrer ist das Goethe-Institut in Nikosia (www.goethe.de/zypern). Infos zu Lehrtätigkeiten an Akademien oder über Privatunterricht erhält man zudem in Universitäten, Läden für fremdsprachige Bücher und Sprachenschulen. Oft hängen dort Schwarze Bretter mit Stellen und Stellengesuchen.

Botschaften & Konsulate

Republik Zypern

Folgende Botschaften befinden sich in Nikosia (Lefkosia) in der Republik Zypern:

Deutschland (☎2245 1145; www.nikosia.diplo.de; Nikitara 10)

Österreich (☎22410151; www.aussenministerium.at/nikosia; Dimosthenous Severi 34)

Schweiz (☎22466800; www.eda.admin.ch/eda/de/home/reps/eur/vcyp; Themistokleous Dervi 46)

Deutschland ist mit einem diplomatischen Verbindungsbüro in in Nord-Nikosia (Lefkoşa) in Nordzypern vertreten. Post an Adressen in Nordzypern muss mit der Länderbezeichnung „Mersin 10, Turkey" versehen werden, nicht mit „Northern Cyprus" .

Deutschland (☎227 5161; www.nikosia.diplo.de; Kasim 15)

Ermäßigungen

Senioren

In einigen Museen auf Zypern erhalten Senioren über 60 oder 65 Ermäßigungen.

Studenten

Studenten erhalten meistens einen Rabatt von 50 % auf den regulären Eintrittspreis. Dafür benötigt man einen Nachweis wie z. B. eine International Student Identity Card (www.isic.org), die aber nicht überall gültig ist.

Essen

Weitere Infos zum Thema Essen und Trinken auf Zypern siehe das Kapitel **Essen & Trinken auf Zypern** (S. 32).

PREISE FÜR ESSEN

Die folgenden Preiskategorien gelten für Standard-Hauptgerichte.

	REPUBLIK ZYPERN	NORDZYPERN
€	unter 7 €	unter 5 €
€€	7–12 €	5–10 €
€€€	über 12 €	über 10 €

REISEHINWEISE VON DER REGIERUNG

Auf den folgenden Regierungswebsites sind Reise- und Sicherheitshinweise aufgeführt:

Auswärtiges Amt Deutschland (www.auswaertiges-amt.de)

Außenministerium Österreich (www.bmeia.gv.at)

Eidgenössisches Departement für auswärtige Angelegenheiten der Schweiz (www.eda.admin.ch)

Feiertage & Ferien

Republik Zypern

In der Republik gibt's dieselben Feiertage wie in Griechenland, zusätzlich werden der Griechisch-Zyprische Nationalfeiertag (1. April) und der Unabhängigkeitstag des Landes (1. Oktober) gefeiert. Schulferien sind im August und über Neujahr.

Neujahr 1. Januar

Heilige drei Könige 6. Januar

1. Fastensonntag Februar

Griechischer Nationalfeiertag 25. März

(Orthodoxer) Karfreitag März/April

(Orthodoxer) Ostersonntag März/April

Griechisch-zypriotischer Tag 1. April

Tag der Arbeit 1. Mai

Kataklysmos Juni

Mariä Himmelfahrt 15. August

Zypriotischer Unabhängigkeitstag 1. Oktober

Ochi-Tag 28. Oktober

1. Weihnachtsfeiertag 25. Dezember

2. Weihnachtsfeiertag 26. Dezember

Nordzypern

Nordzyperns islamische Feiertage richten sich nach dem Mondkalender und ändern sich deswegen jedes Jahr. Die beiden wichtigsten Termine sind Kurban Bayramı und Şeker Bayramı, die auf den einmonatigen Ramadan (auf Türkisch Ramazan) folgen. Der Fastenmonat wird nicht strikt eingehalten, daher sind Restaurants und Cafés geöffnet. Ebenso wie im Süden gibt's auch in Nordzypern im August und über Neujahr Schulferien. Zu den weiteren Feiertagen gehören:

Neujahr 1. Januar

Tag des Friedens & der Freiheit 20. Juli

Tag des Sieges 30. August

Türkischer Nationalfeiertag 29. Oktober

Gründungstag der Türkischen Republik Zypern 15. November

Fotos

In Fotoläden werden verschiedene Speicherkarten verkauft. Fotofilme bekommt man auch, sie sind jedoch teuer. Sonstige Ausrüstung führen Fachgeschäfte in Nikosia (Lefkosia) und in anderen großen Städten.

Tipps für tolle Reisefotos bietet der englischsprachige Lonely Planet Band *Guide to Travel Photography*.

Personen fotografieren

Die meisten Zyprer lassen sich gern fotografieren, es ist aber unhöflich, ohne Vorwarnung abzudrücken. Ein Gruß – *kalimera* (im Süden) oder *merhaba* (im Norden) – oder ein einfaches Lächeln lassen schnell das Eis schmelzen und einem schönen Motiv steht nichts mehr im Weg.

Es ist unangemessen, in Moscheen Fotos zu machen, während gebetet oder ein Gottesdienst gehalten wird, ansonsten spricht nichts dagegen.

Einschränkungen

Auf Zypern darf man fast alles fotografieren, es gibt allerdings folgende Ausnahmen:

- Rund um die Grüne Linie ist es verboten, Fotos zu schießen, was allerdings auf beiden Seiten der Grenze kaum kontrolliert wird. Nur in Nikosia (Lefkosia) reagiert man sehr sensibel. An die gut sichtbaren Warnschilder (meist eine durchgestrichene Kamera) muss man sich also unbedingt halten.
- Auch Militäranlagen – im Norden sind sie auffälliger als in der Republik – darf man nicht ablichten. Wer ein Warnschild sieht, sollte seine Kamera nicht einmal aus der Tasche nehmen.
- Flughäfen, Häfen und Regierungsgebäude sind ebenfalls mit Vorsicht zu genießen.
- In Museen ist das Fotografieren von Exponaten verboten, es sei denn, man hat eine schriftliche Genehmigung.
- In Kirchen mit Ikonen darf man nur ohne Blitz fotografieren. Je nach Handelswert der Bilder ist es manchmal sogar ganz untersagt.

Frauen unterwegs

Sexuelle Belästigung ist selten, allerdings wird man quasi ständig von zyprischen Männern mit „Komplimenten" überschüttet. Das gilt sowohl für ausländische als auch für einheimische Frauen, wobei Erstere besonders beliebte Opfer sind. Dies kann ermüdend und manchmal auch sehr störend sein. Am besten ignoriert man die Avancen einfach.

In Partyhochburgen wie Agia Napa werden alleinreisende Frauen gelegentlich von alkoholisierten Urlaubern bedrängt.

Freiwilligenarbeit

Wer sich für ehrenamtliche Projekte interessiert, kann sich u. a. an folgende Adressen wenden:

Transitions Abroad (www.transitionsabroad.com) Ein guter Start für jede Suche.

Earthwatch Institute (www.earthwatch.org) Manchmal hat die Organisation Umweltschutzprojekte auf Zypern im Programm.

Go Abroad (www.goabroad.com) Verschiedene Projekte auf Zypern.

Any Work Anywhere (www.anyworkanywhere.com) Schreibt oft ehrenamtliche Jobs in Schutzprogrammen für Schildkröten in Nordzypern und der Republik aus.

Geld

Die Währung Nordzyperns ist die türkische Lira (TRY oder auch YTL). Aufgrund einer hohen Inflationsrate unterliegt der Wechselkurs Schwankungen und wird sich nach Erscheinen dieses Reiseführers sicherlich ändern. In diesem Band sind die Preise in Nordzypern für Unterkünfte und Touren in Euro, für Restaurants, Museen und andere Ausgaben in türkischer Lira angegeben.

Seit Januar 2008 gilt in der Republik Zypern der Euro (€). Der Wechselkurs wurde auf 1 € zu 0,58 Zypern-Pfund (C£) festgelegt.
Fast alle Geschäfte und Hotels in Nordzypern akzeptieren den Euro.

Bargeld

In der Republik leisten verschiedene Banken Barvorschüsse auf Visa, MasterCard, Diners Club, Eurocard und American Express, außerdem gibt's viele Geldautomaten. In Nordzypern gewähren die Banken Vakıflar und Kooperatif in Nord-Nikosia und Kyrenia Barvorschüsse auf Visa-Karten. Größere Geldinstitute wie Iş Bankası in großen Städten haben Geldautomaten, zudem bieten immer mehr Tankstellen einen angeschlossenen Bankautomat. Ein bisschen Bargeld sollte man dennoch bei sich haben, besonders bei Ausflügen auf die Karpaz-(Kırpaşa-)Halbinsel.

Geldautomaten

Geldautomaten findet man in den meisten Städten und größeren Ortschaften auf der Insel.

Kreditkarten

Kreditkarten sind ebenso weit verbreitet wie Geldautomaten und werden in Geschäften, Restaurants, Supermärkten und Tankstellen akzeptiert. Letztere verfügen zudem über Zapfsäulen zur Selbstbedienung, an denen man außerhalb der Öffnungszeiten mit der Kreditkarte zahlen kann.

In Nordzypern werden die Karten weniger häufig akzeptiert als in der Republik, aber in größeren Restaurants, Hotels und Autovermietungen kann man ohne Probleme bargeldlos zahlen.

Reiseschecks

Im Zeitalter der bargeldlosen Zahlung geraten Reise-

PRAKTISCH & KONKRET

Lokalzeitungen & Magazine Im Süden und Norden sind deutsche Zeitungen erhältlich, darunter die Zypern Rundschau (http://cips.com.cy/ZypernRundschau) in der Republik Zypern. Zudem gibt's dort die englischsprachigen Zeitungen *Cyprus Mail* (www.cyprus-mail.com) und *Cyprus Weekly* (www.incyprus.com.cy), während man in Nordzypern nach den *Turkish Daily News*, *Hurriyet Daily News* (www.hurriyetdailynews.com) und *Cyprus Today* (www.cyprustoday.net) Ausschau halten kann.

Radio Die Cyprus Broadcasting Corporation (CyBC), die öffentlich-rechtliche Rundfunkanstalt der Republik Zypern, bietet englischsprachige Programme und Nachrichten auf Radio 2 (91,1 MHz). British Forces Broadcasting Services (BFBS) 1 sendet rund um die Uhr auf Englisch auf 89,7 MHz (Nikosia), 92,1 MHz (Westzypern) und 99,6 MHz (Ostzypern). BFBS 2 ist unter 89,9 MHz (Nikosia), 91,7 MHz (Lemesos) und 95,3 MHz (Larnaka) zu empfangen. BBC World Service sendet 24 Stunden auf 1323 AM.

Bayrak FM ist die Stimme des Nordens und bietet unter 87,8 MHz und 105 MHz ein munteres englischsprachiges Programm.

TV Mittelklasse- und Spitzenklassehotels empfangen häufig über Satellit Deutsche Welle TV. Um 20 Uhr sendet CyBC TV englischsprachige Nachrichten auf Kanal 2.

Gewichte & Maße Auf Zypern gilt das metrische System.

Rauchen In allen Bars und Restaurants verboten, manche Besitzer gucken jedoch bewusst weg. In Zypern ist noch nicht dieselbe Anti-Raucher-Haltung verbreitet wie in weiten Teilen Europas. In Hotels gibt's grundsätzlich Nichtraucherzimmer.

schecks zunehmend aus der Mode. Dabei haben sie durchaus ihre Vorteile, denn sie sind eine gute Notreserve.

Für Euros bieten sich vor allem Schecks von Amex, Visa und Travelex an. Leider erheben Banken teilweise saftige Gebühren darauf, überdies werden sie in kleineren Städten oft nicht akzeptiert. Zur Einlösung ist ein Ausweis oder Reisepass vonnöten.

Trinkgeld

➡ Gelegentlich muss man im Norden sowie im Süden der Insel eine Servicegebühr von 10 % auf Restaurantrechnungen zahlen; ist dies nicht der Fall, wird auf jeden Fall ein ähnlich hohes Trinkgeld erwartet. Taxifahrer und Hotelportiers wissen ein kleines Extra sehr zu schätzen. Bei Shoppingtouren ist es weder im Norden noch im Süden üblich zu handeln.

Gesundheit

Empfohlene Impfungen

Für einen Aufenthalt auf Zypern sind keine Impfungen notwendig. Die Weltgesundheitsorganisation (WHO) empfiehlt Reisenden jedoch allgemein, sich gegen Diphterie, Masern, Mumps, Röteln und Kinderlähmung impfen zu lassen.

Krankenversicherung

➡ Seit 2004 gilt die Europäische Krankenversicherungskarte in allen EU-Staaten und weiteren Ländern wie der Schweiz. In Deutschland ist sie seit 2006 bei gesetzlich Versicherten in die übliche Versicherungskarte integriert.

➡ Die Karte garantiert medizinische Versorgung in der gesamten EU, also auch in der Republik Zypern, allerdings nicht in Nordzypern.

➡ Eine zusätzliche Auslandskrankenversicherung ist empfehlenswert.

Medizinische Versorgung & Kosten

➡ Einen Krankenwagen ruft man in der Republik Zypern unter ☎119 und in Nordzypern unter ☎112.

➡ In Apotheken bekommt man einfache Arzneimittel rezeptfrei. Bei kleineren Problemen geben Apotheker gerne Ratschläge.

➡ In staatlichen Krankenhäusern und Einrichtungen ist die medizinische Notfallversorgung kostenlos.

Trinkwasser

Im Süden kann man das Leitungswasser ohne Bedenken trinken. Die meisten Einheimischen kaufen allerdings abgefülltes Wasser, da das Leitungswasser einen sehr hohen Kalkgehalt hat. Das Wasser, das automatisch serviert wird, wenn man einen zypriotischen Kaffee bestellt, kommt immer aus der Leitung. Im Norden sollte man auf abgefülltes Wasser zurückgreifen.

Internetzugang

➡ WLAN ist in den meisten Hotels sowie in vielen Cafés, Restaurants und Flughäfen vor allem in der Republik verfügbar und meistens, aber nicht immer, kostenlos.

➡ Die Geschwindigkeit variiert in Hotels häufig von Zimmer zu Zimmer, deshalb fragt man am besten beim Einchecken nach.

➡ Internetcafés gibt's in vielen Orten, besonders im Norden. Allerdings werden laufend irgendwo neue Läden eröffnet und andere gehen pleite, deshalb fragt man am besten bei der örtlichen Touristeninformation. Für eine Stunde zahlt man zwischen 1,50 und 3 €.

➡ Unterkünfte mit WLAN-Zugang sind in diesem Band mit dem Symbol 📶 gekennzeichnet. Für ein öffentliches Computerterminal steht das Symbol @.

Öffnungszeiten

Die folgenden Öffnungszeiten gelten nur für die Hauptsaison (in der Nebensaison sind sie oft kürzer) und, wenn nicht anders angegeben, sowohl für den Norden als auch für den Süden.

Banken Republik Zypern Mo–Fr 8.30–12.30; z. T. auch montags 15.15–16.45 Uhr. Nordzypern Mo–Fr 8–12 und 14–17, Sa und So 8–12 Uhr.

Geschäfte wochentags 9–19 Uhr, Mi bis 14 Uhr, Sa 9–14 Uhr

Restaurants tgl. 11–14 und 17.30–23 Uhr

Touristeninformationen Mo–Fr 8.30–14.30 und 15–18.30, Sa & So 8.30–14.30 Uhr.

Unterhaltung Do–Sa 21–3 Uhr

Post

Die Post arbeitet in beiden Teilen der Insel zuverlässig. Es gibt in allen größeren Städten und Orten Filialen, die meist auch Briefmarken und Verpackungsmaterial verkaufen. Briefmarken bekommt man außerdem in Zeitschriftenläden und an Straßenkiosken. In jedem Ort stehen Briefkästen. Im Süden sind sie gelb, im Norden rot.

Post an Adressen in Nordzypern muss mit der Länderbezeichnung „Mersin 10, Turkey" und nicht mit „Northern Cyprus" versehen werden.

Rechtsfragen

Alkohol am Steuer

Alkoholkontrollen sind weit verbreitet. Eine Überschreitung der Promillegrenze kann zu einer empfindlichen Geldstrafe und einer Nacht hinter Gittern führen.

Drogen

Die Behörden in der Republik und in Nordzypern greifen hart gegen Drogen durch.

Obwohl nach EU-Gesetz der Besitz einer kleinen Menge Cannabis für den Eigengebrauch im Süden theoretisch erlaubt ist, sollte man es in der Praxis lieber nicht ausprobieren.

Reisen mit Behinderung

Leider ist Zypern nicht sehr gut auf Behinderte eingestellt. Nur sehr wenige Restaurants, Geschäfte und Touristenattraktionen sind rollstuhltauglich. Mittel- und Spitzenklasseunterkünfte verfügen hingegen häufig über Rollstuhlrampen sowie Zimmer mit behindertengerechten Anlagen. Das Thema Transport ist schwierig, doch mit entsprechendem Vorlauf kann man bei einer der internationalen Autovermietungen nach einem entsprechenden Mietwagen fragen.

Eine gute Planung ist hilfreich, deshalb fragt man am besten gleich im Reisebüro nach Tipps.

Accessible Cyprus (www.accessible-cyprus.com) Die von der CTO geleitete Organisation hat eine Liste mit behindertengerechten Anlagen. Details zum Verleih von behindertengerechter Ausrüstung liefern die Websites Disability Cyprus (www.disability-cyprus.com) und Para-Quip (www.para quip.com.cy).

Schwule & Lesben

Homosexualität ist in der Republik legal. Unter www.gay-cyprus.com findet man interessante Diskussionen, Tipps und Kontakte zur hiesigen Schwulenszene.

In Nordzypern wurde Homosexualität erst 2010 legalisiert. Die Einstellung zu dem Thema gilt aber weiterhin als konservativ und öffentliche Zuneigungsbekundungen werden oft kritisch beäugt. Bisher gibt's in Nordzypern noch keine Hilfsvereinigungen, jedoch eine Handvoll Foren für Schwule wie www.turkeygay.net/cyprus.html.

Sicherheit

Abzocke

In den Urlaubsorten, vor allem in Pafos, werden Traveller manchmal mit Ferienwohnrechten, dem sogenannten Timesharing, umworben. Dieses lohnt sich allerdings nur für regelmäßige Zypern-Besucher und auch dann ist auf jeden Fall Vorsicht angesagt. Sämtliche Rechte und Pflichten müssen schriftlich festgelegt sein, besonders wenn der Anbieter verspricht, das Ferienwohnrecht weiterzuverkaufen, falls man sich für ein neues Angebot entscheidet. Bei den versprochenen kostenlosen Sightseeing-Touren handelt es sich meist nur um einen Kurztrip in einen Themenpark, auf den aggressiv geführte Verkaufsverhandlungen folgen. Wer kein Interesse hat, sagt dies einfach offen, so erspart man sich eventuellen Ärger. Ansonsten sollte man sich immer Bedenkzeit erbitten und nichts überstürzt unterschreiben oder bezahlen.

Telefon

Auf Zypern gibt's keine gesonderten Vorwahlen; sie sind in die Telefonnummern integriert.

Sowohl im Norden als auch im Süden erfreuen sich Mobiltelefone großer Beliebtheit. Wer ein entsprechendes Handy mit GSM-Standard hat, sollte sich bei seinem Anbieter nach den Roaming-Tarifen erkundigen. Ferngespräche können von jeder öffentlichen Telefonzelle getätigt werden. Online-Anbieter wie Skype sind in der Regel die billigste Variante.

Handys

REPUBLIK ZYPERN

Im Süden beginnen Handynummern mit ☎95/96/97. Wer einen längeren Aufenthalt plant, kann sich für sein (freigeschaltetes) Handy eine SIM-Karte kaufen. Eine Option ist das Prepaid-Angebot von SoEasy (CYTA): Für nur 7,50 € bekommt man ein Touristen-SIM-Paket mit einem kostenlosen Guthaben im Wert von 5 €. Die Karte muss innerhalb von 30 Tagen aufgeladen werden (Gültigkeit zeitlich begrenzt), entweder über Karten oder Bons im Wert von 5, 10, 20 oder 35 €. Details liefert die Websiite www.cyta.comcy/soeasy. Ähnliche Konditionen bieten MTN (www.mtn.com.cy) und Prime Tel Pay As You Go (www.primetel.com.cy).

NORDZYPERN

Im Norden beginnen Handynummern entweder mit ☎0542 (Telsim) oder mit ☎0533 (Turkcell). Bei Ortsgesprächen muss die vollständige elfstellige Nummer inklusive der Vorwahl ☎0392 für Nordzypern gewählt werden.

Turkcell hat ein gutes Netz, und eine Prepaid-SIM-Karte mit ausreichendem Startguthaben für den Anfang kostet rund 20 TLY.

Telefonzellen

REPUBLIK ZYPERN

Hier gibt's öffentliche Telefonzellen für Telefonkarten und Münzgeld. Erstere sind mit Erklärungen auf Englisch und Griechisch versehen. Karten mit einem Wert von 5, 10 oder 15 € erhält man in Banken, Postämtern, Souvenirläden und Straßenkiosken sowie in allen Filialen der Cyprus Telecommunications Authority (CYTA).

NORDZYPERN

Karten für Telefonzellen (5 TRY für eine Karte mit 100 Einheiten) werden in den Büros von Türk Telekom und in Postfilialen verkauft.

Toiletten

In den meisten Toiletten weisen Schilder darauf hin,

TELEFONATE ZWISCHEN NORDZYPERN & DER REPUBLIK

Obwohl das Überschreiten der Grenze zwischen Norden und Süden mittlerweile problemlos möglich ist, werden Telefongespräche noch immer über halb Europa und Asien umgeleitet.

- Telefonate nach Nordzypern werden in der Regel über die Türkei geleitet. So muss man zuerst die türkische Ländervorwahl (☎90), dann die Vorwahl für Nordzypern (☎392) und schließlich die Telefonnummer wählen.
- Für die Anrufe gelten Tarife für Ferngespräche.
- Wer ein Roaming-fähiges ausländisches Handy auf Zypern nutzt, kann sich in die GSM-Netze beider Teile der Insel einwählen.
- Eine im Norden oder Süden gekaufte zyprische Prepaidkarte hat in Nikosia/Nord-Nikosia nur Zugriff auf den eigenen Anbieter. Wer sich von der Grünen Linie entfernt, muss auf die internationale Karte zurückgreifen, da Roaming zwischen den beiden lokalen Mobilfunknetzen nicht unterstützt wird.
- Zwischen Nord und Süd können keine SMS verschickt werden.
- Seit 2014 soll man ohne Ländervorwahl direkt mit dem Handy von Nordzypern in die Republik und umgekehrt telefonieren können.

Klopapier nicht hinunterzuspülen, da dies zu einer Verstopfung der Rohrleitungen führen kann. Entsprechende Mülleimer stehen bereit. Unterwegs kann sich eine Packung Taschentücher als nützlich erweisen.

Fast alle öffentlichen Toiletten sind kostenlos, manche verlangen allerdings eine kleine Gebühr. Wer die Toiletten in Bars oder Cafés nutzt, sollte dafür einen geringen Betrag zahlen oder ein Getränk kaufen.

Touristeninformation

Republik Zypern

Cyprus Tourism Organisation (CTO; ☎2233 7715; www.visitcyprus.org.cy; Aristokyprou 11, Nicosia) Die staatliche Touristeninformation im Süden heißt Cyprus Tourism Organisation, auf Griechisch Kypriakos Organismos Tourismou (KOT). Sie hat hilfreiche Broschüren und kostenlose Karten auf Lager. Ihr Hauptsitz befindet sich in Nikosia. Die CTO betreibt Filialen in den größeren Städten Zyperns (Agia Napa, Lemesos, Larnaka, Pafos, Polis und Platres), die alle Broschüren und Besucherinfos bieten. Die Kontaktdaten der örtlichen CTO-Zweigstellen sind in den Regionalkapiteln aufgelistet. CTO-Infostellen gibt's in fast allen europäischen Ländern.

Nordzypern

Die **North Cyprus Tourism Organisation** (NCTO; ☎228 1057; www.tourism.trnc.net; Bedrettin Demirel Caddesi) hat ihren Hauptsitz in Nord-Nikosia am Kyrenia-(Girne-)Tor. Eine zusätzliche Filiale gibt es am Grenzübergang beim Ledra Palace Hotel. Darüber hinaus betreibt die NCTO Zweigstellen in Famagusta, Kyrenia und Yenierenköy (Yiallousa), die über kostenlose Karten und Stadtpläne sowie eine wachsende Anzahl von Broschüren verfügen.

Da es nur in wenigen Ländern Vertretungen der NCTO gibt, kann man sich stattdessen an türkische Touristeninformationen wenden.

Versicherung

Eine Reiseversicherung, die Diebstahl, Verlust und Arztkosten abdeckt, ist immer eine gute Idee. Dazu kann auch eine Reiserücktrittsversicherung gehören. EU-Bürger und Schweizer haben Anspruch auf komplette medizinische Versorgung in Krankenhäusern, wenn sie ihre Europäische Krankenversicherungskarte (European Health Insurance Card, EHIC) vorlegen. Eine private Krankenversicherung ist allerdings auch nicht schlecht. Traveller sollten vorher klären, ob die Police den Krankenwagentransport oder einen Rückflug im Krankheitsfall abdeckt.

Visa

- EU-Bürger können jederzeit problemlos in die Republik einreisen und dort arbeiten. Im Norden haben sie ein Aufenthaltsrecht von 90 Tagen.
- Wer vom Süden oder über einen Flughafen in den Norden reist, muss einen Visumsantrag mit persönlichen Angaben und Passnummer ausfüllen. Auf diesen Visumsantrag und nicht in den Reisepass wird auch der Einreisestempel gesetzt.
- Der Antrag ist für mehrere Ein- und Ausreisen gültig und wird jedes Mal erneut abgestempelt.
- Wenn man die Grenze überschreitet, muss man seinen Pass bei sich haben.
- Das gleiche Prozedere gilt auch für griechische und türkische Besucher.

Zeit

Zeitansage

Ist in der Republik Zypern unter der Telefonnummer ☎193 zu erreichen.

Zeitzone

Auf Zypern gilt ebenso wie in Deutschland, in Österreich und in der Schweiz die Mitteleuropäische Zeit.

Zeitumstellung

Immer am letzten Sonntag im März werden die Uhren eine Stunde vorgestellt und am letzten Sonntag im Oktober wieder eine Stunde zurück.

Zollbestimmungen

Republik Zypern Es gelten die EU-Bestimmungen. Waren zum persönlichen Gebrauch dürfen weitgehend zollfrei nach Zypern ein- bzw. aus Zypern ausgeführt werden.

Nordzypern

Grenzwerte für Ein-/Ausreise:

- 200 Zigaretten
- 1 l Spirituosen oder Wein
- Andere Waren im Wert von 100 €

Die Einführung landwirtschaftlicher Produkte unterliegt strengen Quarantäneauflagen und muss vom Ministerium für Landwirtschaft & Rohstoffe genehmigt werden.

An den Grenzübergängen in Pergamos (Larnaka) und Agios Nikolaos (Famagusta) gelten die Zollbestimmungen der Republik Zypern und Großbritanniens, da diese in britischem Hoheitsgebiet (Dekelia Sovereign Base Area) liegen. Die Regelungen sind dieselben, allerdings dauert es oft länger.

Verkehrsmittel & -wege

AN- & WEITERREISE

Fast alle Zyperntouristen reisen per Flugzeug an, z. B. mit günstigen Charterflügen oder Billigairlines.

Einreise

Traveller aus EU-Ländern und der Schweiz brauchen für die Einreise in die Republik nur einen Personalausweis. In Nordzypern dürfen sich EU-Bürger bis zu drei Monate aufhalten.

Um die Grenze zwischen dem Norden und dem Süden zu passieren, benötigt man einen gültigen Reisepass oder Personalausweis. Diesen muss man auch jedes Mal vorzeigen, wenn man in ein Hotel in Zypern eincheckt oder Banktransaktionen vornimmt.

Grenzübergänge

Zwischen der Republik und Nordzypern zu reisen ist kein Problem mehr, seit die Grenzbestimmungen gelockert wurden. Trotzdem darf man die Grenze nur an ausgewiesenen Übergängen überqueren.

Flugzeug

Von den meisten europäischen Städten gehen Linienflüge und auch immer mehr Charter- und Billigflüge nach Zypern. In der Hauptsaison (im Hochsommer) sind sie stark ausgebucht. Tickets für Linienflüge kosten recht viel, bei den Billigfluglinien lassen sich dagegen oftmals preiswertere Angebote ergattern. Wer von Griechenland aus anreist, bekommt günstige Tickets (einfach oder mit Hin- & Rückflug) in den Reisebüros in Athen, Thessaloniki und Heraklion.

Flughäfen & Fluglinien

REPUBLIK ZYPERN

Zwei Flughäfen in der Republik fertigen internationale Flüge ab. In den meisten Flugplänen wird Larnaka als „Larnaca" und Pafos als „Paphos" ausgewiesen, was man vor allem bei Online-Buchungen wissen sollte. Cyprus Airways ist die nationale Fluglinie der Republik.

Flughafen Larnaka (☎2481 6130; www.cyprusairports.com.cy)

Flughafen Pafos (☎2624 0506; www.cyprusairports.com.cy)

NORDZYPERN

Der **Flughafen Ercan** (ECN; ☎231 4806) liegt etwa 14 km östlich von Nord-Nikosia (Lefkoşa) in Nordzypern und ist international nicht anerkannt, deshalb gibt's keine Direktflüge dorthin. Die Maschinen müssen zuerst in der Türkei zwischenlanden und von dort weiter nach Nordzypern fliegen. Der Flughafen von Ercan ist kleiner als der in Pafos, entsprechend reduziert ist das Serviceangebot. In den Ankunfts- und Abflughallen gibt's dennoch Geldautoma-

KLIMAWANDEL & REISEN

Fast jede Art der motorisierten Fortbewegung erzeugt CO_2 (die Hauptursache für die globale Erwärmung), doch Flugzeuge sind mit Abstand die schlimmsten Klimakiller – nicht nur wegen der großen Entfernungen und der entsprechend großen CO_2-Mengen, sondern auch weil sie diese Treibhausgase direkt in hohen Schichten der Atmosphäre freisetzen. Auf vielen Websites kann man mit speziellen „CO_2-Rechnern" ermitteln, wie das persönliche Emissionskonto nach einer Reise aussieht, und mit einer Spende für Umweltprojekte eine Art Wiedergutmachung leisten. Auch Lonely Planet spendet Gelder, wenn Mitarbeiter und Autoren auf Reisen gehen.

ten und ein paar Cafés. Wer ein Auto mieten möchte, muss sich im Voraus darum kümmern.

Der Flughafenshuttle von Kibhas (www.kibhas.org) verkehrt regelmäßig vom Flughafen nach Kyrenia, Farmagusta und Nord-Nikosia. Die Ankunftszeiten sind auf die meisten Flüge abgestimmt.

Nordzypern steuern vor allem türkische Fluglinien (Pegasus Airlines und Onur Air) an.

FLUGLINIEN VON & NACH ZYPERN

Aegean Airlines (www.aegeanair.com; Hub-Flughafen Athen-Eleftherios Venizelos, Athen)

Austrian Airlines (www.aua.com; Hub-Flughafen Wien, Wien)

Cyprus Airways (www.cyprusairways.com; Hub-Flughafen Larnaka, Larnaka)

Lufthansa (www.lufthansa.com; Hub-Flughafen Frankfurt, Frankfurt)

Olympic Air (www.olympicair.com; Hub-Flughafen Athen-Eleftherios Venizelos, Athen)

Pegasus Airlines (www.flypgs.com)

Turkish Airlines (www.thy.com; Hub-Flughafen Istanbul-Atatürk, Istanbul)

Tickets

Flugtickets nach Zypern sind im August am teuersten. In dieser Zeit sucht man am besten einen Flug ohne Hotel bei einem Pauschalreiseanbieter oder einer Billigairline (die in den Sommermonaten allerdings nicht wirklich billiger sind). Die Preise hängen vor allem von der Saison sowie teilweise auch vom Wochentag und der Uhrzeit des Abflugs ab.

CHARTERFLÜGE

Plätze an Bord von Chartermaschinen, in denen Pauschalreiseveranstalter ganze Kontingente reservieren, sind günstig, unterliegen aber bestimmten Bedingungen. Zum einen kann man kaum für einen längeren Zeitraum als zwei Wochen reisen, zum anderen ist es schwierig, nach der Buchung Abflugs- und Ankunftszeit zu verändern. Dennoch: Ein gewisses Kontingent an Plätzen auf Pauschalreisen wird für Traveller reserviert, die nur einen Flug buchen, also sollte man sein Glück probieren.

ROUND-THE-WORLD-TICKETS

Weder Cyprus Airways noch Turkish Airlines nehmen am Round-The-World-(RTW)-Programm teil.

Europäisches Festland

Viele europäische Fluggesellschaften fliegen zum Flughafen Larnaka. Manche landen auch in Pafos, dort kommen jedoch vor allem Chartermaschinen an.

DEUTSCHLAND

Zahlreiche Fluglinien verkehren regelmäßig zwischen Deutschland und der Republik Zypern:

Air Berlin (www.airberlin.com) Fliegt von Berlin, Düsseldorf, Hannover und Hamburg nach Pafos und Larnaka.

Condor (www.condor.com) Von Berlin, Stuttgart, Düsseldorf und Hamburg nach Larnaka.

KLM (www.klm.com) Von Frankfurt nach Larnaka und Pafos.

Lufthansa (www.lufthansa.com) Fliegt von mehreren Flughäfen nach Larnaka, darunter Frankfurt, Berlin und München.

TUI Fly (www.tuifly.com) Von Nürnberg nach Larnaka.

GRIECHENLAND

Griechenland ist mit zahlreichen Flügen nach Larnaka und Pafos sehr gut an die Republik Zypern angebunden. Auf den Websites der größeren Airlines bekommt man genauere Informationen zu Routen:

Cyprus Airways (www.cyprusairways.com)

German Wings (www.germanwings.com)

Lufthansa (www.lufthansa.com)

Olympic Air (www.olympicair.com)

Von Griechenland aus kann man auch nach Nordzypern fliegen. Täglich verkehren Maschinen von Turkish Airlines (www.thy.com) zwischen Athen und Istanbul, wo man allabendlich einen Anschlussflug zum Flughafen Ercan bekommt.

ÖSTERREICH

Austrian Airlines (www.aua.com) Von Wien nach Larnaka.

Cyprus Airways (www.cyprusair.com) Von Wien nach Larnaka.

SCHWEIZ

Cyprus Airways (www.cyprusair.com) Von Zürich nach Larnaka.

Swiss (www.swiss.com) Von Zürich nach Larnaka.

Auf dem Seeweg

Auf dem Seeweg kommt man an Bord eines Kreuzfahrtschiffes in die Republik. Es gibt keine Passagierfähren mehr. Lemesos ist der wichtigste Ein- und Ausreisehafen im Süden. Der Hafen samt neuer Marina liegt 3 km südwestlich des Stadtzentrums.

Zwischen türkischem Festland und Kyrenia (Girne) in Nordzypern verkehrt das ganze Jahr über eine Auto- und Passagierfähre. Im Sommer gibt's manchmal auch zusätzlich eine schnellere Passagierfährverbindung.

UNTERWEGS VOR ORT

Zypern ist so klein, dass man mühelos überall hinkommt. Die Straßen sind in gutem Zustand sowie gut beschildert und der Verkehr ziemlich ruhig.

Busse und Servicetaxis (Mehrsitzer, die auf vorgegebenen Routen verkehren) sind die einzigen öffentlichen

TRÜGERISCHE VERSICHERUNG

Seit sich 2003 die Grenzen geöffnet haben, wurde viel über die Autoversicherung des Nordens diskutiert, die bei der Einreise aus der Republik ausgestellt wird. Trotz aller Diskussionen ist man aber genauso klug wie vorher. Wer sich nach der Police erkundigt, bekommt vermutlich verschiedenste Reaktionen und widersprüchliche Informationen. Dies liegt daran, dass die „Gesetzeslage" zur Versicherung von Autos und Fahrern aus dem Süden lückenhaft und frei interpretierbar ist (besonders von den Polizisten im Norden).

Sobald man an einem beliebigen Checkpoint mit einem eigenen oder einem gemieteten Wagen in den Norden einreist, verliert dort die eigene Autoversicherung ihre Gültigkeit und man muss eine türkische Autoversicherung erwerben. Dabei handelt es sich lediglich um eine Haftpflichtversicherung, deswegen sollte man sich über die Haftungssumme informieren, die im Falle eines Unfalls ausgezahlt wird, und auf keinen Fall das Auto bewegen, bis der Polizeibericht ausgestellt wurde.

Wenn man mit einem Mietfahrzeug unterwegs ist, darf man den Wagen zwar aus Sicht der Autovermietung mit in den Norden nehmen (gern gesehen wird es allerdings nicht), muss aber für sich entscheiden, ob es das Risiko lohnt. Den Schuldigen im Fall eines Unfalls zu ermitteln kann manchmal länger dauern, als man denkt, und zudem recht kompliziert werden.

Für türkische Autos, mit denen man in den Süden reist, benötigt man eine Standardversicherung, die der in anderen EU-Ländern ähnelt. Bei Redaktionsschluss durfte man nicht mit Autos von Anbietern aus dem Norden in die Republik einreisen.

Verkehrsmittel. Weder im Norden noch im Süden gibt's Züge oder Inlandsflüge. Vierspurige Autobahnen verbinden Nikosia (Lefkosia) mit Lemesos und Larnaka und verlaufen Richtung Westen bis Pafos sowie Richtung Osten nach Agia Napa. Nordzypern besitzt nur eine Autobahn zwischen Nord-Nikosia und Famagusta (Mağusa).

Auto & Motorrad

Automobilclubs

Im Süden hilft die **Cyprus Automobile Association** (☎2231 3233; www.caa.com.cy; Hrysostomou Mylona 12, Nikosia). Die Pannenhilfe erreicht man rund um die Uhr unter der Nummer ☎2231 3131. In Nordzypern gibt's keine vergleichbare Einrichtung.

Führerschein

Autofahrer müssen folgende Anforderungen erfüllen, um auf Zypern ein Fahrzeug mieten zu können:

- Führerschein. Für Fahrzeuge über 50 ccm ist ein Führerschein nötig.
- Über 21 Jahre (Republik) bzw. mindestens 18 Jahre (Nordzypern) alt sein.
- Die meisten Autovermietungen verlangen eine Kredit- bzw. Debitkarte.

Sprit & Ersatzteile

Zypern ist eine autofreundliche Nation und bestens auf die Bedürfnisse von Autofahrern eingestellt. Es gibt viele Tankstellen und Werkstätten, und freundliche Einheimische helfen bei einer Panne gerne weiter.

Hat man ein Auto gemietet, haftet der Anbieter bei Reparaturen.

Unterwegs mit dem eigenen Auto

Wer sich nicht auf Zypern niederlassen möchte, braucht sein eigenes Auto nicht mitzubringen. Erst ab einem Aufenthalt von drei Wochen ist es günstiger, mit Auto anzureisen, als vor Ort einen Mietwagen zu nehmen. Man muss das Fahrzeug per Fähre nach Zypern transportieren lassen und selbst mit dem Flugzeug herkommen, sofern man nicht aus der Türkei nach Kyrenia oder Famagusta reist. Die wenigen Besucher, die nicht auf ihr eigenes Auto verzichten wollen, benötigen zur Einfuhr die Fahrzeugpapiere und ein internationales Versicherungszertifikat.

Verkehrsregeln

Entfernungen In Kilometern angegeben. Straßenschilder in der Republik sind auf Griechisch und in lateinischer Schrift. In Nordzypern gibt's nur Angaben auf Türkisch.

Kreisel Wer sich bereits im Kreisel befindet, hat Vorfahrt.

Mindestalter 21 Jahre (Republik), 18 Jahre (Nordzypern).

Mindestalter für Motorräder und Roller 18 Jahre (ab 80 ccm) bzw. 17 (bis 50 ccm). Führerschein erforderlich.

Motorradfahrer Müssen grundsätzlich mit Licht fahren und auf Motorrädern ab 125 ccm einen Helm tragen.

Promillegrenze Das Limit liegt bei 0,9 Promille. Stichprobenartig werden Kontrollen gemacht. Wer mit mehr Alkohol im Blut erwischt wird, muss mit einer Geldbuße und Führerscheinentzug rechnen.

Sicherheitsgurte Anschnallen ist Pflicht. Kinder unter fünf Jahren dürfen nicht vorne sitzen.

Straßenseite Hier muss man links fahren.

Tempolimit In bebauten Gebieten 50 km/h, auf großen Straßen 80 km/h und bis zu 100 km/h auf Autobahnen. Im Norden liegt die Geschwindigkeitsbeschränkung bei 100 km/h auf offenen Straßen und bei 50 km/h innerorts.

Vermietung

➡ Autos oder Allradfahrzeuge kann man fast überall mieten. Bei einer Mietdauer von einer Woche zahlt man ca. 20 € pro Tag.

➡ In manchen Städten werden auch Motorräder (ab 10 €) und Mopeds (10 €) vermietet.

➡ Mietwagen sind generell in gutem Zustand. Trotzdem sollte man sie unter die Lupe nehmen, ehe man sich auf den Weg macht.

➡ Beliebt sind Fahrzeuge mit Vierradantrieb und offenem Verdeck (im Troodos-Gebirge wimmelt es an heißen Wochenenden nur so von ihnen). Wer ein Auto ohne Allradantrieb mietet, sollte darauf achten, dass es eine Klimaanlage und genügend PS hat, damit man die Berge hochkommt.

➡ Mietet man im Vorfeld ein Auto, stellt der Anbieter es üblicherweise unabgeschlossen am Flughafen ab und legt den Schlüssel unter die Fußmatte. Nicht wundern: Aufgrund der offensichtlichen roten Mietwagen-Schilder und Zyperns Statistik ohne Autodiebstähle ist der Wagen so sicher wie nur möglich.

Versicherung

Mietet man ein Auto, stellt die Republik eine Vollkaskoversicherung aus. Der Norden bietet für im Norden gebuchte Autos ebenfalls Vollkaskoschutz, für Autos aus dem Süden gibt's dagegen eine spezielle Haftpflichtversicherung.

Bus

Im Süden verkehren Busse von Montag bis Samstag häufig, sonntags nur eingeschränkt. Fünf Unternehmen decken jeweils eine Region ab und haben ausführliche Websites:

Emel (www.limassolbuses.com) Bezirk Lemesos.

Osea Buses (www.oseabuses.com) Bezirk Larnaka.

Osel Buses (www.oseabuses.com) Bezirk Nikosia.

Pafos Buses (Karte S. 87; www.pafosbuses.com; Hafen von Pafos) Bezirk Pafos.

Zinonas Buses (www.zinonasbuses.com) Bezirk Famagusta.

Eine nützliche Website, die alle Routen der fünf Busunternehmen aufführt, ist www.cyprusbybus.com. Zusätzlich betreibt die **InterCity Bus Company** (www.intercity-buses.com) Busse, die Städte miteinander verbinden. Bei Mehrfachfahrten bekommt man einen vergünstigten Ticketpreis.

Im Norden verkehren sowohl alte als auch neuere Busse privater Unternehmen, die hier wegen der Menge nicht einzeln aufgelistet werden können. Weitere Details findet man in den jeweiligen Regionenkapiteln.

Preise

Eine einfache Fahrt kostet 1,50 €, ein Tagesticket 5 €, ein Wochenticket 15 € und eine Monatskarte mit unbegrenzten Fahrten innerhalb eines Bezirks inklusive der ländlichen Dörfer 40 €. Auch die InterCity-Busse werden von der Regierung subventioniert und sind überraschend günstig, wenn man die Länge der Strecken bedenkt.

Im Norden kosten Busfahrten zwischen 4 und 8 TRY.

Häufigkeit und Abfahrzeiten siehe unter der jeweiligen Ortsbeschreibung.

Reservierungen

Weder im Süden noch im Norden nötig.

Fahrrad

Radfahren ist günstig, bequem, gesund, umweltfreundlich und vor allem eine tolle Form des Reisens. Lange Touren sollte man jedoch nur im Winter, Frühjahr oder Herbst unternehmen, da es im Sommer sehr

DAS BUSNETZ

Mitte 2010 wurde das frühere für seine Unzuverlässigkeit bekannte Bussystem der Republik Zypern umfassend reformiert. Kurz gesagt betreibt jeder der fünf Bezirke nun sein eigenes Busunternehmen. Die Tarife sind staatlich subventioniert und betragen 1,50 € pro Fahrt, 5 € pro Tag, 15 € pro Woche und 40 € pro Monat mit unbegrenzten Fahrten innerhalb eines Bezirks inklusive der ländlichen Dörfer.

Zusätzlich verbinden **InterCity-Busse** (www.intercity-buses.com) die Städte miteinander. Die Fahrpreise sind ebenfalls subventioniert und angesichts der Distanzen sehr fair. Für jede Route gibt es günstigere Tarife für mehrere Fahrten pro Tag, Woche, Monat oder Jahr. Tickets sind im Bus erhältlich.

heiß wird. Bei der Cyprus Tourism Organisation (CTO) in der Republik bekommt man die sehr hilfreiche Broschüre *Cyprus for Cycling* mit 19 Mountainbike-Tourvorschlägen im Süden. Diese variieren von 2,5 km langen Ausflügen bis zu einer 19 km langen Route von der Akamas-Halbinsel im Westen zum Kap Greco im Osten.

Radler sollten folgende Hinweise beachten:

- Am besten nimmt man normale Straßen, von denen viele parallel zu Autobahnen verlaufen (dort ist Radfahren verboten). Die Wege sind in der Regel in gutem Zustand, haben jedoch fast nie gesonderte Radstreifen. Deshalb muss man vorsichtig fahren.
- Für die langen Routen bergab und bergauf rund um das Troodos- und das Kyrenia-Gebirge braucht man ein Rad mit vielen Gängen.
- Die Orte auf Zypern sind deutlich fahrradfreundlicher als andere Städte im Mittelmeerraum. In manchen Touristenhochburgen wie Protaras und Agia Napa gibt's Radwege und Strandboulevards mit Fahrradstreifen.
- Man darf nicht in alle Busse Fahrräder mitnehmen.

Verleih

Man kann in den meisten Gebieten Räder leihen. In den lokalen Touristenbüros erhält man eine Liste mit verlässlichen lokalen Anbietern, deren Räder ab 15 € pro Tag zu haben sind.

Geführte Touren

Reisebüros auf ganz Zypern bieten eine große Vielfalt an Pauschaltouren an. Zwei Agenturen im Süden sind empfehlenswert:

Amathus (☎2536 9122; www.amathus.com; Plateia Syntagmatos, Lemesos)

Salamis Tours Excursions (☎2535 5555; www.salamisinternational.com; Salamis House, 28 Oktovriou, Lemesos)

Landausflüge beginnen generell in den großen Touristenzentren im Süden. Zum Angebot gehören Tagestouren von Pafos ins Troodos-Gebirge und zum Kykkos-Kloster (ab 30 €), Tagesausflüge von Agia Napa oder Larnaka nach Nikosia (ab 30 €), Bootsfahrten von Agia Napa nach Protaras (ab 25 €) und Halbtagestrips nach Lemesos, zu einem Weingut und in die antike Stadt Kourion (ab 25 €). Im Norden gibt's so etwas nicht.

REISEN IN DER NEBENSAISON

Alle in diesem Buch angegebenen Busfahrzeiten gelten für die Hauptsaison (Juni bis Oktober). In der Nebensaison sinkt die Nachfrage und die öffentlichen Verkehrsmittel fahren seltener. Dies ist besonders problematisch, wenn das Reiseziel in den Bergen liegt, wohin manchmal gar keine Busse verkehren. Bevor man also in ruhigeren Monaten herkommt, sollte man sich auf der jeweiligen Website des Busunternehmens schlau machen, wann die Fahrzeuge unterwegs sind.

Nahverkehr

Bus

Stadtbusse verkehren in Nikosia, Lemesos, Larnaka und Famagusta. Wirklich sinnvoll sind sie jedoch nur in Larnaka, um vom bzw. zum Flughafen zu kommen, und in Lemesos, wo regelmäßig Ortsbusse zwischen Touristenviertel und altem Hafen fahren; darüber hinaus gibt es häufige Verbindungen vom örtlichen Busbahnhof nach Kourion und Kolossi sowie nach Agia Napa mit regelmäßigen Bussen nach Paralimni und Protaras.

Taxi

Im Süden bekommt man fast überall rund um die Uhr ein Taxi. Entweder hält man eines an der Straße an, geht zu einem Taxistand oder bestellt es telefonisch. In der Regel sind die Fahrzeuge modern und klimatisiert (meist gemütliche Mercedes-Wagen), die in größeren Orten über Kilometerzähler verfügen – die Fahrer müssen diese einschalten.

Es gibt zwei Tarifzeiträume: 6 bis 20.30 Uhr (Tarif 1) und 20.30 bis 6 Uhr (Tarif 2). Die Grundgebühr bei Tarif 1 liegt bei 3,42 €, dazu zahlt man 0,73 € pro gefahrenem Kilometer. Tarif 2 kostet eine Grundgebühr von 4,36 € und 0,85 € pro Kilometer. Für Gepäck über 12 kg sind 0,75 € pro Stück fällig. An den meisten offiziellen Feiertagen wird ein Zuschlag von 1 € auf den Fahrpreis erhoben.

Sich ein Taxi mit anderen Passagieren zu teilen ist in griechischen Städten wie Athen üblich, in Zypern aber nicht erlaubt. Die Fahrer verhalten sich meist höflich und hilfsbereit.

Im Norden haben die Taxis keine Kilometerzähler und man einigt sich im Vorfeld auf einen Preis. Für eine Stadtfahrt muss man mit rund 5,50 TRY rechnen. Die Reise von Nord-Nikosia nach Kyrenia schlägt mit rund 35 TRY zu Buche und eine Tour von Nord-Nikosia nach Famagusta mit 70 TRY.

SERVICETAXI

Servicetaxis bieten bis zu acht Passagieren Platz und sind im Süden ein nützliches Verkehrsmittel. Sie werden von einem Zusammenschluss mehrerer Privatunternehmen namens **Travel & Express** (☎07 77 47 47; www.travelexpress.com.cy) mit einer landesweiten Telefonnummer betrieben. Man kann die einzelnen Büros auch direkt kontaktieren:

ÜBER DIE GRÜNE LINIE

Seit die Grenzbestimmungen 2003 gelockert wurden, kann man unkompliziert zwischen Nord und Süd hin- und herreisen. Inzwischen gibt's sieben Übergänge auf der Insel und Verhandlungen zur Eröffnung weiterer sind im Gange. Man gelangt an folgenden Punkten in den jeweils anderen Landesteil: Ledra Palace Hotel, Ledrastraße (beide nur für Fußgänger), Agios Dometios, Pergamos, Agios Nikolaos, Limnitis-Yeşilirmak und Zodhia (für Fahrzeuge). Wer kein eigenes Verkehrsmittel hat, lässt sich von einem Taxi über die Grenze und in jeden beliebigen Ort bringen.

Überquert man die Grenze von Süd nach Nord, muss man Namen, Geburtsdatum und Passnummer auf einem Formular eintragen. Dann bekommt man ein „Visum" (das Papier wird abgestempelt) und kann bis zu drei Monate in Nordzypern bleiben. Auf dieses Papier sollte man gut Acht geben, da man es bei der Ausreise wieder vorzeigen muss. Jeder Besucher darf die Grenze beliebig häufig überqueren. Das Visum benötigt man nur im Norden.

Wer vom Norden ins Land eingereist ist, kann problemlos in die Republik weiterreisen. Alle Grenzen sind rund um die Uhr geöffnet und viele überqueren sie mitten in der Nacht, nachdem sie im Norden feiern oder im Kasino waren. Für den Grenzübertritt von Nord nach Süd benötigt man lediglich einen gültigen Pass.

Nikosia (☎2273 0888)
Lemesos (Karte S. 49; Thessalonikis 21; ⌚Mo–Sa 6–19.30, So bis 15 Uhr)
Larnaka (Karte S. 111; ☎2466 1010)
Pafos (Karte S. 90; Leoforos Evagora Pallikaridi 9, Ktima).
Von und nach Nikosia, Lemesos und Larnaka fahren Servicetaxis direkt, von oder nach Pafos jedoch meist nicht – stattdessen muss man oftmals in Lemesos umsteigen.

Die Festpreise machen den Bussen Konkurrenz. Entweder startet die Fahrt am Büro der Servicetaxis oder man lässt sich vom Hotel abholen. Bestellte Taxis treffen oftmals bis zu 30 Minuten zu spät ein, deshalb sollte man einen Puffer einrechnen. Ähnlich verhält es sich, wenn man an einem Servicetaxidepot startet: Es dauert bis zu 30 Minuten, bis alle anderen Fahrgäste aufgesammelt sind und es tatsächlich losgeht.

Im Norden verkehren Minibusse (auch *dolmuş* genannt) zwischen Kyrenia, Nord-Nikosia und Famagusta. Sie kosten ca. 6 TRY pro Person.

TOURISTENTAXI

Die „Touristentaxis", die nahe dem türkisch-zyprischen Checkpoint am Ledra Palace Hotel in Nord-Nikosia warten, bringen Passagiere zu allen Zielen in Nordzypern. Eine Rundfahrt über Kyrenia, Famagusta, Bellapais (Beylerbeyi), die Buffavento-Burg und die St.-Hilarion-Burg kostet ca. 30 bis 50 €. (Obwohl Euros im Norden generell nicht gebräuchlich sind, werden sie meist akzeptiert, wenn man keine andere Währung hat. Die türkischen Taxis an Grenzübergängen geben ihre Preise grundsätzlich in britischen Pfund an.)

Trampen

Trampen ist in keinem Land der Welt ganz sicher und Lonely Planet empfiehlt es nicht. Reisende, die sich dafür entscheiden, gehen ein kleines, aber möglicherweise ernstes Risiko ein. Etwas sicherer ist es, wenn man zu zweit reist und jemanden von seinen Plänen in Kenntnis setzt.

Auf Zypern ist Trampen relativ einfach, aber nicht verbreitet. In ländlichen Gegenden mit schlechter Busanbindung trampen viele Einheimische zwischen ihrem Dorf und der Stadt. Wer eine Mitfahrgelegenheit sucht, stellt sich am besten an eine gut sichtbare Stelle, an der Fahrer anhalten können, nimmt ein Minimum an Gepäck mit und sieht sauber, gepflegt und vor allem glücklich aus. Mit einem Lächeln kommt man weit.

Trampen im Norden kann daran scheitern, dass es kaum Fernverkehr gibt. Generell sind öffentliche Verkehrsmittel aber sehr günstig, sodass Trampen auch nicht unbedingt notwendig ist.

Sprache

Wer Englisch spricht, wird auf Zypern wahrscheinlich keine größeren Verständigungsschwierigkeiten haben. Weder im Norden noch im Süden erwarten die Einheimischen, dass sich Urlauber auf Griechisch oder Türkisch ausdrücken können, ganz zu schweigen von zyprischen Dialekten. Dennoch kann es nicht schaden, ein paar Wörter zu lernen, um das Eis zu brechen. Vor Ort wird ein etwas anderes Griechisch und Türkisch gesprochen als auf dem Festland. Wenn man jedoch die Festlandvarietäten beherrscht – sie sind die Grundlage für dieses Kapitel –, kann man sich problemlos verständigen.

GRIECHISCH

Griechisch ist die offizielle Sprache in Griechenland und (gemeinsam mit dem Türkischen) auf Zypern.

Das griechische Alphabet wird auf der nächsten Seite erklärt. Neben den Ausdrücken und Phrasen steht die Aussprachehilfe in Blau – einfach sprechen, wie man liest. Ausnahmen: Das dh ist stimmhaft wie das „th" im Englischen „there", das gh ist eine weichere, etwas kehlige Version des Konsonanten „g", das kh st ein kehliger Laut ähnlich dem Deutschen „ch" in „Buch", das s wird wie „ß" gesprochen und das z wie das weiche „s" in „sein". Bei allen Wörtern mit zwei oder mehr Silben zeigt der Akzent (') an, wo die Betonung liegt. Die betonten Silben sind bei unserer Aussprachehilfe kursiv.

Im Griechischen gibt's wie im Deutschen drei Geschlechter: Maskulinum, Femininum und Neutrum. Da, wo es notwendig ist, haben wir diese Formen mit angegeben („m/f/n").

Grundlagen

Hallo.	Γειά σας. Γειά σου.	*ya*·sas (höfl.) *ya*·su (inf.)
Guten Morgen.	Καλή μέρα.	ka·*li me*·ra
Guten Abend.	Καλή σπέρα.	ka·*li spe*·ra
Tschüs.	Αντίο.	an·*di*·o
Ja./Nein.	Ναι./Οχι.	ne/*o*·hi
Bitte.	Παρακαλώ.	pa·ra·ka·*lo*
Danke.	Ευχαριστώ.	ef·ha·ri·*sto*
Gern geschehen.	Παρακαλώ.	pa·ra·ka·*lo*
Entschuldigung.	Συγγνώμη.	sigh·*no*·mi

Wie heißen Sie?
Πώς σας λένε; — pos sas *le*·ne

Ich heiße ...
Με λένε ... — me *le*·ne

Sprechen Sie Englisch?
Μιλάτε αγγλικά; — mi·*la*·te an·gli·*ka*

Ich verstehe (nicht).
(Δεν) καταλαβαίνω. — (dhen) ka·ta·la·*ve*·no

Essen & Trinken

Was würden Sie empfehlen?
Τι θα συνιστούσες; — ti tha si·ni·*stu*·ses

Was ist in diesem Gericht?
Τι περιέχει αυτό το φαγητό; — ti pe·ri·*e*·hi af·*to* to fa·ghi·*to*

Ich bin Vegetarier.
Είμαι χορτοφάγος. — *i*·me khor·to·*fa*·ghos

Das war lecker.
Ήταν νοστιμότατο! — *i*·tan no·sti·*mo*·ta·to

Prost!
Εις υγείαν! — is i·*yi*·an

Die Rechnung, bitte.
Το λογαριασμό, παρακαλώ. — to lo·ghar·ya·*zmo* pa·ra·ka·*lo*

ein Tisch für ...	Ενα τραπέζι για ...	*e*·na tra·*pe*·zi ya ...
(zwei) Personen	(δύο) άτομα	(*dhi*·o) *a*·to·ma
(acht) Uhr	τις (οχτώ)	stis (okh·*to*)

Ich esse kein/e/en ...	Δεν τρώγω ...	dhen *tro*·gho ...
Erdnüsse	φυστίκια	fi·*sti*·kia
Fisch	ψάρι	*psa*·ri
(rotes) Fleisch	(κόκκινο) κρέας	(*ko*·ki·no) *kre*·as
Geflügel	πουλερικά	pu·le·ri·*ka*

Schlüsselbegriffe

Abendessen	δείπνο	*dhip*·no
Bar	μπαρ	bar
Brot	ψωμί	pso·*mi*
Café	καφετέρια	ka·fe·te·ri·a
Delikatessen	ντελικατέσεν	de·li·ka·*te*·sen
Desserts	επιδόρπια	e·pi·*dhor*·pi·a
Ei	αβγό	aw·*gho*
Essen	φαγητό	fa·yi·*to*
Essig	ξύδι	*ksi*·dhi
Fisch	ψάρι	*psa*·ri
Flasche	μπουκάλι	bu·*ka*·li
Frühstück	πρόγευμα	*pro*·yew·ma
Gabel	πιρούνι	pi·*ru*·ni
Gemüse	λαχανικά	la·kha·ni·*ka*
Glas	ποτήρι	po·*ti*·ri
Hauptgänge	κύρια φαγητά	*ki*·ri·a fa·yi·*ta*
heiß	ζεστός	ze·*stos*
Hochstuhl	καρέκλα για μωρά	ka·*re*·kla yia mo·*ro*
Hühnchen	κοτόπουλο	ko·*to*·pu·lo
kalt	κρυωμένος	kri·o·*me*·nos
Käse	τυρί	ti·*ri*
Kraut (zum Würzen)	βότανο	*wo*·ta·no
Lamm	αρνί	ar·*ni*
Löffel	κουτάλι	ku·*ta*·li
Markt	αγορά	a·gho·*ra*
Messer	μαχαίρι	ma·*he*·ri
mit	με	me
Mittagessen	μεσημεριανό φαγητό	me·si·me·ria·*no* fa·yi·*to*
Nuss	καρύδι	ka·*ri*·dhi
Obst	φρούτα	*fru*·ta
Obst- und Gemüseladen	οπωροπωλείο	o·po·ro·po·*li*·o
ohne	χωρίς	kho·*ris*

DAS GRIECHISCHE ALPHABET

Das griechische Alphabet hat 24 Buchstaben. Wir führen erst die Groß- und dann die Kleinbuchstaben auf. Manche sehen aus wie im deutschen Alphabet, werden aber ganz anders ausgesprochen, z. B. das Β (Beta), das wie ein „w" klingt, oder das Ρ, das wie ein „r" gesprochen wird. Die Aussprache eines Lauts hängt auch vom nachfolgenden Buchstaben ab; ου wird z. B. wie das „u" in „Schutt" gesprochen, οι wie ein „i" (wie in „Tier")

Α α	a	wie in „Vater"
Β β	v	wie in „Watte"
Γ γ	gh	weiches, kehliges „g"
	y	wie das „j" in „ja"
Δ δ	dh	stimmhaft wie im Engl. „there"
Ε ε	e	wie in „Pest"
Ζ ζ	z	wie das „s" in „Ameise"
Η η	i	wie in „Tier"
Θ θ	th	stimmlos wie in „throw"
Ι ι	i	wie in „Tier"
Κ κ	k	wie in „Katze"
Λ λ	l	wie in „Leine"
Μ μ	m	wie in „Mann"
Ν ν	n	wie in „Nase"
Ξ ξ	x	wie in „Box"
Ο ο	o	wie in „Topf"
Π π	p	wie in „Puppe"
Ρ ρ	r	wie in „Rasen", leicht gerollt
Σ σ, ς	s	wie in „Rassel"
Τ τ	t	wie in „Topf"
Υ υ	i	wie in „Tier"
Φ φ	f	wie in „Fund"
Χ χ	kh	wie in „Tuch" oder
	h	wie ein raues „h"
Ψ ψ	ps	wie in „piepsen"
Ω ω	o	wie in „Topf"

Für den Buchstaben **Σ** (Sigma) gibt es in der Kleinschreibung zwei Formen: **σ** und **ς**. Letztere wird am Ende eines Worts verwendet. Im Griechischen wird statt eines Fragezeichens ein Semikolon gesetzt (;).

Öl	λάδι	*la*·dhi
Pfeffer	πιπέρι	pi·*pe*·ri
Restaurant	εστιατόριο	e·sti·a·*to*·ri·o
Rindfleisch	βοδινό	wo·dhi·*no*
Sahne	κρέμα	*kre*·ma
Salz	αλάτι	a·*la*·ti
Schüssel	μπωλ	bol
Schweinefleisch	χοιρινό	hi·ri·*no*
Souvlaki	σουβλάκι	suw·*la*·ki
Speisekarte	μενού	me·*nu*
Teller	πιάτο	*pia*·to
Vegetarier	χορτοφάγος	khor·to·*fa*·ghos
Vorspeise	ορεκτικά	o·rek·ti·*ka*
Zucker	ζάχαρη	*za*·kha·ri

Getränke

alkoholfreies Getränk	αναψυκτικό	a·nap·sik·ti·*ko*
Bier	μπύρα	*bi*·ra
Kaffee	καφές	ka·*fes*
Milch	γάλα	*gha*·la
Saft	χυμός	hi·*mos*
Tee	τσάι	*tsa*·i
Wasser	νερό	ne·*ro*
(roter) Wein	(κόκκινο) κρασί	(*ko*·ki·no) kra·*si*
(weißer) Wein	(άσπρο) κρασί	(*a*·spro) kra·*sii*

Notfall

Hilfe!	Βοήθεια!	wo·*i*·thya
Verschwinde/ Hau ab!	Φύγε!	*fi*·ye
Ich habe mich verlaufen.	Έχω χαθεί.	e·kho cha·*thi*
Ich bin krank.	Είμαι άρρωστος.	*i*·me *a*·ro·stos
Es gab einen Unfall.	Εγινε ατύχημα.	*ey*·i·ne a·*ti*·hi·ma
Rufen Sie ...!	Φωνάξτε ...!	fo·*nak*·ste ...
einen Arzt	ένα γιατρό	*e*·na yi·a·*tro*
die Polizei	την αστυνομία	tin a·sti·no·*mi*·a

Shoppen & Service

Ich möchte ... kaufen.
Θέλω ν' αγοράσω ... — *the*·lo na·gho·*ra*·so ...

Ich sehe mich nur um.
Απλώς κοιτάζω. — ap·*los* ki·*ta*·zo

Ich mag es nicht.
Δεν μου αρέσει. — dhen mu a·*re*·si

WICHTIGE SATZBAUSTEINE

Mit den folgenden Satzbausteinen sollte man sich gut verständigen können:

Wann ist/geht (der nächste Bus)?
Πότε είναι (το επόμενο λεωφορείο); — *po*·te *i*·ne (to e·*po*·me·no le·o·fo·*ri*·o)

Wo ist (der Bahnhof)?
Πού είναι (ο σταθμός); — pu *i*·ne (o stath·*mos*)

Ich suche (...).
Ψάχνω για (...). — *psakh*·no yia (...)

Haben Sie (eine Karte)?
Έχετε οδικό (τοπικό χάρτη); — *e*·he·te o·dhi·*ko* (to·pi·*ko* *khar*·ti)

Gibt es (einen Aufzug)?
Υπάρχει (ασανσέρ); — i·*par*·hi (a·san·*ser*)

Kann ich (es anprobieren)?
Μπορώ να (το προβάρω); — bo·*ro* na (to pro·*wa*·ro)

Ich habe (eine Reservierung).
Έχω (κλείσει δωμάτιο). — *e*·kho (*kli*·si dho·*ma*·ti·o)

Ich möchte (einen Wagen mieten).
Θα ήθελα (να ενοικιάσω ένα αυτοκίνητο). — tha *i*·the·la (na e·ni·ki·*a*·so e·na af·to·*ki*·ni·to)

Wie viel kostet das?
Πόσο κάνει; — *po*·so *ka*·ni

Es ist zu teuer.
Είναι πολύ ακριβό. — *i*·ne po·*li* a·kri·*wo*

Können Sie mit dem Preis runtergehen?
Μπορείς να κατεβάσεις την τιμή; — bo·*ris* na tin ti·*mi* ka·te·*wa*·sis

Bank	τράπεζα	*tra*·pe·za
Geldautomat	αυτόματη μηχανή χρημάτων	af·*to*·ma·ti mi·kha·*ni* khri·*ma*·ton
Handy	κινητό	ki·ni·*to*
Internetcafé	καφενείο διαδικτύου	ka·fe·*ni*·o dhi·a·dhik·*ti*·u
Kreditkarte	πιστωτική κάρτα	pi·sto·ti·*ki* *kar*·ta
Post	ταχυδρομείο	ta·hi·dhro·*mi*·o
Toilette	τουαλέτα	tu·a·*le*·ta
Touristeninformation	τουριστικό γραφείο	tu·ri·sti·*ko* ghra·*fi*·o

Uhrzeit & Datum

Wie spät ist es?	Τι ώρα είναι;	ti o·*ra* *i*·ne

Es ist (2 Uhr).	είναι (δύο η ώρα).	*i*·ne (*dhi*·o i *o*·ra)
Es ist halb (zehn).	(Δέκα) και μισή.	(*dhe*·ka) ke mi·*si*
heute	σήμερα	*si*·me·ra
morgen	αύριο	*aw*·ri·o
gestern	χθες	hthes
Morgen	πρωί	pro·*i*
(diesen) Nachmittag	(αυτό το) απόγευμα	(af·*to* to) a·*po*·yew·ma
Abend	βράδυ	*wra*·dhi

Montag	Δευτέρα	dhef·*te*·ra
Dienstag	Τρίτη	*tri*·ti
Mittwoch	Τετάρτη	te·*tar*·ti
Donnerstag	Πέμπτη	*pemp*·ti
Freitag	Παρασκευή	pa·ras·ke·*wi*
Samstag	Σάββατο	*sa*·wa·to
Sonntag	Κυριακή	ky·ri·a·*ki*

Januar	Ιανουάριος	ia·nu·*ar*·i·os
Februar	Φεβρουάριος	few·ru·*ar*·i·os
März	Μάρτιος	*mar*·ti·os
April	Απρίλιος	a·*pri*·li·os
Mai	Μάιος	*mai*·os
Juni	Ιούνιος	i·*u*·ni·os
Juli	Ιούλιος	i·*u*·li·os
August	Αύγουστος	*aw*·ghus·tos
September	Σεπτέμβριος	sep·*tem*·wri·os
Oktober	Οκτώβριος	ok·*to*·wri·os
November	Νοέμβριος	no·*em*·wri·os
Dezember	Δεκέμβριος	dhe·*kem*·wri·os

Unterkunft

Campingplatz	χώρος για κάμπινγκ	*kho*·ros yia *kam*·ping
Hotel	ξενοδοχείο	kse·no·dho·*khi*·o
Jugendherberge	γιουθ χόστελ	yuth *kho*·stel
ein ... Zimmer	ένα ... δωμάτιο	*e*·na ... dho·*ma*·ti·o
Einzel-	μονόκλινο	mo·*no*·kli·no
Doppel-	δίκλινο	*dhi*·kli·no
Wie viel kostet es ...?	Πόσο κάνει ...;	*po*·so *ka*·ni ...
pro Nacht	τη βραδυά	ti·vra·*dhya*
pro Person	το άτομο	to *a*·to·mo
Bad	μπάνιο	*ba*·nio
Fenster	παράθυρο	pa·*ra*·thi·ro

Klimaanlage	έρκοντίσιον	er·kon·*di*·si·on
TV	τηλεόραση	ti·le·*o*·ra·si
Ventilator	ανεμιστήρας	a·ne·mi·*sti*·ras

Verkehrsmittel & -wege

Öffentliche Verkehrsmittel

Boot	πλοίο	*pli*·o
(Stadt-)Bus	αστικό	a·sti·*ko*
(Intercity-)Bus	λεωφορείο	le·o·fo·*ri*·o
Flugzeug	αεροπλάνο	ae·ro·*pla*·no
Zug	τραίνο	*tre*·no

Wo kann ich eine Fahrkarte kaufen?
Πού αγοράζω εισιτήριο; pu a·gho·*ra*·zo i·si·*ti*·ri·o

Ich möchte nach ...
Θέλω να πάω στο/στη ... *the*·lo na pao sto/sti ...

Wann ist die Abfahrt?
Τι ώρα φεύγει; ti *o*·ra *few*·yi

Muss ich umsteigen?
Χειάζεται να αλλάξω; khri·*a*·ze·te na a·*lak*·so

Ist das eine Direkt-/Expressverbindung?
Είναι κατ'ευθείαν/εξπρές; *i*·ne ka·tef·*thi*·an/eks·*pres*

Hält er/sie/es in (...)?
Σταματάει στο (...); sta·ma·*ta*·i sto (...)

Ich möchte in (...) aussteigen.
Θα ήθελα να κατεβώ στο (...). tha *i*·the·la na ka·te·*wo* sto (...)

Ich möchte (ein) ...	Θα ήθελα (ένα) ...	tha *i*·the·la (*e*·na) ...
Ticket für eine einfache Fahrt	πλό εισιτήριο	a·*plo* i·si·*ti*·ri·o
Ticket für Hin- & Rückfahrt	εισιτήριο με επιστροφή	i·si·*ti*·ri·o me e·pi·stro·*fi*
1. Klasse	πρώτη θέση	*pro*·ti *the*·si
2. Klasse	δεύτερη θέση	*def*·te·ri *the*·si

SCHILDER

ΕΙΣΟΔΟΣ	Eingang
ΕΞΟΔΟΣ	Ausgang
ΠΛΗΡΟΦΟΡΙΕΣ	Information
ΑΝΟΙΧΤΟ	Geöffnet
ΚΛΕΙΣΤΟ	Geschlossen
ΑΠΑΓΟΡΕΥΕΤΑΙ	Verboten
ΑΣΤΥΝΟΜΙΑ	Polizei
ΑΣΤΥΝΟΜΙΚΟΣ ΣΤΑΘΜΟΣ	Polizeiwache
ΓΥΝΑΙΚΩΝ	Toiletten (Frauen)
ΑΝΔΡΩΝ	Toiletten (Männer)

Bahnhof	σταθμός τρένου	stath·mos tre·nu
Bahnsteig	πλατφόρμα f	plat·for·ma
Fahrplan	δρομολόγιο	dhro·mo·lo·gio
storniert	ακυρώθηκε	a·ki·ro·thi·ke
Ticketschalter	εκδοτήριο εισιτηρίων	ek·dho·ti·ri·o i·si·ti·ri·on
verspätet	καθυστέρησε	ka·thi·ste·ri·se

Auto- & Radfahren

Ich möchte ein/en ... mieten	Θα ήθελα να νοικιάσω ...	tha i·the·la na ni·ki·a·so ...
Allradwagen	ένα τέσσερα επί τέσσερα	e·na tes·se·ra e·pi tes·se·ra
Auto	ένα αυτοκίνητο	e·na af·ti·ki·ni·to
Fahrrad	ένα ποδήλατο	e·na po·dhi·la·to
Jeep	ένα τζιπ	e·na tzip
Motorrad	μια μοτοσυκλέττα	mya mo·to·si·klet·ta

Brauche ich einen Helm?
Χρειάζομαι κράνος; khri·a·zo·me kra·nos

Haben Sie eine Straßenkarte?
Έχετε οδικό χάρτη; e·he·te o·thi·ko khar·ti

Ist das die Straße nach ...?
Αυτός είναι ο δρόμος για ... af·tos i·ne o dhro·mos ya ...

Kann ich hier parken?
Μπορώ να παρκάρω εδώ; bo·ro na par·ka·ro e·dho

Das Auto-/Motorrad ist (in ...) liegen geblieben.
Το αυτοκίνητο/ η μοτοσυκλέττα χάλασε στο (...) to af·to·ki·ni·to/ i mo·to·si·klet·ta kha·la·se sto (...)

Ich habe einen Platten.
Επαθα λάστιχο. e·pa·tha la·sti·cho

Mir ist das Benzin ausgegangen.
Εμεινα από βενζίνη. e·mi·na a·po wen·zi·ni

Wo gibt es eine Tankstelle?
Πού είναι ένα πρατήριο βενζίνας; pu i·ne e·na pra·ti·ri·o wen·zi·nas

Wegweiser

Wo ist ...?
Πού είναι ...; pu i·ne ...

Biegen Sie links ab.
Στρίψτε αριστερά. strips·te a·ri·ste·ra

Biegen Sie rechts ab.
Στρίψτε δεξιά. strips·te dhe·ksia

an der nächsten Ecke
στην επόμενη γωνία stin e·po·me·ni gho·ni·a

FRAGEWÖRTER

Wann?	Πότε;	po·te
Warum?	Γιατί;	yi·a·t
Was?	Τι;	ti
Wer?	Ποιος;/Ποια; Ποιο;	pi·os/pi·a (m/f) pi·o (n)
Wie?	Πώς;	pos
Wo?	Πού;	pu

an der Ampel	στα φώτα	sta fo·ta
hinter	πίσω	pi·so
vor	μπροστά	bro·sta
weit	μακριά	ma·kri·a
in der Nähe von	κοντά	kon·da
neben	δίπλα	dhi·pla
gegenüber	απέναντι	a·pe·nan·di
geradeaus	ολο ευθεία	o·lo ef·thi·a

Zahlen

1	ένας/μία	e·nas/mi·a (m/f)
	ένα	e·na (n)
2	δύο	dhi·o
3	τρεις	tris (m & f)
	τρία	tri·a (n)
4	τέσσερεις	te·se·ris (m & f)
	τέσσερα	te·se·ra (n)
5	πέντε	pen·de
6	έξη	e·xi
7	επτά	ep·ta
8	οχτώ	oh·to
9	εννέα	e·ne·a
10	δέκα	dhe·ka
20	είκοσι	ik·o·si
30	τριάντα	tri·an·da
40	σαράντα	sa·ran·da
50	πενήντα	pe·nin·da
60	εξήντα	ek·sin·da
70	εβδομήντα	ew·dho·min·da
80	ογδόντα	ogh·dhon·da
90	ενενήντα	e·ne·nin·da
100	εκατό	e·ka·to
1000	χίλιοι/χίλιες	hi·li·i/hi·li·ez (m/f)
	χίλια	hi·li·a (n)

TÜRKISCH

Türkisch ist die offizielle Sprache in der Türkei und (gemeinsam mit dem Griechischen) auf Zypern. Die meisten Laute kommen auch im Deutschen vor, man muss nur auf ein paar Kleinigkeiten achten: Das „ı" – sowohl in Klein- als auch in Großbuchstaben ohne i-Punkt geschrieben (z. B. in „Isparta" ehs·*par*·ta) – wird eh ausgesprochen, wie das „e" in „alle", während das „i" mit i-Punkt (z. B. „İzmir" *iz*·mir) wie ein normales i ausgesprochen wird. Das „ğ" ist ein stummer Konsonant und verlängert den vorangegangenen Vokal. Das „h" wird immer gesprochen. „C" klingt wie ein weiches s im Engl. „pleasure", das „ç" wie tsch in „rutschen" und „ş" wie das sch in „Schule". Das „z" ist stimmhaft (wie das s in „Sog") und das „y" wird wie das deutsche j ausgesprochen.

Vermutlich kann man sich das nicht alles auf einmal merken, deshalb hält man sich am besten einfach an unsere blauen Aussprachehilfen.

Grundlagen

Hallo.	*Merhaba.*	mer·ha·ba
Hi.	*Selam.*	se·*lam*
Guten Morgen.	*İyi sabahlar.*	i·*yi* sa·bah·*lar*
Guten Abend.	*İyi akşamlar.*	i·*yi* ak·scham·*lar*
Tschüs. (wenn man geht)	*Hoşçakal.*	hosch·*tscha*·kal (inf.)
	Hoşçakalın.	hosch·*tscha*·ka·lehn (höfl.)
Tschüs. (wenn man bleibt)	*Güle güle.*	gü·*le* gü·*le*
Ja./Nein.	*Evet./Hayır.*	e·*wet*/*ha*·yehr
Bitte.	*Lütfen.*	*lüt*·fen
(Vielen) Dank.	*(Çok) Teşekkür ederim.*	(tschok) te·schek·*kür* e·*de*·rim
Danke.	*Teşekkürler.*	te·schek·kür·*ler*
Gern geschehen.	*Birşey değil.*	bir·*schei* de·*il*
Entschuldigung.	*Özür dilerim.*	ö·*zür* di·*le*·rim

Wie heißt du/heißen Sie?
Adınız ne? — a·deh·*nehz* ne (inf.)
Adınız nedir? — a·deh·*nehz* ne·dir (höf.)

Ich heiße ...
Benim adım ... — be·*nim* a·*dehm*

Sprechen Sie (Englisch)?
(İngilizce) konuşuyor musunuz? — (in·gi·*liz*·je) ko·nu·*schu*·yor mu·su·*nuz*

Ich verstehe.
Anlıyorum. — an·*leh*·yo·rum

Ich verstehe nicht.
Anlamıyorum. — an·*la*·meh·yo·rum

Essen & Trinken

Was würden Sie empfehlen?
Ne tavsiye edersiniz? — ne taw·si·*ye* e·*der*·si·niz

Was ist in diesem Gericht?
Bu yemekte neler var? — bu ye·mek·*te* *ne*·ler war

Ich bin Vegetarier.
Ben vejeteryanım. — ben ve·zhe·ter·ya·nehm

Das war lecker.
Nefisti! — ne·*fis*·ti

Prost!
Şerefe! — sche·re·*fe*

Könnte ich bitte die Rechnung haben?
Lütfen hesabı getirir misiniz? — *lüt*·fen he·sa·*beh* ge·ti·*rir* mi·si·*niz*

Ich möchte einen Tisch reservieren für ...	*... bir masa ayırtmak istiyorum.*	... bir ma·*sa* a·yehrt·*mak* ... is·*ti*·yo·rum
(zwei) Personen	*(İki) kişilik*	(i·*ki*) ki·schi·*lik*
(acht) Uhr	*Saat (sekiz) için*	sa·*at* (se·*kiz*) i·*tschin*

Ich esse kein/keine/keinen ...	*... yemiyorum.*	... *ye*·mi·yo·rum
Erdnüsse	*Fıstığa*	fehs·teh·*a*
Fisch	*Balık*	ba·*lehk*
(rotes) Fleisch	*(Kırmızı) Et*	kehr·meh·*zeh* et
Geflügel	*Tavuk eti*	ta·*wuk* e·*ti*

WICHTIGE SATZBAUSTEINE

Mit den folgenden Satzbausteinen sollte man sich gut verständigen können:

Wann ist/geht (der nächste Bus)?
(Sonraki otobüs) ne zaman? — (son·ra·*ki* o·to·*büs*) ne za·*man*

Wo ist (der Markt)?
(Pazar yeri) nerede? — (pa·*zar* ye·*ri*) *ne*·re·de

Haben Sie (eine Karte)?
(Haritanız) var mı? — (ha·ri·ta·*nehz*) war meh

Gibt es (eine Toilette)?
(Tuvalet) var mı? — (tu·va·*let*) war meh

Ich habe (eine Reservierung).
(Rezervasyonum) var. — (re·zer·vas·yo·*num*) war

Ich möchte (die Speisekarte).
(Menüyü) istiyorum. — (me·nü·*yü*) is·*ti*·yo·rum

Ich brauche (Hilfe).
(Yardıma) ihtiyacım var. — (yar·deh·*ma*) ih·ti·ya·*jehm* war

Schlüsselbegriffe

Abendessen	*akşam yemeği*	ak·scham ye·me·i
Bar	*bar*	bar
Brot	*ekmek*	ek·mek
Café	*kafe*	ka·fe
Delikatessen	*şarküteri*	schar·kü·te·ri
Desserts	*tatlılar*	tat·leh·lar
Ei	*yumurta*	yu·mur·ta
Eiscreme	*dondurma*	don·dur·ma
Essen	*yiyecek*	yi·ye·jek
Essig	*sirke*	sir·ke
Fisch	*balık*	ba·lehk
Flasche	*şişe*	schi·sche
Frühstück	*kahvaltı*	kah·val·teh
Gabel	*çatal*	tscha·tal
Gemüse	*sebze*	seb·ze
Getränke	*İçecekler*	i·tsche·schek·ler
Glas	*bardak*	bar·dak
Hauptgerichte	*ana yemekler*	a·na ye·mek·ler
heiß	*sıcak*	seh·schak
Hochstuhl	*mama sandalyesi*	ma·ma san·dal·ye·si
Hühnchen	*tavuk*	ta·wuk
kalt	*soğuk*	so·uk
Käse	*peynir*	pei·nir
Kebab	*kebab*	ke·bab
Kraut (Gewürz)	*bitki*	bit·ki
Lamm	*kuzu*	ku·zu
Löffel	*kaşık*	ka·schehk
Markt	*pazar*	pa·zar
Messer	*bıçak*	beh·tschak
mit	*ile*	ı·le
Mittagessen	*öğle yemeği*	ö·le ye·me·i
Nuss	*çerez*	tsche·rez
Obst- und Gemüsehändler	*manav*	ma·naw
Obst	*meyve*	mei·we
ohne	*-sız/-siz/ -suz/-süz*	-sehz/-siz/ -suz/-süz
Öl	*yağ*	ya
Pfeffer	*karabiber*	ka·ra bi·ber
Restaurant	*restoran*	res·to·ran
Rindfleisch	*sığır eti*	seh·ehr e·ti
Sahne	*krema*	kre·ma
Salat	*salata*	sa·la·ta
Salz	*tuz*	tuz
Schüssel	*kase*	ka·se
Schweine-fleisch	*domuz eti*	do·muz e·ti

FRAGEWÖRTER

Wann?	*Ne zaman?*	ne za·man
Warum?	*Neden?*	ne·den
Was?	*Ne?*	ne
Wer?	*Kim?*	keem
Wie?	*Nasıl?*	na·suhl
Wo?	*Nerede?*	ne·re·de

Speisekarte	*yemek listesi*	ye·mek lis·te·si
Suppe	*çorba*	tschor·ba
Teller	*tabak*	ta·bak
Vegetarier	*vejeteryan*	we·je·ter·yan
Vorspeise	*mezeler*	me·ze·ler
Zucker	*şeker*	sche·ker

Getränke

alkoholfreie Getränke	*meşrubat*	mesch·ru·bat
Bier	*bira*	bi·ra
Kaffee	*kahve*	kah·we
Milch	*süt*	süt
Saft	*suyu*	su·yu
Tee	*çay*	tschai
Wasser	*su*	su
Wein	*şarap*	scha·rap
rot	*kırmızı*	kehr·meh·zeh
weiß	*beyaz*	be·yaz

Notfall

Hilfe!	*İmdat!*	im·dat
Verschwinde/ Hau ab!	*Git burdan!*	git bur·dan
Ich habe mich verlaufen.	*Kayboldum.*	kai·bol·dum
Ich bin krank.	*Hastayım.*	has·ta·yehm
Es gab einen Unfall.	*Bir kaza oldu.*	bir ka·za ol·du

Rufen Sie ...!	*... çağırın!*	... tscha·eh·rehn
einen Arzt	*Doktor*	dok·tor
die Polizei	*Polis*	po·lis

Shoppen & Service

Ich möchte kaufen ...

... almak istiyorum.	... al·mak is·ti·yo·rum

Wie viel kostet es?

Ne kadar?	ne ka·dar

Es ist zu teuer.
Bu çok pahalı. — bu tschok pa·ha·*leh*

Haben Sie etwas Günstigeres?
Daha ucuz birşey var mı? — da·*ha* u·*juz* bir·*schei* war meh

Bank	*banka*	*ban*·ka
Geldautomat	*bankamatik*	ban·ka·ma·*tik*
Handy	*cep telefonu*	schep te·le·fo·*nu*
Internetcafé	*internet kafe*	in·ter·*net* ka·*fe*
Kreditkarte	*kredi kartı*	*kre*·di kar·*teh*
Post	*postane*	pos·*ta*·ne
Toilette	*tuvalet*	tu·wa·*let*
Touristeninformation	*turizm bürosu*	tu·*rizm* bü·ro·su

Uhrzeit & Datum

Wie spät ist es?	*Saat kaç?*	sa·*at* katsch
Es ist (zehn) Uhr.	*Saat (on).*	sa·*at* (on)
Es ist halb (zehn).	*(On) buçuk.*	(on) bu·*tschuk*

heute	*bugün*	*bu*·gün
morgen	*yarın*	*ya*·rehn
gestern	*dün*	dün
Morgen	*sabah*	sa·*bah*
(diesen) Nachmittag	*(bu) öğleden sonra*	(bu) ö·le·*den* son·ra
Abend	*akşam*	ak·*scham*

Montag	*Pazartesi*	pa·*zar*·te·si
Dienstag	*Salı*	sa·*leh*
Mittwoch	*Çarşamba*	tschar·scham·*ba*
Donnerstag	*Perşembe*	per·schem·*be*
Freitag	*Cuma*	schu·*ma*
Samstag	*Cumartesi*	schu·*mar*·te·si
Sonntag	*Pazar*	pa·*zar*

Januar	*Ocak*	o·*jak*
Februar	*Şubat*	schu·*bat*
März	*Mart*	mart
April	*Nisan*	ni·*san*
Mai	*Mayıs*	ma·*yehs*
Juni	*Haziran*	ha·zi·*ran*
Juli	*Temmuz*	tem·*muz*
August	*Ağustos*	a·us·*tos*
September	*Eylül*	ei·*lül*
Oktober	*Ekim*	e·*kim*
November	*Kasım*	ka·*sehm*
Dezember	*Aralık*	a·ra·*lehk*

Unterkunft

Hotel	*otel*	o·*tel*
Jugendherberge	*gençlik hosteli*	gentsch·*lik* hos·te·*li*
Zeltplatz	*kamp yeri*	kamp ye·*ri*

Haben Sie ein ... Zimmer?	*... odanız var mı?*	... o·da·*nehz* war meh
Einzel-	*Tek kişilik*	tek ki·schi·*lik*
Doppel-	*İki kişilik*	i·ki ki·schi·*lik*

Wie viel kostet es pro ...?	*ne kadar?*	... ne ka·*dar*
Nacht	*Geceliği*	ge·je·li·*i*
Person	*Kişi başına*	ki·*schi* ba·scheh·*na*

Bad	*banyo*	*ban*·yo
Fenster	*pencere*	*pen*·sche·re
Klimaanlage	*klima*	*kli*·ma
TV	*TV*	*te*·we
Ventilator	*fan*	fan

Verkehrsmittel & -wege

Öffentliche Verkehrsmittel

Boot	*vapur*	wa·*pur*
(Stadt-)Bus	*şehir otobüsü*	sche·*hir* o·to·bü·*sü*
(Intercity-) Bus	*şehirlerarası otobüs*	sche·hir·*ler*·a·ra·seh o·to·*büs*
Flugzeug	*uçak*	u·*tschak*
Zug	*tren*	tren

Wo kann ich eine Fahrkarte kaufen?
Nereden bilet alabilirim? — *ne*·re·den bi·*let* a·*la*·bi·li·rim

Wann ist die Abfahrt?
Ne zaman kalkacak? — ne za·*man* kal·ka·*schak*

SCHILDER

Giriş	gee·*reesh*	Eingang
Çıkış	chuh·*kuhsh*	Ausgang
Açık	a·*chuhk*	Geöffnet
Kapalı	ka·pa·*luh*	Geschlossen
Danışma	da·nuhsh·*ma*	Information
Yasak	ya·*sak*	Verboten
Tuvaletler	too·va·let·*ler*	Toiletten
Erkek	er·*kek*	Männer
Kadın	ka·*duhn*	Frauen

Muss ich umsteigen?
Aktarma yapmam gerekli mi? — ak·tar·ma yap·mam ge·rek·li mi

Hält er/sie/es in …?
… durur mu? — … du·rur mu

Was ist der nächste Halt?
Sonraki durak hangisi? — son·ra·ki du·rak han·gi·si

Ich möchte in … aussteigen
… inmek istiyorum. — … in·mek is·ti·yo·rum

Ein Ticket für eine einfache Fahrt, bitte.
Gidiş bileti lütfen. — gi·disch bi·le·ti lüt·fen

Ein … Ticket, bitte.	*… bilet lütfen.*	bi·let lüt·fen
1.-Klasse-	*Birinci mevki*	bi·rin·schi mew·ki
2.-Klasse	*Ikinci mevki*	i·kin·schi mew·ki
Hin- & Rückfahrt-	*Gidiş-dönüş*	gi·disch·dö·nüsch
Bahnhof	*tren istasyonu*	tren is·tas·yo·nu
Bahnsteig	*peron*	pe·ron
Fahrplan	*tarife*	ta·ri·fe
storniert	*iptal etmek*	ip·tal et·mek
Ticketschalter	*bilet gişesi*	bi·let gi·sche·si
Verspätung	*gecikme*	ge·schik·me

Auto- & Fahrradfahren

Ich möchte ein/en … mieten	*Bir … kiralamak istiyorum.*	bir … ki·ra·la·mak is·ti·yo·rum
Allradwagen	*dört çeker*	dört tsche·ker
Auto	*araba*	a·ra·ba
Fahrrad	*bisiklet*	bi·sik·let
Motorrad	*motosiklet*	mo·to·sik·let

Brauche ich einen Helm?
Kask takmam gerekli mi? — kask tak·mam ge·rek·li mi

Ist das die Straße nach …?
… giden yol bu mu? — … gi·den yol bu mu

Wie lange kann ich hier parken?
Buraya ne kadar süre park edebilirim? — bu·ra·ya ne ka·dar sü·re park e·de·bi·li·rim

Der Wagen/das Motorrad ist (in …) liegen geblieben.
Arabam/motosikletim (…) bozuldu. — a·ra·bam/mo·to·sik·le·tim (…) bo·zul·du

Ich habe einen Platten.
Lastiğim patladı. — las·ti·im pat·la·deh

Mir ist das Benzin ausgegangen.
Benzinim bitti. — ben·zi·nim bit·ti

Wegweiser

Wo ist …?	*… nerede?*	… ne·re·de
Biegen Sie links ab.	*Sola dön.*	so·la dön
Biegen Sie rechts ab.	*Sağa dön.*	sa·a dön

Es ist …

gegenüber	*karşısında.*	kar·scheh·sehn·da
hinter	*arkasında.*	ar·ka·sehn·da
in der Nähe von	*yakınında.*	ya·keh·nehn·da
neben	*yanında.*	ya·nehn·da
vor	*önünde.*	ö·nün·de

Es ist …

an der Ampel	*Trafik ışıklarından.*	tra·fik eh·schehk la·rehn·dan
an der Ecke	*Köşede.*	kö·sche·de
dort	*Şurada.*	schu·ra·da
geradeaus	*Tam karşıda.*	tam kar scheh·da
hier	*Burada.*	bu·ra·da
nah	*Yakın.*	ya·kehn

Zahlen

0	*sıfır*	seh·fehr
1	*bir*	bir
2	*iki*	i·ki
3	*üç*	ütsch
4	*dört*	döt
5	*beş*	besch
6	*altı*	al·teh
7	*yedi*	ye·di
8	*sekiz*	se·kiz
9	*dokuz*	do·kuz
10	*on*	on
20	*yirmi*	yir·mi
30	*otuz*	o·tuz
40	*kırk*	kehrk
50	*elli*	el·li
60	*altmış*	alt·mehsch
70	*yetmiş*	yet·misch
80	*seksen*	sek·sen
90	*doksan*	dok·san
100	*yüz*	yüz
1000	*bin*	bin

GLOSSAR

Ausdrücke, die mit der zyprischen Küche zu tun haben, siehe S. 32 f.

Abkürzungen:
(Fr.) = Französisch;
(Gr.) = Griechisch;
(Tü.) = Türkisch;
(m) = Maskulinum;
(f) = Femininum;
(n) = Neutrum

agios (m), **agia** (f; Gr) – Heiliger

bedesten (Tr) – überdachter Markt

belediye (Tr) – Rathaus

bulvarı (Tr) – Boulevard, Allee

burnu (Tr) – Kap

Byzantinisches Reich – hellenistisches, christliches Reich; bestand von 395 bis 1453; das Zentrum war Konstantinopel (heute Istanbul)

caddesi (Tr) – Straße

camii (Tr) – Moschee

commandery – ein Bezirk unter der Kontrolle des Befehlshabers eines Ritterordens

CTO – Cyprus Tourism Organisation; offizielles Fremdenverkehrsbüro der Republik Zypern

dolmuş (Tü.) – Minibus, Sammeltaxi (wörtlich „gefüllt, voll")

Enosis – Union (mit Griechenland); wurde vor 1974 von vielen griechischen Zyprern gefordert

entrepôt (Fr.) – Handelszentrum für Import/Export

EOKA – Ethniki Organosis Kyprion Agoniston (Nationale Organisation Zyprischer Kämpfer); Guerilla-Bewegung, die für die Unabhängigkeit von Großbritannien kämpfte

EOKA-B – nach der Unabhängigkeit entstandene Reinkarnation der EOKA, die vor allem gegen die türkischen Zyprer kämpfte

ethnarch (Gr.) – „Volksfürst"; Anführer einer Nation

garigue (Fr.) – offene Landschaft mit niedriger, immergrüner Strauchvegetation, kleinen Bäumen, aromatischen Kräutern und Gräsern, die typisch für die trockenen Böden der Mittelmeerregion ist

Grüne Linie – die Grenze, die den griechisch-zyprischen Teil Nikosias vom türkisch-zyprischen trennt; außerdem die gesamte Demarkationslinie zwischen dem Norden und dem Süden

Hamam – öffentliches türkisches Badehaus mit Dampfbädern

kafeneio (Gr.) – Kaffeeladen

kalesi (Tü.) – Burg

kato (Gr.) – Nieder-, Unter-, z. B. Kato Pafos („Nieder-Pafos")

KKTC (Tü.) – Kuzey Kıbrıs Türk Cumhuriyeti (Türkische Republik Nordzypern)

Kommende – Niederlassungen der Ritterorden

KOT (Gr.) – Kypriakos Organismos Tourismou; offizielle Touristenorganisation der Republik Zypern; siehe *CTO*

leoforos (Gr.) – Boulevard

Lusignan – zyprische Dynastie (bis 1489), 1187 begründet von dem französischen Edelmann Guy de Lusignan

maquis (Fr.) – dichte Strauchvegetation in Mittelmeerländern, vor allem auf den Inseln Korsika und Zypern

Maroniten – sehr alte christliche Religionsgemeinschaft aus dem Mittleren Osten

Mesaoria (Gr.), **Mesarya** (Tü.) – die große Ebene zwischen dem Kyrenia- (Girne-) und dem Troodos-Gebirge

meydanı (Tü.) – Platz

meze (Sg.), **mezedes** (Pl.) – wörtlich übersetzt Appetitanreger; auf Zypern stellt man sich aus mehreren Meze eine komplette Mahlzeit zusammen

Mufflon – bedrohte indigene Wildschafart auf Zypern

narthex (Gr.) – abgetrennter westlicher Vorhof in frühchristlichen Kirchen, der von Frauen und Büßern genutzt wurde

NCTO – North Cyprus Tourism Organisation; Fremdenverkehrsbüro in Nordzypern

neos (m), **nea** (f), **neo** (n; Gr.) – neu; häufige Vorsilbe bei Ortsnamen

Osmanisches Reich – türkisches Imperium (11. Jh. bis 1922); Zypern gehörte von 1571 bis 1878 dazu

panagia (Gr.) – Kirche

panigyri (Gr.) – Feiertag oder Festival

Pantokrator (Gr.) – der „Allmächtige"; traditionelle Christusikone an Kuppeln orthodoxer Kirchen

paşa (Tü.) – Pascha; osmanischer Titel, entspricht etwa „Herrscher"

pitta (Gr.) – ungesäuertes Fladenbrot

plateia (Gr.) – Platz

Ptolemäer – griechisch-mazedonische Herrscher Ägyptens im 4. Jh. v. Chr.

rembetika (Gr.) – das griechische Äquivalent zum amerikanischen Blues, das während der 1870er-Jahre in „zwielichtigen" Cafés entstanden sein soll

sokak (Tü.) – Straße

Sufi (Tü.) – Anhänger des Sufismus, einer islamischen Glaubensrichtung

taksim (Tü.) – bedeutet teilen; gemeint ist die Teilung Zyperns, die von türkischen Zyprern als Reaktion auf die *enosis* der griechischen Zypr er gefordert wird

Taverne – traditionelles Restaurant, in dem Essen und Wein serviert werden

tekkesi (Tü.) – Versammlungsplatz der Sufis; Moschee

tholos (Gr.) – Kuppel einer orthodoxen Kirche

TRNC (Tü.) – Turkish Republic of Northern Cyprus; siehe *KKTC*

UNESCO – United Nations Educational, Scientific and Cultural Organization (Organisation der Vereinten Nationen für Erziehung, Wissenschaft und Kultur)

Hinter den Kulissen

WIR FREUEN UNS ÜBER EIN FEEDBACK

Post von Travellern zu bekommen ist für uns ungemein hilfreich – Kritik und Anregungen halten uns auf dem Laufenden und helfen, unsere Bücher zu verbessern. Unser reiseerfahrenes Team liest alle Zuschriften genau durch, um zu erfahren, was an unseren Reiseführern gut und was schlecht ist. Wir können solche Post zwar nicht individuell beantworten, aber jedes Feedback wird garantiert schnurstracks an die jeweiligen Autoren weitergeleitet, rechtzeitig vor der nächsten Nachauflage.

Wer uns schreiben will, erreicht uns über **www.lonelyplanet.de/kontakt**.

Hinweis: Da wir Beiträge möglicherweise in Lonely Planet Produkten (Reiseführer, Websites, digitale Medien) veröffentlichen, ggf. auch in gekürzter Form, bitten wir um Mitteilung, falls ein Kommentar nicht veröffentlicht oder ein Name nicht genannt werden soll. Wer Näheres über unsere Datenschutzpolitik wissen will, erfährt das unter www.lonelyplanet.com/privacy.

UNSERE LESER

Vielen Dank an folgende Traveller, die uns nach der letzten Auflage hilfreiche Tipps, Ratschläge und spannende Anekdoten geschickt haben:

A Jakub Adamowicz, Sain Alizada, Audrey Audhoe **B** Filip Barac, Renate Breithecker **C** Dan & Sharron Clatworthy, Jon Cook **D** Laura Demetris, Steve Dixon, Greg Dodd **F** Kingsley Flint **G** Glen Green, Simon Godfrey, Cath Greig **K** John Karayiannis, Brian Kelly, Marina von Koenig **L** Hindrek Lootus **M** Lea Mayer, Samantha Mckenna, Narayan & Mallika Moorthy **O** Mübeccel Orsel **P** Mark Pearson, Stefan Puiu **R** Martin Risse **S** Kerry Shields, David Smallwood, Nick Speller, Andreas Stylianou, Sarah Sumner **T** Chrystalla Thoma **V** Dirk Vanhoecke, Katrien Vertonghen **W** Debby Willems

DANK DER AUTOREN

Josephine Quintero

Ich möchte all den hilfsbereiten Angestellten in den zahlreichen Büros der CTO-Touristeninformationen danken, aber ganz besonders Kiki Avgoustidou vom Informationsbüro in Nikosia. Danke an Yiannis Hadjiloizou, Marios Kolios, Chris Kikas und alle anderen, die ich unterwegs getroffen habe. Außerdem danke ich meiner Koautorin Jessica Lee sowie allen, die bei Lonely Planet an diesem Band mitgearbeitet haben, und Robin Chapman dafür, dass er sich um Marilyn (meine Katze) gekümmert hat.

Jessica Lee

Ein großes Dankeschön an Gülay Yinal, Özbek Dedekorkut, Engin Şah, Kutlay Keço, Robin Snape und Angela Charlton-Gokasan dafür, dass sie sich Zeit genommen haben, um meine vielen Fragen zu beantworten. Außerdem danke ich den äußerst hilfsbereiten Mitarbeitern der Touristeninformationen von Lemesos und Agia Napa im Süden.

QUELLENNACHWEIS

Klimakartendaten von Peel, M. C., Finlayson, B. L. & McMahon, T. A. (2007), „Updated World Map of the Köppen-Geiger Climate Classification", Hydrology and Earth System Sciences, 11, 1633–44.
Umschlagfoto: Bellapais-Abtei (S. 178), Ken Gibson/Alamy.

DIESES BUCH

Dies ist die 2. deutsche Auflage von *Zypern*, basierend auf der mittlerweile 6. englischen Auflage von *Cyprus*. Sie wurde von Josephine Quintero und Jessica Lee verfasst. Die 5. Auflage stammt aus der Feder von Josephine Quintero und Matthew Charles. Dieser Reiseführer wurde vom Lonely Planet Büro in London in Auftrag gegeben, und von folgenden Personen produziert:

Verantwortlicher Redakteur James Smart
Redakteurin Zielland Brana Vladisavljevic
Leitende Redakteurin Gabrielle Innes
Produktredaktion Kate James
Leitende Kartografin Valentina Kremenchutskaya
Buchdesign Katherine Marsh
Redaktionsassistenz Pete Cruttenden, Jeanette Wall
Kartografieassistenz Laura Bailey, Hunor Csutoros, Julie Dodkins
Umschlag Naomi Parker
Dank an Sasha Baskett, Indra Kilfoyle, Claire Naylor, Karyn Noble, Dianne Schallmeiner, Luna Soo, John Taufa, Angela Tinson

Register

Kartenseiten **000**
Fotoseiten **000**

Kartenseiten **000**
Fotoseiten **000**

Kartenlegende

Sehenswertes

- Strand
- Vogelschutzgebiet
- Buddhistisch
- Burg/Festung
- Christlich
- Konfuzianisch
- Hinduistisch
- Islamisch
- Jainistisch
- Jüdisch
- Denkmal
- Museum/Galerie/ Historisches Gebäude
- Ruine
- Sento/Onsen
- Shintoistisch
- Sikhistisch
- Taoistisch
- Weingut/Weinberg
- Zoo/Tierschutzgebiet
- Andere Sehenswürdigkeit

Aktivitäten, Kurse & Touren

- Bodysurfen
- Tauchen
- Kanu-/Kajakfahren
- Kurs/Tour
- Skifahren
- Schnorcheln
- Surfen
- Schwimmen/Pool
- Wandern
- Windsurfen
- Andere Aktivität

Schlafen

- Hotel/Pension
- Campingplatz

Essen

- Restaurant

Ausgehen & Nachtleben

- Bar/Kneipe/Club
- Café

Unterhaltung

- Theater/Kino/Oper

Shoppen

- Geschäft/Einkaufszentrum

Praktisches

- Bank
- Botschaft/Konsulat
- Krankenhaus/Arzt
- Internet
- Polizei
- Post
- Telefon
- Toilette
- Touristeninformation
- Noch mehr Praktisches

Landschaften

- Strand
- Hütte/Unterstand
- Leuchtturm
- Aussichtspunkt
- Berg/Vulkan
- Oase
- Park
- Pass
- Rastplatz
- Wasserfall

Städte

- Hauptstadt
- Landeshauptstadt
- Stadt/Großstadt
- Ort/Dorf

Transport

- Flughafen
- Grenzübergang
- Bus
- Seilbahn/Standseilbahn
- Fahrradweg
- Fähre
- Metro/MRT-Bahnhof
- Einschienenbahn
- Parkplatz
- Tankstelle
- Skytrain-/S-Bahn-Station
- Taxi
- Bahnhof/Eisenbahn
- Straßenbahn
- U-Bahn-Station
- Anderes Verkehrsmittel

Hinweis: Nicht alle Symbole kommen in den Karten dieses Reiseführers vor.

Verkehrswege

- Mautstraße
- Autobahn
- Hauptstraße
- Landstraße
- Verbindungsstraße
- Sonstige Straße
- Unbefestigte Straße
- Straße im Bau
- Platz/Fußgängerzone
- Stufen
- Tunnel
- Fußgängerbrücke
- Spaziergang/Wanderung
- Wanderung mit Abstecher
- Pfad/Wanderweg

Grenzen

- Staatsgrenze
- Bundesstaaten-/Provinzgrenze
- Umstrittene Grenze
- Regionale Grenze/Vorortgrenze
- Meeresschutzgebiet
- Klippen
- Mauer

Gewässer

- Fluss/Bach
- Periodischer Fluss
- Kanal
- Gewässer
- Trocken-/Salz-/ Periodischer See
- Riff

Gebietsformen

- Flughafen/Start- & Landebahn
- Strand/Wüste
- Christlicher Friedhof
- Sonstiger Friedhof
- Gletscher
- Watt
- Park/Wald
- Sehenswertes Gebäude
- Sportanlage
- Sumpf/Mangroven

UNSERE AUTORINNEN

Josephine Quintero

Hauptautorin; Pafos & der Westen, Nikosia (Lefkosia), Nord-Nikosia (Lefkoşa), Troodos-Gebirge Josephine war schon oft auf Zypern und wird jedes Mal von Neuem überrascht. Eins bleibt jedoch immer gleich: die aufrichtige Freundlichkeit der Zyprer auf beiden Seiten der „Grünen Linie". Die Highlights dieser Reise waren für sie die Kaffeepausen in den schlichten Dorftavernen der Akamas-Höhen, wo sie mit den Einheimischen plauschte; das Schlurfen durch den Sand am Lara-Strand, wo sie aber den Schildkröteneiern auswich; die ergreifenden Kunstwerke in den Museen von Nikosia; und die byzantinischen Kirchen. Ihr Wissen (und ihren Taillenumfang) hat sie beim Genuss unzähliger Meze-Gerichte erweitert, zu denen sie Wein aus den immer zahlreicheren Winzereien im Troodos-Gebirge getrunken hat.

Mehr über Josephine unter
lonelyplanet.com/members/josephinequintero

Jessica Lee

Lemesos & der Süden, Larnaka & der Osten, Kyrenia (Girne) & der Norden, Famagusta (Mağusa) & die Karpaz-(Kırpaşa-)Halbinsel Als sie Zypern vor über zehn Jahren zum ersten Mal besuchte, verliebte sich Jessica Lee Hals über Kopf in die raue Schönheit der Gebirge des Landes. Diese Reise führte sie von den lebhaften Ferienorten Lemesos und Larnaka in die Wildnis der Halbinsel Karpaz und zu den von Burgen gekrönten Gipfeln Kyrenias. Ihr Lieblingsort auf der Insel wird jedoch immer Famagusta sein. Wenn sie dort ist, sitzt sie gern auf den alten venezianischen Wällen, genießt *dondurma* (Eiscreme) und bewundert die gotische Pracht der Stadt. Jessica hat auch die Kapitel „Outdooraktivitäten", „Die zyprische Lebensart" und „Natur & Umwelt" verfasst und am Kapitel „Unterkunft" mitgewirkt.

Mehr über Jessica unter
lonelyplanet.com/thorntree/profiles/jessicalee1

DIE LONELY PLANET STORY

Ein uraltes Auto, ein paar Dollar in den Hosentaschen und Abenteuerlust, mehr brauchten Tony und Maureen Wheeler nicht, als sie 1972 zu der Reise ihres Lebens aufbrachen. Diese führte sie quer durch Europa und Asien bis nach Australien. Nach mehreren Monaten kehrten sie zurück – pleite, aber glücklich –, setzten sich an ihren Küchentisch und verfassten ihren ersten Reiseführer Across Asia on the Cheap. Binnen einer Woche verkauften sie 1500 Bücher und Lonely Planet war geboren. Heute unterhält der Verlag Büros in Melbourne (Australien), London und Oakland (USA) mit über 600 Mitarbeitern und Autoren. Sie alle teilen Tonys Überzeugung, dass ein guter Reiseführer drei Dinge tun sollte: informieren, bilden und unterhalten.

Lonely Planet Publications,
Locked Bag 1, Footscray,
Melbourne, Victoria 3011,
Australia

Verlag der deutschen Ausgabe:
MAIRDUMONT, Marco-Polo-Straße 1, 73760 Ostfildern,
www.lonelyplanet.de, www.mairdumont.com
info@lonelyplanet.de

Chefredakteurin deutsche Ausgabe: Birgit Borowski

Redaktion: Thomas Grimpe, Tina Steinhilber, Claudia Fahlbusch, Margit Riedmeier, Michaela Franke; Verlagsbüro Wais & Partner, Stuttgart
Mitarbeit: Nadine Beck
Übersetzung der 2. Auflage: Julie Bacher, Anne Cappel, Claudia Riefert, Katja Weber
(An der vorherigen Auflage hat zusätzlich Britt Maaß mitgewirkt)
Technischer Support: Primustype, Notzingen

Zypern
2. deutsche Auflage Juni 2015,
übersetzt von *Cyprus 6th edition*, Februar 2015
Lonely Planet Publications Pty
Deutsche Ausgabe © Lonely Planet Publications Pty, Juni 2015
Fotos © wie angegeben 2015

Printed in China